本书出版得到

国家重点文物保护专项补助经费

资　助

海岱考古

（第十二辑）

山东省文物考古研究院　编

科学出版社
北　京

内 容 简 介

《海岱考古》是山东省文物考古研究院主编的关于海岱地区考古学文化研究的集资料性与学术性为一体的系列考古学文集。此丛书集中发表了山东省文物调查和考古发掘的简报与报告，有重点地刊载了本地区考古学研究的论文。

第十二辑收录了18篇发掘、调查、分析鉴定报告和8篇研究论文，为山东地区考古学文化体系的完善增添了新的材料。

本书适合于从事人类学、考古学、历史学等方面的专家、学者以及大专院校相关专业师生参考、阅读。

图书在版编目（CIP）数据

海岱考古. 第十二辑 / 山东省文物考古研究院编. —北京：科学出版社，2019.8

ISBN 978-7-03-061996-9

Ⅰ. ①海… Ⅱ. ①山… Ⅲ. ①考古－山东－丛刊 Ⅳ. ① K872.52-53

中国版本图书馆CIP数据核字（2019）第158784号

责任编辑：雷 英 / 责任校对：邹慧卿
责任印制：肖 兴 / 封面设计：张 放

科学出版社 出版
北京东黄城根北街16号
邮政编码：100717
http://www.sciencep.com

中国科学院印刷厂 印刷

科学出版社发行 各地新华书店经销

*

2019年8月第 一 版 开本：787×1092 1/16
2019年8月第一次印刷 印张：32 1/2 插页：39
字数：770 000

定价：300.00 元

（如有印装质量问题，我社负责调换）

《海岱考古》编辑委员会

目　录

曲阜果庄遗址考古发掘报告

山东省文物考古研究院

果庄遗址位于山东省曲阜市西南 8 千米，陵城镇西、果庄村北。北距小沂河约 100 米。遗址呈东西向沿小沂河分布，为不规则桥形，东西约 350、南北 195～110 米，总面积约 4 万平方米。该区域土壤肥沃，地处泗河流域，为鲁中山区（泰沂山系）向鲁中南平原过渡的交界地带，受构造运动影响，地形呈东高西低的基本形态。区域内地貌可分为平原、中高山区、低山丘陵和岗地四大类。还有河流、湖泊分布其间，主要为泗河、汶河水系。自曲阜东部的防山乡以下，形成扇形河流冲积平原。曲阜属温带季风气候，水资源丰富，交通便利（图一）。

该遗址是 1956 年曲阜文物管理委员会文物普查时发现的。2015 年 1 月为配合曲阜市第三污水处理厂管网项目对其进行了调查、勘探，发现了丰富的大汶口文化遗存及

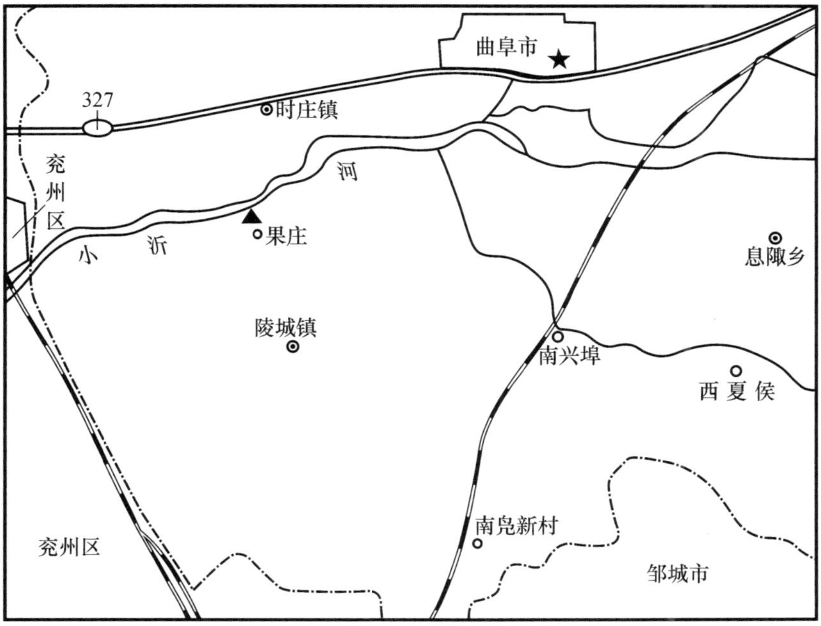

图一 遗址位置示意图

少量龙山文化、西周时期遗存。遗址中部稍隆起，为大汶口文化居址区，堆积为灰褐、黄褐黏土，内含大量红烧土块、夹砂红褐色陶片（图版一，1）。大汶口文化时期墓葬位于遗址西南部。发掘区位于遗址中心区北部。2015 年 3 月进行发掘，沿管道布 5 米 × 10 米探方 7 个，方向 6°，实际发掘面积 280 平方米（图二、图三）。主要发现大汶口文化房址、柱洞、基槽、灰坑、灰沟等，其他遗迹有龙山文化房址和柱洞，以及西周时期灰坑（图版一，2）。

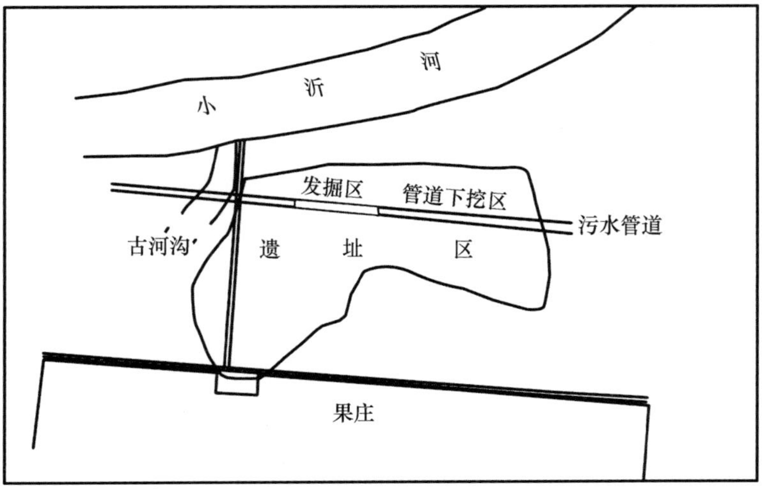

图二　发掘区位置示意图

一、地层堆积

地层堆积较浅较薄，厚度一般在 0.1～0.7 米，个别遗迹最深者达 2.3 米。根据土质、土色及其包含物的不同，将整个发掘区的文化堆积统一划分为 7 层：第 1 层为现代耕土层；第 2、3 层属隋唐时期；第 4 层包含西周时期陶片，也有少量龙山、大汶口文化时期遗存；第 5、6 层属大汶口文化时期，其中第 5 层又分为 5A、5B 层；第 7 层仅解剖 T6、T7 南部。各探方的地层情况较为一致，现以探方北壁剖面（图四）为例，将各层的堆积特征总结如下。

第 1 层：现代耕土层。厚 0.2～0.35 米。

第 2 层：黄褐粉砂黏土，较致密，纯净，出土少量瓷片。厚 0.15～0.55、深 0.35～0.9 米。东部较厚。G1、G2 开口于该层下，时代为唐代。

第 3 层：黄褐粉砂淤土，较细腻，含少量砂粒。厚 0.2～0.6、深 0.6～1.55 米。东部较厚。

T2

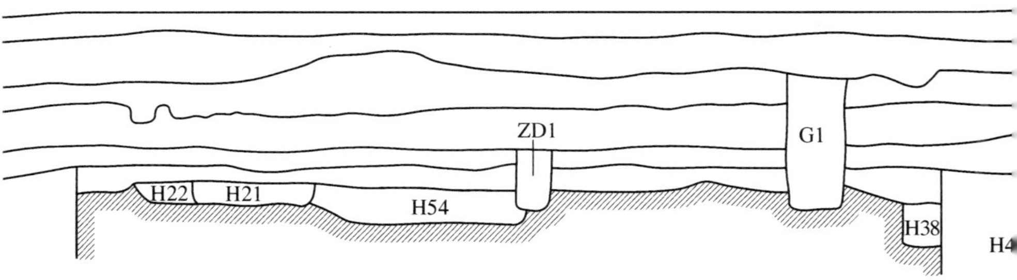

'6

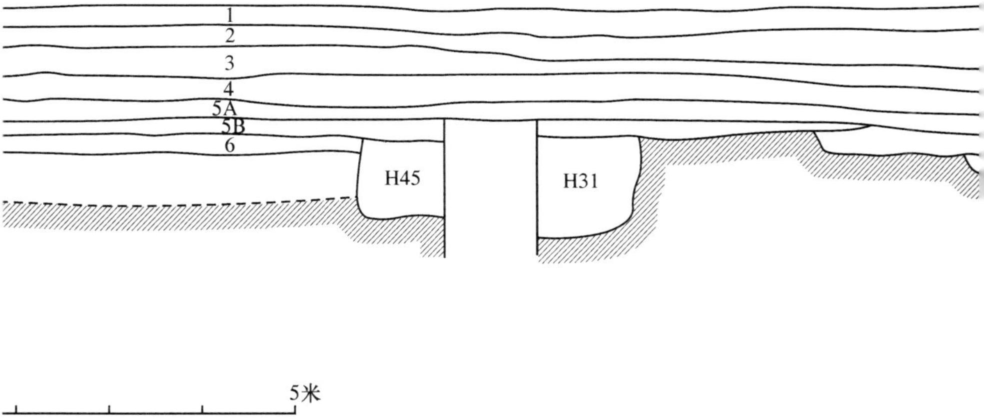

发掘区探方北壁剖面图

T1

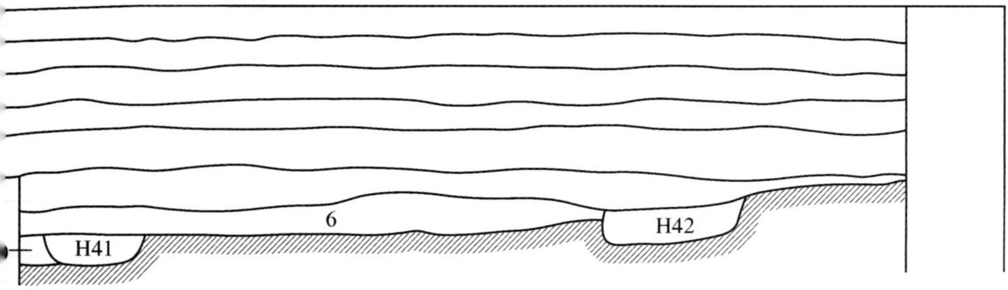

5

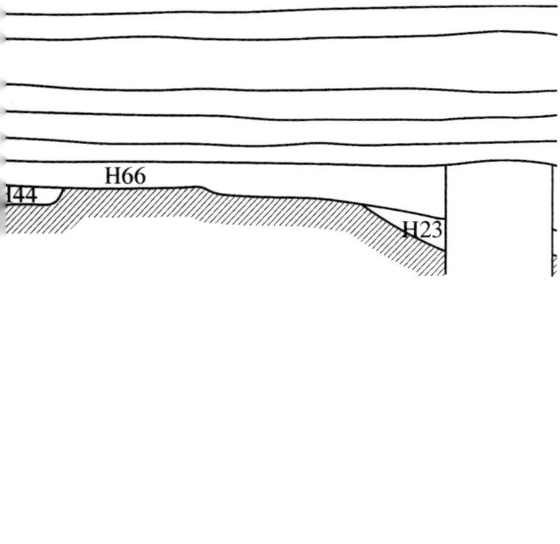

第4层：浅灰、深灰褐黏土，致密，较纯净，内含零星烧土粒，出土少量西周时期陶片。厚0.25～0.7、深0.9～1.6米。大汶口文化时期的G3、H2～H6、H16、H24、H29及龙山时期的H1、F1、D1开口于该层下。

第5A层：深灰褐、灰褐色黏土，质密，夹杂大量烧土块，少量烧土粒、草木灰，出土少量陶片，可辨器形有鼎足。厚0.1～0.55、深1.15～1.9米。H7、H26开口于该层下，为大汶口文化晚期。

第5B层：灰褐色黏土，致密，夹杂较多红烧土粒，发掘区东部含大量陶片，器形有陶罐、器盖、钵、鼎、篦等。厚0.1～0.45、深1.3～2.1米。东部地势较低。大部分灰坑如H19～H22、H31、H33、H36、H37、H42、H45、H53、H56、H66等，以及G4，基槽1、H11、H62、D8，ZD2～ZD7均开口于该层下。

第6层：灰褐色黏土，致密，夹有少许烧土粒及少量夹砂陶片。厚0.1～0.35米，东部深2.15～2.3、西部深1.3～1.55米，分布在发掘区东、西部。H17、H40、H41、H64、F2、基槽2等开口于该层下。

第7层：浅灰褐淤土，结构较紧密，细腻，夹有零星烧土粒。厚0.5～0.6、深1.55～2.15米。分布于发掘区西部，仅解剖T6、T7南部。

第7层之下为生土层。

二、大汶口文化遗存

（一）遗迹

大汶口文化时期遗存最为丰富，其中灰坑数量最多，其他遗迹较少。建筑遗迹包括房址1座、基槽2条、柱洞（坑）8个，灰坑64个，灰沟2条。

1. 建筑遗迹

（1）房址

1座。

F2　位于T6西部，T7的东部偏南，开口于第6层及F1垫土下，打破生土，被F1、H34、H56、H63打破。只清理了一部分，平面呈圆角长方形，东西长5、南北现宽2.2米，发掘面积10余平方米。东、北、西部由条状基槽围起，基槽宽0.2～0.3、深0.1～0.26米。四个圆形柱洞F2D1、F2D2、F2D3、F2D4分别置于房址东、北、西北角、中部偏西。柱洞口径0.2～0.6、深0.12～0.3米。柱洞堆积均为灰褐土，较松软，含少量灰烬。底部为7层浅灰褐淤土，基槽及柱坑内为灰褐土，结构紧密，细腻，含零星草木灰，出土少量陶片（图五；图版四，1、2）。各柱洞分述如下。

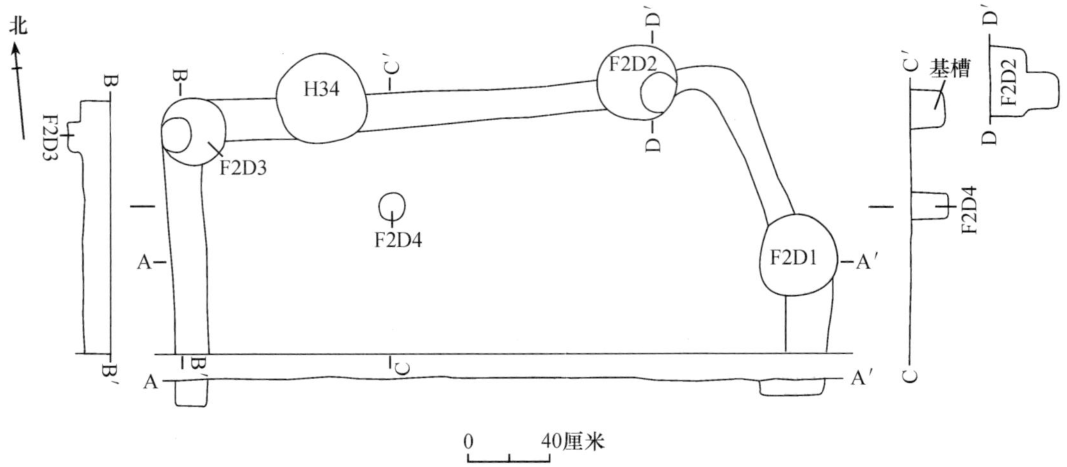

图五　大汶口文化F2平、剖面图

F2D1，位于房子的东部，圆形，径长0.6、深0.12米，直壁，平底。

F2D2，位于房子的北部偏东角，圆形，径长0.6、深0.28米，壁微内收，平底。内部有一圆形柱洞，径长0.2、深0.24米，直壁，平底。

F2D3，位于房子的西北角，圆形，径长0.5、深0.22米，直壁，平底。内有一圆形柱洞，径长0.22米，直壁，平底。

F2D4，位于房子的中部偏南，圆形，径长0.2、深0.3米，直壁，平底。

在T6、T7中还发现零散柱洞7个，T7最为密集，位于F2北部，因破坏太甚，难以确定排列情况。

（2）基槽

2条。

基槽1　位于T7西部。开口于5B层下，打破第6、7层，被H33打破。平面形状呈南北向长条形，壁略内收，底平。口部残长1.2、宽0.3、底部长1.2、宽0.26、深0.46米。填灰褐色土，质致密，含少量烧土粒、炭屑（图六）。

基槽2　位于T6西部。开口于第5B层下，打破第6、7层。平面形状呈南北向长条形，壁略直，较规整，底部凹凸不平。等距排列3个柱洞，柱洞为圆形，编号分别为基槽2D1、基槽2D2、基槽2D3。口部残长2.5、宽0.3米，底部长2.5、宽0.28、深0.1～0.36米。填灰褐色土，质致密，包含少量木炭，烧土粒，出土较少陶片（图七）。柱洞介绍如下。

基槽2D1，圆形，直壁，壁面规整，平底。口径长0.3、深0.2米。填灰褐色土，

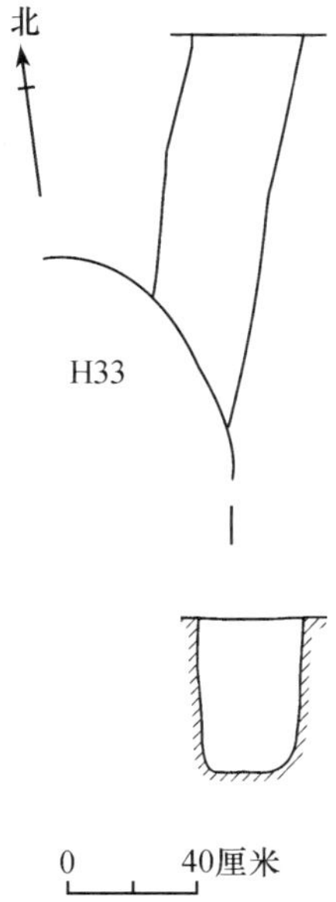

图六　基槽1平、剖面图

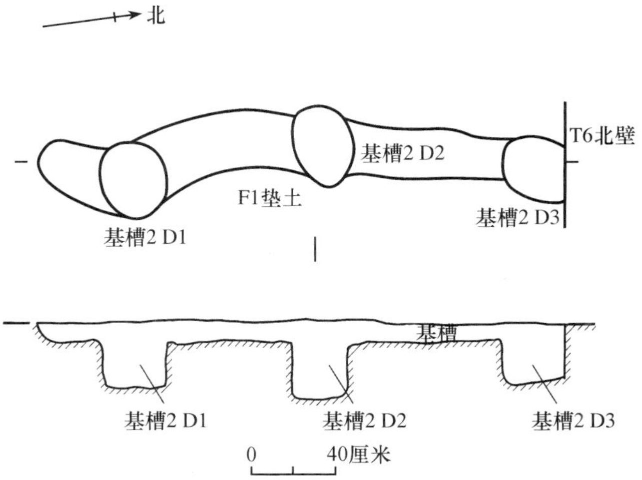

图七　基槽2平、剖面图

质较疏松，含木炭及少量烧土粒。

基槽2D2，圆形，直壁，壁面规整，平底。口径长0.26、深0.28米。填土为灰褐色，质较疏松，含少量木炭、烧土粒及灰烬。

基槽2D3，椭圆形，直壁，壁面规整，平底。口径长0.3、深0.22米。填灰褐色土，质较疏松，含木炭及少量烧土粒。

（3）柱洞（坑）

本次发掘区中共发现9个柱洞（坑），除了D1属龙山文化时期外，其余8个均为大汶口文化时期。D2～D9均分布于T6、T7中，平面形状呈圆形者居多，少量呈半圆形，个别柱洞（坑）呈椭圆形。柱洞大都口径长0.3～0.45、深0.16～0.4米。柱洞（坑）的填土均为灰褐色粉砂黏土，土质较致密，包含少量红烧土粒和灰烬等。在分布规律上，可以初步看出：D2与H30、H53、H59、H60构成一组；D4、D5、D6、D7呈东西向一条直线分布，位于F2北部，推测与F2房址相关。下面将各柱洞（坑）详细情况分述如下。

D2　位于T6东部。开口于第5B层下，被H53打破，打破第6、7层。平面形状近半圆形，壁微内收，壁面规整，平底，无加工痕迹。口径长0.4、底径长0.35、深0.15米。填灰褐色粉砂黏土，土质致密，含少量烧土粒（图八，1）。

D3　位于T6中部。开口于第5B层下，打破第6、7层。平面形状呈圆形，壁微内斜，壁面规整，平底，底面无加工痕迹。口径长0.25、底径长0.22、深0.24米。填灰褐色粉砂黏土，土质致密，含少量灰烬（图八，2）。

D4　位于T7东部。开口于第6层下，打破第7层。平面形状呈圆形，直壁，平

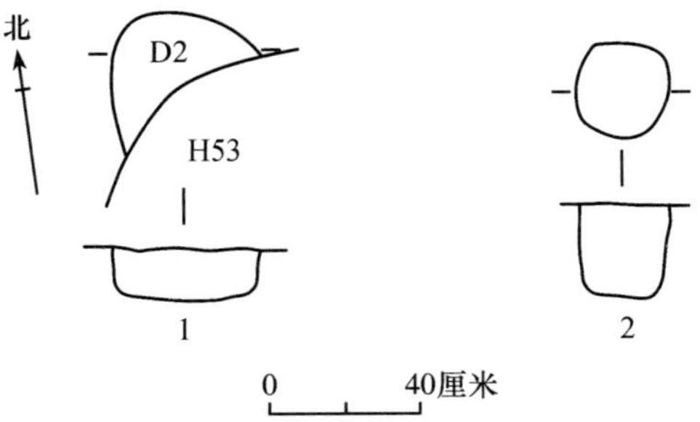

图八　D2、D3平、剖面图
1. D2　2. D3

底。口径长0.4、底径长0.4、深0.2米。填灰褐粉砂黏土，土质致密，含极少烧土粒，出土少量陶片（图九，1）。

D5　位于T7东部。开口于第6层下，打破第7层。平面形状呈圆形，直壁，平底。口径长0.45、底径长0.45、深0.18米。填灰褐色粉砂黏土，土质致密，含少量陶片、烧土粒（图九，2）。

D6　位于T7中东部。开口于第6层下，打破第7层。平面形状呈圆形，直壁，平底。口径长0.3、底径长0.3、深0.16米。填灰褐色粉砂黏土，土质致密，含少量陶片、烧土粒（图九，3）。

D7　位于T7中西部。开口于第6层下，打破第7层。平面形状呈圆形，直壁，平底。口径长0.35、底径长0.35、深0.16米。填灰褐色粉砂黏土，土质致密，含极少烧土粒（图九，4）。

D8　位于T7北部。开口于F1垫土下，打破第6、7层。平面形状呈半圆形，壁微内斜，底微弧，无加工痕迹。口径长0.2、底径长0.18、深0.4米。填灰褐色粉砂黏土，致密，含少量烧土粒（图九，5）。

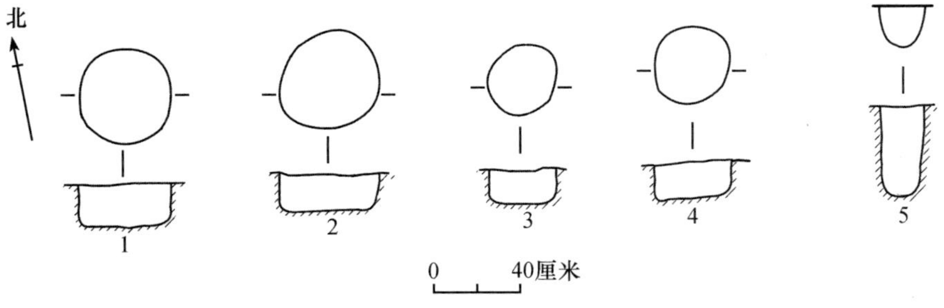

图九　D4～D8平、剖面图
1. D4　2. D5　3. D6　4. D7　5. D8

D9　位于T7东部。开口于第5B层下，打破第6、7层。平面形状呈椭圆形，剖面形状为台阶状，壁面不甚规整，底面无加工痕迹。口径长0.95、宽0.85米，底径长0.4、宽0.3、深0.4米。填灰褐色粉砂土，土质较致密，含较多红烧土（图一〇）。

2. 灰坑

64个。大多开口于第5B层下，少数开口于第4层和第6层下。根据平面形状，可分为圆形、椭圆形、长方形三种。大都为直壁，也有部分斜壁内收呈锅底状和弧壁呈袋状等；大部分是平底，亦有少量斜坡底，北高南低；口部最大径为0.7～12.67、深度大多为0.2～1.32米。坑内堆积大致分为两类：第一类，填灰褐色土，质较致密，含较多红烧土块与红烧土颗粒，夹杂少量草木灰或炭屑，并包含部分陶器残片，大多数灰坑属此类堆积；第二类，填浅灰色土，质较疏松，含大量草木灰，少量炭屑、红烧土颗粒及兽骨，出土较多泥质灰陶片。此外，还在部分灰坑底部发现人骨，如H34。

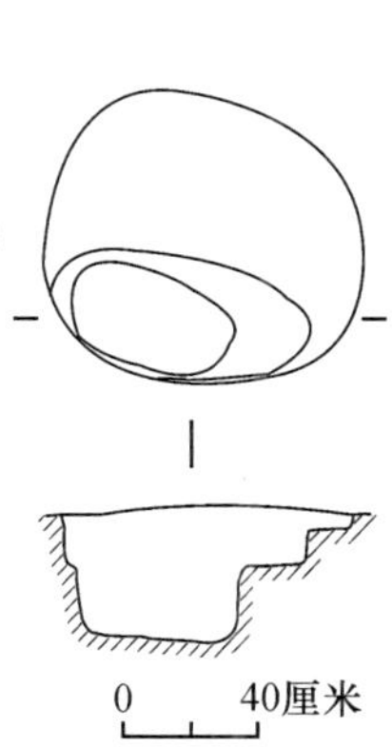

图一〇　D9平、剖面图

（1）圆形

28个。

H18　位于T2中部，开口于第5B层下，打破第6层。平面呈圆形，直壁，坑壁有加工痕迹，平底。口部最大径2.45、底部最大径2.3、深0.8～0.96米。填黑灰色土，质较疏松，含烧土、炭屑等。出土少量陶片，可辨器形有罐、鼎足、壶、鋬等（图一一；图版二，1）。

H33　位于T7西部，开口于第5B层下，打破基槽1和第6、7层。平面呈圆形，斜壁内收，平底。口径2.19、底径1.7、深0.7米。填灰褐色土，质较致密，含大量红烧土颗粒，夹杂少量炭屑。出土残石器1件；陶片较少，可辨器形有罐、壶、瓮、鼎足等（图一二；图版二，2）。

H34　位于T7中东部，开口于第5B层下，打破第6、7层。平面呈圆形，剖面呈袋状，壁面略规整，平底，底面无明显加工痕迹。口径0.9、底径1.1、深0.66米。填灰褐色土，质较致密，含较多红烧土颗粒，少量陶片。底部偏东处发现1具人骨，

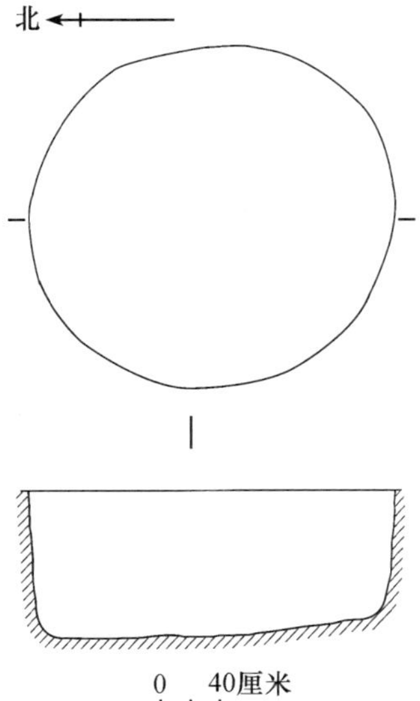

图一一　H18平、剖面图

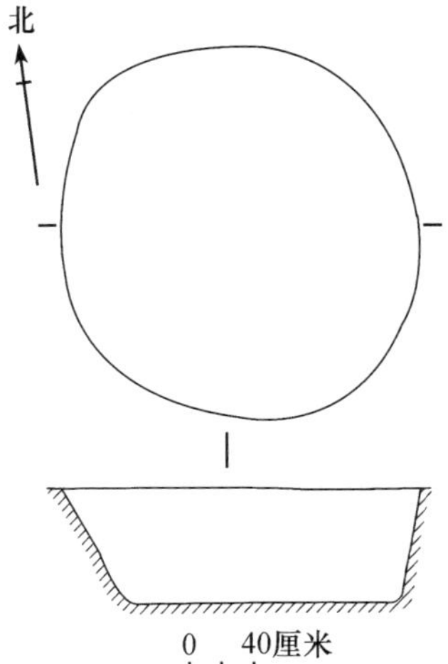

图一二　H33平、剖面图

屈肢，头向150°，仅存头骨、肢骨、肋骨等，保存较差。头骨东南部有石球1件（图一三；图版二，3）。

H35　位于T6中西部，开口于第5B层下，打破第6、7层。平面呈圆形，弧壁，袋状，平底。口径0.8、底径1.44、深1米。填灰褐色土，质较致密，含较多红烧土块与红烧土颗粒，夹杂少量炭屑。出土陶片较少，可辨器形有鼎、壶、豆等（图一四；图版二，4）。

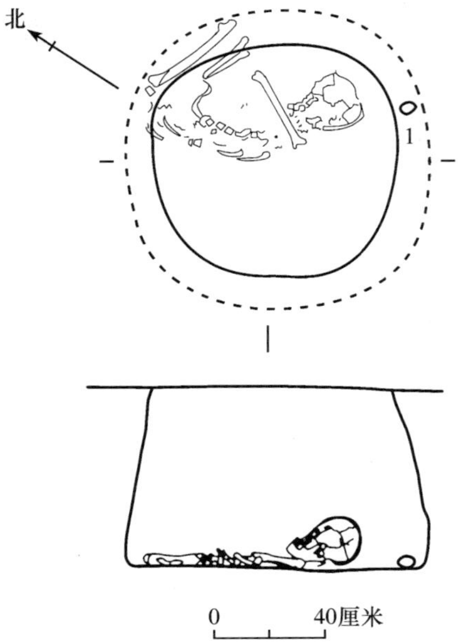

图一三　H34平、剖面图
1. 石球

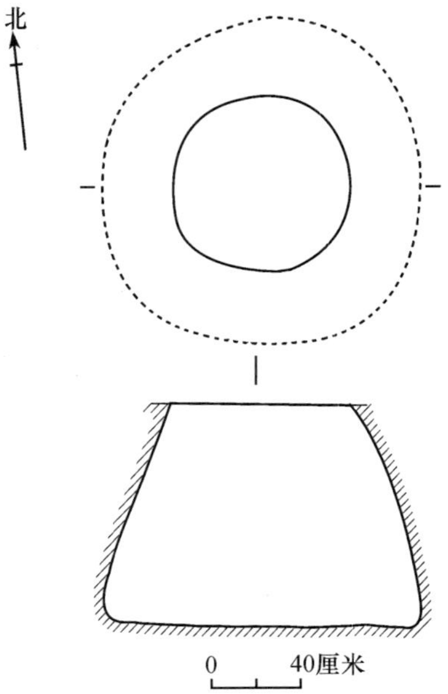

图一四　H35平、剖面图

H47　位于T4西部，开口于第5B层下，被H26、H66、G3打破，打破H23、H48。平面呈圆形，直壁，壁面加工较光滑、规整，平底。口径1.69、底径1.68、深0.49米。填浅灰色土，质较疏松，含大量红烧土块与红烧土颗粒，夹杂少量炭屑、蚌壳。出土少量陶片，可辨器形有罐、鼎足及纺轮1件（图一五）。

H52　位于T5东南部，开口于第5B层下，被G3、H12打破，打破H66。平面近圆形，剖面呈袋状，壁面略规整，底面无加工痕迹。口长径1.3、短径约1.2、底径1.6、深0.8米。填灰褐色土，质较致密，含少量红烧土颗粒、草木灰。出土陶片较少，可辨器形有罐、鼎、豆、器盖等。清理至底部约0.2米处发现1具儿童骸骨，屈肢，头向225°，腐朽严重，保存较差（图一六）。

H59　位于T6东南部，开口于第5B层下，被H53打破，打破第6层。平面近圆形，斜壁内收，底部略平，壁面不规整。口径0.7、底径0.6、深0.23米。填灰褐色土，

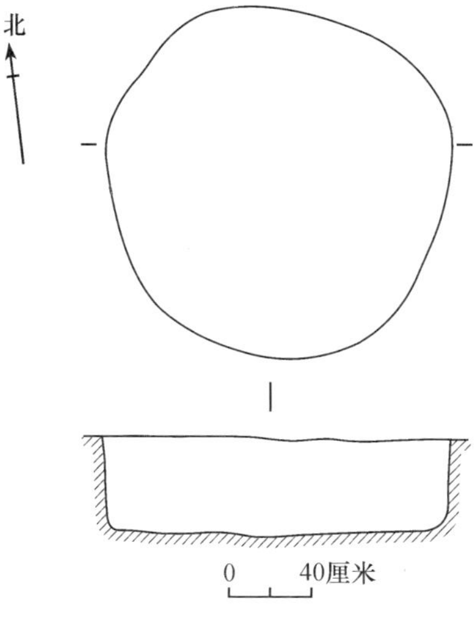

图一五　H47 平、剖面图

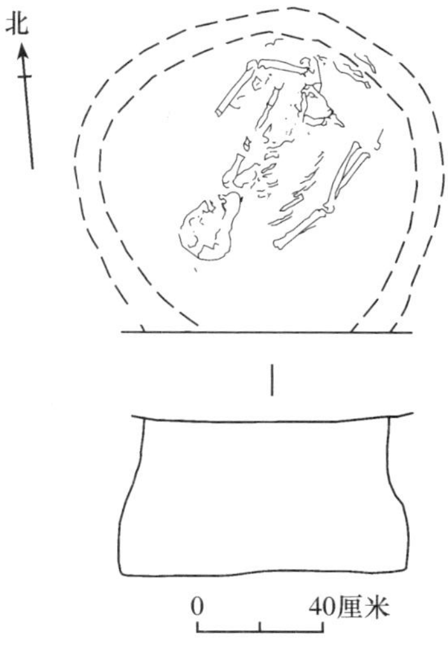

图一六　H52 平、剖面图

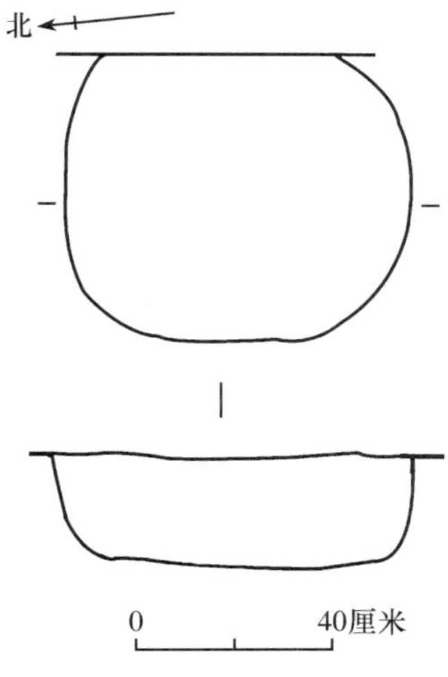

图一七　H59 平、剖面图

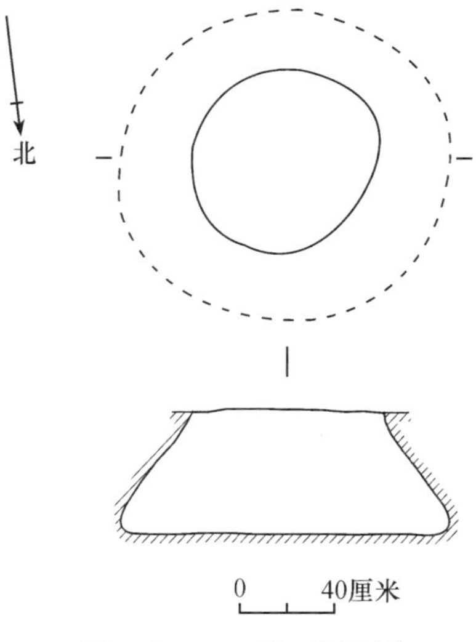

图一八　H61 平、剖面图

质致密，含少量红烧土颗粒。出土少量陶片，坑底部置 1 件陶鼎（图一七）。

H61　位于 T6 中西部，开口于第 5B 层下，被 F1 打破，打破第 6 层。平面近圆形，剖面呈袋状，斜壁，平底。口径 0.8、底径 1.4、深 0.52 米。堆积为灰褐色土，质较致密，含少量红烧土颗粒、炭屑，出土陶片较少（图一八）。

（2）椭圆形

32 个。

H6　位于 T3 中西部，开口于第 4 层下，被 H4 打破，打破 H20、H27、H37。平面近似椭圆形，南部深 0.58 米，为近圆形深坑状，南壁斜直内收，西壁陡直；北部深

0.26 米，平底。口部长径 3.47、短径 2.3、底部长径 3.06、短径 1.2 米。填深灰褐色粉砂黏土，质较疏松，含大量草木灰、炭屑及少量红烧土粒。出土陶片较多，可辨器形有鼎、罐、盆、壶等（图一九）。

H11　位于 T6 西北部，开口于 F1 垫土层下，打破 H51 与第 6、7 层。平面近椭圆形，北高南低，北部直壁近方，南部呈袋状，平底。口部残长径 1.88、短径 1.2、底部宽 1.4～1.8、深 1.1 米。坑内堆积分为 3 层：第 1 层，厚 0.5 米，填浅灰褐色粉砂黏土、淤土，质较致密，含零星红烧土粒，少量陶片；第 2 层，厚 0.35 米，深灰褐色黏土，质较疏松，含较多红烧土块，少量陶片；第 3 层，厚 0.25 米，灰褐色粉砂黏土，质较致密，含零星红烧土粒，少量陶片。坑内出土陶器可辨器形有罐、鼎等（图二〇；图版三，2）。

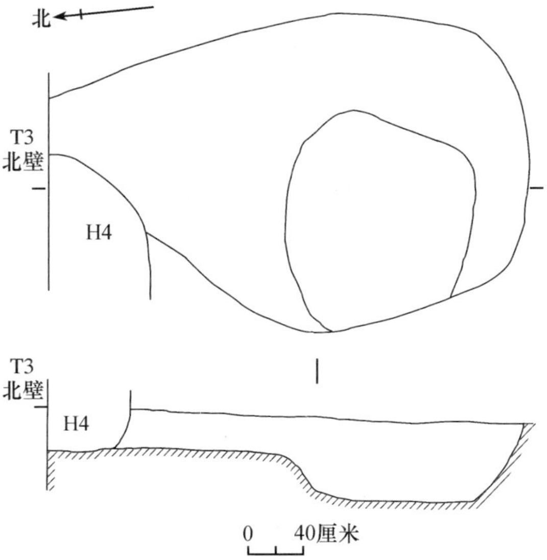

图一九　H6 平、剖面图

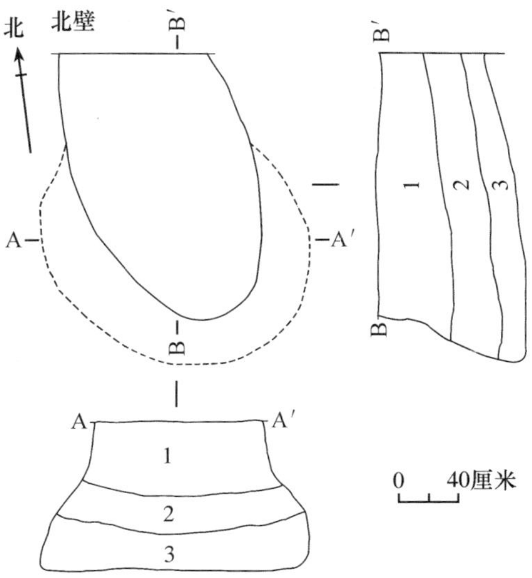

图二〇　H11 平、剖面图

H20　位于 T3 中北部，开口于第 5B 层下，被 H6 打破，打破生土。平面呈椭圆形，斜壁。口部最大径 2.68、底部最大径 2.4 米。底不平，西部深 0.67 米，东部深 0.48 米。填深灰褐色土，质较疏松，含少量骨角、蚌壳、红烧土块等，坑底部发现大量草木灰、炭屑。出土较多夹砂红褐陶、泥质灰陶、黑陶，少量彩绘陶片等，可辨器形有罐、盆、尊、器盖、鼎足等（图二一）。

H23　位于 T4 中部，开口于第 5B 层下，被 H26、H47、H48、H50、H66 打破，打破 H49、生土。仅发掘其南部，平面呈椭圆形，斜壁，底部略平呈锅底状。口部长径 7.9、底部长径 7.3、深 0.4 米。填浅灰色土，质较疏松，含大量草木灰，少量炭屑、红烧土颗粒及兽骨。出土较多泥质灰陶片，可辨器形有罐、器盖等（图二二）。

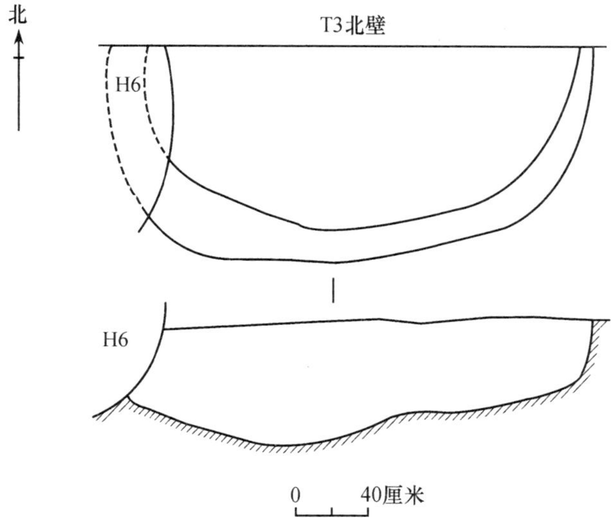

图二一　H20平、剖面图

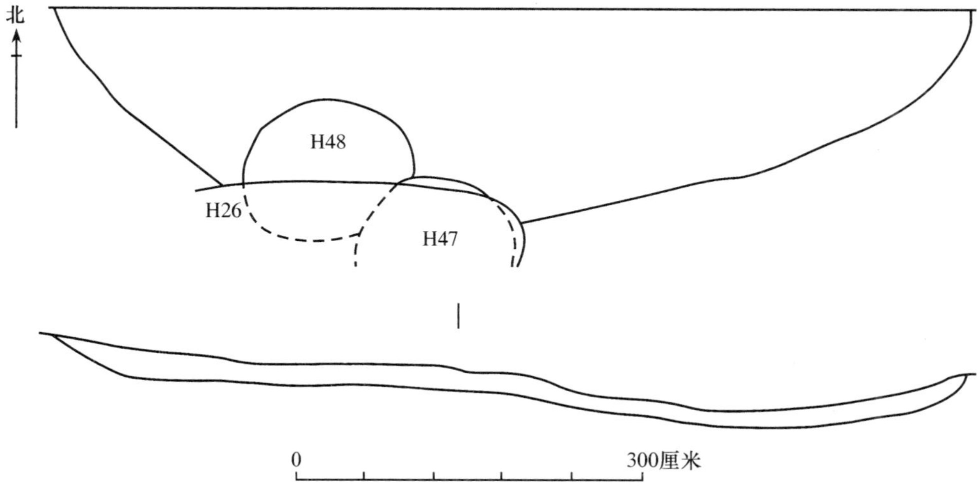

图二二　H23平、剖面图

H24　位于T3中西部，开口于第4层下，被H3打破，打破H36、H37、H43、H66。平面呈椭圆形，直壁，平底。口部长径1.85、短径1.4、底部长径1.37、深1.32米。坑内堆积分为3层：第1层，厚0.66米，填浅黄色土，质较疏松，含大量红烧土块与红烧土颗粒，夹杂少许炭屑、草木灰、蚌壳。出土较多陶片，西部出土1件石磨盘；第2层，厚0.34米，填浅黄褐色土，质疏松，含大量红烧土颗粒，夹杂少许炭屑。出土大量泥质灰陶片；第3层，厚0.32米，填灰褐色土，质疏松，含大量红烧土块与红烧土颗粒，夹杂少许炭屑、兽骨。出土大量陶片，坑内可辨器形有罐、盆、豆、壶、器盖等（图二三）。

H26　位于T4西南部，开口于第5A层下，被G3打破，打破H23、H47、H66。平面呈椭圆形，斜壁，壁面加工粗糙，平底。口部长径3.22、短径1.21、底部长径3.08、短径1.14、深0.43米。填深褐色土，质较致密，含大量红烧土块与红烧土颗粒，少量炭屑。出土大量陶片，可辨器形有罐、盆、鼎、壶、器盖纽等（图二四）。

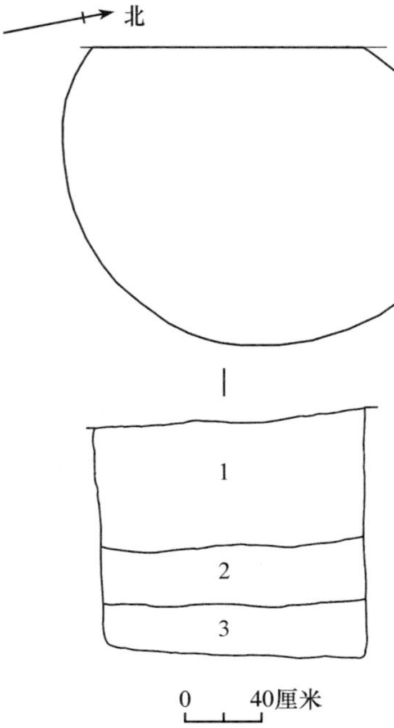

图二三　H24平、剖面图

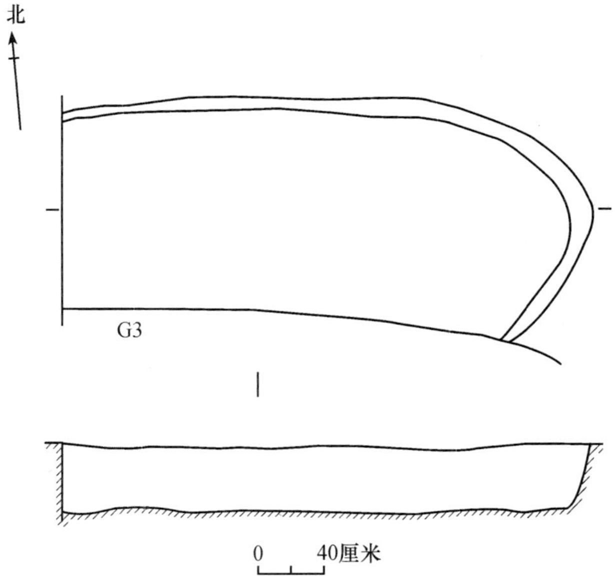

图二四　H26平、剖面图

H66　位于T4全方、T5大部，向东延伸至T3西北角，仅发掘其南部。开口于第5B层下，被H2、H4、H12、H16、H24、H25、H26、H52、G3打破，打破H23、H37、H43、H44、H47～H49。仅发掘其南部，平面呈椭圆形，斜壁，西高东低，西部底略平，深约0.45米，东部较低洼，深约0.75米。口部长径11.63米。填深灰褐色土，质较疏松，含大量草木灰、蚌壳、兽骨。出土陶片丰富，可辨器形有罐、盆、豆、鼎、壶、薄胎高柄杯、筒形杯、器盖、箅、陶环等（图二五；图版三，1）。

（3）长方形

4个。

H17　位于T1西北部，开口于第6层下，打破生土。平面呈圆角长方形，直壁，平底。口部长1.64、宽0.54、底部长1.5、深0.2米。填黑灰色土，质致密，含少量红烧土颗粒和蚌壳残渣。出土一副猪骨架和少量陶片，可辨器形有罐、盆等（图二六A、图二六B）。

H57　位于T6中北部，开口于第5B层下，打破6层。平面呈长方形，直壁，壁

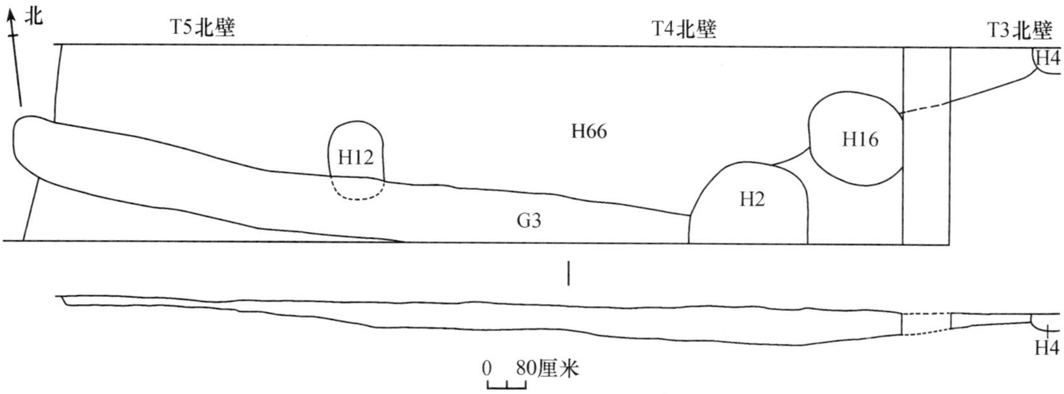

图二五 H66平、剖面图

面无加工痕迹，平底。口部长1.86、宽0.5、底部长1.86、宽0.5、深0.6米。填黄褐色粉砂黏土，质较致密，夹杂零星红烧土颗粒，出土陶片较少（图二七；图版三，3）。

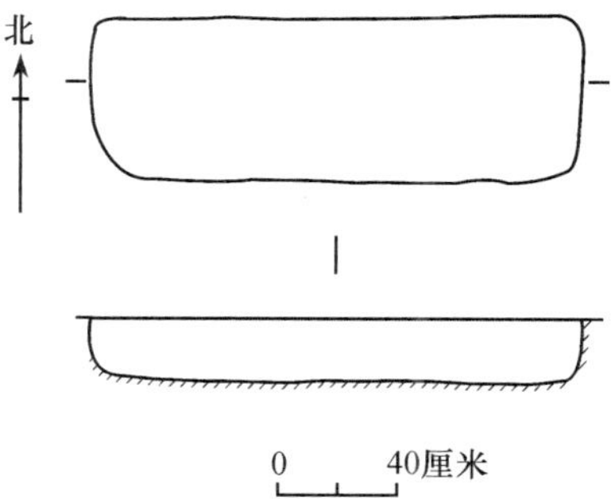

图二六A H17平、剖面图

3. 灰沟

2条。

G3 位于T4南部，延伸至T5。开口于第4层下，被H2打破，打破H12、H25、H26、H47、H52、H66。平面呈东西向长条形，斜壁内收，平底，加工粗糙。口部长12.66、宽1.36、底部长11.7、深0.48米。填浅黄色土，较致密，含少量红烧土及草木灰。出土陶器可辨器形有罐、杯、鼎足等（图二八）。

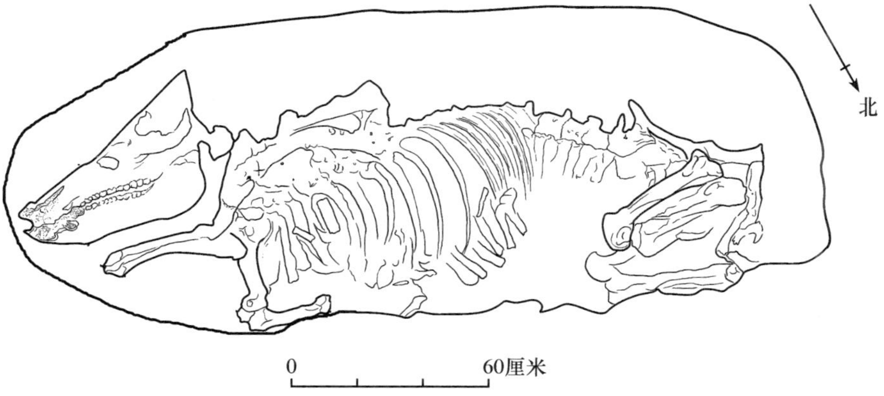

图二六B H17出土猪骨架平面图

G4　位于T7西部。开口于第5B层下，打破第6层。平面形状呈南北向长条状，斜壁，圜底。口部残长4、宽2、底部残长4、深0.55米。堆积为灰褐色土，质致密，坑内含少量陶片（图二九）。

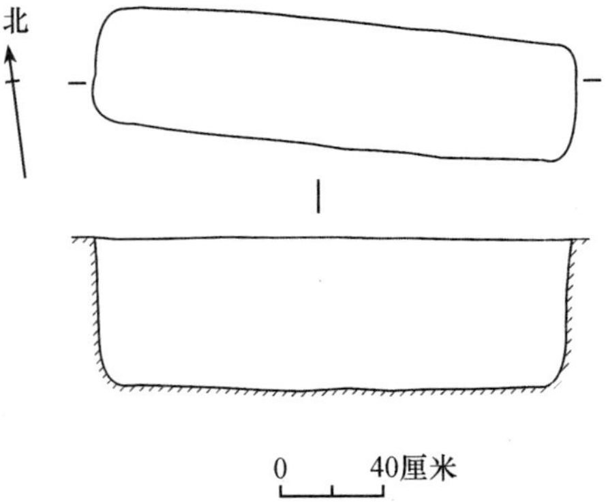

图二七　H57平、剖面图

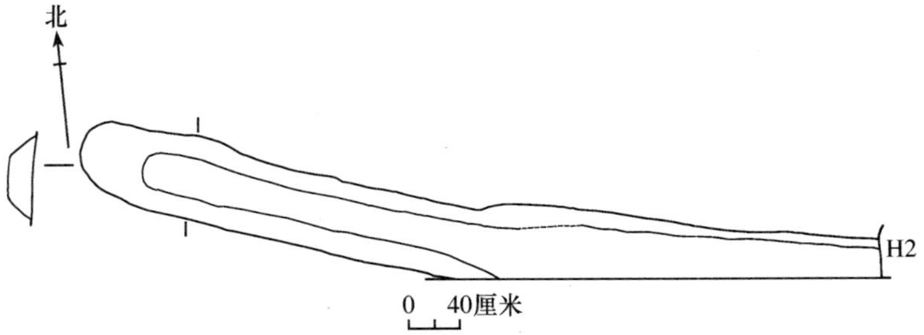

图二八　G3平、剖面图

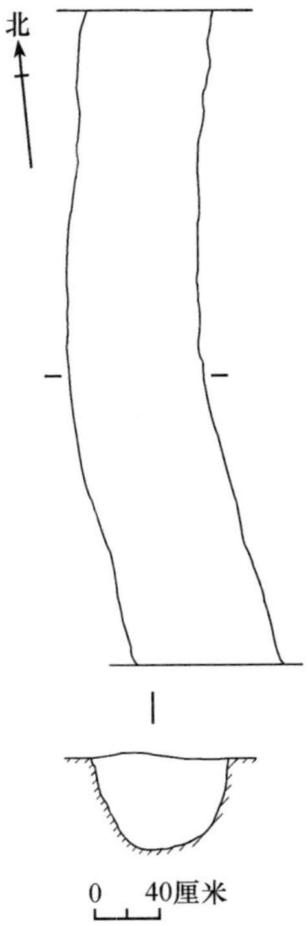

图二九　G4平、剖面图

（二）遗物

主要有陶、石、鹿角器等，其中陶器为大宗，其他类较少。下面按照质料分类介绍如下。

1. 陶器

陶器依用途可分为生活用器、生产工具及艺术品等种类，其中器形包括鼎、罐、盆、豆、壶、杯、钵、鬶把手、箅、盘、尊、罐形器、把手器盖、纺轮、圆陶片、环、兽形器等。

在各种器类中，流行三足圜底器和平底器，圈足器少量，常见器形有鼎、罐、盆、豆、壶，成为稳定的组合形式，在所有器物构成中占70%～80%。

按质地可分为夹砂和泥质两大类，其中夹砂陶居多，灰坑中夹砂陶一般占52.3%～68.7%，个别高达80%以上。夹砂陶中最多的器形是鼎、罐、器盖、甗、箅，以及少量的盆。不同器类的含砂量及砂砾粗细有别，鼎、甗、箅等炊器中含砂量稍大，罐、盆中含砂量稍小，鬶、器盖中常含细砂。泥质陶常见于豆、壶、折沿盆与部分罐、钵及各种杯等器形中，不同器类其泥质的细腻程度有别，薄胎高柄杯最细腻，部分青灰色胎质的窄折沿罐次之。

陶色以灰色系为主，其次为红褐色系，器表常常斑驳不一，色泽深浅有别。常见的陶质陶色组合为夹砂灰、红褐、红陶，泥质灰、黑（灰）皮、红、红褐、青灰陶等。灰色占20%～30%，红褐色占10%～25%，红、青灰、黑皮陶等亦占部分比例，其他陶色较少。

器表多为素面，少量磨光或施陶衣，少见彩陶。常见装饰形式有篮纹、方格纹、布纹、绳纹、凹弦纹、刻划纹、附加堆纹、镂孔、鸡冠耳、凸棱、戳刺等（图三〇、图三一）。篮纹最普遍，多饰于鼎、罐、盆、甗等器的腹部。此外，在器盖和盆外壁上可见轮旋制作痕迹。

彩绘陶片　H66：17，罐口、腹片。泥质红褐陶，斜折沿，外壁饰斜平行线与三角折线组成的纹饰。残长8.7、残宽7.3厘米（图三一，2）。H20：1，盆口、腹片。泥质灰陶，绘红彩方格纹。残高11.9厘米（图三一，1）。

鼎　10件。均为夹砂陶，为实用器。除2件为盆形鼎与其他型鼎外，其余均为罐形鼎。

盆形鼎　1件。H37：1，夹砂红陶。侈口，圆唇，斜折沿，折腹，圜底，足残。腹部有一周凸棱。口径18.8、残高7厘米（图三二，4）。

罐形鼎　8件。根据腹部、底部特征，可分二型。

A型　3件。鼓腹，平底。均素面。可分三式。

Ⅰ式：1件。T6④：2，器形较小，夹粗砂红褐陶，内壁灰黑。尖唇，斜折沿，鼓腹，腹部最大径偏上，小平底，凿形足，足根凸起，三足微向外撇。腹部最大径处饰两对称錾耳，残，两錾耳之间饰一圈锥刺圆点纹。口径15.6、底径8.7～9、残高15.3厘米（图三二，2；图版五，5）。

Ⅱ式：1件。H66：1，器形较大，夹粗砂红褐陶，内壁呈灰色。尖唇，斜折沿，沿面近唇部有一道凹槽，鼓腹，腹部最大径偏上，小平底，侧装凿形足，足正面呈舌形，侧面呈三角形，三足微向外撇。腹部最大径处饰一圈锥刺圆点纹，并在两侧附对称鸡冠状堆纹。口径21.2～21.5、底径11.6、通高23.2～24.4厘米（图三二，1；图版五，6）。

Ⅲ式：1件。H31：1，夹砂红褐陶。圆唇，斜折沿，上腹部饰两个对称鸡冠耳，扁凿形足。口径14.8、残高13、通高约19厘米（图三二，3）。

图三〇　大汶口文化陶器纹饰拓片

1、4、5. 篮纹（T4⑤：9、T1⑥：15、T5⑤：6）2. 方格纹（T4⑤：10）
3. 弦纹（T4⑤：11）6、7. 绳纹（H66：19、H66：20）

B型　5件。深腹，圜底。均饰篮纹。H62：1，夹砂灰陶，宽斜折沿，深腹微鼓，圜底，宽扁凿形足，三足竖直，足面竖刻一道凹槽，腹饰斜向篮纹，上腹部饰对称鸡冠耳。口径18.2、通高26.7厘米（图三二，10，图版五，4）。H6：3，仅余底部和足。腹部饰附加堆纹，铲状足平面饰两道凹槽。残高9.2厘米（图三二，6）。H63：1，底及足残。方唇，折沿，沿面稍卷，上部饰三道凹槽，弧腹，腹部饰竖向篮纹。口沿下饰两道凹弦纹。下腹部饰一周附加堆纹。口径19.2、残高13.5厘米（图三二，8）。H19：1，小型鼎。残，夹砂灰陶，圜底，宽扁凿形足，三足竖直，足面竖刻一道凹槽。腹部饰篮纹。残高11.7厘米（图三二，9）。H35：1，夹砂灰陶。方唇，宽斜折沿，近

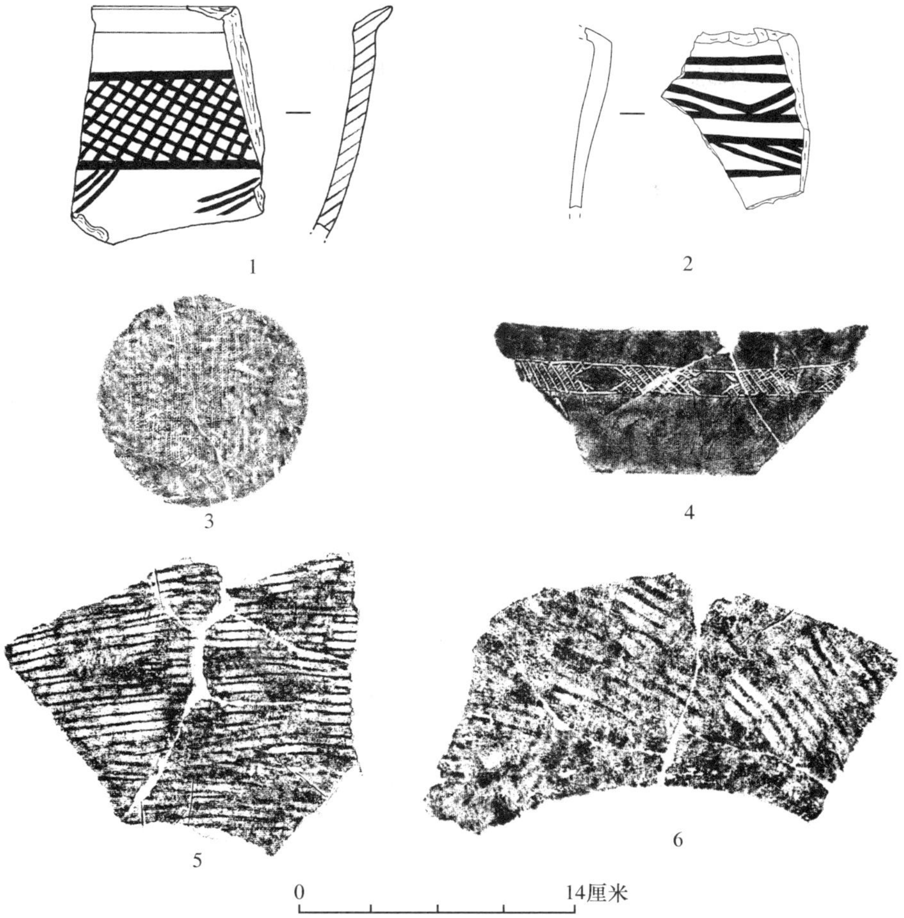

图三一　大汶口文化彩绘陶片、陶器纹饰拓片

1、2. 彩绘陶片（H20：1、H66：17） 3. 布纹（H12：2） 4. 刻划纹（H66：18） 5、6. 篮纹（H8：1、H47：2）

圆腹，圜底，宽凿形足，三足竖直，足面竖刻一道凹槽，腹饰斜向篮纹。口径 16.1、通高 19.6 厘米（图三二，7，图版五，3）。

其他型鼎　1 件。H59：1，夹砂红陶。口沿及上腹部残，下腹斜收，平底，三足残存根部。腹部饰细绳纹。底径 11、残高 9.6 厘米（图三二，5）。

除陶鼎外，还发现 91 件鼎足，其形式多样。主要为夹砂陶，泥质陶较少见，多单独制作后再与腹底部黏合，常在安足处刻短凹槽，或在足跟的正面或侧面刻凹槽、按浅窝。依整体形制大致分三种：三角凿形、宽扁凿形、铲形。下面择几例介绍。F2：1，夹砂红陶。侧三角凿形足。足根正中有按窝一个。高 7 厘米（图三三，1）。H33：2，夹砂红陶。侧三角凿形足。高 7.4 厘米（图三三，2）。H66：15，夹砂红陶。扁凿形足。正中上部有两个戳印窝。高 6.5 厘米（图三三，5）。H25：1，夹砂灰陶。凿形足，侧面呈三角形。高 9.4 厘米（图三三，4）。T4⑤：8，夹砂红

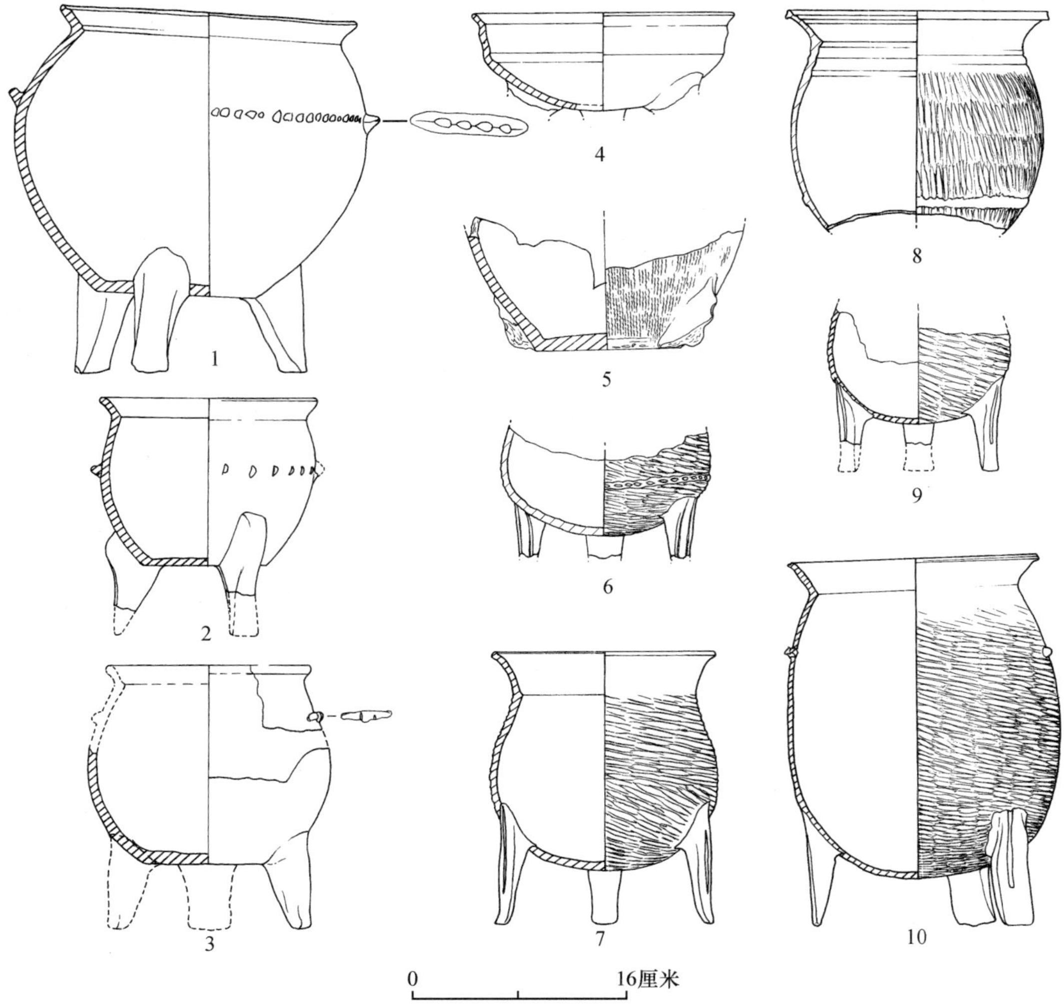

图三二　大汶口文化陶鼎

1. A 型Ⅱ式罐形鼎（H66：1）2. A 型Ⅰ式罐形鼎（T6④：2）3. A 型Ⅲ式罐形鼎（H31：1）4. 盆形鼎（H37：1）5. 其他型鼎（H59：1）6～10. B 型罐形鼎（H6：3、H35：1、H63：1、H19：1、H62：1）

陶。上部横截面近三角形，正面捏制出脊，下部为凿形，足残。正面上部有一个按窝。残高 8 厘米（图三三，3）。T3⑤：4，夹砂红陶。凿形足。上部有两个按窝。高 8.8 厘米（图三三，6）。T1⑤：14，夹砂红陶。铲状足。正中有一道竖刻槽。高 9 厘米（图三三，7）。T1⑤：5，夹砂红褐陶。上部横截面近三角形，正面捏制出脊，正中及两侧各有一道竖刻槽，下部为扁凿形。高 9.2 厘米（图三三，8）。H26：2，夹砂红陶。扁凿形足。正面一道竖刻槽。高 10.1 厘米（图三三，9）。H26：3，夹砂红陶。宽扁铲形足。正面三道竖刻槽。残高 7.8 厘米（图三三，10）。G3：2，夹砂红陶。两侧为侈三角形。饰戳印纹，正面两边有竖刻线，内填斜线。残高 9 厘米（图三三，11）。

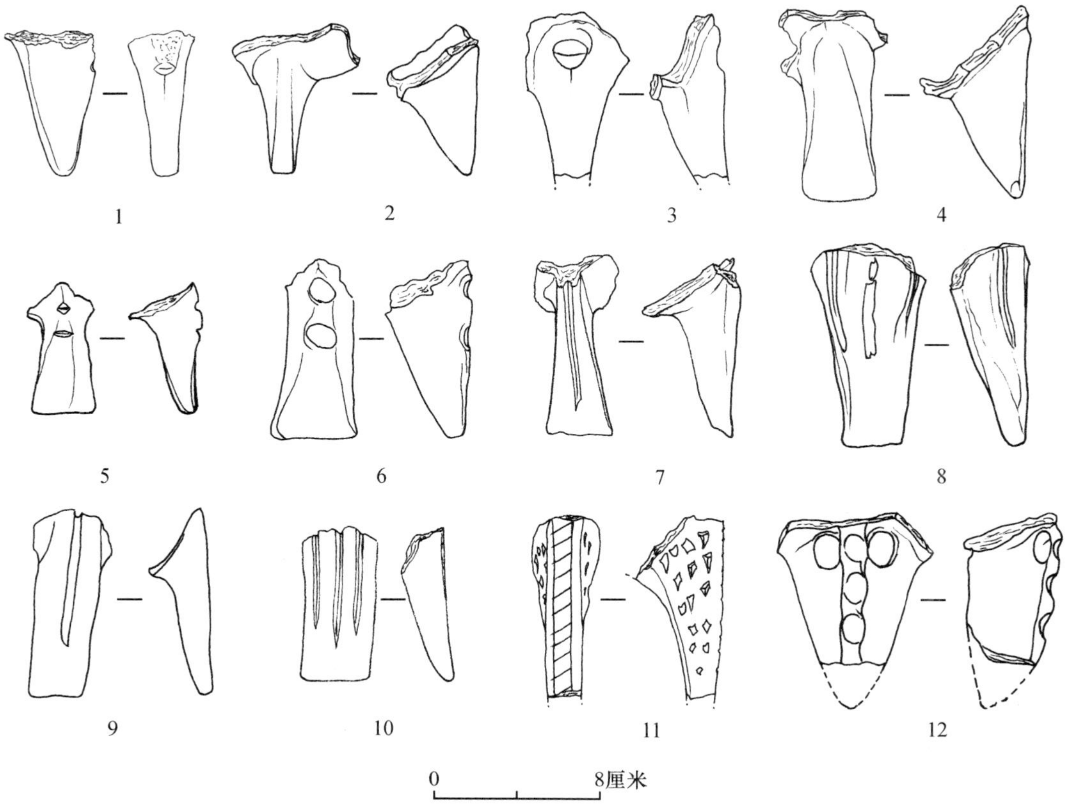

图三三　大汶口文化、龙山文化陶鼎足

1～11. 大汶口文化鼎足（F2：1、H33：2、T4⑤：8、H25：1、H66：15、T3⑤：4、T1⑤：14、T1⑤：5、H26：2、H26：3、G3：2）　12. 龙山文化鼎足（T5④：3）

罐　7件。根据口、沿和腹部特征，可分A、B、C及其他型。

A型　4件。大口，折沿，深腹，最大径偏上。又可根据形体特征划分为二亚型。

Aa型　2件。形体瘦高。素面。据口沿及腹部变化，可分二式。

Ⅰ式：1件。H66：13，夹砂灰褐陶，红胎。尖唇，窄斜折沿，鼓腹，平底。上腹饰对称鸡冠耳。口径14、底径8.5、腹径18、通高15.5厘米（图三四，4；图版六，1）。

Ⅱ式：1件。T6⑥：2，夹砂红褐陶。尖唇，斜折沿，口沿稍宽，有明显轮痕，深腹，平底。上腹饰对称鸡冠耳。口径14.5、腹径20、底径10.5、高22.5厘米（图三四，6）。

Ab型　2件。形体较胖。据口沿及腹部变化，可分二式。

Ⅰ式：1件。H23：2，夹砂红褐陶。方唇，唇面有一道凹槽，沿面较宽，鼓腹。腹中部饰对称鸡冠耳，沿鸡冠耳饰一周附加堆纹。素面。口径15、底径10、通高18厘米（图三四，1；图版五，1）。

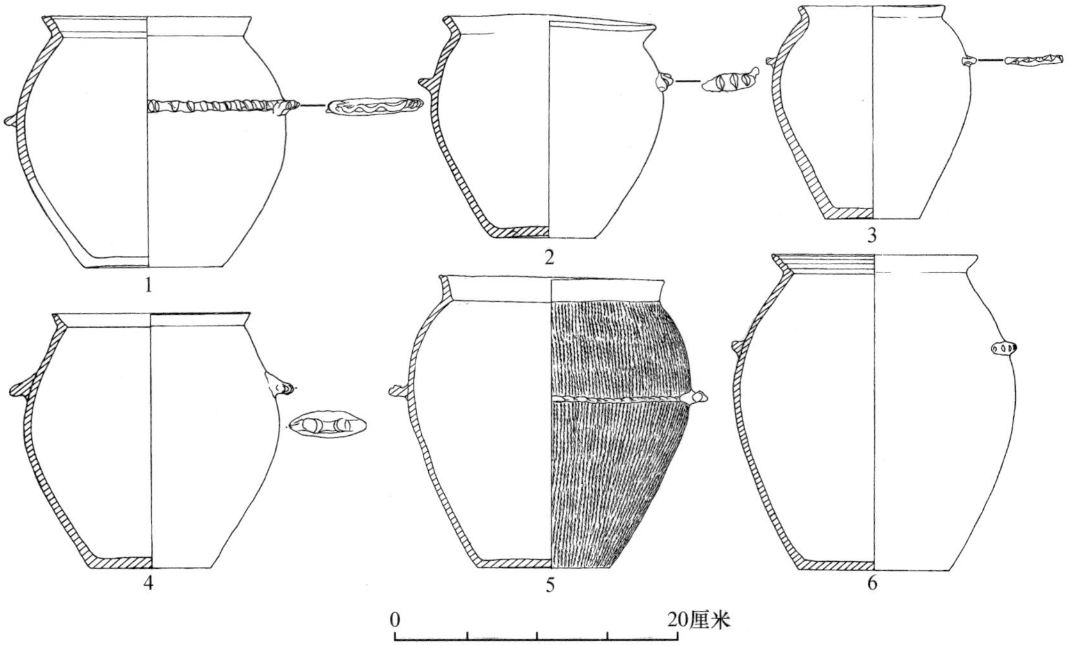

图三四　大汶口文化陶罐

1. Ab 型Ⅰ式（H23：2）2. B 型（T6⑥：1）3. C 型（H53：2）4. Aa 型Ⅰ式（H66：13）
5. Ab 型Ⅱ式（H66：10）6. Aa 型Ⅱ式（T6⑥：2）

Ⅱ式：1 件。H66：10，夹砂灰陶。方唇，斜折沿稍直，鼓腹。上腹有一对鸡冠耳，一周附加堆纹，通体饰中绳纹。口径 16、底径 9、通高 20.5 厘米（图三四，5；图版五，2）。

B 型　1 件。大口，斜沿，鼓腹，下腹斜收。T6⑥：1，夹砂灰陶。方唇，平底略内凹。上腹饰对称鸡冠耳。口径 15、底径 7.5、腹径 16.5、通高 15～16 厘米（图三四，2；图版六，3）。

C 型　1 件。小口，窄卷沿，深腹。H53：2，夹砂红褐陶。素面，器表面斑驳，上部多有烟熏痕迹。圆唇，小平底。最大腹径在中上部，饰一对对称鸡冠状横耳。口径 10～10.5、底径 9、腹径 14、通高 15 厘米（图三四，3；图版六，2）。

其他型　1 件。H35：2，红胎黑皮陶。圆唇，斜折沿，沿面内凹，深弧腹，口径小于腹径，平底。口径 13.4、通高 14.6 厘米（图三六，2）。

罐口沿　154 件。根据口沿形状，可分三型。

A 型　110 件。折沿。除 H66：7 外，均为夹砂陶。H6：1，灰陶。圆唇，斜折沿，沿内侧有三道浅凹槽，上腹鼓出。口径 18、残高 6.7 厘米（图三五，5）。H20：3，灰陶。圆唇，斜折沿，沿面略凹，鼓腹。口径 17.4、残高 6 厘米（图三五，3）。H24：4，灰陶。尖圆唇，斜折沿，鼓腹。口径 17.6、残高 5.6 厘米（图三五，4）。H49：1，灰陶。尖

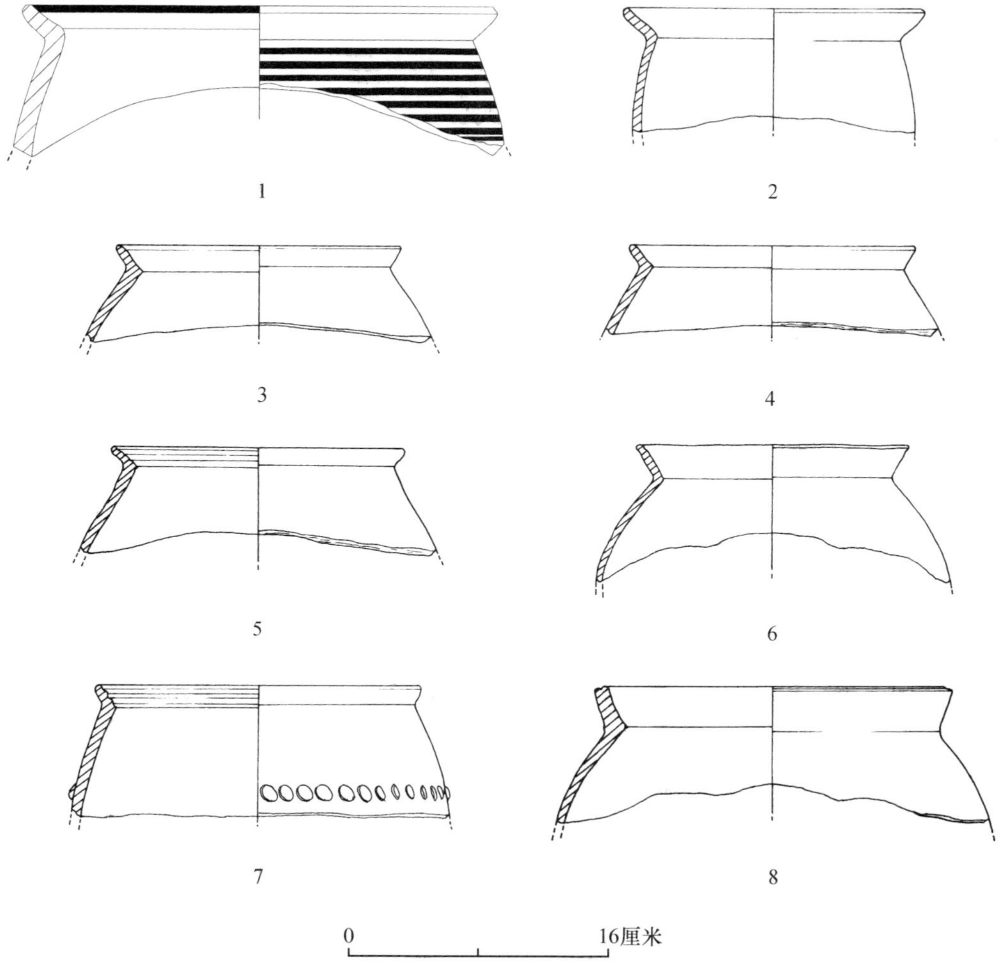

图三五 大汶口文化A型罐口沿

1. H66：7 2. H49：1 3. H20：3 4. H24：4 5. H6：1 6. T7⑥：1 7. H66：4 8. T1⑥：3

圆唇，斜折沿较宽，略内凹，斜腹。口径19.2、残高7.7厘米（图三五，2）。H66：4，灰陶。圆唇，沿面有两道凸棱，鼓腹。上腹有一周乳钉状附加堆纹。口径20、残高8.2厘米（图三五，7）。H66：7，泥质抹光红陶。圆唇，斜折沿微内凹，鼓腹。通体绘黑色条状彩绘。口径14、残高4.5厘米（图三五，1）。T1⑥：3，红陶。侈口，斜折沿，方唇。唇面有一周凹弦纹，素面。口径22、残高8.5厘米（图三五，8）。T7⑥：1，红陶。圆唇，斜折沿较宽，鼓腹。口径16.8、残高8.5厘米（图三五，6）。

B型 30件。卷沿。除T1⑥：6为夹砂陶外，均为泥质陶。H16：4，抹光灰陶。尖唇，沿稍卷，鼓腹。口径11、腹径15、残高9.2厘米（图三六，3）。H20：7，红陶。敛口，尖唇，鼓腹。口径10.8、腹径15、残高6.7厘米（图三六，5）。H66：6，灰陶。尖唇，腹斜外张，外有红彩绘残痕。口径16.8、残高5.7厘米（图三六，6）。

T1⑥：6，灰陶，局部为红褐色。尖唇，小沿，圆肩，鼓腹。腹中部饰对称鸡冠耳。口径约 7.8、残高 10.4 厘米（图三六，7）。T5⑤：1，泥质灰陶。尖唇，窄卷沿，鼓腹。口径 12.8、腹径约 16、残高 8.2 厘米（图三六，8）。T7⑥：3，灰陶。侈口，圆唇稍尖，小沿微卷，鼓腹。口径 12.5、残高 9.1 厘米（图三六，1）。

C 型　14 件。大口，多数有领。H19：2，夹砂抹光灰陶。方唇，卷沿，沿面有一周凹槽，直领，鼓腹。颈下有一周凸弦纹，肩部有一周凹弦纹，肩部饰对称桥形耳。口径 28.2、残高 12.2 厘米（图三七，5）。H19：3，夹砂黑陶。侈口，方唇，唇外缘下垂，斜沿，沿面有一周凹槽，束颈，鼓腹。肩部有三道凹槽，腹部存两道凹槽。口径约 16、残高 9.7 厘米（图三七，2）。H19：4，夹砂红陶，施黑色陶衣。侈口，接近

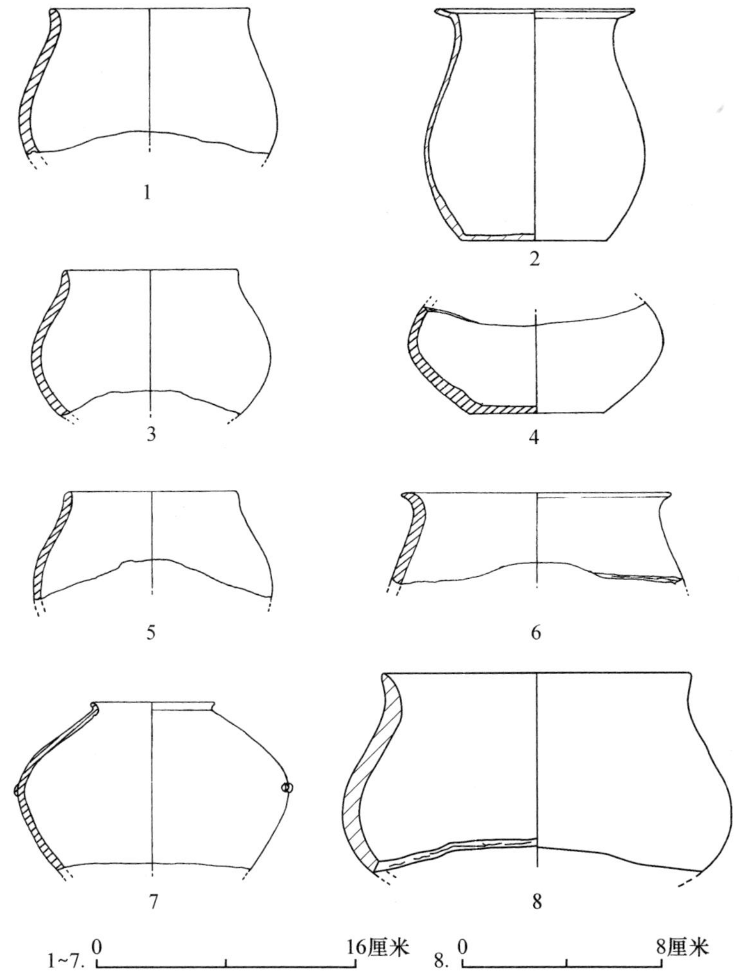

图三六　大汶口文化陶罐

1、3、5～8. B 型罐口沿（T7⑥：3、H16：4、H20：7、H66：6、T1⑥：6、T5⑤：1）

2. 其他型罐（H35：2）　4. 罐底（T3⑥：1）

盘口，方唇，束颈，鼓腹。腹部存两个盲鼻，肩部有四道凸弦纹。口径21.8、残高6厘米（图三七，3）。H19：5，夹砂黑陶。方唇，外缘下垂，折沿，鼓腹。肩部有一道凸弦纹，残存一乳钉，再向下有两周凹弦纹。口径26.5、残高9.5厘米（图三七，1）。T1⑥：11，夹砂黑皮陶。侈口，斜折沿，圆唇，束颈，鼓腹。内多制作旋凹槽，肩部一道凹弦纹。口径19.7、残高6.5厘米（图三七，4）。

罐底　16件。除T1⑥：5、T3⑥：1、T5⑤：2为泥质陶外，其余均夹砂陶。H8：1，灰陶。下腹斜收，平底。腹饰篮纹，残存对称鸡冠耳。底径13.8、残高20厘米（图三七，6）。H12：2，灰陶。下腹斜收略内凹，平底内凹。腹饰篮纹，底有布纹。底径10.2～10.4、残高8.3厘米（图三八，2）。H19：8，青灰陶。平底略内凹。底径16.5、残高7.1厘米（图三八，1）。H19：9，红陶，局部有烟炱痕。平底稍内凸。底径12.5、残高8.3厘米（图三八，5）。H52：4，灰陶。平底。腹饰篮纹，底有零星布纹。底径15.5、残高9.1厘米（图三八，6）。T1⑥：5，灰陶。斜腹，平底。底径10.8、残高4.5厘米（图三八，3）。T3⑥：1，抹光黑皮陶。弧腹，平底。腹部最大径16、底径8.4、残高6.8厘米（图三六，4）。T5⑤：2，泥质青灰陶。弧腹，平底内凸。底径7.2、残高6.5厘米（图三八，4）。

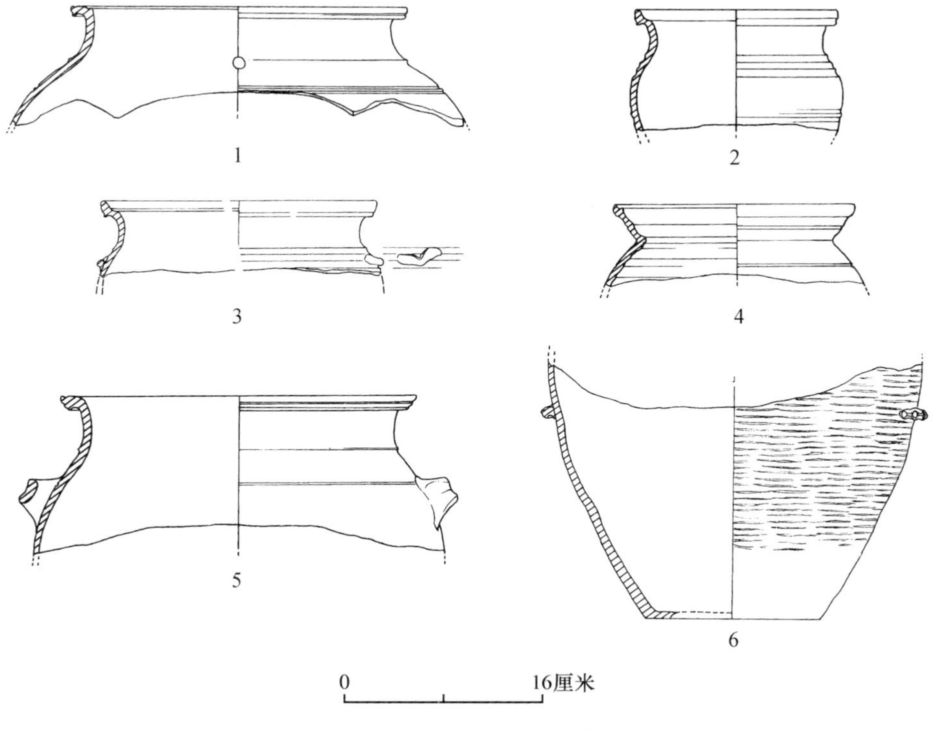

图三七　大汶口文化陶罐

1～5. C型罐口沿（H19：5、H19：3、H19：4、T1⑥：11、H19：2）6. 罐底（H8：1）

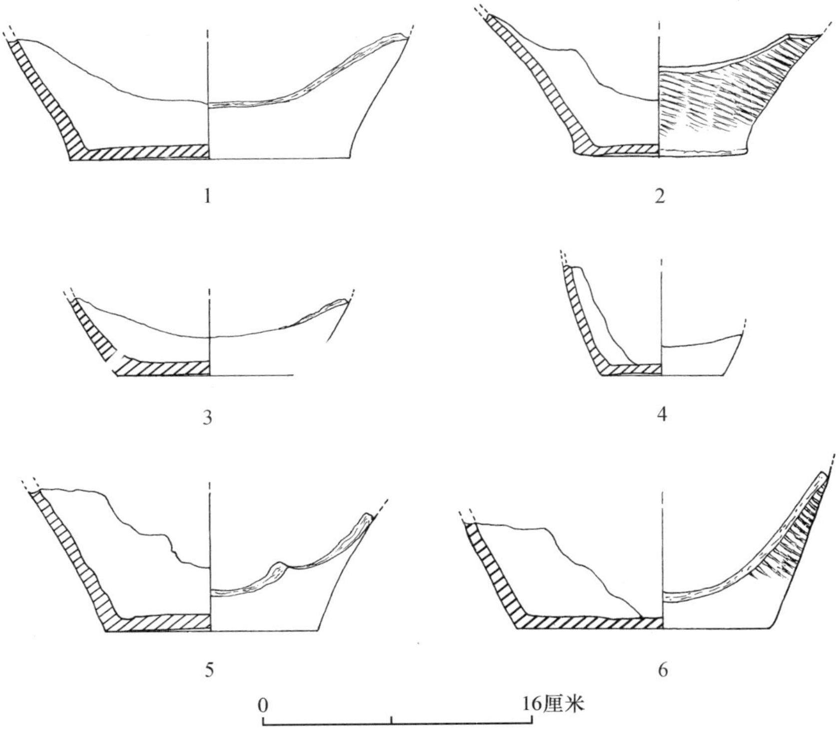

图三八　大汶口文化陶罐底

1. H19∶8　2. H12∶2　3. T1⑥∶5　4. T5⑤∶2　5. H19∶9　6. H52∶4

盆　12件。根据沿、腹部特征，可分二型。

A型　5件。多泥质黑皮陶。敞口，折沿，斜直腹。可分二式。

Ⅰ式：3件。H53∶1，泥质磨光黑皮陶。折沿外撇，方唇，斜直腹稍内收，平底。口径30～30.4、底径19.1～19.8、高11.1厘米（图三九，1；图版六，4）。H24∶5，泥质磨光黑皮陶。折沿外撇，方唇，斜直腹，平底。内外壁见轮旋痕迹。口径29.5～29.7、底径16.3～16.6、高11厘米（图三九，2；图版六，5）。H32∶1，泥质黑皮陶。折沿外撇，方唇较窄，斜直腹稍内收，平底微内凹。素面。口径23.7、底径14～14.5、通高11.2厘米（图三九，3；图版六，6）。

Ⅱ式：2件。H12∶1，泥质灰陶。折沿近平，圆唇，唇外缘稍下垂，斜收腹，底残。口径29.4、底径18.8、通高9.6厘米（图三九，5）。H8∶2，泥质黑皮陶。折沿近平，圆唇，斜收腹，底残。口径23.4、残高约10.6厘米（图三九，4）。

B型　7件。敞口，斜腹略弧，多为夹砂陶。根据口部特征，可分二亚型。

Ba型　4件。平沿内凸。T4⑤∶3，夹砂灰陶。圆唇，沿面稍宽，沿面向内侧凸起。外饰篮纹及一周凹弦纹。口径约21.5、残高8.5厘米（图四〇，1）。T4⑤∶4，泥质抹光黑皮陶。圆唇，沿面向内侧凸起，弧腹斜收，平底。口径22.4、底径11、高8.9

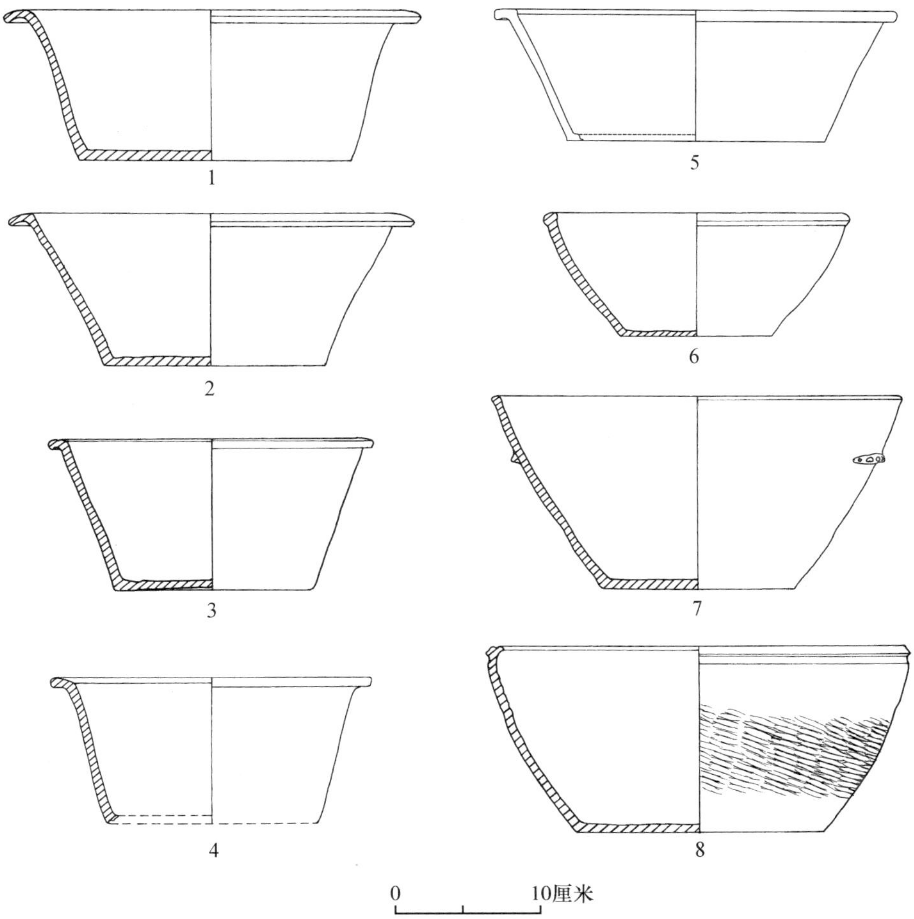

图三九　大汶口文化陶盆

1～3. A型Ⅰ式（H53：1、H24：5、H32：1） 4、5. A型Ⅱ式（H8：2、H12：1）
6、8. Ba型（T4⑤：4、H32：2） 7. Bb型（T6④：1）

厘米（图三九，6）。T2⑤：1，泥质灰陶。沿面向内侧凸起，残存鋬耳痕迹。残高6.4厘米（图四〇，4）。H32：2，夹砂灰陶。方唇，沿面有一圈弦纹，腹弧斜收，腹中部饰篮纹。口径31、底径18、通高13.7厘米（图三九，8）。T1⑥：9，夹砂红陶。圆唇，腹斜收，腹有多道制作时留下的旋凸棱。口径30、残高5厘米（图四〇，2）。

Bb型　3件。敞口。H49：2，泥质抹光黑皮陶。叠唇。口径30.2、残高3.8厘米（图四〇，3）。H22：1，夹砂红陶。圆唇，沿稍外撇，斜收腹。口径39.2、残高8.7厘米（图四〇，7）。T6④：1，夹砂灰陶。局部残存红褐陶衣。圆唇，斜收腹。上腹有一对对称附加冠耳，冠耳长约13厘米。口径30、底径14、通高14.1厘米（图三九，7）。T1⑤：4，夹砂红陶。圆唇，内侧一周稍凹，斜收腹，腹残存冠耳，并有戳印纹（图四〇，5）。

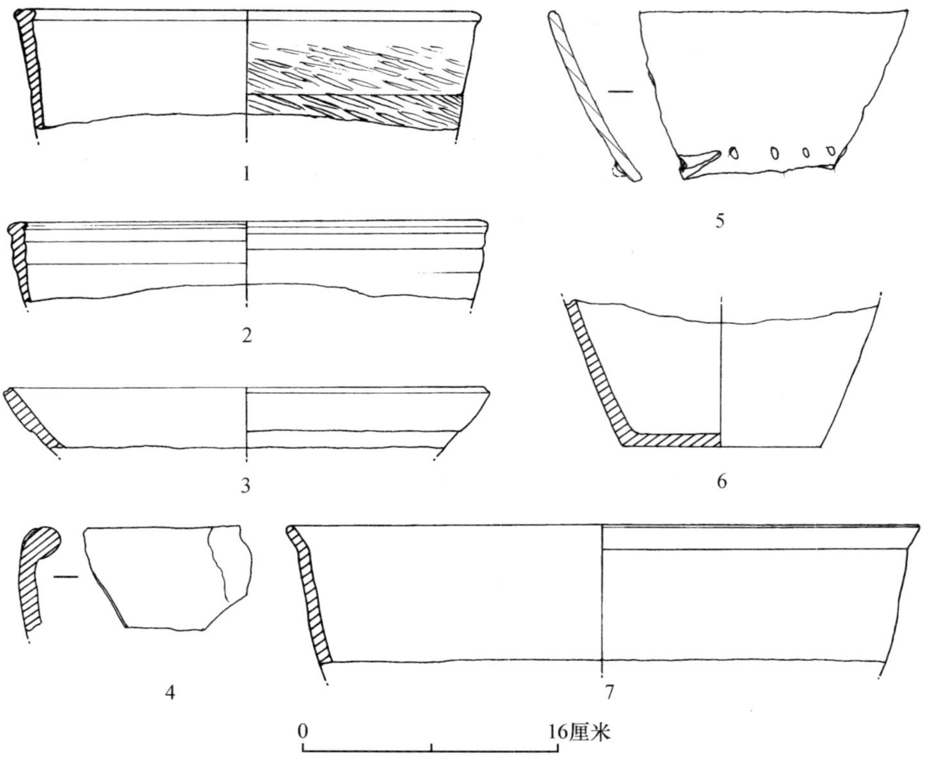

图四〇　大汶口文化陶盆

1、2、4. Ba 型（T4⑤：3、T1⑥：9、T2⑤：1）3、5、7. Bb 型（H49：2、T1⑤：4、H22：1）6. 盆底（H32：4）

壶　11 件。均为泥质陶。T6⑥：3，黑皮陶，红褐胎。口部残，直颈，圆折肩，斜直腹内收，小平底。折肩处有一周凸棱。底径 12.3～12.6、残高 36 厘米（图四一，5；图版七，1）。H5：1，抹光黑皮陶。喇叭形口，圆唇，长颈，广肩。口径 15.5、残高 14 厘米（图四一，1）。H24：2，抹光灰陶，泥质斜折沿。方唇，沿外部一周凹弦纹，近直筒形颈。口径 14、残高 6.5 厘米（图四一，2）。H45：2，灰陶。口残，仅存颈肩部，近直筒形颈口稍侈，圆肩。肩饰三个戳印小圆圈。残高 6.4 厘米（图四一，3）。T7⑤：2，青灰陶。侈口，圆唇，稍呈盘状，束颈。口径 10、残高 6.4 厘米（图四一，4）。

盆底　1 件。H32：4，泥质抹光黑皮陶。素面。残高 9.1、底径 12.4 厘米（图四〇，6）。

小杯　1 件。H52：2，泥质磨光黑陶。侈口，尖唇，束腰，平底稍内凹。口径 5、底径 3.8、通高 6.1 厘米（图四二，1）。

薄胎高柄杯　3 件。H66：9，泥质磨光黑皮陶，灰胎。侈口，尖唇稍方，腹壁微内弧，圜底，柄足部分残。腹部刻划斜向交叉网格，等距间隔以菱形纹。口径 11.2、残高 8.2 厘米（图四二，9）。H13：1，泥质黑陶。仅余柄部，杯身及圈足残，圆管状柄，中部略粗。柄部刻对称的四个圆形镂空和三角形镂空。残高 6、柄中部最大径 1.8 厘

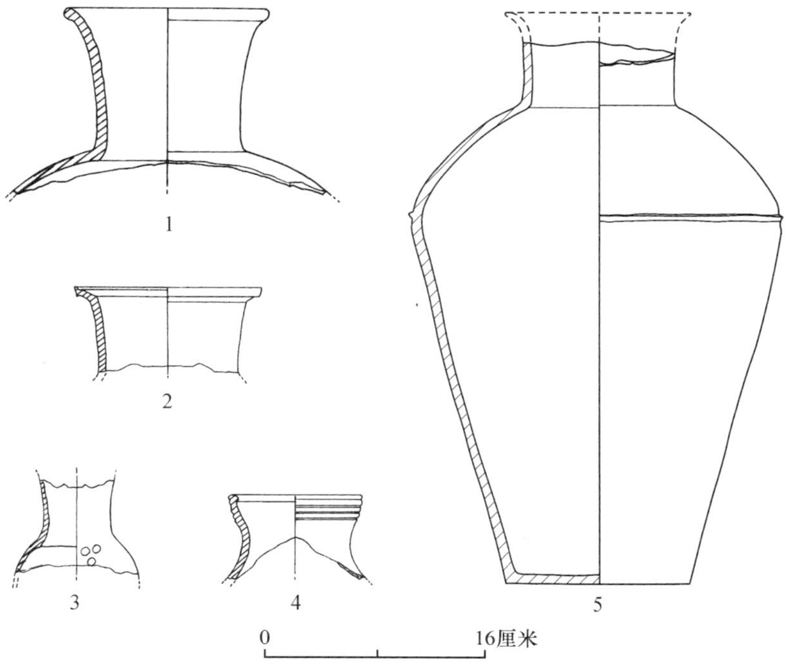

图四一　大汶口文化陶壶

1. H5：1　2. H24：2　3. H45：2　4. T7⑤：2　5. T6⑥：3

米。圆形镂孔径0.5、三角形长边0.8、短边0.6厘米（图四二，5）。H37：2，泥质抹光黑皮陶。直口，尖唇。外有红彩绘，多脱落。口径9.8、残高5.8厘米（图四二，6）。

厚胎觚形高柄杯　1件。T3⑤：1，泥质黑皮陶。整体为细长喇叭形，上部残，下束腹，平底。内腹壁粗糙，一侧有把手，已残，底部有一周凹弦纹。底径7、残高9.2厘米（图四二，2）。

筒形杯　10件。H5：2，泥质黑陶。仅余底部。腹内收，平底。底部有一周凹弦纹。底径7.3～7.6、残高4.6厘米（图四二，4）。T1⑥：7，陶杯底。泥质灰陶。平底。外壁光滑，内壁较粗糙。残高2.8厘米（图四二，7）。T1⑥：15，泥质灰陶，薄胎。尖唇，腹壁稍内弧。素面。高10.5厘米（图四二，3）。T3⑤：7，泥质黑陶，薄胎。弧腹，平底。底部有一周凹弦纹。底径8、高5.3厘米（图四二，8）。

豆　7件。均为泥质陶，其中豆盘4件，豆柄3件。

豆盘　4件。根据腹部特征，可分为二型。

A型　2件。折腹。H66：11，泥质黑皮陶。敞口，圆唇，折腹，底残。口径19.4、残高4.6厘米（图四三，7）。H49：3，泥质抹光黑陶。敞口，圆唇，折腹。口径19.5、残高3.8厘米（图四三，6）。

B型　2件。弧腹。H19：7，泥质黑皮陶。尖唇，平沿，斜弧腹，盘底下凹，与

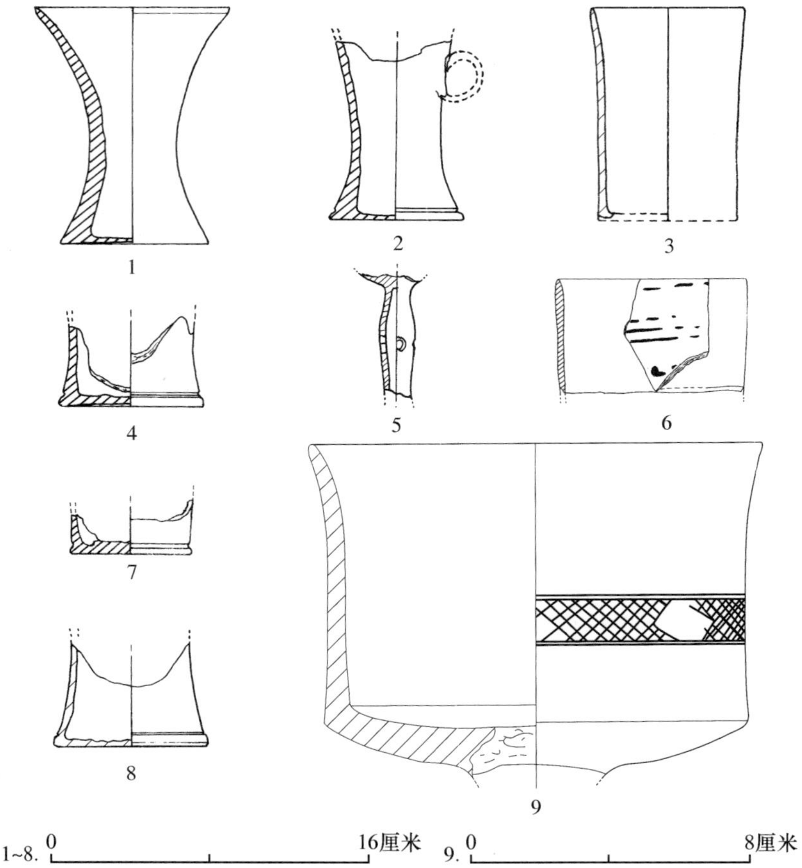

图四二　大汶口文化陶杯

1. 小杯（H52：2） 2. 厚胎觚形高柄杯（T3⑤：1） 3、4、7、8. 筒形杯（T1⑥：15、H5：2、T1⑥：7、T3⑤：7） 5、6、9. 薄胎高柄杯（H13：1、H37：2、H66：9）

豆座接茬处明显。口径16.6～16.8、残高4.3厘米（图四三，2）。H52：1，泥质抹光黑陶。小平沿，尖唇向内外凸出。口径22.5、残高3.6厘米（图四三，1）。

豆柄　3件。H45：1，泥质抹光黑陶。喇叭形圈足，下部向外折。饰五个三角形镂孔。足径6.6、残高3.2厘米（图四三，4）。T4⑤：2，泥质灰陶。近喇叭口，较高。足径9、高6厘米（图四三，3）。T7⑤：8，泥质灰陶。喇叭状。最大径7.7、高4.5厘米（图四三，5）。

器盖　10件。以夹砂陶为主，少量泥质陶。根据整体形制的不同，可分三型。

A型　7件。平顶，覆碗形，深弧腹。根据形体大小和顶部特征，可分二亚型。

Aa型　5件。形体较小，顶部较矮，似假圈足式顶。根据内壁制作痕迹，分为二式。

Ⅰ式：2件。器壁厚钝，内壁无凹槽。H23：1，红褐陶。微敛口，圆方唇，弧腹，

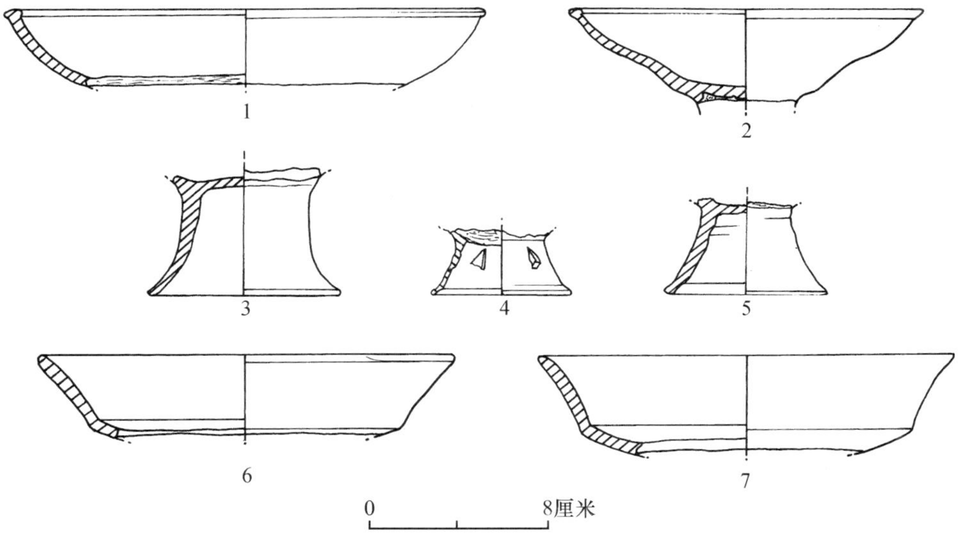

图四三　大汶口文化陶豆

1、2. B 型豆盘（H52：1、H19：7）3～5. 豆柄（T4⑤：2、H45：1、T7⑤：8）
6、7. A 型豆盘（H49：3、H66：11）

器盖顶部外沿有一周竖向压印痕迹。口径 12、顶径约 6、通高 3.9 厘米（图四四，5）。H46：1，红褐陶。圆唇，斜腹，顶缘饰一周锯齿形花边。口径 15.5、顶径 6.5、高 6.2 厘米（图四四，8）。

Ⅱ式：3 件。口沿内侧有一周或数周凹槽。T2⑥：1，灰褐陶。敞口，圆方唇，弧腹。器表经过磨光处理，局部残存红彩绘。口径 21.7、顶径 8.7、通高 5.5 厘米（图四四，6）。T6④：3，灰陶。敞口，圆方唇，弧腹。口径 6.8、顶径 2.6、高 3.1 厘米（图四四，7）。H20：2，红褐陶。敞口，方唇，斜腹。外面加工较光滑，内里粗糙，可见粗砂粒。素面。口径 11.4、底径 5.2 、通高 4.2 厘米（图四四，2，图版七，2）。

Ab 型　2 件。形体稍大，顶部隆起。T1⑤：7，残。泥质磨光黑皮陶。斜腹，内壁轮制痕迹明显。顶径 6.2、残高 5.2 厘米（图四四，10）。T1⑤：10，残。夹砂红褐陶。斜腹。内壁轮制痕迹明显，纽顶部有刮削处理痕迹。顶径 5.4、残高 5.2 厘米（图四四，9）。

B 型　2 件。平顶，覆碟形，斜腹外撇。H66：2，夹砂黑皮陶。大喇叭口，圆唇，顶残。口径 24.8、残高 5.2 厘米（图四四，1）。T1⑥：1，夹砂灰褐陶。侈口，圆唇。顶部边缘外凸，饰一周戳印纹，内壁有制作时留下的旋痕。器口径 21.7、顶部径 8.7，通高 5.5 厘米（图四四，11；图版七，4）。

C 型　1 件。圜底顶，覆碗形，浅腹斜直。H24：1，泥质浅灰陶。敞口，圆唇，壁微弧，浅腹。素面，器纽处有明显的轮制痕迹。口径 12、抓手径 5.2、通高 3.9 厘米（图四四，3；图版七，3）。

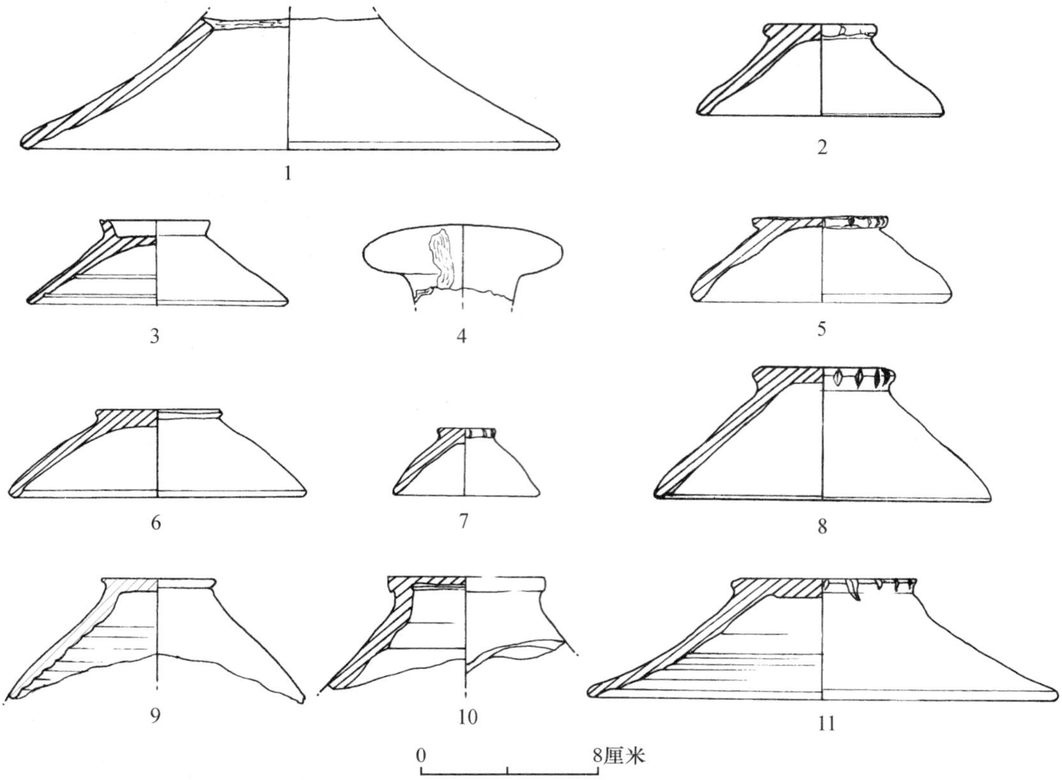

图四四　大汶口文化陶器盖与器盖纽

1、11. B型器盖（H66：2、T1⑥：1）2、6、7. Aa型Ⅱ式器盖（H20：2、T2⑥：1、T6④：3）3. C型器盖（H24：1）4. 器盖纽（H26：4）5、8. Aa型Ⅰ式器盖（H23：1、H46：1）9、10. Ab型器盖（T1⑤：10、T1⑤：7）

器盖纽　1件。H26：4，夹砂灰陶。蘑菇状。残高2.9厘米（图四四，4）。

盘　1件。T2⑥：2，泥质灰陶，器表为红褐色。方唇，平折沿，腹稍鼓。口径60.8、残高4.9厘米（图四五，1）。

钵　3件。均为泥质陶。T1⑥：4　泥质灰陶。敞口，尖圆唇，弧腹下部斜收，底残。口径18、残高6.5厘米（图四五，4）。T3⑤：6，泥质灰陶。口微敛，尖圆唇，弧腹。口径17、残高5.3厘米（图四五，3）。T7⑥：4，泥质灰褐陶，夹少量细砂。直口，尖圆唇，斜弧腹。口径22、残高4.9厘米（图四五，2）。

尊　1件。H20：5，泥质黑皮陶，薄胎。直口，斜沿，尖唇，腹较直。残高12.8厘米（图四五，5）。

罐形器　1件。T4⑤：7，夹砂灰陶，内壁为红色。敛口，方唇，唇面有凹槽，内壁下有一周格挡。外部饰篮纹。残高8.4厘米（图四五，6）。

鬶把手　5件。均为残片，夹细砂陶。T6⑥：3，白陶。绳索状。残长7.2厘米（图四六，2）。T1⑤：3，宽扁形。中部有三道凸棱。长5、宽5厘米（图四六，4）。

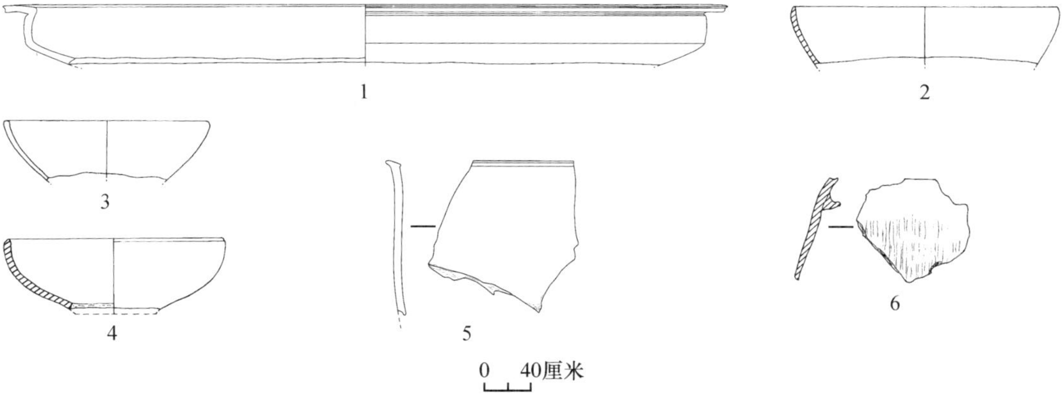

图四五　大汶口文化陶器

1. 盘（T2⑥：2）　2～4. 钵（T7⑥：4、T3⑤：6、T1⑥：4）　5. 尊（H20：5）　6. 罐形器（T4⑤：7）

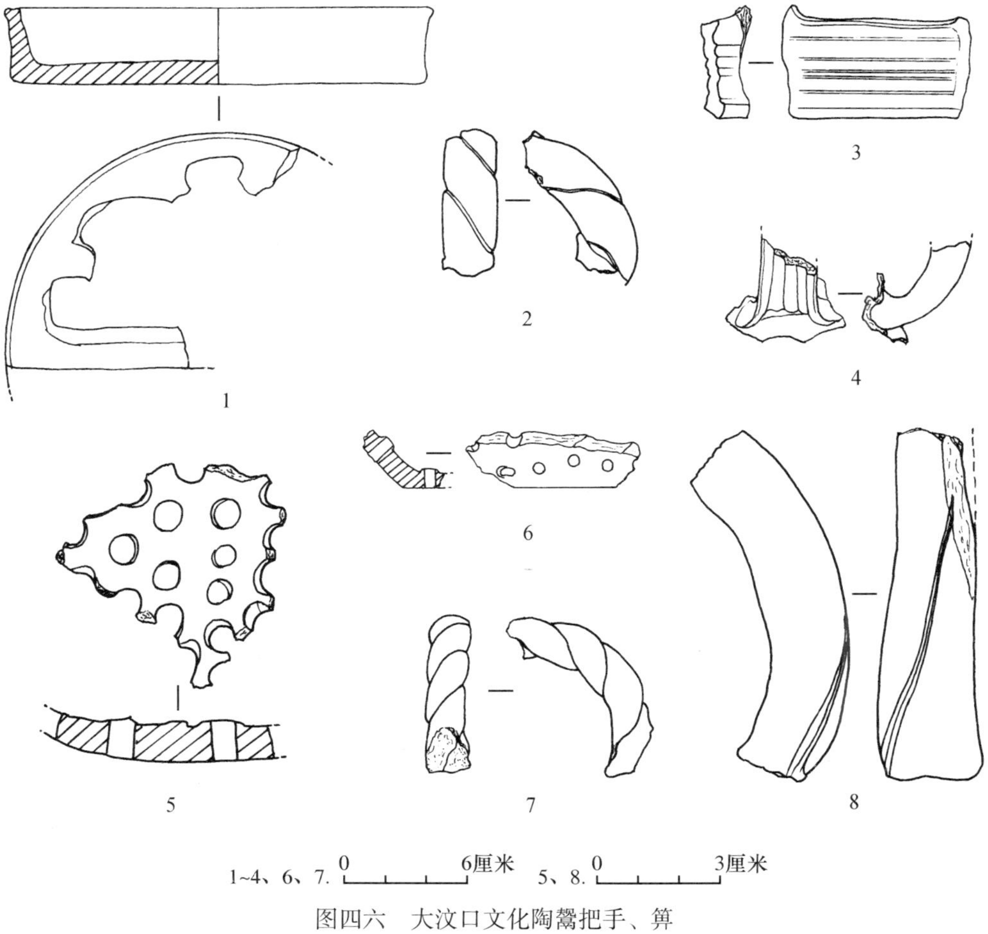

图四六　大汶口文化陶鬶把手、箅

1、5、6. 箅（H52：3、T4⑤：1、T5⑤：5）　2～4、7、8. 鬶把手（T6⑥：3、T1⑤：13、T1⑤：3、T1⑤：12、T2⑤：5）

T2⑤：5，白陶。背部有一道刻槽。残长 8.5 厘米（图四六，8）。T1⑤：13，白陶。宽带桥形。残长 6.2、宽 3 厘米（图四六，3）。T1⑤：12，灰陶。绳索状。残长 8.8 厘米（图四六，7）。

箅　多为残片，夹砂、泥质陶均有。镂孔有圆形、长条形两种。长条形孔为切割而成，圆形孔为由外向内钻孔。H52：3，残。泥质灰陶。浅腹，平底，盘状，近直口，方唇，平底，长条形镂孔。口径 20.8、底径 20.3、通高 3.8 厘米（图四六，1）。T4⑤：1，夹砂灰陶。底部残片。残径 5.6 厘米（图四六，5）。T5⑤：5，夹砂黑陶。残存 7 个孔。残高 2.8 厘米（图四六，6）。

兽形器　1 件。H16：1，残。夹砂抹光黑皮陶。似鸟形泥塑，腹部中空。高 9.2、残长 11.2 厘米（图四七，3；图版七，7）。

纺轮　4 件。均素面，圆饼形，中间有圆形穿孔。根据横截面形状，可分二型。

A 型　2 件。截面呈椭圆形。H3：1，泥质灰褐陶。两面较鼓。直径 4.6、高 1.4、孔径 0.4 厘米（图四七，2）。T1⑤：2，夹砂灰陶。截面呈椭圆形。直径 5.2～5.5、高 0.8～0.85、孔径约 0.7 厘米（图四七，4）。

B 型　2 件。截面呈长方形。H32：3，残。泥质抹光黑陶。直径 4.8～4.9、高 1.65、孔径 0.7～0.9 厘米（图四七，1；图版七，6）。H47：1，泥质灰陶。截面呈长方形。直径 4.5、高 0.9～1、孔径 0.7～0.8 厘米（图四七，5；图版七，5）。

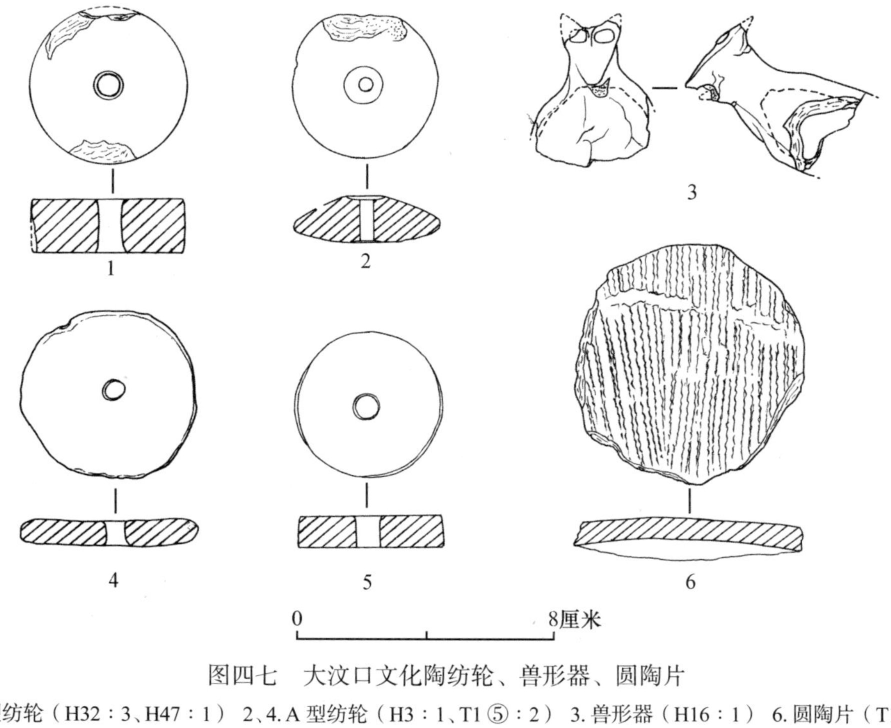

图四七　大汶口文化陶纺轮、兽形器、圆陶片

1、5. B 型纺轮（H32：3、H47：1）　2、4. A 型纺轮（H3：1、T1⑤：2）　3. 兽形器（H16：1）　6. 圆陶片（T1⑤：11）

圆陶片　1件。T1⑤：11，泥质灰褐陶。由陶罐腹片修整而成。饰绳纹。直径7.1～7.5厘米（图四七，6）。

环　1件。H66：8，泥质灰陶。截面呈半圆形，外缘圆鼓，内缘内侧平稍凹。直径5.3、内径4.1、高0.8厘米（图四九，2）。

2. 石器

砺石　7件。H16：5，磨面光滑，有三道凹状磨痕。长14.8、宽12.1、高7.9厘米。（图四八，5；图版七，8）。T7⑤：3，磨面光滑，有一长一短两道磨痕。长20、宽16.8厘米（图四八，2）。T7⑤：4，磨面光滑。残长10.8、宽10.3、厚4厘米（图四八，3）。T7⑤：5，残长9.2、残宽10.5、厚4.4～4.6厘米（图四八，6）。

斧　1件。T7⑤：6，上端有使用砸痕，器表不很光滑。残高8.7厘米（图四九，1）。

铲　2件。均残，扁平，平刃正锋。T6⑤：1，残宽5.4、残高5.5厘米（图四九，4）。T6⑤：2，磨光。残高4.4、残宽4.2、厚1.15厘米（图四九，6）。

锤　1件。T2⑤：4，锤体扁平，截面近长方形，上下两端因长期使用形成凸面。高8.6、宽7.6、厚3.3～5.2厘米（图四九，8）。

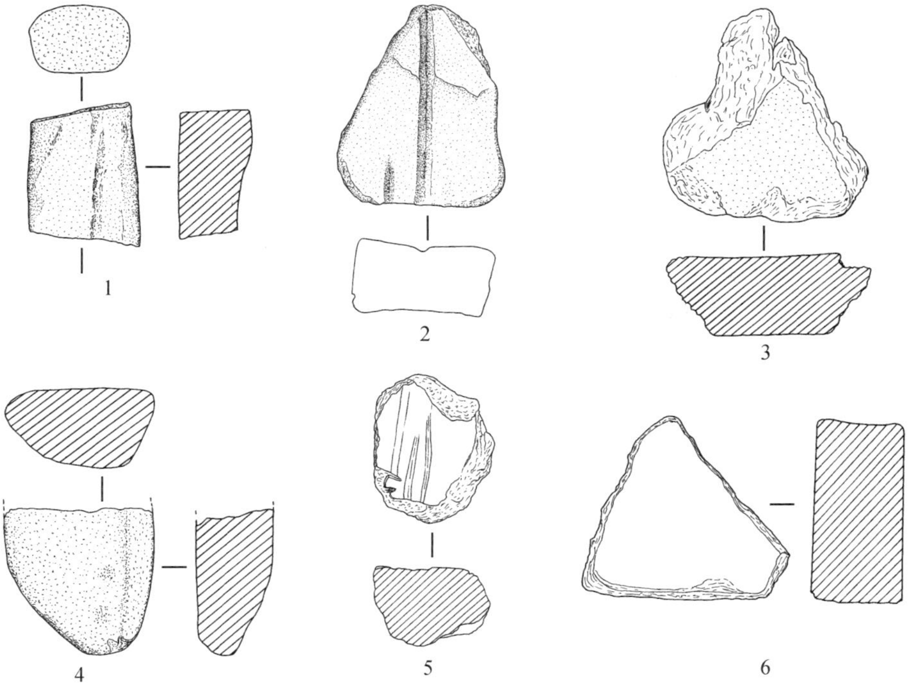

图四八　大汶口文化石器

1、4. 其他石器（H33：1、T7⑤：7）　2、3、5、6. 砺石（T7⑤：3、T7⑤：4、H16：5、T7⑤：5）

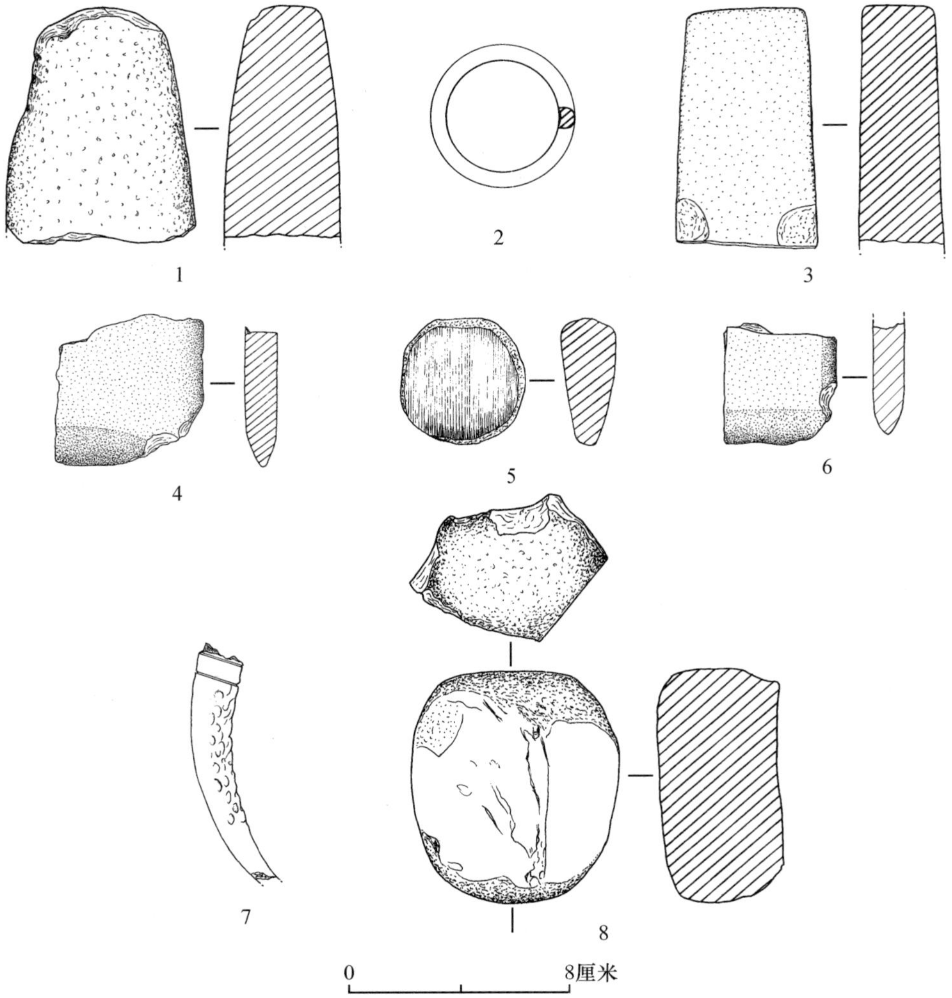

图四九　大汶口文化石器、陶环、鹿角器

1. 石斧（T7⑤：6） 2. 陶环（H66：8） 3、5. 其他石器（T7⑤：1、T6④：5）
4、6. 石铲（T6⑤：1、T6⑤：2） 7. 鹿角器（T2⑤：3） 8. 石锤（T2⑤：4）

其他石器　3件。H33：1，器表较光滑。残长7.3、宽5～5.6、厚3～3.6厘米（图四八，1）。T6④：5，边缘有打制痕迹。直径4.5～4.6、厚0.7～2厘米（图四九，5）。T7⑤：1，器表较光滑。残长8.9、宽4.4～5.2、厚2.7～4.1厘米（图四九，3）。T7⑤：7，红砂岩。一端有砸痕。残长7.4厘米（图四八，4）。

3. 鹿角器

1件。T2⑤：3，上部残存两道切割槽，锋残。残长8.8厘米（图四九，7）。

（三）分期

这次发掘清理了大汶口文化时期房址1座、灰坑64个、灰沟2条，这些遗迹之间存在着比较复杂的打破、叠压关系。从出土遗物可以看出，这些遗迹有着明显的早晚关系。但是因发掘面积较小，出土完整器物不多，具备分期意义的典型关系不多。下面依据6组层位关系，参照该时期鼎、罐、盆、豆等典型陶器的变化，进行简单的分期。

具备分期意义的层位关系如下所示。

H23→H49

第一组：④下→H3→H24→⑤B→H66→H37→H43

H46

H47→H48→H49

第二组：④下→H6→⑤B→H37

第三组：④→G3→⑤A→H13→H31→H32→H55

第四组：④→G3→⑤A→H12→H52→H66

第五组：⑤B→H56→⑥→F2→H63

第六组：⑤B→H53→H59→生土

依据上述灰坑出土的器物型式，划分为两组有早晚关系的器物群。由这些器物群再补充出土近似或相同型式器物的单位，得到两期有代表性的遗迹、遗物（图五〇）。

第一期，代表单位为F2、H23、H37、H46～H50、H66等。一般开口于第5、6层下。器形有盆形鼎、薄胎高柄杯、Ab型Ⅰ式罐、Aa型Ⅰ器盖、A型Ⅱ式鼎、Aa型Ⅰ式罐、Ab型Ⅱ式罐、薄胎高柄杯、B型器盖、A型豆盘。少见B型鼎。还有少量彩绘陶器，彩绘纹饰为斜平行线与三角折线组成的纹饰或网格纹。陶质以夹砂居多，泥质稍少。陶色多灰、红褐色，其次为红、黑皮、泥质青灰陶。器表绝大多数为素面，少量磨光或施陶衣，彩陶较少。常见装饰形式有篮纹、绳纹、附加堆纹、弦纹。陶器制作基本不见轮修痕迹。

第二期，代表单位为H6、H8、H12、H19、H24、H31、H32、H35、H52、H53、H62。一般开口于第4、5层下。常见器形有A型Ⅱ式盆、C型器盖、B型鼎、A型Ⅲ式鼎、B型豆盘。

陶质中夹砂陶略占优势。陶色仍以灰、红褐陶为主，黑皮陶比例上升，可见黑陶、白陶。器表绝大多数为素面，彩陶消失，不见绳纹。陶器制作普遍见轮修痕迹。

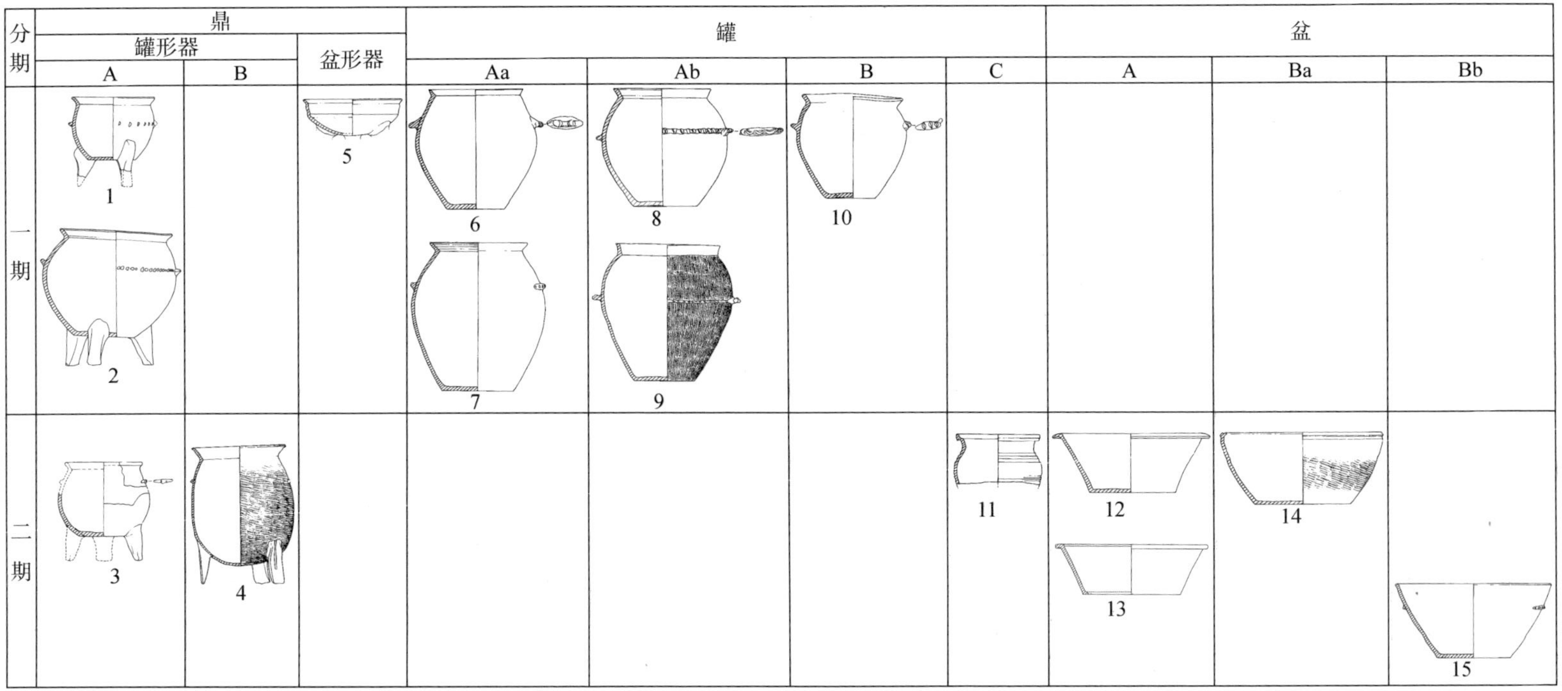

图五〇　大汶口文化陶器分期图

1. T6④：2　2. H66：1　3. H31：1　4. H62：1　5. H37：1　6. H66：13　7. T6⑥：2　8. H23：2　9. H66：10　10. T6⑥：1　11. H19：3　12. H53：1　13. H12：1　14. H32：2　15. T6④：1

从器物型式可以看出，这两期是连续变化的，无缺环。早期，陶鼎出有盆形鼎；罐形鼎多为A型鼎，素面，鼓腹，平底，最大径在上腹部，侧三角凿形足。晚期，鼎足由侧三角凿形足发展到宽扁铲形足，足面有两三道刻槽，腹部最大径下移。罐由窄沿到宽沿。罐、器盖等的口沿、壁轮修痕迹明显，沿由窄变宽。C型罐口出现。折沿盆和敞口斜壁盆多属晚期。泥质薄胎浅灰陶器较为常见。

三、其他时期遗存

（一）龙山文化遗存

仅见一座房址（F1），一处灰坑（H1），一处柱洞（D1）。遗物出土较少，仅见1件鸟喙形鼎足。

1. F1

位于T6的西部，T7的东部。开口于第4层下，被H1打破。残余柱洞及房基铺垫层。推测平面形状为圆角长方形，南北残长4、东西宽9.25，残存面积约37平方米。铺垫层为灰褐色土，夹较多烧土粒块，质密。局部为浅灰褐色土，结构紧密。厚0.3～0.5米（图五一）。

5处柱洞分别分布于东部、北部和西南角。柱洞呈圆形，底部为鸟巢形，由碎泥质灰陶片层层砸实而成。

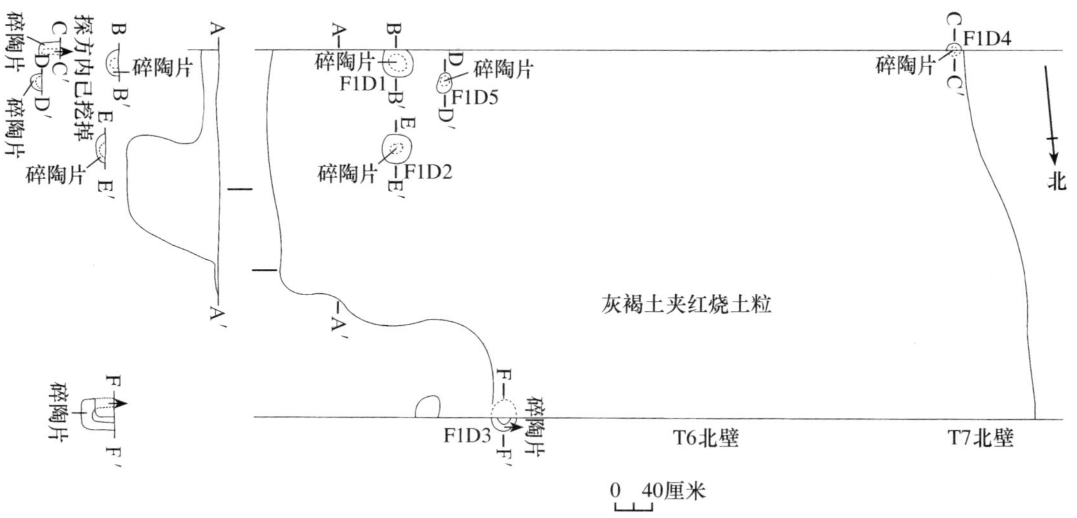

图五一 F1平、剖面图

F1D1，圆形，径长 0.3、残深 0.49 米。内填碎陶片，碎陶片厚 6～8 厘米。

F1D2，圆形，径长 0.3、残深 0.45 米。内填灰褐土及碎陶片，碎陶片厚 5～6 厘米，较紧密结实。

F1D3，残余半圆形，径长 0.28、残深 0.6 米。内填灰褐土及碎陶片，碎陶片厚 8～12 厘米，紧密结实。

F1D4，残余半圆形，径长 0.15、深 0.24 米。内填灰褐土及碎陶片，碎陶片厚 5～8 厘米，紧密结实。

F1D5，圆形，径长 0.18、残深 0.45 米。内填灰褐土及碎陶片，碎陶片厚 4～6 厘米。

2. D1

位于 T2 中北部。开口于第 4 层下，打破 H54。平面圆形。口径 0.42、底径 0.3、深 0.6 米。内填灰褐土及大量碎陶片（图五二）。

3. H1

位于 T6 西南部。开口于第 4 层下，打破 5A 层。平面形状呈椭圆形，弧底，弧壁，底面东高西低。口部长径 0.99、短径 0.56、底部 0.7、深 0.22 米。填灰黑色土，质较致密，包含大量烧土粒、草木灰，少量夹砂红陶、炭屑。出土少量陶片（图五三）。

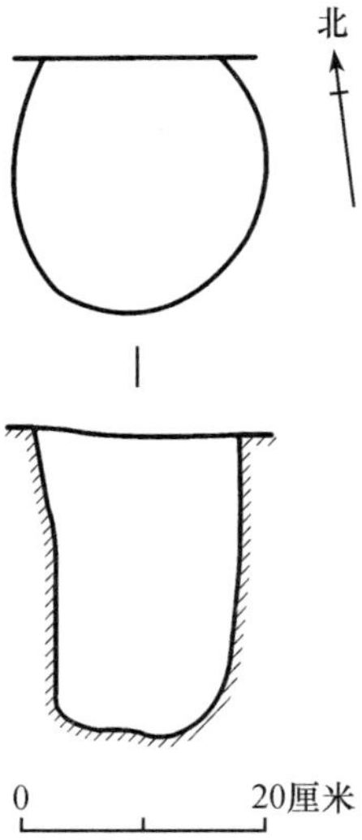

图五二　D1 平、剖面图

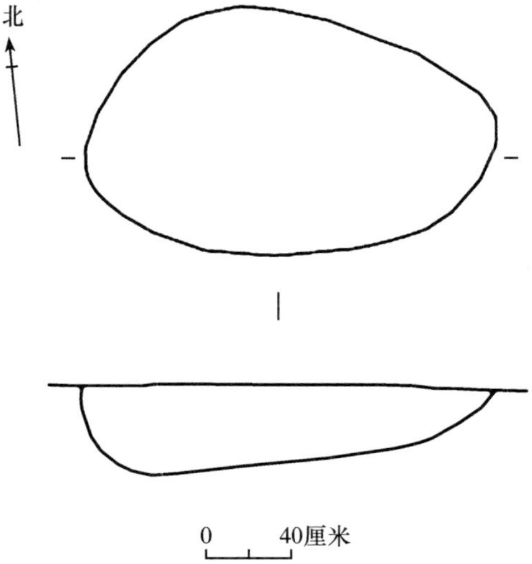

图五三　H1 平、剖面图

鼎足　1 件。T5 ④：3，夹砂红陶。鸟喙形。中间一道竖附加堆纹，堆纹口部两侧各有一截压的椭圆形窝。正面呈三角形。残高 7.5 厘米（图三三，12）。

（二）西周时期遗存

仅发掘一座灰坑（H29）。

H29　位于T2东部。开口于第4层下，打破H7、H38。平面形状呈椭圆形，直壁，平底，壁面和底部有加工痕迹。口部最大径2.24、底部最大径2.16、深1.1米。填灰褐色土，质较疏松，含少量烧土粒、炭屑，较多灰陶粒。出土较多陶片，可辨器形有鬲、簋、罐、甗等。时代为西周中期（图五四）。

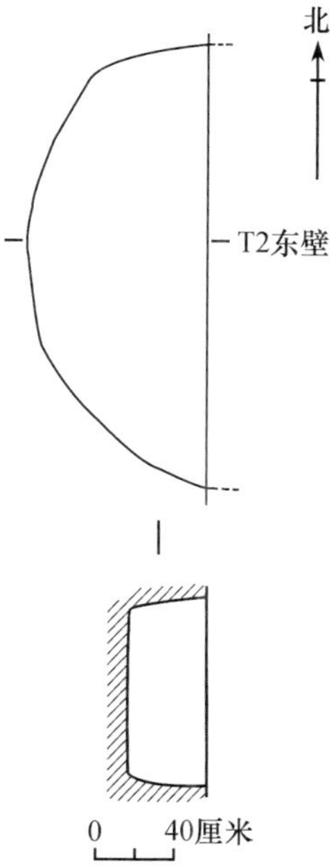

图五四　H29平、剖面图

簋　1件。H29：1，泥质灰陶。方圆唇，斜沿翻折，鼓腹，圈足残。腹饰三组凸棱，上下腹各有一对对称乳钉。口径24.2～24.8、残高13.2厘米（图五五，2；图版八，3）。

罐　1件。H29：2，泥质灰褐陶。直口，平沿，沿面一周凹槽，方唇，圆肩，深腹，最大径在中腹部，下腹弧收成小平底，稍内凹。腹部饰粗绳纹，肩部饰一周弦纹及附加堆纹。口径20、腹径约35.8、底径约12、通高35.5厘米（图五五，7；图版八，2）。

鬲　2件。H29：3，夹砂红褐陶。方唇，唇面有两周凹槽，斜折沿，沿面有一道凸折棱，深腹，分裆，袋足，裆部较高。通体饰中粗绳纹。口径27～27.4、通高25.6厘米（图五五，6；图版八，1）。T1④：1，夹砂红陶，外部多呈黑色。方唇，斜折沿，沿面下凹，束颈。腹饰中粗绳纹。口径15、残高8.2厘米（图五五，3）。

鬲足　1件（T1④：2），夹砂红陶，局部为灰色。裆部较高，实足根。饰中粗绳纹。残高7.5厘米（图五五，5）。

甗　2件。T1④：8，甗腰。夹砂红褐陶，上腹斜直内收，束腰。腰径14.5、残高8.8厘米（图五五，4）。T3④：9，甗口沿。夹砂红陶。敞口，折沿，圆唇，斜收腹，腹饰中粗绳纹。口径38.8、残高8.1厘米（图五五，1）。

（三）唐代沟

G1　位于T2东北部。开口于第2层下，打破第3～5层。平面形状为长条形，剖面形状为袋状，壁面和底部均凹凸不平，有加工痕迹。口部长3.26、宽0.6、深1.4米。填黑褐色土，质致密，含少量烧土，出土较少陶、瓷片。

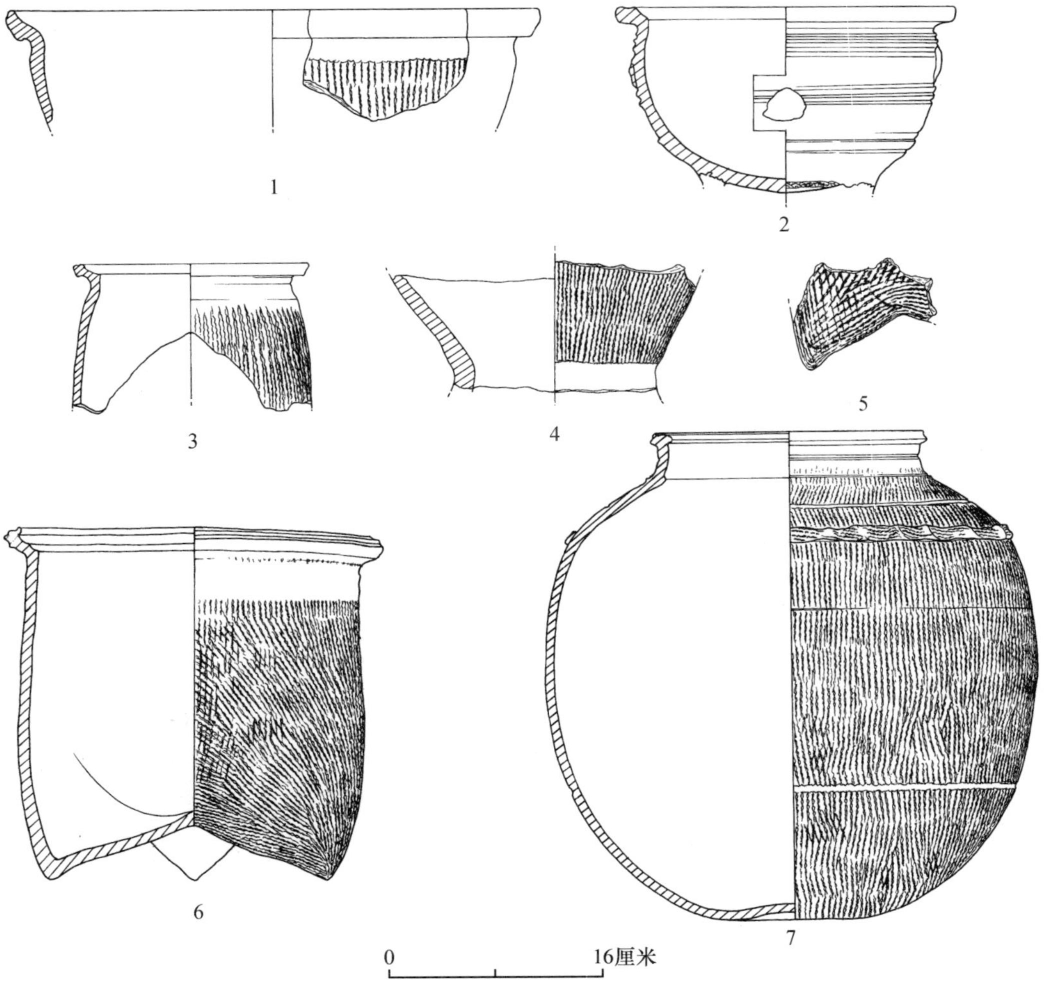

图五五　西周时期陶器

1、4. 甗（T3④：9、T1④：8） 2. 簋（H29：1） 3、6. 鬲（T1④：1、H29：3）
5. 鬲足（T1④：2） 7. 罐（H29：2）

G2　位于T2中部偏东，开口于第2层下，打破第3～5层。平面形状呈圆角长方形。剖面东部较平，西部近坑壁部分凸起。口部南北宽约2.7、东西约0.63、深1.22米。填黄沙土，质疏松。

四、结　　语

通过对果庄遗址发掘资料的整理，我们对其有如下认识。

（一）大汶口文化遗存

1. 果庄大汶口文化遗存特点

遗址所处地势由西南向东北渐低，结合发掘和勘探结果，遗址区西、西南部应为房址区，地层堆积简单，灰坑较少，红烧土块、炭粒密集。此次发掘区东西向贯穿遗址北部，发现了房址、灰坑、灰沟等。

大汶口文化遗存分早晚两期，早期发现了F2和部分灰坑。F2位于发掘区的西部，仅余底部，不见居住面、门道。与之共存的灰坑多坑壁、底不平整，个别形状规整、加工较好的灰坑位于房址附近，可能为附属房屋的储物坑。位于房址东北部的大型灰坑H23、H66，均斜壁，底不平，填淤土，出土了大量遗物，这类大型灰坑一般为该聚落遗址的水塘（坑）。特殊遗迹还有发掘区东部的H17，其内置完整猪骨架一具，反映了当时的风俗。

在果庄遗址大汶口文化晚期遗存中，发现了房址遗迹残存的基槽和柱洞，如H53、H59、H60、D2这一组。主要分布于发掘区西部，结合调查、勘探和对出土遗物的分析，可知这里是大汶口文化中期沿用至晚期的一处居住遗存。该时期灰坑大多规整，主要分布于发掘区中、西部。其中特殊遗迹H52内近底部有一具儿童骨骼。整个发掘区西部灰坑稀少，多为取土坑，推测为遗址边缘。

大汶口文化时期常见的陶器器类组合为鼎、罐、盆、壶、豆，此外还发现较多陶器盖、筒形杯、薄胎高柄杯、厚胎高柄杯、钵、甑等。鬶仅见部分残把手，未见完整器。与周边同时期文化遗存相比，果庄遗址大汶口文化遗存中并未发现如建新、西公桥遗址的背壶、甗等器形，且彩陶数量较少。

2. 与相邻遗存的对比

果庄遗址大汶口文化遗存与兖州六里井、曲阜南兴埠、西夏侯等遗址文化特征基本相似，与枣庄建新、西公桥等遗址也以相似性居多。但西夏侯、南兴埠等遗址发掘有墓葬，而果庄遗址大汶口文化墓地尚未发掘，仅根据调查可知应位于遗址西南部。

3. 年代对比

果庄遗址大汶口文化早期遗物中，A型Ⅰ式罐形鼎（T6④：2）与兖州六里井Aa Ⅱ式鼎（H248：1）近似，斜折沿，鼓腹，平底，凿形足。Aa型Ⅱ式罐（T6⑥：2）与六里井Ab型Ⅱ式罐（T1806⑥A：3）接近，相对矮胖一些；Ab型Ⅰ式罐（H23：2）与六里井罐（T1305⑤C：15）、建新Cb型Ⅱ式罐（H222：1）近似。豆盘（H66：11）与六里井豆盘（T1104⑤C：119）近似。B型器盖（T1⑥：1）与六里井器盖（T1005⑦B：39）近似；Aa型Ⅰ式器盖（H46：1、H23：1）与六里井器盖（T11052B：033）、西公桥Da型Ⅰ式器盖（H196：5）相似。根据这些器类对比，可知果庄遗址大汶口文化早期总体相当于大汶口文化中期或中期偏晚阶段。

果庄遗址大汶口文化晚期遗物中，B型罐形鼎（H35：1、H62：1）与西公桥Ba型Ⅲ式鼎（H138③：138）、南兴埠鼎（M4：6）、西夏侯鼎（T101④：41）近同。C型罐（H19：2）与西公桥Fa型Ⅲ式罐（H138①：19）相近。Ba型盆（H32：2）与西公桥Dc型Ⅱ式盆（H161：7）雷同。A型Ⅰ式盆（H24：5）与西公桥盆（H138②：55）近似。根据这些器类对比，可知果庄遗址大汶口文化晚期总体相当于大汶口文化晚期。

此外，H24、H12等可见浅灰色泥质陶器，如盆、器盖等，推测其年代略接近于大汶口文化末期。

因此，果庄遗址大汶口文化遗存从大汶口文化中期一直延续至晚期阶段，年代在公元前4800～前4300年。

（二）其他文化遗存

遗址中还发现了龙山文化遗存，发掘遗迹有F1底部垫土及柱洞若干，遗物有鸟喙形鼎足等。西周中期遗存仅见1个灰坑，出土有鬲、罐、簋、甗等西周典型器物。

综上，果庄遗址大汶口文化遗存与兖州六里井、曲阜南兴埠等遗址文化性质基本相似，年代大约相当于大汶口文化中期，一直延续至晚期阶段。龙山时期和西周时期遗存较少。这次对曲阜果庄遗址的发掘，为该地区大汶口文化时期到西周时期的文化面貌特征提供了实物资料，因而具有重要的学术价值。

附记：发掘领队为刘延常，韩辉、曹军、孙启锐、杨政、房成来、周登军、邢玉春、高军先后参与发掘。

遗迹绘图：韩　辉　孟晓霞
器物绘图：房　萌　张　俭
摄　　影：韩　辉　何德亮
执　　笔：韩　辉　张　俭　王春云

附表一　灰坑统计表

编号（H）	位置	层位		形状	尺寸（口 × 底一深）/ 厘米	出土遗物	年代	备注
		上	下					
1	T6	④	⑤	平面形状呈椭圆形，弧底，底面东高西低	（56～99）× 70－22	陶片	龙山文化	
2	T4	④	G3	平面形状呈椭圆形，剖面呈直壁	（175～245）× 220－38	鼎	大汶口晚期	
3	T3	④	H24	平面形状呈圆形，剖面呈直壁	130 × 90－109	鼎、杯、罐、大口尊	大汶口文化	
4	T3	④	H6	平面形状呈椭圆形，剖面呈斜内收，平底	（73～175）× 160－22	大口尊、豆	大汶口晚期	
5	T3	④下		平面形状呈椭圆形，剖面呈斜壁，平底	（70～145）× 84－105	大口尊、瓮	大汶口晚期	
6	T3	H4	H27	平面近似椭圆形，南部深 0.58 米，为近圆形深坑状，南壁斜直内收，西壁陡直；北部深 0.26 米，平底	（230～347）×（120～306）－（26～58）	B 型鼎* A 型罐、B 型罐、C 型罐、盆、壶	大汶口晚期	
7	T2	⑤ A	生土	平面形状呈为半圆形，剖面形状呈半圆形，斜壁内收，平底	（140～180）× 160－24	A 型罐、C 型器盖	大汶口晚期	
8	T1	⑤	H10	平面形状呈圆形，直壁，平底，坑壁、坑底有加工痕迹	（100～140）－16	A Ⅱ盆* 鼎、罐、盆、壶、C 型器盖	大汶口晚期	
9	T1	⑤	H14	平面形状呈半圆形，斜壁内收有加工痕迹，平底	（70～150）×（66～145）－30	陶片	大汶口晚期	
10	T1	⑤	⑥	平面形状呈椭圆形，圜底	44 × 34	陶片	大汶口晚期	

续表

编号（H）	位置	层位		形状	尺寸（口×底—深）/厘米	出土遗物	年代	备注
		上	下					
11	T6	F1	H51	平面形状呈椭圆形，剖面形状南大部呈洞室状，壁面略规整，地面无加工、践踏痕迹	（120～188）×（140～180）－110	A 型罐、鼎	大汶口晚期	
12	T5	G3	H52	平面形状呈椭圆形，剖面南部呈台阶状，其他部分袋状，壁面略规整，地面无加工痕迹	（150～160）×160－120	AⅡ盆*罐、瓮	大汶口晚期	
13	T5	⑤	H31	平面形状近似圆形，剖面形状为袋状，壁面略规整，地面无加工、践踏痕迹	（150～170）×150－100	高柄杯*A 型罐、C 型罐、盆、	大汶口文化	
14	T1	H9	生土	平面形状呈半圆形，大圜底	70－19		大汶口文化	
15	T2	H7	生土	平面形状呈半圆形，剖面形状呈半圆形，底面呈圜底，有加工痕迹	90－27	壶*	大汶口文化	
16	T4	④	H66	平面形状呈圆形，剖面呈袋状，平底	（185～188）－96	兽形器、砺石 2*B 型罐、C 型罐、鼎、瓮	大汶口晚期	
17	T1	⑥	生土	平面形状呈圆角长方形，直壁，平底	（54～164）×150－20	A 型罐、盆	大汶口中期	坑底置整副猪骨架
18	T2	⑤B	⑥	平面形状呈圆形，直壁，平底，坑壁有加工痕迹	245×230－（80～96）	鼎、A 型罐、B 型罐、壶、鋬	大汶口文化	
19	T3	⑤B	⑥	平面形状呈椭圆形，剖面袋状，平底	（146～163）×（178～198）－90	B 型鼎*罐、盆、豆、瓮、A 型器盖	大汶口晚期	
20	T3	H6	生土	平面呈椭圆形，斜壁，西部较低洼呈锅底状，东部略平	268×240－（48～67）	彩陶盆，A 型罐、B 型罐、C 型罐、盆、钵、尊、鼎、AaⅡ器盖	大汶口晚期	

续表

编号（H）	位置	层位		形状	尺寸（口×底－深）/厘米	出土遗物	年代	备注
		上	下					
21	T2	⑤	H22	平面形状呈半圆形，直壁，平底均有加工痕迹	70×60－20	盆	大汶口文化	
22	T2	⑤B	H21	平面形状呈椭圆形，直壁，平底，坑壁、坑底无明显加工	100×20	Bb型盆*A型罐、A型器盖、瓮、钵、鼎	大汶口晚期	
23	T4	H66	H49	椭圆形，斜壁，底略平，呈锅底状	790×730－40	AbⅠ式罐、AaⅠ器盖*	大汶口中期	
24	T3	④	H36	平面形状呈椭圆形，剖面直壁，平底	（140～184）×137－132	AⅠ式盆、壶*C型器盖、A型罐、盆、豆	大汶口晚期	
25	T4	G3	生土	平面形状呈椭圆形，剖面呈直壁，平底	（98～120）×103－46	A型罐、盆、鼎	大汶口晚期	
26	T4	G3	H66	平面形状呈椭圆形，剖面呈斜壁，平底	（121～322）×（114～308）－43	A型罐、C型罐、盆、壶、鼎、器盖纽	大汶口晚期	
27	T3	H6	生土	平面形状呈椭圆形，剖面呈直壁，平底	（40～160）×150－32	A型罐	大汶口文化	
28	T1	⑤B	H39	平面形状近圆形，弧壁内收，平底，坑壁、坑底有加工痕迹	130×120－56	少量陶片	大汶口文化	
29	T2	④	H7	平面形状呈椭圆形，直壁，平底，壁面和底部有加工痕迹	224×216－102	罐、鬲、簋	西周	
30	T6	⑤B H53	⑥	平面形状呈椭圆形，弧壁，底部略平整	（140～195）×（130～160）－40	少量陶片	大汶口文化	
31	T5	H13	H32	平面形状近似半圆形，剖面形状壁微内斜，坡状	（290～310）×（100～120）－100	A型Ⅲ式鼎*	大汶口晚期	

续表

编号（H）	位置	层位		形状	尺寸（口 × 底—深）/厘米	出土遗物	年代	备注
		上	下					
32	T5	H31	H55	平面形状近似半圆形，剖面形状为袋状，下部内斜，壁面不规整，底面略平，无踏踩痕迹	（90～100）× 90—100	A Ⅰ式盆*盆、A 型罐、鼎、C 型器盖	大汶口晚期	
33	T7	⑤B	⑥	平面形状呈圆形，斜壁内收，平底	219 × 170—70	A 型罐、壶、瓮、鼎、石器	大汶口中期	
34	T7	⑤B	⑥	平面形状呈圆形，剖面呈袋状，平底，壁面略规整，地面无明显加工痕迹	90 × 110—66	少量陶片	大汶口文化	人体骨骼，屈肢葬
35	T6	F1	⑥	平面形状呈圆形，弧壁袋状，平底，无明显踩踏痕迹	80 × 144—100	Ab 型鼎、壶 2、豆 2*鼎	大汶口晚期	
36	T4	H16	生土	平面形状呈不规则形，剖面呈斜壁，圜底	220 × 90—50	A 型罐、壶、鼎	大汶口文化	
37	T3	H24	H43	平面形状呈椭圆形，剖面呈斜壁，圜底	（210～237）× 210—63	盆形鼎、高柄杯*鼎、A 型罐、C 型罐、器盖	大汶口中期	
38	T2	⑤B	生土	平面形状呈残椭圆形，直壁，平底，坑壁有加工痕迹	44 × 40—48	鼎	大汶口文化	
39	T1	⑤B	H40	平面形状呈椭圆形，直壁，平底	（92～93）×（26～28）—26	少量陶片	大汶口文化	
40	T1	H41	生土	平面形状呈圆形，直壁，平底，坑壁、坑底有加工痕迹	226 × 10—26	少量陶片	大汶口中期	
41	T1	⑥	H40	平面形状呈圆形，斜壁内收，平底	100 × 90—28	少量陶片	大汶口中期	
42	T1	⑤B	⑥	平面形状呈圆角方形，剖面呈斜壁，平面，壁面无明显加工痕迹	（128～146）× 126—40	鼎	大汶口中期	

续表

编号（H）	位置	层位		形状	尺寸（口×底—深）/厘米	出土遗物	年代	备注
		上	下					
43	T3	H66	生土	平面呈椭圆形，剖面呈斜壁，圜底	（75～115）×50—63	A型罐	大汶口中期	
44	T5	H66	生土	平面形状呈椭圆形，剖面弧形，平底壁面无加工痕迹，粗糙，底面无加工痕迹	（114～130）×80—26	A型罐	大汶口中期	
45	T6	⑤B	生土	平面形状呈近半圆形，弧壁袋状，平底	（90～100）×（58～70）—80	壶、豆、鼎	大汶口晚期	
46	T4	H66	生土	平面呈椭圆形，剖面呈直壁，平底	90×90—55	B型罐、盆、Aa型Ⅰ式器盖、鼎	大汶口中期	
47	T4	H66	H48	平面呈圆形，平底，剖面呈直壁	169×168—49	B型陶纺轮*A型罐、鼎	大汶口中期	
48	T4	H66	H49	平面形状呈椭圆形，剖面呈袋状，圜底	140×150—46	A型器盖、鼎	大汶口中期	
49	T4	H23	生土	平面呈椭圆形，剖面呈斜壁状，圜底	146×110—32	Bb型盆、A型豆*A型罐	大汶口中期	
50	T4	H23	生土	平面形状呈椭圆形，剖面呈直壁，平底	（36～136）×136—31	少量陶片	大汶口中期	
51	T6	F2	生土	平面形状呈椭圆，斜壁，平底坑壁不规整，坑底无加工踩踏痕迹	（180～200）×（130～140）—38	陶片	大汶口文化	
52	T5	H12	H66	平面形状近圆形，剖面呈袋状，壁面略规整，底面无加工、践踏痕迹	（120～130）×160—80	B型豆*鼎、A型罐、C型器盖	大汶口晚期	人骨，腐朽比较严重
53	T6	⑤B	⑦	平面形状近似椭圆形，斜壁，底不平，壁面不规整，底面无加工	（400～410）×（230～250）—20	AⅠ式盆、C型罐*鼎	大汶口晚期	

续表

编号（H）	位置	层位		形状	尺寸（口 × 底—深）/ 厘米	出土遗物	年代	备注
		上	下					
54	T2	⑤B	生土	平面形状呈椭圆形，斜壁内收，略平底，壁面加工光滑	220 × 170—49		大汶口文化	
55	T4	H32	生土	平面形状呈近椭圆形，斜壁，底部不平，无踩踏痕迹	（150～300）× 100—25	少量陶片	大汶口文化	
56	T7	⑤B	F2	平面形状呈椭圆形，斜壁，底面略平	（120～145）×（60～135）—80	陶片	大汶口文化	
57	T6	⑤B	⑥	平面形状呈长方形，壁略直，底略平，壁面无加工，略规整，底面无践踏痕迹	（50～186）×（50～186）—60	陶片	大汶口文化	
58	T6	⑥	⑦	平面形状呈半圆形，弧壁，圜底，无踩踏痕迹	150 × 90—40	A 型罐、B 型罐、盆	大汶口中期	
59	T6	H53	⑥	平面形状近似圆形，斜壁内收，底面略平，壁面不规整	70 × 60—23	B 型鼎 * 鼎	大汶口晚期	
60	T6	⑤B	⑥	平面形状呈半圆形，平面形状呈斜坡状，壁面不规整，底面无加工、践踏痕迹，略平	190 × 160—22	陶片	大汶口文化	
61	T6	F1	⑥	平面近圆形，剖面袋状，斜壁，平底	（80～140）—52	陶片	大汶口文化	
62	T7	⑤B	⑦	平面形状呈半圆形，斜壁，平底，无踩踏痕迹	150 × 175—50	B 型鼎 *	大汶口晚期	
63	T6	F2	⑦	平面形状呈半圆形，坑壁不规则，斜壁内收，底部略平，东高西低，无践踏痕迹	（75～120）×（75～90）—100	B 型鼎 *	大汶口中期	

续表

编号（H）	位置	层位		形状	尺寸（口×底—深）/厘米	出土遗物	年代	备注
		上	下					
64	T6	⑥	⑦	平面形状呈近半圆形，壁面不规整，圜底	（45～85）×（30～36）—28	A 型罐	大汶口中期	
65	T1	⑤B	生土	圆形，直壁，平底	100×100—30	少量陶片	大汶口文化	
66	T4	⑤B	H44	平面形状为椭圆形，斜壁规整，平底	1163×340—（45～75）	彩绘陶片、AⅡ式鼎、AaⅠ式罐、AbⅡ式罐、高柄杯5、筒形杯6、A型豆盘、壶3*鼎、罐、盆、豆、B型器盖、器盖、箅、陶环	大汶口中期	
G1	T2	②	③	平面形状呈长条形，剖面形状为袋状，壁面和底部均凹凸不平，有加工痕迹	326×60—140	瓷片	唐代	
G2	T2	②	③	平面形状呈圆角矩形，剖面东部较平，西部近坑壁部分凸起	270×63—（10～22）	瓷片	唐代	
G3	T4	H2	H25	平面形状为长条形，斜壁内收，平底，加工粗糙	（136～1266）×1170—48	鼎、杯、A 型罐、C 型罐、罐	大汶口晚期	
G4	T7	⑤B	⑥	平面形状呈长条状，斜壁，圜底	（200～400）×400—55	少量	大汶口文化	

注：1. 一处遗迹跨 2 个及 2 个以上探方的，只登记其中 1 个；

2. 层位栏中，上栏仅登记诸叠压、打破该遗迹的地层或遗迹单位中最早的，下栏仅登记被该遗迹打破的地层或遗迹单位中最晚的；

3. 层位栏中，圆圈内的阿拉伯数字表示地层编号，英文字母表示该层位中的亚层；

4. 口径栏中，圆形注直径，椭圆注短径～长径，长方形注长 × 宽，不规则形注最小径～最大径；

5. 深度指遗迹单位口部到底部的距离，底不平者取最深值；

6. 遗物栏中，未注明质地的遗物为陶器。其中 * 之前的是完整可复原器，阿拉伯数字表示数量，未注明者为 1 件。* 之后或无 * 者是从陶片中辨明的器形，一律不标注数量。难以辨明型式者只标注器类，难以辨明亚型者只标注型，难以辨明式的只标注亚型或类

附表二　山东曲阜果庄遗址器形统计表

单位：H19　　时代：大汶口文化晚期

陶质	泥质/件						夹砂/件						合计/件	百分比/%
陶色	彩绘	灰	青灰	红褐	黑皮	红	灰	黑	青灰	红	红褐	黑皮		
鼎							1						1	6
豆					1								1	6
盆								1					1	6
器盖							1						1	6
罐			1	1			6	1	1	1		1	12	70
瓮										1			1	6
总计	3						14						17	
百分比/%	18						82							

单位：H20　　时代：大汶口文化晚期

陶质	泥质/件						夹砂/件						合计/件	百分比/%
陶色	彩绘	灰	青灰	红褐	黑皮	红	灰	黑	青灰	红	红褐	黑皮		
罐		1		3		4	8		1	1	2		20	71.4
盆	1			2									3	10.7
鼎										1			1	3.6
器盖											1		1	3.6
尊					1								1	3.6
钵			1		1								2	7.1
总计	14						14						28	
百分比/%	50						50							

单位：H35　　时代：大汶口文化晚期

陶质		泥质 / 件						夹砂 / 件						合计 / 件	百分比 /%
陶色		黑	灰	青灰	红褐	黑皮	红	灰	黑	青灰	红	红褐	黑皮		
	壶	1	1											2	12.5
	罐					1								1	6.3
	鼎							2				9		11	68.7
	豆		1		1									2	12.5
总计		5						11						16	
百分比 /%		31.3						68.7							

单位：H37　　时代：大汶口文化中期

陶质		泥质 / 件						夹砂 / 件						合计 / 件	百分比 /%
陶色		黑	灰	青灰	红褐	黑皮	红	灰	黑	青灰	红	红褐	黑皮		
	鼎										1	2		3	33.3
	高柄杯	1				1						1		3	33.3
	器盖											1		1	11.1
	罐			1	1									2	22.3
总计		4						5						9	
百分比 /%		44.4						55.6							

单位：H66　　时代：大汶口文化中期

陶质	泥质 / 件						夹砂 / 件						合计 / 件	百分比 /%
陶色	彩绘	灰	青灰	红褐	黑皮	红	灰	黑皮	青灰	红	红褐	黑皮		
罐	1	13	2	9	16	19	25		2	2	30		119	60
筒型杯		3		1	2								6	3
壶				1	1	1							3	2
器盖					2	2	3	1			4		12	6
盆	1				1						4		6	3
鼎											37		37	19
豆				2	6						2		10	5
高柄杯				1	3								4	2
总计	87						110						197	
百分比 /%	44.2						55.8							

附表三　山东曲阜果庄遗址陶片统计表

单位：H19　　时代：大汶口文化晚期

纹饰＼陶色＼类别	夹砂/件								泥质/件								合计/件	百分比/%
	黑	灰	青灰	红褐	黑皮	红	合计	百分比/%	灰	黑皮	黑	红	红褐	白	合计	百分比/%		
素面		16	1	12	2	1	32	53.3	37	4			7		48	92.3	80	71.4
镂空																		
附加堆纹		3					3	5									3	2.7
篮纹		14		1	1		16	26.7									16	14.3
弦纹	1	2		1		1	5	8.4	3						3	5.8	8	7.1
凸棱																		
绳纹						2	2	3.3									2	1.8
刻划纹																		
鸡冠耳		1		1			2	3.3	1						1	1.9	3	2.7
彩陶																		
红陶衣																		
数量	1	36	1	15	3	4	60	53.5	41	4			7		52	46.5	112	
百分比/%	1.6	60	1.6	25	5	6.9			78.8	7.7			13.5					

单位：H20　　时代：大汶口文化晚期

类别/陶色/纹饰	夹砂/件								泥质/件								合计/件	百分比/%
	黑	灰	青灰	红褐	黑皮	红	合计	百分比/%	灰	黑皮	黑	红	红褐	泥质青灰	合计	百分比/%		
素面		32	1	40		13	86	82.7	54	31		21	31	1	138	92.6	224	88.54
镂空																		
附加堆纹		3					3	2.9									3	1.19
篮纹		1		1			2	1.9									2	0.79
弦纹									1			3			4	2	4	1.18
凸棱		1					1	1									1	0.39
绳纹		1		1			2	1.9	1						1	0.7	4	1.19
刻划纹																		
鸡冠耳			1	4			5	4.8					1	3	4	2.7	9	3.56
彩陶									1						1	0.7	1	0.39
红陶衣																		
戳刺		1		4			5	4.8	1				1		2	1.3	7	2.77
数量		39	2	50		13	104	40.78	58	31		24	33	4	150	58.82	255	
百分比/%		15.29	0.78	19.6		5.1	40.77		22.75	12.16		9.41	12.94	1.57	58.83			

单位：H35　　时代：大汶口文化晚期

纹饰＼陶色＼类别	夹砂/件								泥质/件								合计/件	百分比/%
	黑	灰	青灰	红褐	黑皮	红	合计	百分比/%	灰	黑皮	黑	红	红褐	泥质青灰	合计	百分比/%		
素面		5		8			13	30.95	16	2	2		6		26	92.85	39	55.71
镂空																		
附加堆纹																		
篮纹		14		8		1	23	54.76									23	32.86
弦纹																		
凸棱													1		1	3.57	1	1.43
绳纹																		
刻划纹																		
鸡冠耳													1		1	3.57	1	1.43
彩陶																		
红陶衣																		
戳刺				6			6	14.29									6	8.57
数量		19		22		1	42	60	16	2	2		8		28	40	70	
百分比/%		27.14		31.42		1.43	60		22.86	2.86	2.86		11.43		40			

单位：H37　　　时代：大汶口文化中期

纹饰＼陶色＼类别	夹砂/件								泥质/件								合计/件	百分比/%
	黑	灰	青灰	红褐	黑皮	红	合计	百分比/%	灰	黑（灰）皮	黑	红	红褐	泥质青灰	合计	百分比/%		
素面		33		30		1	64	94.1	32	9	1		14	1	57	92	121	93.08
镂空																		
附加堆纹																		
篮纹																		
弦纹										1			1		2	3.2	2	1.53
凸棱																		
绳纹		1					1	1.5									1	0.77
刻划纹																		
鸡冠耳		1					1	1.5						1	1	1.6	2	1.54
彩陶										2					2	3.2	2	1.54
红陶衣																		
戳刺				2			2	2.9									2	1.54
数量		35		32		1	68	52.3	32	12	1		15	2	62	47.7	130	
百分比/%		26.92		24.6		0.77	52.3		24.6	9.23	0.77		11.54	1.54	47.7			

单位：H66　　时代：大汶口文化中期

类别 陶色 纹饰	夹砂/件								泥质/件								合计/件	百分比/%
	黑	灰	青灰	红褐	黑皮	红	合计	百分比/%	灰	黑（灰）皮	黑	红	红褐	泥质青灰	合计	百分比/%		
素面		285		202		22	509	86.4	147	135		48	56	18	404	89	913	87.6
镂空									1	1					2	0.5	2	0.2
附加堆纹		9		4			13	2.2	5	1					6	1.4	19	1.8
篮纹		13		8		1	22	3.73	1				1		2	0.5	24	2.3
弦纹		4					4	0.68	1	10			2	3	16	3.5	20	1.9
凸棱				2			2	0.34	1	4					5	1.1	7	0.7
绳纹		11		7		2	20	3.41	1					3	4	1	24	2.3
刻划纹										2					2	0.5	2	0.2
鸡冠耳		3		2		1	6	1		6		2	1		9	2	15	1.4
彩陶												1	1				2	0.2
红陶衣																		
戳刺		2		10		1	13	2.2	2						2	0.5	15	1.4
数量		327		235		27	589	56.47	159	159		51	61	24	454	43.53	1043	
百分比/%		55.5		39.9		4.6			35.1	35.1		11.2	13.4	5.2				

山东滕州岗上遗址出土大汶口文化玉器

滕州市文物局

岗上遗址位于山东滕州市东沙河镇陈岗村（因拆迁，村庄现已废弃）东部的河边高地之上，因早年在此遍植桃树，故村民称其为“桃行地”。小漷河自南向北在遗址东部流过，又在遗址东北处折而向西。其东及东北部，隔小河与枣庄市山亭区城头镇徐时遗址及陈时遗址相邻，三者同属大汶口文化中晚期，有可能属一个遗址。S343省道在遗址中南部东西向穿过（图一）。经初步调查，岗上遗址东西约500、南北约800米，总面积逾30万平方米。遗址保存情况较好，1977年被山东省人民政府公布为省级重点文物保护单位。

岗上遗址是1952年春季由当时的华东地区文物普查队调查发现的；1952～1953年，山东省文物管理委员会曾派人做过调查，采集有彩陶片等[1]；1957年，山东大学历史系师生又做过重点调查[2]；1959年春、夏季，山东省文物管理处在调查中，于东部河边断崖处分别清理了2座墓葬[3]；1961年夏季，山东省文物管理处、山东大学历史系、中国社会科学院考古研究所山东队联合对其进行了小规模试掘，清理墓葬8座、东周灰坑1个[4]；1998年，山东省文物考古研究所联合滕州市博物馆为配合S343省道扩建工程，亦在遗址西侧的公路南路沟处发掘了5米×5米探方3个[5]。

该遗址因在20世纪70年代曾出土过大汶口文化“人面纹玉饰”[6]而引人关注。2015年秋季，滕州市公安局刑侦大队破获岗上遗址文物盗掘案时，再次收缴大汶口文化玉器59件。现将这批玉器简报如下。

1. 铲

1件。GS059，黄绿色，通体磨光。平面近梯形。穿孔偏上，对钻。斜弧顶，双面弧刃。长8.8、最宽4.4、厚0.7厘米（图三，4；彩版四，2）。

2. 佩

1件。GS051，黄绿色，素面。平面呈不规则椭圆形，中有一孔，内外缘较薄。长

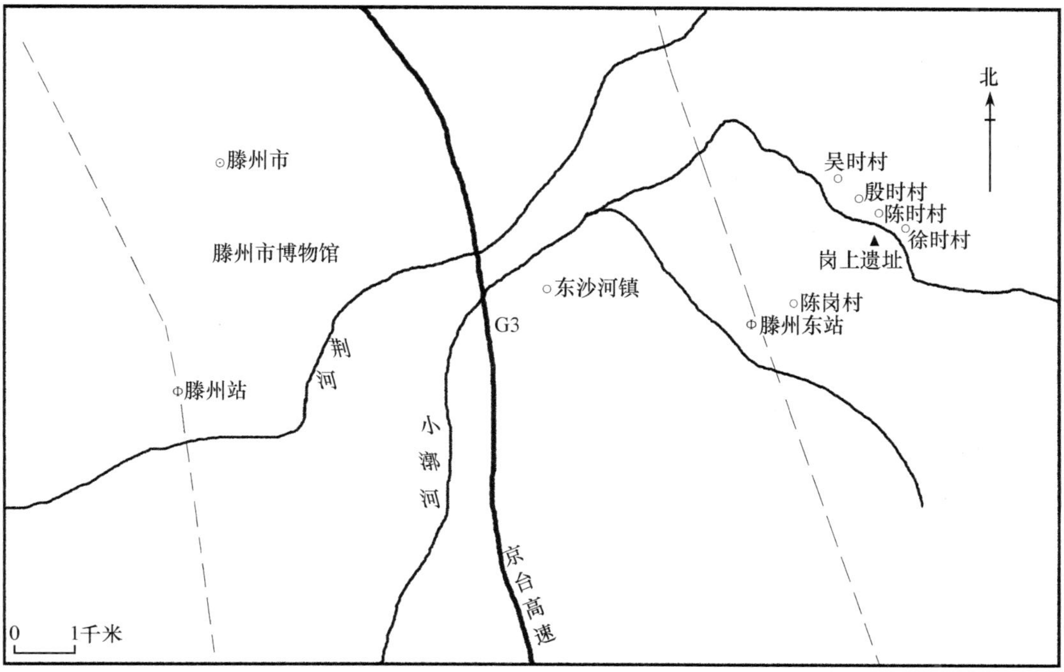

图一　岗上遗址位置图

径 3.9、孔径 0.35、厚 0.3 厘米（图二，16；彩版一，1）。

3. 璧

29 件。素面，通体磨光。扁平，对钻或单面钻孔。内外缘较薄。多数圆度比较规整，少部分边缘不整齐或残缺。

GS012，浅黑色。直径 4.5、孔径 0.7、厚 0.3 厘米（图二，1；彩版一，2）。GS033，墨绿色，有少许白斑。直径 3.3、孔径 0.7、厚 0.2 厘米（图二，18；彩版一，3）。GS009，淡黄色，有少许黑斑。琢钻，圆孔不甚规整。直径 5.1、孔径 1.5、厚 0.5 厘米（图二，2；彩版一，4）。GS019，大理石斑纹。边缘磨制不甚规整。直径 4.3、孔径 0.8、厚 0.25 厘米（图二，6；彩版一，5）。GS021，淡绿色。圆度不甚规整。璧孔略偏，不在圆心位置。直径 4.3、孔径 0.9、厚 0.3 厘米（图二，7；彩版一，6）。GS013，淡绿色。圆度规整，边缘有少许磕碰状残缺。直径 4.7、孔径 1.2、厚 0.4 厘米（图二，4；彩版一，7）。GS034，黄绿色。磨制光滑。直径 3.1、孔径 0.4、厚 0.3 厘米（图二，20；彩版一，8）。GS007，乳白色，有褐斑和曲状黑斑。圆度不规整。直径 5.6、孔径约 1.6、厚 0.45 厘米（图三，7；彩版一，9）。GS015，墨绿色。边缘有少许磕碰状残缺。直径 4.3、孔径 0.9、厚 0.3 厘米（图三，11；彩版二，1）。GS025，黄绿色，大部分已石化为鸡骨白色。平面呈卵圆形，磨制光滑。长径 4.1、短径 3.6、孔径 0.7、

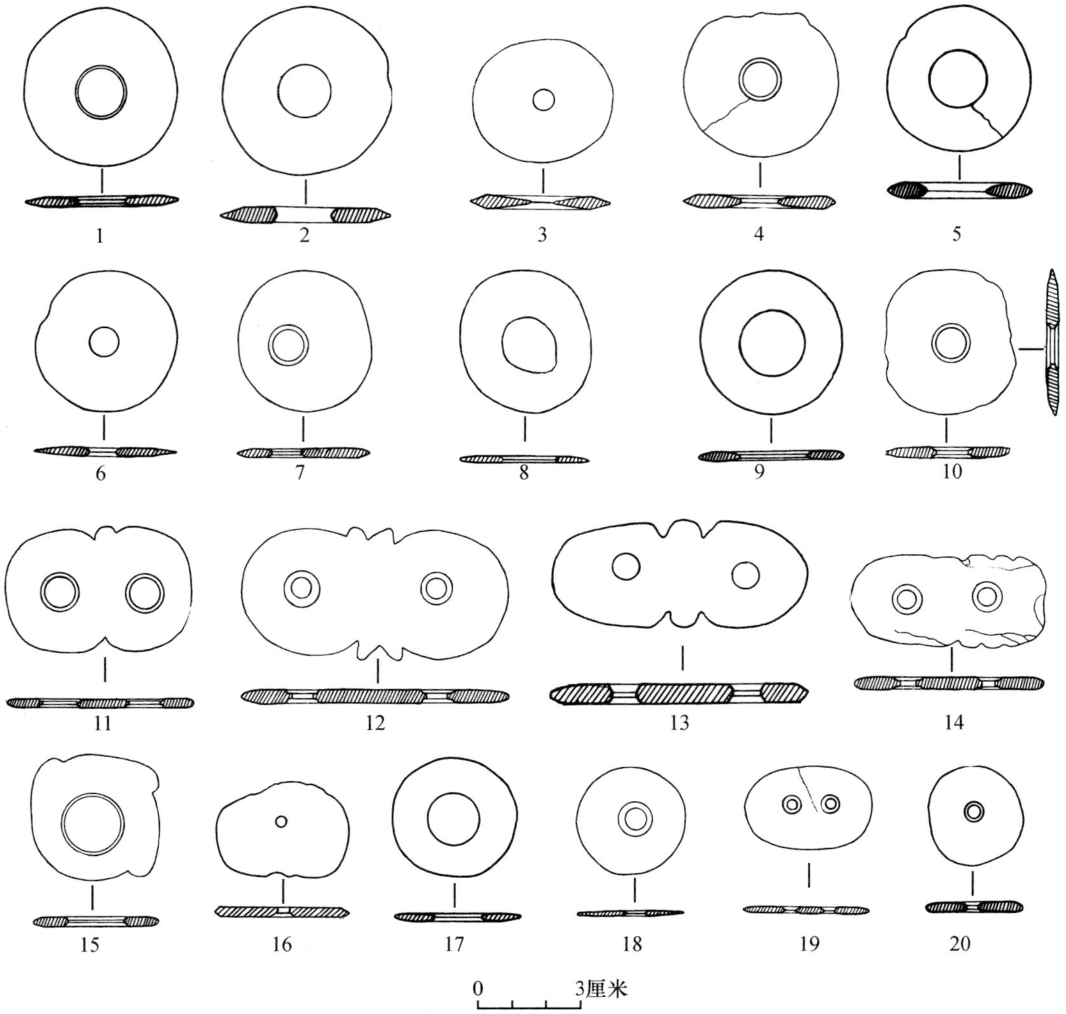

图二　岗上遗址出土玉器

1～4、6、7、10、18、20. 璧（GS012、GS009、GS025、GS013、GS019、GS021、GS016、GS033、GS034）
5、8、9、17. 环（GS018、GS037、GS041、GS038）　11～14. 双联璧（GS045、GS046、GS053、GS049）
15. 三牙璧（GS058）　16. 佩（GS051）　19. 双孔璧（GS050）

厚 0.4 厘米（图二，3；彩版二，2）。GS016，黄绿色。平面呈圆顶钺形。两侧边缘不整齐。长径 4.3、短径 3.9、孔径 1、厚 0.3 厘米（图二，10；彩版二，3）。

4. 双孔璧

1 件。GS050，青黄色，磨制光滑。有绺裂，平面呈规整扁圆形，中有二孔。长 3.9、宽 2.5、孔径 0.3、厚 0.2 厘米（图二，19；彩版二，4）。

5. 双联璧

10 件。素面。双孔，双璧相连，璧形皆不规整。双璧相连处伸出 1 或 2 个齿状小凸。GS053，灰白色。磨制光滑，双璧间上下各伸出 1 个齿状小凸。双璧全长 5.4、宽 2.3、孔径 0.5～0.6、厚 0.4 厘米（图二，13；彩版二，7）。GS046，浅黑色。双璧间上下各伸出 2 个齿状小凸。双璧全长 8.2、宽 4、孔径 0.6、厚 0.4 厘米（图二，12；彩版二，9）。GS045，青绿色。双璧间单侧伸出 1 个齿状小凸。双璧全长 5.8、宽 3.9、孔径 1、厚 0.25 厘米（图二，11；彩版二，5）。GS049，黄绿色。上下 2 个齿状小凸不在双璧之间，而刻在其中一璧上下两边。双璧全长 6、宽 2.8、孔径 0.4～0.6、厚 0.4 厘米（图二，14；彩版二，8）。

6. 三联璧

3 件。素面。GS055，鸡骨白色，布满丝状黑沁。三孔。一璧残半。残长 7、宽 4.4、孔径 0.6、厚 0.3 厘米（图三，6；彩版二，6）。GS056，青绿色，磨制光滑。三璧呈品字形相连，每璧顶端伸出两个相连的乳状凸出物。最大径 5.2、孔径 0.45、厚 0.4 厘米（图三，10；彩版三，1）。GS057，黄绿色，平面呈璜形，三璧四孔，磨制光滑。三璧间上下及两端璧顶各伸出 1 个齿状小凸，中璧上下对钻出双孔。三璧全长 6.5、宽 3.3、孔径 0.4、厚 0.4 厘米（图三，9；彩版三，3）。

7. 镯

1 件。GS002，青黄色。有裂纹。琢制规整，磨制光滑。圆环形，横截面近方形。直径 6.8、孔径 5.5、宽 0.7（图三，5；彩版四，1）。

8. 环

10 件。素面。通体磨光，扁平。内外缘较薄。多数圆度比较规整，少部分肉部宽窄不一，或圆度不甚规整。GS001，鸡骨白色，有灰黑斑。有裂纹一道。直径 11.4、孔径 5.7、厚 0.7 厘米（图三，8；彩版三，7）。GS041，鸡骨白色。断裂为二。直径 4.2、孔径 1.9、厚 0.3 厘米（图二，9；彩版三，8）。GS018，青黄色。直径 4.4、孔径 1.9、厚 0.5 厘米（图二，5；彩版三，4）。GS038，青绿色。直径 3.7、孔径 1.45、厚 0.3 厘米（图二，17；彩版三，5）。GS005，墨绿色。最大径 10.4、孔径 6.2、厚 0.5 厘米（图三，3；彩版三，6）。GS037，青白色。孔呈水滴形。最大径 3.5、最大孔径 1.5、厚 0.2 厘米（图二，8；彩版三，9）。

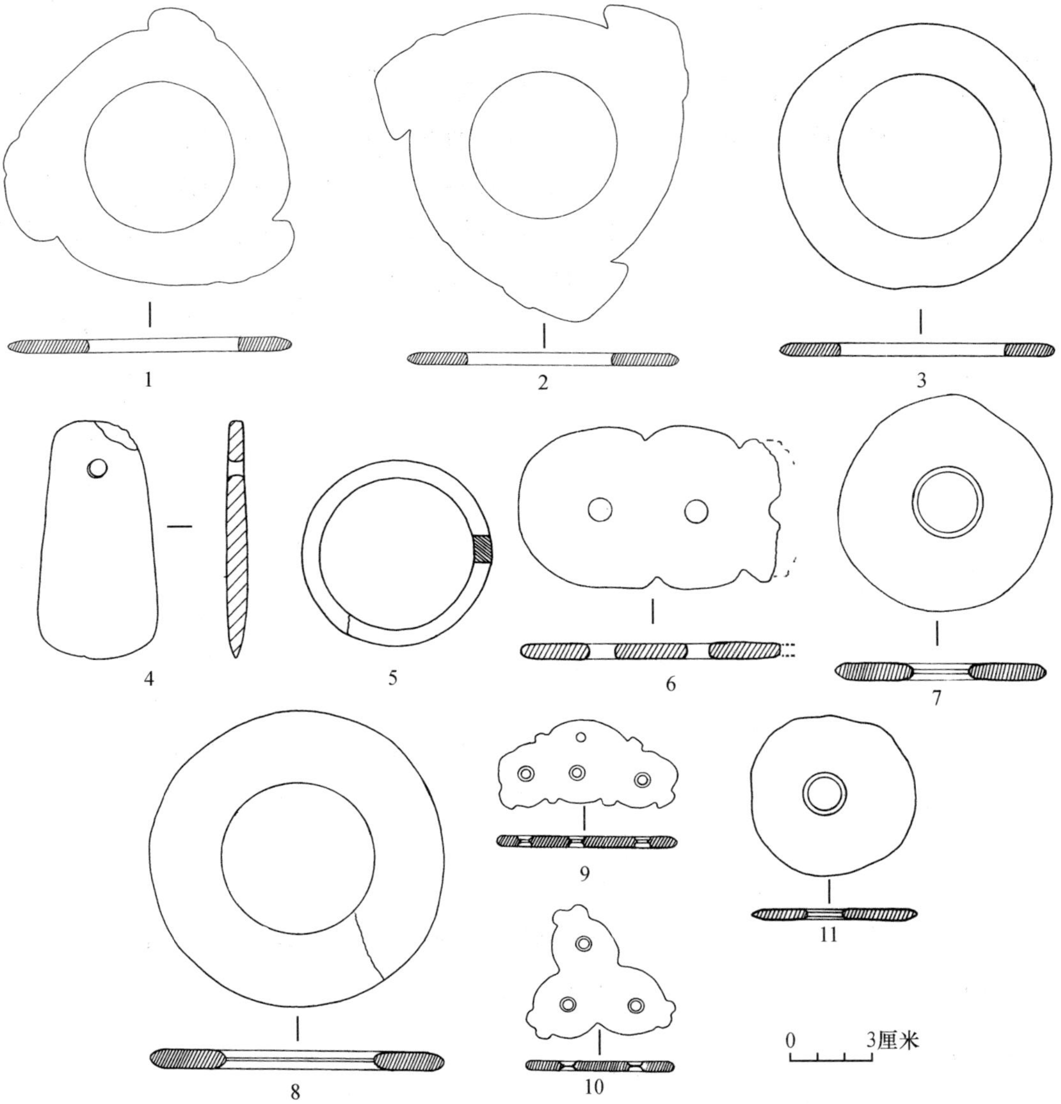

图三　岗上遗址出土玉器

1、2. 三牙璧（GS003、GS004） 3、8. 环（GS005、GS001） 4. 铲（GS059） 5. 镯（GS002）
6、9、10. 三联璧（GS055、GS057、GS056） 7、11. 璧（GS007、GS015）

9. 三牙璧

3件。素面，外缘有三个齿形外凸，皆同向回旋，内缘厚，外缘薄。GS003，黄绿色。三牙轮分别刻出2个“V”字形齿槽。最大外径10.8、孔径5.6、厚0.5厘米（图三，1；彩版四，4）。GS004，墨绿色。三牙轮分别琢出一个长条形扉棱。最大径11.7厘米、孔径5.3、厚0.5厘米（图三，2；彩版四，3）。GS058，淡黄色。最大径3.9、孔径 1.7、厚 0.3 厘米（图二，15；彩版三，2）。

综观这批玉器，虽然没有明确的地层关系和伴出器物，但周边地域出土的石、玉同类器可以为其年代确定提供比较可靠的佐证。例如，《胶县三里河》M113、M259 的璇玑形玉环[7]与本文中所介绍的三牙璧，无论是基本器形，还是琢制风格、细部特征等，都有着“异曲同工”之妙。章丘焦家遗址征集的玉璧、玉环[8]，《大汶口》M47、M78 的石环、M49 的玉环[9]，邹县野店 M62 的石镯与 M22 的玉环、双联环、四联环[10]，江苏新沂花厅遗址大汶口文化墓葬发掘出土的玉镯、玉环[11]等，均与岗上这批玉器同类器基本相同或相似。上述遗址出土的玉、石器年代基本在大汶口文化中晚期阶段。因此可以确定，岗上这批玉器年代也均在大汶口文化中晚期阶段。

同时，笔者也注意到辽宁朝阳牛河梁遗址[12]及阜新胡头沟遗址[13]红山文化的玉璧、环等与岗上遗址出土同类玉器非常相似，特别是胡头沟 M3 的三联璧与编号 GS055 的三联玉璧，无论器形，还是细部特征，均基本相同。这可能反映了红山文化对大汶口文化制玉技艺的影响和二者的文化交流关系。

前已述及，岗上遗址是一处面积较大、内涵丰富的大汶口文化中晚期遗址。数十年来，滕州市博物馆曾陆续在该遗址征集到一批制作异常精良、明显具有礼仪性质的石钺、石铲、象牙雕筒等遗物[14]，结合前述之大批玉器的发现，岗上遗址在大汶口文化中晚期阶段所具有的重要性是不言而喻的。

绘　图：杨光海　苏学忠

摄　影：苗　勇

执　笔：张　桑　孟姝含　李鲁滕

注　释

[1] 山东文管会：《山东第一次发现彩陶》，《文物参考资料》1954 年 2 期。

[2] 山东大学滕县考古调查小组：《滕县新石器时代遗址调查》，《文物参考资料》1958 年 1 期。

[3] 山东省博物馆：《山东滕县岗上村新石器时代墓葬试掘报告》，《考古》1963 年 7 期。

[4] 同 [3]。

[5] 资料存山东省文物考古研究院。

[6] 中国社会科学院考古研究所山东队、滕县博物馆：《山东滕县古遗址调查简报》，《考古》1980 年 1 期。

[7] 中国社会科学院考古研究所：《胶县三里河》，文物出版社，1988 年。

[8] 章丘市博物馆：《山东章丘市焦家遗址调查》，《考古》1998 年 6 期。

[9] 山东省文物管理处、济南市博物馆：《大汶口——新石器时代墓葬发掘报告》，文物出版社，1974 年。

［10］ 山东省博物馆、山东省文物考古研究所：《邹县野店》，文物出版社，1985年。
［11］ 南京博物院：《1989年江苏新沂花厅遗址的发掘》，《东方文明之光——良渚文化发现60周年纪念文集（1936～1996）》，海南国际新闻出版中心，1996年。
［12］ 辽宁省文物考古研究所：《辽宁牛河梁第五地点一号冢中心大墓发掘简报》，《文物》1997年8期。
［13］ 方殿春、刘葆华：《辽宁阜新县胡头沟红山文化玉器墓的发现》，《文物》1984年6期。
［14］ 器藏滕州市博物馆。

济宁郑庄汉墓发掘报告

山东省文物考古研究院
济宁市文物保护中心

郑庄汉墓位于任城区接庄镇郑庄北，济邹路北部，泗河河堤西侧（图一）。在泗河综合开发项目实施中被发现，该项目为济宁市全面提高泗河流域防洪减灾能力和水资源供给保障能力，提升泗河两岸城乡统筹发展水平，打造市区安全屏障、经济文化生态长廊的综合治理工程。

2015 年底，发现墓葬 13 座，其中 12 座石椁墓，1 座砖室墓。2016 年 4 月 10 日，山东省文物考古研究所和济宁市文物考古研究室组成考古队，对墓葬所处区域进行考古勘探，除暴露的 7 座墓葬外，另发现墓葬 6 座。根据发掘需要，将这批墓葬所处区域分为南北两个区，首先人工清理地面，找出墓葬开口，然后用石灰面做出标识。13 日开始发掘，先清理墓圹内封土，然后使用吊绳揭取盖石，继续清理椁室内淤土，将有画像的石椁运回室内进行保护。

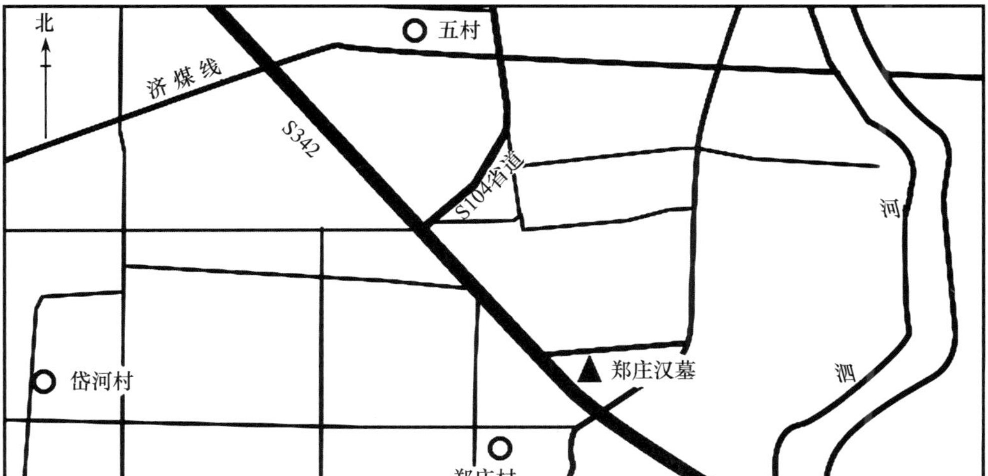

图一　郑庄北汉墓位置示意图

一、墓地概况

这批墓葬多为长方形竖穴土坑墓，墓内填黑褐五花夯土，厚0.26～0.34米，夯层明显，剖面光滑，散见灰陶碎片，整体遗物较为丰富。

石椁墓室四周或两侧有生土，用以承托其上部石盖板。石椁墓可分为单室和双室两种。单室墓椁室由底板、立板和盖板构成，立板包括侧板和端板两部分。立板和底板多用整块石板制成，盖板则由2～4块石板拼合而成。石板厚0.1～0.2米。石板一般刻有几何纹饰和各种线状錾花，有的图案复杂。大部分石椁侧板上缘凿有“L”形凹槽，侧板端头凿出凹槽用来插嵌端板。双室墓皆为两椁各自构建，中间有空隙。墓中石椁大小、使用石料基本一致。有的墓室与前者在平面或剖面上有一定错位，明显看出有早晚关系。砖室墓1座，砖长0.28、厚0.11～0.14、宽0.14米。由于破坏严重，只在墓室外东北位置发现陶罐1件。

大多石椁墓内不见骨骼，有骨骼者仅存零乱肢骨或头骨，仅2座墓葬骨架保存完整，或仰身直肢，或侧卧屈肢。

画像石墓较少。其画像刻在椁室立板内侧。雕刻方法为先对石板简单修整，然后用粗线条的阴刻线在四周刻画出方形或者长方形边框，再在边框内雕刻各种纹饰。纹饰周围多錾刻细密的竖向或者斜向平行刻线。纹饰有“十”字穿璧、常青树、三角和菱形纹饰，少量刻有人物、历史故事等画像。常青树体呈三角形，根部有卷云或豆瓣状纹饰。人物以写意为主，多以简单线条概括。

随葬器物多寡不一，分布位置有一定规律，常位于椁室外一侧或头部位置，有的位于盖板上方或填土中，有的用石块砌出不规则或长方形的器物箱，铜钱常置于死者一侧或脚端，1或2个陶罐放置在椁外头箱位置，个别小陶罐放置在死者腰部。

随葬品种类有陶、铜、铁及骨器等。陶器可分为两类：一类为罐、壶等日常生活用品；另一类为鼎、盒等礼器。礼器多为泥质红陶，烧制火候较低，鼎、盒多成对出现。铜器主要有镜、钱币、带钩等。铁器仅有削和刀。骨器只见12枚骨牌。此外，在铜镜和铜钱上发现有丝织品腐朽痕迹（图二）。

二、分类及墓例

墓葬皆为长方形或方形土坑竖穴墓，可分为石椁和砖室两类。石椁墓分为单室和双室两种。砖室墓仅1座。

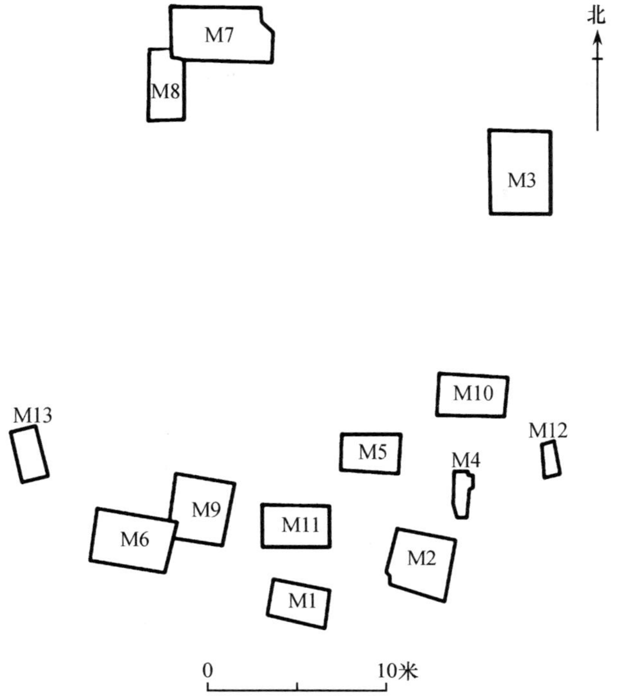

图二　墓葬分布图

（一）石椁墓

12 座。按椁室数量不同，可分为单室和双室。单室墓一般由一块底板、两块侧立板、两块端板、二或三块盖板组成。椁室多位于墓室中部。有的有边箱，放置随葬品，个别单室墓设有生土二层台。双室墓大体和单室墓相同，未见共用中间立板的现象，两立板间留有一定缝隙。

1. 单室墓

6 座。

M1　位于南区最南端。北邻 M11。墓圹长 3.4、宽 4、深 6.4 米。墓内夯土层厚 0.26～0.34 米，封层明显，剖面光滑，土质为黑褐色五花土，散见灰陶碎片。石椁室长 2.56、宽 1.04、高 0.8 米。墓向 315°。圹壁经过修整，涂抹有一层约 0.03 米的黄泥，较光滑。椁室由三块石板封盖，椁室南北两壁有生土二层台，距椁顶 0.28 米。立板和端板皆青石质，打制规整，内壁有一层黑褐色痕迹，系水浸所致。墓内发现半两钱（图三）。

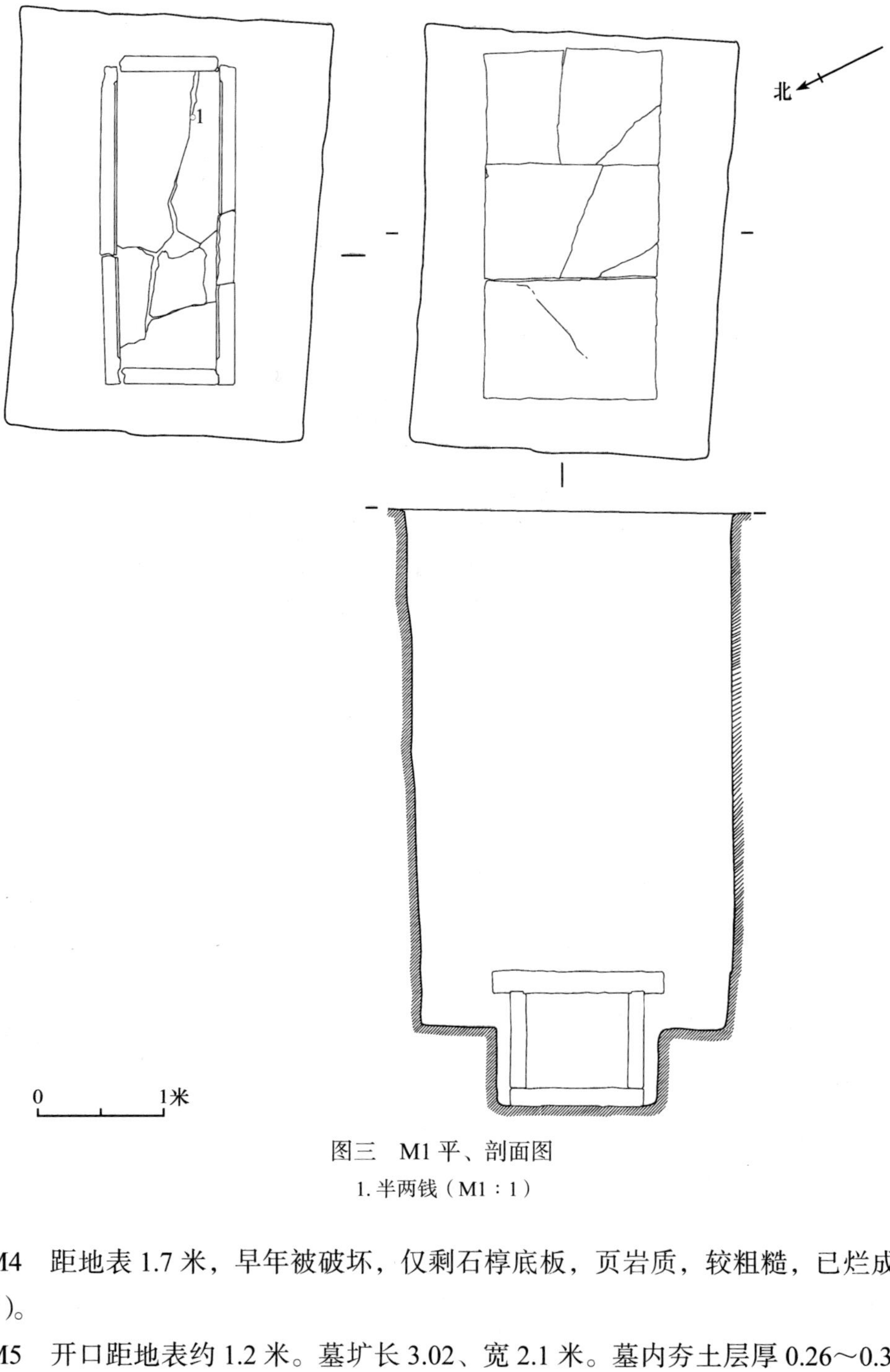

图三　M1 平、剖面图
1. 半两钱（M1：1）

M4　距地表 1.7 米，早年被破坏，仅剩石椁底板，页岩质，较粗糙，已烂成碎块（图四）。

M5　开口距地表约 1.2 米。墓圹长 3.02、宽 2.1 米。墓内夯土层厚 0.26～0.34 米，夯层明显，剖面光滑，土质为黑褐色五花土，散见灰陶碎片。石椁室长 2.88、宽 0.88、高 0.8 米。墓向 270°。椁室内壁刻常青树、鱼纹、“十”字交叉穿璧纹等纹饰。出土残铁削等器物（图五）。

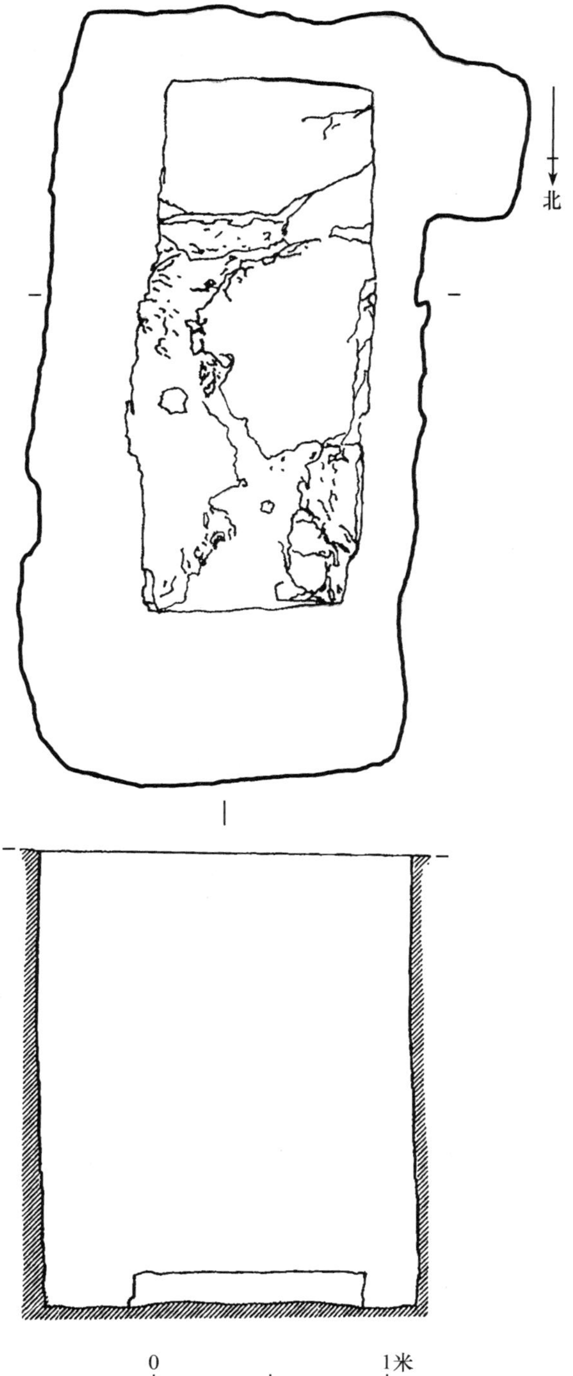

图四　M4平、剖面图

图五　M5 平、剖面图

M8　开口距地表 1.7 米。墓圹长 2.7、宽 1.31 米。椁室长 2.42、宽 0.94、壁高 0.88 米。墓向 185°。棺木仅见灰痕，骨架腐朽严重，头朝东南，左侧发现五铢钱一串，脚部位置发现星云铜镜。椁室外，头箱位置发现陶罐 1 件。椁室南北挡板朝内位置皆刻“十”字交叉穿壁纹（图六）。

M10　开口距地表约 1.7 米。墓圹长 3.2、宽 2.94 米。东西向。两块石板封顶，已破碎。在椁顶水平面东部，发现破坏后的石椁底板。椁室长 2.52、宽 1、高 0.7 米。墓向 190°。椁室南部发现牙齿一枚。椁室东西南北挡板刻有常青树、鱼、“十”字穿壁等纹饰。椁室外设头箱，发现陶罐 1 件（图七）。

图六　M8平、剖面图
1. 大型陶罐（M8：1）

M13　开口距地表约1.8米。墓圹长3.28、宽1.92米。墓内夯土层厚0.26～0.34米，夯层明显，土质为黑褐色五花土，散见灰陶碎片。椁室为三块石板封盖。椁室长2.82、宽1.12、高0.9米。墓向200°。椁室内四壁上下皆有一层灰褐色覆盖物（图八）。

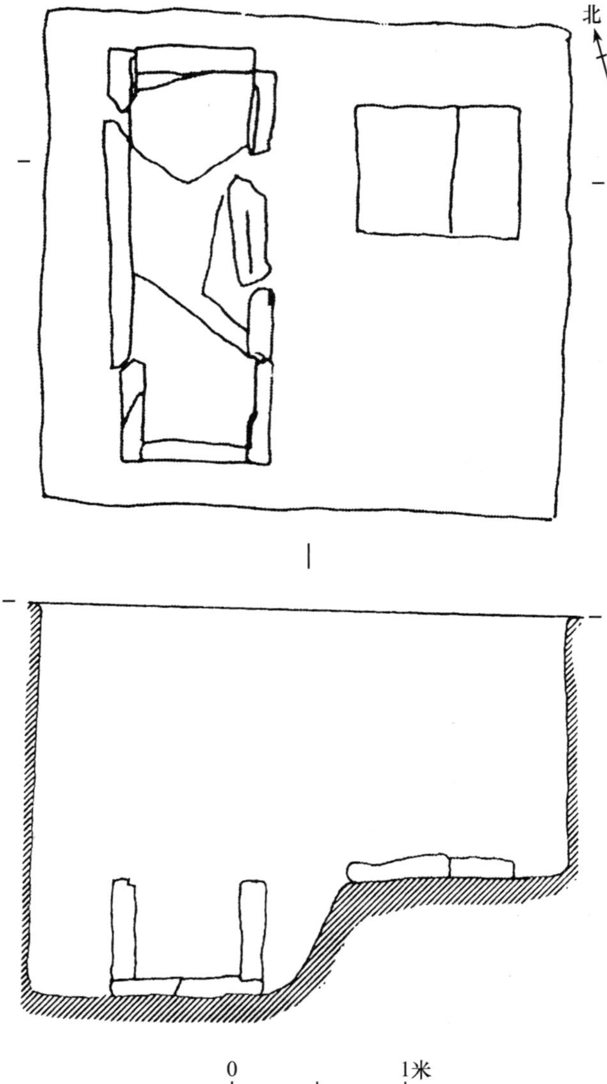

图七　M10平、剖面图

图八　M13平、剖面图

2. 双室墓

6座。

M2　位于发掘区的东南部，北邻M4。开口距地表1.2米。墓圹长4.04、宽3.78米。南北椁室皆有三块石板覆盖，各有盗洞一处。墓内填土为黑褐色五花土，夯层厚0.26～0.34米，质地坚硬，散见灰陶碎片（图九）。

北椁室长2.6、宽1.14、高0.7米。墓向180°。画像刻在椁室内侧板内侧。北侧板四周刻长方形带状条框，框内分左、中、右三格。左格内二人站立，一人正面双手抱

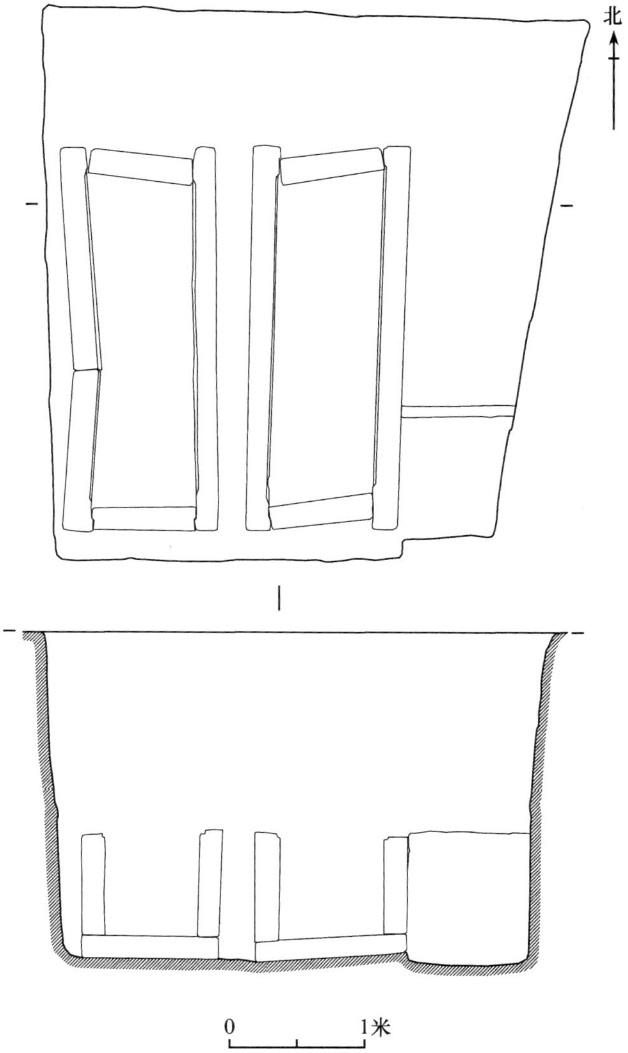

图九　M2平、剖面图

剑，头扭向一侧，另一人侧身执鸠杖相向，二人皆博衣长袍，上饰连珠纹。中格有一建鼓，鼓座为“凸”字形，鼓杆上置华盖，下系飘带，羽葆飘扬。鼓两侧共8人，三人执鼓槌，边鼓边舞，两人挥长袖舞蹈，另有两人跽坐观舞，右侧还有一人双手执笏躬身站立（图一〇）。南侧板边框处理同北侧板，也分三格。左格内饰几何纹饰，未刻画；中格刻一厅堂，中间一人正面端坐，左侧一人执戟躬立，右侧两人皆躬身侧立；右格内饰二常青树。南侧板西侧面，一人戴冠抱拳躬身侧立（图一一）。西端板边框处理南北同侧板，框内饰“十”字穿壁纹（图一二）。东端板刻几何纹饰。

南椁室长2.78、宽1.12、高0.94米。方向同北椁室。四壁挡板皆以菱形阴线纹为外框。北侧板分三格，左、右格近方形，右格内饰一圆璧。中格为长方形，内饰几

图一〇　M2 北椁室北侧板画像拓本

图一一　M2 北椁室南侧板画像拓本

图一二　M2 北椁室西端板画像拓本

何纹饰。北侧板西侧面刻一人，戴冠，腰部系剑，双手执笏，侧身躬立（图一三）。南侧板画面分格同北侧板，右格方框内饰连环纹。南侧板西侧面一人，戴冠躬身，执笏而立（图一四）。

M3　位于北区的东南部。开口距地表约 1.5 米。墓向 15°，墓圹长 3.4、宽 2.52、深 2.4 米。东西椁室相距 0.5 米。西椁室略大于东椁室。西椁室长 2.4、宽 0.82、高 0.82 米，东椁室长 2.38、宽 0.82、高 0.82 米。墓向 15°（图一五）。

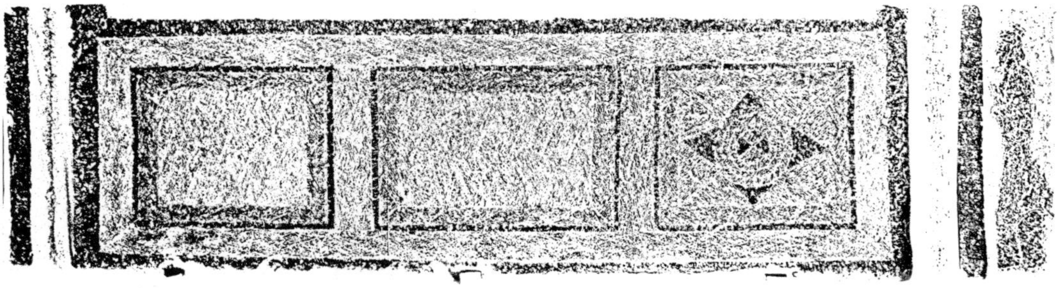

图一三　M2 南椁室北侧板画像拓本

图一四　M2 南椁室南侧板画像拓本

图一五　M3 平、剖面图

东西椁室皆为三块石板封盖，中间部分被盗掘者破坏。头箱发现陶罐3件，其中东椁室西南方1件，西椁室西南2件，放置位置水平线低于前一件。西椁室东西侧板以菱形纹作外框分三格。东侧板南刻十字交叉穿环纹，中刻一二层楼阁，楼上二人对坐，一人抚琴，楼下两侧分别一树，树下各拴一马和一牛，北刻“十”字穿环纹饰（图一六）。北端板，刻一兽回首，张口吐舌，欲咬其尾状。西侧板为三格，南格十字穿环，中格建鼓舞，二人执槌击鼓，另一人跳长袖舞，北格十字交叉穿环（图一七）。南端板刻一鹤衔一鱼（图一八）。

图一六　M3西椁室东侧板画像拓本

图一七　M3西椁室西侧板画像拓本

图一八　M3西椁室南挡板画像拓本

东椁室内外四壁皆錾刻十字交叉穿璧纹饰。骨架腐朽严重，仰身直肢。随葬品仅有铜带钩和铜镦。

M6　开口距地表约2.2米。墓圹长4.04、宽3.78米。墓向195°。墓内夯土层厚0.26～0.34米，土质坚硬，为黑褐色五花土，散见灰陶碎片。因早年破坏，椁室挡板被取走，仅剩底板（图一九）。

M7　打破M8。开口距地表约1.7米。墓圹长2.7、宽2.68米。两椁室皆为两块石板封顶，破碎。

图一九 M6平、剖面图

墓向205°。北椁室长2.2、宽0.84、高0.78米，在填土中出土骨牌12件。骨架保存较好，仰身直肢，头部朝西。南椁室长2.36、宽0.92、高0.86米。骨架保存较好，侧卧屈肢，头部朝西。头箱内置陶罐1件，椁内出土星云镜、铜带钩、不明铁器各1件（图二〇）。

M9 开口距地表约1.7米。墓圹长3.6、宽3.14米。墓内发现夯土层，厚0.26～0.34米、为黑褐色五花土，散见灰陶碎片。南椁室长2.42、宽0.96、高0.94米，北椁室长2.54、宽1.1、高0.86米。墓向285°。南椁室高于北椁室（图二一）。

图二〇　M7 平、剖面图

M11　开口距地表约 4.2 米。墓圹长 3.42、宽 3.26 米。西椁室长 2.5、宽 1、高 1.11 米，东椁室长 2.46、宽 1.02、高 1.12 米。墓向 185°。东西椁室皆为三块石板盖顶，保存较完整，二者底部发现棺木和红色漆皮，墓主头朝西南。东椁室腰部位置发现陶罐 1 件。盖石下侧、东西椁室四壁皆有一层黑褐色残留物（图二二）。

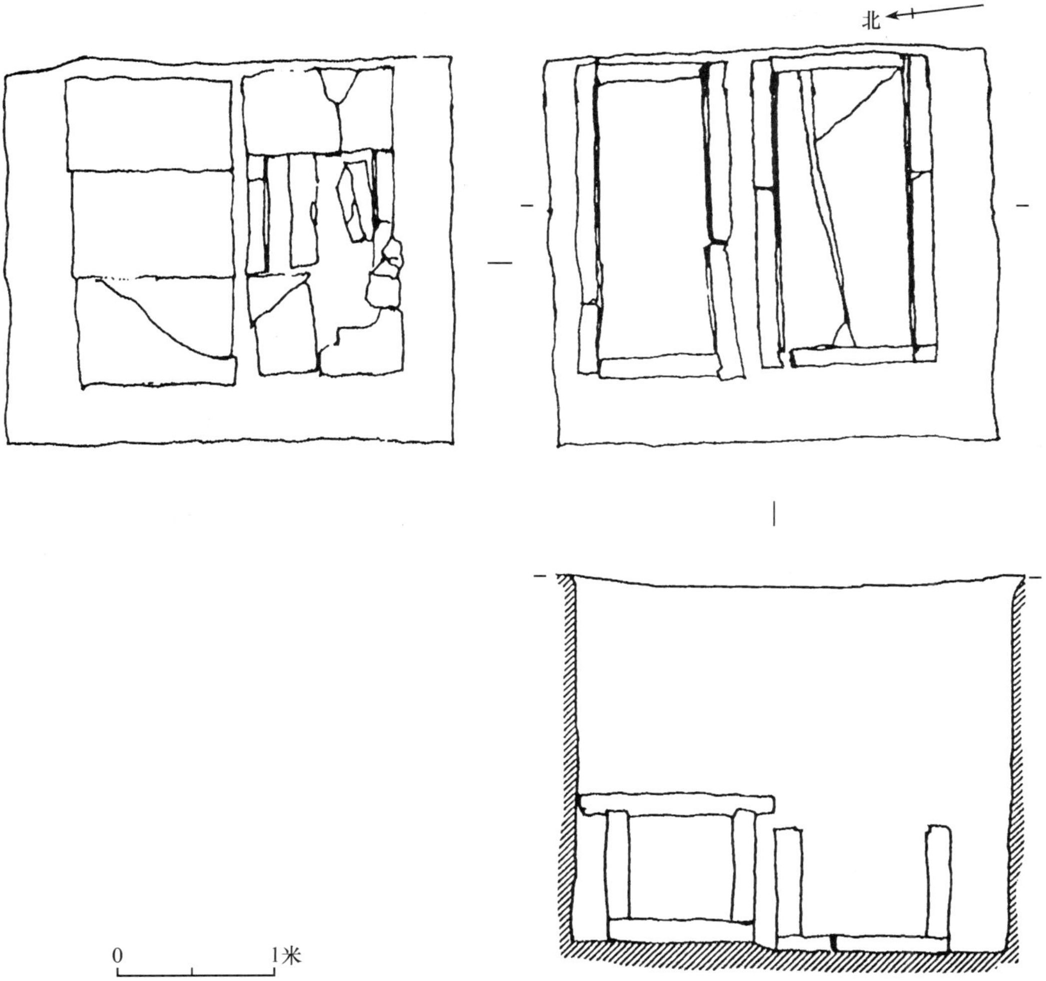

图二一　M9平、剖面图

（二）砖室墓

1座。

M12　位于墓地东端，墓室顶距地表3.02米。墓圹长2、宽0.8米、深2.55米。墓向195°。墓室外东北发现陶罐1件。砖呈长条形，夹砂灰陶，质坚硬，素面。长0.28、宽0.14米、厚0.11～0.14。盗扰严重，砖椁壁部分破坏，内未发现骨架（图二三）。

图二二　M11 平、剖面图
1. Ⅱ式陶罐（M11：1）

三、出土遗物

在 13 座墓葬中，有的只剩石椁底板，随葬品多寡不一，以陶器为主，另有铜、铁、骨器等。

1. 陶器

15 件。

罐 8 件。均为泥质灰陶。分五式。

Ⅰ式：3 件。M8：1，小口，厚方唇，近平沿，矮领，弧鼓腹，最大腹径略偏上，圜底略凸，腹上部有数周轮旋暗弦纹并在腹中部压划一周凹弦纹，腹下及底拍印横向中绳纹。口径 15、腹径 28、底径 12、高 27 厘米（图二四，1）。M3：1，腹上部印有“”。口径 14、腹径 31、底径 9、高 31 厘米（图二四，6）。M3：2，口径 13、腹径 31、底径 9、高 31 厘米（图二四，7）。

Ⅱ式：1 件。M11：1，侈口，圆唇，束颈，上腹圆鼓，下腹斜直，平底，假圈足。素面。口径 4、腹径 8、高 8 厘米（图二四，2）。

Ⅲ式：1 件。M10：1，敛口，平沿，近方唇，斜肩，折腹，平底。肩部有数道弦纹，腹下部有较粗绳纹。口径 19、腹径 33、高 28 厘米（图二四，3）。

Ⅳ式：2 件。M7：1，大口，平沿，中间略凹圆唇，弧腹，最大腹径偏上，平底。腹上部有数周轮旋暗弦纹，腹下部及底拍印横向中绳纹。口径 20、腹径 34、高 30 厘米（图二四，4）。M3：3，口径 22.2、腹径 35、高 31 厘米（图二四，8）。

Ⅴ式：1 件。M12：1，盘口，尖唇，束颈且颈较长，弧折腹，平底，周身饰有暗弦纹，腹上部刻有“”。口径 8、腹径 17、高 16 厘米（图二四，5）。

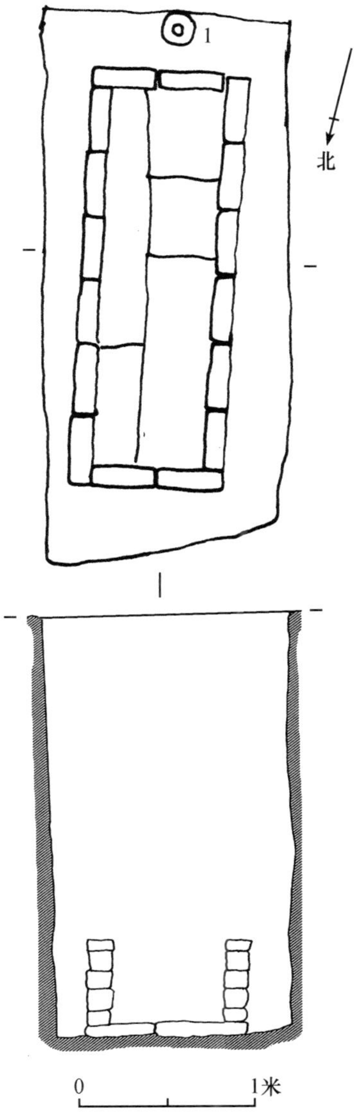

图二三 M12 平、剖面图
1. Ⅳ式陶罐（M12：1）

鼎 3 件。均为泥质灰陶。分二式。

Ⅰ式：1 件。M13：01，子口，微敛，尖唇，平沿，中间微凹，弧腹，圜底，两对称竖耳外撇，其上各有一个长条形略小凹槽，三马蹄状足蹄表现不突出。口径 16、通高 8.3 厘米（图二五，3）。

Ⅱ式：2 件。M11：01，平沿略斜，弧腹，圜底，两对称竖耳外撇，其上各有一长条形凹槽，三足矮小。盖弧顶。器表施红色彩绘，大部分脱落，盖上饰红色条带纹和卷云纹。口径 16.5、通高 14 厘米（图二五，1）。M11：02，口径 16.5、通高 15 厘米（图二五，2）。

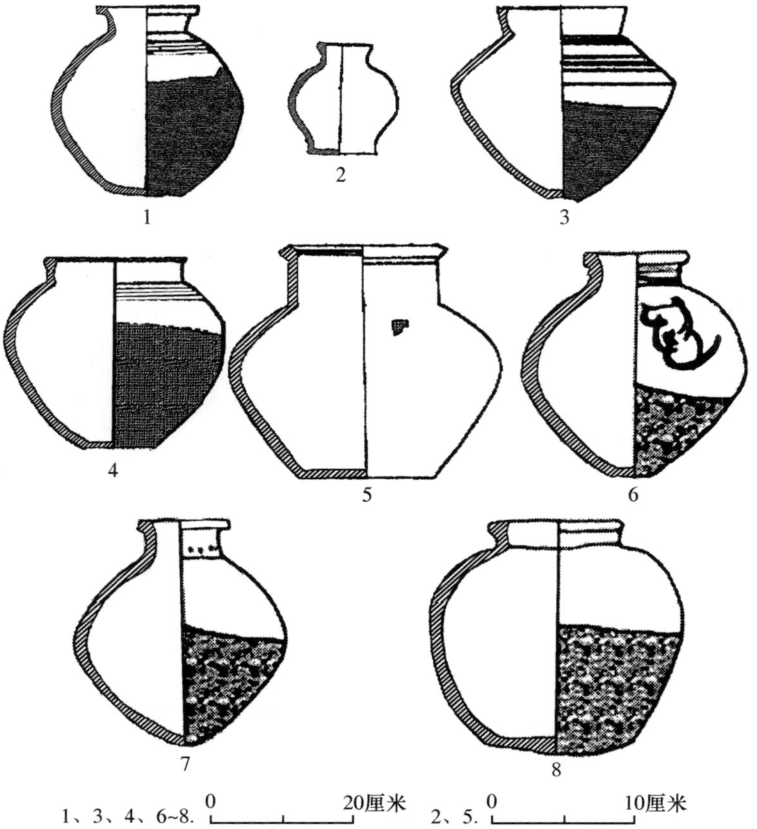

图二四　汉墓出土陶罐

1、6、7. Ⅰ式（M8：1、M3：1、M3：2） 2. Ⅱ式（M11：1） 3. Ⅲ式（M10：1）
4、8. Ⅳ式（M7：1、M3：3） 5. Ⅴ式（M12：1）

盒　2件。均为泥质灰陶。分二式。

Ⅰ式：1件。M11：03，覆钵式盖，盖顶隆起，平沿，微侈，弧腹。通体饰红色带纹和卷云纹。口径16、底9.5、通高10厘米（图二六，1）。

Ⅱ式：1件。M11：04，直口微敛，斜沿，中间微下凹。圆唇，斜直腹，平底微上凸。素面。口径17.6、底径7.3、通高12厘米（图二六，2）。

壶　2件。均泥质灰陶。分二式。

Ⅰ式：1件。M11：05，侈口，平沿微折，颈微束，溜肩，弧腹，平底。表面彩绘大部分脱落，颈部施黑彩，肩部施红白彩，腹中部有一周白色连弧纹，腹下部施黑彩。口径13、腹径26、通高14厘米（图二七，1）。

Ⅱ式：1件。M11：06，束颈，溜肩，折腹，圜底，圈足较高且外撇。器表施红色彩绘，颈部黑色，肩部有一周黑色弦纹，腹上部施红彩，腹部施黑彩，圈足有一周白色彩绘点纹。腹径26、圈足径15、通高32厘米（图二七，2）。

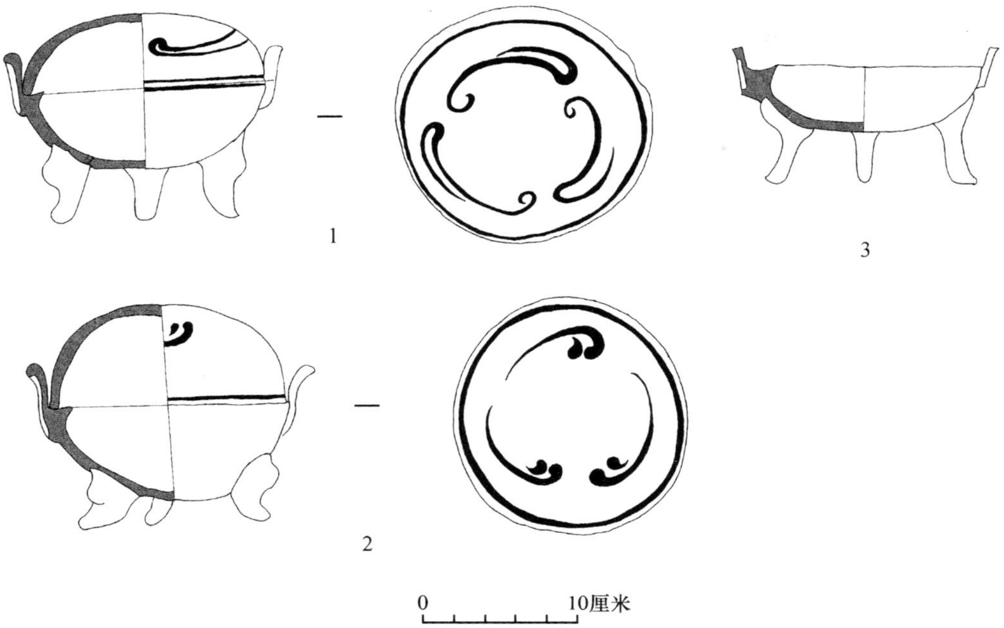

图二五　汉墓出土陶鼎

1、2. Ⅱ式（M11∶01、M11∶02） 3. Ⅰ式（M13∶01）

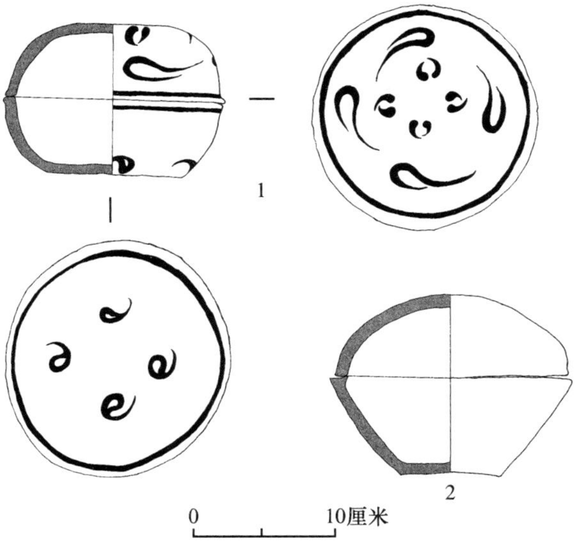

图二六　汉墓出土陶盒

1. Ⅰ式（M11∶03） 2. Ⅱ式（M11∶04）

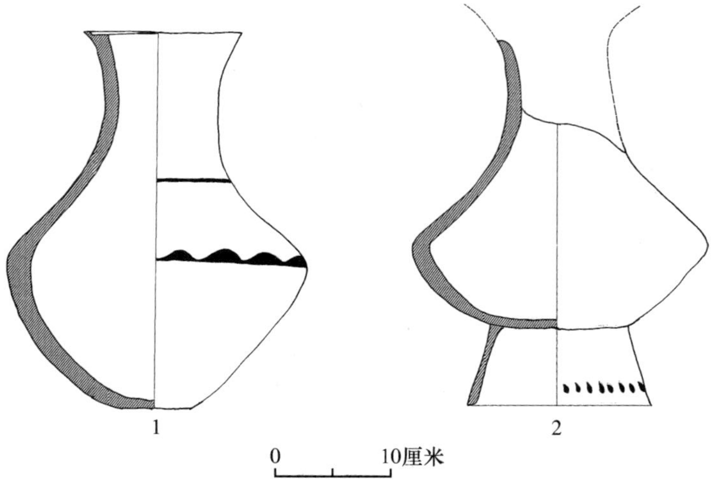

图二七　汉墓出土陶壶

1. Ⅰ式（M11∶05）2. Ⅱ式（M11∶06）

2. 铜器

3 件。器类有镜、钱币、带钩。

镜　1 件。M7∶2，星云镜，两周凸弦纹将纹饰分为三区，内区为连弧纹；中区为四乳钉，将纹带分为四部分，填以较小的六乳钉，云状底纹；边区饰连弧纹。直径 11 厘米（图二八，3）。

钱币　52 枚。有“半两”和“五铢”两种，其中半两 3 枚，余为五铢。

半两　3 枚。M1∶1，方孔，平背，无郭（图二八，1）。

五铢　49 枚。M10∶2，方孔，有郭（图二八，2）。

带钩　2 件。分二式。

Ⅰ式：M7∶3，形体较小，弯曲较甚。纽位于尾端，钩相对较长。全长 1.5 厘米（图二九，1）。

Ⅱ式：M3∶5，琴面形，背部有一圆纽。全长 3.7 厘米（图二九，6）。

3. 铁器

4 件。镦、削、不明铁器。

削　2 件。均环首。分二式。

Ⅰ式：1 件。M9∶01，环首下部连接一凸起装饰物，锈蚀严重，分辨不清，直背，前段残，刀鞘可见木胎，腐蚀严重，截面呈方角长方形，环首截面呈圆形。残长 4 厘米（图二九，2）。

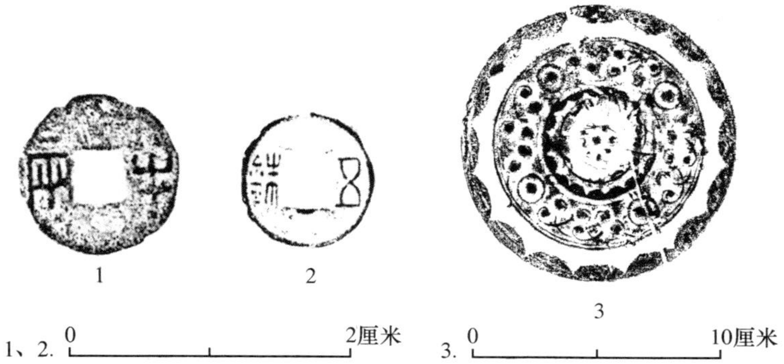

图二八　汉墓出土铜器

1. 半两钱（M1∶1）2. 五铢钱（M10∶2）3. 铜星云镜（M7∶2）

Ⅱ式：1件。M5∶01，直背，前端残，刀鞘可见木胎，腐朽严重，截面呈方角长方形，环首截面呈圆形。残长7厘米（图二九，5）。

不明铁器　1件。M7∶4，破损锈蚀严重。残长10厘米（图二九，4）。

镦　1件。M3∶4，残。镦体呈圆筒状，锈蚀严重，底部残损。残长4.5厘米（图二九，3）。

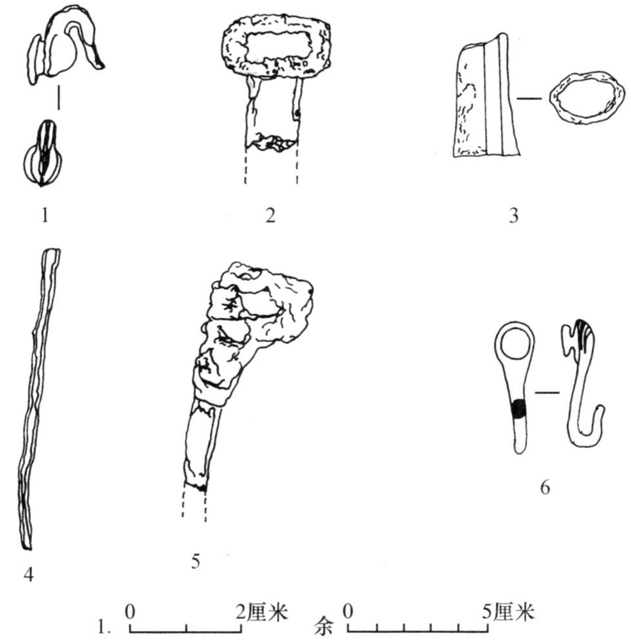

图二九　出土金属器

1. Ⅰ式铜带钩（M7∶3）2. Ⅰ式铁削（M9∶01）3. 铜镦（M3∶4）
4. 不明铁器（M7∶4）5. Ⅱ式铁削（M5∶01）6. Ⅱ式铜带钩（M3∶5）

4. 骨牌

12 件。M7：01～M7：012，由肢骨磨制成，长方形，中间有孔。素面。长 2～2.43、宽 2.13～3、高 3～3.4 厘米（图三〇，1～12）。

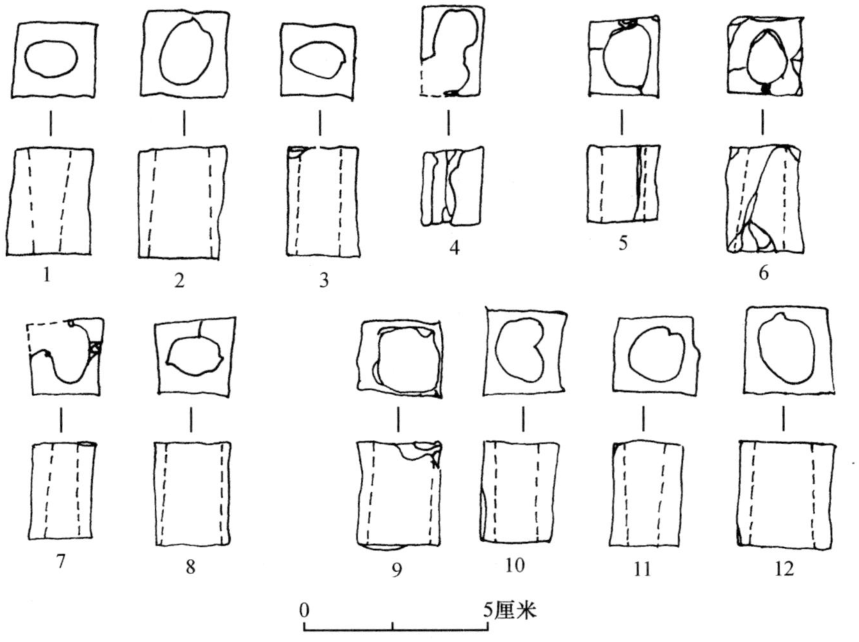

图三〇　出土骨牌

1. M7：01　2. M7：02　3. M7：03　4. M7：04　5. M7：05　6. M7：06　7. M7：07　8. M7：08　9. M7：09　10. M7：010　11. M7：011　12. M7：012

四、结　　语

墓葬地处鲁中南地区，是汉代石椁墓分布的重要区域。以往在该区附近发掘了大量的汉代墓葬，比较重要的有济宁师专汉墓、肖王庄石椁墓、潘庙汉墓、兖州农技校石椁墓、梁山薛垓墓地、嘉祥长直集汉墓等。考古材料表明，砖、石椁墓为西汉墓早中期墓葬常见形制[1]。这次发掘的 13 座墓中，12 座为石椁墓，1 座为砖室墓。石板加工不一，大都刻有几何纹饰和各种线状錾花，有的刻“十”字穿壁、房屋、常青树、人物和历史故事图案。加工较好的石椁在侧立板和端立板内上侧开槽，槽上放置 2 或 3 块厚 0.2～0.3 米的盖板。这批墓葬分单室墓和双室墓两种规格。单室墓普遍较深，双室墓较浅；时间上，单室墓早于双室墓。从画像雕刻风格看，单椁墓无画像或画像比较简单，如M5椁室挡板和端板内侧刻常青树、鱼纹、“十”字穿壁等纹饰；双室墓画像复杂，出现历史故事等更为丰富的图像，如M2和M3椁室内壁刻厅堂人物、车马出行、乐舞百戏、伯乐相马等图案，同M5相比明显具有早晚继承关系。这与汉代家庭结构的改变具有直接的联系。这些墓葬排列方向有序，显然存在一定的对应关系，应是西汉早期至西汉晚期平民家族墓地。

这批墓葬平列分布较多，很少打破，且破坏比较严重，发现陶壶、陶罐、五铢、半两铜钱等遗物，罐、壶与济宁师专西汉墓群[2]，济宁玉皇顶西汉墓[3]、济宁潘庙汉墓[4]、兖州徐家营墓地[5]发现的罐、壶相同，M7骨牌与徐家营墓地M103骨器完全相同，看来墓葬时代应相距不远，应为西汉早期偏晚延至西汉晚期的家族墓地。

这批汉墓资料为研究鲁中南地区石椁墓的发展、传播和汉代葬制、葬俗提供了新的材料，具有重要研究价值。

绘　图：曹　杨
拓　片：胡广跃
摄　影：胡广跃　曹　杨
执　笔：胡广跃　韩　辉　宋忙忙

注　释

[1] 山东省文物局、山东省南水北调工程建设管理局：《梁山薛垓墓地》，文物出版社，2013年。
[2] 济宁市博物馆：《山东济宁师专西汉墓群清理简报》，《文物》1992年9期。
[3] 济宁文物考古研究室：《济宁玉皇顶西汉墓》，《考古》2006年6期。
[4] 国家文物局考古领队培训班：《山东济宁郊区潘庙汉代墓地》，《文物》1991年12期。
[5] 山东省文物考古研究所：《兖州徐家营墓地》，《鲁中南汉墓》（上），文物出版社，2009年。

附表　墓葬登记表

墓号	墓型	墓室	墓向（°）	墓圹尺寸（长×宽－深）/米	棺椁尺寸（长×宽－高）/米	壁龛或器物箱	墓主人及葬式	随葬品及位置	期别	备注
M1	单室石椁墓		315	3.4×4－6.4	2.56×1.04－0.8		头向西北	墓内发现半两钱1枚		椁室南边箱和北边箱有生土二层台
M2	双室石椁墓	南椁室	180	4.04×3.78－1.2	2.78×1.12－0.94		头向南			破坏
		北椁室	180		2.6×1.14－0.7		头向南			
M3	双室石椁墓	东椁室	15	3.4×2.25－2.4	2.38×0.82－0.82	共用头箱	不详	头箱发现陶罐1件		被盗
		西椁室	15		2.4×0.82－0.82		不详	头箱发现陶罐2件；石椁内发现铜镦、铜带钩各1件		
M4	单室石椁墓		10	3.2×1.6－1.7	残长2.2		不详			早年被破坏
M5	单室石椁墓		270	3.02×2.1－1.2	2.88×0.88－0.8		不详	在填土中发现残铁削		
M6	双室石椁墓	东椁室	195	4.04×3.78－2.2	残长2.53		不详			早年破坏，仅剩底板
		西椁室	195		残长2.46		不详			
M7	双室石椁墓	南椁室	205	2.7×2.68－1.7	2.36×0.92－0.86		侧卧屈肢，头部朝西	头箱内置陶罐1件，椁内出土星云镜、铜带钩、不明铁器各1件		
		北椁室	205		2.2×0.84－0.78		仰身直肢，头部朝西	在填土中发现骨牌12件		
M8	单室石椁墓		185	2.7×1.31－1.7	2.42×0.94－0.88 发现棺木灰痕	头箱	头部朝东南	头箱：大型陶罐1件；棺内：左侧五铢钱一串，脚部星云铜镜残片		

续表

墓号	墓型	墓室	墓向（°）	墓圹尺寸（长×宽—深）/米	棺椁尺寸（长×宽—高）/米	壁龛或器物箱	墓主人及葬式	随葬品及位置	期别	备注
M9	双室石椁墓	南椁室	285	3.6×3.14—1.7	2.42×0.96—0.94		不详	Ⅰ式铁削		
		北椁室	285		2.54×1.1—0.86		不详			
M10	单室石椁墓		190	3.2×2.94—1.7	2.52×1—0.7	头箱	不详	头箱：大型Ⅲ式陶罐		
M11	双室石椁墓	东椁室	185	3.42×3.26—4.2	2.46×1.02—1.12 棺内有红色漆皮		头部朝西南	椁外填土：Ⅱ式泥质灰陶鼎2件，Ⅰ、Ⅱ式泥质灰陶盒，Ⅰ、Ⅱ式泥质灰陶壶。 椁内：腰部位置发现Ⅱ式小型陶罐1件、五铢钱币一串		
		西椁室	185		2.5×1—1.11 棺内有红色漆皮		头部朝西南	丝织物包裹五铢钱多枚		
M12	砖室墓		195	2×0.8—3.02	1.56×0.56—0.66			墓室外东北位置发现中型Ⅴ式陶罐		早年被盗
M13	单室石椁墓		200	3.28×1.92—1.8	2.82×1.12—0.9		头部朝西	填土中发现Ⅰ式泥质灰陶鼎		发现盗洞

博兴县博物馆藏汉代画像石

山东省石刻艺术博物馆
博兴县博物馆

博兴县位于山东省滨州市东南部，境内历年出土的汉代画像石主要分布于南部几个镇区，这些汉代画像石多藏在博兴县博物馆。由于这些画像石都是征集品，其原在墓中的位置不明，亦未征集到共存的其他遗物，故而其年代并不明确。现选取其中画面较完整的25块汉代画像石介绍如下。

1. 湖滨镇出土画像石

湖滨镇共出土画像石15块，分别出土于相公村和前门村。其中，相公村出土画像石14块，包括完整墓门一套（第一石至第五石，含墓门楣、左立柱、右立柱、左门扉、右门扉）；前门村出土画像石1块。

（1）相公村

第一石　墓门楣。高0.58、宽1.82、厚0.29米。墓门楣中间刻一羊首，羊首下方最右侧刻半身二马并行，后上方有一捧盾人物，下方刻一辆轺车，车上坐二人，车后有一马，羊首下方左侧刻一辎车，一人挽辔驾车，车后有二骑吏并行[1]（图一）。

图一　第一石

第二石　左立柱。高 1.18、宽 0.31、厚 0.27 米。画面刻二兽追逐，右侧一兽回头张口欲咬左侧一兽（图二）。

第三石　右立柱。高 1.2、宽 0.285、厚 0.27 米。画面刻一虎咬住一鹿尾，鹿回首呈惊恐奔逃状（图三）。

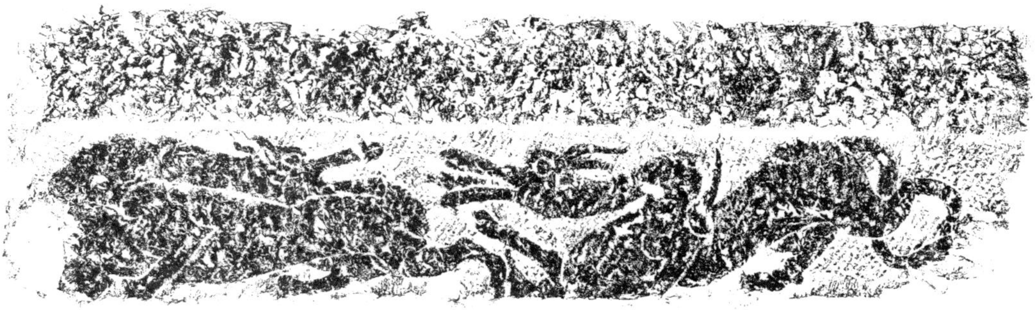

图二　第二石

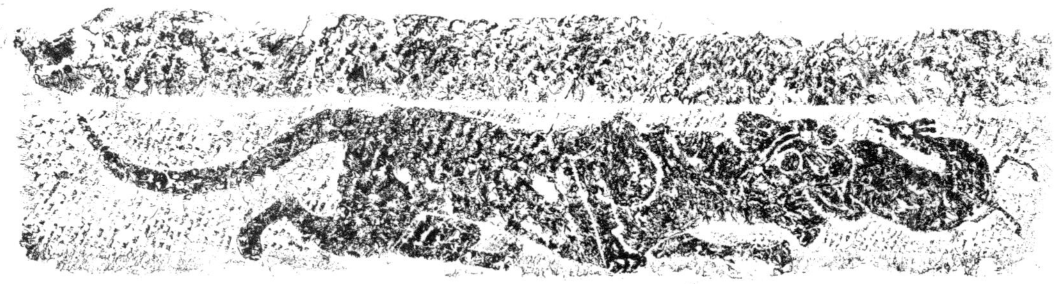

图三　第三石

第四石　左门扉。高 1.17、宽 0.53、厚 0.11 米。画面上、下及右侧刻两重边栏，栏内刻连弧纹，画面中间刻铺首衔环，环中有二鱼（图四）。

第五石　右门扉。高 1.16、宽 0.51、厚 0.11 米。画面上、下及左侧刻两重边栏，栏内刻连弧纹，画面中间刻铺首衔环，环中有二鱼（图五）。

第六石　墓门楣。原石左侧断裂为两段，高 1.88、宽 0.46、厚 0.2 米。画面左右及上方有三重边栏，栏内有斜线纹、锯齿纹、垂幛纹。画面为狩猎场景，画像中部上方刻一浮雕羊首，羊首下方自左向右刻三辆轺车，车上各坐二人，右端最前面有一群小兽，后有一骑吏追赶，羊首下方刻一骑吏策马飞奔，周围有飞鸟和犬，左端刻两辆轺车向右行（图六）。

第七石　高 0.56、宽 0.49、厚 0.2 米。原石只残留右侧部分。画像分两层，上层刻一兽张口咬一小兽，下层刻一向左行轺车，车上坐一人（图七）。

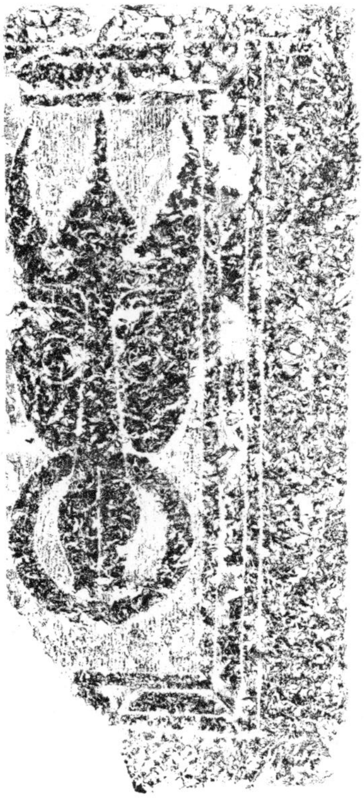

图四　第四石

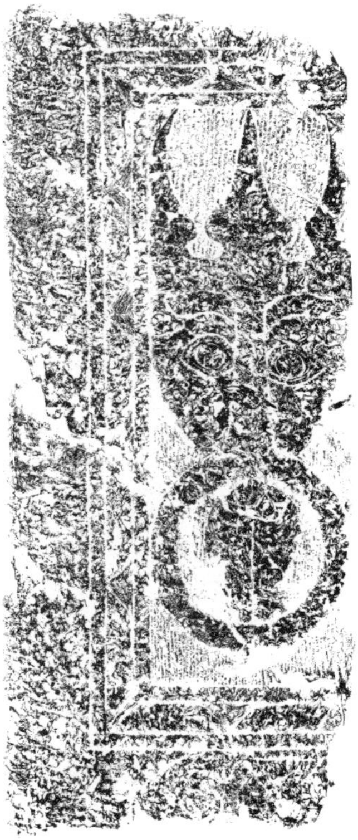

图五　第五石

图六　第六石

第八石　高 1.25、宽 0.28、厚 0.225 米。原石右端残缺，画像上方及左侧由外而内刻斜线纹、锯齿纹、垂幛纹，下方右端刻一向右飞奔的翼虎，翼虎下方有一只向右行的飞鸟，翼虎后面有一圆球，圆球左侧有一翼龙回首向左欲咬一物（画面残），最左端刻卷龙云纹（图八）。

第九石　高 1.23、宽 0.3、厚 0.26 米。原石右端残缺，画面上方及左侧由外而内刻斜线纹、锯齿纹、垂幛纹，下方左侧刻一翼兽向右飞奔欲夺球，右侧一翼兽回首向左张口欲咬，二兽中间有一圆球（图九）。

图七　第七石

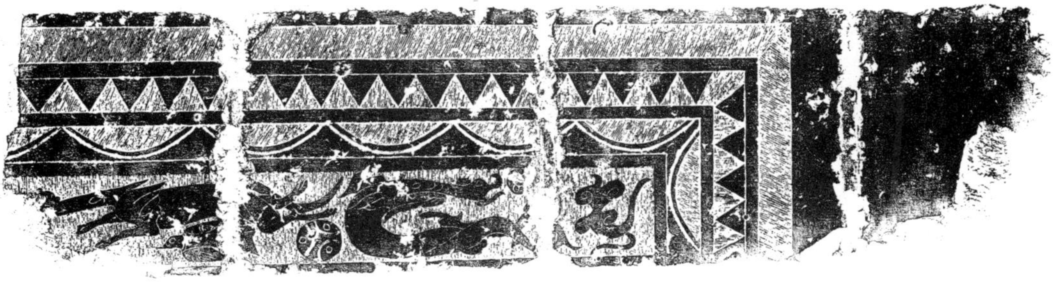

图八　第八石

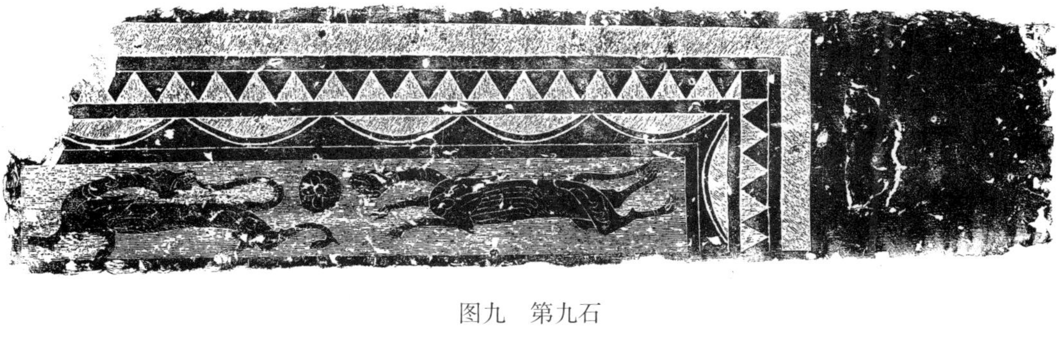

图九　第九石

第十石　高 1.23、宽 0.3、厚 0.26 米。原石左端残缺，画面上方及右侧由外而内刻斜线纹、锯齿纹、垂幛纹，画面右端刻一凤鸟，左端刻一翼虎，皆向左行（图一〇）。

第十一石　高 1.21、宽 0.28、厚 0.25 米。原石左下角残。画面刻二兽向右行，一兽回首向左，一兽张口咬前兽尾巴（图一一）。

第十二石　高 1.21、宽 0.28、厚 0.25 米。原石左右两端残缺。画面刻二兽向左行，右侧一兽缺尾，左侧一兽缺头，二兽中间有一向左飞的鸟（图一二）。

图一〇　第十石

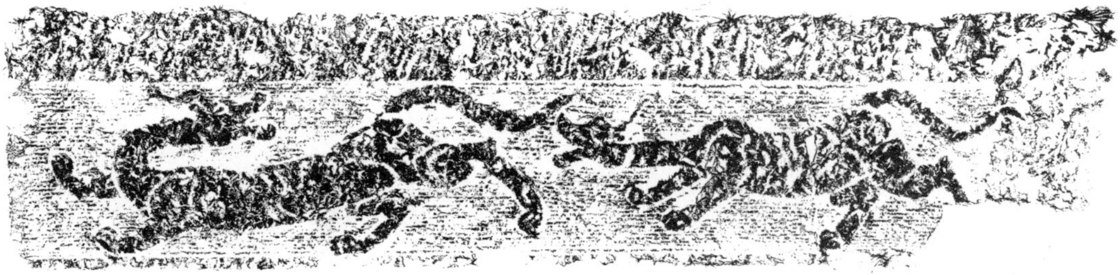

图一一　第十一石

图一二　第十二石

第十三石　高 0.71、宽 0.48、厚 0.215 米。画面分上下两层。上层自右向左刻有“尧二女”“帝尧”“尧母”“舜后弟”榜题及图像，当为历史上的帝尧故事。下层左右两端各刻一辆一马拉的四维轺车向左行，车上均坐有二人，二轺车中间有二骑吏并排向左行（图一三）。

图一三　第十三石

第十四石　高 0.66、宽 0.52、厚 0.16 米。画面分左右两部分，右侧残。左侧刻“此上人马皆当食天仓，饮江河”题记，右侧刻一向右站立拥彗执棒的人物（图一四）。

（2）前门村

第十五石　墓门楣。高 0.49、宽 1.94、厚 0.3 米。画面上方及左右有四重边栏，边栏由外而内饰圆形纹、垂幛纹、锯齿纹，中间刻一羊首，下方自右向左刻一导骑、一辎车、一执戟骑吏、一四维轺车，轺车上坐二人。人物车马皆向右行（图一五）。

图一四　第十四石

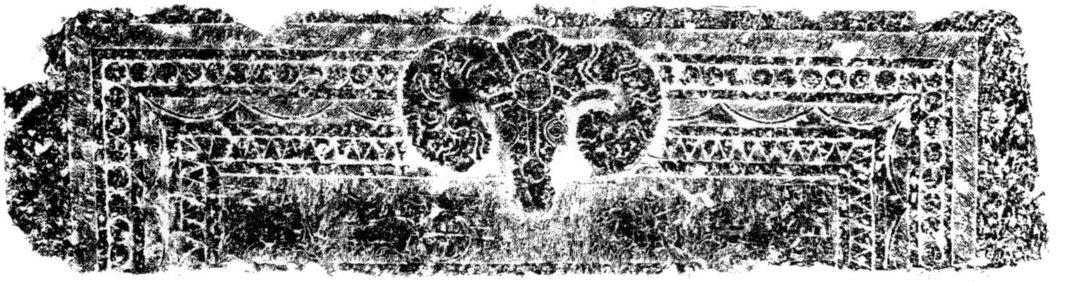

图一五　第十五石

2. 店子镇利代村出土画像石

第十六石　墓门楣。高 0.49、宽 1.77、厚 0.28 米。画面上方及左右两侧刻四重边栏，边栏由外而内刻垂幛纹、绹纹、锯齿纹，画像中间刻一羊首，羊首左侧刻一导骑、一轺车向左行，车上有二人；羊首右侧有一轺车，车上有二人，车后有一人持板躬身送别（图一六）。

第十七石　高 1.08、宽 0.33、厚 0.24 米。画面刻一只向右行的虎，虎身长有两翼（图一七）。

图一六　第十六石

图一七　第十七石

第十八石　高 1.3、宽 0.35、厚 0.26 米。原石上方及中间部分残，画面自上而下先刻一向右站立拥彗的人物，中间一人右手执棒，左手牵犬向右呈半蹲状，犬在最下方向右站立（图一八）。

图一八　第十八石

3. 兴福镇村魏出土画像石

第十九石　左门扉。高 1.29、宽 0.61、厚 0.12 米。原石右上角残缺。门扉中间刻有一个铺首衔环，铺首左侧和下方刻斜线纹、锯齿纹、垂幛纹。铺首左右两侧各刻一凤鸟、两飞鸟，环内刻二鱼，环下方刻一大鱼（图一九）。

第二十石　右门扉。高 1.29、宽 0.58、厚 0.12 米。门扉上、下及右侧刻有斜线纹、锯齿纹、垂幛纹，中间刻一铺首衔环，环中有二鱼，下方刻有一卧鹿（图二〇）。

第二十一石　右门扉。高 0.77、宽 0.47、厚 0.1 米。原石上半部分残，下半部分断裂，画像刻一向左站立人物（图二一）。

4. 博兴镇董初村出土画像石

第二十二石　左门扉。高 1.12、宽 0.5、厚 0.11 米。门扉上下及左侧刻有三重边栏，由外而内刻有斜线纹、锯齿纹、垂幛纹。中间刻一铺首衔环，环中有二鱼，环下系有绶带（图二二）。

第二十三石　右门扉。高 1.12、宽 0.54、厚 0.11 米。门扉上下及右侧刻有三重边栏，由外而内刻有斜线纹、锯齿纹、垂幛纹。中间刻有一铺首衔环，环中有二鱼，环下系有绶带（图二三）。

5. 经济开发区赵楼村出土画像石

第二十四石　高 0.94、宽 0.91、厚 0.1 米。画像四周刻菱形纹，中间刻穿璧纹（图二四）。

6. 地点不详

第二十五石　墓门楣。高 0.49、宽 1.37、厚 0.26 米。原石右端部分残。画面上方及左侧有四重边栏，边栏由外而内刻双层圆形纹、垂幛纹、锯齿纹，画像中间刻一羊首，羊首下方有二鸟相对，羊首右侧有一辆四维轺车，车上有二人，羊首左侧有一辆

图一九　第十九石

图二〇　第二十石

图二一　第二十一石

辎车，二车马皆向右行（图二五）。

这 25 块汉代画像石材质为青石质，雕刻技法以浅浮雕为主，间有减地平面线刻，风格不完全一致。其中，第八～十石、第十九石、第二十石风格与嘉祥武氏祠[2]、宋山小祠堂[3]等相似，时代当在东汉晚期的桓灵时期。其他 20 块画像石风格则与济南章丘黄土崖东汉画像石墓[4]、淄博张庄东汉画像石墓[5]极为相似，画像整体布局、刻画内容具有一致性，时代为东汉晚期。通过对本组画像石内容和相关资料的分析，得到以下几点认识：

第一，部分画像内容鲜见。第十三石的“尧二女”“帝尧”“尧母”“舜后弟”等榜题在目前已知画像石中较少出现。在已发现的汉画像石中，嘉祥武梁祠[6]、莒县东莞汉墓[7]刻有尧、舜帝王图像，

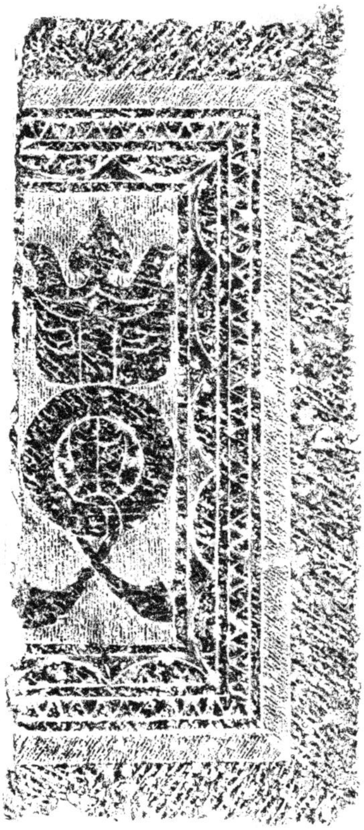

图二二　第二十二石

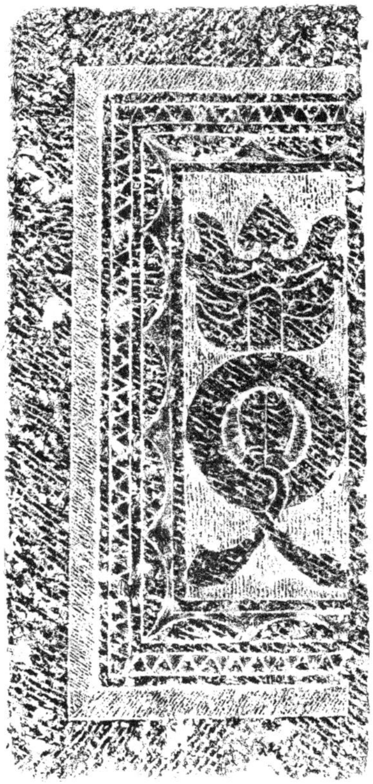

图二三　第二十三石

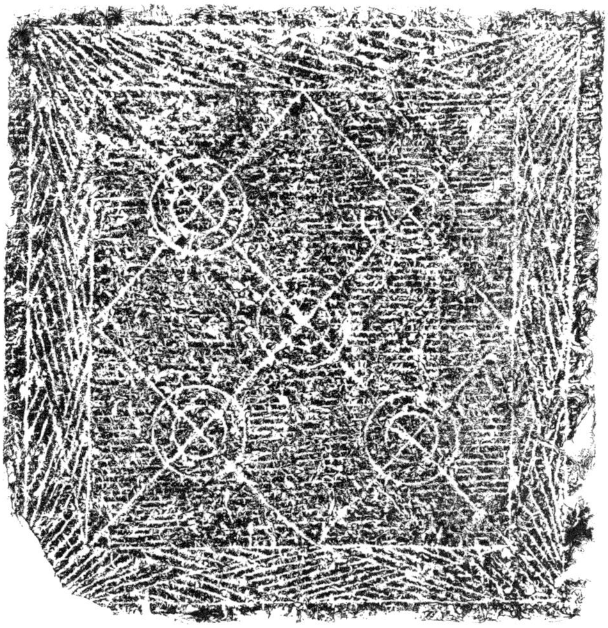

图二四　第二十四石

图二五　第二十五石

但均没有“尧二女”等榜题。《史记·五帝本纪》记载有尧舜禅让、娥皇女英及舜后弟象等故事，这些故事多宣扬顺天应民、忠孝节义、汉承尧运等儒家道德观念，与汉代社会的治国理政思想非常一致。第十三石刻画内容符合当时的历史背景，起到了印证文献资料的作用，也在一定程度上为汉画研究增添了新的内容。

第二，汉代画像石中吉语文化普遍存在。两汉是吉祥文化发展的繁盛时期，在画像石、画像砖中不仅刻有祥瑞图案，还出现了不少吉语。本组画像石第十四石刻有“此上人马皆当食天仓，饮江河”题记。同为东汉晚期的嘉祥宋山第二十八石刻有“阳遂富贵，此中人马皆食大仓，饮其江海”题记[8]。苍山元嘉元年画像石墓刻有“其当饮食就大仓，饮江海”题铭[9]。天仓、大仓及太仓等含义基本相同，前人已有研究[10]。除山东外，在河南、内蒙古、四川等地也发现了类似吉语存在。这些吉语的广泛出现，是汉人“事死如生”观念的反映，说明这一文化风俗在当时社会广泛流传，不是孤立存在的现象。

第三，利用改造他人石墓现象存在。汉代以后拆用汉画像石墓和祠堂等的石材造墓的现象在山东、江苏、河南等地都有发现[11]。本组画像石中第十二石原石上下两端各向中央剔除近 0.3 米的断面，断面高 0.05 米，上下两端有穿孔，直径约 0.04 米，这一情况表明造墓者或多或少将他人的墓石为个人所用，并根据个人的需求进行了加工改造。

汉代画像石在山东东北部、近黄河两岸分布较少，只在惠民、高青等地有零星发现。本次博兴出土数量如此多的画像石非常少见，将山东汉画像石分布区域向东北方向又推进了一步。此地相比其他区域，虽然出土的汉画像石绝对数量不多，但在画像内容方面有了新的发现，一定程度上为山东作为全国汉画像石重点区域增添了更丰富的内容，同时也为滨州地区进一步研究汉代社会典章制度、丧葬礼俗情况提供了实物资料。

执　笔：杨　勇　张淑敏

注　释

［1］本文描述画像时，以原石的方向定左右。

［2］蒋英炬、吴文祺：《汉代武氏墓群石刻研究》，山东美术出版社，1995年。

［3］济宁地区文物组、嘉祥县文管所：《山东嘉祥宋山1980年出土的汉画像石》，《文物》1982年5期，60～70页；蒋英炬：《汉代的小祠堂——嘉祥宋山汉画像石的建筑复原》，《考古》1983年8期，741～751页。

［4］章丘市博物馆：《山东章丘市黄土崖东汉画像石墓》，《考古》1996年10期，43～53页。

［5］淄博市博物馆：《山东淄博张庄东汉画像石墓》，《考古》1986年8期，717～725页。

［6］同［2］。

［7］刘云涛：《山东莒县东莞出土汉画像石》，《文物》2005年3期，81～87页。

［8］同［3］。

［9］山东省博物馆、苍山县文化馆：《山东苍山元嘉元年画象石墓》，《考古》1975年2期，124～134页。

［10］陈路：《汉画榜题“上人马食太仓”考》，《南都学坛（人文社会科学学报）》2005年3期，16～18页。

［11］周保平：《徐州的几座再葬汉画像石墓研究——兼谈汉画像石墓中的再葬现象》，《文物》1996年7期，70～74页。

平阴县博物馆藏汉代画像石

平阴县博物馆

平阴汉代画像石因东阿镇孟庄画像石墓等资料的陆续刊布而为世人所知[1]，除了已经发表的这些汉代画像石外，平阴县近年来又陆续征集到若干汉代画像石，现选介如下。

一、画像石选介

1. 孟庄村画像石柱

平阴县博物馆藏有 2 件从东阿镇孟庄村征集来的画像石柱。

图一　孟庄村 1 号石柱原石

1 号石柱　通高 128、圆柱部分高 63、周长 121 厘米（图一）。此石柱出土时间不详，原在平阴县东阿镇孟庄村内路边，2000 年运到平阴县博物馆保存。画像石柱形制、内容与孟庄汉墓的石柱十分相似。据村民介绍，原来孟庄汉墓共有 7 座大墓，“文化大革命”时期破四旧，有的墓被破坏，许多画像石被用于建设水井、修建水渠等。这一石柱垒在牛棚上，牛棚被拆掉后散落在村中。画像为剔地平面线刻，画面内容为“百戏”场景，画面以圆柱为中心连续构图，不易分辨左右，只能以拓片的顺序进行说明。一条刻有云纹的隔离带将画面分为上下两层，两层画像上的人物皆着紧身衣裤。上层右起为一人，一腿跪地，一腿弯曲，左手持物半举，脸随另一手转向最左侧的力士。最左侧力士壮硕无比，手持一条大蛇，在进行耍蛇表演。右侧人物之后紧接的是一条大鲶鱼，鲶鱼后一巨人扭头看向鲶鱼。画面中间为一组人物及鸟兽，共有7人在跳舞，分为两层，上层5人，舞姿各异，下面两人伸手托举上层舞者，左下有一只鸟，右下有一只神兽。下层有12人，或蹲或立，手皆上举，中间夹一兽（图二）。

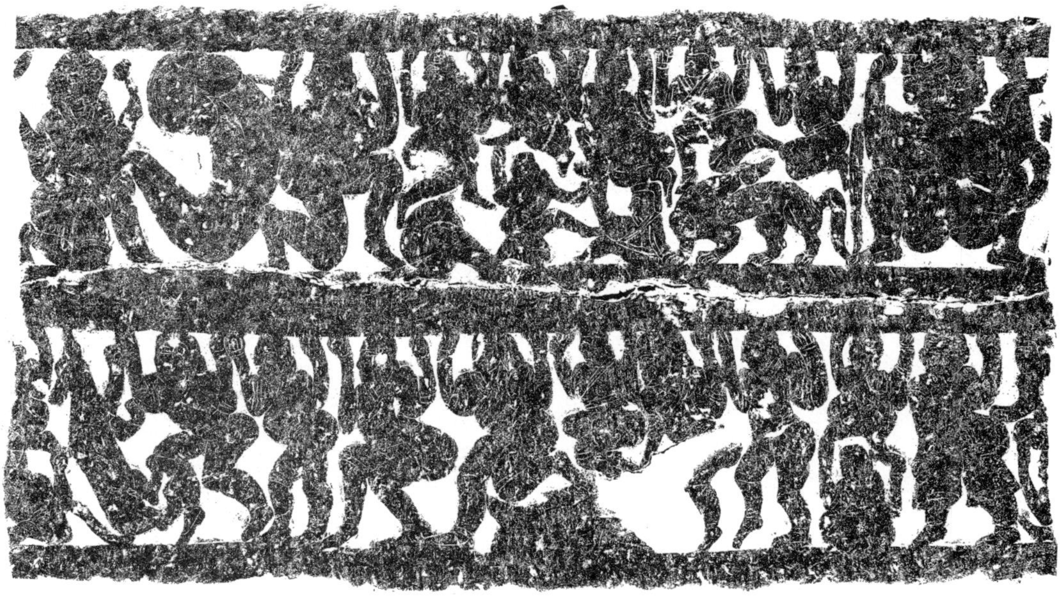

图二　孟庄村1号石柱画像拓片

2号石柱　通高125、圆柱部分高69、周长132厘米。此石柱比1号石柱略显粗壮，可能是同一汉墓出土，但不是一个墓室的柱子，或者不属于同一墓葬。此石柱出土时间不详，原在平阴县东阿镇孟庄村内路边，被村民当作休闲乘凉的座位，有人意图让石面更平整些，因此朝向上面的部分用凿子刻过，画面漫漶不清。2002年被运到平阴县博物馆保存。石柱画像为剔地平面线刻，画面内容亦为“百戏”场景，画面以圆柱为中心连续构图，拓片展开后是一个长方形。以拓片的顺序进行说明：画面中间有一条由卷云纹图案组成的装饰带，使画面分为上下两层，上层画面右部残损严重，从地上的猫头鹰开始清晰。猫头鹰右侧有一兽向右行走，兽头顶上为舞蹈的人物。猫头鹰上方有相向牵手起舞的两人，右侧人半蹲，左侧人看着他起舞。猫头鹰左侧有两人托举上方的舞者，回望猫头鹰。此后为一肥硕的大鱼，鱼上有两人，一大一小，均向右看。大鱼之后为一似虎的右行动物，虎上也有两人，人后有一鱼，鱼下两人托举上方的舞者，其他漫漶不清。下层画面略为清晰。从右侧开始依次有八位舞者，虽然身姿各异，但目光都向右看，其下第一为人，第二为低头的狗，随后一人三肢触地一手托举。再后五人均双手托举上方舞者之足，一与二，三与四，各呈对视顾盼之状，第五人右视。此后有一只长有翅膀的天狗，贯穿上下两层，后腿蹬地，前脚踩一舞者臀部，向左挺胸昂首，口中似衔有一物。天狗脑后有一飞翔羽人，似在追逐。再往左侧有三位舞者，右视，下方中间为一豕，向右低头，豕两侧各一人，手托上面舞者之足，身体扭动，几乎倾倒（图三）。

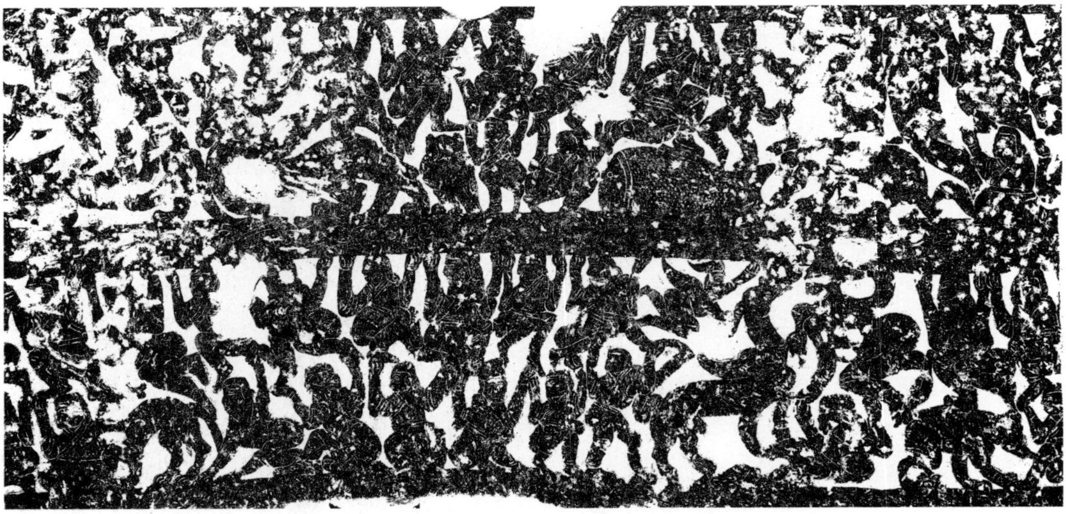

图三　孟庄村2号石柱画像拓片

2. 胡庄食品厂墓画像石

2011年平阴县榆山办事处胡庄食品厂发现一座拆用汉代画像石建造的墓葬，共用石材16块。清理后，画像石被运至平阴县博物馆收藏。

1号画像石　横141、纵83厘米。凿纹减地凹面线刻。画面外有四重边栏，栏间饰流水纹、菱形纹、连弧纹。画面中部为楼阁，两侧为重檐双阙。楼内中央有两人对坐。楼前是迎宾队伍。最右边一人躬身站立，作迎接状，其左为一导骑引二轺车，最后一人躬身站立，在为队伍送行（图四）。画面右上角有一组题字："和平元年十一月甲子□，□□□□□□直三千"，共19字（图五）。

2号画像石　原为一祠堂后壁，磨面阴线刻。横158、纵88厘米。左、右、上三边有两重边栏。栏内饰菱格纹。图像分为三层。上层为胡汉战争场面：右边为持弓箭的胡兵，左边为持盾牌、长矛和弓箭的汉兵。自右起胡人一兵一骑，前面一兵拉弓如满月准备射箭，此前兵已经扔掉了弓箭跪地举手投降了。对面的汉兵为首者持刀盾，后三人持长枪、戟，再后者持弓箭，最后一人持戟。画面的中间一层为楼阁人物：中部为一重檐阙，两侧为楼阁。中间阙有一凤鸟，凤鸟右侧为长有翅膀的人首圆身的月亮，左侧为太阳。右侧楼房的厅堂内男女主人凭几端坐，楼上为东王公、西王母，同

图四　胡庄食品厂墓 1 号石画像拓片

样正襟危坐。楼上方为雷公电母出行的画面，前面一骑者甩出长鞭越过后面二人的头顶，可能是电母；后为坐在车上的雷公。与此对应，在左侧的楼顶上一骑向右，一骑紧跟。左侧楼上楼下均为一人端坐。楼前有一队车马经过，整个队列为前面有两引导，后为一轺车，车后四骑跟随。右侧楼的侧面有猿猴在攀爬，中间阙的左侧檐上有凤鸟，左侧楼重檐上也有猿猴、凤鸟。伏羲女娲分列在画面的左右两侧。下层画面为渔猎图，共分为三组。最右侧为河伯出行的场景，三条鱼拉一舟前行，不同的鱼簇拥在其前后。中间为狩猎场面，一只大鸟在前，之后为一骑，一人持戟，后为一马。此后为左右两人持网和一只狗共同围猎一只兔子（图六）。

图五　胡庄食品厂墓 1 号石题记拓片

3 号画像石　横 85、纵 80 厘米。凿地纹凹面线刻。画面左、上、右三边有边栏两重，内饰穿璧纹。画面中间为楼阁，左右为重檐双阙，两边各有一棵常青树。楼阁的檐上为羽人饲凤，左边阙上为一条飞翔的鱼（图七）。

图六　胡庄食品厂墓 2 号石画像拓片

图七　胡庄食品厂墓 3 号石画像拓片

4 号画像石　横 111、纵 93 厘米。凿地纹阴线刻，画像左右有三重边栏，上有四重边栏，左右上角及左右下底处有三角形纹，上有垂幛纹。画面分为上下两层，上层为胡汉战争场面。胡人由右向左攻，前两兵持弓欲射，后一兵手中并没有武器；汉兵由左向右进攻，最前一兵持刀盾，其后一汉兵抓住一胡兵，再后的汉兵一人持刀盾，一人持戟。下层画面为楼阁与重檐双阙，中间的楼阁第一层檐上有人像，左右分别为一龙一马，第二层檐上有一龙。靠近左边栏有一凤鸟，下为伏羲（图八）。

图八　胡庄食品厂墓 4 号石画像拓片

5 号画像石　横 141、纵 69 厘米。凿地纹阴线刻。画面上边一横边栏。画像中间为一框，框内有两个不完整的穿璧纹，左右为重檐双阙（图九）。

图九　胡庄食品厂墓 5 号石画像拓片

3. 洪范镇东池村画像石

此石出土时间不详，2009 年在平阴县洪范池镇东池村发现，一村民在画像表面抹上水泥当作石凳放在门口，部分画面显露在外面，清理掉水泥后收入平阴县博物馆。画像石横 210、纵 73 厘米。凿纹减地凸面线刻。画面外有三重边栏，栏间分别饰菱形纹、垂幛纹。画面以中间的穿璧为中心，两边对称有铺首衔环，环内饰双鱼，左右依栏边各有一条大鱼（图一〇）。

图一〇　东池村石画像拓片

4. 东阿镇王庄村画像石

此石出土时间不详，发现时垒砌在王庄村村支部办公室大门的院墙上，2007 年被运送至平阴县博物馆收藏。横 160、纵 37 厘米。画面为凿纹减地凹面线刻，为一车马出行队伍。最右边，一人持便面引导，随后为一人面向左躬身迎接，此后为两骑引导一轺车，车上有两人，其后为一辎车，此后有一骑，骑者佩剑，再后为一轺车，最后为一人恭立送行（图一一）。

图一一　王庄村石画像拓片

5. 孝直镇砖瓦厂墓画像石

2005年孝直镇砖瓦厂清理了一座汉画像石墓，该石为墓顶的盖板。横175、纵102厘米。凿纹减地浅浮雕。画面四周为三重边栏，二三栏间有垂幛纹，中间画面为太阳和月亮在一起的日月同辉之景象。象征月亮的左边的圆形中有一线刻蟾蜍，下方还有一只小兔子。太阳内饰一笔连续画出的线刻的太阳鸟——金乌（图一二）。

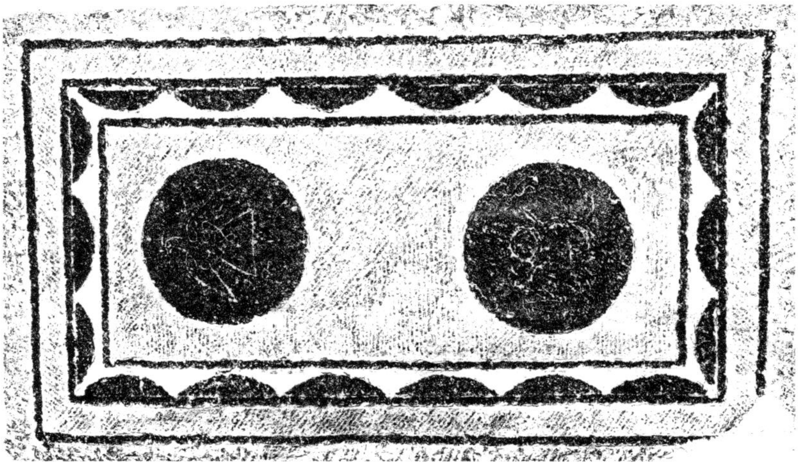

图一二　孝直镇砖瓦厂墓石画像拓片

二、相关问题分析

1. 画像石年代

榆山办事处胡庄食品厂1号画像石的题记中有“和平元年”纪年，“和平”是东汉桓帝的第二个年号，元年为150年，这是平阴县境内发现的第一块纪年画像石。与其同时发现的画像石虽然拆自不同祠堂，但风格相近，年代亦应相当，属东汉桓帝前后。王庄村画像石与胡庄食品厂画像石风格相近，也应属东汉桓帝前后。孟庄村两件石柱与孟庄墓风格完全一致，年代也当为东汉晚期。东池村和孝直镇砖瓦厂画像石与东阿邓庙墓画像石风格相近[2]，应属东汉晚期。

2. 平阴境内后代拆用汉代画像石建墓

榆山办事处胡庄食品厂墓是一座后代拆用汉代画像石建筑建造的墓葬，从画像石形制观察，至少拆用了几座汉代画像石祠堂的构件，这种现象在平阴县境内并非首见，此前报道的平阴县实验中学魏晋墓中的画像石也是拆用的汉代画像石祠堂中的构件。不仅在平阴县，魏晋时期山东其他地区，以及江苏、河南等地都发现了类似现象，拆用人不一定是社会上的穷人，也就是说，不是因为经济原因拆用汉代画像石祠堂，而可能是建墓的时间仓促或观念上的原因[3]。

3. 孟庄村画像内容浅析

刘敦愿先生曾对孟庄汉墓的石柱进行过解读，认为："八根圆柱上的题材都是风俗画，描写的是节庆日举行祭祀，群众借此机会歌舞狂欢，青年男女谈情说爱，甚至进行幽会，内容非常丰富。"[4]孟庄村2号石柱上幅的猫头鹰、篝火，以及下图中低头的狗、豕等似乎说明这是一个夜晚，大家围着篝火手舞足蹈。下图中昂首的狗像是在吞咬一个圆形的东西，其尾部上方有一人手持半圆形的东西，像是在暗示一个月食的发生，长有翅膀的巨大的天狗要吃掉月亮，人们敲击乐器、跳舞、唱歌以驱散天狗，羽人伸出的手几乎就要抓到天狗的耳朵，是在帮助人们驱逐天狗。因此，笔者初步认为，这是一幅描绘一个月食的夜晚，人们用歌舞来驱散吞食月亮的天狗的场景。

执　笔：翟建平　方　新

注　释

[1] 济南市文化局文物处、平阴县博物馆筹建处：《山东平阴新屯汉画像石墓》，《考古》1988年11期；济南市文化局文物处、平阴县博物馆：《山东平阴孟庄东汉画像石墓》，《文物》2002年2期；平阴县博物馆：《山东平阴县实验中学出土汉画像石》，《华夏考古》2008年3期。

[2] 陈昆麟、孙淮生、刘玉新等：《山东东阿县邓庙汉画像石墓》，《考古》2007年3期。

[3] 杨爱国：《魏晋人盗用汉代坟墓材料造墓研究》，《中国国家博物馆馆刊》2013年12期。

[4] 刘敦愿：《汉画像石上的饮食男女——平阴孟庄汉墓石柱祭祀歌舞图像分析》，《故宫文物月刊》（台北）1994年总141期。

枣庄市博物馆藏两块胡汉战争画像石

枣庄市博物馆

枣庄地区汉代墓葬分布密集，发现画像石众多。历年来，枣庄市博物馆通过考古发掘和广泛征集，收藏了大量汉代画像石，其中两块刻有胡汉战争图案的画像石引人关注，一块形制较大，画面内容之丰富尚属少见；另一块题文有明确纪年，更显珍贵。这对于研究汉代胡汉关系、桥梁建筑、丧葬习俗及历史文化等均具有一定史料价值。在此对两块刻有胡汉战争图案的画像石进行介绍，以供学者研究。

一、胡汉战争画像石

2004年，山亭区西集镇西集村发现一座古墓，是村民在建房挖地基时发现的，墓盖板石被揭去，墓室扰乱，出土了一枚“元丰通宝”和一件破碎的白釉双系瓷罐，据此判断为宋代墓葬。

墓室为单石椁，南北向，东侧板与南、北挡板和铺底石为未加工的薄石板，西侧板厚重，内侧加工精细，平面浅浮雕胡汉战争图案。系宋代二次利用并将之砌入墓室。长2.8、高0.76、厚0.18米（图一）。

画面下方是一座梁柱式五柱六孔大桥，其跨度较大，中间桥柱上有承台，两侧桥柱外有斜向支撑柱。桥面平直，两端呈坡状，桥上有栏杆。

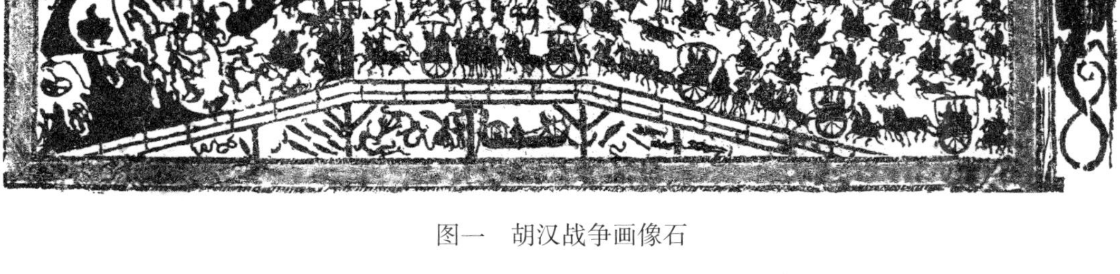

图一　胡汉战争画像石

桥上中部偏左有一座重檐式建筑，两侧旌旗招展似为营门，门楼内有两人。桥上右侧是一支由五辆马车组成的向左侧奔驰的车队，马车置伞形盖，后三辆盖下佩“鞶带”。车厢内各坐一人，似督战官员；车厢前部为御者，右手扬鞭，左手持辔。每辆马车前后均有骑兵护卫，第二辆马车后有一步兵手举武器呈呐喊状。上方是一支由十六个步兵组成的队伍，步兵手持长刀、长矛、盾牌等兵器。步兵队伍后面是三十二骑骑兵，马匹雄健。第一骑体形最大，马身立起扬蹄，骑士头戴高冠，体形较胖，似为首领。其他骑兵马匹姿态各异，有的昂首嘶鸣，有的扭颊摆头，有的停止伫立，有的飞奔疾驰，还有的举蹄缓行。

左侧重峦叠嶂，山坳中有胡人装束的士兵手持弓箭隐藏。主峰向左斜向生长一棵植物，造型奇特，形似灵芝。植物上方有一穹庐式帐篷，一人蹲坐其中，此人头戴高冠，似为胡人首领。帐篷左上角有一蟾蜍，四肢张开，呈跳跃状。山峰右侧胡汉士兵正面相遇，两名胡人张牙舞爪从山坳跳出，六名汉人步兵举刀欲砍；上方四名胡人骑兵手持战旗向汉人骑冲去，其中一骑兵体形高大，手持兵器，头戴高冠，马匹健壮，似为胡人骑兵将领。右侧四名汉人骑兵已冲过营门与胡人骑兵应战。

桥下有六个桥孔，第一孔有一鱼两鳝；第二孔有八条鱼，其中两条弯曲；第三孔有几只水兽和一条鱼，旁边二人并列而立，其中一人用罩网捕鱼；第四孔内有一艘两端上翘的船，载三人，一人撑篙，一人端坐，一人摇橹，船左侧有篷，内有器皿，似乎在烹煮食物；第五孔有五鱼一鳝；第六孔有一人，头微扬，手前伸，似在游泳。

画像石四周饰双框，框内饰细斜线纹。右侧面刻伏羲图案，人首蛇身，头戴冠，双手相交，蛇身卷曲上翘，近“8”字形。伏羲图案四周有框。

据观察，该画像石尺幅较宽，雕刻细腻，虽历经千年仍清晰可辨，再现了胡汉战争的宏大场面，画像石中人物威武勇猛，马匹姿态栩栩如生，将战争场面表现得淋漓尽致。双方交战于桥头位置，汉军占领大半桥梁，可见其占据绝对优势，他们长而有序的队列似后面有千军万马随之而来。

二、“延光三年”胡汉战争画像石

此画像石为1982年枣庄市市中区王山头村出土。长2.11、高0.21、厚0.32米（图二）。东汉延光三年（124年）二月刻。

画像石右侧为平面浅浮雕的胡汉战争图案，图案左侧重峦叠嶂，山坳中藏匿着仅露出头部和上半身的胡人士兵。山前一个胡人和几个汉人手持兵器正在打斗。胡人身材粗矮，头部较大，眼眶深凹，鼻梁高挺，头戴尖顶帽，身穿短衣。两座重檐式建筑

图二 “延光三年”胡汉战争画像石

分刻在画面中部，檐下挂满胡人头颅，一人手持兵器单膝跪在建筑中间。左侧建筑两侧共有五个胡人士兵，手持弓箭，似在攻打建筑。画面最右侧汉人士兵正在进军，三名步兵手持弓箭，一名骑兵端坐马上，手举武器，马匹低头急行。汉人士兵均怒目圆睁，表情凶恶，头戴圆帽，身着短衣。画面外伸出一半武器，证明队伍后还有大队人马，因石面有限而未刻。画像石四周饰单线框。

左侧凸出一长方框，框内阴刻隶书题记十四列，列与列之间有界格，每列十数字不等，160余字，每字径在10～15毫米（图三），为单刀刻成，线条简洁，笔画苍劲有力，虽残泐较甚，但多数可释，现将可释题文如下。

延光二年十一月十四日，朱作纪失母，以
延光三年二月廿五日葬。弟兄四人葬母
□□君安国宇晟得无？知祖
□□建□堂司室□大仓□
□□□奉家季公□□□
馀□水□謓？□伯仁少阳□
□冢□取五百复往□□思王
□□鱼□□恕元□关八卖
永□□□□□□钱二千司室成
□人功费用为钱三万五千□□
延光二年十一月十八日除唯诸□
卒史□□□愿母贱贩寿哭天
□敬此中人马有甘者皆食□
□大仓如□父母

题记内容应为墓志，大体内容为延光二年十一月十四日朱作纪母亲过世，延光三年三月二十五日下葬。墓志记录了这期间修建墓葬所用的钱物，并祭文期盼母亲在另一个世界无灾无难，衣食用度无缺。

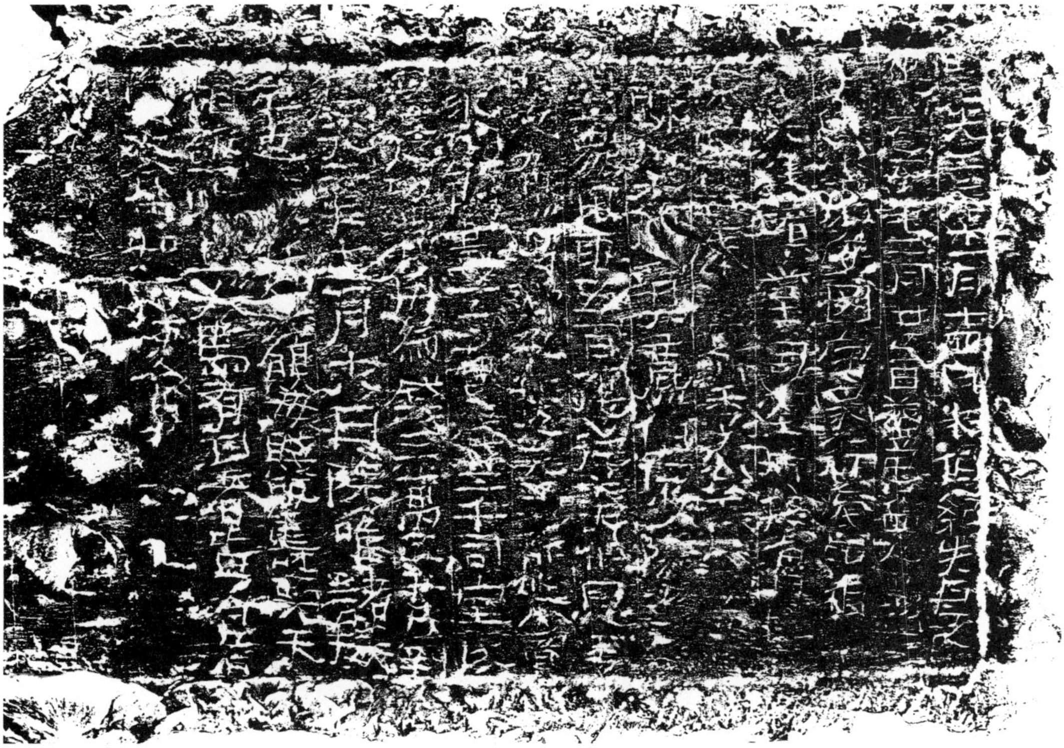

图三　“延光三年”胡汉战争画像石题记部分

三、小　结

细观上述两块画像石，其共同点一是左侧均为山峰，胡人藏匿于山坳中；二是汉人士兵由右向左进攻，军容齐整；三是胡人造型夸张，突出其胡人之面貌特征。众所周知，胡人是古代对西北少数民族匈奴和北方边地民族的称呼。从2世纪初匈奴贵族不断发动对汉族的侵略战争开始，两汉统治者为除去北方祸患，从西汉武帝到东汉明帝的两汉统治者均陆续开展抗击匈奴的战争，史称胡汉战争，直至取得最后胜利。上述画像石就是用艺术形式将这段重大历史事件记录下来。因此，这两块画像石具有重要的研究价值。

附记：本文在写作过程中，得到石敬东老师的悉心指导和帮助，在此表示感谢！

执　笔：奚　栋

滕州前台北朝至隋代墓葬发掘简报

山东省文物考古研究院
滕州市博物馆

滕州市位于山东省南部，东依泰沂山脉，西滨微山湖，地势从东北向西南倾斜。前台墓地位于羊庄镇前台村东南约 50 米（图一），距滕州市区约 20 千米。地处山前台地，南部有小山，薛河在其北向西转向南流，相距约 500 米。中部有一东西向冲沟将墓地分为南北两部分。南区多为汉墓，少量明代墓葬；北区多为东周墓葬，部分北朝及隋代墓葬（图版九，1）。

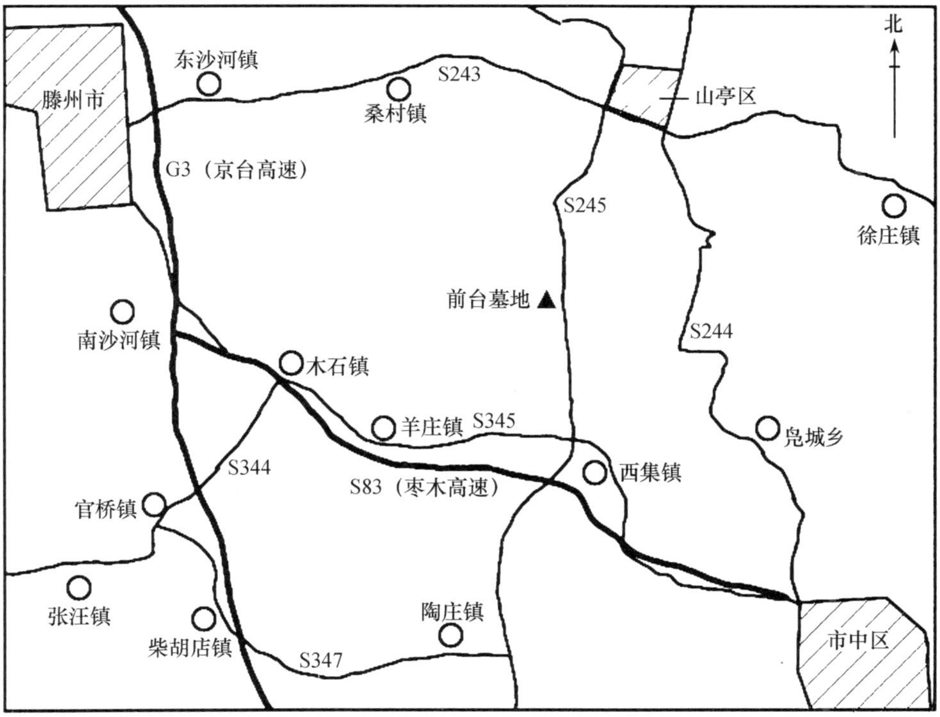

图一　前台墓地在滕州市的位置示意图

因庄里水库施工建设，2016～2017年，山东省文物考古研究院联合滕州市博物馆对水库大坝占压墓葬区进行了考古勘探和发掘，共清理墓葬553座，其中北朝至隋代墓葬42座（图二；图版九，2）。现报告如下。

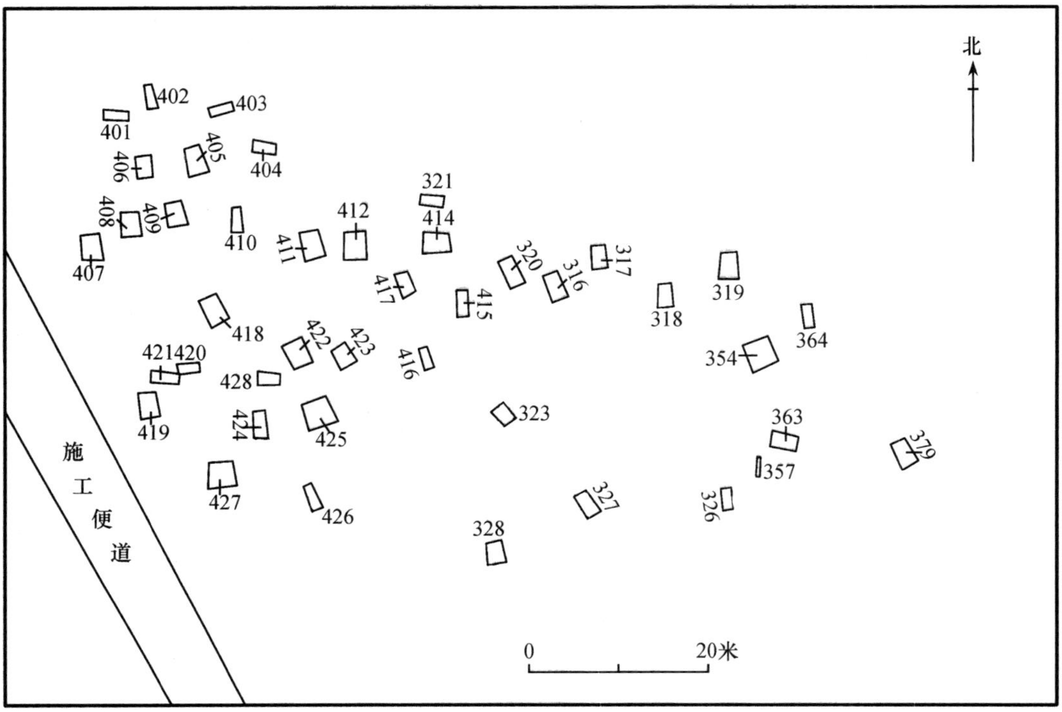

图二　前台北朝隋代墓葬分布图
（图中数字为墓号）

一、墓葬形制

墓葬均开口于耕土层下，大部墓顶遭破坏。除1座为无椁土坑竖穴墓外，其余41座均为石椁墓。根据椁室数目可分为单室、双室和三室，另外，单室中又可根据人骨数量分为单人葬和双人葬。现根据具体分类情况挑选典型墓葬介绍如下。

（一）石椁墓

1. 单室

根据椁内葬人数量，单室墓又可分两种，单人葬和双人葬。

（1）单人葬

共15座。墓口、椁室及棺木形状均为上宽下窄的倒梯形。多由碎石块垒砌椁室四壁，部分墓葬椁室两端挡立整块石板。根据部分墓葬残存情况，椁顶应为平铺2或3块石板，多已不存。

M326 位于墓群东南部。墓向185°。墓口平面呈长方形，长2.6、宽1.26、深1米（图三）。椁室破坏较严重，仅存部分底部石板，残长2.24、宽1.06、高0.16米。北壁破坏无存，其余三壁均由碎石块垒砌而成，仅存1～3层。顶板无存。无铺底。残存木棺痕迹，具体尺寸、形制等不明。人骨一具，头向南，仰身直肢。保存较差，仅存头骨碎片和部分肢骨、盆骨、肋骨和脊椎骨等残骸。男性。随葬瓷器2件，罐和碗各1件，均位于椁底南端。

图三 M326平、剖面图

1. 瓷罐 2. 瓷碗

M364 位于墓群东北部。墓向184°。平面呈长方形，长2.9、宽1.24、深1米（图四）。椁室南端遭现代取土破坏，南椁壁不存。残长2.18、宽0.94～1.16、高0.54米。东、西、北三壁均由碎石板垒砌而成。上覆2块石板形成椁顶。椁内有木棺一具，上宽下窄。长2、宽0.3～0.46、残高0.06米。人骨一具，头向南，仰身直肢，双手相

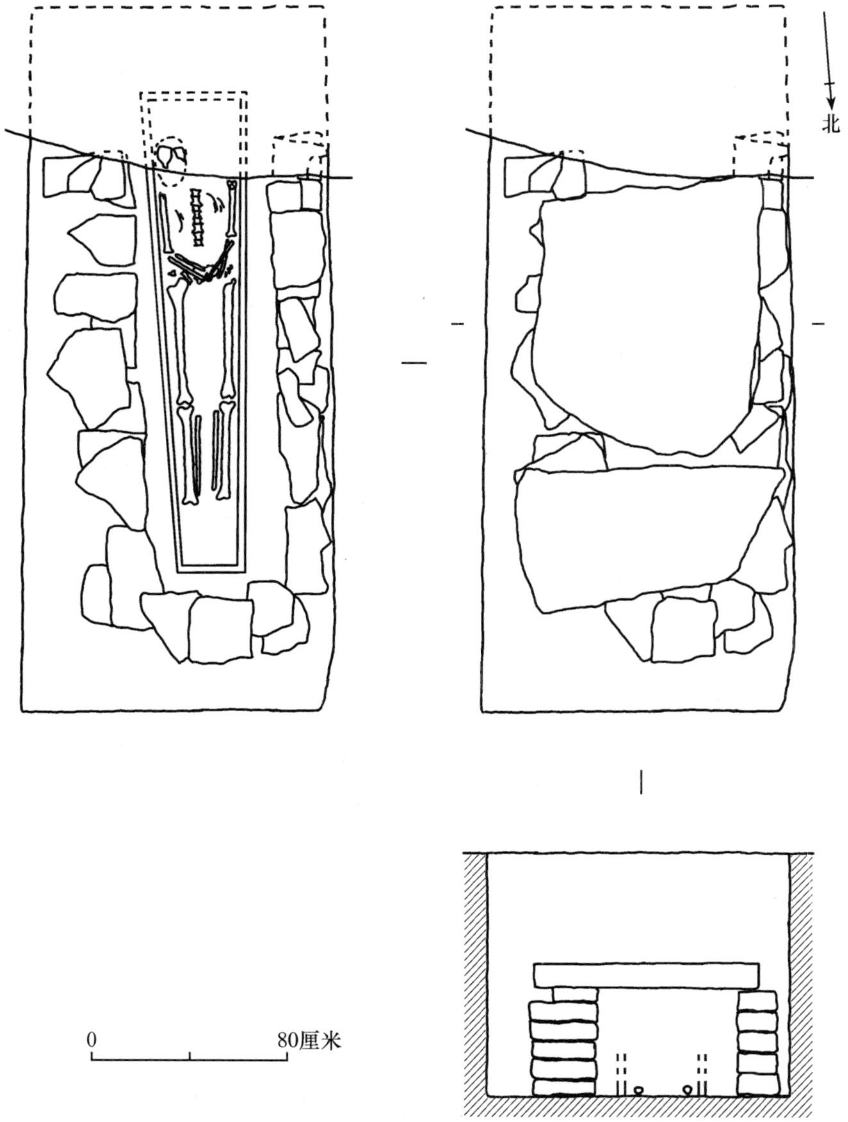

图四　M364 平、剖面图

交放于腹部。未见随葬品。

M401　位于墓群西北部。墓向 235°。墓口长 3、宽 1.1～1.2、深 1.3 米（图五）。椁室长 2.76、宽 0.76～0.98、残高 0.53 米。四壁由 5 或 6 层碎石块垒砌成。顶板无存。无铺底。椁内有木棺一具，长 1.9、宽 0.38～0.42、残高 0.12 米。人骨一具，仰身直肢，头向西。部分肋骨和上肢骨腐朽严重。女性，20～22 岁。随葬品 2 件。陶罐 1 件，位于棺中部上方。铜钗 1 件，发现于墓主头骨上方。

M402　位于墓群西北部。墓向 176°。墓口长 2.7、宽 0.95～1.35、深 1.4 米（图六）。

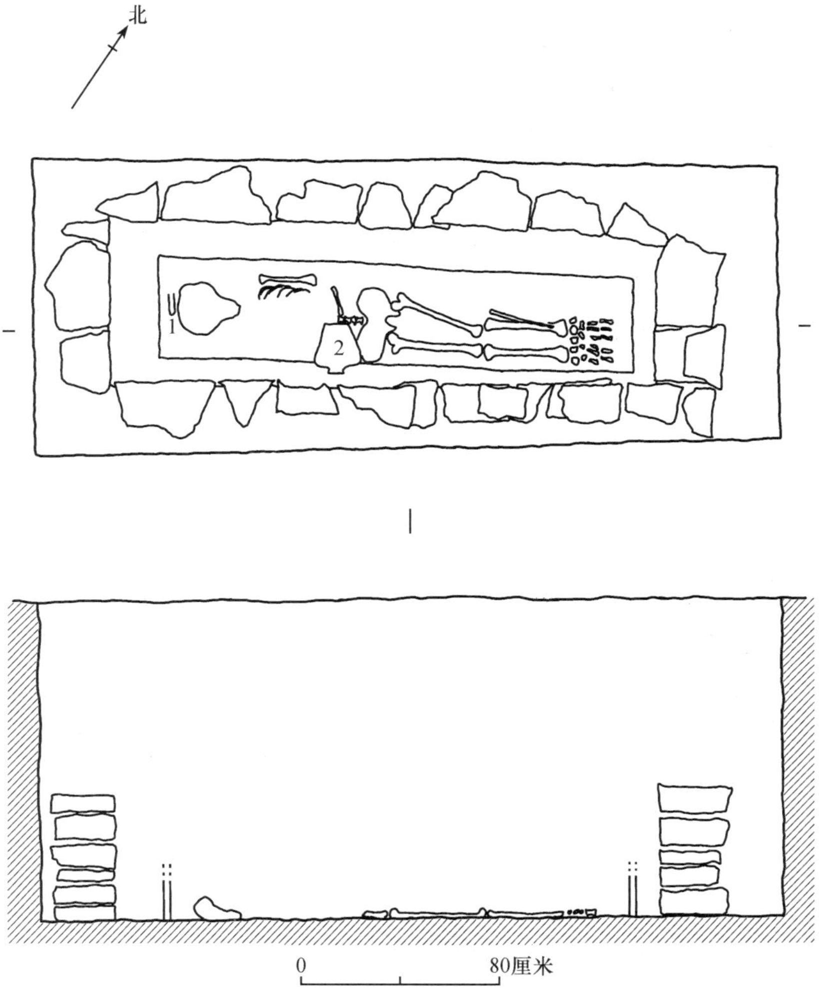

图五　M401平、剖面图
1. 铜钗　2. 陶罐

椁室长2.62、宽0.73～1.14、残高0.5米。东、西、南三壁各由5层碎石块错缝垒砌而成，北壁挡1整块石板。顶板无存。无铺底。椁内有木棺一具，长1.6、宽0.3～0.4、残高0.12米。人骨一具，头向南，仰身直肢。保存较差，仅存头骨及部分肢骨痕迹。铜钗位于头骨一侧。3件铜指环分别位于棺内中部及西北角。铜钱3枚，面文均为“永安五铢”，其中2枚在棺内中部，另1枚位于棺外西南部。

M403　位于墓群西北部。墓向265°。墓口长2.84、宽1.12～1.2、残深0.4米（图七）。椁室上部遭破坏，长2.64、宽0.92～1.08、残高0.2米。西、南、北三壁由3或4层碎石板垒砌而成，东壁竖立1整块石板。顶板破坏无存。无铺底。椁内有木棺一具，长1.9、宽0.34～0.46、残高0.06米。人骨一具，头向西，仰身直肢葬。仅头

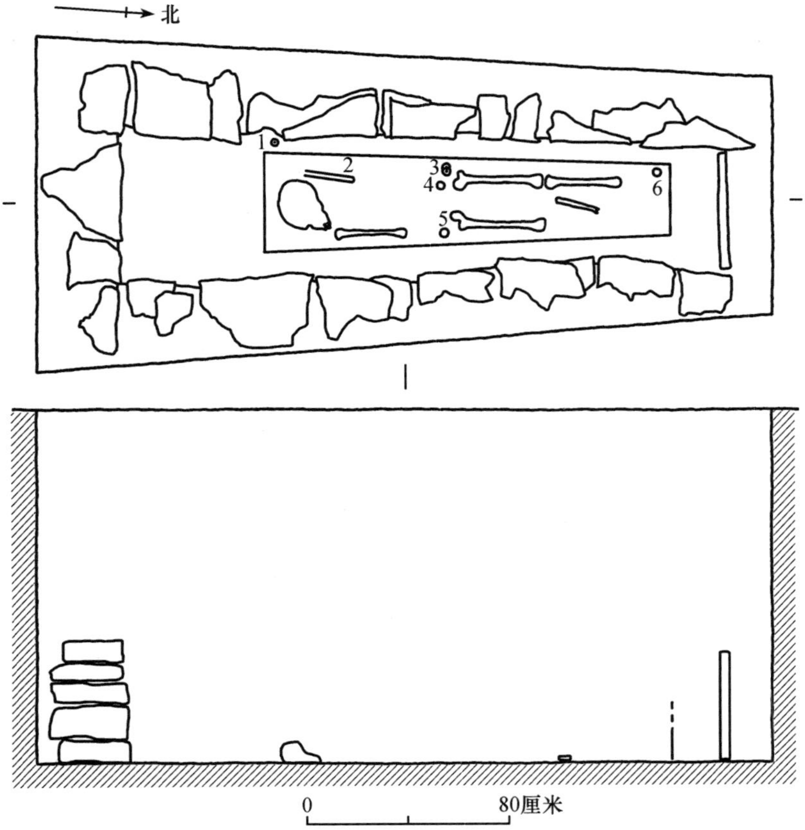

图六　M402 平、剖面图

1、3. 铜钱　2. 铜钗　4～6. 铜指环

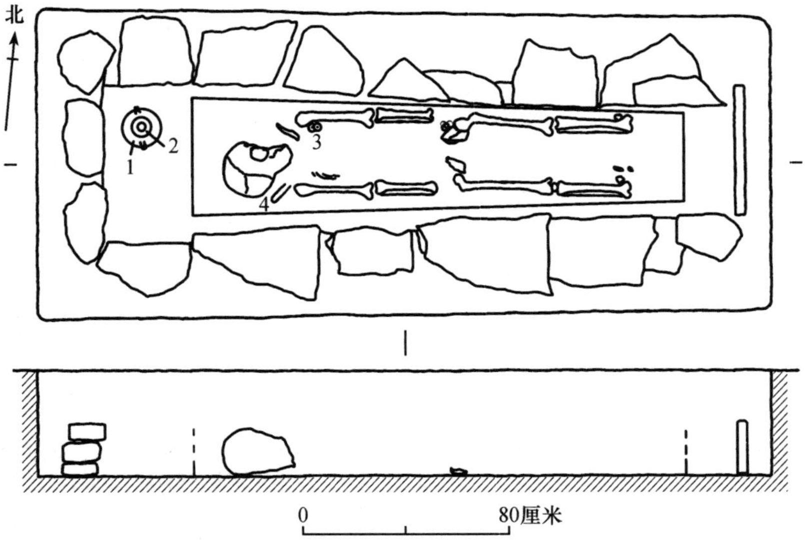

图七　M403 平、剖面图

1. 陶罐　2. 陶碗　3. 铜钱　4. 铜钗

骨、肢骨等保存略好。女性，20～24岁。陶罐位于椁底西北角。陶碗覆于陶罐之上。铜钗置于墓主头骨一侧。铜钱3枚，面文均为“永安五铢”，散落于棺内。

（2）双人葬

共3座。其中2座均有一具人骨为迁葬，另1座两具均迁葬。

M316　位于发掘区中北部。墓向166°。墓口略不规则，长3.48、宽1.7～2.04、深0.8米（图八）。椁室长3.3、宽1.16～1.76、残高0.64米。四壁均以5～7层碎石板垒砌而成。顶板破坏无存。无铺底。椁内有木棺一具，长1.92、宽0.3～0.52、残高0.06米。人骨两具，头均向南，仰身直肢。均保存较差，仅存头骨和部分肢骨残骸。棺外墓主股骨和尺骨等相并，当为迁葬。棺外墓主为女性，30～40岁。随葬品12件，均为铜器。3件钗在西墓主头骨处。手环2件，指环4件，均放于西墓主手骨处。铜钱3枚，其中“永安五铢”2枚，位于西墓主腹部，另1枚为“常平五铢”，位于东墓主头骨处。

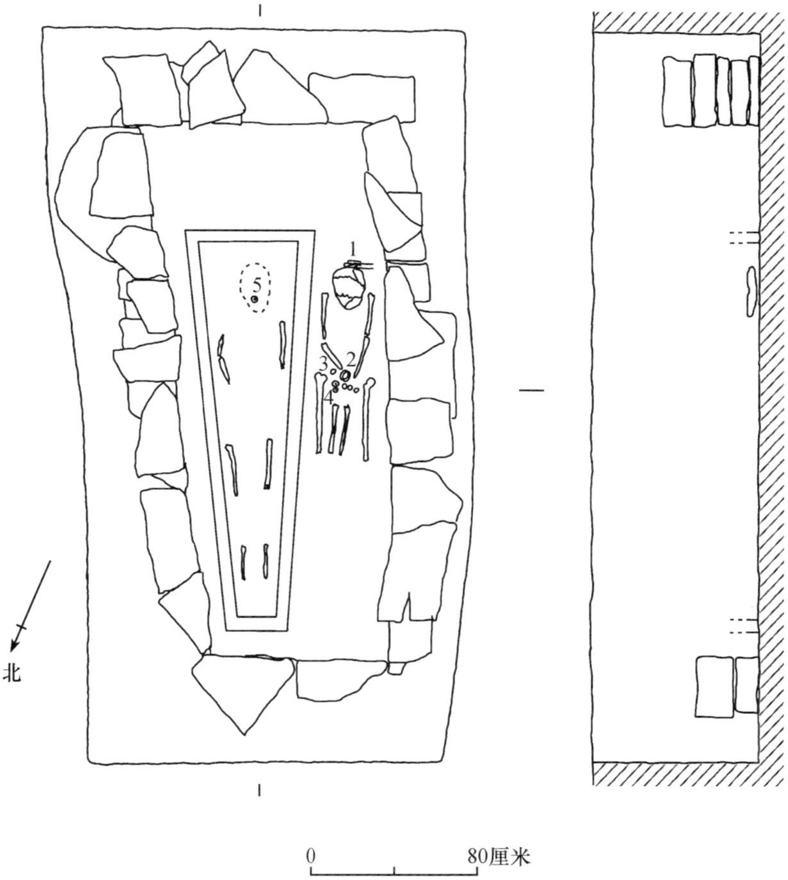

图八　M316平、剖面图

1. 铜钗　2. 铜手环　3. 铜指环　4、5. 铜钱

M320　位于发掘区中北部。墓向164°。墓口长3.4、宽1.8～1.9、深1.2米（图九；图版一〇，1）。椁室长3.38、宽1.26～1.76、残高0.46米。四壁均以3或4层碎石板垒砌而成。顶板破坏无存。无铺底。椁内有木棺一具，长1.8、宽0.4～0.6、残高0.06米。人骨两具，头均向南。棺内人骨仰身直肢。保存较差，仅存头骨和部分下肢骨。性别不详，30～35岁。棺外东侧人骨一具，保存较好，股骨与尺骨等相并，当为迁葬。为女性，30～35岁。瓷壶1件，位于椁内东北部。瓷碗1件，置于椁底东南部。铜镜

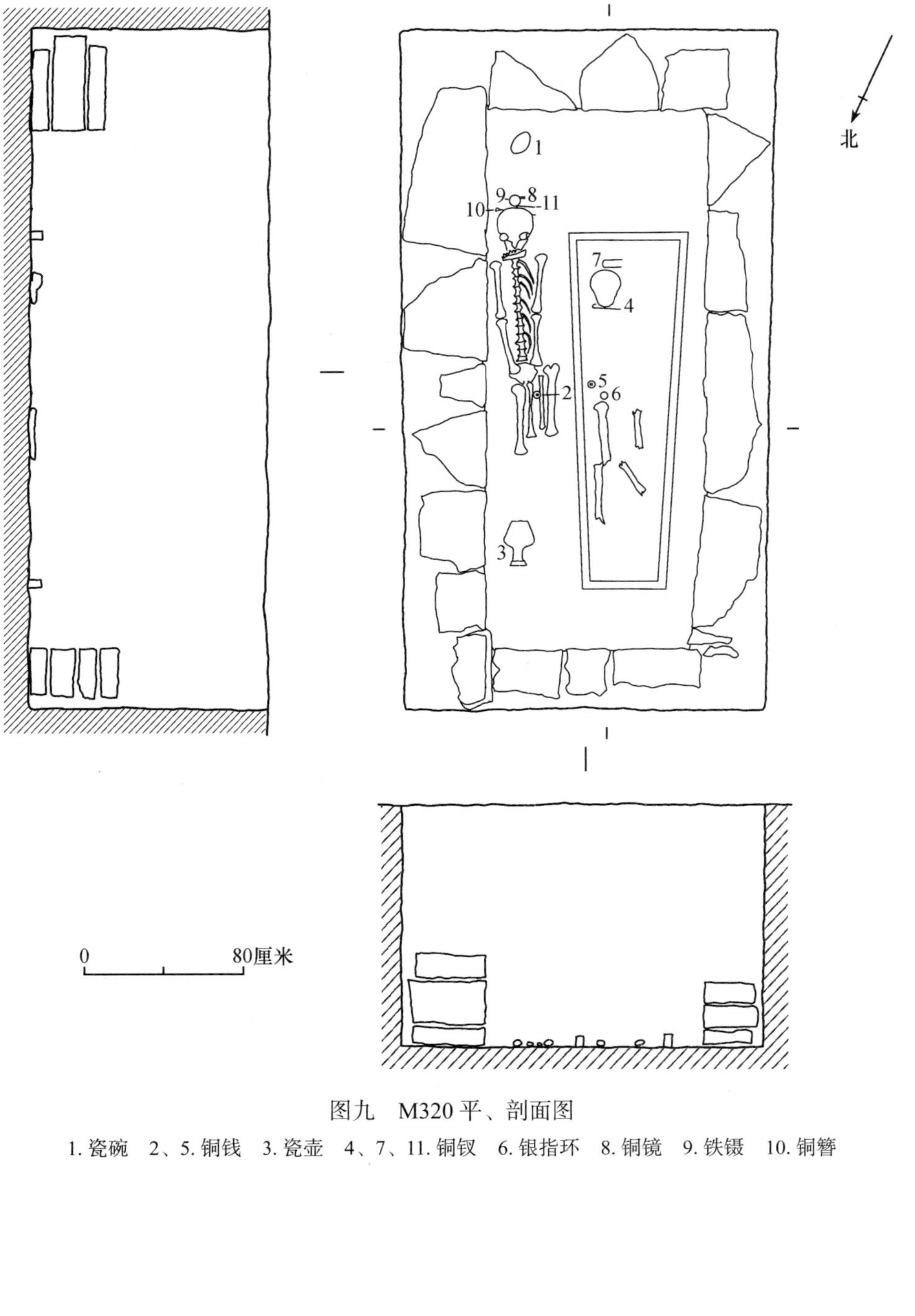

图九　M320平、剖面图

1. 瓷碗　2、5. 铜钱　3. 瓷壶　4、7、11. 铜钗　6. 银指环　8. 铜镜　9. 铁镊　10. 铜簪

放于东墓主头骨下方。银指环于棺内中部偏东。3件铜钗，其中2件在西墓主头骨下，1件在东墓主头下。铜簪位于东墓主头下。铜钱4枚，“常平五铢”1枚，于东墓主腿骨处，“五铢”3枚，在棺内中东部。1件铁镊在铜镜处。

M417　位于墓群中部偏北。墓向166°。墓口形状不规则，长2.7～3、宽1.7～2、深1.2米（图一〇）。椁室长2.66、宽1.3～1.62、残高0.46米。一次筑成，四壁以5或6层碎石块垒砌而成。椁顶无存。无铺底。椁内未见棺木痕迹。人骨两具，头向南。均略凌乱，似为迁葬。西侧墓主为女性，30～35岁。东侧墓主为成年个体，性别不详。随葬品3件。瓷碗、瓷三系壶、铜钗各1件。其中瓷碗位于椁底东南角。瓷三系壶倒置于碗内。铜钗发现于西墓主头下。

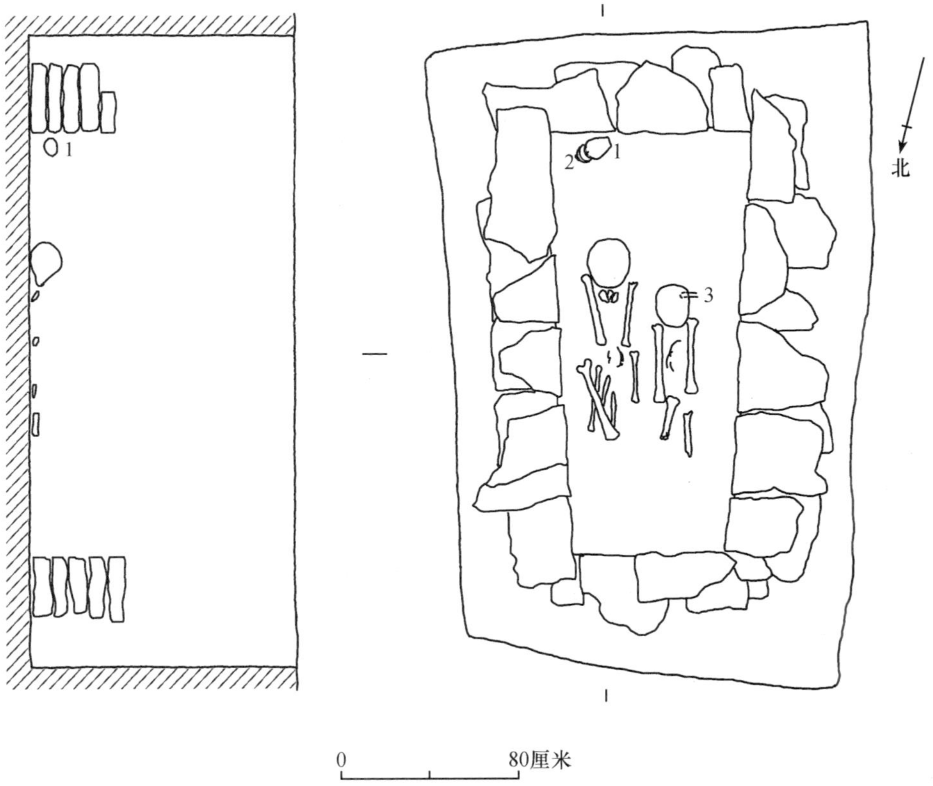

图一〇　M417平、剖面图

1. 瓷三系壶　2. 瓷碗　3. 铜钗

2. 双室

共20座。

M317　位于墓群中北部。墓向184°。墓口长2.8、宽1.7～1.9、深1.4米

（图一一）。椁室长 1.64、宽 1.3～1.72、残高 0.7 米。一次修成，四壁均以 9 或 10 层碎石板垒砌而成，中间竖 2 块石板隔成双室，2 块石板间留有透窗。椁顶无存。无铺底。棺木朽蚀严重，具体状况不明。人骨两具，均仰身直肢，头向南。东室墓主肋骨等朽残严重，西室人骨仅存部分残肢骨。东室墓主为男性，45～50 岁。西室墓主性别不详，

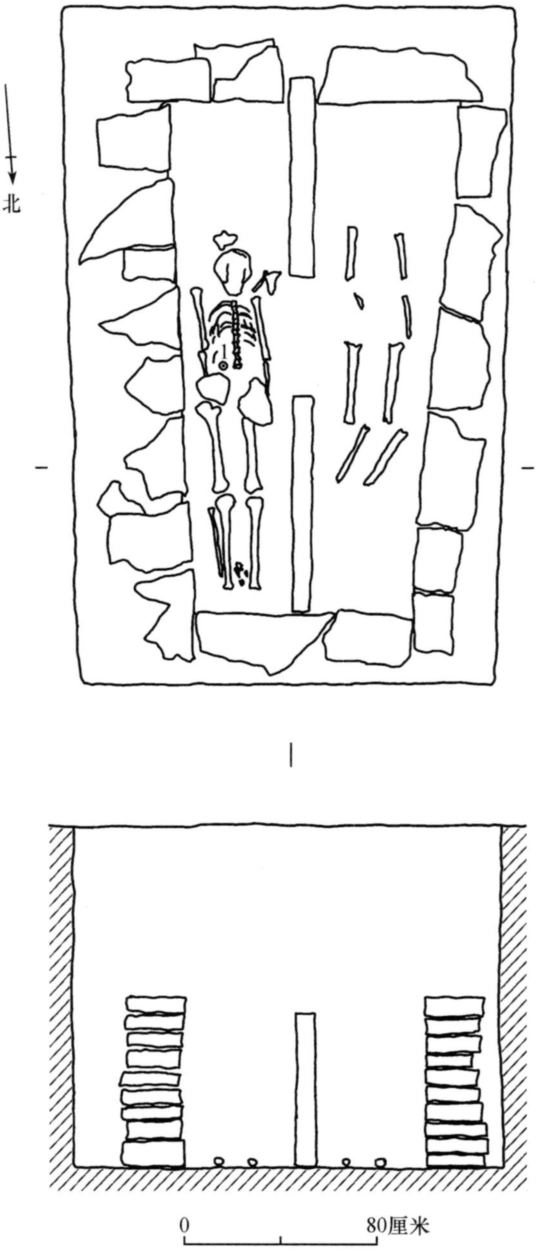

图一一　M317 平、剖面图
1. 铜钱

已成年。随葬品仅见铜钱 1 枚，面文“五铢”，位于东室墓主腹部。

M363　位于墓群东部。墓向 288°。墓口略呈不规则形，长 3.2、宽 1.8～1.9、深 1.2 米（图一二）。椁室上部遭破坏，长 3.12、宽 1.52～1.66、残高 0.65 米。椁室一次修成，四壁均由 5 或 6 层碎石板垒砌而成，西、南两壁破坏严重，仅存二三层石板。椁室中部残存一竖石板将其隔成双室。椁顶破坏无存。无铺底。双室内各残存一倒梯形木棺痕迹。南棺残长 1.7、宽 0.2～0.35 米，北棺长 1.9、宽 0.2～0.3 米，均残高约 0.2 米。人骨两具，头向西，仰身直肢。保存较差。南室墓主残存部分盆骨和下肢骨，

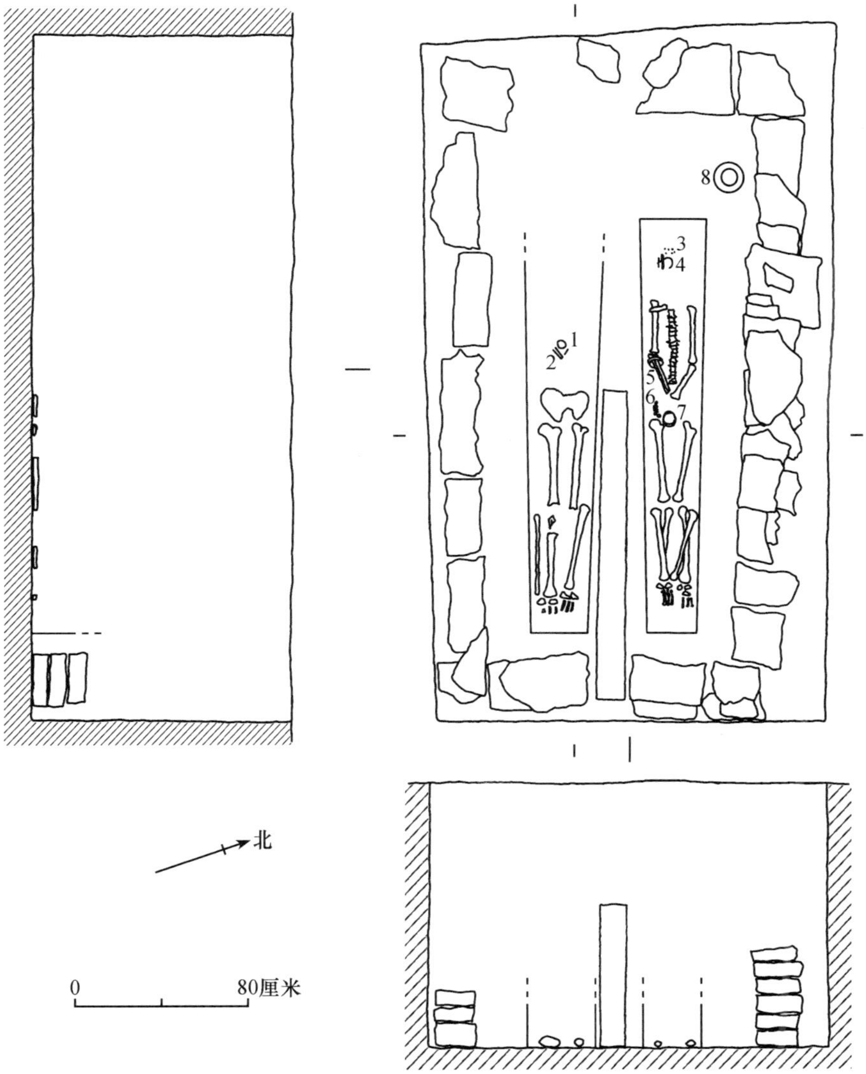

图一二　M363 平、剖面图

1. 铜指环　2、4. 铜钗　3. 石串饰　5、7. 铜手环　6. 指环（其中 13 枚铜指环、2 枚银指环）　8. 陶无系罐

性别不详，为成年个体。北室墓主双臂交于腹部，除头骨和部分肋骨等外，其余骨骼保存略好，性别不详，35～40岁。陶无系罐1件，放置于北室西北角。铜指环14枚，其中1枚在南室中部，另13枚相叠套于北室墓主指骨处。银指环2枚，与铜指环同套于北室墓主指骨处。铜手环4件，两两串于北室墓主小臂上。铜钗2件，分别位于双棺西端。石串饰6件，散落于北室墓主头部。

M379　位于墓群东端。墓向160°。墓口长3.4、宽2～2.2、深0.9米（图一三）。椁室长3.08、宽1.9～2.06、残高0.54米。一次修成，椁室四壁以4～6层碎石板垒砌而成。中部竖立1块石板将其隔成双室，两端与椁壁留有空隙形成透窗。椁顶无存。无铺底。椁底残存木棺痕迹，因扰乱严重，具体形制不明。人骨两具，头向南，葬式不明。均仅存部分肢骨残骸。性别均不详，东室墓主35～45岁，西室墓主已成年。瓷碗1件，位于墓底南端中部。铜钗1件，发现于西椁室南部。铜钱2枚，面文“五铢”，散落于西椁室中部和西部。

M405　位于墓群西北部。墓向177°。墓口长3.3、宽1.8～2.5、深1.3米（图一四）。

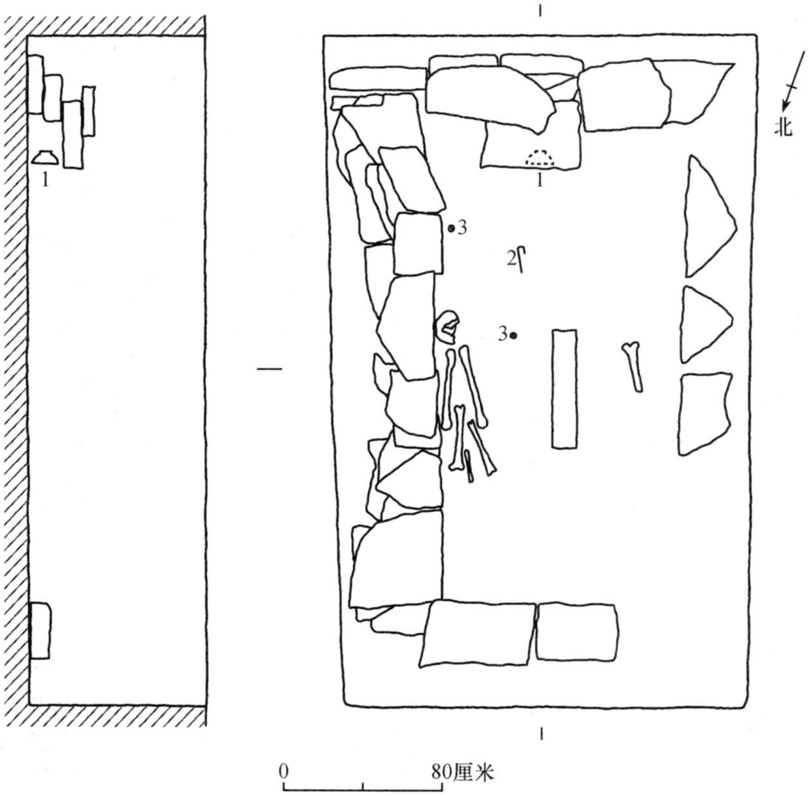

图一三　M379平、剖面图

1. 瓷碗　2. 铜钗　3. 铜钱

椁室长3.1、宽1.8～2.24、残高0.46米。一次修成，东、西、北三壁各以5层碎石板垒砌而成，南壁竖挡1块整石板。中部竖3块石板形成双室，北侧2块石板间及北石板与椁壁间各留一空隙形成透窗。椁顶无存。无铺底。椁内有木棺两具，东棺长1.95、宽0.4～0.5、残高0.12米。西棺长2、宽0.4～0.5、残高0.12米。人骨两具，均头向南，仰身直肢。保存均一般。西室残存头骨、部分肢骨和肋骨等，性别不详，已成年。东室仅存部分肢骨和盆骨痕迹等，女性，30～40岁。瓷双系壶1件，位于西室墓主头部东侧。铜钗和铜镜各1件，置于西室墓主头骨下。铜指环3件，发现于西室墓主下腹部。

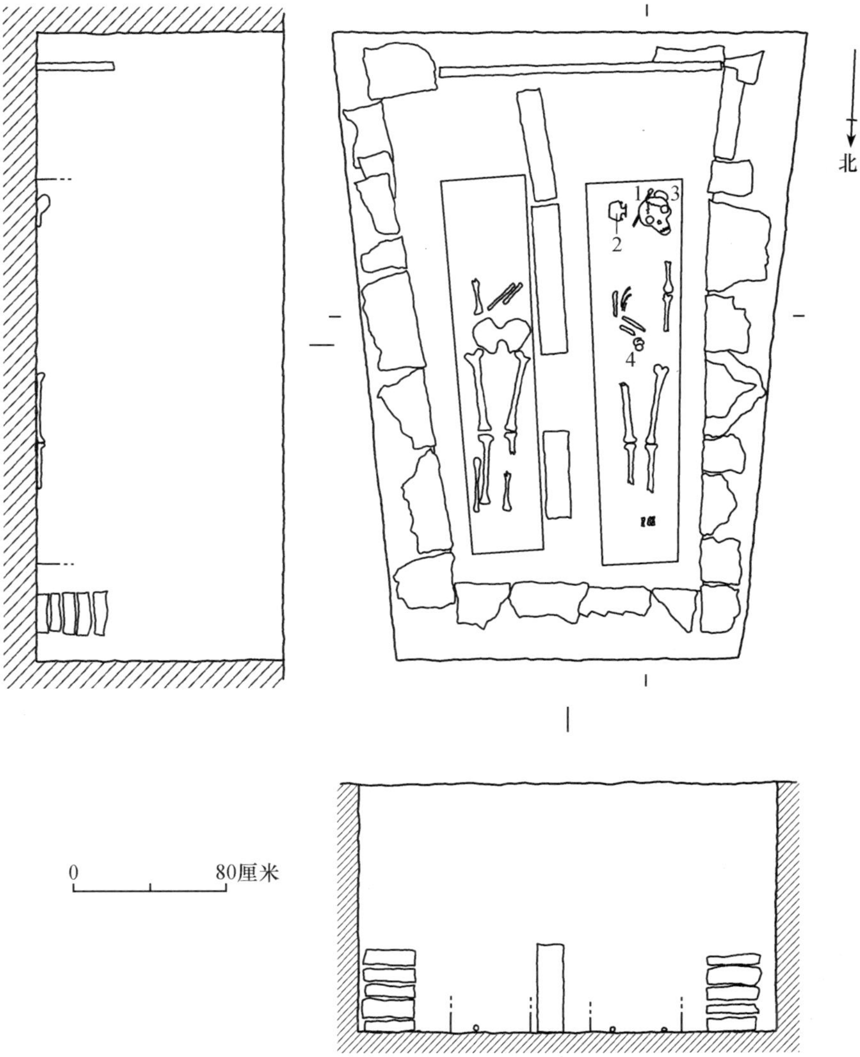

图一四　M405平、剖面图

1. 铜钗　2. 瓷双系壶　3. 铜镜　4. 铜指环

M406　位于墓群西北部。墓向164°。墓口呈长方形，长2.6、宽1.8、深1.2米（图一五）。椁室上宽下窄，呈倒梯形，长2.46、宽1.56～1.64、高0.81米。一次修成，四壁以7层碎石板垒砌，中部以2块竖立石板隔成双室，2块石板间及北端与椁壁间各有一空隙形成透窗。椁顶覆盖3块石板，北端2块，南端1块，南端石板早期遭盗扰破坏。无铺底。椁内未见棺木痕迹。人骨遭扰乱，腐朽无存，根据椁室形状推断头向当为南。陶罐位于双室隔板中透窗处。陶碗覆于陶罐上。铜簪发现于西室南端。3件铜手环和1枚铜指环均位于西室中部偏南。

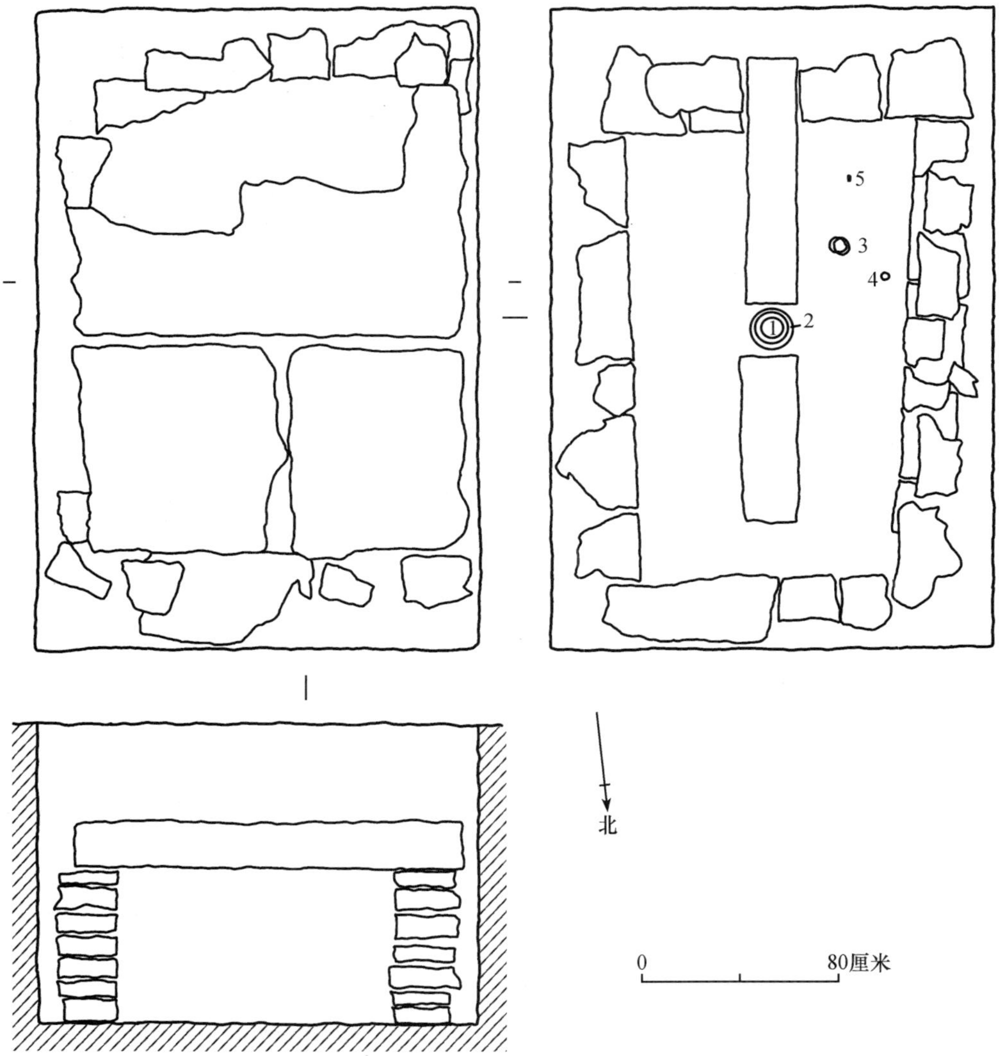

图一五　M406平、剖面图

1. 陶碗　2. 陶罐　3. 铜手环　4. 铜指环　5. 铜簪

M408　位于墓群西部偏北。墓向186°。墓口长2.9、宽2.2～2.5、深1.3米（图一六）。石椁长2.7、宽1.82～2.3、残高0.36米。椁室系两次筑成，先修东室，东、西、南壁均为碎石板垒砌而成，残存2～4层，北壁竖挡1整块石板。其后依托西椁壁加筑西室，南北壁均不存，西壁为碎石板垒砌，残存3层。上部遭破坏，椁顶不存。双椁室内各有木棺一具，东棺长2、宽0.35～0.45、残高0.1米，西棺长1.7、宽0.4～0.55、残高0.12米。人骨各一具，均头向南，仰身直肢。均仅存头骨残骸及部分肢骨。东室墓主已成年，西室墓主不详。随葬品2件。铜钗和"五铢"铜钱各1件，分别位于西室墓主头骨两侧。

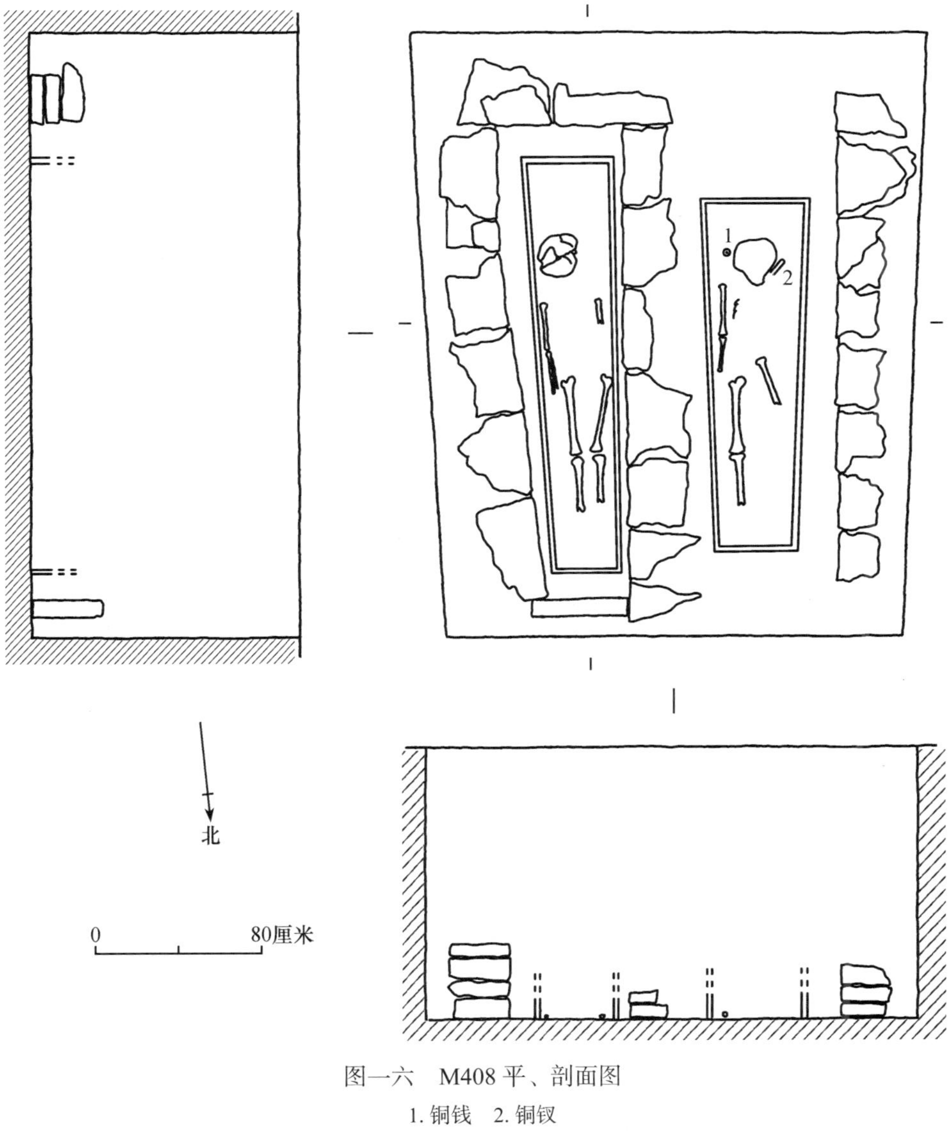

图一六　M408平、剖面图
1. 铜钱　2. 铜钗

M409　位于发掘区西部偏北。墓向158°。墓口长2.8、宽2～2.3、深1.3米（图一七；图版一〇，2）。石椁长2.64、宽1.84～2.14、残高0.6米。椁室系两次筑成，先修西室，东西两壁各以6层碎石板垒砌而成，南北两端均竖挡1整块石板。其后依托东壁加修东椁室，东、南两壁均以5或6层碎石板垒砌，北壁竖立1整块石板。椁顶均已不存。双椁室内各有木棺一具，东棺长2.1、宽0.38～0.61、残高0.1米，西棺长2.13、宽0.32～0.5、残高0.1米。人骨各一具，均头向南，仰身直肢。均仅存头骨残骸及部分肢骨。东室墓主男性，40～50岁。西室墓主女性，20～30岁。未见随葬品。

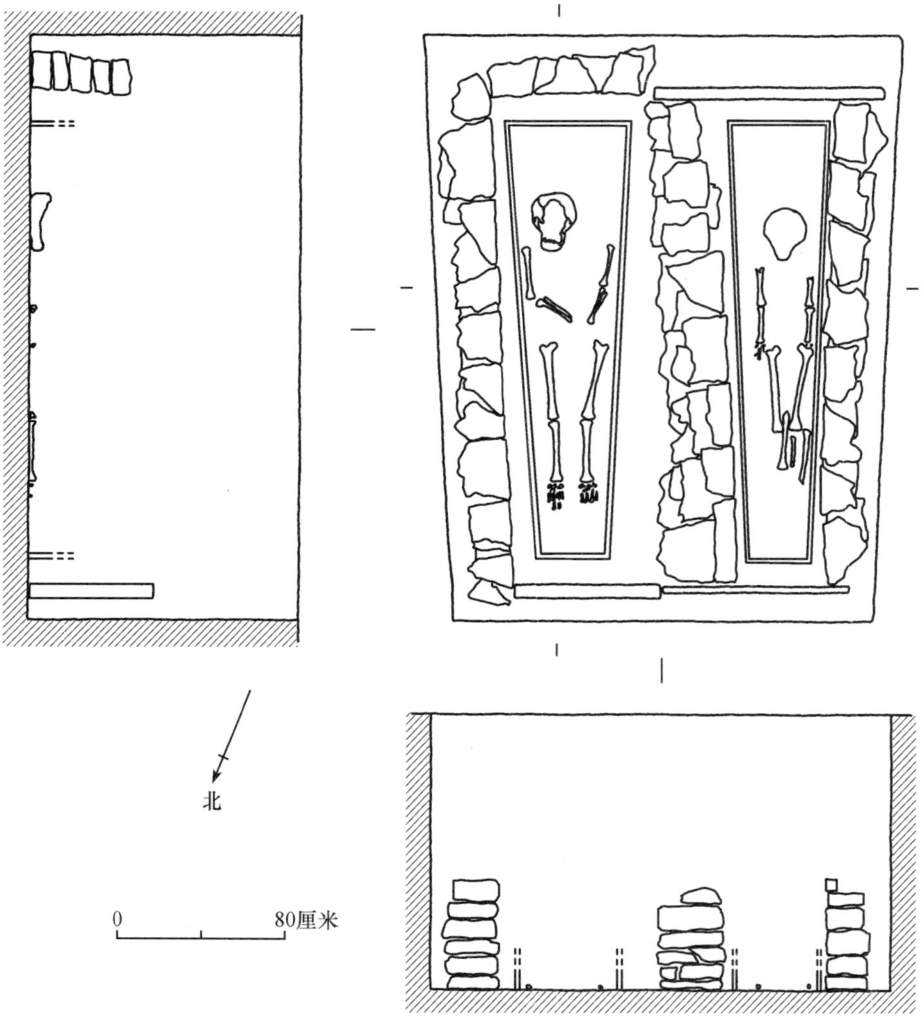

图一七　M409平、剖面图

M411　位于墓群北部偏西。墓向168°。墓口长3.5、宽2.4～2.8、深1.2米（图一八）。石椁长3.36、宽2.04～2.38、高0.6米。两次筑成。先修西室，北壁竖挡1

整块石板，其余三壁均由 5 或 6 层石板垒砌而成。其后依托东壁加筑东室，东、南两壁均由 5～8 层碎石板垒砌，北壁破坏无存。椁顶均已不存。未见棺木和人骨痕迹。1 件瓷碗位于西室南端。

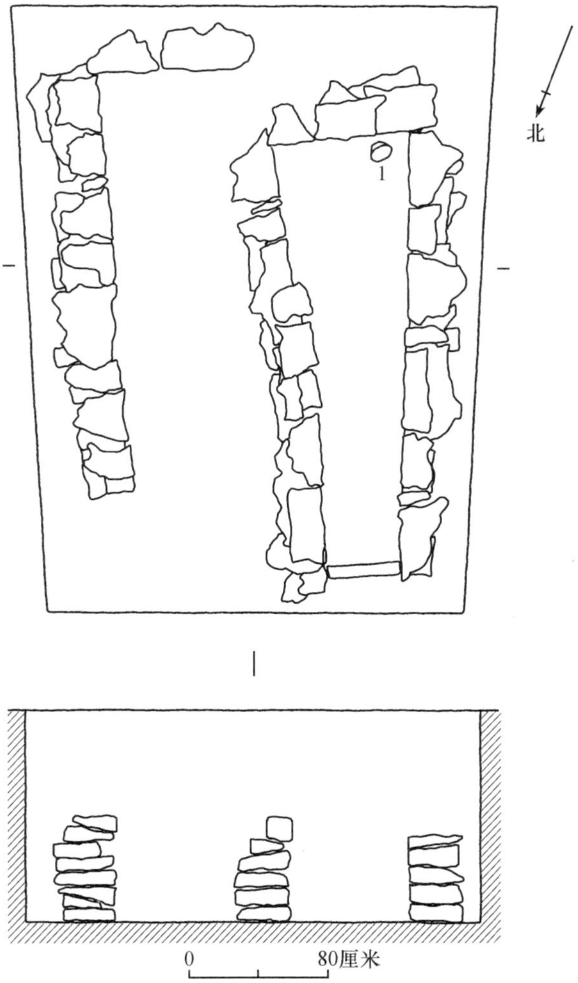

图一八　M411 平、剖面图
1. 瓷碗

3. 三室

共 3 座。

M354　位于墓群东部。墓向 164°。平面略呈方形，长 3.4、宽 3.12～3.2、深 1.2 米（图一九）。椁室破坏严重，仅存中室东壁、西壁局部和东室少量石板。残长 2.51、宽 2.06、高 0.6 米。中室东壁为碎石板垒砌而成，西壁仅存 1 整块竖立的石板。东室残

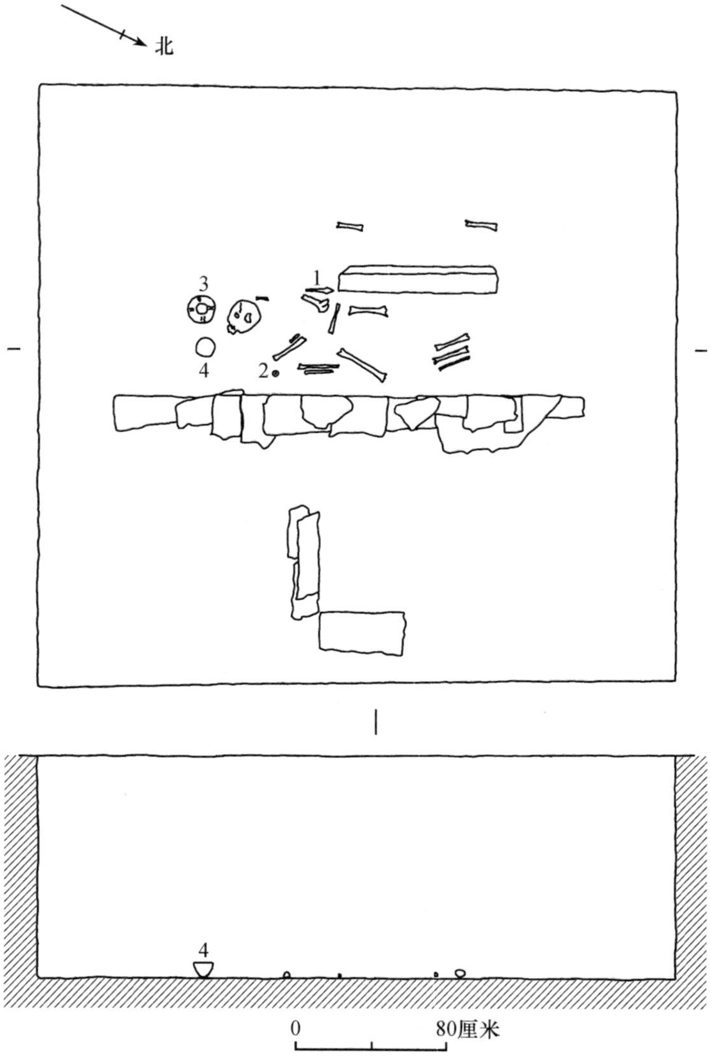

图一九　M354平、剖面图
1. 铁镞　2. 铜钱　3. 瓷壶　4. 瓷碗

存东壁和南壁底部数块碎石板。无铺底。未见棺木痕迹。人骨头向南，葬式不明。腐朽破坏严重，西室残存少量肢骨，中室残存头骨及部分肢骨，东室人骨无存。均为成年个体。随葬品4件。瓷壶和瓷碗各1件，均位于中室南端。铁镞1件，在中室中部西侧。铜钱1枚，面文“五铢”，发现于中室中部偏东。

M425　位于墓群西部偏南。墓向165°。墓口长3.2、宽3～3.7、深1.5米（图二〇）。椁室长2.92、宽2.79～3.14、残高0.64米。至少分两次筑成，先修中室，东、西、南三壁各以碎石板垒砌而成，残存2～6层，北壁竖立1整块石板。其后分别依托东西壁加修东西椁室，先后顺序不明。西室南、西两壁均以碎石块垒砌，北壁竖

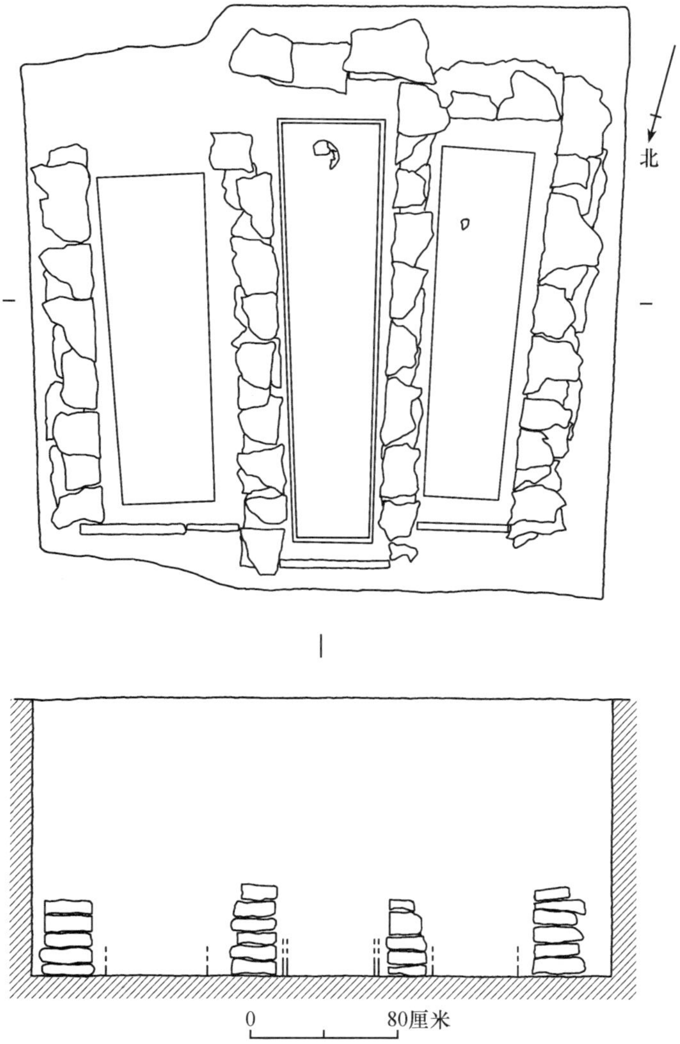

图二〇 M425平、剖面图

立1整块石板。东室东壁为碎石板垒砌，北壁竖立2块石板，南壁破坏无存。顶板无存。无铺底。三椁室内各有一具木棺。东棺长1.8、宽0.5～0.6、残高0.05米，中棺长2.3、宽0.4～0.6、残高0.1米，西棺长1.9、宽0.4～0.5、残高0.05米。人骨头向南，葬式不明。保存较差，仅中室南端见部分头骨残骸。未见随葬品。

M427 位于墓群西南部。墓向185°。墓口长3、宽2.75～3.03、深1.6米（图二一）。石椁长2.72、宽2.3～2.7、高0.6米。上部破坏较严重，东室北椁壁无存，东椁壁残存底部数块碎石板。当为一次筑成，东西两壁均由碎石板垒砌而成，残存1～5层。南北两端均竖立整块石板，其中东室北端石板无存，中室与西室南端共用1块整石板。各

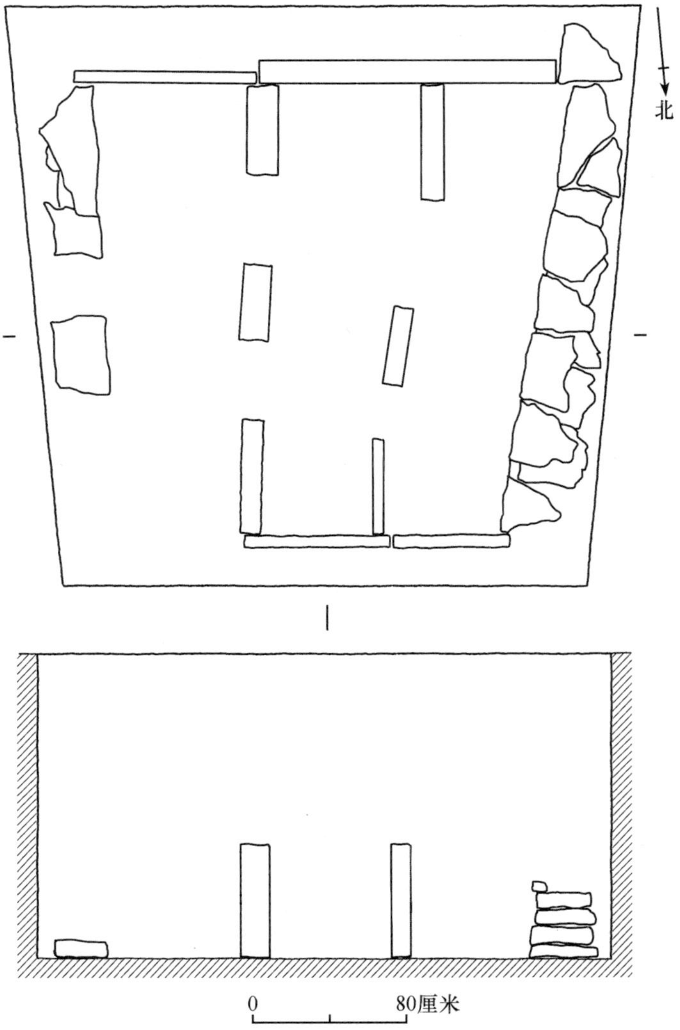

图二一　M427 平、剖面图

室间均竖立 3 块石板相隔，石板连接南北椁壁，中有空隙，形成每室均有两透窗的现象。椁顶破坏无存。无铺底。未见木棺和人骨痕迹。未见随葬品。

（二）土坑墓

仅 1 座。

M357　位于墓群东部偏南。墓向 195°。平面呈长方形，略狭长，长 2.8、宽 0.8、深 1.8 米（图二二）。直壁，较规整。平底。墓底可见棺灰痕迹。未见人骨痕迹，头向、葬式不明。随葬陶罐、铜镜、铜钗各 1 件，均位于墓底中部。

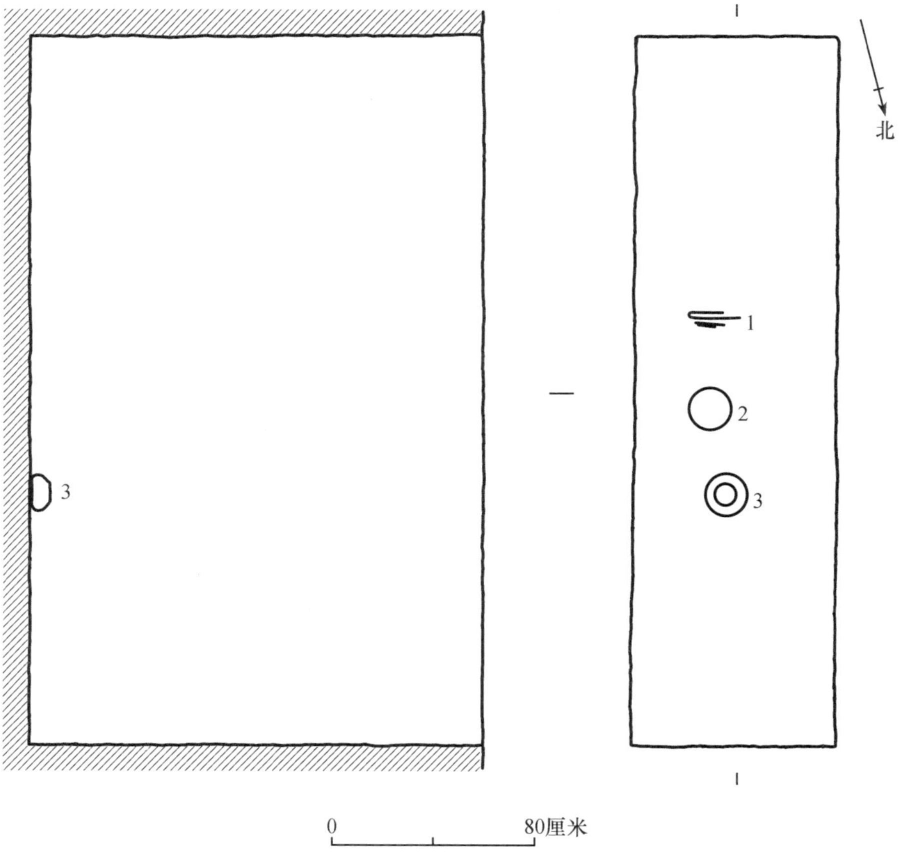

图二二　M357 平、剖面图
1. 铜钗　2. 铜镜　3. 陶罐

二、出土遗物

此批墓葬埋藏较浅，加之后期取土、耕作等人类活动，破坏较严重，近半数墓葬未见随葬品。其余墓葬共出土器物 125 件（组），其中 3 件瓷器为墓地上部工程取土时采集。所有器物按质地可分为陶器、瓷器、铜器、铁器、银器和石器等，其中铜器所占比例最高，但多为饰件，瓷器次之，陶器、铁器和石器均较少。现分类介绍如下。

（一）陶器

7 件。多为泥质，极少夹砂。以灰陶为主，少量黄褐陶，火候不甚高。器形主要有罐、碗。其中罐根据形制又可细分为无系、双系和四系三种。

无系罐　2件。M357：3，泥质灰陶。敛口，口略不整，平底。肩部有一道凹槽。体型较小，当为明器。口径3.8、底径3.6、壁厚0.4～0.7、高2.9厘米（图二三，1）。M363：8，泥质灰陶，夹少量砂粒。侈口。方唇，束颈，平底略内凹。底部有刮削修整痕迹，素面。口径10、底径10.6、壁厚0.8～1、高15.3厘米（图二三，2）。

双系罐　2件。M406：2，夹砂灰陶。侈口，圆唇，束颈，平底。腹部略上有对称横向双耳。素面。口径14.6、腹径16.2、底径9.9、壁厚0.8～1.2、高15厘米（图二三，3）。M403：1，泥质黄褐陶。敛口，微束颈，沿面有一道凹槽，平底。肩部有对称竖向双耳。素面。口径9.2、腹径15.6、底径8.6、壁厚0.8、高12.1厘米（图二三，5）。

四系罐　1件。M401：2，泥质灰陶。小口微侈，圆唇，平底。肩上贴手捏四

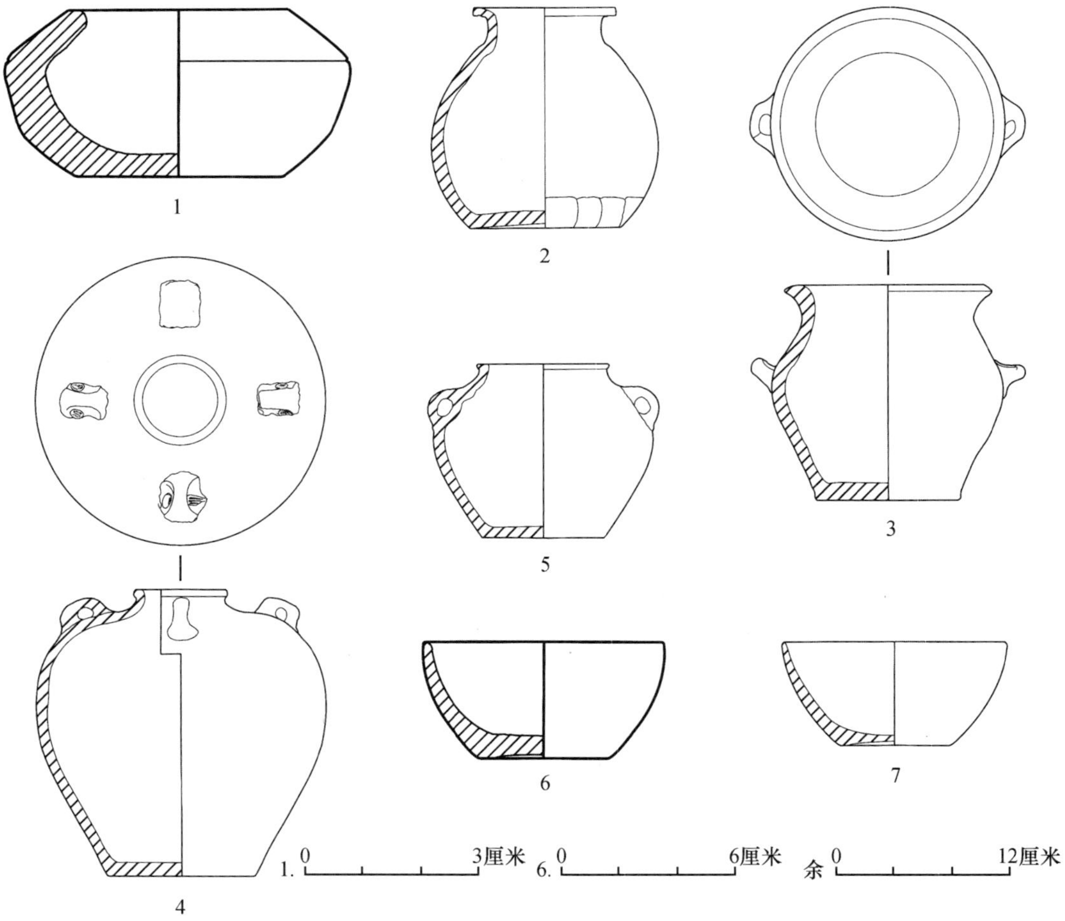

图二三　出土陶器

1、2. 无系罐（M357：3、M363：8）　3、5. 双系罐（M406：2、M403：1）
4. 四系罐（M401：2）　6、7. 碗（M403：2、M406：1）

耳，一耳已脱落。素面。口径6.4、底径10.4、腹径20.2、壁厚0.7～1、高20厘米（图二三，4）。

碗　2件。均泥质灰陶。形制相近，敞口，圆唇，底略内凹。素面。M403∶2，口径8.4、底径4.6、高4厘米（图二三，6）。M406∶1，口径15.6、底径7.8、高7.1厘米（图二三，7）。

（二）瓷器

18件。胎质细腻，灰白色。多数施青釉，少量施酱色釉。器外壁施半釉，内壁施全釉。器形有双系罐、四系罐、双系壶、三系壶、四系壶和碗等。

双系罐　1件。采∶01，直口微侈，圆唇，矮领，肩上安一对略低于口沿的对称复式耳，耳下有一圈凸棱。实足。青釉略泛黄。口径7.4、底径6.2、壁厚0.6～1.6、高12.8厘米（图二四，3）。

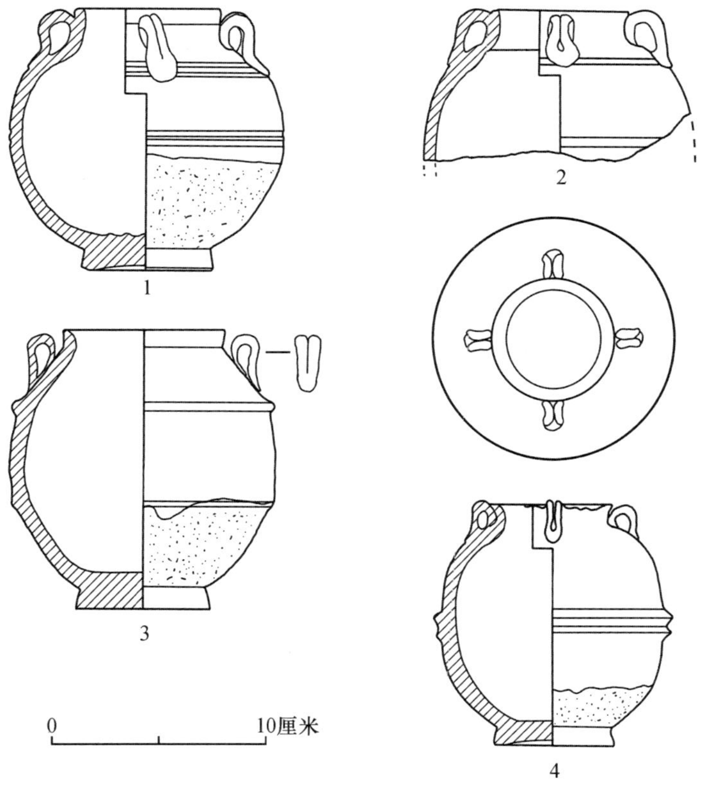

图二四　出土瓷罐

1、2、4. 四系罐（M422∶1、M416∶2、M326∶1）　3. 双系罐（采∶01）

四系罐　3 件。圆唇，矮领，肩上有两对基本与口沿齐平的复式耳，实足略内凹。施青绿釉。M422∶1，直口，肩及腹部各饰两道凹弦纹。口径 6.6、底径 6.2、壁厚 0.6～0.7、高 12.4 厘米（图二四，1；图版一一，4）。M416∶2，残存上半部，直口，唇面有一道浅凹槽，肩及腹部各饰一道凹弦纹。外侧部分釉有脱落。口径 6.4、壁厚 0.5～0.9、残高 7 厘米（图二四，2）。M326∶1，侈口，沿面微残，腹部有两道凸棱。外侧部分釉有脱落。口径 5.5、底径 5.5、壁厚 0.6～1、高 11.2 厘米（图二四，4；图版一一，3）。

双系壶　1 件。M405∶2，盘形口，微残，肩部有一对对称桥形耳和一残断提梁。平底略内凹。通体施酱色釉。口径 4.8、底径 4、壁厚 0.4～0.8、高 8.8 厘米（图二五，4；图版一一，5）。

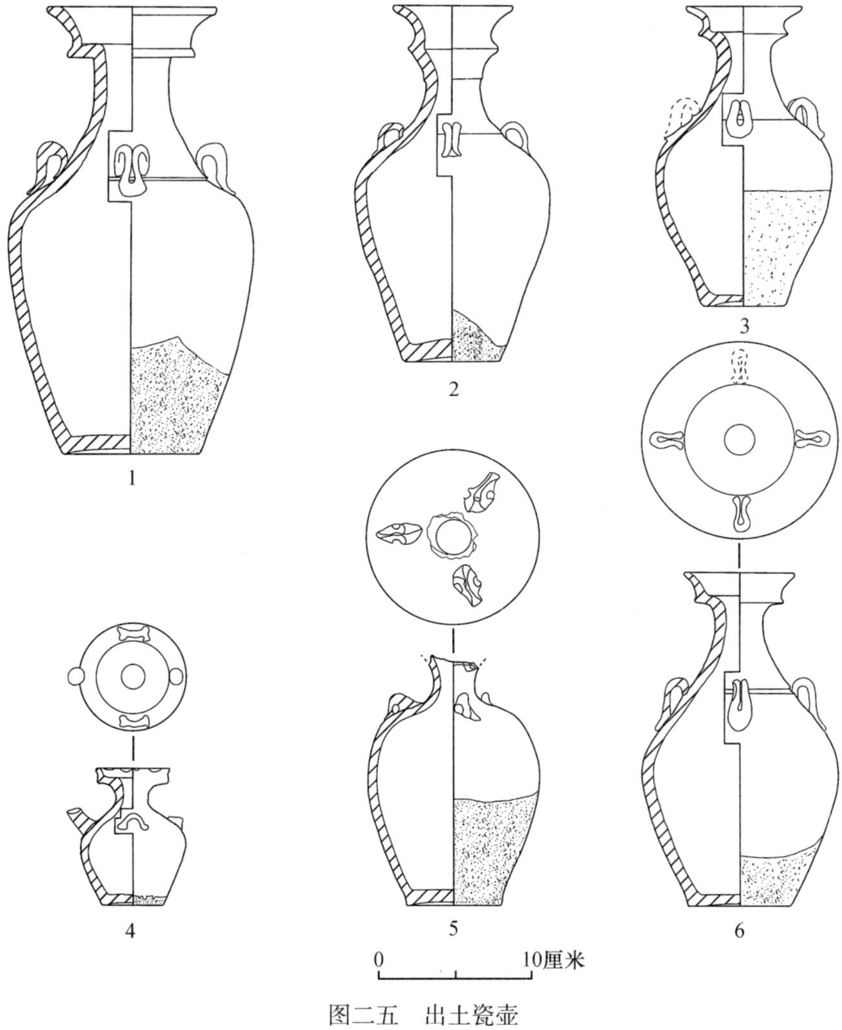

图二五　出土瓷壶

1～3、6. 四系壶（采∶02、采∶03、M354∶3、M320∶3）　4. 双系壶（M405∶2）　5. 三系壶（M417∶1）

三系壶　1件。M417：1，口部残，细颈，肩部有三个桥形耳。平底略内凹。器表上部施酱色釉，略有剥落。底径6、壁厚0.4～0.8、残高16厘米（图二五，5）。

四系壶　4件。盘形口，圆唇，束颈。肩上有两对对称复式耳，个别有脱落，耳下有一周凸棱。平底略内凹。器表上半部施釉。采：02，青釉泛黄。口径11、底径9、壁厚0.6～1、高29.1厘米（图二五，1）。采：03，盘口底部呈凸棱状，颈部及肩部各有一周凸棱。施青绿略酱色釉。口径7.7、底径6.2、壁厚0.6～1.2、高23.2厘米（图二五，2）。M354：3，青绿釉。口径7.6、底径5.4、壁厚0.6～1、高19.6厘米（图二五，3；图版一一，2）。M320：3，青釉泛黄。口径7.2、底径6.7、壁厚0.3～0.7、高21.5厘米（图二五，6；图版一一，1）。

碗　8件。敞口，圆唇，实足略内凹，足底有削棱一周。内壁及外壁上半部多施釉。M320：1，青釉泛黄，多已脱落。口径10、底径4、壁厚0.4～0.8、高5.2厘米（图二六，1）。M326：2，施釉已脱落。内壁底部有三支钉痕迹。口径10、底径4.6、壁厚0.3～0.8、高4.3厘米（图二六，2）。M354：4，青釉泛黄。内壁底部有三支钉痕迹。口径9.8、底径3.8、壁厚0.2～0.4、高5厘米（图二六，3）。M411：1，青绿釉。口外

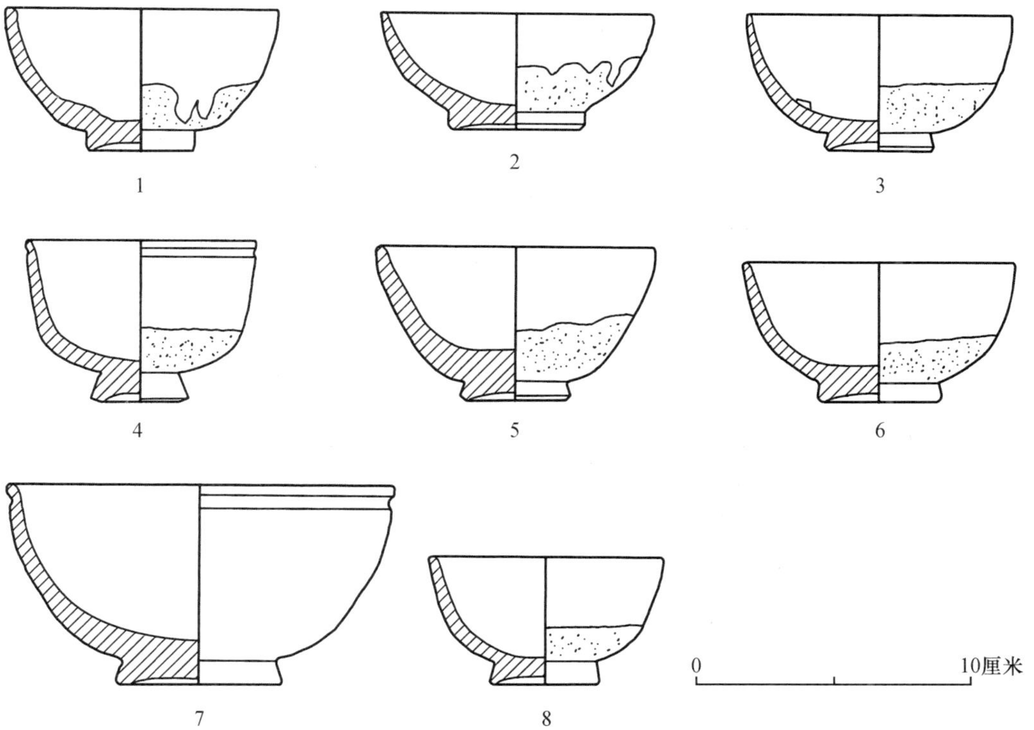

图二六　出土瓷碗

1. M320：1　2. M326：2　3. M354：4　4. M411：1　5. M416：1　6. M417：2　7. M379：1　8. M407：1

侧有一周凹弦纹。口径 8.4、底径 3.6、壁厚 0.4～0.6、高 5.9 厘米（图二六，4；图版一一，6）。M416：1，青釉泛黄。内壁底部有三支钉痕迹。口径 10.2、底径 3.8、壁厚 0.3～0.8、高 5.6 厘米（图二六，5）。M417：2，青绿釉。内壁底部有三支钉痕迹。口径 10、底径 4.5、壁厚 0.3～0.6、高 5.1 厘米（图二六，6）。M379：1，未施釉或釉已脱落。口外侧有一周凹弦纹。口径 14.2、底径 6、壁厚 0.6～1、高 7.3 厘米（图二六，7）。M407：1，青绿釉。口径 8.6、底径 4、壁厚 0.4～0.6、高 4 厘米（图二六，8）。

（三）铜器

94 件，多为饰件，出土于墓葬棺内人骨头部和手部，按用途可分为头饰、手饰和生活用品等。器形有镜、环、簪、带銙和钗等，另有部分铜钱。现按器形介绍如下。

镜　3 面。均为圆形，圆纽，圆座。M320：8，飞鸟镜。纽下叠压一飞鸟。其外饰三道同心圆，中间圆向外有一周锯齿纹。直径 6 厘米（图二七，1）。M405：3，四乳四神兽镜。纽座外分列四乳，四乳间各有一神兽，呈奔跑状。再外饰三周同心圆，分别向外有一周短直线纹、锯齿纹和波状纹。直径 11.2 厘米（图二七，2）。M357：2，三虎镜。纽座外浅浮雕三虎同向绕纽。其外有五周同心圆，中部三周向外分饰一周短直线纹、锯齿纹和波状纹。直径 9.8 厘米（图二七，3）。

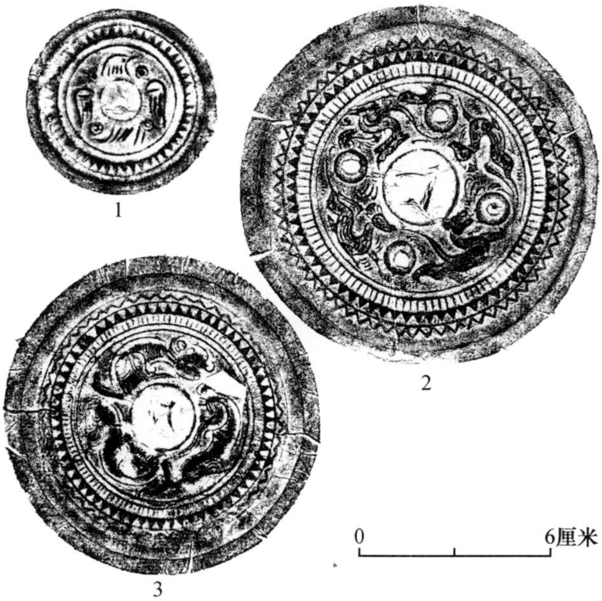

图二七　出土铜镜

1. M320：8　2. M405：3　3. M357：2

环　根据尺寸和功用不同，可分手环和指环两种。

手环　9件。平面圆形。根据横截面形状不同，可分为三型。

A型　2件。横截面略呈椭圆形。2件同墓出，形制尺寸相近。M316：2-1，直径6.8～7.2厘米（图二八，1）。

B型　5件。合面弧形。M363：5-1，直径约7厘米（图二八，2）。M406：3-1，直径5.1厘米（图二八，4）。

C型　2件。横截面半圆形，表面刻齿状花纹。2件同墓出，形制尺寸等相近。M363：7-1，直径6.9厘米（图二八，3）。

指环　35件。平面圆形。根据横截面形状不同，可分为二型。

A型　28件。横截面略呈椭圆形。M363：6-2，表面刻齿状竖线纹。直径1.8～1.9厘米（图二八，5）。M318：1，直径2.1厘米（图二八，6）。M414：2，直径2.3厘米（图二八，7）。

B型　7件。横截面略呈"U"形，表面有一圈凹槽。M316：3-1，直径2.3厘米（图二八，8）。M402：4，内嵌3小环。直径2.2～2.3厘米（图二八，9）。

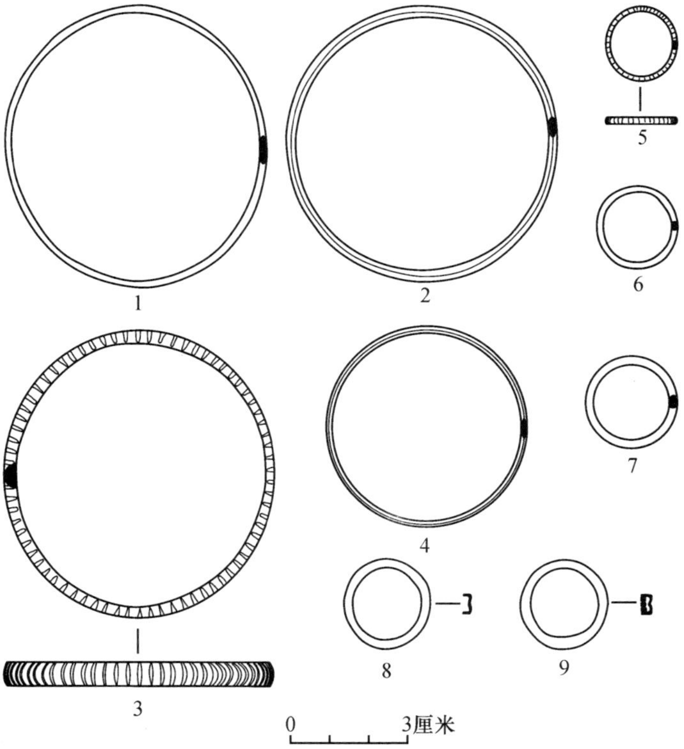

图二八　出土铜环

1. A型手环（M316：2-1）　2、4. B型手环（M363：5-1、M406：3-1）　3. C型手环（M363：7-1）　5～7. A型指环（M363：6-2、M318：1、M414：2）　8、9. B型指环（M316：3-1、M402：4）

钗　18件。钗体整体呈“U”形。除1件（M363：2）残断形制不明外，其余17件根据钗头形状不同，可分为三型。

A型　2件。钗头扁平，表面刻有花纹。M363：4，钗头平面近菱形，其上刻花卉纹饰。双叉，残断，截面呈长方形。长约13.9、宽4.6厘米（图二九，2）。M406：5，头残，平面略呈椭圆形，其上压印花草纹，钗体残缺。宽约2.4厘米（图二九，5）。

B型　2件。钗头呈“V”形。M405：1，钗头圆鼓中空。钗枝截面呈圆形，微残。长24.3厘米（图二九，1）。M320：7-2，钗头残。钗枝仅余一股，截面呈圆形。残长

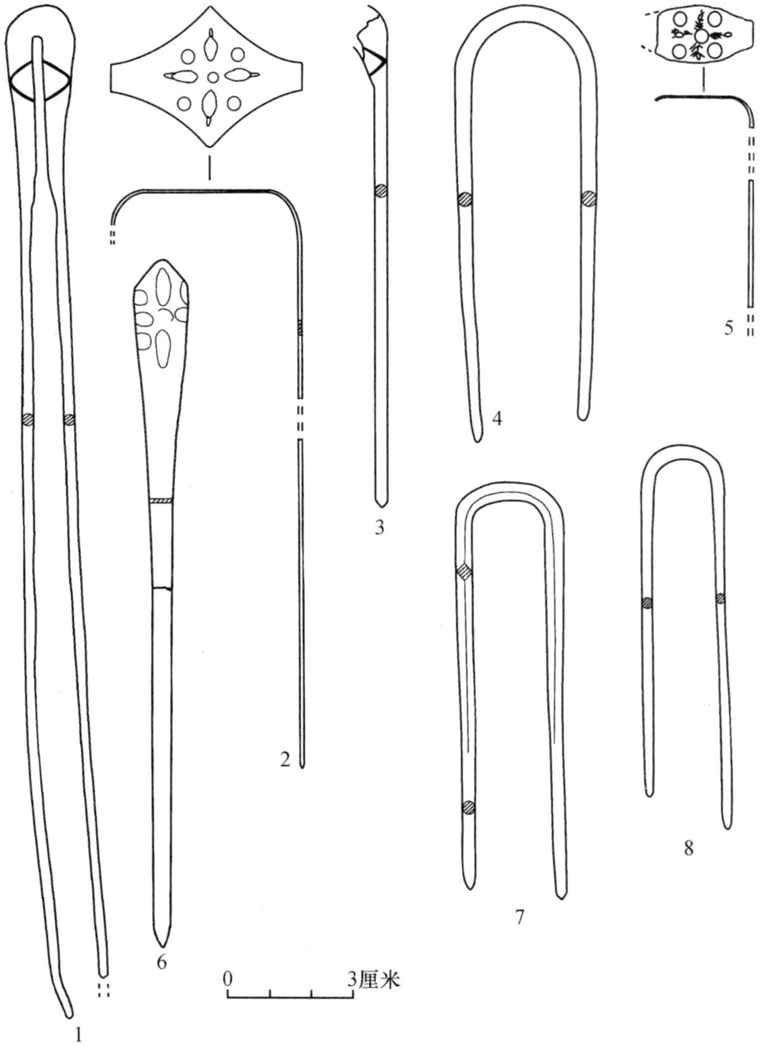

图二九　出土铜钗、簪

1、3. B型钗（M405：1、M320：7-2）2、5. A型钗（M363：4、M406：5）

4、7、8. C型钗（M414：1、M320：11、M401：1）6. 簪（M320：10）

11.9 厘米（图二九，3）。

C 型　13 件。钗头实心，横截面呈圆形或菱形。M414：1，截面呈圆形。长 10.6 厘米（图二九，4）。M320：11，钗体首端截面呈菱形，尾端呈圆形。长 10 厘米（图二九，7）。M401：1，截面呈圆形。长 9.2 厘米（图二九，8）。

簪　1 件。M320：10，整体扁平。呈长方形。首段刻花纹。长 16.5、厚 0.1 厘米（图二九，6）。

带铐　4 件。形制相同，均残缺，双面合扣，正面背有四柱，背面有四孔，相扣嵌成，中各有一长方形孔。M323：2，长约 2、宽约 1.5 厘米（图三一，1）。

铜钱　24 枚。根据面文，可分为三种。

常平五铢　5 枚。M316：5，直径 2.4 厘米（图三〇，1）。M320：2，直径 2.35 厘米（图三〇，2）。M407：2，直径 2.4 厘米（图三〇，3）。

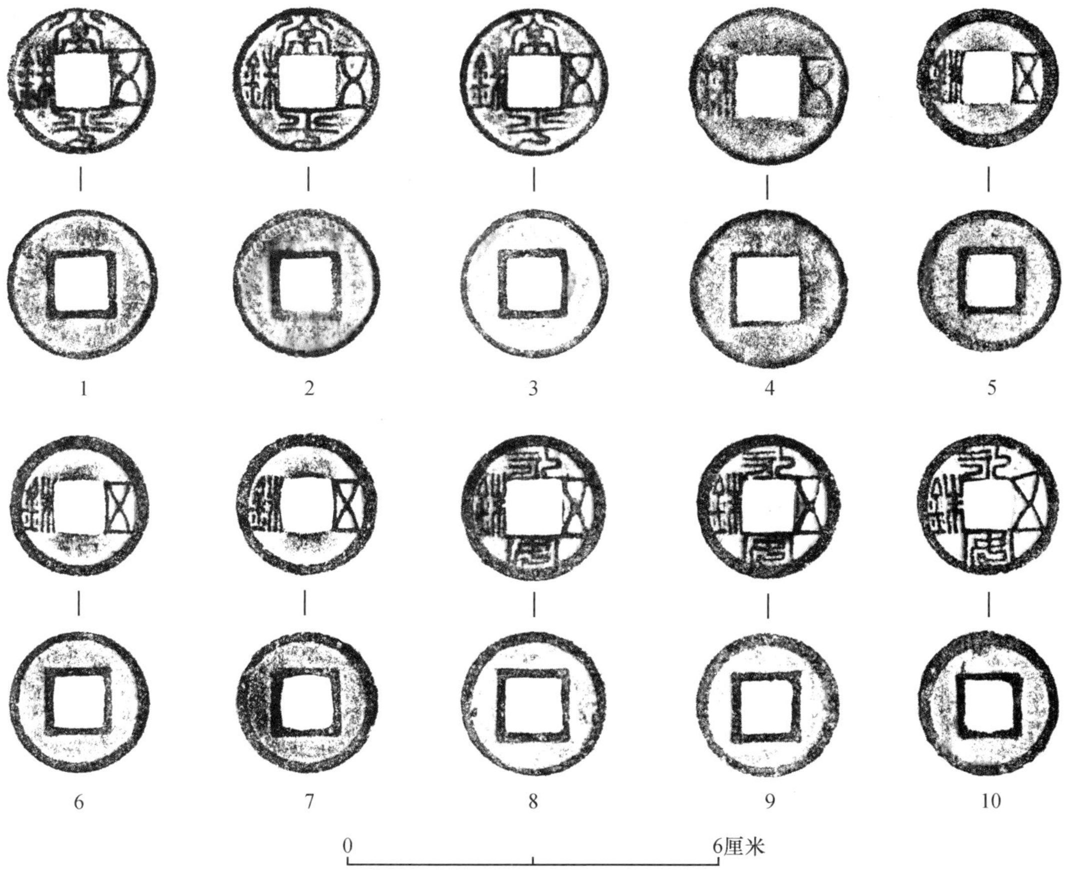

图三〇　出土铜钱

1～3. 常平五铢（M316：5、M320：2、M407：2）4. B 型五铢（M354：2）

5～7. A 型五铢（M320：5、M379：3、M408：1）8～10. 永安五铢（M316：4、M402：3、M403：3）

永安五铢　9 枚。M316：4，直径 2.35～2.4 厘米（图三〇，8）。M402：3，直径 2.3～2.4 厘米（图三〇，9）。M403：3，直径 2.3 厘米（图三〇，10）。

五铢　10 枚。根据字体不同，可分为二型。

A 型　9 枚。“五”字交笔较直，左侧与内郭相连呈“区”字状；“朱”首方折。外郭与背郭均较宽，尺寸略小。M320：5，直径 2.3 厘米（图三〇，5）。M379：3，直径 2.25 厘米（图三〇，6）。M408：1，直径 2.25～2.3 厘米（图三〇，7）。

B 型　1 枚。M354：2，“五”字交笔较弯，呈上下相对弹头状；“朱”首圆折。面无内郭，外郭略窄。直径 2.6 厘米（图三〇，4）。

（四）铁器

仅 2 件。其中 1 件铁镢残朽，形制不明。另有 1 件铁镞。M354：1，双面刃，截面略呈菱形，长铤，尾残断，截面圆形。残长 12.6 厘米（图三一，4）。

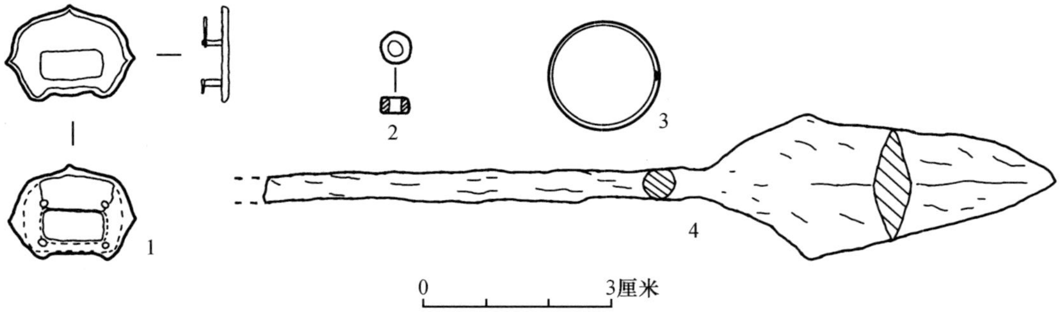

图三一　出土器物

1. 铜带銙（M323：2）　2. 石串饰（M363：3-1）　3. 银指环（M363：6-1）　4. 铁镞（M354：1）

（五）银器

指环　3 件。圆形，截面略呈半圆形。M363：6-1，直径 1.7～1.8 厘米（图三一，3）。

（六）石器

仅见石串饰一组，共 6 枚，同墓出，均较小，深蓝色，圆形，直径 0.4～0.5 厘米，中有一孔。M363：3-1，直径0.5、孔径0.2厘米（图三一，2）。

三、结 语

此墓群被盗严重，出土器物较少，但仍有一批器物为年代断定提供了可靠依据。瓷碗与曲阜宋家村北朝晚期至唐初瓷窑址[1]出土的瓷碗（部分原报告命名为杯）器形相似，M379：1与Ⅰ式瓷碗Qs：2、M354：4与Ⅱ式瓷碗Qs：11、M411：1与Ⅰ式瓷杯Qs：15等均较相近。四系瓷壶中M354：3与安徽亳县隋开皇二十年（600年）王幹墓[2]出土瓷四系瓶釉色、器形等相似，而采：02与枣庄中陈郝瓷窑址[3]出土隋至唐初Ⅱ式盘口壶（C1：19）无论器形还是工艺、釉色等均基本相同。墓中出土的永安五铢铜钱为北魏永安二年（529年）始铸，常平五铢为北齐天保四年（553年）始铸，而A型五铢钱的字体、尺寸与背郭等形制均符合开皇元年（581年）始铸的隋五铢之特征。三虎镜（M357：2）与徐州东甸子村北齐墓[4]铜镜M1：1相似，滕州柴胡店东汉晚期墓葬[5]铜镜M6：3与之基本相同。据此，可断定此墓群年代当为北朝晚期至隋代，最晚不过唐初。无随葬品的19座墓葬，其形制、葬俗等与其他墓葬相似，当与同一时期墓葬所距时间不会太远。

这批墓葬规模均较小，随葬品亦较少，墓主当为当时平民。墓葬分布紧凑有序，极少见打破现象，显系有规划布局。墓主头向多向南或向西（仅一例向东），可能为一个或数个家族墓地。此墓群附近有前台遗址、北台上遗址等，均出土了隋唐时期遗物，或即为墓主生前居处。

瓷器釉色以青色为主，仅1件为酱色釉。虽多为青瓷，但胎质灰白，不及南方青瓷胎质致密，部分釉色也青中带黄，不同于南方青绿色甚至深绿色，符合这一时期北方青釉特点。

墓群距中陈郝瓷窑址直线仅15千米左右，而距曲阜宋家村瓷窑址也只有70千米左右。因此，这批瓷器当为本地烧制。鲁南地区自汉代即盛行以石板构建墓室和椁室，这批石椁墓也应是地方特色的体现，直至明清时期，此地仍有这种以碎石块垒砌椁室的葬俗。

这一墓群的发掘为山东地区这一时段平民墓葬习俗与葬制研究提供了重要实物材料。

附记：本次发掘领队为孙波，执行领队为王龙。参加发掘人员有魏慎玉、王元平、谢运祥、魏鑫、陈涛、李强、徐明耀、魏传刚、徐宝存、张敬泽、苏学忠。人骨鉴定由山东大学文化遗产研究院赵永生完成。发掘过程中得到枣庄市文物局、滕州市博物馆和前台村委会及村民的大力支持与帮助，在此一并表示衷心感谢！

绘　图：苏昭秀　王　龙
拓　片：魏慎玉
摄　影：王　龙　魏慎玉
执　笔：王　龙　魏慎玉　赵永生

注　释

[1] 宋百川、刘凤君、杜金鹏：《曲阜宋家村古代瓷器窑址的初步调查》，《景德镇陶瓷》1984年S1期。
[2] 亳县博物馆：《安徽亳县隋墓》，《考古》1977年1期。
[3] 山东大学历史系考古专业、枣庄市博物馆：《山东枣庄中陈郝瓷窑址》，《考古学报》1989年3期。
[4] 徐州博物馆：《江苏徐州市北齐墓清理简报》，《考古学集刊》13，中国大百科全书出版社，2000年。
[5] 山东省博物馆：《山东滕县柴胡店汉墓》，《考古》1963年8期。

附表　墓葬登记表

墓号（M）	方向（°）	结构	尺寸（长×宽×深/高）/米		人骨状况	葬式	头向	出土器物/件	备注
			墓口	棺椁					
316	166	单室石椁墓	3.48×（1.7～2.04）×0.6	木棺：1.92×（0.3～0.52）×0.06；石椁：3.3×（1.16～1.76）×0.64	两具均保存较差，仅存头骨和部分肢骨残骸	仰身直肢	南	C型铜钗3、A型铜手环2、B型铜指环4、永安五铢2、常平五铢	单椁双人葬
317	184	双室石椁墓	2.8×（1.7～1.9）×1.4	木棺：不详；石椁：1.64×（1.3～1.72）×0.7	东室人骨肋骨等朽残严重，西室人骨仅存部分残肢骨	仰身直肢	南	五铢	遭破坏，椁顶无存
318	182	双室石椁墓	2.74×（1.54～1.86）×1	木棺：不详；石椁：2.53×（1.34～1.6）×0.8	西室人骨存部分肢骨和肋骨等，东室仅存少量下肢骨和头骨残骸	西室仰身直肢，东室不明	南	A型指环	遭破坏，椁顶无存
319	190	双室石椁墓	3×（1.8～2.3）×1.3	木棺：不详；石椁：2.72×（2.1～2.25）×0.14	西室人骨存部分肢骨等，东室人骨无存	西室仰身直肢，东室不明	南		遭破坏，椁顶无存
320	164	单室石椁墓	3.4×（1.8～1.9）×1.2	木棺：1.8×（0.4～0.6）×0.06；石椁：3.38×（1.26～1.76）×0.46	人骨两具。棺内人骨仅存头骨和部分下肢骨。棺外人骨保存较好	棺内仰身直肢，棺外凌乱，当为迁葬	南	瓷四系壶、瓷碗、铜镜、银指环、B型铜钗、C型铜钗2、铜簪、常平五铢、五铢3、铁镊	单椁双人葬

续表

墓号（M）	方向（°）	结构	尺寸（长×宽×深/高）/米		人骨状况	葬式	头向	出土器物/件	备注
			墓口	棺椁					
321	100	单室石椁墓	2.7×（1.16～1.32）×0.4	石椁：2.56×（1.15～1.21）	仅存少量人骨残迹	不明	东		破坏严重，仅存部分底部石板
323	150	双室石椁墓	（2.62～2.68）×（1.84～1.92）×0.9	石椁：2.54×（1.76～1.84）×0.64	东墓主肢骨、肋骨等朽蚀严重，西墓主仅存部分盆骨和下肢骨	仰身直肢	南偏东	铜带铐4、五铢2、常平五铢	破坏较严重，仅存四壁大部和中隔板，顶板无存
326	185	单室石椁墓	2.6×1.26×1	木棺：不详；石椁：2.24（残）×1.06×0.16	仅存头骨碎片和部分肢骨、盆骨、肋骨和脊椎骨等残骸	仰身直肢	南	瓷四系罐、瓷碗	椁室破坏较严重，仅存部分底部石板
327	155	双室石椁墓	3.06×（1.62～1.96）× 0.6	石椁：2.92×（1.34～1.84）×0.18	东室仅少量骨骼残骸，西室人骨不存	东室仰身直肢，西室不明	南偏东		破坏严重，仅存2或3层四壁，中以两石板隔成双室，顶板无存
328	186	双室石椁墓	2.6×（2～2.2）×1.3	石椁：仅存一室，2.5×（0.98～1.3）×0.6	不存	不明	南（根据椁室两端宽度推断）		破坏严重，仅存一室，根据两侧椁板推断原或为三室或以上，根据土色等暂定双室
354	164	三室石椁墓	3.4×（3.12～3.2）×1.2	石椁：2.51（残）×2.06×0.6	西室残存少量肢骨，中室残存头骨及部分肢骨，东室人骨无存	不明	南	瓷四系壶、瓷碗、铁箭镞、五铢	椁室破坏严重，仅存中室东壁、西壁局部和东室少量石板
357	195	土坑竖穴墓	2.8×0.8×1.8	木棺：不详	未见人骨痕迹	不明	不明	无系陶罐、三虎镜、C型铜钗	

续表

墓号（M）	方向（°）	结构	尺寸（长×宽×深/高）/米		人骨状况	葬式	头向	出土器物/件	备注
			墓口	棺椁					
363	288	双室石椁墓	3.2×（1.8～1.9）×1.2	南棺：1.7×（0.2～0.35）×0.2；北棺：1.9×（0.2～0.3）×0.2；石椁：3.12×（1.52～1.66）×0.65（残）	南室墓主残存部分盆骨和下肢骨，北室墓主头骨和部分肋骨仅存残迹，其余骨骼保存略好	仰身直肢。北墓主双臂交于腹部	西	无系陶罐、A型铜指环14、A型铜钗、B型铜钗、B型铜手环2、C型铜手环2、银指环2、石串饰6	椁顶破坏无存，西、南壁破坏严重
364	184	单室石椁墓	2.9×1.24×1	木棺：2×（0.3～0.46）×0.06；石椁：2.18（残）×（0.94～1.16）×0.54	仅存肢骨和部分肋骨残骸	仰身直肢。双手相交放于腹部	南		椁室南端遭现代取土破坏，南椁壁不存
379	160	双室石椁墓	3.4×（2～2.2）×0.9	木棺：不详；石椁：3.08×（1.9～2.06）×0.54	两具，均仅存部分肢骨残骸	不明	南	瓷碗、C型铜钗、五铢2	椁顶盖板破坏无存
401	235	单室石椁墓	3×（1.1～1.2）×1.3	木棺：1.9×（0.38～0.42）×0.12；石椁：2.76×（0.76～0.98）×0.53	部分肋骨和上肢骨腐朽严重	仰身直肢	西	陶四系罐、C型铜钗	椁顶盖板破坏无存
402	176	单室石椁墓	2.7×（0.95～1.35）×1.4	木棺：1.6×（0.3～0.4）×0.12；石椁：2.62×（0.73～1.14）×0.5	仅存头骨及部分肢骨痕迹	仰身直肢	南	C型铜钗、永安五铢3、B型铜指环3	椁顶盖板破坏无存

续表

墓号（M）	方向（°）	结构	尺寸（长×宽×深/高）/米		人骨状况	葬式	头向	出土器物/件	备注
			墓口	棺椁					
403	265	单室石椁墓	2.84×（1.12～1.2）×0.4	木棺：1.9×（0.34～0.46）×0.06 石椁：2.64×（0.92～1.08）×0.2	仅存头骨和肢骨等	仰身直肢	西	陶双系罐、陶碗、C型铜钗、永安五铢 3	椁室上部破坏，顶板无存
404	260	单室石椁墓	2.9×（1.2～1.4）×0.8	木棺：1.82×（0.26～0.46）； 石椁：2.67×（0.92～1.26）×0.4	残存头骨、盆骨和大部肢骨	仰身直肢	西	永安五铢	椁顶板破坏无存
405	177	双室石椁墓	3.3×（1.8～2.5）×1.3	东棺：1.95×（0.4～0.5）×0.12； 西棺：2×（0.4～0.5）×0.12； 石椁：3.1×（1.8～2.24）×0.46	西室残存头骨、少量肢骨和肋骨等，东室仅存部分肢骨和盆骨痕迹	均仰身直肢	南	双系壶、铜镜、B型铜钗、A型铜指环 3	椁顶板破坏无存
406	164	双室石椁墓	2.6×1.8×1.2	木棺：不详； 石椁：2.46×（1.56～1.64）×0.81	不存	不明	南	陶双系罐、陶碗、铜簪、B型铜手环 3、A型铜指环	遭扰乱
407	165	双室石椁墓	3×（2～2.18）（残）×1.4	东棺：1.9×（0.3～0.5）×0.14； 西棺：不详； 石椁：2.94×（1.2～2）（残）×5.6	东室仅未见肋骨等，西室不存	东室仰身直肢，西室不明	南	瓷碗、常平五铢	墓室西侧被一现代沟打破破坏

续表

墓号（M）	方向（°）	结构	尺寸（长×宽×深/高）/米		人骨状况	葬式	头向	出土器物/件	备注
			墓口	棺椁					
408	186	双室石椁墓	2.9×（2.2～2.5）×1.3	东棺：2×（0.35～0.45）×0.1；西棺：1.7×（0.4～0.55）×0.12；石椁：2.7×（1.82～2.3）×0.36（残）	人骨各一具，均仅存头骨残骸及部分肢骨	仰身直肢	南	C型铜钗、五铢	上部被破坏，椁顶无存
409	158	双室石椁墓	2.8×（2～2.3）×1.3	东棺：2.1×（0.38～0.61）×0.1；西棺：2.13×（0.32～0.5）×0.1；石椁：2.64×（1.84～2.14）×0.6	人骨各一具，均仅存头骨残骸及部分肢骨	仰身直肢	南		上部被破坏，椁顶无存
410	168	单室石椁墓	3×（1～1.4）×1.1	石椁：2.76×（0.64～1.24）×0.54	朽蚀	不明	南		顶板破坏无存。北椁壁挡1整块石板，其余三面存5或6层碎石板
411	168	双室石椁墓	3.5×（2.4～2.8）×1.2	石椁：3.36×（2.04～2.38）×0.6	朽蚀无存	不明	南（根据椁室南北宽度推断）	瓷碗	
412	188	双室石椁墓	3.2×（2.3～2.6）×1.5	石椁：3.14×（2～2.5）×0.64	仅西室残存部分下肢骨	直肢	南		顶板破坏无存。四壁均存6层碎石板，中竖2块整石板隔成双室

续表

墓号（M）	方向（°）	结构	尺寸（长×宽×深/高）/米		人骨状况	葬式	头向	出土器物/件	备注
			墓口	棺椁					
414	282	双室石椁墓	（1.6～2.6）（残）×（2.35～2.5）×1.3	南棺：1.5（残）×0.55×0.1；北棺：1.3（残）×0.6×0.11；石椁：2.2（残）×（2～2.12）×0.42	南墓主仅存头骨和部分上肢骨，北墓主保存部分头骨、股骨和盆骨	仰身直肢	西	C型铜钗、A型铜指环、常平五铢	破坏较严重。棺椁东部均被晚期破坏无存，其余三面存4或5层石板，中竖2块石板隔成双室。顶板无存
415	183	单室石椁墓	3.2×（1.2～1.4）×1.3	石椁：2.9×（1.05～1.24）×0.5	仅存部分下肢骨	直	南		破坏较严重，南北两椁壁无存，东西壁保存2～7层碎石板。顶板无存
416	170	单室石椁墓	2.6×1.4×1.5	石椁：2.5×（1.08～1.22）×0.5	朽蚀无存	不明	南（根据椁室两端宽度推断）	瓷四系罐、瓷碗	北椁壁及盖板破坏无存，东西各存3或4层碎石板，南端挡1块整石板
417	166	单室石椁墓	2.7～3×（1.7～2）×1.2	石椁：2.66×（1.3～1.62）×0.46	仅存头骨、肢骨、盆骨等，较凌乱	似均为迁葬	南	瓷碗、瓷三系壶、C型铜钗	单椁双人葬
418	160	双室石椁墓	3.3×（2.2～2.4）×1.4	东棺：2.06×（0.3～0.45）×0.1；西棺：1.86×（0.28～0.44）×0.1；石椁：3×（1.9～2.2）×0.57	朽蚀	不明	南（根据椁室及木棺两端宽度推断）		一次筑成，中竖三石板隔成双室。顶板破坏无存，四壁存5或6层碎石板
419	178	双室石椁墓	3×（2.1～2.3）×1.3	石椁：2.9×（1.8～2.18）×0.65	东室仅存部分下肢骨，西室朽蚀无存	东室直肢，西室不明	南		一次筑成，四壁存4～6层碎石板。中竖2块石板隔成双室。顶板破坏无存

续表

墓号（M）	方向（°）	结构	尺寸（长×宽×深/高）/米		人骨状况	葬式	头向	出土器物/件	备注
			墓口	棺椁					
420	268	单室石椁墓	2.6×（1.1～1.2）×1.2	石椁：2.1（残）×（0.8～0.98）×0.25	朽蚀无存	不明	西（根据椁室两端宽度推断）		破坏严重。仅存西、南、北三壁部分石板
421	283	单室石椁墓	3.3×（1.2～1.4）×1.3	石椁：3.08×（0.68～1.24）×0.46	朽蚀无存	不明	西（根据椁室两端宽度推断）		被M420打破一角。保存一般，顶板破坏无存，四壁存4或5层碎石板
422	155	双室石椁墓	3×（2.1～2.3）（残）×1.3	石椁：2.8×（1.12～2）（残）×0.5	朽蚀无存	不明	南偏东（根据椁室两端宽度推断）	瓷四系罐	双室当两次筑成。东室被破坏严重，仅存南壁部分石板。西室保存略好，东西壁存2～6层碎石板，南北壁竖挡整块石板。顶板无存
423	165	双室石椁墓	2.8×（2～2.4）×0.8	石椁：2.32（残）×（1.8～2）×0.5	朽蚀无存	不明	南（根据椁室两端宽度推断）		一次筑成，中以竖石板隔成双室。破坏严重，顶板和北椁壁无存，其余三壁存6层石板
424	185	单室石椁墓	3.5×（1.8～2）×1.2	石椁：3.3×（1.2～1.6）×0.27	朽蚀无存	不明	南（根据椁室两端宽度推断）		椁室破坏严重，四壁仅存2或3层石板

续表

墓号（M）	方向（°）	结构	尺寸（长×宽×深/高）/米		人骨状况	葬式	头向	出土器物/件	备注
			墓口	棺椁					
425	165	三室石椁墓	3.2×（3～3.7）×1.5	东棺：1.8×（0.5～0.6）×0.05；中棺：2.3×（0.4～0.6）×0.1；西棺：1.9×（0.4～0.5）×0.05；石椁：2.92×（2.79～3.14）×0.64	仅中室南端见部分头骨残骸	不明	南		遭破坏，东室南端与顶板无存
426	168	单室石椁墓	3.2×（1.4～1.6）×1.4	石椁：3.08×（0.82～1.3）×0.54	朽蚀无存	不明	南（根据椁室两端宽度推断）		椁顶破坏无存，四壁仅存3或4层石板
427	185	三室石椁墓	3×（2.75～3.03）×1.6	石椁：2.72×（2.3～2.7）×0.6	朽蚀无存	不明	南（根据椁室两端宽度推断）		上部破坏较严重，东室北椁壁无存，东椁壁残存底部数块碎石板
428	275	单室石椁墓	2.7×（1.3～1.6）×1.2	木棺：2×（0.4～0.6）×0.07；石椁：2.46×（1.2～1.4）×0.12	仅存少量肢骨残骸	不明	西		椁室破坏严重，仅存西、南、北三壁底部部分石板

注：尺寸单位为米，随葬品未标明数量者均为1件

滕州前台北朝至隋代墓葬人骨鉴定报告

山东大学历史文化学院
山东省文物考古研究院

前台墓地位于滕州市羊庄镇北台村，因庄里水库建设，2017年山东省文物考古研究院对其进行了发掘，清理北朝至隋代墓葬42座，受制于保存条件，仅采集人骨标本31例，现将鉴定结果报告如下。

一、性别和死亡年龄分布

性别和年龄鉴定是体质人类学研究的基础，是了解人骨标本最直接和有效的方式，不仅有助于了解古代居民的基本状况，而且是古病理学研究的重要前提。依据吴汝康等[1]、邵象清[2]、朱泓先生[3]的有关标准，对人骨性别和年龄进行了鉴定（表一）。

表一　人骨性别年龄鉴定表

墓号	性别	年龄/岁	年龄分期
M316（西）	女	35～40	中年期
M317（西）	无法鉴定	成年个体	—
M317（东）	男	45～50	中年期
M318（西）	女	25～30	壮年期
M318（东）	男	35～45	中年期
M320（东）	女	30～35	壮年期
M320（西）	无法鉴定	30～35	壮年期
M323（西）	女	20±2	青年期
M326	男	成年个体	—

续表

墓号	性别	年龄 / 岁	年龄分期
M327（东）	男	35～45	中年期
M354（东）	无法鉴定	成年个体	—
M354（西）	无法鉴定	成年个体	—
M363（北）	无法鉴定	35～40	中年期
M363（南）	无法鉴定	成年个体	—
M364	无法鉴定	成年个体	—
M379（东）	无法鉴定	35～45	中年期
M379（西）	无法鉴定	成年个体	—
M401	女	20～22	青年期
M403	女	20～25	青年期
M404	男	20±2	青年期
M405（东）	女	40～50	中年期
M405（西）	无法鉴定	成年个体	—
M407（东）	男	成年个体	—
M408（东）	无法鉴定	成年个体	—
M408（西）	无法鉴定	无法鉴定	—
M409（西）	女	25～30	壮年期
M409（东）	男	40～50	中年期
M414（北）	无法鉴定	30～35	壮年期
M414（南）	无法鉴定	成年个体	—
M417（东）	无法鉴定	成年个体	—
M417（西）	女	30～35	壮年期

由表一可以看出，在31例人骨标本中，性别不明确者15例，16例个体具有明确性别特征（男性标本7例，女性标本9例），鉴定率为51%。依据目前较为普遍使用的性别结构统计方法，即以女性人口数为基数，计算每百名女性中的男性所占比例（男女性别比＝男性个体总数 / 女性个体总数 ×100%），可得男女性别比值约为0.77∶1，女性略多于男性。

年龄明确者18例，具体年龄不详者13例，鉴定率为58%。《体质人类学》对年龄划分标准是将居民的死亡年龄分为未成年期（0～14岁）、青年期（15～23岁）、壮年期（24～35岁）、中年期（36～55岁）和老年期（56岁以上）几个阶段[4]。在人骨材料中，未见未成年个体和老年个体（表二）。

表二 居民死亡年龄分布统计

年龄阶段	男性（%）	女性（%）	性别不明（%）	合计（%）
青年期（15～23）	1（20）	3（33.3）	0（0）	4（22.2）
壮年期（24～35）	0（0）	4（44.4）	2（50）	6（33.3）
中年期（36～55）	4（80）	2（22.2）	2（50）	8（44.4）
合计	5（100）	9（100）	4（100）	18（100）
成年（年龄不详）	2	0	10	12
无法判定（年龄不详）	0	0	1	1
合计	7	9	15	31

墓地居民的死亡年龄段主要集中于中年期，但男女两性在各年龄段的死亡比例是不平衡的（图一）。在青年期和壮年期，女性死亡率高于男性；而到中年期，男性死亡率迅速增长并超过女性。从平均死亡年龄判断，北朝至隋代居民中男性的死亡高峰集中于中年期，而女性的死亡高峰则集中于青年期和壮年期。对于两性死亡高峰出现差异，笔者认为有以下两个原因：第一，可能是因为鉴定的个体数量较少，两性各年龄段死亡率与实际有一定的差距；第二，作为承担生育责任的青壮年女性，分娩时的死亡风险决定了年轻成年女性比同龄的男性死亡率要高。这种生殖死亡不仅指分娩时的风险，而且在整个孕期都存在死亡风险，而分娩时并发症和过于频繁的怀孕都会在很大程度上影响女性的死亡率[5]。另外，北朝社会婚姻生活中早婚情况普遍[6]，北方一般百姓结婚年龄为男十五六岁，女十三四岁[7]。意味着女性从青年期开始就进入生育阶段，自身仍处于发育期。加之卫生状况和营养状况极差，分娩时缺少医护条件，难产或产后感染情况比较严重[8]，继而提高了处于育龄期的青壮年女性孕期死亡风险。

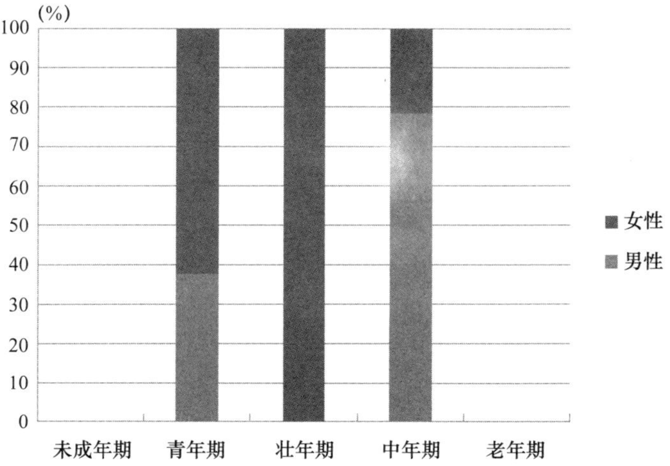

图一 男女两性各年龄段死亡率分布图

二、古病理学观察研究

“古病理学是一门研究疾病在较长时间内的演变和发展过程及人类对周围环境变化的适应性的学科。”[9]对古代人类遗骸进行病理确认和分析是体质人类学研究的一项重要内容，为探究古代居民的疾病状况、生存方式、健康状况、社会习俗等相关内容提供研究线索。囿于人骨保存情况，笔者将阐释龋病和营养及代谢性疾病，并试析造成病理现象的原因。

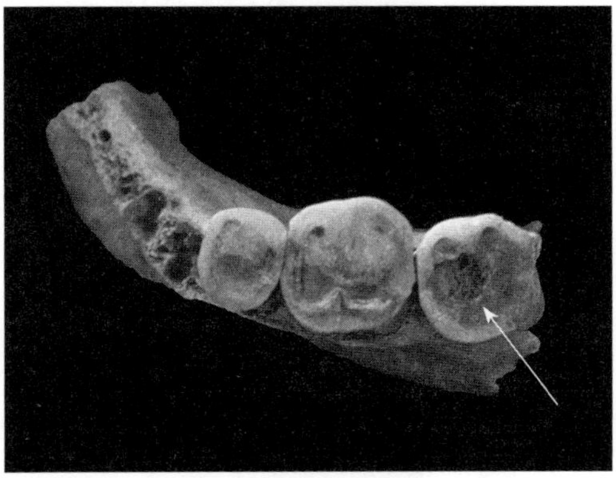

图二　龋齿

（一）龋病

龋病（图二）是人类历史上极为古老的常见病之一，是在以细菌为主的多种因素影响下，牙体硬组织发生慢性进行性破坏的一种疾病。龋病对牙体硬组织的病理改变涉及牙釉质、牙本质和牙骨质，伴随无机成分脱矿、有机成分破坏分解的不断进行，牙釉质和牙本质疏松软化，最终导致牙体缺损，形成龋洞，龋洞一旦形成，便无法进行自身修复。当前公认的龋病的致病因素主要有四种：微生物、宿主、食物和时间。其中人类的饮食又被认为是影响龋病发病的重要因素。研究资料表明，随着人类社会经济的发展，人类食物摄入量的增加，尤其是农业经济扩张后，蔗糖和其他碳水化合物摄入量的增加更易于致龋菌的滋生。因此，对古代人群患龋情况的研究，有助于揭示古人类的食物类型、饮食习惯及生存条件等[10]。

本次鉴定采用保存牙齿的20例成年个体，145枚恒齿，其中男性个体6例，44枚牙齿，女性个体7例，66枚牙齿，性别不明者7例，35枚牙齿。龋病诊断标准按照龋病在牙齿发生部位的不同分为k面龋（包括窝沟龋）、近中邻面龋、远中邻面龋、颊（唇）面龋和舌面龋。龋病的罹患率主要使用个体罹患率和牙齿罹患率进行描述。文中涉及的统计学处理采用的是两样本率比较的四格表X^2检验。

对保存牙齿的个体参照《安阳辉县殷代人牙的研究报告》[11]中的标准进行分组，共分为3组：20岁以下划分为青年组，21～39岁划分为中年组，40岁以上划分为老年组，并区分个体的性别，其中4例成年个体由于无法判断具体年龄而不归入以上分组，其余16例个体具体年龄性别分布见表三，患龋率统计见表四。

表三　牙齿标本所属个体的年龄性别分布情况

性别	青年组（%）	中年组（%）	老年组（%）	合计（%）
男性	0（100.00）	3（21.43）	2（100.00）	5（31.25）
女性	0（100.00）	7（50.00）	0（100.00）	7（43.75）
性别不明	0（100.00）	4（28.57）	0（100.00）	4（25.00）
合计	0（100.00）	14（100.00）	2（100.00）	16（100.00）

表四　居民性别组患龋率统计情况

性别	样本数 / 例	患龋数 / 例	个体患龋率	牙齿数 / 枚	患牙数 / 枚	牙齿患龋率
男性	6	4	66.67%	44	6	13.64%
女性	7	4	57.14%	66	5	7.58%
性别不明	7	2	28.57%	35	2	5.71%
合计	20	10	50.00%	145	13	8.97%

居民中出现龋病的个体共 10 例，其中男性 4 例，女性 4 例，性别不明者 2 例。个体患龋率为 50.00%，男性个体患龋率为 66.67%，女性个体患龋率为 57.14%，性别不明者中 2 例个体出现龋病，个体患龋率为 28.57%。145 枚恒齿中出现 13 枚龋齿（上颌 5 枚，下颌 8 枚），龋均 DMFT 为 1.30（13/10）。牙齿患龋率为 8.97%，男性牙齿患龋率为 13.64%，女性牙齿患龋率为 7.58%，男性明显高于女性。通过四格表 X^2 检验 $P>0.05$，不具备明显的统计学差异。

对能够准确判断年龄的 16 例个体，从年龄分组对患龋率进行探讨，将龋病在年龄分组的分布情况列于表五。可见老年组无论是从个体患龋率（100.00%）还是牙齿患龋率（28.57%）均为最高，由此看出，患龋率随年龄增长而升高。通过四格表 X^2 检验，发现 $0.01<P<0.05$，说明患龋率在不同年龄段间具有显著的差异。

表五　居民不同年龄患龋率统计情况

分组 / 年龄	样本数 / 例	患龋数 / 例	个体患龋率	牙齿数 / 枚	患牙数 / 枚	牙齿患龋率
青年组	0	0	0	0	0	0
中年组	14	7	50.00%	115	8	6.96%
老年组	2	2	100.00%	14	4	28.57%
合计	16	9	56.25%	129	12	9.30%

在 12 枚患龋牙齿上观察到 14 处龋病（如有牙齿多面均有龋，则被重复计数），按龋病的发生位置，可以分为合牙面龋、近中面龋、远中面龋和颊面龋（未发现舌面龋）。参照《牙体牙髓病学》[12] 中对龋病的分级标准，可以将龋坏程度分为浅龋、中龋、深龋和残存齿根四种。需要特别说明，残存齿根龋齿由于仅保留齿根，无法判断

龋病最初发生位置，为方便统计和数据分析，把残存齿根龋齿统一归为合牙面龋。详细龋病位置和龋坏程度见表六。

表六　居民龋病位置和龋坏程度统计情况

龋病位置 / 龋坏程度	合牙面龋	近中面龋	远中面龋	颊面龋	合计	程度比率
浅龋	2	0	0	1	3	21.43%
中龋	2	0	2	1	5	35.71%
深龋	2	2	0	0	4	28.57%
残存齿根	2	0	0	0	2	14.29%
合计	8	2	2	2	14	100.00%
位置比率	57.14%	14.29%	14.29%	14.29%	100.00%	—

可见，龋病发生部位以合牙面龋最多，颊面龋、近中面龋、远中面龋次之。若将近、远中面统一为邻面，则以合牙面龋发生最多，达 8 处，占 57.14%，邻面龋次之，达 4 处，占 28.57%，颊面龋发生最少，有 2 处，占 14.29%。龋坏程度以中龋的发生率最高，占 35.71%，其次为深龋，占 28.57%，浅龋次之，占 21.43%，残存齿根的发生率仅占 14.29%。

不同牙位同名牙齿与龋齿罹患率关系探讨详见表七。其龋齿上下颌分布，上颌龋齿数（5 枚）占上颌总牙数（57 枚）的 8.77%，下颌龋齿数（8 枚）占下颌总牙数（88 枚）的 9.09%，可见下颌牙齿总体的龋齿发病率略高于上颌牙齿。从上下颌同名牙齿整体患龋率分析，由高到低依次为 M3＞P2＞P1＞M2＝I1＞M1＞I2＝C，与现代人以第一磨牙患龋率最高统计结果存在差异[13]，但整体上后牙仍较前牙有着较高患龋率。

表七　不同牙位同名牙齿与龋齿罹患率统计情况

牙位	I1	I2	C	P1	P2	M1	M2	M3	合计
上颌牙齿数	8	5	3	11	7	9	7	7	57
上颌患牙数	0	0	0	2	1	1	0	1	5
罹患比例	0	0	0	18.18%	14.29%	11.11%	0.00%	11.11%	8.77%
下颌牙齿数	5	3	7	9	12	21	19	12	88
下颌患牙数	1	0	0	0	1	1	2	3	8
罹患比例	20.00%	0	0	0	8.33%	4.76%	10.53%	25.00%	9.09%
整体患龋率	7.69%	0	0	10.00%	10.53%	6.67%	7.69%	21.05%	8.97%

何嘉宁认为，人类生产生活通过饮食对一个人群龋病发病情况的影响较之一个考古学意义上的文化的影响更为直接。在其对中国北方古代不同人群患龋率的研究中，将古代经济文化性质分为 4 种类型：较原始的农业文化、相对较发达的农业文化、以

游牧为主的文化和农牧兼营的文化，并通过对比国内古代居民的龋齿率统计数据分析指出，相对较发达的农业文化的人群，其龋齿率较高，变化范围是4.3%～14.8%，平均值约为9.2%[14]。

为进一步了解古代居民龋病与社会经济类型的关系，选择山东地区不同时期的各组居民对其个体患龋率和牙齿患龋率进行对比，详细情况见表八。其中，除北阡组[15]和济宁汉代组[16]外，其余各组数据均引自《山东地区古代居民牙齿情况的初步分析》[17]。

表八　山东地区不同时期古代居民个体患龋率和牙齿患龋率之比较

组别	时代	个体患龋率	牙齿患龋率
北阡组	大汶口早期	—	2.39%
傅家组	大汶口中晚期	13.08%	2.36%
五村组	大汶口中晚期	14.29%	4.26%
丁公组	龙山时期	19.35%	1.29%
周家庄组	东周	56.82%	8.89%
济宁汉代组	汉代	—	10.50%
滕州前台墓地北朝至隋代组	北朝至隋	50.00%	8.97%
十村宋元组	宋元	60.87%	9.58%
十村清代组	清代	75.00%	12.00%

为便于直观了解患龋率与以上各组人群之间的关系，根据表八绘制了不同时期人群龋齿罹患情况图（图三）。可以发现，此墓地居民牙齿患龋率与个体患龋率处于周家庄组和十村宋元组之间，更为接近周家庄组，从经济类型上看，应为相对较发达的农

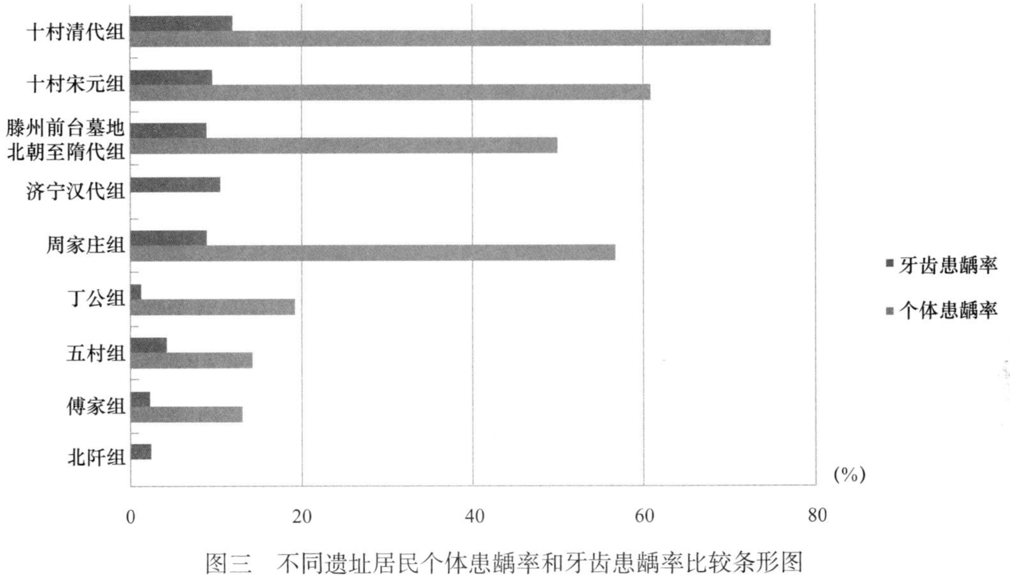

图三　不同遗址居民个体患龋率和牙齿患龋率比较条形图

业类型。周家庄遗址处于旱作农业区，人骨碳氮稳定同位素研究发现，周家庄东周居民饮食中以粟与黍为主，麦与稻为辅，肉类占一定的比例[18]，前台墓地北朝至隋代居民可能有与其相似的饮食结构。

（二）营养及代谢性疾病

人体在生长过程中如果遇到营养匮乏等成长受阻条件，通常会在骨骼上留下痕迹，如婴儿断奶，由于蛋白质摄入量的骤降，可能会在肢骨上留下哈维斯线这样的生存压力指示物。在前台墓地居民中，观察到牙釉质发育不全和贫血两个病理现象。

牙釉质发育不全（图四）是一种生长发育缺陷，牙釉质在形成过程中，因造釉细胞分泌代谢紊乱，导致牙釉质的基质形成障碍或基质形成正常但钙化受到影响[19]。牙釉质发育不全的原因可能是多方面的，遗传因素、局部创伤、营养不良或新陈代谢压力、儿童时期罹患一些特殊疾病等都会对牙釉质发育造成影响，学者普遍认为，儿童时期的营养状况是影响牙釉质发育的主要因素。因此，牙釉质发育不全常被认为是一种非特异性的“生存压力指标”，主要表现为牙釉质表面呈线状、沟状凹陷，最常见于门齿和犬齿的颊侧面[20]。本次对人骨的鉴定中发现存在牙齿釉质发育不全现象的个体3例，个体出现率为23.08%。

贫血是一种血红蛋白浓度减少或者血红细胞数量低于正常值所引起的疾病，慢性的、严重的、持续性贫血，会在顶骨、枕骨等处形成海绵样变的痕迹，一般称之为多孔性骨肥厚（图五）。一般认为，多孔性骨肥厚现象与缺铁性贫血有密切关系。缺铁性贫血多是由饮食结构引起的[21]。有学者认为，以农业经济为主导的人群的饮食结构中肉类比重较低而谷物类比重较高，致使他们一方面减少了对肉类中血红素铁的获得，另一方面

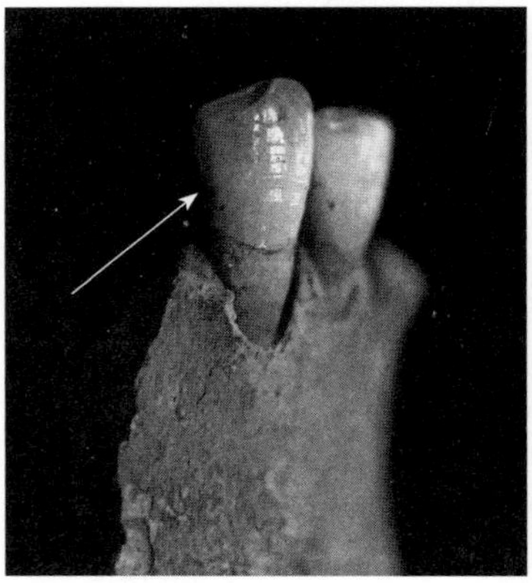

图四　牙釉质发育不全

图五　多孔性骨肥厚

又因谷物中含有较多的肌醇六磷酸抑制了对铁的吸收，从而增加了罹患缺铁性贫血的风险[22]。此外，如感染性疾病、寄生虫、疟疾、腹泻及创伤等都可以导致贫血[23]。

在31例成年个体中，出现多孔性骨肥厚现象的个体为6例（表九），患病个体占总观察人数的19%（6/31）。男性患病个体1例，女性患病个体1例，无法确定性别个体4例。在患病个体中，年龄集中分布于青年期和壮年期，低于此次鉴定中前台遗址死亡率最高的中年期。由此推断，贫血对人类健康产生一定影响，从而导致寿命缩短。在6例个体中，均未发现明显创伤，因此创伤可能不是造成贫血的主要原因。墓葬资料显示，上述6例个体均具有一定数量的随葬品，可以断定，这些个体罹患贫血的原因可能与贫穷无关。可以认为，前台遗址中，多孔性骨肥厚的出现并非由贫富差异造成，对寿命有一定影响。多孔性骨肥厚可能与饮食结构相关，如摄入的谷物比重高，缺乏稳定的肉类食物来源。

表九　多孔性骨肥厚统计情况

墓号	性别	年龄/岁
M320（西）	无法鉴定	30～35
M326	男	成年个体
M354（东）	无法鉴定	成年个体
M379（东）	无法鉴定	成年个体
M401	女	20～22
M414（北）	无法鉴定	30～35

三、结　论

通过上述分析，我们对前台遗址北朝至隋代古代居民人口状况有以下认识：

从性别来看，女性居民略多于男性居民。从死亡年龄来看，前台居民男女两性在各年龄段死亡比例是不平衡的，男性居民死亡年龄集中于中年期，女性居民可能受生育影响，死亡年龄集中于青年期和壮年期。

龋病的罹患率与性别之间未见明显差异，牙病罹患率与年龄间存在紧密联系，在不同年龄组间均存在显著差异，且这种关系为正相关，即随着年龄增长，牙病的罹患率也在增加。

前台墓地北朝至隋代居民存在牙釉质发育不全和多孔性骨肥厚现象，可能与其生存压力及饮食结构有关。

执　笔：牛月明　申亚凡　赵永生

注 释

［1］吴汝康、吴新智、张振标：《人体测量方法》，科学出版社，1984年。

［2］邵象清：《人体测量手册》，上海辞书出版社，1985年。

［3］朱泓：《体质人类学》，高等教育出版社，2004年。

［4］同［3］。原文中的划分标准为婴儿期（0～2岁）、幼儿期（3～6岁）、少年期（7～14岁），由于此次鉴定未发现这三个时期的个体，故将其合并为未成年期。

［5］夏洛特·罗伯茨、基思·曼彻斯特著，张桦译：《疾病考古学》，山东画报出版社，2010年。

［6］廖健琪：《北朝社会婚姻状况刍议》，《史学月刊》1998年2期。

［7］梁满仓：《论魏晋南北朝的早婚》，《历史教学问题》1990年2期。

［8］Genoves S. Estimation of Age Mortality. In: Archaeology. edited by Don Brothwell and Eric Higgs. London: Thames and Hudson, 1969.

［9］同［5］。

［10］樊明文：《牙体牙髓病学》，人民卫生出版社，2000年。

［11］毛燮均、颜訚：《安阳辉县殷代人牙的研究报告》，《古脊椎动物与古人类》1959年2期。

［12］同［10］。

［13］同［10］。

［14］何嘉宁：《中国北方古代人群龋病及与经济类型的关系》，《人类学学报》2004年增刊。

［15］岡崎健治、栾丰实：《山东省即墨市北阡遗址出土大汶口文化时期人骨之口腔病理研究》，《东方考古》（第10集），科学出版社，2013年。

［16］朱泓：《山东济宁潘庙汉代墓葬人骨研究》，《人类学学报》1990年3期。

［17］张馨月：《山东地区古代居民牙齿情况的初步分析》，山东大学硕士学位论文，2016年。

［18］张雪莲、刘延常：《人骨碳氮稳定同位素分析》，《新泰周家庄东周墓地》，文物出版社，2014年。

［19］王翠斌、赵凌霞：《禄丰古猿带状牙釉质发育不全的再观察》，《人类学学报》2015年4期。

［20］同［5］。

［21］张君：《从筛状眶和多孔性骨肥厚考察中国古代人骨上的贫血现象》，《考古》2009年10期。

［22］同［5］。

［23］同［21］。

诸城龙兴寺遗址出土唐代《卢舍那放光碑》

诸城市博物馆

1979年9月22日，山东诸城市五金公司在院内建设施工过程中发现了一通唐代《卢舍那放光碑》，同时出土了一尊圆雕石佛头像。石碑和石佛头像出土于一个近圆形的土坑内，土坑直径4.5～5、残深1.1～1.3米，坑壁为斜坡状，坑内填土呈黑灰色，质地松软，含有较多明清时期的砖瓦残片。土坑周围土层呈灰黄色，质地坚硬，内有少量汉代至南北朝时期的灰陶瓦碎片。出土时，石碑正面朝下，东西向平放。石碑的下方是用小石块铺成的一个平台，小石块多为长方形或正方形，体积大小不等，厚度在0.2～0.25米，顶面凿平，石块与石块之间用白灰填缝。平台的面积略大于石碑，石碑与平台之间垫有10厘米厚的细砂层，用以保护碑面的刻文。石碑北侧1.5米处放置一尊圆雕石佛头像，为东西向平放，面部朝下，头像下面铺有一层厚约0.3米的夹细砂黄土，黄土下为坑底，土质坚硬，呈灰黄色，内有少量汉代至南北朝时期的灰陶瓦碎片，与土坑周围地层同属一层。

一、《卢舍那放光碑》

碑为石灰岩质，通高285、宽1.03、厚0.33厘米，碑首为螭首，首侧对称刊盘曲螭龙各两条。正面上部两螭龙爪捧托火焰宝珠。碑额为圭形，上减地平雕篆题“卢舍那放光碑”，2行，每行3字。碑身四面刊文，文为行楷书，间有楷书，正面刊文24行，满行42字，共计976字。碑身下端有一个用以插于基座固定碑身的楔形方榫，基座缺失（图一）。为叙述方便，录碑文于其后，“/”表示另行，“□”表示原字已残泐。凡碑别字和繁体字均改为简化字。

图一　碑正面照片

（一）正面碑文

正面碑文录文如下（图二）。

大唐密州龙兴寺卢舍那丈八圣像放光碑铭并序 /

太中大夫使持节都督洪州诸军事守洪州刺史上柱国京兆韦同书并额 /

前诸城县尉陈郡殷履冰撰 /

夫太虚寥廓其致也资肸蠁以垂兆大化杳冥其应□焯处现以恢业至必见象物而则□亦幽谷之无私喻洪钟 / 虚受故得十四难色照士按台八千廿界烂分国土炳兹□相契彼至诚唯 / 我丈八大雄扵廓昭被自冥征洞壑踊化报身□现霊㒩议□弘益威神慧力得□曾有 / 国家道穆法王声雄梵帝夷宁鼿卼渗漉大和□□涵天地之功锡祉并神灵之液顶其精作瑞霜毳□迥谋献□□ / 阙下旷日未羁郡守京兆韦公讳同深严谛信亲□恳祈乃翌日获于近郊□志怡然宛□驯狎圣谟所致斯谓明征 / 能事卒然举而广劫寺大德释灵运释楚珪盖法□之龙象也自前年夏五月有 / 制考兹珠界从署龙兴法师因而相与谋缮崇庞□革振其将圮□丹艧以飞故创彼阙如趠□楯而赫明□变霊境 / 有如玄成观者愕眙骇其惕息皆二法师之力焉既而迴仰圣荣宫襟默致冰心以为虽法身不坏亘尘劫以圓寂而色 / 相微冢以津梁之倦苦因购哲匠披蓥眸如粤兹壬申岁孟陬而肇奋庸迨四月癸酉朔□□□□将起光明翕集庄 / 剧郡守具严斋戒悊护寮属稳其盍簪趋以瞻仰□□升拜四匝香花宛风雨之□冥也慧□□如□光照曜忽日月 / 之披朗焉湏臾圣容发大豪相腌彼虹影□如金色观者□虢相望骏奔矣荡漾□摇写□天之涵□水晶荧霍□□□ / 云之烁惊电自辰逹未不之湮灭翕赫熠煌熿晃曈昽□叹之声吝动轩槛斯为异矣莫之大哉□□面门而纵上 / 或如珂月以成灵台种种耿光晔兹纷会议者皆以感郡守韦公而致焉于是上自孟候下逮厮□□于好施□积如 / 陵亦郡守权舆人化公矣先是未开豪相也郡有牝度丧殆以鐾一照神光阖清儵瘀是月丙戌光又荐兴宛其如初 / 咸亦觏止夫勋载王府犹懿铭况□奥真筌奚徽表石朝散大夫守别驾彭城刘公曰思虔朝议朗行司马清河张 / 公曰令绪人伦龟玉列郡纪纲翰飞高冥风采玄□录事参军李崇礼司仓参军范怀祚司□参军奇司□参军夏 / 候仁瑛司法参军刘辅元参军常行贞王凤祥桓颜博士诸葛琮刘绚诸城县令张令仪丞孙良玉主薄尔朱兹尉张 / 俨孔季子莒县尉严适之等并才以地华政以公举仰重云而刷翮契三明以洗心永惟玉豪惧泯□地俾旌藁札 / 绵芬城冰也不才敢阙祗命铭曰 / 大綍忽恍兮秘玄关神

图二　正面碑文拓片

光爙朗兮焯人寰珂月壁日兮烂金山恭正真兮潜□□廓霊变兮森奥寂茂祉□□兮以照/涤彼亦趣兮隘轮回我五光兮纷己□苦□群幽兮划洞开猗列岳兮首檀那景高山兮□恒河声颂光列兮水闻娑/开元廿年岁次壬申朔一日壬申建。济南伏□刻

（二）背面碑文

背面碑文录文如下（图三）。

宣德郎守安丘县令张抱朴　上座僧佛海　/儒林郎行主薄魏少简　/僧普齐　僧平等　僧灵□　/□□□行莒县丞南宫浚　/僧玚　僧佛藏　僧知玄　/朝议郎行主薄萧叒　/□□际　僧寂观　僧□□　/尉薛希峤　/僧圆果僧灵远　僧□　/儒林郎守高密县董承休　/僧升玄　僧唯识　僧楚珪　/宣德郎行县丞王抱仙　/僧□□　僧道融　僧道凝　/文林郎行主薄蒋纲　/僧崇宪　僧崇贞　僧明照　/登仕郎行尉温思贞　/承务郎行尉张加贞　/

大唐密州龙兴寺圣像□□□□□沙门灵运书/

前刺史除洪州都督京兆韦公遗爱颂并序/

前诸城县尉殷履冰撰/

易曰先王以建万国亲诸侯故唐尧□□克明□□□稽古钦才惟时所以士/章锡候下命作□允□帝采賫□□功允□康□率□兹□道今密人熙宁实□/赖抡我韦公矣公讳同字□□代为着族克济阙美椒聊蕃衍畔懿联/荣葛藟弥绵纷华迭映公即□族之出也自□通籍惟帝简心有人地焉有/礼乐焉纵鱼之□沛乎飞□□□可用正位凝命□侯于鲁□昔□止汔可小休/我仓既盈我□维亿请□□而论矣若乃来咏何慕廉范之迁□蜀也乐不□/支张堪之临幽蓟也飞蝗輙死赵喜之在平原也□鹿□驯郑弘□守临淮也/岁凤来仪秦彭之镇颍川也慈乌返哺张霸之训会稽也讼有昔髡韩延之/牧冯翊也邑人敛手□含之抚吴郡也蔬食不□乔卿之典巨鹿也下车礼贤/顾邵□拜豫章也至于请□甘雨束晢□□济河投印朱穆为伯今之视昔/之□□公皆一贯高步群哲既而郭贺露冕甫□□□恩玉浚梦刀遽闻迁郡/□岁乃下制曰与我共理时惟良牧必杖群英以□蒸庶太中大夫使持节密/州诸军事守密州刺史上柱国韦同等才称闲练识究精微允迪嘉谋深达政/要升于台阁着弥纶之美□于官守懋弘盖□方必能□树□明□宣条/察中外递用慎择攸归□昌九牧之俗俾成一爱之□遂擢公镇于豫章也/据会都之□统联□之雄□着尤绩咼□□□密人于是聚族而赍咨□□/我不乐公之迁焉皇上之不念不□□□□府君

图三　背面碑文拓片

之远矣无大无小/至或失声若婴儿之去慈母也夫仲山居齐□□□□□申□于谢忽□/御之者番曾未浃辰轻赍遽沓珠还合溟浦□□剑合酆城复冲南斗/皂盖熊□锦衣狐裘孔修且张利有攸德□□□之美选将伫过江徐孺子/之深明且闻选揭借寇珣以无及屈季布□□□悦言念君子甘心首疾顷夏四/月庚辰灵境圣像神光有烛时而表石亦纪公政公美不自代□畏人知/因翰墨之亲题削声尘之所载呜谦酌损退藏于密今惠彼南国□兹东蒙/想增碑而堕泪捧悬床而泣泣郡别乘彭城刘公题舆清河张公乃相与逊/听舆人婉□遗爱事多典故服之无斁怀佩切□故以□□□之不足拎是/咏歌之以发言言以彰德思用勒拎声颂爰见俾拎□□□童观□茫敢阙祇今/

颂曰/辉四□兮炳五瑞钦帝俞兮僭雄毅尊其视兮正其位□人利兮而此利无/不腆兮盍光懿足生牦兮心则义勿遐遗兮恩命洎殁蔽□兮咏/甘棠转旌节兮按云乡君去我兮己回翔我思君兮不可志难住从之难/无梁侧身望兮涕沾裳□敬追瑑兮按烈光/开元廿年七月十五日题/省事陪戎副尉高知言/诸城县录事董怀恭□神（下缺）道□/

陪戎副尉陈楚珪　臧知古　李知古博士　王贞助教　孟楚金仓督/武骑尉逄守业　臧知礼　账史李守一/武骑尉蔡延寿　张武宁　菀承嘉　殷□□/郑钦列　□承明　纪承祯　皇甫宜孙　□逄□/魏楚宾　孙李生　□珪玉　魏名裕　张生/于垂玉　张义琛　杨□嗣　刘抱麟　苗虬/毕奉壁　乔□雄　董知玄　李克勤　皇甫楚金/魏待聪　陈择侣　傅秀政　皇甫陈生　祖仁敬/于元臣　宗怀宾　艾嘉祥　逄知古　李难可/程布道　李□祚　谢高望　刘玄爽　戴冲学/韩楚珪　艾承恩　毛少恭　董知恩　苑张生/双嘉献　艾玄知　□守一　董知微　臧子昂/石克明　石山海　孟思明　臧知恩　聊知非/石仙舟　程干恪　石瞿昙　张武贞　王□朗/孙思敏　王文道　史仁钦/前录事　任建达　张荣嗣　乘密客　艾嘉□/陪戎校尉淳于敬本　□武谦　戴季生　杨孤生/张□敬　张仁鋆　□玄□　郭肆郎　张宗嗣/陪戎副尉赵思明　菀□疑　李思斌　韦拒张　张奉知/璩奉□　□□□　彭洪顺　乘干环　□□□/陪戎校尉孟元苘　彭洪泰　徐二郎　刘珣/助教郭脊疑　彭洪暕　张守□　邢承礼　于尚□/张新业　成野冲　于嘉壁　孙思庄　璩敬孙/玄嘉征　璩奉知　管承其　璩子龙　革刘□/艾嘉袭　赵思玄　张新珪　杨守业　王思贤/赵刘生　璩惠宾　窦道昌　毛二郎　王敬宗/高怀志　管思贞　张思训　车思明　康守忠/张仁亮　任处斌　孔元节　韩思忠　□□璋//掌□封　□思□　高□□　皇仪凤　□□□/□□今　张敬芝　纪待□　康思恭/□□□　郭果妻纪　伏贞　李知业　张刘生　□守节/郭□恭男□逸　展行忠　谢怀

瑾　谢名子 斫处智/□□男知古□贞妻梁六娘　董知运　李琼休　张守忠/苏令珣　高密县录事孟良翼/　张知仁　刘承宪　宋仁　张李生　□玄知/李安昌　□□　羊希清　陈择□　王希默　孙智达　罗温故　成知古　张守忠/　梁子路　乔如山　□待价　王崇暕　斫思宁　赵秀实　宋思京　刘达/　臧今璆　张楚剑　王思贞　贾如珪/　任元瑱　孟良翼　王待封　王名珪/　李□超　孟□□　□承恩　董如珪/　程怀□　陈择友　王怀让　王从训/　任知道　国宣风　张楚琼　刘玄识/　孟□瑜　灰知慎　韩元凯/　李知温　王嘉勖　薛野禄　□知新/臧知敬　羊知古　王希峤　张楚珍/　王知悌　杨干福　董玉生　李元玚/　崔思暕　王友谅　陈光俗　董如瑾/王嘉隐 孙□希　时仁念　韩楚琼/　罗小桃　王仁范　葛守廉　李处贤/　杨如悔　王名器　李重光　乔如江/彭思廉　贾仲宣　王玄嗣　徐敬玄/张知让　徐楚俊　王敬宝　国思瞻/张武晟　卢玄爽　卢名隐　王寄生/　李承赞　方知今　沙名褒　逄楚珪/逄崇俊　孟子晖　国恩归　其思顺　高密县帐（长）史□思敬　灰万顷/　宗仙　王承勋　逄洪道　徐玄冬　市令张元辉　王思贞 刘玉/　张待□　林玄恪　灰思温　孙元归　成思光　尹崇璧　王□□/　单馀生　李崇贤　魏玄嗣　刘嘉绩　孟璆　朱从均□铣□/孙怀㫖　董□□　麻知微　张思臣　孟晖　贾如林　纪玄迹/魏楚秀　□□□　王吴远　刘嘉延/樊□□　孙承志 葛璇 刘□/邢待□　王如□张知仁　逄元玚/赵茂□　□智□　□□□　刘垂□/李承宗　林玄恪方于□　□□□/孙思㫖　助教王希范　郭□　王宣/　王思测　市令赵承谨　博士李怀恩/

（三）左侧面碑文

左侧面碑文录文如下（图四）。

莒县录事崔□　陪戎副尉高知今　博士张孝　助教乔□/
刘文轨　徐公子　闾仕由　刘崇□　王休祥　闾守郎　娄郑生/
卢士良　徐二郎　王承恩　卢敬友　臧思谨　王崇斌　王崇仙/
庄仁方　卢敬宾　张待进　徐玄钦　刘修业　孙怀敬　朱刘生/
□德冲　徐普超　宋思猷　厉定业　王守贤　董弘敬　公乘全□/
朱鸣鹤　卢承嗣　徐太平　王仁静　苗守宾　颜八儿　王处忠/
徐定乡　卢崇彦　卢崇珣　庄元品　刘元瓘　邹敬直　卢敬宗/

姚待进　刘敬琮　李思悔　张思成　闾守业　徐玄则　刘崇礼/

刘怀隐　刘同皎　双嘉琎　李玄严　监行密　张承嗣　徐守廉/

苗崇言　李仕智　双嘉祥　苗崇贞　刘知则　刘于生　高守忠/

孙客生　高崇珪　高令珎　董敬璇　董承瓘　崔待贡　朱良臣/

□□□　□□□　孙□□　□□□　高松植　前录事□□□/闾嘉庆 卢仙客　糜嵩儿　前仓督公乘守珪　双隐　卢怀眘/徐祖秀　厉元逸　卢维钦　董思廉　卢业　厉宗　贾如琬/刘归本 刘不若　张承恩　王晖　孙达　徐君志　刘元恝/朱嘉祥 公乘干秀 刘楚珪　董□□　郭先　潘定祖　朱德/卢承尉　卢中庸　卢敬本/庄仕贞　庄子珣　孙怀楚　刘意　董敬　邓宰于　王演/周思勖　闾楚臣　刘敬瑜/李怀言　徐守忠　高崇毅/　厉守羡　成发亮　苗崇业/徐楚贤　袁董生　李怀敬/

录事□□□　聊处绚　艾嘉袭　刘知一/王友朋　王玄务　戴乾祥 杨令忠　绳神龙　孙客生 张待进/庄如瑗　逄及祖　李友直　于国隐　李琼芝　双证儿　厉守羡/刘知斌　毛思经　苗守业　邢克璆　石崇远/王□宅　住待封　李承景 苗慧真/庄元璟　李游艺　解处忠　宋仁意/张处能　高崇之　高守寂　高休祥/成及祖　车元泰　逄崇绚　张阳/孙思□　王敬　杨忠　乘大郎/于□□　□□言　臧知新　石远/孙守封　石承嗣/

图四　左侧面碑文拓片

（四）右侧面碑文

右侧面碑文录文如下（图五）。

录曹掾甘公古碑纪/

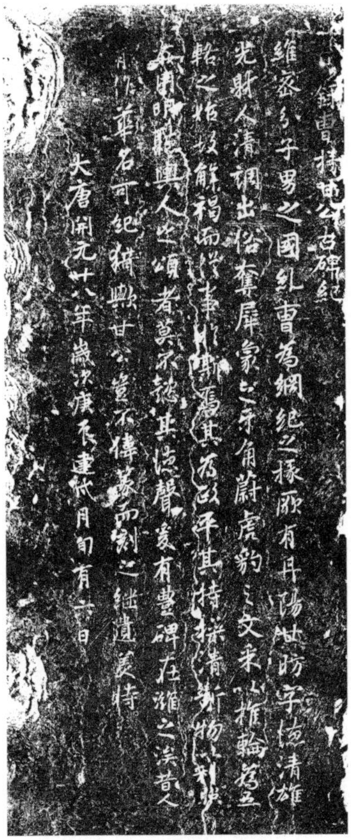
图五　右侧面碑文拓片

维密分子男之国纠曹为纲纪之掾厥有丹阳甘昉字德清雄/光射人清调出俗夺犀象之牙角蔚虎豹之文采以椎轮为五/辂之始故解褐而从事于斯焉其为政平其持操清断物以利照/奸用明听舆人之颂者莫不懿其德声爰有丰碑在潍之涘昔人/有作华名可纪猗欤甘公岂不伟篆而刻之继遗美时/大唐开元廿八年岁次庚辰建戌月旬有六日/

二、相关问题

伴随着《卢舍那放光碑》的发现，许多相关的问题需要探究和介绍，主要有以下几个。

（一）圆雕石佛头像

石佛头像与《卢舍那放光碑》出土于同一土坑的同一层位中，应是同时埋入的同一寺庙中的遗物。石佛头像石灰岩质，圆雕。残高1.32、宽0.78、厚0.79米。出土时仅存颈部以上。佛像长面圆颐，睁目下视。眉如初月，双眉间稍上方饰白毫，眉骨棱角分明。长鼻梁，宽鼻翼，嘴角微翘，呈含笑状。下颌饰一颗吉祥痣。头顶为尖螺发，发丛中有一髻珠凹座，肉髻缺失。鼻尖及左颐处稍有残缺。颈的断面中心处有一圆形卯眼，留有曾经修补的痕迹。依据《卢舍那放光碑》中“大唐密州龙兴寺卢舍那丈八圣像放光碑铭并序”的碑文可知，“卢舍那”为“丈八佛”，这尊石雕佛头像的尺寸正与“丈八佛”的规制相符，由此可以确定，此石雕佛头像即是《卢舍那放光碑》中所记的“卢舍那丈八圣像”（图六）。

“卢舍那”音译又作“毗卢遮那”“毗卢舍那”，意译为“光明普照”“大日”等，是华严宗的教主。不同的佛教宗派对卢舍那、毗卢遮那的解释也不尽相同。诸城地区历年来出土的有关佛教造像的资料证明，在南北朝晚期的北齐时期，这一带对卢舍那佛的膜拜已经流行。1988年春，诸城体育中心建筑工地出土了南北朝时期北魏至北齐晚期的佛教石造像残体300余件，其中较完好的躯体、头像100余件，内有属北齐时期的身披“法界人中像”袈裟的卢舍那佛残躯体8件，占有较大的比例[1]。通过出土的这通《卢舍那放光碑》可以得知，盛唐时期，在诸城地区对卢舍那佛的膜拜仍然盛行。

“大唐密州龙兴寺”的主尊卢舍那佛的头像，具有北魏晚期至东魏时期的造像特征。清乾隆时期的《诸城县志》载：“……西宁门外龙兴寺，相传建于唐贞观十三年，亦曰石佛寺，有古塔，即后魏大觉寺也。”[2]由此可知，在唐代建龙兴寺之前，这里曾经有座北魏时期建置的大觉寺，这尊石佛应是原大觉寺的主尊。北朝晚期，诸城属北齐，境内寺庙众多，佛事盛行，577 年北周灭北齐后。在北齐旧地继续实施灭佛政策，大觉寺遭到了毁坏。后佛事复兴，此像又被重新修复立起，成为寺院的主尊。

图六　石佛头像

（二）龙兴寺

从《卢舍那放光碑》的碑文中可知，该碑原立于密州龙兴寺内。史载，唐代武则天执政时期，曾诏令天下诸州各置大云寺一所。神龙元年（705 年）武则天病重，中宗李显复位，遂将大云寺改为中兴寺。神龙三年（707 年）又诏告天下，把中兴寺改为龙兴寺。由此可知，诸城的龙兴寺应是奉诏而建的密州主寺。密州之名始称于隋朝，“开皇十八年，改东武为诸城县，取县西南三十里汉故诸县城为名，县属密州，仍为密州治”[3]。至明洪武二年（1369 年），撤密州，诸城属青州所辖。历代密州的名称虽有所变更，但改名后延续的时间都很短，不久就又恢复了密州之名。密州的疆域范围历代变化不定，唐、宋两朝是密州疆域最为广阔的时期，其范围包括现在的诸城、高密、安丘、胶州、胶南（现青岛市黄岛区）、莒县、日照、五莲等地，这在《卢舍那放光碑》的碑文中有所体现，如“高密县录事孟良翼”“莒县录事崔□”“宣德郎守安丘令张抱朴”等，说明高密、莒县、安丘等都是密州的属地。《卢舍那放光碑》和“卢舍那丈八圣像”的发现，印证了龙兴寺的故址就在今诸城市五金公司的位置，也就是密州故城的西宁门外偏南处，与清乾隆时期《诸城县志·城池》中所载平面图中的位置是相符的。据当地老人介绍，20 世纪二三十年代，这里是一座财神庙，原来的地势高于周围的地平面，由于历年的取土平整，今已与周围地势相当。龙兴寺是诸城境内延续时间最长的一座佛寺。北宋时期，文学家苏轼在任密州知州期间所做的文学作品中多次出现“龙兴寺”的踪迹。诸城市博物馆收藏的一通清道光二十九年（1849 年）龙兴寺住持僧人广华与徒弟绪端所立的石碑，记载了道光年间重修龙兴寺的规模及经过：“勤垣墉，涂丹雘，补阶砌，悬匾额，立门户……”因工程浩大，“历年未竣”。这说明，在晚清时期，龙兴寺仍然存在，从唐代至清末，龙兴寺香火延续达千年之久。约在清末民初之际，龙兴寺因年久失修，圮于风雨。寺院僧人便将“卢舍那丈八圣像”和《卢舍那放光碑》细心地埋入地下，隐藏保护起来。后来，世人又在龙兴寺的旧址上修建了财神庙。

三、结　语

如此完整的与唐代有关的寺庙和佛教造像的碑记，在诸城境内属首次发现。《卢舍那放光碑》的出土，为我国的佛教文化研究提供了宝贵的实物资料。在各地的龙兴寺遗址中，还没有发现与唐代有关的对寺庙供奉的主尊佛像进行记载的碑刻资料。关于佛教寺庙中非常重视的佛像“开光”仪式，目前佛教史界一般认为，佛教中“开光”法会的仪规是在北宋太平兴国五年（980年）传入中国的，出自北印度传法大师施护在开封太平兴国寺中译出的《佛说一切如来安像三昧仪规经》。经中指出，任何佛像雕造完成后，都要举行安像庆赞活动。《卢舍那放光碑》中也记述了卢舍那圣像庆赞活动的盛况，此碑中的“放光”是否就是后来的“开光”呢？据现有材料还无法定论，但《卢舍那放光碑》的出土，给我们提供了两个值得探讨的问题：一是唐代以前，中国佛教寺庙中是否已经出现了类似后来的“开光”仪式活动，当时称为“放光”；二是对新旧造像的区别，寺庙中为新雕造的佛像举行的庆赞仪式称为“开光”，而对经过修复的前朝佛造像举行的庆赞仪式称为“放光”，取意重放光芒；或者两者兼有之。

《卢舍那放光碑》不仅是研究佛教文化的重要资料，亦对研究中国书法的发展演变有着重要意义。正面碑文和碑额的书写者韦同属京兆韦氏逍遥房，《金石录》载其善八分书，但此碑为行楷书，也不见著录，《卢舍那放光碑》的发现，无疑为研究唐代书法发展和韦同个人的书法面貌增加了一件新材料。

拓　片：李言君　宋文婷　高　鹏　鞠金华
摄　影：高　鹏　孙忠磊
执　笔：张　健　袁传申　孙忠磊　郇晓东　郑　涛　韩　岗

注　释

[1] 杜在忠、韩岗：《山东诸城佛教石造像》，《考古学报》1994年2期。
[2]（清）宫懋让编纂：《诸城县志·建置考》，清乾隆二十九年（1764年）。
[3]（唐）李吉甫：《元和郡县图志》卷第十一，中华书局，1983年，298页。

临朐石门坊摩崖造像群调查报告

临朐县文化和旅游局

石门坊造像位于临朐县城关街道谭马村西约4千米的石门坊风景区内（图一）。石门坊，亦称石门房，又名石门山。因山势曲结南向，两峰对峙如门，故名。石门坊摩崖造像群分两处，一处在红叶谷北端石壁上，规模较大；另一处在豹子崮，规模很小，仅有四龛造像。该造像群于1992年被山东省人民政府公布为省级文物保护单位。摩崖造像群经历过三次文物普查登记，并做过简要报道[1]。今就两处摩崖造像群及摩崖题刻、碑碣、瘗葬龛、墓塔等佛教文物情况报告如下。

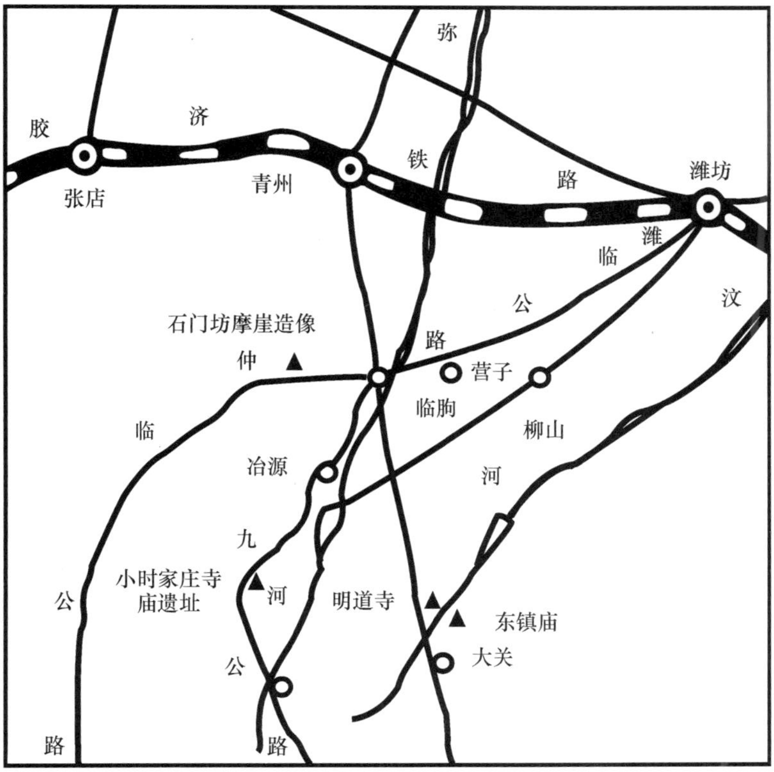

图一　临朐石门坊摩崖造像位置示意图

一、石门坊北崖壁造像

位于石门山谷的最北端，唐代崇圣寺遗址北面悬崖峭壁上（图二，1）。此次调查统计发现此处共有大小佛龛50余龛（图二，2）。另有数龛因崖壁脱落仅剩龛额或局部。这些

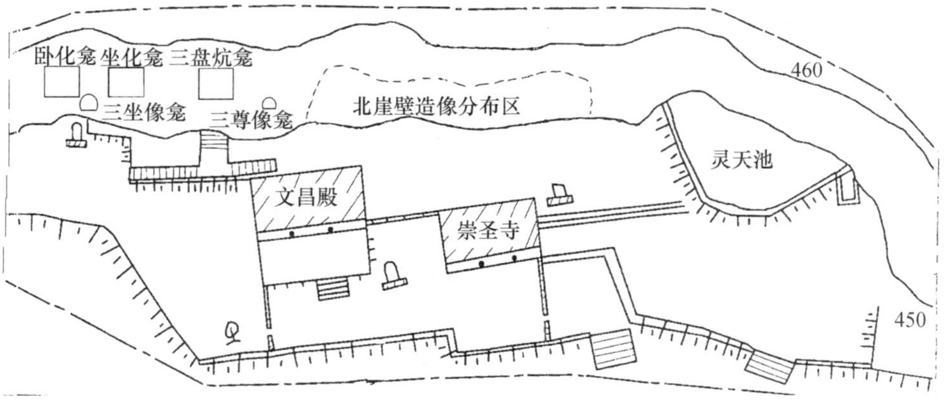

1

2

图二　石门坊摩崖造像

1. 北崖壁造像位置示意图　2. 北崖壁造像局部

佛龛分布在长约 40、高约 4 米的峭壁上。造像崖壁为石灰石岩层，由于底部石质较软，风化严重，脱落处已成洞穴状，洞穴的上部石壁尚有龛楣痕迹。造像皆为浅石龛，大小不等，内容各异，最大石龛高 130、宽 110、深 60 厘米；最小石龛仅高 18、宽 10 厘米。

造像种类有佛、菩萨及力士等形象。造像多有题记，据统计，能辨识字迹的 30 余处，除 1 处为唐乾元年造像，1 处为明宣德造像外，余均为唐天宝年间（742～756 年）造像。

现将唐代龛像介绍如下：

石门坊北崖壁造像绝大多数有不同程度的破坏，部分造像为组合龛像，龛棚早已坍塌，石壁尚留有搭建龛棚时所遗留的凹槽、孔洞，这些凹槽、孔洞布局呈“人”字形。龛棚一般规模较小，或仅容一人，或数龛联合搭建一稍大的龛棚。联合搭建的龛棚由主龛与附属龛共同组成，如北壁西端的阿弥陀像组合龛（图三）。像龛分布随意，造像之初，应没有统一的规划布局，基本上由造像者随意而造，大型像龛多在崖壁下部，或与便于雕刻有关，小型像龛多在崖壁上方，部分小龛夹在大龛之间。有的像龛不仅体量大，而且雕琢深，如北壁东侧菩萨立像龛。有的像龛则很浅，如北壁东侧上方观世音菩萨立像龛。大部分像龛旁侧或下部有题记刻铭，题记多数尚能辨识，亦有部分题记字迹漫漶，难以识读。

图三　阿弥陀像组合龛

像龛介绍由东壁起，转向北壁，除仅剩龛楣等残损过重的外，共计 54 龛。为便于分析，将像龛分佛像、菩萨像、二尊像、三尊像及多尊像分别介绍，并统一编号，编号由崖壁东边起，由上而下，由东向西依次编排。

（一）单尊佛坐像龛与佛立像龛

1. 保存较好的单尊佛坐像龛

该类像龛保存较完整的共计 18 龛，依据造型服饰，可分二型。另有数处残损较重的单尊像龛，附后介绍，不做型式分析。宣德年间像龛在明代佛教遗迹中介绍。

A 型　14 龛。头大，面圆，颈短，宽肩，厚臂胛，身形肥硕，内着僧祇支，有系带于胸前系结，外着双领下垂式佛衣，右领襟甩搭左肩臂，结跏趺坐于束腰形须弥座或莲座上，衣纹多呈倒“山”字形垂覆于座前，依据造型风格等差别可分三式。

Ⅰ式：2 龛。宽平肩，厚臂胛，身形壮硕。

一号龛，晁为师造像。造像位于石门坊造像群东壁。尖拱形龛高 52、宽 34、深 11、像高 42 厘米（图四，1）。造像头残，头型较大。饰尖桃形项光，短颈，着双领下垂式佛衣，于胸前结带，双手于腹部施禅定印，结跏趺坐于束腰形须弥座上，座前衣纹呈倒“山”字形。尖拱形龛的上部雕饰帐幔。帐幔顶部雕有结跏趺坐姿的小化佛。须弥座下部铭文为“天宝」六载」十月」日”龛下铭文为“□愿将□」□晁为师父」□七代先世」现存家口愿得」平安敬造弥」陀像一□”（图四，2）。

九号龛，佛坐像。尖拱形龛高 40、宽 22、深 6.5、像高 31 厘米（图版一二，1）。头部、右臂下部残损，宽平肩，隆胸腹，身形健硕，内着僧祇支，有系带，外着宽肥佛衣，佛衣左肩附一小方布。结跏趺坐于台座上。

Ⅱ式：10 龛。宽圆肩，厚臂胛，身形肥硕（此三项共同特征在龛像介绍中不再表述）。

五十二号龛，佛坐像。尖拱形龛高 54、宽 32、像高 38 厘米。内雕佛坐像一尊（图五）。面部、右臂及右腿膝部残损，风化较轻，衣纹线条处理清晰，刻画细腻，工艺精湛。短颈，胸微隆，内着僧祇支，有系带于胸前系结，外着双领下垂式佛衣。衣纹随坐姿自然下垂。结跏趺坐于台座上，座前衣纹呈倒“山”字形（此龛是四十八号龛右侧龛）。

五十一号龛，佛坐像。尖拱形龛高 46、下宽 33、深 11 厘米。内雕单尊佛坐像，通高 40 厘米（图六）。佛头残损，短颈，隆胸腹，右手屈肘平抬，手残损，左手扶右脚，上身内着袒右肩的僧祇支，于胸前系带，外着宽肥佛衣，结跏趺坐于束腰形须弥座上。

1 2

图四　晁为师造像龛（一号龛）

1. 像龛　2. 题记

图五　佛坐像龛（五十二号龛）

图六　佛坐像龛（五十一号龛）

图七　佛坐像龛（四十一号龛）

四十一号龛，佛坐像。尖拱形龛高70、下宽48、深15厘米。内雕单尊坐佛，带座通高58厘米（图七）。面部残缺，手臂、须弥座等多处残损。方圆脸形，大耳，短颈，右臂平抬，手残，左手扶膝，上着双领下垂式佛衣，内着僧祇支，有系带于胸前打结，下着裙。结跏趺坐于须弥座上。

十一号龛，佛坐像。尖拱形龛高20、底宽15、深5厘米（图版一二，2）。内雕单尊佛坐像，像高17厘米。佛像头部残损，并遗留修复用的铁钉及细孔。短颈，隆胸腹，内着僧祇支，外着宽肥佛衣，右手微抬，左手扶右脚，结跏趺坐于束腰形须弥座上，座前衣纹随坐姿呈倒“山”字形垂覆于座前，须弥座下饰覆莲瓣。像体表层尚保留彩绘粉底涂层。

二十号龛，佛坐像。尖拱形龛顶，长方形像龛，高34、宽21、深7厘米（图版一二，3）。单尊坐姿佛像，造像额部、左臂下端、左膝处残损，通高25厘米。方圆脸，小嘴，短颈，右臂微抬，衣袖自然下垂，左臂放于右腿。内着僧祇支，有系带于胸前系结，外着双领下垂式佛衣，结跏趺坐于束腰形须弥座上，衣纹随坐姿自然垂覆于座前。

三十二号龛，山石为亡女造下生像。龛高55、宽30、深10、像高42厘米（图八，1）。造像面部损毁，短颈，右臂屈肘平抬，手残；左手扶膝。内着僧祇支于腹部系结，外着双领下垂式佛衣，下着裙，倚坐于长方形台座之上。座下两腿间与腿部衣纹呈“U”形下垂。龛的下侧刻有铭文五行“山石为亡女敬造下」生像一躯愿亡者」托生西方」九」载建”（图八，2）。

三十三号龛，佛坐像。尖拱形龛高41、下宽30、深11厘米。主尊佛像坐姿，通高36厘米；右侧龛角下部供养人像高9厘米（图版一二，4）。主尊头饰矮发髻，面部有修复的钉孔，方圆脸形，短颈，右臂下部残损，左手扶右脚，结跏趺坐于束腰形须弥座上。上身内着僧祇支，外着双领下垂式袈裟，座前衣纹呈倒“山”字形垂覆。供养人立姿，圆脸形，圆肩，双手抱于腹部，身着交领衫，表情虔诚。龛下石面磨光，并刻有“清信士”三字，似为未完成的题记。

1

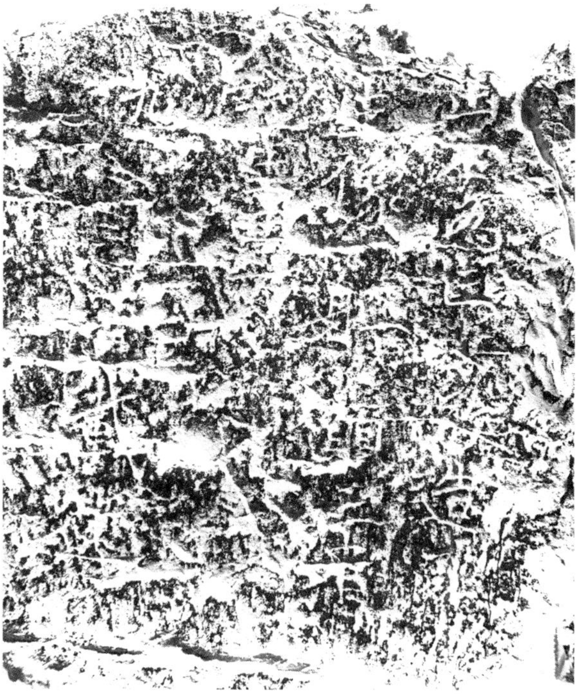
2

图八 山石为亡女造下生像龛（三十二号龛）
1. 像龛 2. 题记

三十六号龛，难金造像。龛顶略带尖拱形，龛高 22、底宽 16、深 8 厘米。内雕佛坐像一尊，通高 17 厘米（图九，1）。面部残损，短颈，内着僧祇支，有系带于胸前系结，外着双领下垂式佛衣。右臂提肘平抬，手残损；左手扶右足，结跏趺坐于圆台上，座前衣纹呈弧形自然下垂。龛下题记残损，由左向右为“男难」金造」像一□”（图九，2）。

四十五号龛，佛坐像。尖拱形龛高 56、下宽 44、深 8 厘米。内雕单尊佛坐像，通高 38 厘米（图版一三，1）。造像面部残损，颈饰连珠纹项饰，内着僧祇支于胸前系结，外着双领下垂式佛衣，右侧领襟甩搭左臂肘，下着裙，衣纹随坐姿自然垂覆。右臂提肘平抬，手残；左臂扶膝，结跏趺坐于束腰形须弥座上。龛的左下角有一小龛，内雕供养人像，已残损。

四十四号龛，佛坐像。尖拱形龛高 38、下宽 28、深 11 厘米。内雕单尊佛坐像，通高 34 厘米（图版一三，2）。造像头部残损，短颈，上着双领下垂式佛衣，内着僧祇支，下着裙，结跏趺坐于束腰形须弥座上。像龛下部题记漫漶不清。

Ⅲ式：2 龛。略溜肩，厚臂胛，隆胸腹。

五号龛，监希庄造像。龛高 75、下宽 58、深 14、像高 55 厘米（图一〇，1）。主尊坐姿。着双领下垂式袈裟，内着僧祇支于胸前系结，左手扶膝，右手残损，裙摆覆

1

2

图九　难金造像龛（三十六号龛）
1. 像龛　2. 题记

于座前，结跏趺坐于束腰形莲花座上。佛像头部、肩部风化残损。龛的左右框壁均有题记，右侧为“像主监希庄男千戊仏僧」上为国王帝主师僧父母法界沧生咸同斯福」”，左侧为“天宝六载□□□□ 三月壬午朔□□□造弥陀……」”（图一〇，2、3）。其中关于“监希庄”之“监”，《山左金石志》认为“监”应为“蓝”，为“蓝”字之省草头；“沧生”之“沧”为“苍”之错别字[2]。龛内壁另有刻铭一行“天宝元年□”，题记刻于龛内罕见，且刻工粗糙，应为后人伪刻。造像龛下有二残龛，仅存龛楣。

四十三号龛，佛坐像。龛高45、底宽32、龛深8厘米。内雕坐像一尊，带座通高38厘米（图一一）。头、面部及周身残损风化严重。头饰高肉髻，大耳垂肩，短颈，双手扶膝，结跏趺坐于圆台上，佛衣随坐姿呈倒“山”字形垂覆于座前。

B型　4龛。该型像龛数量不多，造像各部比例协调，写实感强，身形健壮，不显肥硕。着装多为内着僧祇支，有系带于胸前系结，外着双领下垂式佛衣，右领襟甩搭左肩臂，座前衣纹呈弧形垂覆。依据造型特点，可分二式。

Ⅰ式：1龛。肩宽平，平胸腹，身形较瘦。座前多重衣纹垂覆。

四号龛，佛坐像。尖拱形龛高29、底宽20、深6厘米（图版一三，3）。右侧龛壁损坏，造像头部残损，并有修复留下的2个小圆孔。主尊带座通高22厘米。宽平肩，平胸腹，瘦身形。内着僧祇支，外着宽肥佛衣，结跏趺坐于束腰形须弥座上，座前衣纹随坐姿呈多重弧形垂覆。

Ⅱ式：3龛。圆肩，胸腹微隆，身形健壮，写实感较强。

二十二号龛，卢大娘造像。尖拱形龛高46、下宽30、深7厘米。造像坐姿，通高38厘米（图一二，1）。造像面部与躯体多处残损严重，圆肩，右手扶右膝，左臂提肘上抬，手残损。上着双领下垂式佛衣，下着裙。右领襟甩搭左臂肘。内着僧祇支，有

1　　2　　3

图一〇　监希庄造像龛（五号龛）

1. 像龛　2. 左侧龛沿题记　3. 右侧龛沿题记

系带于胸前系结。结跏趺坐于圆台上。龛左题记，由左向右为“□□□天宝六载岁次丁亥三月□□朔」□□□广饶县人卢大娘女王四娘为有滕□」□□□敬造释伽（迦）牟尼像一躯□□」□□观世音菩萨一躯□九□□铺一□上为国王」咸同此福姚灵儿”（图一二，2）。

三十八号龛，沮琼瑶祖母傅造像。尖拱形龛高 52、底宽 44、深 10 厘米。内雕佛坐像一尊，带座通高 44 厘米（图一三，1）。头、面部残损模糊，双手残损，左手处可见修复留下的圆钉孔。短颈，宽圆肩，身形丰硕健壮。上身内着僧祇支，有系带于胸前系结，外着双领下垂式佛衣，右侧衣襟甩搭左肩臂，下着裙，衣纹随坐姿自然下垂。

图一一　佛坐像龛（四十三号龛）

1　　2

图一二　卢大娘造像龛（二十二号龛）

1. 像龛　2. 题记

1　　2

图一三　沮琼瑶祖母傅造像龛（三十八号龛）

1. 像龛　2. 题记

右臂上抬，左臂放于左腿上，左手扶右脚。结跏趺坐于束腰形须弥座上，座前衣纹呈“U”形自然下垂。龛左侧上部镌刻铭文为“佛弟子沮琼瑶」祖母傅敬造」弥陀像□□”（图一三，2）。

四十六号龛，郭思礼造阿弥陀像。尖拱形像龛高64、宽33、深4厘米。内雕佛坐像一尊，带座通高45厘米（图一四，1）。面部与莲座残损，结跏趺坐姿，胸前衣纹线条交代清晰，刻画细腻。短颈，胸部微隆，内着僧祇支，有系带于胸前系结，外着双领下垂式佛衣，右侧领襟甩搭左肩臂。结跏趺坐于束腰形须弥座上，座残损。龛下刻铭为“弟子郭」思礼敬」造阿弥」陀像」一躯”（图一四，2）。龛下部有一小残龛，高17、下宽16厘米，内雕佛像仅存头部。

1

2

图一四　郭思礼造阿弥陀像龛（四十六号龛）
1. 像龛　2. 题记

2. 残损较重的单尊佛坐像龛

该类造像共计9龛，因残损较重，不做型式划分，仅做简要介绍。

十九号龛，佛坐像。长方形像龛高32、宽21、深8厘米。内雕单尊佛坐像，通高23厘米（图一五）。造像面部、手臂等多处残损。短颈，窄圆肩，内着僧祇支，外着袈裟，结跏趺坐于束腰形须弥座上，座前衣纹呈倒“山”字形垂覆。

二号龛，车怀璧造像。单尊坐像，龛高40、底宽28、深9厘米，造像仅剩轮廓（图一六，1）。龛下题记漫漶，隐约可辨“大唐天宝□」岁次丁亥四月丙」午朔六日辛亥□」潍」县人车怀璧敬造」佛像一铺□□」□□□□□”（图一六，2）。丁亥即天宝六年（747年）。

十五号龛，佛坐像。尖拱形龛高47、下宽30、深8.5厘米。内雕单尊佛坐像，通高37厘米（图一七）。造像头、臂等多处残损。像体风化脱落严重。结跏趺坐于束腰形须弥座上。

图一五　佛坐像龛（十九号龛）

1

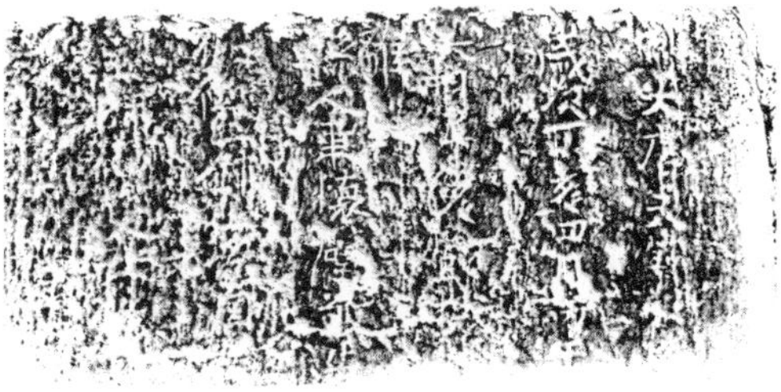

2

图一六　车怀璧造像龛（二号龛）
1. 像龛　2. 题记

十六号龛，佛坐像。尖拱形像龛高 50、下宽 28、深 6 厘米。内雕单尊佛坐像，通高 36 厘米（图一八）。造像头、臂等多处残损。短颈，圆肩，内着僧祇支，外着双领下垂式袈裟，结跏趺坐于束腰形仰覆莲座上。龛右铭文漫漶，隐约可辨“界……七月”。龛下部残留像身残部及上扬飘飞的衣带，似原有浅浮雕造像。

二十三号龛，弥陀像。尖拱形龛高 30、下宽 21、深 10 厘米。内雕弥陀像一尊，通高 22 厘米（图一九，1）。造像头、胸部仅存痕迹，双臂残损。结跏趺坐于束腰形须弥座上。龛右侧题记两行，“佛弟子□黑□敬弥」陀像愿利下□”（图一九，2）。

二十四号龛，武令本造弥陀像。尖拱形龛高 49、下宽 36、深 10 厘米（图二〇，1）。内雕坐佛一尊，龛右下角另有一小龛，内雕一供养人像。佛头部残损，并留有残后修复的细圆形钉孔。短颈，圆肩，内着僧祇支，外着双领下垂式佛衣。右臂提肘平抬，腕下残；左臂放于右腿上，手残损。结跏趺坐于束腰形须弥座上，座前衣纹呈倒“山”

图一七　佛坐像龛（十五号龛）

图一八　佛坐像龛（十六号龛）

1

2

图一九　弥陀像龛（二十三号龛）

1. 像龛　2. 题记

1　　2

图二〇　武令本造弥陀像龛（二十四号龛）
1. 像龛　2. 题记

字形垂覆。供养人立姿，大头，短颈，双手抱于胸前。龛左题记两行，“佛弟武令本□□杜敬造弥」陀像一躯愿亡者托生西方故立记”（图二〇，2）。该龛上方有阴线刻框，应为拟凿像龛，未实施。像龛下部残存一尖拱形龛额，残宽31、残高7厘米。

四十七号龛，行廉造像。长方形龛高37、下宽32、深8厘米。内雕佛坐像一尊，带座通高30厘米（图二一，1）。佛像残损严重，仅存轮廓，结跏趺坐于束腰形须弥座上。龛下题记为“济南郡清信□」行廉为□□」造弥陀像」□马□□」□□□□」天宝九□□”（图二一，2）。

四十九号龛，孙二娘造弥陀像。位于阿弥陀像龛（四十八号龛）左下角。尖拱形龛高21、下宽15、龛深5厘米（图二二，1）。面部仅存轮廓，短颈圆肩，躯体残损，结跏趺坐于束腰形须弥座上。龛下题记为“孙二」娘造」弥陀」像一”（图二二，2）。

五十号龛，佛坐像。位于阿弥陀像龛（四十八号龛）右下角。长方形龛高20、上宽15、龛深5厘米（图二三）。造像残损严重，面部仅存轮廓，短颈，圆肩，躯体、台座残损，结跏趺坐姿。

1

2

图二一　行廉造像龛（四十七号龛）

1. 像龛　2. 题记

1

2

图二二　孙二娘造弥陀像龛（四十九号龛）

1. 像龛　2. 题记

3. 佛立像龛

佛立像仅 1 龛，即药师佛像龛。

三十号龛，药师佛像。大头，短颈，其肥硕的造型，与单尊坐像龛 A 型 I 式相似。像龛位于崖壁中间偏东的位置，龛高 59、宽 47、深 15、像高 49 厘米（图二四，1）。面部及双手残损，但左手上举的痕迹尚存。溜肩，胸腹隆起。内着僧祇支，于胸前系结。

图二三　佛坐像龛（五十号龛）

外着宽肥佛衣，衣纹呈密集的“U”形纹下垂。下着裙，衣裙下摆略向外撇。跣足立于仰莲座上。像龛下部两角各雕一供养人像，像残，仅留痕迹。像龛右侧石壁题记四行，由左向右为“佛弟子兵部常选上柱国」韩嘉昕为妻李氏身患□」愿造药师像一躯上为国王下及」师僧愿合家平安天宝七载二月记」”（图二四，2）。药师佛是佛教中东方净琉璃世界的教主，又称作“药师如来，药师琉璃光如来、大医王佛、医王善逝、十二愿王”，在东方净土化导众生。药师经称其曾发十二誓愿，为众生消除痛苦。

（二）菩萨像龛

菩萨造像分立像龛、坐像龛与坐骑龛

1

2

图二四　药师佛像龛（三十号龛）

1. 像龛　2. 题记

三种，其中立像龛有部分造像残损严重，不便分型，仅作简要介绍。

1. 保存较好的菩萨立像龛

菩萨题材以观世音为主。造型上或提净瓶举杨枝，或捏持帔帛托净瓶等，形态各异，依据造型及服饰等，可分四型。

A型　7龛。大头，短颈，宽肩，身形健壮，一般上身袒裸或着僧祇支，下着长裙，衣裙下摆外撇，帔帛由左肩下垂至腹部呈“U”形翻卷向上，搭于右侧肘臂，垂于体侧；右肩帔帛由肩部下垂至膝间，然后翻卷向上，搭于左侧肘臂。颈部多有珠串项饰，肩部有衬于帔帛之上随帔帛翻卷的珠串饰件，此类造型龛像占多数。依据造型衣饰的细微差别，可分五式。

Ⅰ式：3龛。头饰高发髻，方圆脸形，短颈，宽肩，身形健壮。

二十一号龛，菩萨立像。尖拱形像龛高60、宽39、深10厘米。菩萨立姿，通高46厘米（图版一三，4）。头饰高发髻，面部残损，宽肩，右臂屈抬，手臂残损风化，左臂微抬，身姿略向左倾，颇具动感。跣足立于仰莲台上。菩萨上身袒裸，腰系长裙，颈下、胸部垂有珠串，双腿间垂有坤带。帔帛自双肩下垂至腹下部、膝部，然后翻卷向上，搭于对侧肘臂，左肘臂帔帛绕手臂下垂。紧贴龛壁右侧有一长方形石壁，下凹磨平，似欲作题记，未实施。

二十六号龛，拏儿造观世音像。龛顶略带尖拱形，高41、底宽31、深8厘米。内雕立姿观世音像一尊，通高34厘米（图二五，1）。龛的右下角另有一小龛，内雕一供养人像。菩萨头饰高发髻，短颈，宽肩，右臂提肘上抬，手托一物；左臂微抬，手残损。上身袒裸，腰系长裙，衣裙下摆微外撇。帔帛自双肩下垂至腹部、膝上，然后翻卷向上，搭于对侧肘臂，垂于体侧。璎珠自肩部沿帔帛内侧下垂至腹部相交后，下垂对侧膝下，翻卷向上、向后。菩萨身形显肥硕，两足略分开，立于圆台之上。供养人头束肉髻，面部残损，短颈，圆肩，双手合掌抱于胸前，呈半跪姿状。龛右侧题记两行，“□县人□妻□□□如□□拏儿造观」音菩萨一躯天宝□载九月七日记”（图二五，2）。

二十七号龛，观世音像。尖拱形像龛下部残缺。残高40、宽30、深10.5厘米。内雕观世音立像一尊，残高32厘米（图二六，1）。面部残损，粗短颈，宽肩，腹部隆起，身形强壮。右臂自然下垂体侧，手提帔帛，左臂屈肘上抬，手托净瓶。上身饰珠串，下着裙，裙摆外撇。珠串自双肩下垂至膝部，翻卷向上、向后。右肩帔帛呈“U”形下垂至腹下部，搭于左侧肘臂，垂于体侧；左肩帔帛沿体侧下垂膝部，呈“U”形翻卷向上，搭于右臂手腕，垂于体侧。龛的右侧刻有题记两行，“佛弟子封□□□染患□造观音」□一躯愿合家平安”（图二六，2）。

1　　2

图二五　挈儿造观世音像龛（二十六号龛）

1. 像龛　2. 题记

1　　2

图二六　观世音像龛（二十七号龛）

1. 像龛　2. 题记

Ⅱ式：1龛。发髻低矮，短颈、宽圆肩，胸部璎珠装饰复杂。

二十九号龛，李令璋妻造菩萨立像。龛高58、宽43、深13、菩萨像高47厘米（图二七，1）。立姿，身形肥硕。左手托一圆形物件上举至肩部，右臂贴于身侧，臂肘微屈。上身袒裸，下着裙，裙摆略外撇。短颈，颈有项圈，圈下挂饰宝珠与璎珞珠串，璎珞于胸前交叉打结后下垂至膝部，然后翻卷向上、向后。由右肩下垂的帔帛呈“U”形下垂至腹部后翻卷向上，搭于左臂肘腕。由左肩下垂的帔帛下垂至左膝上部，然后翻卷向上，搭于右臂肘腕。跣足立于仰莲台上。龛下铭文9行，由右向左为“仙□李令璋」妻吕为染患」缠身不□可」敬造萨菩」一躯维愿弟」子□免苦难」合家□□同心」供养」天宝七载三月”（图二七，2）。

1

2

图二七　李令璋妻造菩萨立像龛（二十九号龛）
1. 像龛　2. 题记

Ⅲ式：1龛。头饰尖桃形项光，衣裙下摆外撇幅度较小，帔帛搭于左肩，刻画清晰。

十四号龛，广饶于志造像。尖拱形像龛高52、宽35、深11.5、像高40厘米（图二八，1）。菩萨立姿，面部及右肩、胸、臂残损，头饰尖桃形项光。宽肩，璎珞珠串自肩部下垂至胸部、膝部，然后呈“U”形翻卷向上、向后，另一珠串自腰部沿两腿间下垂至台座。左肩帔帛掩肩下垂至腹下部后，呈“U”形翻卷向上。右肩帔帛下垂至双膝间，呈“U”形翻卷向上，搭于左肩肘腕处。右臂残损，左臂曲抬，手举一物，跣足立于圆台之上。龛的下侧镌刻铭文“维大唐天宝」六□□□丁」亥三月丁丑」廿□□□□」广饶□□」于志敬造观」世音菩萨一躯」尚为国王帝主」师僧父母法界」众生咸同斯」福女□延」供养」”（图二八，2）。

1

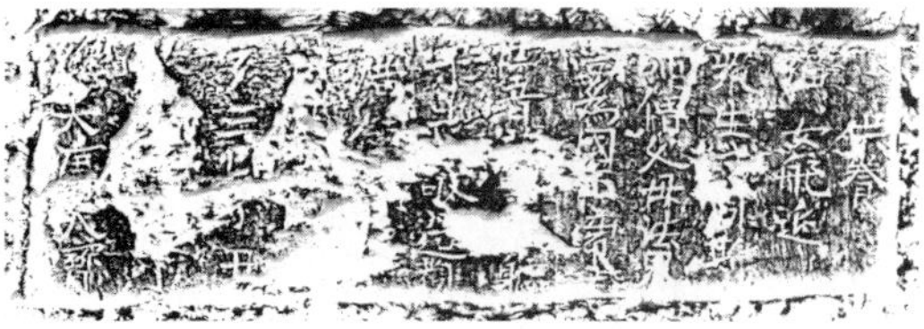

2

图二八　广饶于志造像龛（十四号龛）
1. 像龛　2. 题记

Ⅳ式：1龛。菩萨身形丰满、健壮，装饰简洁。

八号龛，菩萨立像。龛高42、宽14、深7.5、像高29厘米（图版一四，1）。头部残损，短颈圆肩，身形肥硕，上着僧祇支，腰系长裙，衣裙下摆略内收。帔帛自肩部下垂至腹下部、膝部，呈“U”形向上翻卷，搭于肘臂，垂于体侧。右臂屈肘上抬，左臂屈肘微抬，手捏持衣裙，跣足立于莲台上。

Ⅴ式：1龛。衣装尤为宽肥，身形矮短，各部比例不够准确，像身扁平，雕工显粗疏。

十三号龛，菩萨立像。龛高24、下宽20、深1.5、像高22厘米（图版一四，2）。龛较浅，顶弧形，菩萨为立姿浅浮雕。除面部残损外，保存较好。头形硕大，上饰高髻，头与身躯比例不太协调。短颈，颈戴两条珠串下垂于胸前。右手持柳枝上举，左手握净瓶垂于体侧，身形显肥胖矮短。左肩帔帛下垂至腹部，呈“U”形翻卷向上，搭于右臂肘部，波浪状飘垂体侧；右肩帔帛下垂至膝上部，呈“U”形向上翻卷，绕左臂手腕，飘垂体侧。珠串自左肩下垂，衬于帔帛之上，随帔帛呈“U”形向上翻卷，搭于右上臂。另有两条珠串自腰部帔帛下引出，下垂至膝部向上、向后翻卷。坤带上饰连珠纹，自腰部下垂至双足间。腰系宽肥长裙，裙褶衣纹分别沿双腿呈垂鳞纹下垂。跣双足，踩莲台，行走姿。其持净瓶举柳枝的造型应为观世音菩萨。

B型　2龛。身姿高挑、匀称，造型优美，丰满而不显肥胖。可分二式。

Ⅰ式：1龛。其宽肩的造型不失健壮之感，身体各部比例协调，造型优美。帔帛由胸部垂至腹下。

三十九号龛，静志造菩萨立像。尖拱形龛高41、下宽38、深7、主尊菩萨通高32厘米（图二九，1）。在主尊菩萨两侧有两供养人像，菩萨左侧供养人双手合掌于胸前，呈跪姿；菩萨右侧供养人残损严重。菩萨呈立姿，头部残损，短颈、宽肩，身形肥瘦适中。右手提肘，手执一物；左手自然下垂，手持净瓶。上身袒裸，下着裙，裙摆略外撇。颈有项饰，胸部璎珠沿帔帛内侧下垂至腹部，为帔帛所掩，腿间珠串由帔帛下引出垂至圆台。自双肩下垂的帔帛呈“U”形下垂至腹下部与膝上部后翻卷向上，搭于肘臂，垂于体侧。跣足立于圆台上。由造型看应为观世音菩萨。像龛右侧题记因水垢覆盖漫漶不清，可辨识的有“□□□□静志造菩萨」□□□愿合家平」安天宝九载记”（图二九，2）。

1

2

图二九　静志造菩萨立像龛（三十九号龛）

1. 像龛　2. 题记

Ⅱ式：1件。菩萨身形丰满而不显肥胖，装饰简洁。

六号龛，观世音菩萨立像。龛高22、宽10、深3、像高19厘米（图版一四，3）。立姿，头部残损，身材稍显丰满。侧弯腰，造型优美。右臂屈肘托物上举；左臂下垂，手持净水瓶，上着僧祇支，下着裙，衣裙下摆外撇。略显肥厚的帔帛自肩部下垂至膝下，翻卷向上，搭于肘臂。珠串自腰部下垂至膝下，然后翻卷向上、向后。坤带自腰部下垂至两足间。像龛下部铭文题记漫漶。该龛左侧有一残龛，仅剩龛额。

C型　1龛。溜肩，身形显瘦弱，帔帛披挂较松散，璎珠装饰颇为烦琐。

十八号龛，沮琼瑶造观世音像。尖拱形像龛高 47、宽 31、深 12、观世音菩萨立像高 35 厘米（图三〇，1）。菩萨面部残毁，短颈，溜肩，腹微隆，身形显瘦弱。上身着圆领僧祇支，下着裙，衣裙下摆微外撇。右臂肘腕下残损，左臂肘部微屈，手持净瓶于体侧。颈有项饰，璎珞珠串自双肩帔帛下引出，于腹前交叉后下垂至膝部，然后翻卷向上、向后。另有珠串自颈部引出，于胸前交叉后下垂至足间。左肩帔帛掩肩下垂至腹下，呈“U”形翻卷向上。右肩帔帛掩右肩下垂双膝间，呈“U”形翻卷向上，搭于左臂肘腕处，帔帛披挂颇为松散。跣双足立于圆台之上。龛的左侧有题记三行，“佛弟子沮瓊瑶为染患」敬造观世音菩萨一」躯愿合家平安天宝七载九月”（图三〇，2）。

1　　2

图三〇　沮琼瑶造观世音像龛（十八号龛）

1. 像龛　2. 题记

D 型　1 龛。方圆脸形，短颈，圆肩。身形臃肿，肥硕。帔帛粗大，披挂松散、随意，珠串于腰间结璧形饰。

二十八号龛，菩萨立像。尖拱形像龛，高 37、下宽 19.5、深 6 厘米。内雕单尊菩萨立像，通高 28 厘米（图版一四，4）。造像头部残损，方脸形，宽眉，大眼，短颈，颈有连珠纹项饰。平胸，鼓腹，身形肥硕、健壮。右手提玉净瓶自然下垂，左臂屈肘，手举至左肩，执杨柳枝，腕戴环。上身饰粗硕连珠纹，下裙摆内收，帔帛粗大，披挂松散，自双肩下垂至腹下、膝下后翻卷向上，搭于肘臂，垂于体侧。珠串自肩下垂至腹部，结于璧形饰后下垂，为帔帛所掩。菩萨衣纹线条处理粗疏，且不够流畅，雕工粗犷朴拙。

2. 残损较重的菩萨立像龛

2 龛，不作型式分析。

十二号龛，安大娘造像。尖拱形龛高 103、底宽 68、深 29 厘米（图三一，1）。残损风化严重，隐约可辨为菩萨立像。在龛的右侧内壁下部浅浮雕一供养人像，供养人头束高髻，方圆脸形，弯眉，大眼，高鼻，小嘴，面型较胖，短颈，溜肩，着宽肥衣衫，跪姿（图版一五，1）。左侧龛壁下部题记数行，由左向右为“维大唐天宝」月丁丑朔廿九」为身染时患」愿敬造观□」国王帝主」□□斯福」安大娘”（图三一，2）。十二号像龛下部有一残龛额，残宽 82、残高 28 厘米。

1

2

图三一　安大娘造像龛（十二号龛）

1. 像龛　2. 题记

十七号龛，杜二朗妻造观世音像。龛顶略带尖拱形，龛下部残缺，残高 43、宽 42、深 7 厘米（图三二，1）。龛内雕菩萨像一尊，菩萨仅存臀部以上，残高 26 厘米。头饰高发髻，圆脸形，大耳垂肩，头面部残损严重，有修复遗留的细钉孔，短颈圆肩，上着僧祇支，于胸前系结，腰系裙，帔帛自双肩分垂于胸、腹下部，然后翻卷向上，搭于对侧肘臂，垂于体侧。龛左题记三行，为“□弟子杜二朗妻□□为亡女」敬造观世音菩萨一躯愿亡者」托生□□天宝□载十一月一日记”（图三二，2）。龛右下部雕供养人像。在杜二朗妻与沮琼瑶造观世音像龛上方，残留浅浮雕衣带等造像局部（图三三）。从残留画面

1　　2

图三二　杜二朗妻造观世音像龛（十七号龛）

1. 像龛　2. 题记

图三三　沮琼瑶造观世音像龛

构图情况看，残留雕刻应为沮琼瑶造观世音像与杜二朗妻造像时已经废弃的造像，残留部分或为主尊上部飞天衣带。

3. 菩萨坐像龛

仅 1 龛，不作型式分析。

三十四号龛，地藏菩萨坐像。龛顶略带尖拱形，高 38、宽 32、深 11 厘米，内雕单尊坐姿菩萨像，通高 29 厘米（图三四，1）。造像头部残损，方圆脸形，短颈，宽圆肩，厚臂胛，右手屈肘微抬横于胸前，手执物，左手扶膝，结跏趺坐于束腰形须弥座上。上身内着僧祇支，有系带，外着双领下垂式佛衣，座前衣纹呈多重“U”形垂覆。龛右题记竖排三行，为“清信士□□妻王氏敬造」

1

2

图三四　地藏菩萨坐像龛（三十四号龛）

1. 像龛　2. 题记

地藏菩萨一躯愿合家平」安天宝八载建”（图三四，2）。

4. 坐骑菩萨像龛

该类像龛共 2 龛，不作型式分析。

三号龛，文殊与普贤造像。文殊与普贤像龛位于造像崖壁东端右下角，长方形龛，高 36、宽 41、深 15 厘米（图版一五，2）。龛内左侧骑象者为普贤菩萨，残损严重，面相衣饰难辨，双腿盘坐于象驮的莲座上。象体保存较好，象前腿部位站立一人。右侧骑狮者为文殊菩萨，面目残损严重，双腿盘坐于莲座之上，坐骑狮子后腿微屈，狮身旁有一人，上身前倾，右手持物，左臂抬起，手扶莲座。狮子扭头张口，威武健壮。龛之右侧尚有“载闰三月十日”刻铭，龛底部题记漫漶不清。

四十二号龛，文殊师利像。长方形像龛高 59、宽 45、深 11 厘米（图版一五，3）。龛顶略带拱形。菩萨结跏趺坐姿，坐于青狮上，像高 57 厘米，面部残损，留有修复时所遗留的细钉孔与铁钉。短颈，宽肩，手残。胸前垂饰璎珞珠串，衣纹随坐姿垂于腿前。背饰圆形大项光与椭圆形大背光。青狮颈戴项圈，呈回首状，尾巴翘起。狮前与一侧分别雕有一人像，狮前人像面部残损，宽肩，身形健壮，立姿，通高 16 厘米；狮侧人像腿部以上残损较重，通高 16 厘米。由雕像与坐骑看，应为文殊师利菩萨。

1

2

图三五　山石妻张氏造弥陀像龛（三十一号龛）
1. 像龛　2. 题记

（三）一铺二身像龛

此类造像仅 3 龛，可分二型。

A 型　2 龛。主尊与胁侍均形体肥硕，其造型与单尊像龛的 A 型Ⅰ式相似。

三十一号龛，山石妻张氏造弥陀像。长方形像龛高 59、宽 46、深 10 厘米。内雕弥陀与胁侍菩萨像（图三五，1）。龛的左下角有 2 供养人像。主尊像高 45 厘米。面部与右手残损严重，有残后修补遗留的铁钉。短颈，宽圆肩，形体肥硕。右手平抬，手残，左手扶膝。内着僧祇支，于胸前系结，外着双领下垂式袈裟。结跏趺坐于束腰形莲台座上，座前衣纹呈倒“山”字形。右胁侍菩萨面部残损，面部中央留有修复所留铁钉，短颈，宽肩，身材魁梧。上身袒裸，下着裙。右手持物提肘于腹前，左臂肘部微屈，手捏持帔帛。颈有项饰，璎珞珠串自双肩垂于腹下系结交叉后，沿双腿内侧下垂，为帔帛所掩。左肩帔帛下垂至腹下部，翻卷向上，搭于肘臂，垂于体侧，右肩帔帛下垂膝部呈“U”形翻卷向上，搭于肘臂垂于体侧。跣足立于圆台之上。像龛的左下角小龛内原有 2 供养人像，现仅存痕迹。龛下题记 6 行，“□□□上柱国主」山石妻张氏敬」造弥陀一铺□」□家平安」天宝九载三」月建”（图三五，2）。

三十七号龛，王十二娘造像。像龛高 53、宽 33、深 13.5 厘米（图三六，1）。主尊像高 46 厘米。头饰高肉髻，面相丰满圆润，五官有不同程度的残损。着双领下垂式佛衣，内着僧祇支，有系带于腹上系结。右手局部残损，肘腕微抬，施说法印。左手扶膝，结跏趺坐于束腰形莲座上。像体尚残留红色彩绘。右胁侍菩萨高 40 厘米。头戴冠，面部残损，颈有项圈，腰系长裙，左手举杨枝于肩部，右手垂于体侧，帔帛掩双肩下垂体侧，腰系长裙，衣纹随身姿自然下垂。衣纹刻画写实感强，衣裙显轻薄。跣足立于圆台之上。该像尚有较好的红色彩绘，彩绘先打粉底涂层再施彩，是石门坊摩崖造像中彩绘保存较好的一尊。其胁侍菩萨手举杨枝的造型，应为观世音菩萨。主尊的右侧龛壁分上下两层各有一供养人像。像龛的右侧上部题记为“临淄县李□□」王十二娘敬造」一铺愿合家」平安」天宝□载”（图三六，2）。

B型　1龛，其主尊与胁侍菩萨造型健壮，造型与单尊佛与菩萨像龛B型Ⅰ式相似。

三十五号龛，天宝十载造一铺二身像。长方形龛高53、宽33、深11.5厘米（图三七，1）。内雕佛坐像与胁侍菩萨像各一尊，佛坐像带座通高44厘米；菩萨立像带座通高34厘米。佛像高肉髻，方圆脸形，面部残损，短颈，圆肩。右臂平抬，手上举，掌心向外，手施无畏印；左手放于左膝上，掌心向外，手施与愿印。上着双领下垂式佛衣，右侧领襟甩搭左肩臂。内着僧祇支，有系带于胸下系结，下着裙，衣纹随坐姿自然垂覆，结跏趺坐于束腰形须弥座上。菩萨面部残损，着圆领下垂式佛衣，下着裙，左臂屈肘上抬于腹上部，手腕带镯，右臂残损。像龛下题记仅存“……铺愿合家」平安天宝」十载四月”（图三七，2）。

1

2

图三六　王十二娘造像龛（三十七号龛）
1. 像龛　2. 题记

（四）一铺三身像龛

共4龛，五十三号龛残损较重，不做型式分析。另外3龛可分二型。

A型　2龛，主尊与胁侍身形肥硕，与单尊佛、菩萨像龛的A型Ⅰ式造型相似。

Ⅰ式：1 龛。主尊与二胁侍均宽肩厚臂胛，身形肥硕。

十号龛，大郎子造像。尖拱形龛高 81、下宽 73、深 30 厘米（图三八，1）。佛像坐姿，头、臂残损，带座通高 49 厘米；二胁侍弟子站立，均通高 37 厘米，头臂等多处残损。主尊短颈，圆肩，内着僧祇支，有系带，外着宽肥佛衣，佛衣左肩部雕饰衣褶纹，结跏趺坐于束腰形须弥座上。右胁侍弟子身形肥硕，短颈宽肩厚臂胛，双手抱于胸前，衣裙下摆内收；左胁侍弟子造型与右胁侍基本相同，双手抱于胸前，右手握左手腕部，左手持连珠状物（图版一五，4）。像龛下部题记风化严重，可辨文字为“……□□斯福」□□子」男大郎子」□女张氏」□□□□」养时记”□□（图三八，2）。

1

2

图三七　天宝十载造一铺二身像龛（三十五号龛）

1. 像龛　2. 题记

1

2

图三八　大郎子造像龛（十号龛）

1. 像龛　2. 题记

Ⅱ式：1龛。主尊与胁侍菩萨身形肥硕，与单尊佛像龛A型Ⅰ式、单尊菩萨像龛A型Ⅱ式造型相似。

二十五号龛，房瑒妻造像。位于崖壁中间部位。尖拱形龛，顶至底高74、宽60、深14厘米（图三九，1）。龛内雕一佛二菩萨像。佛像高57厘米，头、手残损，短颈溜肩。右臂下部残缺，左手扶左膝。内着僧祇支，于胸前系结，外着双领下垂式佛衣，右领襟甩搭左臂肘，下着裙，结跏趺坐于束腰形莲座上。造像背后饰圆形项光、背光。两侧站立身形肥硕的胁侍菩萨。左胁侍菩萨高50厘米，头饰圆形项光。颈饰项圈，下垂宝珠饰，项圈连璎珞交于腹部后垂于两腿间。右臂下垂，左臂抬起，左手残损，帔帛厚重，由双肩呈“U”形垂于腹下、膝下，下着裙，衣裙下摆外撇。右胁侍菩萨高50厘米。头饰圆形大项光，颈饰项圈，下垂珠宝饰，着装与右胁侍相似，两手合掌于胸前。龛下铭文漫漶，“维大唐天宝□载」□郡房瑒妻」福德□男□业」男明衍女明□」发愿□弥陀像」一□上为国□帝」主下及师僧父母法」□倉生同霑此福」一月五日记」。”（图三九，2）。

B型 1龛，主尊与二胁侍形体健美，但不显肥硕，与单尊佛像龛的B型Ⅰ式、菩萨像龛的B型Ⅰ式相似。

四十八号龛，阿弥陀像。位于造像崖壁西端右下角，从龛额上部石壁上的凹槽看，与其左右两小龛造像为一组，同在一个龛棚内，龛棚宽1.6、高1.2米。主龛尖拱形，顶至底高71、宽59、深12厘米（图四〇，1）。龛内高浮雕一佛二菩萨。主尊高50厘米，左肩、胸部残损较重。着宽肥袈裟，内着僧祇支，于腹部结带，裙摆覆于座前呈倒“山”字形，结跏趺坐于莲台上，左手扶膝，右手、面部及肩部残损。两菩萨均面部

1

2

图三九 房瑒妻造像龛（二十五号龛）
1. 像龛 2. 题记

1

2

图四〇　阿弥陀像龛（四十八号龛）
1. 像龛　2. 题记

残损，右胁侍菩萨像高45厘米。隐约可见头戴花蔓宝冠，冠带在耳上两侧打结，下垂至肩部，短颈，颈有项圈与璎珞珠串饰件垂于胸前，腰系长裙，裙下摆较窄。帔帛自双肩呈“U”形分垂于腹下及膝部。左胁侍菩萨像高45厘米。造型装饰与右胁侍菩萨相似。左胁侍菩萨右手持花枝上举至头部，左手抬至胸前。右胁侍菩萨左手持花枝上举至头部。右手持物下垂。两菩萨均跣足立于圆台上。龛下题记四行，为“清信佛弟子□□□」敬造阿弥陀像一躯」□合家平安」天宝六载五月四日」记”（图四〇，2）。

五十三号龛，一铺三尊像。位于北崖壁西端“坐化龛”与“卧化龛”之间。尖拱形像龛高76、下宽81、深18厘米（图四一）。内雕一佛二胁侍菩萨像，主尊通高59厘米，结跏趺坐于束腰形须弥座上。佛通体残损较重，隐约可辨短颈，宽圆肩，着双领下垂式佛衣。右胁侍残损严重，仅剩莲座。左胁侍通高56厘米，头戴高宝冠，颈有项饰，上身袒裸，下着裙，自双肩下垂的珠串，于腹部结于圆饼形饰件。帔帛掩双肩下垂，搭于肘臂，垂于体侧，帔帛饰弧形垂纹。下裙腿部饰“U”形纹。右臂提肘上抬，手握一物，左臂沿体侧下垂，掌心向外，跣足立于莲台上。

（五）多尊像龛

五十四号龛，三坐像龛。该龛像不论佛与菩萨均造型适中，类似于单尊佛与菩萨像龛的B型。位于造像北崖壁西端“坐化”龛下。龛呈尖拱形，顶至底高130、下宽110、深60厘米（图版一六，1）。正面主佛像3尊，并排而坐，均螺纹高肉髻，面相、身形肥胖适中，着双领下垂式袈裟，内着僧袛支，于腹部结带。尖桃形火焰纹项光。右侧像高90厘米，左手扶膝，右手上举，掌心向外，头足及右手均局部稍残，跣足踏仰莲（残损），结跏趺坐于台座上。中间及左侧两佛均高70厘米，结跏趺坐于仰莲座上（两佛头、手均

图四一　一铺三尊像龛（五十三号龛）

残）。仰莲座下并排5个小坐佛（头部均残损）及1个站立的供养人像（图版一六，2）。

龛的东侧壁分别雕弟子、观世音菩萨与金刚。弟子着交领衫，双手捧物于腹部，跣足立于仰莲台上。观世音菩萨（头部残损严重）左手提净瓶，右手提肘（手残损），珠串自腰间下垂膝下，向后翻卷，绿色帔帛呈“U”形分垂于膝部与膝下，跣足立于仰莲台上。金刚力士护法像残损严重，其背后有上扬的衣带（图版一七，1）。

龛的西侧壁布局与东壁相同，弟子上着交领衫，双手抱于腹部，下着裙。菩萨左手提肘，腕下残，右臂垂于体侧，手捏持帔帛，两重帔帛呈“U”形垂于膝下。金刚亦残损较重，行走姿，赤膊，短裙，手臂与腿部肌肉凸起，衣带圆弧形上扬于头上，右手持带，左臂挥舞（图版一七，2）。龛口的左右两侧及“人”字形龛顶石壁上有凹槽，应为龛前建筑遗迹。在东侧凹槽下部，有一立姿菩萨像残龛，像残高62厘米，残损严重，仅剩轮廓，且部分像体被水垢覆盖，龛壁光滑。

七号龛，七佛龛。造像类似于单尊像龛的B型造像，身形无肥硕之感。七佛龛高37、宽27、深6厘米（四二，1）。七佛均结跏趺坐于由莲梗相连的莲花座上，残损较重，头面均遭破坏，莲座中间佛像仅留轮廓痕迹，其余六佛仅有三佛躯体残损较轻，三像均着宽肥佛衣，其中保存稍好的两尊为施禅定印。像龛下部隐约可辨“乾元□」年□□」廿八□□二娘敬」造□□」像一铺」□永」□□□」□弟子」法界苍生，咸同斯福”（图四二，2）。

1

2

图四二　七佛龛（七号龛）
1. 像龛　2. 题记

二、石门坊豹子崮唐代摩崖造像

造像在石门坊景区豹子崮西40米处，共4龛。分布在长6、高2.2米的石灰石崖壁上。

佛像　4龛，可分二型。

A型　2龛。造像头大，颈短，圆肩，厚臂胛，身形显肥硕。其造型与石门坊北崖壁单尊像龛A型相类似。由西向东介绍如下。

一号龛为尖拱形，高40、宽31厘米（图版一八，1）。造像带座高35厘米。头残损严重，短颈，圆肩，厚臂胛，身形肥硕。内着僧祇支，有系带于胸前系结，外着双领下垂式佛衣，右臂屈肘向上，手指张开，略外伸，左手扶膝。结跏趺坐姿，坐于莲台之上。

二号龛在1号龛东2.5米处，高于1号龛约2米。“人”字形龛顶，两角微上挑，龛高52、宽31.5厘米（图版一八，2）。像高24、带座通高34厘米。头残，大耳垂肩，短颈，宽肩，厚臂胛，内着袒右肩的僧祇支，有系带于胸前系结。外着双领下垂式佛衣，衣纹由右肩呈弧形下垂于腹部，绕向右侧，被右臂所掩。右臂残损，左手扶膝。身形肥硕，结跏趺坐于仰莲座上。座下刻铭漫漶，仅“丹华”二字可辨。

B型　2龛，主尊身形显瘦，与石门坊北崖壁单尊B型像龛相似。

三号龛，位于二号龛下40厘米处。尖拱形龛顶，梯形龛体，龛高21厘米，龛体上宽12、下宽15厘米（图版一八,3）。内雕坐佛，像高7厘米，头及右半身残损严重，左臂自然下垂于膝部，结跏趺坐于高台座上，台座残损严重，为龙托莲座。菩萨像宽肩厚臂胛的造型，与石门坊北崖壁单尊菩萨像龛的A型Ⅰ式菩萨像相类似。

四号龛，位于三号龛东3米处。尖拱形龛顶，长方形龛体，龛高45、宽39厘米（图版一八，4）。龛内高浮雕菩萨立像一尊，像高36厘米。菩萨头、左腹、左膝残损。

短颈，颈带连珠纹项饰。帔帛自肩部下垂，右侧膝部可见翻卷向上的帔帛为右手所握，后下垂体侧。左臂屈肘平抬，帔帛搭于肘臂，沿体侧下垂，帛长曳地。菩萨身姿略向左倾，颇具动感。足下台座扁薄。

豹子崮造像与崇圣寺遗址北崖壁造像雕塑风格相同，北崖壁像多有题记，年代集中在唐天宝时期。豹子崮新发现的四龛造像年代亦应在唐天宝年间。造像雕刻精致，衣纹线条流畅，像体偏胖，颇具唐代审美情趣。四龛造像多处残留石绿及赭石色痕迹，说明当初造像有彩绘装饰。

三、摩崖题刻、碑刻、瘗葬龛、墓塔

（一）宋《至和元年修造圣容碑》记

碑高 57.5、宽 40.5 厘米（图四三），石灰石质。现存于石门坊风景区管理所，内容为临朐县儒教乡诸王村众人造像九尊，造像类别有菩萨、养子、神子等，并分列管护人。碑全文为“维大宋国青州临朐县儒教乡诸王村众人会□□□□□」山内修造圣容九尊伏愿帝王万岁圣□千□□」泰民安咸凭圣德施财者家眷平安钦重者普获□佑」今具施主姓名如后纠首潭江」谭景管菩萨一尊」谭辛管菩萨一尊王琮管阿罗一尊」社首王栾李忠李芳共管圣容一尊」谭俊耿秀耿俊王遵共管供养子一尊」王则王信李成林成谭怀共管养子一尊」马霊村程昌孙景程栾程用王闰共管神子一尊」侯荣罗秀谭贵杨成周兴周庆邵锡弟子成氏」□□□午至和元年八月十八日记」书写碑人谭道深施人张润”。

（二）元代摩崖题刻碑刻与瘗葬龛

1. 大元元贞二年摩崖题刻

位于卧化瘗葬龛左上方，题刻仿碑形，圭首，高 115、宽 72 厘米（图四四）。圭首部位由左向右横排三字“石门房”，内容竖排，由右向左为“崇圣院第二代住持僧」聚公禅师寿堂」师乃俗姓刘氏□兖州曲」阜人也自中统岁于此拜」贤公大和尚坐山修行记」大元元贞贰年五月□日毕」淄州县孝诚乡石匠黄文立王子珎王忠颢”。

2. 石门坊张志贤圣山修行之记碑刻

碑为石灰石质，圭形碑首，高 152、宽 72、厚 23.5 厘米（图四五）。首题“石

图四三　《至和元年修造圣容碑》拓片

图四四　元贞二年摩崖石刻

门坊张志贤圣山修行之记”，碑文为“前府学教授林和之撰文，府学生□□士舜长男晋材书丹，石匠作头里正曹珪刊」青齐形胜表里山河十二，而石门坊一山处沟深而蛇虫走，人迹所不到之地也。山距临朐之正西，不过十二里。高僧张志贤（遁迹）此山」已有沙门之□，沙门者□首者也，师以悲□于此荐，是为修行之山也。僧本莒州莒邑人，八十有四而弃妻子，而剃□为□□□，张僧□」平，拜明惠□□而师事之，葵卯之年也，迁道益都府，益都乃古之青州，□于山顶刊石龛而住，己未之年也，山有空泉□□□□□沙门乃与众耆老诵经而祷，清流激冽而满池，若赐□□□□而应凡兴□□□□而则痊愈□□□□□□□□□□□□□□□□□披荆斩棘□□□□王吕」佛殿塑诸佛像。客位房廊等屋亦自剏□□□山□□□□石佛像，贤公□相若阴佑□□□□□□□□□□□□□□□□□□□□□崇峰三□□而」过，曾不及其屋与其身，是果报之验乎，且山之□□泉高金处其东，仰天圣景在其西□□□□□□□□□□□□□ □□□□□□□亦所」山辽云开□佳致百千，虽有□者必能□其在，亦□之所□□□也，自五旬□□妻子□□不见其面□□□□□□□□□□□□以□他僧，益」佛无常在，即心而□□益都有外城□□□□□□□□□□□□□□房□□□□□□□□□□□□□□□□□□□□□□□□□□□□□□□□□」亦好善之人

图四五 《张志贤圣山修行之记》

也。时至元九年十二月　日立石。益都府达鲁花赤□□□□□□□□□立石。」临朐县□□□□□胡世珎，」临朐县□□□□辛世显，」前益都府孔目□□□祚，」益都县达鲁花赤撒吉思，」侍卫亲军总管千户井涓，」佛智广大师益都县都僧壇」千戒红衣□□□□孙□”。背文镌刻参与立碑的相关政府机构与相关村庄及人员，碑文从略。

3. 瘗葬龛

崇圣寺北崖壁瘗葬龛由西向东分别为坐化龛、卧化龛、三盘炕龛（图四六）。三盘炕与卧化龛间隔较大，在卧化龛的东边。三龛基本上呈一字形排列，其中三盘炕瘗葬龛年代缺考。中间瘗葬龛俗称卧化龛，据《石门坊张志贤圣山修行之记》碑中的“于山顶刊石龛而住，已未之年也”，石龛或开凿于 1259 年，即元世祖忽必烈中统元年的前一年。西端瘗葬龛俗称坐化龛，据龛旁摩崖题刻可知该龛于大元元贞二年（1296 年），葬聚公禅师，其开凿年代或略早于元贞二年。

卧化龛，龛口高 183、宽 226 厘米，下沿距地表约 350 厘米（图四七）。龛门已毁，门口宽 88、高 142 厘米。门口两侧为砖雕，窗棂仿木结构，顶部为横格高浮雕花卉，中间为菱形格，菱形格下横格高浮雕花卉，其下圆雕正面狮像，狮露前腿，狮像下横格雕忍冬纹带。门口上部木制过梁，过梁上部随龛洞上沿的弧度填塞以砖块。龛内近方形，东西长 224、南北宽 226 厘米，龛顶微内收，顶东西宽 184 厘米。龛内设东西向石床，石床靠北壁。床长 224、宽 81、高 47 厘米。石床向外立面两端浮雕枝蔓纹。龛底至顶高 180 厘米。据光绪《临朐县志》载：“壁龛有僧骸二躯，相传元时人卧化于此，至今未朽。”卧化龛是石门坊崇圣寺第一代住持僧法正禅师生前斋舍，也是死后寿堂。

图四六　坐化与卧化龛

图四七　卧化龛

卧化龛西侧为坐化龛，高 179、宽 216 厘米，下沿距地表约 400 厘米（图四八）。龛门已毁，门口宽 87、高 141 厘米。门口总体结构如同卧化龛，但两侧窗棂无雕工。仅砖砌长方形框。龛内长方形，东西长 224、南北宽 260 厘米。龛内设石床三个，靠近北壁的石床最大，东西长 224 厘米，西端略窄，东端稍宽，中间宽 73、高 51 厘米；东侧床长 136、北端宽 51、南端宽 44、高 42 厘米；西侧石床长 122、宽 47、高 43 厘米。坐化龛是石门坊崇圣寺第二代主持僧聚公禅师居处，他效法师父坐于龛中圆寂。

东龛又称三盘炕（图四九），其龛内构筑类似于坐化龛，但该龛既不见摩崖题刻，也不见文献记载。龛室高 172、北壁最宽处 247、龛深 223 厘米。下沿距地表高约 400 厘米。龛洞呈长方形，开口高 168、宽 235 厘米。龛门已毁，近年风景区又新砌一门口。龛内设石床 3 个，靠近北壁的石床最大，其东西长 246、南北宽 60、高 53 厘米；东侧石床南北长 116、东西宽 53、高 42 厘米；西侧石床南北长 118、东西宽 53、高 43 厘米。从明万历年间进士冯琦的《游石门山记》中“寺负北岩，佛殿仅避风雨，僧舍数盈架山木为之，有遗蜕二。卧者师，坐者弟子也，皆元时人，两人生时即居石龛中，当时民间供养绝盛”[3]看，冯琦仅记述坐化龛与卧化龛，未提三盘炕龛。而三盘炕龛内石床构筑类似坐化龛，估计开凿年代应与坐化龛相近，至于冯琦诗中未提，且不见文献记载，或因该龛开凿后未用作瘗葬有关。

图四八　坐化龛

图四九　三盘炕龛

（三）明代造像碑刻墓塔

1. 造像

摩崖造像，仅 1 龛，即四十号，位于唐代静志造像龛的下部。尖拱形龛高 22、下宽 13、深 3 厘米（图五〇，1）。内雕坐佛像一尊，通高 19 厘米。头饰椭圆形项光，发髻低矮，面部残损严重。短颈、宽肩。双手于腹下部牵拉衣裙，两侧佛衣因牵拉而形成“U”形弧线。结跏趺坐于仰莲台上。造像雕工朴拙粗糙。像龛右侧题记为“宣德七年彭志」造”（图五〇，2）。

1

2

图五〇　宣德七年造像龛（四十号龛）

1. 像龛　2. 刻铭

图五一　石门坊陶塑佛像

陶塑佛像1尊。1974年5月，于石门坊林场明宣德墓塔旁侧雨后冲出，现保存于临朐县博物馆。通高9.3、宽6厘米。红褐色陶质（图五一）。面部丰满端正，头戴冠，宽额广颊，眉眼细长，法相庄严，大耳垂肩，粗短颈，宽肩，细腰，四肢骨肉匀称，比例完美。袒右肩，小腹紧收，右手扶右膝，左手放于右腿上，结跏趺坐于束腰形仰覆莲台座上。三串珠串由左肩斜垂右侧肋部，绕向身后，左肩垂有珠串，左上臂绕有三串珠串，左下臂覆搭有两串珠串，珠串绕右小腿，垂于左小腿前。台座连背光，背光上有高浮雕兽、飞天等雕饰。由造型及装饰风格看，年代应在明代早期。

2. 碑刻

明嘉靖《重修崇圣寺碑》，碑中间断裂（图五二），断裂部位碑文有缺失，上半部分左上角残缺，残高66、残宽47、厚13厘米，圭形碑首残宽26厘米；下半部分残高65、宽70.5、厚13厘米。碑额篆书“□修崇圣寺碑”，

图五二 《重修崇圣寺碑》

碑文“……无，待于后之人焉，是故得其人则兴，不得其人」……谓之晚照，盖四山合抱，形若燕巢，林木葱蒨」……奇花异草不知其名……数曲折约五七里，始由西而转东北，巉岩万」丈，势若登天。其视群……初，日光始照，次入三门，仰观北山壁立万仞，」其下方广，中为佛殿……涌出，冬夏不涸，池南为伽蓝殿，西则为龙王」殿，殿后壁凿二龛，左侧……但覆以泥彩，恐暴露其尸故也。西为聚公禅」师涅槃之所，历宋辽金……」圣朝有秀荣峯禅师重修梵宇，……材役匠，兴工于嘉靖癸巳季春，覆以碧瓦」，缭以朱槛，荘塑圣像，金辉……请余文其事于石，用垂于永久。余惟是寺」重兴之功如此，岂非继世……自奉不惮劳苦，卒能易废为兴，降是香火」上祝」圣寿下化群生，诚可尚哉！易得当代……争丽，庶几垂于不朽也。惜余枯槁老野之作」弗足以称欤！师字明月，堂……也。是为记」大明嘉靖岁次甲午仲春……木匠高周”。

《重修石门房崇圣寺记》碑首左上部分与碑身右下部分残缺，现存部分残为三段，残高 135、宽 63、厚 17 厘米（图五三）。首题“重修石门坊崇圣寺记”，碑文“朐邑之西二舍许有石门山，势颇奇峭，石□□……」见日，名石门晚照，居八景之一。宋元间二僧相继……」有石门俨若房状，因以名之。厥房东有寺一所……」殿相继而成□，北崖有水一源垂流池内，若……」殿即建立，源流各有碑迹，亦不比赘，惜岁久……」作长叹息声。上岁春，有谭马庄信士谭鉴，字……」于兹，惜其殿漏，栋宇朽腐，亵渎神像，俄兴……」若兹尔可坐视耶？众僧以乏领袖，对翁慨……」敕圣象不堪观，已非一朝一夕之故矣！岂此□□价所克济哉？翁曰：是不难！遂教住持」置募缘簿一扇，偕友踵朐西之善士门，以义激之，众因拾赀财，翁所拾费居其半，以」故鸠工聚力，择日兴徒，不数月间告竣，庙貌栋宇，墙垣绘塑，神像森然，耀目一新。其」□偕从。诸君子既嘉翁之用心，惜□纪载不能感激将来兴衰补废之君子，因劝翁」□□为俚语，俾石工镌记其事于□之端，亦存垂之意也。」岁舍戊申姑先月上旬□立连峯子撰并书”。

3. 墓塔

墓塔 2 座，按年代分，可分为宣德塔与天顺塔。

宣德塔　位于摩崖造像群西南侧山脊，该塔又名“居山长老佛塔”，始建于明宣德七年（1432），俗称“宣德塔”，高 7.5 米（图五四，1）。底部基本呈方形，南北长 2.54、东西宽 2.5 米，底三层为须弥座形，高 1.15 米，上为八棱形石板叠垒的亚腰柱体；仰、覆莲石，圆鼓体；圆鼓体南侧镶嵌碑形塔铭，碑的右上角残缺，碑高 58、宽 39 厘米。碑额仅存一“大”字。碑文为“山□青州府僧纲司副都纲，兼住普」照□居山长老闻□□塔。」□□七年三月吉□。徒弟至善、觉修建。」徒弟至信、至胜、至喜、」至兴、至深、至智、」

图五三 《重修石门房崇圣寺记》

至顺、至存、至安、」至果、至进、至泰、」至荣”（图五四，2）。圆鼓体上依次为探檐圆形石，收腰石板，覆、仰莲石，八角石，八棱体石板，覆、仰莲石，圆鼓体。塔下为墓室。

天顺塔　位于石门坊摩崖造像群东南方向山涧溪流旁的山坳中，塔高约6米（图五五，1）。塔基为石块砌筑的六边形，第一层直径约1.7米，越向上越细，至第六

1

1

2

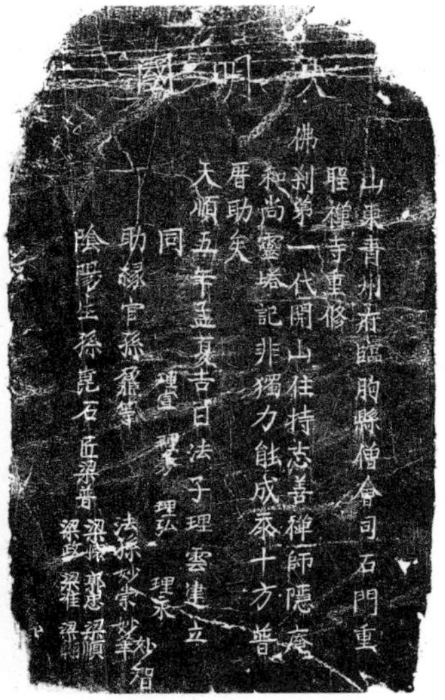

2

图五四　宣德塔（居山长老寿塔）
1. 塔　2. 塔铭

图五五　天顺塔（隐庵和尚寿塔）
1. 塔　2. 塔铭

层为六棱柱体，六棱柱体向上同样为叠涩的六边形石板，亦由细渐粗，共三层，由此形成亚腰状的中下部塔体，再向上，为略细的亚腰柱体，亚腰下刻覆莲瓣纹，上为仰莲瓣纹。亚腰柱体上为由三层圆柱石叠罗而成的圆鼓体，向南的一面刻有略凸起的碑形面，其上刻铭，碑高 49、宽 30 厘米。额题“大明国”三字，碑文为“山东青州府临朐县僧会司，石门重」圣禅寺重修」佛刹，第一代开山住持志善禅师隐庵」和尚灵塔记。非独立能成泰，十方普厝助矣。」天顺五年孟夏吉日，法子李雲建立。」同理宣、理□、理弘、理永、」助缘官孙鼐等，法孙妙崇、妙笔、妙智，」阴阳生孙宽、石匠梁普、梁怀、郭忠、梁顺、梁政、梁准、梁翱”（图五五，2）。圆鼓体上为扁圆柱体，再上依次为覆莲瓣扁圆柱体、扁圆柱体、仰莲瓣纹圆柱体、圆柱体、仰莲瓣纹圆柱体。该塔略向北倾斜约 15°。

（四）清代碑刻

碑残为两块，右上角与左下角残缺，残高 166、残宽 98、厚 15 厘米。石灰石质地（图五六）。额题“□修碑记”，碑文由左向右为“……焉吾朐石门房冠八景之一，其境之仿佛仙源，唯宗伯，冯公」……巍峨，廊舍云连，僧僚动以百计，明季甲申之难，青州太守何永清」……此山诵读经年，寻残碑认崖铭遗迹，在在可考。至大清二百年来」逄公祠数椽焉□□□□□□□□人事有未书也。因于光绪十二年，共议创建」文昌殿，既可振兴文教，亦为山林生色。讵料碑碣乏，搁至今也，莫非名山之有盛衰乎，不十余年又复罅漏，因并文昌、逄公二殿重事修葺，加以黝垩，此固由衰而盛一大转机也，是为记。」廪膳生员谭其□熏沐拜撰」廪膳生员郭玉□沐手敬书」（人名及商号四百余个，省略不录）大清光绪二十四年岁次戊□孟冬　榖旦”。

四、年代与分期

（一）年代与造像分析

1. 石门坊北崖壁与豹子崮造像年代

石门坊北崖壁造像多见题记，由题记及像龛排列布局看，造像活动属于非官方的、自发的佛教信仰者所为。这其中既有寺庙僧人造像，亦有施主造像，施主中地位较高的少，普通民众多。造像时间虽由天宝六年至明宣德七年，但就有题记的造像看，绝大多数造像雕造集中在天宝六年至乾元年间前后（747～760 年）。不见题记的造像风格

图五六 《光绪重修碑记》

特点与有题记的造像基本一致，因此其年代也应主要集中在唐天宝年间至乾元年间前后，应该说造像年代相对集中。

豹子崮造像数量少，仅 4 龛，造像风格与北崖壁龛像相似，其年代应与北崖壁造像同时，即在天宝六年至乾元年间前后。

2. 造像分析

石门坊唐代摩崖造像年代相对集中，持续时间短，尽管如此，造像风格还是有差异的，如果细心比对便可发现，即便年代十分接近的造像，风格同样有差异。这说明形体的差异与短短十几年发展演变关系不大，这一现象应与不同工匠团体所使用的范本以及对流行式样的接受程度有关。所有造像不论北崖壁，还是豹子崮；不论佛像，还是菩萨像，基本上可分两型，即 A 型与 B 型。当然单尊菩萨像龛又增加两型即 C 型与 D 型，此两型数量很少，只是个别现象，并不能说明太多问题。A 型不论单尊龛还是多尊龛，不论佛与菩萨，其形体均以大头、短颈、身形健硕丰满为基本特征，该型下面，不论佛与菩萨都分式做了描述，分式是对细微差别的区分，包括服饰等在内，但基本的特征都差不多，即形体健硕丰满。B 型不论佛与菩萨，也不论多尊还是单尊像龛，其造型均比例准确，形貌略显丰满或较为适中为其特征。

石门坊造像所处年代为盛唐时期，是佛教造像的黄金时代，佛教造像经历南北朝、隋代大发展，外来造像艺术经历了消化吸收再创造的过程，此时已经较为完美。A 型造像在造型上具有盛唐时期世人所崇尚的审美观，如造型多体态丰肥、健硕饱满，佛像、菩萨像头部方圆而丰满。佛像座六角形或圆形台座前搭敷布纹，纹褶曲复，佛的发髻追求高耸的造型，不论螺发还是水波式发髻自由翻卷而活泼，纹路清晰，衣饰、发髻造型上的自由活泼开放，与唐代开放的社会风气相一致。菩萨体型亦多丰肥，姿态多自如而少拘谨，雍容大度，俨然贵妇人一般。帔帛及璎珞自两肩垂向胸腹间或腿部后，向上翻卷，较为庸缓且有厚重感。

B 型造像相对保守，发展稍微缓慢一些，还保留有一点北齐、隋代造像的影子，如体型相对 A 型略瘦，但总体上还是与盛唐的时代风格基本保持同步。

唐代摩崖造像，不论佛、菩萨，造型都较为完美。圆刀雕刻手法婉转流畅，很少有生硬痕迹，造像各部比例准确，结构合理。头部略大或大小适度，面型方圆适度，发髻多为水波纹或螺发。在衣饰上，佛像流行双领下垂式大衣，内着僧祇支和裙，体态略胖，或胖瘦适度。台座多见束腰式，上面搭覆衣纹，垂纹自然曲复，生动自然。菩萨多束高发髻，优美的发型与精致姣好的五官，袒裸的上身，紧束的腰肢，略向一侧扭曲的造型，使体态更显活泼生动而妩媚。双肩垂覆的帔帛同样随菩萨动感而婉转，璎珠精致而无沉重感。B 型菩萨造像数量相对较少，造型略显保守。

宋代不见摩崖造像也未见寺庙遗址出土圆雕造像，但却有记录造像的碑刻。宋《至和元年修造圣容碑》，记录宋代一次造像活动，单从碑文难以考究此次造像是摩崖还是寺庙圆雕造像。石门坊北崖壁造像群下部石壁局部坍塌，坍塌处留有造像龛额等雕刻，说明坍塌部位原有造像。从北崖壁造像整体布局观察，崖壁下部多为较大型像龛且较密集，呈崖壁越高、像龛越小的分布规律。唐天宝年间的造像应由下而上展开，造像伊始，估计下部石壁是首选理想位置，所以已经崩塌的下部崖壁有宋代造像的可能性较小，如此则宋代至和年间造像极有可能为寺庙圆雕造像，当然也不排除宋代造像开设在石门坊另外的崖壁，后来因崖壁崩塌，造像被掩埋的可能。

元代“石门坊张志贤圣山修行之记”碑中有“披荆斩棘□□□□王吕」佛殿塑诸佛像”，由此可知元代重修后的佛殿内塑有佛像，佛像当为泥塑。

明代造像仅见1龛，造型及雕刻手法粗劣稚拙，造像匠人或非专业雕塑工匠所为。

（二）分期

综上所述，石门坊纪年造像较多，风格特征明显，并有碑刻等文物，年代与分期相对简单。初步意见如下。

第一期：即北崖壁唐代像龛与豹子峀像龛，年代自天宝六年至乾元年间，即747～760年。

第二期：仅见碑刻记载，造像年代为宋至和元年，即1054年。

第三期：元至元九年（1272年）重修佛殿，并塑佛像，佛像当为泥塑。

第四期：仅摩崖造像一龛，年代为明宣德七年，即1432年。

五、结　　语

石门坊摩崖造像群主要集中在崇圣寺遗址北侧崖壁上，虽分布面积不大，但像龛数量较多，达五十余龛。造像多有纪年刻铭，年代集中在唐天宝年间至乾元年间（742～760年），其中天宝六年至天宝十一年是造像的高峰期。唐之后，宋、元、明各代均有造像活动的碑刻，纪年造像仅见1龛，即明宣德年造像。宋、元两代造像或为寺庙殿堂内供养，因易于移动而损毁或移至他处，或为泥塑造像而不易保存。当然也不排除雕于崖壁，因崖壁坍塌，造像消失。北崖壁因下部坍塌，少部分造像已不存，对照成书于清乾嘉年间的《山左金石志》所收录题记刻铭可知，确有部分造像刻铭已不存[4]，故崖壁坍塌应在乾隆年之后。石门坊豹子峀仅存4龛造像，其风格与北崖壁造像相同，应雕于天宝年间。

造像题材丰富，佛像有弥勒、弥陀、释迦牟尼、阿弥陀、药师佛等；菩萨像有观世音、文殊、普贤、地藏以及只提菩萨未加名号的菩萨像。其中弥勒佛像与观世音菩萨像占多数，包括不见题记造像，造型亦多为弥勒和观世音。由此可见，唐天宝年间对弥勒佛和观世音菩萨的信仰是主流。

施造者以普通百姓居多，且以女性为主；亦有少量地位较高者，如刻铭“上柱国”的造像，唐代勋级分十二等，最高等级是上柱国，享受正二品待遇。

造像目的，主要分祈福保平安；因病求佛、菩萨保佑康复；为逝去的亲人造下生像，祈求弥勒或观世音菩萨托生西方净土。

盛唐造像特点突出，大致分两种略显不同的风格。其一，面相方圆丰润，短颈，体态丰肥，服饰多为双领下垂式佛衣，内着僧祇支和裙。结跏趺坐于束腰须弥座上，衣纹随坐姿自然下垂。菩萨发髻高耸，崇尚丰腴之美，多袒露上身，璎珠悬挂，或随帔帛翻转，或由双肩垂于胸部交叉结环，装饰华丽。帔帛斜披，长裙贴体，下摆外撇，姿态优美。其二，不论佛与菩萨，造型写实感更强，肥瘦适中或稍显丰腴，身形匀称、健壮，身体各部比例准确。其中前者风格占大多数，两种差异应是不同工匠团体造型审美取向不同所致，并无时代演变关系。继唐代之后，宋、元两代均有碑刻记录造像活动，明代仅见一龛宣德年像和单件陶塑佛像。除造像外，还有开凿于元初的僧人瘗葬龛；元代的摩崖题刻；明代的佛塔；宋、元、明、清的碑刻等文物遗迹。其中元代的瘗葬龛在山东地区僧人葬式中罕见，因此颇具研究价值。

执　笔：宫德杰

注　释

［1］临朐县文化广电新闻出版局：《山东临朐石门坊摩崖造像群调查简报》，《文物》2016 年 7 期。

［2］《山左金石志》：又记书监希庄监为蓝字之省苍生作沧则」别体也。

［3］临朐县政协：《临朐县旧志汇编》第 429 页，民国《临朐续志》卷之七，八景，冯宗伯琦《游石门山记》，潍坊市新闻出版局准印证 2002 第 038 号。

［4］（清）毕沅：《山左金石志》卷十二，第 35～37 页。收录条目：
石门房山造像题字二十九种」年月书体详后在临朐县石门房山北石壁」一题大唐天宝六□□□丁亥三月丁丑朔廿□□□广」饶□□守志造像记正书十二行自左至右记中尚字即」上之通用。一题仙□李令璋妻吕造像记正书八行记中菩萨倒作」菩萨。一题济南郡清信士□行廉造像记后书天宝九□□月」正书凡六行。一题佛弟子□□仁造像记后书天宝七载九月正书凡」三行。一题像主监希庄天宝六载□□丁亥三月壬午朔廿八」日癸卯造像记正书三行。一题山石造像记正书四行。一题清信士李□□妻王氏正书五行可辨者唯此七字」一首行存白马二字三行存君无

其三字余皆漫灭。一题□川□□□□升造像记后书天宝六载十月四日」正书凡十一行。一题佛弟子李□宾等造像记后书天宝□载十二月卅」日正书凡五行。一题□□合子女天膏□七载四月正书三行上下皆有」残缺。一题佛弟子杜二朗妻□氏造像记后书天宝□载十一」月十日记正书凡三行。一题佛弟子兵部常选上柱国韩嘉昕造像记后书天宝」七载二月记正书凡四行。一题清信佛弟子孟士□造像记后书天宝六载五月四」日记正书凡五行。一题孙□如来弥陀像一正书八字上下俱缺损。一题临淄县李要妻王十二娘造像记后书天宝六载正」书凡五行。一题佛弟子□□□为祖母傅敬造□□弥陀像一正书」三行。一题大□唐天宝六□岁次丁亥四月丙午朔六日辛亥」□城郡□潍县人车怀璧造像记末行纪年止存十一月」十四字正书凡七行。一题生父母□在眷属咸同斯□六载三月二日建正书」二行。一题弟子郭德礼造像记正书五行。一题佛弟武令本造像记正书二行佛弟下脱子字。一题清信士上柱国王道成妻张氏造像记后书天宝九」载三月建正书凡六行。一题维大唐天宝六载岁次丁亥三月丁丑朔廿九日□」□□鏻□人卢大娘女等造像记正书五行自左至右。一题维大唐天宝六载岁次丁亥三月丁丑朔廿九日乙」巳广德乡人王克勤造像记正书七行自左至右。一题□□令妻□□造像记后书天宝□载九月□七日」记正书凡二行。一存男难金□像一正书五字余俱漫灭。一题大唐天宝□□□□□房造像记正书九行。一题□□□□□李思□造像记正书二行。一存男□弟天宝六载三月正书八字余俱漫灭。实际收入条目只二十八条。

山东临清出土五代孔谦家族墓志

临清市博物馆

20世纪70年代以来，临清烟店镇村民在长顺干渠和尚潘干渠的开挖、挑濬中陆续发现了后唐租庸使孔谦家族的四方墓志，墓志出土于烟店镇王庄北长顺干渠与尚潘干渠交汇处，西邻卫河、东毗315省道（图一）。这四方墓志分别为《孔昉夫妇墓志铭》《孔谦墓志铭》《孔立墓志铭》《孔谨墓志铭》，其中《孔谦墓志铭》曾刊于《北京图书馆藏中国历代石刻拓本汇编》，今北京大学图书馆亦藏有《孔谨墓志铭》拓本，今据志

图一　孔谦家族墓群平面示意图

石分述如下（文中空格以“Π”符号表示）。

一、墓　　志

1.《孔昉夫妇墓志铭》

缺盖。志石青灰石质，正方形，边长70、厚23厘米，志文楷书，40行，每行25～48字，共计1478字。墓志四侧浮雕十二生肖像，生肖像外均斜刻减地矩形壸门。墓志铭刻于天祐十九年（后梁龙德二年）（922年）十月，将仕郎试秘书省校书郎蔡茂辞撰文。现录文如下（图二）。

图二　《孔昉夫妇墓志铭》拓片

大唐故鲁国郡孔府君乐安郡孙氏夫人合祔墓志铭并序/

将仕郎试秘书省校书郎蔡茂辞 Π 撰上/

粤若国封集庆，邑里储休，或昭著士风，显扬妇道，虽逝殁难逃于大化，岂音徽遽泯于芳尘。/苟非镂彼他山，表于閟寝，则声猷胤胄，曷传不朽者哉。/府君讳昉，Π 圣裔流芳，玄风毓德，绰有余裕延于后昆。Π 曾祖讳 Π，祖讳谊，烈考讳端，咸/履太平之运，沐浴淳风，遗迹嚣烦，矜持道德，形存聚落，思入烟霞。府君三葉承休，一宗致美，/温恭植性，礼乐资身，驭家而名。重孝慈，接友而诚；推信义，乃勤乃俭；示教垂规。以大顺二年/五月十八日寝疾，终于永济县私舍，享年四十有六，即以 Π 月 Π 日葬于贝州永济县柏/社乡西林村，祔 Π 先茔之次。Π 乐安夫人，族系源流其来盖远，大者乃帝王基业，称盛于/六朝；次者则将相冠裳，迭兴于列国。派分九土，家偶两河。Π 曾祖讳 Π，祖讳 Π，烈考讳钧，/皆虔修素节，以历清时，悉究典坟，游情儒雅，或以闺庭多故，戎马方兴，因鄙宦名，不昇仕禄。/夫人生在庆门，裔传高族，功容言德，四者之备，推敏惠柔明，六亲之咸仰是从。笄岁适于 Π/鲁国孔公，允叶先近，瑞此良宗孰侔，合姓之荣谁并，宜家之美，芳淑春煦，贞若寒生。洎乎妇顺/扬，名内风振誉弥隆，体律日励兢修以，中馈苹蘩，职靡乏于闺壸，肃雍婉娈，情更睦于宗亲。/敬事舅姑，义敦长幼。及遘 Π 鲁国公之祸衅，哀极未亡，梁木先摧，高梧半落，铅华/委弃，礼制斯终，积迈年光。倏及耄齿，属衰羸之渐逼，勉筋力之自持。常以志笃孝慈，训/严家务，孜孜夙夜，宁暂舍诸技类，时伦孤绝懿行，是宜更延上寿，寔日明神。何期福善/之言，徒示圣人之教。竟悲号于内外，俄惨沮于闺庭，即以天祐十八年十二月二日寝疾，/终于元城县北归善坊之私弟，享年七十八。Π 鲁国公有子四人，长曰佶，朝议郎，守/滑州司马。孟曰谨，将仕郎，守德州长史。仲曰谦，天雄军右教练使，知支度，金紫光禄大夫，/检校司空兼御史大夫。季曰立，早叹逝殁。女四人，长适郭氏，早亡。次适高氏。次适张氏。次适苏氏，早亡。/支度司空，幼熟庭训，绰有公才，知书而已。在华年干事而尤彰，积岁豁澄明之离，抱肝/鬲全窥，挺磊落之奇姿，峰峦耸列，绍袭余庆，振发清门。乙亥岁，以魏人患乐土之未/安，若伪庭之临制，愿戴 Π 莫主以便斯民。丹诚既达于汾阳，Π 旆旆俄临于邺下。洎今 Π/大王兼是三镇，逮兹八年，转战平凶，枕戈卧甲。府城自兵火之后，储蓄皆空，力困一方，师/七十万，遂使时衣日食供餽无亏，悦士酬功赏宴靡阙，但系军国之给费，悉能经搆以/不愆。非 Π 司空别负殊才，迴钟 Π 奇见，誓竭忠义，仰奉 Π，霸图将成，致 Π/

主之勋首，建经邦之业。不然者，曷集 Π 大事，以荷 Π 明恩。其赞德论功，已驰内外，纵 / 踈毫治墨岂暂称扬。Π 滑州司马、Π 德州长史虽适讌居，早分秩序，俱以秉持事行礼接 / 交朋，荣被家门，誉传乡党。唯 Π 滑州司马与诸弟早丁 Π 内忧，皆少孤以预世务，承 Π/ 乐安夫人抚养之外，训授诗书，推勤俭之风谕、温恭之道，俾其谨守，无怠执持。及乎上肖 / 祖先，各显仕位，盖出 Π 夫人贤明圣善、教诫保安之义也。既 Π 夫人饮膳乖和，摄 / 调爽候。Π 司空洎滑德长马，乃疚怀轸虑，焦思劳神，靡上药之不求，有名医之悉访，精 / 穷攻治，潔祷灵祇，徒竭人子之诚，莫去膏肓之寇。容仪宛尔，神魄潜飞，尽室哀摧，五情 / 痛裂难追，Π 慈荫永隔幽明。繇是重启 Π 寿堂，载新吉地，涂蒭备物，戚属咸臻，即以 / 天祐十九年十月八日祔葬于 Π 鲁国公之玟，礼也。噫！ Π 芳猷懿范，没齿遗名，非纪刻之长口，/ 虑音尘之遽歇。茂辞迹叨门馆，俾尽褒扬，谅匪文辞，但遵 Π 指命。其铭曰：/

万物俱生，人实为贵。在修名德，乃超群萃。松篁比坚，芝兰袭气。
鲁国平昔，禀兹口口。/ 乐安氏族，懿范柔风。地符吉礼，适我良宗。
贤淑贞静，婉娩雍容。垂则垂训，妇言妇口。/ 逝浪难停，藏舟岂固。
相率夜台，同晞朝露。寂寞郊原，凄凉封树。浮世睽辞，徽音布濩。/
承袭令子，有后荣家。邦土上佐，门第光华。都城忽别，旌旐逾赊。
琢石褒美，年祀无涯。/

2.《孔谦墓志铭》

缺盖。墓志铭青石质，呈正方形，边长 70、厚 20 厘米，盖佚。志文楷书，40 行，每行最多 48 字，共计 1850 字。墓志四侧刻十二生肖像，斜刀减地、直刀浮雕人身动物头像，上雕猪鼠牛、下雕蛇马羊、左雕猴鸡狗、右雕虎兔龙。墓志铭刻于后唐天成二年（927 年）二月。朝请大夫、守左谏议大夫、知匭院事、赐紫金鱼袋上柱国萧希甫撰文。现录文如下（图三）。

唐故丰财赡国功臣光禄大夫检校太傅守卫尉卿充租庸使兼御史大夫上柱国会稽县开国伯食邑七百户孔谦夫人刘氏夫人王氏合祔玄堂铭并序

朝请大夫守左谏议大夫知匭院事赐紫金鱼袋上柱国萧希甫撰

栾布哭彭越，汉皇不以为非；李勣哀单生，Π 太宗不以为罪。义之所在，礼亦无嫌。昔者天宝末，禄山自燕蓟犯顺，/ 四海沸腾，首尾六七十年，逆者帝，大者王，小者侯，跨裂土疆，各各自有，以是地产翘俊，不复得出境而仕矣。直至天祐初，洎 / 伪梁世亦然也，以故 Π 公隶辕门而进焉。天祐十二年，

图三 《孔谦墓志铭》拓片

魏帅杨师厚卒，梁人以贺德纶守之。兵动事变，德纶不能制。梁 / 使刘鄩督军急进，已不及矣。魏人曹廷隐如河东，请援于 Π 庄宗。旬日，勒步骑数万自太原至。德纶既失守，都指挥使口 / 行诲率全城军民诣馆，沥恳求为主。Π 庄宗时为晋王，将固 Π 兴复之业，且以天授人与也，遂许之，则皆 Π/ 公始预谋而致于此。自是之后，刘鄩屯洹水，提六七万众，晨夜直抵河东，至榆次回，历宗城，夹漳水，与周太师德威并道而 / 进。刘鄩入贝州，息兵数日，至莘县跨河而营，与周太师三十里隔大堤相拒，连日求战。当是时，两军至十余万。梁人得一城，北军 / 击之；Π 庄宗降一县，则南师寇之。膏血涂地，锋刃迎野，兵食马草，尽出Π公之心计耳。旋大战于莘县、冠氏间，北师胜，南/寇败走。Π庄宗以大捷后不虞其复为患也，遂归太原觐Π先太后。梁人伺我之无备，遣王瓒率众北渡，夹扬村河/筑壘，以窥魏城。Π庄宗闻，遽自河东还。先是Π公言于Π帝，使孙岳造船为浮桥，至是将备矣。Π/公又潜遣其兄佶，密市荆笆五百扇般送朝城。及Π庄宗次杨留，盛寒，河冰流槎，一夕冻合，乃铺荆笆进军，遂获杨留北镇。后/进屯景店，其北筑城曰"德胜"。Π公尽取魏之县邑、户口、田亩、桑柘、人丁、牛车之籍帐，役使以力，徵敛以平，强者不敢附势，弱/者得以兼济。吁！兹时也，连岁大兵蹂躏，魏之四十三邑，其无民而额存者将十城，负疮痛而偷蚕垦者才三十余县。Π/庄宗潜龙时，兼幽、镇与晋、魏，且四节度只取于邺民，余无所资，唯器械而已。Π公恒以五六骑往来于德胜，皆夜行晨入。/郭侍中崇韬计事于Π庄宗前，至其治人，必悉选良吏为令尉，使法严以整，守财勤以廉。止一食，无三四味，不取于公家，/皆其二兄或出入利息，或服勤耕稼以资之。癸未岁正月，Π庄宗入邺都，将从人望，乃以是年四月建Π/大号，复Π皇祚Π，天子旌旗、仗卫法物、中外羽仪，至此皆备。则公先使前临河尉韦可封监护制修之，已三年/于兹矣。Π中兴初闰四月收郓州，俄而梁将王彦章袭取我景店寨。Π庄宗自澶州入德胜，其粮料蒭蒿悉辇以内，/向所全者，粮十五万，草十万，其余悉焚之，皆Π公之先储积也。我师与梁兵对岸，东下杨留、马家口，临黄相距，日日战不绝，则比/前之费，又倍甚矣。十月四日下中都，九日收汴城，Π公自邺赴Π行在，十一月从入洛。明年五月以本官归班，遇谗也。八月进封爵，/迁为租庸使。Π庄宗享国日浅，遽定中区，以有大功于生民，遂怠于庶政。于是小人乘间媚乱荧惑，宰相备位偷贵，谏/官钳口冒禄，俾Π我庄宗无节使之意，大侵民力，四海怨叛，以致于失天下。天成元年，Π/有道主驭寰宇，初无罪Π公之Π旨，至是以人情归咎于Π公，为残虐之所，则不能违也。四月十四日终于都市，/临刑无惧色，解衣不变容。呜乎！臣事Π君能致Π君于尧、禹之上，乃其道也，如不至则以身殉之，亦其事也，流于千古，/复何愧哉！二年正月廿七日，Π公兄佶使其子惟贞、姪惟熙等，自Π洛城东护丧归邺都永济县百杜乡西林里，茔于/先祖玄堂侧。Π曾祖讳谊，Π祖讳端，Π俱高尚闲居不仕。Π皇考讳昉，前任德州平原县令，赠渝州刺史。母孙氏夫人，/赠乐安县太君。Π公讳谦，字执柔，始娶刘氏夫人，次娶王氏夫人，早卒，后娶荥阳郑氏，则今县君也。二子幼卒，子惟贞嗣。公/历职天雄军节度押衙、右教练使、魏博观察孔目官、都盐曲使、支度使、都排仗使、租庸副使、租庸使；历官相州长史、右武卫大将军、/卫尉卿；检校官兵部尚书、右仆射、司空、司徒、太保、太傅；历阶朝议郎、银青光禄大夫、金紫光禄大夫，光禄大夫、特进；勋授柱国、/上柱国；爵封会稽县男，进封伯，食邑三百户至七百户。嗟乎哉！富贵傥来，修短定分，其间荣悴、祸福、进退，能悬料预萌/者几人耶！ Π 公可谓得死所矣，抑又何悲！左谏议大夫赐紫金鱼袋萧希甫尝于 Π/庄宗经纶时为 Π 霸府从事，尽见 Π 公之竭诚耳。余以为终始一致，毕力匡佐，若获以事 Π 治世，庶几其大有/功，因敢直书幽壤而激事 Π 上矣。铭曰：Π 天成二年二月十五日葬。/

事亲以孝，事君以顺。刚直贞幹，沉密温润。昔在下位，守以周慎。

至于大官，靡不忠尽。/自古陵谷，岂无灰烬。生而节全，殁以身殉。

丹旐翩翩，归于邺京。黄发故老，白头二兄。/始时赴阙，欣口送行。

今日还乡，哀哀哭迎。嗟嗟中馈，有泪无声。何不凋落，孰不欢荣。/

官号三师，位为九卿。无悔无咎，有勋有名。谓之得死，不足伤情。

贺者吊者，勿喧勿惊。/窆于旧里，从先人茔。

中书省玉册院镌字官宋元赛镌。

3.《孔立墓志铭》

缺盖。墓志铭呈正方形，边长 55、厚 12 厘米，志文楷书，20 行，每行 3～24 字，共计 421 字。墓志铭刻于吴天祐十六年（后梁贞明五年）（919 年）六月。现录文如下（图四）。

大唐鲁国郡 Π 孔府君墓志 Π 并序/

将仕郎前秘书省校书郎蔡廷若撰/

府君讳立，其先乃邹鲁圣人，垂教立世，二千年之运祚，五十代之流芳，/即其后也。Π/曾祖讳端，Π 祖讳谊，Π 考讳昉，皆矜持道行，鄙口浮华，身/从在于人寰，心每驰于真境，钟秀胄胤，资庆门宗。Π/府君即 Π 先府君弟四子也，Π 母孙氏，柔明令范，婉口口风，楚/宫之贤德可追，胄室之箴规复出，高堂养寿，举族口口。口三人，口，/Π 前守滑州司马；仲曰谨，不仕，并以性质淳和，行藏口口，方严而/口，Π 幼少率勤俭而约彼家庭；季曰谦，右厢教练使、都盐曲使、知/支度事，拔俗异禀，佐命殊才，契鱼水之相须，值风云之兹会，居然/国器，终秉时权。Π 府君懽承附蔦，孝极事亲，常惟友爱之间，/自得融和之趣，戚属翳重，交口叹降。于戏！神道时依，寿不我与，口口/于田前口落憎悲于世被周口，天祐十三年口月 Π 日疾终，春秋享/年卌四。娶天水郡赵氏，口口口名口口口口口氏。女一人，口口口口。天祐十/六年二月八日葬于魏州永济县柏社乡西林村 Π 先茔之次。礼也。廷若/

图四 《孔立墓志铭》拓片

受恩门馆，俾述铭辞，其铭曰：/

劳生息灭，道之达言。贵为人也，行乃守焉。行苟斯著，人实推先。/

府君平昔，是爰所传。□□□禄，家风照烛。独逝泉壤，何无寿祚 。/

恸过鸰原，悲连亲俦。□诸苹琰，永遗芳躅。/

4.《孔谨墓志铭》

盖底一合，墓志石青石质，呈正方形，边长 60、厚 12 厘米。志盖为盝形，盝顶中间呈方形，边长 25 厘米，竖刻 3 行阴文正书“上望鲁国郡孔公墓志”。志盖四杀饰阴线刻青龙、白虎、朱雀、玄武四神及卷云纹饰。墓志四侧上下各线刻三位束髻冠人物、左右各线刻进贤冠人物。志文楷书，27 行，每行 8～29 字，计 694 字。墓志铭刻于宋太平兴国九年（984 年）十一月（实为太宗雍熙元年）。现录文如下（图五、图六）。

图五 《孔谨墓志铭》拓片

图六 孔谨墓志盖拓片

汉故朝散大夫检校工部尚书宋大名府少尹赐紫金鱼袋孔公墓志铭

公讳行谨，邺都永济县人也。曾祖讳谊，祖讳端，俱高尚不仕。皇考讳昉，任德州 / 平原县令，赠渝州刺史。母孙氏，赠乐安县君。公兄弟四人，长讳佶，任襄州别驾；公即第二 / 子也；弟讳谦，丰财赡国臣、租庸使；次弟讳立，不仕。姊妹四人，并适名族。公禀纯 / 和之气，挺孝友之心，勤稼穑以服家，韬光华而遁世，轻其名位以至耄年。始娶/刘氏，再娶赵氏，后娶张氏。有子二人，长讳彦，摄冀州司马；次讳允。女二人，长/适焦氏；次适杨氏，即汉故枢密使兼中书枢相之妻也，封鲁国夫人。彦有子二人，/长曰继忠，次曰遂良。允有子二人，长曰荷，次曰世坚。公以女适贵人，时当重位，家/风不坠，夙望犹存，奏授前官，强请就任，在周高祖潜龙幕下半载有/余，临莅之间精神不减，忽焉梦寐不觉而终，时年八十三，即广顺三年十一月八/日，不禄于府中私第，平生积善而有寿有官，胤嗣送终乃同心同德。岁/年既稔，时日惟良，太平兴国九年十一月二十一日扶护神灵合葬于先/坟。新冢累累，乔林森森，佳城是启，黄壤长归，乃孙乃玄，莫不哀/恸。公长男惟彦，始娶马氏，次娶郭氏。次男惟允，娶路氏。侄惟熙早/亡，娶昝氏。侄惟素娶刘氏。侄孙继宗娶路氏。侄孙继恩，侄孙继清/并相次而亡，皆居浅土，今尽收葬合附，或入旧茔，或安新域，龙/堧得兆，马鬣是封，见在枝叶甚繁，不复具录。铭曰：/

天生令德，代有奇人。志气高上，脱略搢绅。勤耕力稼，益国利民。/
去华务实，鄙恶求仁。安闲七纪，逍遥一身。命惟天赋，名非我亲。/
事与时会，官崇禄新。金璋紫绶，庆耀乡邻，鬓毛似雪，年寿□□。/
善终今始，夫谁与伦。衣林宅穴，斩草披蓁。陵迁变谷，□□□□。/
亚尹之墓，无难无屯。/
大宋太平兴国九年次甲申十一月丙子。

二、考　释

1. 形制

《孔昉夫妇墓志铭》《孔谦墓志铭》《孔谨墓志铭》，此三方墓志，与洛阳地区出土的《张季澄父子墓志》《张文宝墓志》《令狐梅墓志》《戴思远墓志》等墓志一样，均刻有四神和十二生肖[2]（图七～图九），从中可看出“以此信仰为时尚的装饰始于唐代后期，消失于北宋中期”[3]。孔昉卒于唐昭宗大顺二年（891年），孔谨葬于北宋太平兴国九年（984年）（实为雍熙元年），其间近百年正是墓葬中这种墓志装饰时尚的普世期，与时代风俗极为吻合。较其他出土墓志多采用铁线阴刻，孔昉、孔谦的墓志则采用减地浮雕；尤其相较其他墓志十二生肖多为人身动物头像，或跽坐莲花座之上，或褒衣博带、双手捧笏图饰，而孔昉、孔谦的墓志却为跽坐妇女怀抱动物头像婴儿，其中俨然少了几分官禄俗气，多了几分人伦亲情，极具人文情愫，颇为罕见。

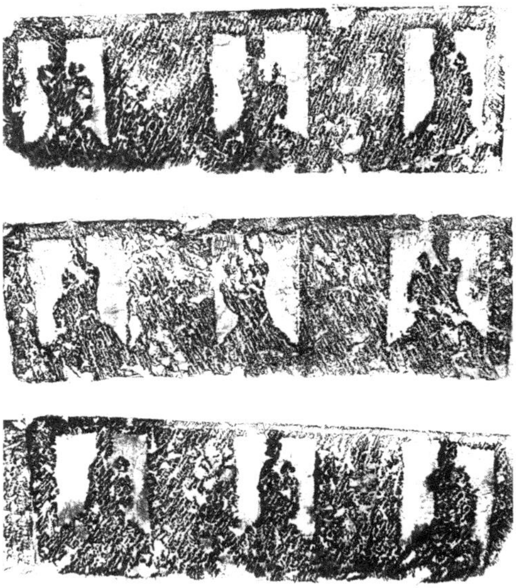

图七 《孔谦墓志铭》侧面（上、左、右）拓片

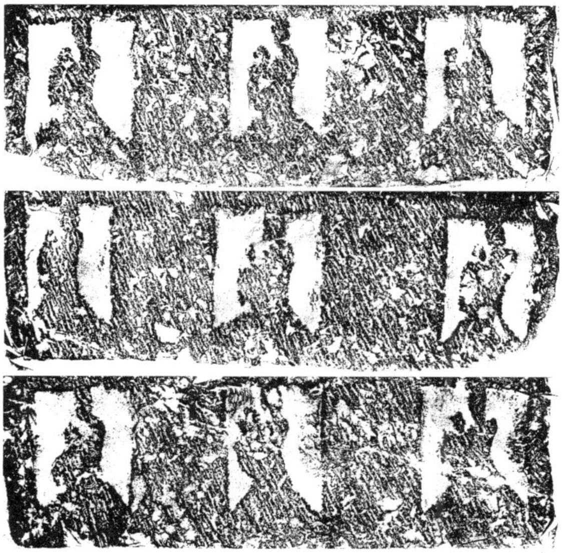

图八 《孔昉墓志铭》侧面（上、左、右）拓片

2.《孔谦墓志铭》可补本传之阙、补史之阙

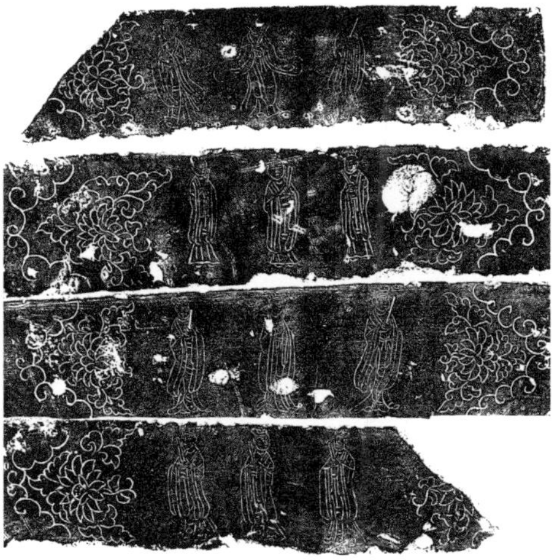

图九 《孔谨墓志铭》盝盖四侧拓片

《旧五代史·孔谦传》载："本，州之干吏，上自天祐十二年，帝平定魏博，会计皆委制置。谦能曲事权要，效其才力，委以泉货之务，设法箕敛，七八年间军储获济。及帝即位，于邺城谦已当为租庸使，物议以谦，虽有经营济赡之劳，然人地尚卑，不欲骤总任枢密。"

志载孔谦之父孔昉"任德州平原县令，赠渝州刺史"。孔谦应为出身官宦之家。志载："公辕门而进焉。……历职天雄军节度押衙右教练使，魏博观察孔目，官都盐曲使、支度使、都排仗使，租庸副使、租庸史。历官相州长史、右武卫大将军、卫尉卿检校官，兵部尚书右仆射、司空、司徒、太保、太傅。历阶朝议郎、银青光禄大夫、金紫光禄大夫、光禄大夫特进勋授柱国、上柱国。爵封会稽县男，进封伯食邑三百户至七百户。"传志对照，孔谦出身入仕传志相吻，但志较传更详细。尤其是孔谦累进历官志载详尽，勋爵荣衔，以及孔谦在庄宗草创天下时竭尽所能相辅佐事例，不见传载，志亦可补传之缺。

墓志中举凡后梁、后唐拒战黄河杨柳镇，孔谦“使孙岳造船为浮桥”，“又遣其兄佶，密布荆笆五百扇”，“杨柳盛寒，河水流搓，一夕冻合，乃铺荆笆进军，遂获杨刘北镇”。又举凡庄宗邺城立都，孔谦勤以备置“旌旗仗卫法物，中外羽仪至此皆备”。还举凡孔谦“公恒以五六骑往来于德胜，皆夜行晨宿，……使法严以整守，财勤以廉止，一食无三四味，不取于公家，皆其二兄或出入利息，或服勤耕稼以资之”。这些志中所记，两史及《资治通鉴》等典籍中均无载，可补史阙。

3. 郡望及世系

从孔氏四方墓志所载可知，孔谊、孔端、孔昉、孔谦及子孙已六代世居山东永济县柏社乡西林村，孔谦虽一度迁居河北元城县北归善坊，但殁后仍归葬永济县祖茔。综其世系如图一〇所示。

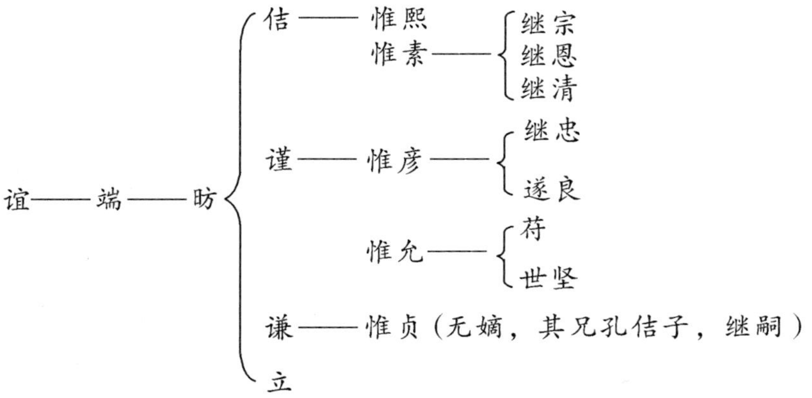

图一〇　孔氏世系

《中国历史地名辞典》记载：“永济县，唐大历七年（772年）分临清县置，治所在今山东冠县北。北宋熙宁五年（1072年）并入馆陶县。”[4]又《旧唐书·代宗纪》载：“大历七年（772年）春正月癸未朔戊子，……以贝州临清县之张桥店置永济县。”据地方志载：“唐永济城在州西南，大历七年（772年）田承嗣析临清县置永济县，属贝州，以西临永济渠而名，宋初并入临清县。”[5]由于这段历史的沿革变迁和地理版图的变更，当今研究孔谦者多将其误判。“孔谦，魏州（今河北大名东北）人。”[6]也有学者将贝州永济县与山西永济县相混淆，此四方墓志的出土使此故籍得以澄清。

另外，关于租庸使孔谦的生卒，《旧五代史》《新五代史》两史的孔谦本传、《资治通鉴》等文献以及诸多著录均注示“（？～926年）”，只知唐明宗下诏诛杀孔谦之时，未知其生辰，即使其墓志也未载明。但从其兄“孔谨墓志”（870～953年）、其弟“孔立墓志”（872～916年）生卒中得知，孔谦，字执柔，生于唐懿宗咸通十二年（871

年），卒于后唐明宗天成元年（926年），享年56岁，弥补了文献之阙。从四方墓志所述孔谨、孔谦、孔立应为挨节生兄弟，未记为“双生子”（双胞胎）。

三、小　　结

历史上的后唐五代时期，分裂割据，战乱频仍，虽然只有短短53年时间，但由于常年征伐、藩镇骄横、兵燹连连，朝代更迭频繁，前后纠葛交混、动荡不宁，再加上大量典籍散失，为后世对后唐五代史的研究造成不少疑窦和缺失。孔谦乃五代后唐历史上的重要人物，史传对其记载简略，临清出土的孔谦家族四方墓志可补史书之阙。而且墓志提及后唐灭后梁之战事，对研究当时的战争进程、社会状况极为重要。孔谦的墓志及其父、其弟的墓志的出土对于重新认识孔谦其人、研究孔氏家族具有重要意义。

注　　释

［1］碑文别字，历代皆有，惟以北朝及唐代为甚。本文所属四方墓志中别字，均引自秦公辑：《碑别字新编》，文物出版社，1985年。例如，孔谦墓志中“辕门”，轅字（见魏·孔羡碑）；孔昉墓志铭中“地符”，埊字（见魏·曹真碑）等，谨此说明。

［2］洛阳市第二文物工作队编，李献奇、黄明兰主编：《画像砖、石刻、墓志研究》，中州古籍出版社，1994年。

［3］李献奇、张钦波：《五代后唐张继业、季澄父子墓志浅考》，《河洛文明论文集》，中州古籍出版社，1994年。

［4］复旦大学地理研究所《中国历史地名辞典》编委：《中国历史地名辞典》，江西教育出版社，1986年。

［5］乾隆五十年张度、邓希曾纂修《临清直隶州志·疆域》。

［6］李天成主编：《中华历史大辞典》，延边人民出版社，2001年，936页。

执　笔：马鲁奎　魏　辉　李赛南

聊城市东昌府区范庄清理一座宋代墓葬*

聊城市东昌府区文物保护管理所
聊城大学历史文化学院

范庄宋墓位于聊城市东昌府区沙镇范庄村，发现于德商高速公路施工工地。因高速公路工程建设，2012 年 10 月 18 日～11 月 2 日，东昌府区文物保护管理所组织人员对墓葬进行了抢救性发掘，清理出陶、瓷、铜器等随葬品 53 件。现将发掘情况简报如下。

一、墓葬介绍

墓葬（编号 M1）位于范庄村东南约 200 米处（图一），地表之上原为范庄村田地，

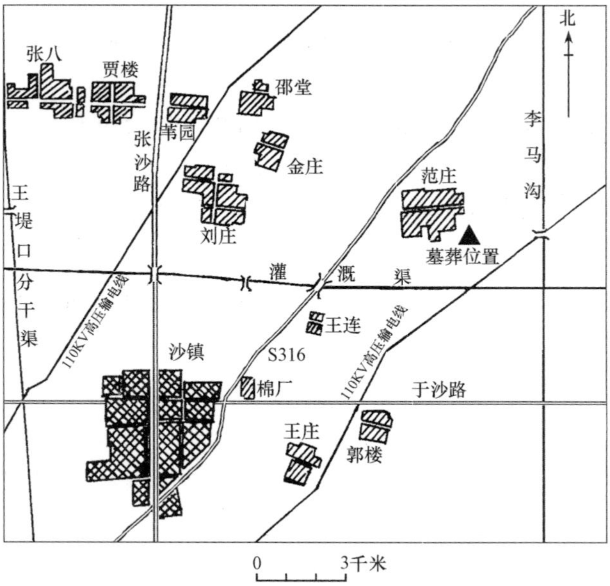

图一　M1 位置图

* 本文为国家社科基金 2018 年一般项目“京杭大运河山东段考古资料的整理与研究”（项目编号：18BKG0028）阶段性成果之一。

被德商高速公路建设征用，在挖高速公路西侧排水沟时被发现。墓葬北、东、南部为德商高速征用空地，西部为田间生产小路和农田，墓葬一部分被压在生产小路下。墓葬开口距地表约1米，面积约9平方米，形制为圆形穹隆顶砖室墓，由墓道、墓门、甬道和墓室四部分组成，墓顶、墓室前半部和墓道上部被破坏（图二；图版一九，1）。墓道为长方形，残长1、残深0.85米，墓道两壁用18层顺砖错缝平铺，胶泥抹缝，甚为规整。顶为穹隆顶，已坍塌。墓室近圆形，前半部遭破坏，残高1.68、直径3.4米。墓室结构为仿木结构砖室，直壁，用30多层顺砖错缝平铺，胶泥抹缝，墓壁四周分布砖雕，正对甬道的为砖雕门楼，门突出墓壁0.2、宽1.02、高1.01米，门之上为门簪，门外为门框，门框之上有3斗斗拱，宽0.9、高0.27、突出墓壁0.05～0.15米，斗拱上为屋檐，长0.94、厚0.08、宽0.19米。屋檐上有2层压檐砖，整个门楼工艺细致，造型精美（图三）。

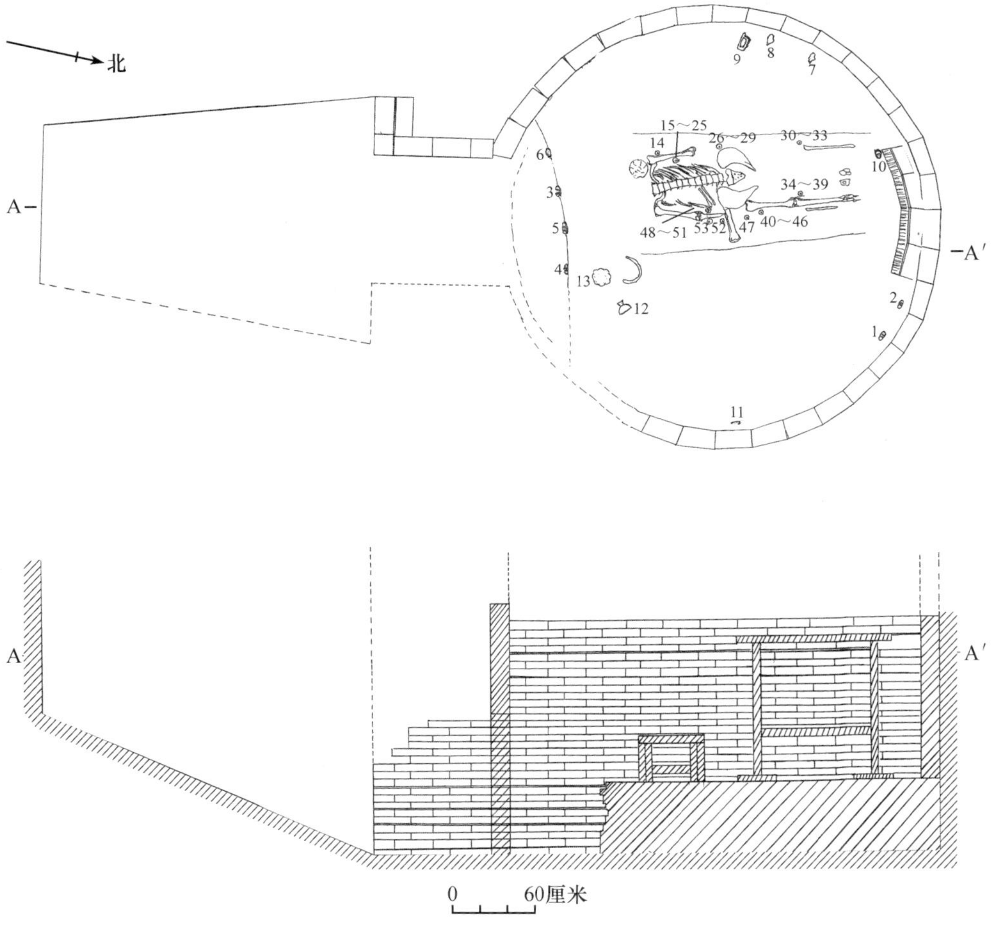

图二　M1平、剖视图

1、2. 彩陶侍俑　3～5. 彩陶力士　6. 陶莲花立柱　7、8. 陶龙头
9. 陶锁　10、11. 陶熏炉　12. 瓷高足碗　13. 铜镜　14～53. 铜钱

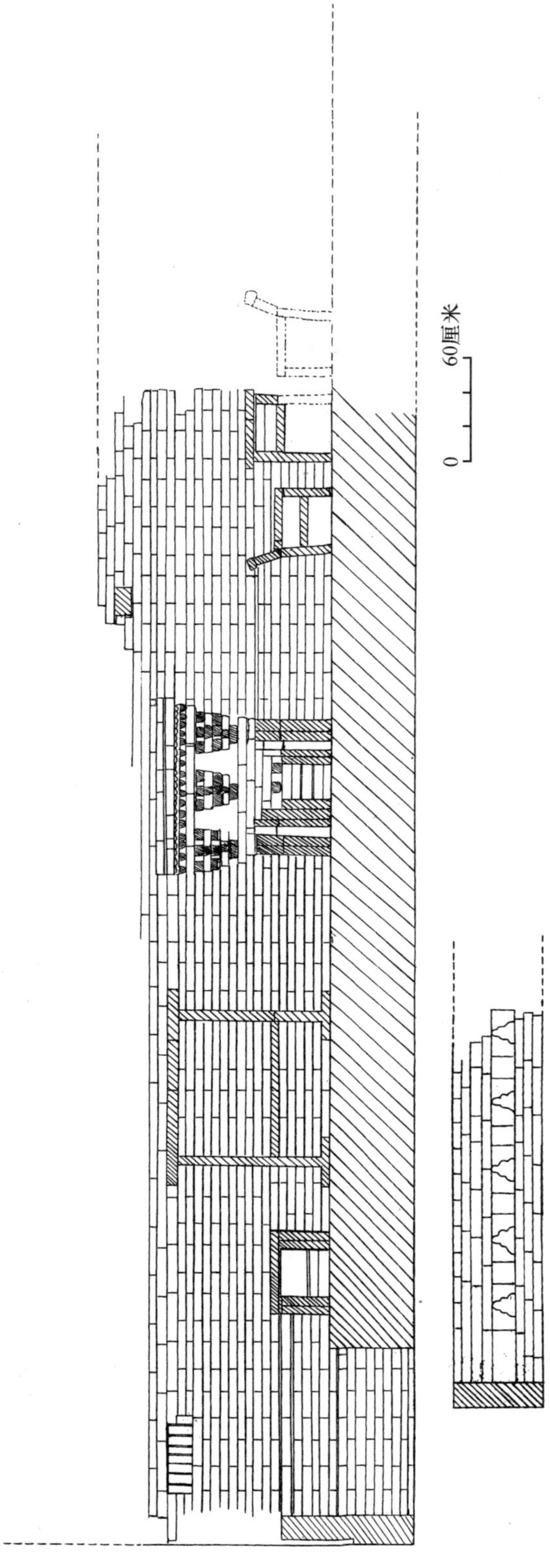

图三　M1墓壁展开图、棺床图

门楼左边 0.17 米处立有一男一女两个侍俑，侍俑左边 0.97 米处有砖雕桌椅，椅子宽 0.28、高 0.45、突出墓壁 0.05 米，椅子左边为砖雕桌子，宽 0.43、高 0.45、突出墓壁 0.05 米，由于墓壁被毁，桌子的一条腿缺失（图版一九，2）。

门楼右边 0.61 米处为砖雕柜子，柜长 1.15、高 0.9、突出墓壁 0.05 米。柜子右边 1.29 米处为窗子，窗距墓壁底部 1.36、宽 0.33、高 0.15 米，用 9 块立砖倾斜垒就（图版二〇，1）。

墓底设长方形棺床，东西向，用 11 排青砖横竖相间平铺，其中青砖有的为整砖，有的为半砖。棺床东南部遭破坏，残长 2.1、宽 2.4、高 0.5 米，棺床边缘为束腰状，腰间镶砌象征吉祥福禄的“葫芦”砖雕，由于棺床东南部被毁，可见的“葫芦”砖雕有 5 个，每个高 0.14、凹进棺床 0.06 米。“葫芦”砖雕左右镶有力大无穷的陶“力士”“莲花立柱”等（图三；图版二〇，2），工艺精细逼真，栩栩如生。

棺床往上有厚约 0.8 米的淤土层，淤土层上为人骨架，未见葬具，只留有若干棺钉，锈蚀严重。尸骨架头向正东，仰身直肢葬，左下肢已移位，骨架长 1.76 米。随葬品共 53 件，其中彩陶侍俑 2 件（一男一女），位于砖雕门楼左侧，彩陶力士 3 件（1 件完整，2 件残），陶莲花立柱 1 件，均镶嵌于棺床前侧，陶龙头、陶熏炉各 2 件，陶锁 1 件（已断裂），均置于右侧墓壁附近，瓷高足碗、铜镜各 1 件，均置于上肢骨处，铜钱 40 枚，散置于上肢、下肢、脚部下面（图二；图版一九，1）。

彩陶侍俑　2 件。M1∶1，头部断裂。男子站立像，头绾发髻，着长袍，左手持杯，右手持执壶，面目端庄祥和。身体部分施红色彩绘，但颜色脱落严重。高 21.5、宽 7、厚 5 厘米（图版二一，1）。M1∶2，头部断裂。女子站立像，典型古代女性发型，上身着开襟长袢，下身着长裙，手中持碗，面目端庄。衣饰部分施红色彩绘。高 21、宽 6.7、厚 5 厘米（图版二一，2）。

彩陶力士　3 件。M1∶3，保存完整。男性蹲式，头部戴帽，面部肥胖丰腴，大腹便便，腰间系带，双手扶膝，双腿弯曲呈下蹲状，似有力大无穷、能负千斤之神态。腰部及头部有红色彩绘。高 14.5、宽 12.3、厚 4 厘米（图版二一，3）。M1∶4，残，仅存下半身，造型与 M1∶3 相同。红色彩绘脱落严重。高 9、宽 12、厚 4 厘米（图版二一，4）。M1∶5，男性坐式，头戴长璎帽，面目狰狞，大腹便便，双手扶膝，双腿弯曲跪地，上身前倾似有负重。红色彩绘脱落严重，左手、左膝、腹部、面部有少许缺失，高 15、宽 10.5、厚 6.3 厘米（图版二一，5）。

陶莲花立柱　1 件。M1∶6，立柱上下均有莲花座，中间为束腰样，有绳纹，通体施红色彩绘，红色脱落严重。高 14.5、宽 9、厚 5 厘米（图版二一，6）。

陶龙头　2 件。M1∶7，长 10.8、宽 6.1、厚 2 厘米（图版二二，1）。M1∶8，龙头部分有白色彩绘，长 10.7、宽 6、厚 2 厘米（图版二二，2）。

陶锁　1件，M1：9，造型逼真，有刻画弦纹图案。长15、宽7、厚2.3厘米（图版二二，3）。

陶熏炉　2件。M1：10，高9.3、宽6.9、厚2厘米（图版二二，4）。M1：11，高9.3、宽6.6、厚2厘米（图版二二，5）。2件熏炉上都有类似火焰的纹饰。

瓷高足碗　1件。M1：12，通体施淡青色釉，胎质细腻。造型规矩大方，制作工整精细。敞口，口沿向外平撇，口沿处有小磕，弧腹，高圈足。碗口直径11.1、圈足直径4.9、高6.4厘米（图四，1；图版二二，6）。

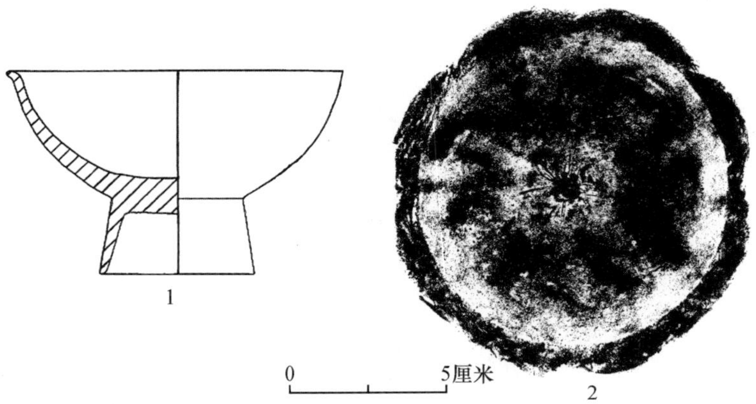

图四　M1出土器物

1. 瓷高足碗（M1：12）2. 铜镜（M1：13）

铜镜　1面。M1：13，葵花样式，有8个花瓣，背面有花瓣纹，镜子表面布满绿锈，保存完整。直径13.7、厚0.3厘米（图四，2；图版二三，1）。

铜钱　40枚。M1：14～M1：53，其中3枚残破，16枚字迹不清，其余21枚均直径2.5、穿径0.6厘米。年号有“皇宋通宝”“元祐通宝”“熙宁元宝”“景德元宝”“景祐元宝”“绍圣元宝”“祥符元宝”等（图五；图版二三，2）。

景德元宝　1枚。M1：14，楷书，旋读。直径2.5厘米。

景祐元宝　1枚。M1：15，楷书，旋读。直径2.5厘米。

皇宋通宝　7枚。M1：16～M1：19，隶书；M1：25～M1：27，楷书。均直读。直径2.5厘米。

熙宁元宝　3枚。M1：20，楷书；M1：21～M1：22，隶书。均旋读。直径2.5厘米。

绍圣元宝　1枚。M1：23，行书，旋读。直径2.5厘米。

元祐通宝　9枚。M1：28～M1：32，行书，M1：33-36，隶书。均旋读。直径2.5厘米。

祥符元宝　1枚。M1：24，行书，旋读。直径2.5厘米。

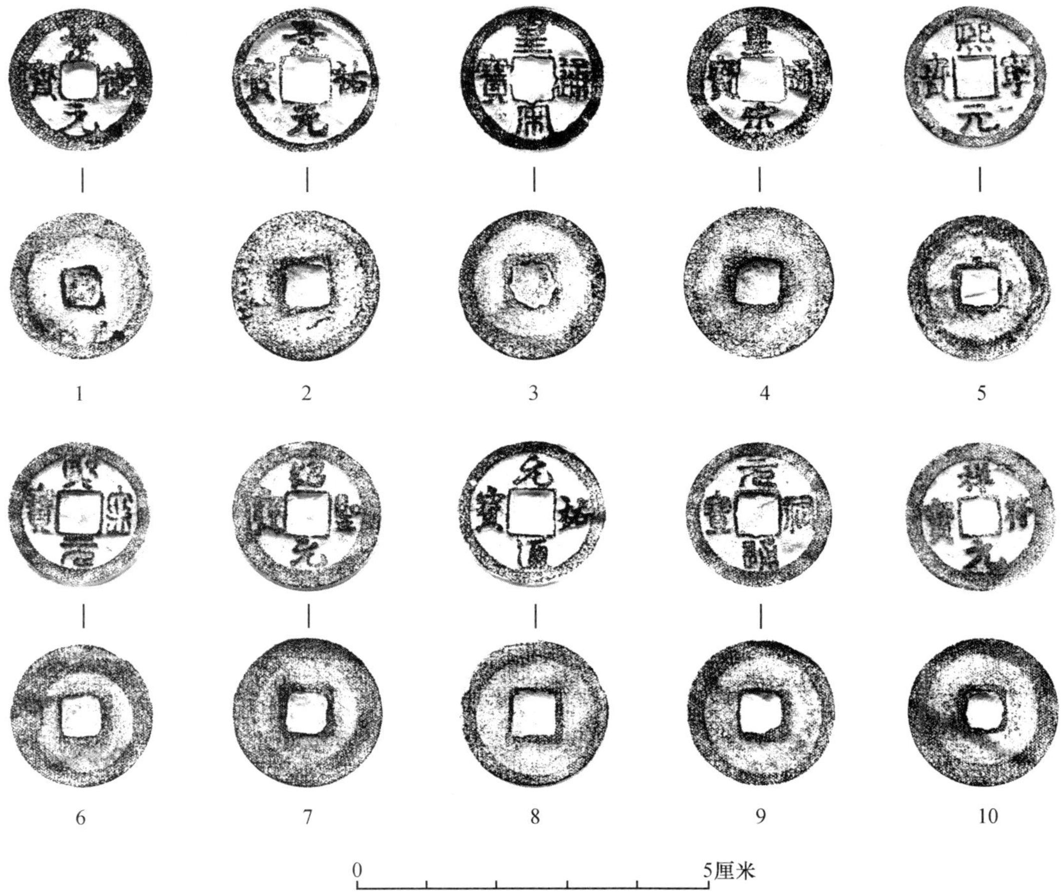

图五　M1出土铜钱

1. 景德元宝（M1：14）　2. 景祐元宝（M1：15）　3、4. 皇宋通宝（M1：16、M1：25）
5、6. 熙宁元宝（M1：20、M1：21）　7. 绍圣元宝（M1：23）
8、9. 元祐通宝（M1：28、M1：30）　10. 祥符元宝（M1：24）

二、墓葬年代

墓葬未发现有明确纪年的材料，只能从其形制和随葬器物来推断年代。据形制分析，墓葬属于典型的圆形砖雕墓，与济南市历城区赵家庄墓地[1]、济南市魏家庄遗址宋元墓葬[2]形制相近，这种形制最早出现并流行于宋金时期。从砖雕技法来看，墓壁和棺床上有门楼、桌椅、窗子、柜子、“葫芦”等多处精美砖雕。在我国北方地区，这种砖雕多流行于宋至明代[3]。随葬品中铜钱有“皇宋通宝”“元祐通宝”“熙宁元宝”等年号，为宋代所铸货币。瓷高足碗，釉色清白淡雅，胎质细腻，为影青瓷，多生产于宋元时期[4]。由此判断，该墓葬年代应为宋代。

三、结　　语

该墓葬虽然规模较小，但是保存相对完整，器物典型丰富，为推断该地区其他类似墓葬年代提供了可靠依据。砖雕门楼建筑精美，彩陶侍俑、棺床上的“葫芦”、力士等，形象逼真，栩栩如生，为鲁西地区首次发现，具有典型代表意义，也为宋元时期墓葬形制、丧葬习俗、陶瓷器等课题研究增加了一批新资料，因此，具有较高的学术价值。

绘　图、摄　影：郑　彦
执　笔：李　燕　官士刚

注　　释

[1] 济南市考古研究所：《山东济南历城赵家庄墓地发现宋元墓葬》，《中国文物报》2015年6月5日第8版。
[2] 济南市考古研究所：《济南市魏家庄遗址宋元墓葬发掘报告》，《海岱考古》（第七辑），科学出版社，2014年。
[3] 韩小囡：《宋代墓葬装饰研究》，山东大学博士学位论文，2006年。
[4] 中国硅酸盐学会：《中国陶瓷史》，文物出版社，1982年，264页。

枣庄峄城承县故城宋墓发掘报告

枣庄市博物馆
枣庄市文物局
峄城区文化和旅游局

墓地位于枣庄市峄城区坛山街道办事处岳庄社区岳台子村，东邻西沿河路和沙河（古承水），西为中兴大道，南为承水中路，北邻坛山中路，地处承县故城的北部（图一）。2001 年 3 月，峄城区蓝水湾棚户区改造建筑工地挖基槽时发现古墓葬，分布比较密集（图版二四，1），且遭到不同程度的破坏。枣庄市文物管理委员会办公室、枣庄市博物馆、峄城区文广新局联合进抢救性发掘，清理墓葬 10 座，出土陶、瓷、铜、铁器等 43 件。现将发掘情况报告如下。

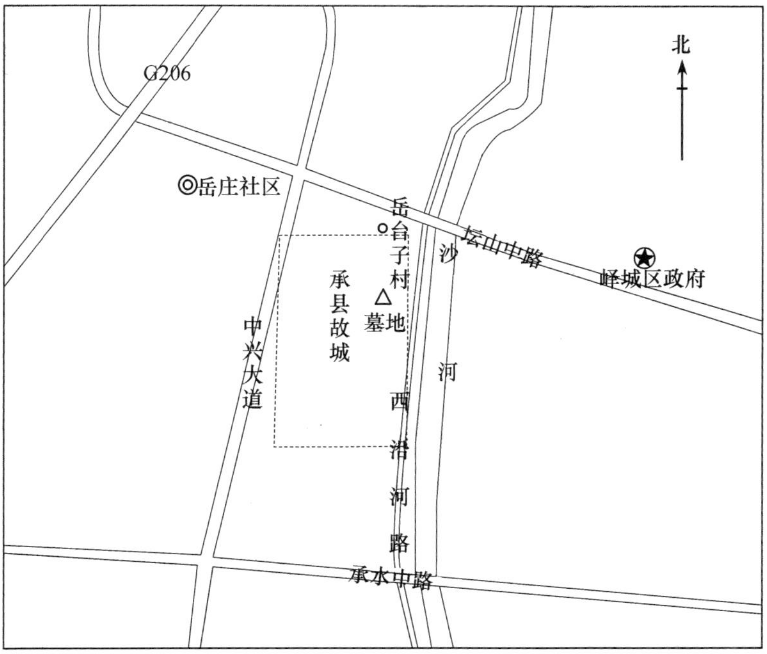

图一　墓葬位置示意图

一、M1

位于发掘区的东北部，西邻 M3，坐北朝南，方向 199°。上部被施工部门施工时挖去，现仅存下部，墓圹为长方形土坑竖穴，南北长 2.52、东西宽 2.12、残深 0.28 米。墓室为仿木结构砖室墓，自南向北由墓道、墓门、甬道和墓室四部分组成，全长 3.12 米（含墓道）（图二）。

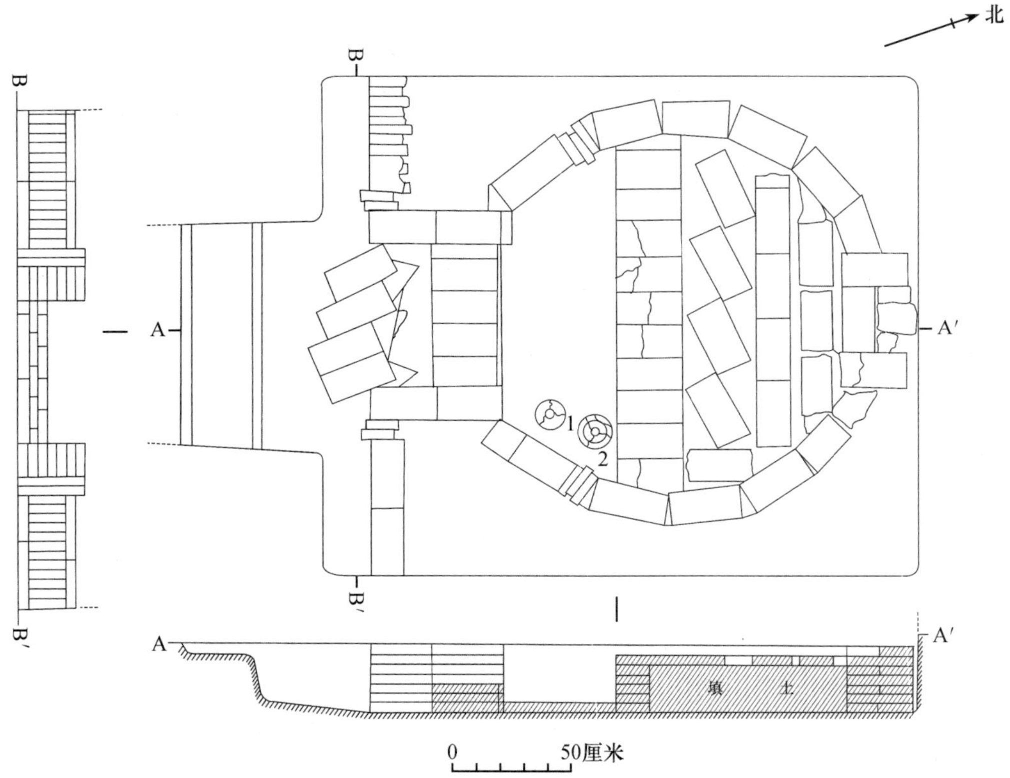

图二　M1 平、剖面图

1. 瓷碗　2. 瓷盘

（一）墓葬形制

墓道　位于墓门南端，平面呈梯形，南窄北宽，底部为台阶斜坡式，南北长 0.6、东西宽 0.94～1、残深 0.28 米。现存一步台阶，宽 0.3、高 0.2 米。台阶下缓坡直通墓门。

墓门　位于墓道北端，上部被破坏，仅存下部，残高 0.28、宽 2.12 米。门道位于中部，两壁用单平砖竖砌，现存七层，残高 0.28、宽 0.9 米。墓门由平砖斜砌封堵。门道两侧有立颊，用两侧立砖错落贴砌，外用顺砖和丁砖砌墙垛。

甬道　位于墓室南壁中部，前连墓门，后接墓室，仅存下部，两壁用平砖顺砌，平砖错缝铺底，铺地砖的上部靠墓门处又用两层砖平铺。南北长 0.56、东西宽 0.9、残高 0.28 米。

墓室　位于甬道北端，前连甬道，平面呈圆形，直径 1.8、残高 0.28 米。墓壁用平砖错缝顺砌，北距墓门 0.32 米处的两壁用三砖侧立错落竖砌成仿木倚柱，柱残高 0.18、宽 0.12 米。

棺床　位于墓室北部，南距墓口 0.5 米，东西长 0.84～1.54、南北宽 0.96、高 0.24 米。南壁平砖错缝顺砌五层，床面用平砖顺铺和斜铺，中间填土。由于遭到破坏，葬具、人骨无存，随葬品陈放在甬道和棺床之间的右侧（图二）。

（二）出土遗物

2 件。皆为瓷器。

碗　1 件。M1：1，胎质较粗，含砂粒，白色。敞口，圆唇，微弧腹斜收，圜底，矮圈足外撇。施白釉，外施釉不及底，釉面有细小开片，内底有支烧痕。口径 13、圈足径 5.7、高 3.6 厘米（图三，1；图版二八，1）。

盘　1 件。M1：2，胎质较粗，含砂粒，火候较高，呈灰白色。敞口，圆唇，折腹斜收，平底，圈足较高，下内收。内底有刮圈。施酱釉，外施釉不及底，下施护胎釉。口径 14.3、圈足径 5.8、高 3.7 厘米（图三，2）。

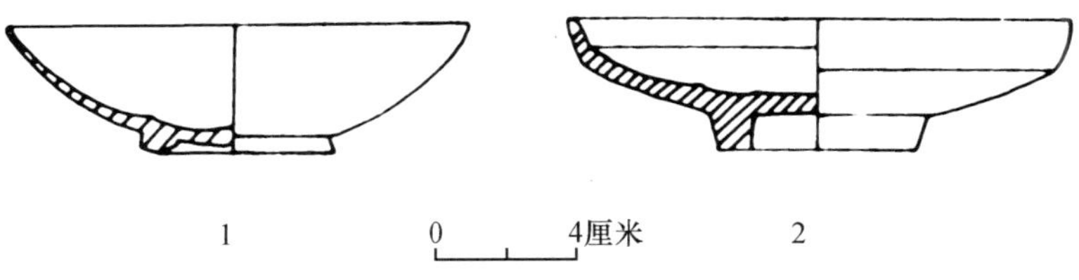

图三　M1 出土瓷器
1. 白釉瓷碗（M1：1） 2. 酱釉瓷盘（M1：2）

二、M2

位于发掘区的东北部，东南与 M3、西南与 M5 为邻，坐北朝南，方向 182°。墓室以上的土被挖去，现存墓圹为长方形土坑竖穴，南北长 3.3、东西宽 2.2、残深 1.6 米。墓室为仿木结构砖室墓，自南向北由墓道、墓门、甬道和墓室四部分组成，全长 4.7 米（含墓道）（图四）。

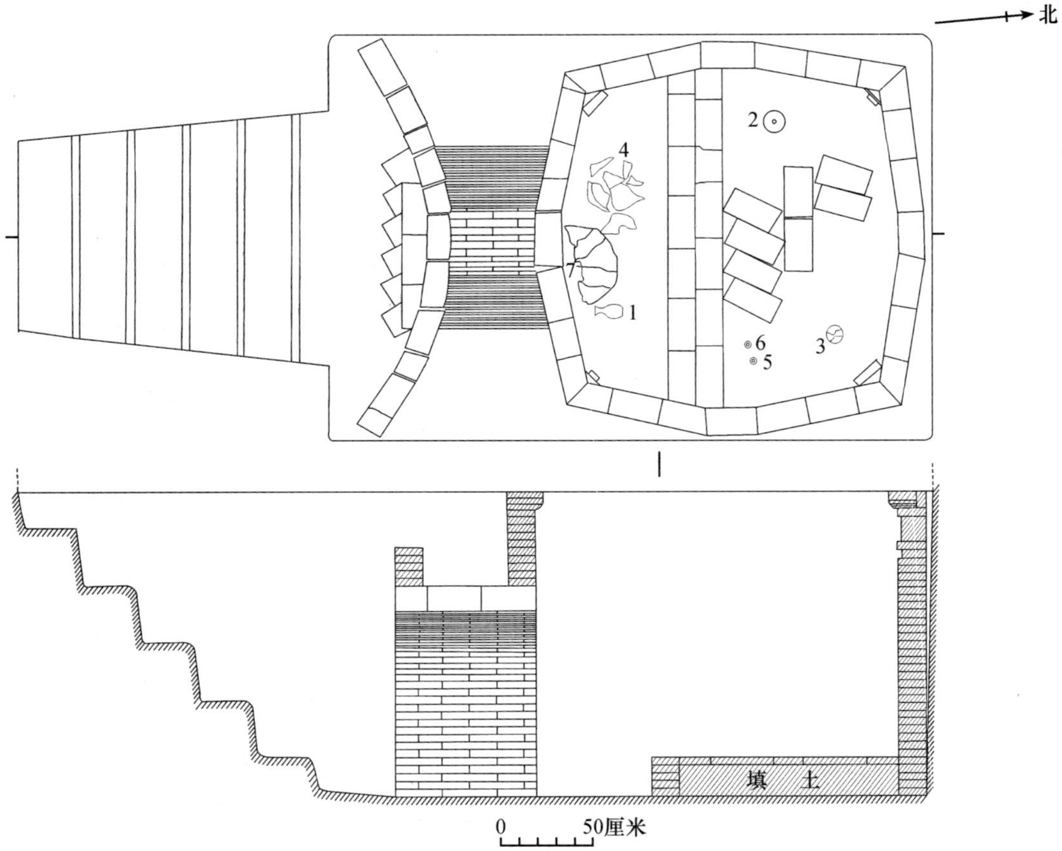

图四　M2 平、剖面图

1. 瓷瓶　2. 铜镜　3. 瓷碗　4. 瓷罐　5、6. 铜钱　7. 铁釜

（一）墓葬形制

墓道　位于墓门南端，平面呈梯形，南窄北宽，底部为台阶斜坡式，南北长 1.4、宽 1.1～1.4、残深 1.6 米。现存五步台阶，较规整，宽 0.2～0.3、高 0.2～0.3 米。第五步台阶下缓坡直通墓门。

墓门　位于墓道北端，为砖砌仿木结构的门楼，顶部坍塌无存。残高 1.3、宽 1.98 米。门道位于门楼的下部正中，两壁用单平砖竖砌十八层，侧砖砌拱券顶，上部用砖雕刻成瓦状的凸出花边，东西宽 1、高 1.1 米。墓门下部由双平砖斜列呈“人”字形封堵，上部用平砖靠券门放置（图版二四，2）。门道两侧有门额、立颊和倚柱。门额用四层平砖错落贴砌，上有门簪2个，用条砖的丁头雕刻成亚腰形，立颊用三侧立砖错落贴砌，上端与门额的两端相连，立颊外的中间用三侧立砖错缝砌成仿木抹角倚柱，两侧各用二平三丁砌墙垛（图五）。

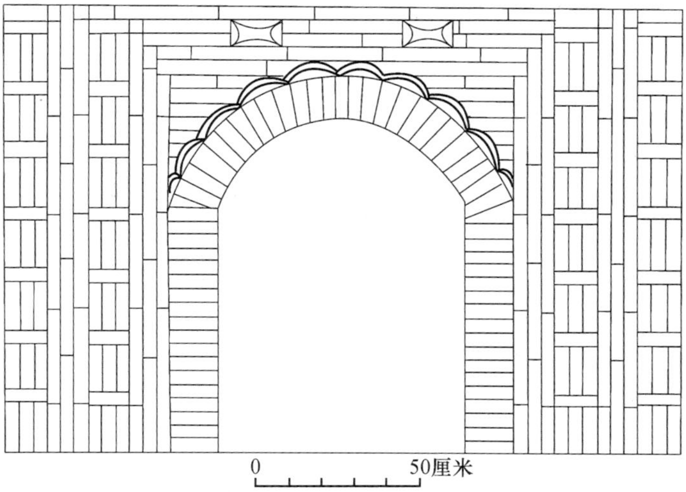

图五　M2墓门正视图

甬道　位于墓室南壁中部，前连墓门，后接墓室，上为拱形，侧立砖砌成，平砖铺底。南北长0.74～0.9、东西宽1、高1.1米。

墓室　位于甬道的北部，与甬道相连，上部坍塌无存。平面近方形，四壁外弧，南北长1.82～2.12、东西宽1.9～2.14、高1.6米。墓壁用平砖错缝顺砌，内壁四角用三侧立砖错落贴砌成仿木抹角倚柱，柱宽0.12、高1.08米。柱间以一层平砖砌出向外凸出的阑额，上部由条砖二顺一丁一顺砌出普柏枋，其上砌东、西柱头铺作各一朵，补间铺作一朵，为一斗三升式，由栌斗、泥道拱、华拱和散斗组成。上面再托橑檐枋。橑檐枋仅存三层，由顺砖错缝顺砌，内收，下层砖下部边角及上层砖上部边角处磨成弧边，推测为穹隆顶。

棺床　位于墓室北部，南距墓口0.58米，东西长1.6～1.86、南北宽1.14～1.24、高0.24米。南壁底用单平砖平铺，外用单侧砖砌成，内用单顺砖错缝顺砌四层，床面用平砖顺铺和斜铺，中间填土。棺床前空地与甬道底部平齐。墓葬早期被盗，在墓室的扰土中出土瓷碗、双系盘口带流瓷壶、瓶及陶盆。葬具、人骨无存。随葬品陈放在棺床的两端和棺床前空地上，有瓷瓶、碗、罐，铜镜、钱（2），铁釜（图四；图版二五，1）。

墓门、墓室墙面通涂白灰，仿木构件中倚柱、阑额、橑檐枋、一斗三升式柱头铺作及家具等施红彩，均脱落严重（图版二五，2；图版二六，1、2）。

（二）墓室砖砌仿木结构图案

墓室内四壁除南壁墓门外，东、西、北壁皆有仿木结构图案。

西壁下方用砖砌出一张仿木桌和两把靠背椅。桌居中，单砖顺砌桌面，两端出檐，檐下抹角，单立砖竖砌两腿，腿间用单顺砖砌两道横枨。桌长0.56、高0.68米；桌上左右两侧各有一个用砖雕刻成的上大下小呈倒梯形的两层灯台，形制相同，宽0.06～0.08、通高0.08米；两灯台中间有一长方形壁龛，宽0.14、高0.24米。桌的左右两侧各有一把靠背椅，形制、大小相同，单砖顺砌椅面，单侧立砖砌腿和靠背，腿间用单顺砖砌两道横枨，靠背外的中间加工成内弧形，宽0.42、通高0.56米（图版二六，2）。

北壁下方有砖砌仿木假门、凳及砖雕图案。门居中，由门额、门颊、门组成。门额用两平砖错落砌成，下层砖间有两个用条砖丁头雕刻成的卧“米”字形门簪，其下左右两侧用两侧立砖错落贴砌门颊，门颊与门额两端相接，内有两平砖竖砌成的双扇闭合门。整个门宽0.44、高0.36米，每扇门高0.28、宽0.14米。门左侧有一凳，用七层单平砖砌成，上层砖面的边角被抹去，长、高皆为0.28米。门右侧有一方形龛，龛内平立两砖，砖面以浅浮雕形式左刻熨斗，右刻剪刀，龛宽、高皆为0.28米（图版二五，1）。

东壁下方有砖砌仿木梳妆台、凳和灯檠。梳妆台居中，单砖顺砌台面，左端出檐，单侧立砖砌腿，左腿的下部用丁砖的丁头雕刻成“米”字形，两腿间用单砖砌两道横枨，梳妆台的右侧贴砌单立砖，底部与腿平齐，上端超出台面，梳妆台长0.62、高0.44米。梳妆台左侧有一凳，两平砖错落砌面，两侧立砖错落砌腿，两腿间用单顺砖砌一道横枨。长0.42、高0.36米。梳妆台右侧有一灯檠，顶、座用条砖的丁头雕刻成卧“米”字形，中间用三侧立砖错缝贴砌灯柱。宽0.12～0.14、高0.6米（图六；图版二六，1）。

（三）出土遗物

15件。其中墓室扰土中8件（编号为M2：01～M2：08）。有陶、瓷、铁、铜器等。

1. 陶盆

1件。M2：04，泥质灰陶。敞口，斜折沿，方唇，弧曲腹下内收，平底外撇。沿面饰一周压印波浪纹，腹部饰五周凹弦纹。口径32.9、底径22.9、高9.1厘米（图一〇，1；图版二九，5）。

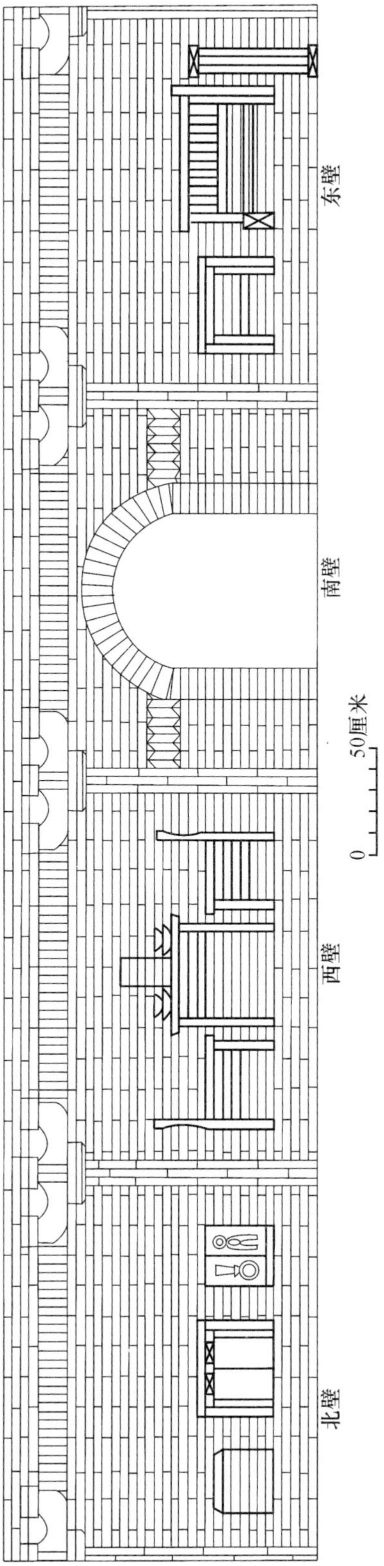

图六　M2四壁展开图

2. 瓷器

10件。有瓶、罐、壶、碗。

瓶　2件。M2∶1，壁较厚，胎质较粗，含砂粒，青灰色。盘口，圆唇，束颈，溜肩，颈、肩处附一对对称系，鼓腹下垂，最大腹径偏下，平底。施黑釉，外施半釉，下施护胎釉。口径4.8、腹径7.5、底径4.8厘米（图七，1；图版二八，4）。M2∶06，青灰色，火候较高。口微敛，圆唇，矮直领，口沿下有一周凸出宽沿，束颈，广肩，深弧腹斜收，平底外撇。通施黑釉。口径5.3、腹径13.25、底径6.4、高25.5厘米（图八，4；图版二九，4）。

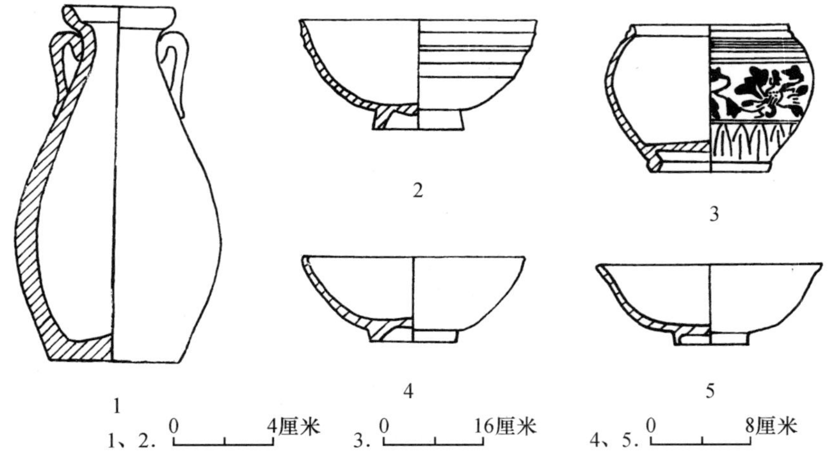

图七　M2出土瓷器

1. 瓶（M2∶1）　2、4、5. 碗（M2∶3、M2∶02、M2∶03）　3. 罐（M2∶4）

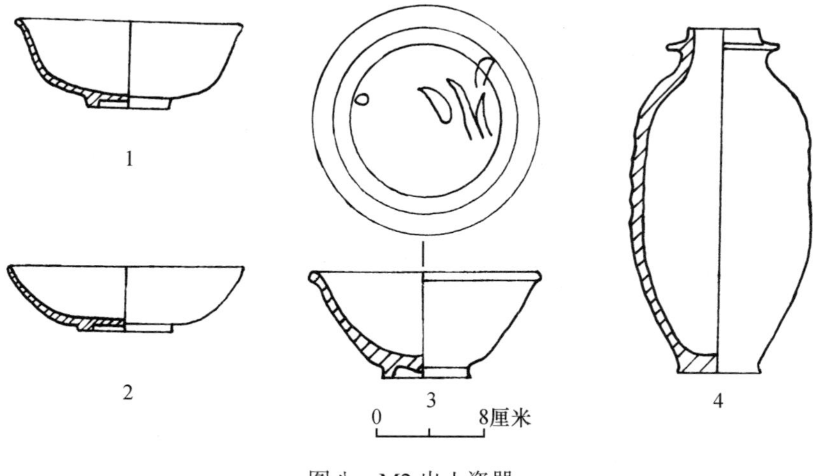

图八　M2出土瓷器

1～3. 碗（M2∶01、M2∶05、M2∶07）　4. 瓶（M2∶06）

罐 1件。M2∶4，薄胎，质细，乳白色。造型规整秀美，口微侈，圆唇，矮领，溜肩，鼓腹斜收，最大腹径偏上，平底，高圈足，圈足内下部外折。沿下饰一周凸弦纹，肩部刻划六周凹弦纹，腹上部刻划花卉图案一周，腹下部刻划蕉叶纹一周。通体施青釉。口径24.3、腹径32.2、足径18、高23.1厘米（图七，3；图版二八，5）。

壶 1件。M2∶08，盘口，圆唇，束颈，溜肩，颈、肩处附一对对称系，肩部的另一侧有一流，鼓腹，最大腹径居中，下腹斜收，平底。通体施黑釉。口径7.8、腹径13.2、底径5.6厘米（图一〇，2）。

碗 6件。M2∶3，胎体较薄，质较细，乳白色。敞口，方唇，弧腹下内收，平底，喇叭形圈足。腹上部饰三周宽凹弦纹。通施白釉，外施釉不及底。口径9.3、足径3.5、高4.2厘米（图七，2；图版二八，2）。M2∶02，胎质较粗，含少量细砂，砖红色。敞口，圆唇，弧腹斜收，圜底，矮圈足。内施白釉，外及口沿施护胎釉。口径17.4、足径6.6、高6.7厘米（图七，4；图版二九，1）。M2∶03。胎质较粗，含少量砂粒，灰白色。敞口，圆唇，弧腹斜收，底微内凹，矮圈足。通体施青釉，沿内有垂釉现象。口径17、足径5.5、高6.4厘米（图七，5；图版二九，2）。M2∶01，胎质较粗，含砂粒，青灰色。敞口，圆唇，腹弧斜收，底微内凹，矮圈足。通体施青釉，沿下有垂釉现象，内底及圈足内施护胎釉。口径17.1、足径5.8、高6.4厘米（图八，1；图版二八，6）。M2∶05，胎质较粗，含少量细砂。敞口，圆唇，弧腹斜收，矮圈足。内施白釉，外壁上施白釉、下施护胎釉。口径18.2、圈足径7、高5厘米（图八，2；图版二九，3）。M2∶07，胎体较厚，青灰色。敞口，宽圆唇，腹近直斜收，圜底，矮圈足。内底有支烧痕。内施白釉，外施釉不及底。碗内下部墨绘两周线纹和花卉图案。口径17、圈足径6.1、高7.8厘米（图八，3）。

3. 铁釜

1件。M2∶7，锈蚀严重，破碎较甚，无法复原。

4. 铜器

4件。有镜、钱。

镜 1件。M2∶2，圆形，弓形小纽。面微弧，窄缘。素面。直径9.8、缘宽0.3、缘厚0.2厘米（图九，1；图版二八，3）。

钱 2枚。M2∶5，圆形，方穿，两面皆有周郭，穿郭匀称规整，钱体正面穿之上下左右楷书“大观通宝”四字，对读。字体纤秀，气韵贯通。直径4、穿径1.2、郭宽0.2、郭厚0.3厘米（图九，2）。M2∶6，祥符通宝，破碎，无法复原。

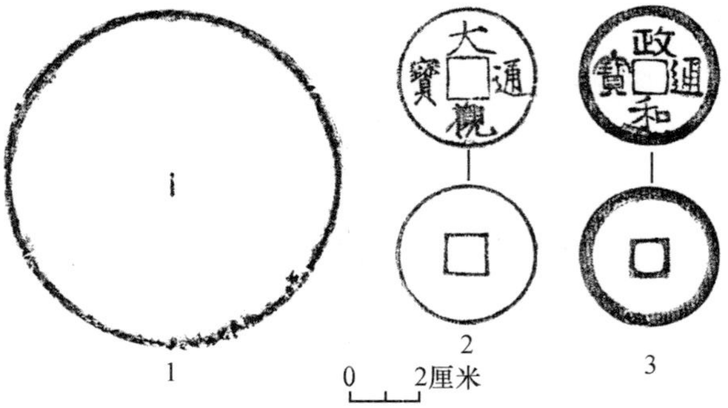

图九　M2 采集、出土铜器
1. 镜（M2：2）　2. 大观通宝（M2：5）　3. 政和通宝（M2：09）

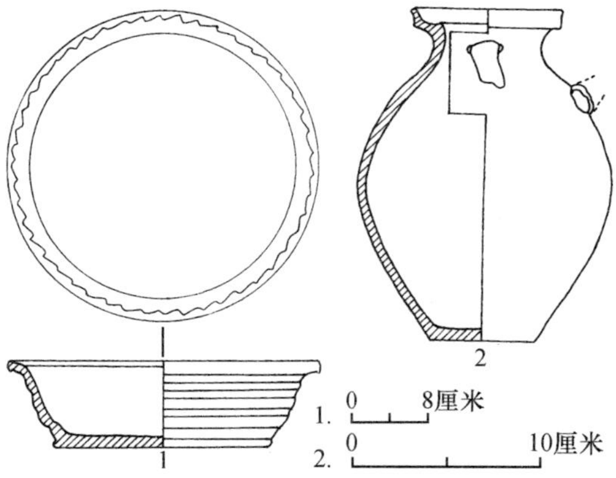

图一〇　M2 出土器物
1. 陶盆（M2：04）　2. 瓷壶（M2：08）

（四）采集遗物

仅采集到 1 枚铜钱。

政和通宝　1 枚。M2：09，采集而来。圆形，方穿，两面皆有周郭，穿郭匀称规整，钱体正面穿之上下左右隶书“政和通宝”四字，对读。书体中杂有楷意。直径 3、穿径 0.7、郭宽 0.25、郭厚 0.15 厘米（图九，3）。

三、M4

位于发掘区的西南部，南邻 M10。墓室以上的土被施工部门挖去，南北向，方向 175°。南端在基槽壁内，从壁上残存的迹象观察，墓口距地表 0.3、距墓底深 2.62 米。现存墓圹平面为长方形土坑竖穴，南北长 2.7、东西宽 1.46、深 0.64 米（图一一）。

（一）墓葬形制

墓室为长方形砖砌券顶墓，北部大部分遭到施工部门破坏，四壁用平丁砖和两顺砖平砌八层，上部用侧砖错缝顺砌拱形券顶，平砖铺底，内壁涂白灰，大部分脱落。南北长 2.24、东西宽 1.04、高 0.68 米。南壁中间留有长方形门，外用平砖封堵。门宽

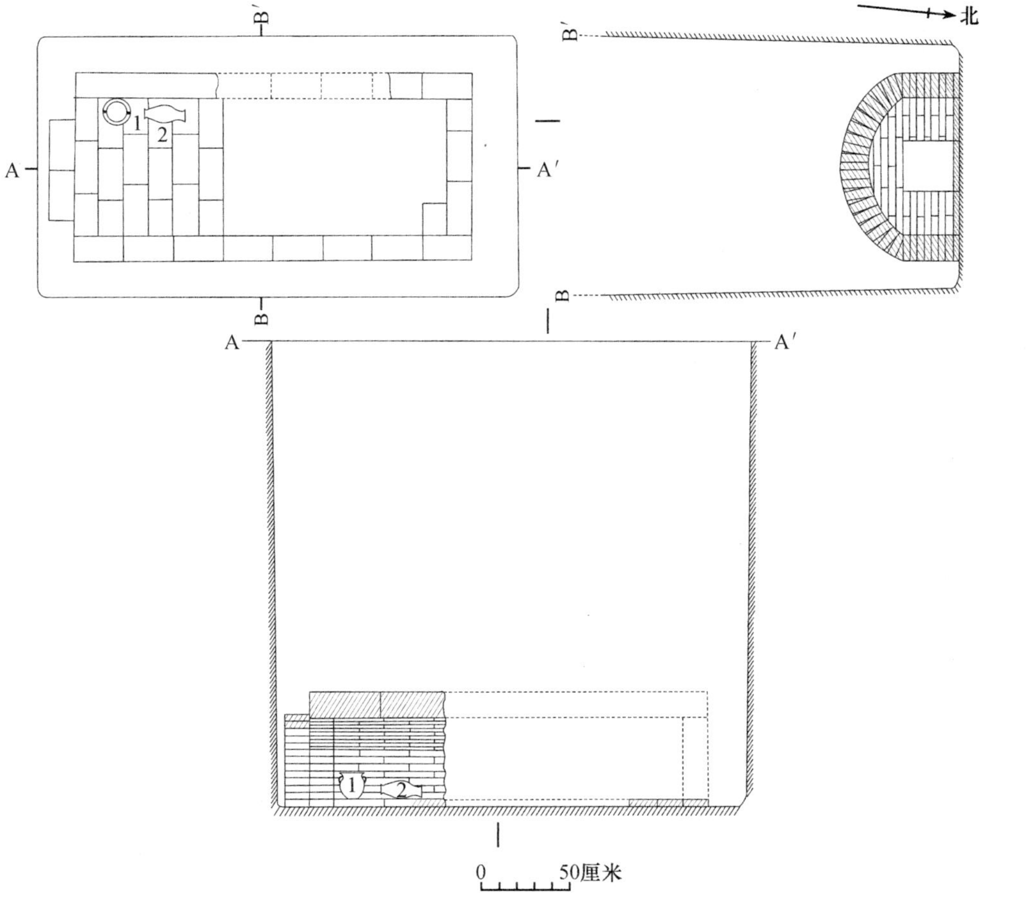

图一一　M4平、剖面图
1. 瓷罐　2. 瓷瓶

0.28、高0.32米。由于墓室北部遭到破坏，葬具、人骨无存，随葬品陈放在墓室南端的左侧（图一一）。

（二）出土遗物

2件。为瓷罐、瓶。

瓷罐　1件。M4∶1，壁较厚，砖红色。敞口，圆唇，束颈，溜肩，颈、肩处饰一对对称耳，弧腹斜内收，平底，矮圈足外撇。内壁近底处饰三周凹弦纹，内底饰一周凹弦纹。内施酱釉，外施釉不及底，下露胎，施护胎釉。口径11.3、腹径13.7、足径6.5、高14厘米（图一二，1；图版二九，6）。

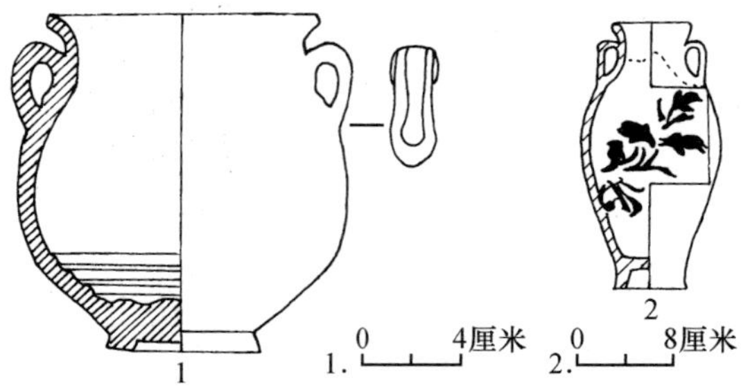

图一二　M4出土器物
1. 瓷罐（M4∶1）　2. 瓷瓶（M4∶2）

瓷瓶　1件。M4∶2，胎质较细，白胎。敞口，圆唇，束颈，广肩，颈、肩处附一对对称耳，深弧腹下内收，最大腹径偏上，平底，喇叭形圈足。腹部墨绘一对称的花卉图案。内施青釉，外施白釉不及底，下施护胎釉。口径6.4、腹径11.4、足径6厘米（图一二，2；图版三〇，1）。

四、M5

位于发掘区的东北部，东北与M2为邻。墓室以上的土被施工部门挖去，墓室的东南角遭到破坏，坐北朝南，方向182°。墓圹为长方形，南北长2.2、东西宽2.02、深1.7米。左右耳室为圆形，直径1.5、深1.7米。墓室为仿木结构砖室墓，自南向北由墓道、墓门、甬道、墓室、过道、耳室六部分组成，全长4.36米（含墓道）（图一三）。

（一）墓葬形制

墓道　位于墓门南部，北部被近代沟破坏，平面呈梯形，台阶式。墓道南北长1.34～1.5、东西宽1～1.6米。现存五步台阶，宽、高皆为0.3米。

墓门　位于甬道南部，被近代沟破坏，情况不详。

甬道　位于墓室南壁中部，北接墓室，南端被破坏。两壁用平砖错缝顺砌十九层，上部用侧砖券顶，南北残长0.4～0.48、东西宽0.92、高1.26米。

墓室　位于甬道北端，南与甬道相连，顶部坍塌无存。平面近长方形，四壁边外弧，南北长2～2.16、东西宽1.75～1.9、高1.52米。墓壁用平砖错缝顺砌，内壁四角用三侧立砖错缝贴砌仿木抹角倚柱，柱宽0.12、高1.14米。柱间以一层平砖砌出向外凸出的阑额，上部由条砖二顺一丁二顺砌出普柏枋，其上砌东、西柱头铺作各一朵，补间铺作一朵，为一斗三升式，由栌斗、泥道拱、华拱和散斗组成。上面再托橑檐枋，橑檐枋残存两层，平砖错缝顺砌，上层内收，下部砖边角处磨成弧形，推测为穹隆顶。

耳室　位于墓室左右两侧，圆形，形制、大小相同。现存墓圹为圆形土坑竖穴。耳室与墓室之间有券顶甬道连接，甬道门位于墓室东、西壁的中部下方，两侧壁单平砖错缝顺砌七层，上部侧砖砌拱形券顶，宽0.74、高0.6米。门上部有门额，两侧有立颊，门额用两层顺砖错落贴砌，上层砖间有用条砖的丁头雕刻成的卧“米”字形门簪 2 个，其下立颊用两侧立砖错落贴砌，立颊与门额两端相接。耳室壁用二十三层条砖渐次递收成藻井，上用三平砖覆盖，平砖错缝铺底。口径 0.42、底径 1.3、高 0.84 米（见东西壁展开图）。

棺床　位于墓室的中部略偏北，长方形，南距墓口 0.36、距东西壁 0.12、距北壁 0.2 米。四壁用单砖错缝顺砌三层，床面用四顺砖和三斜砖平铺，内填土。东西长 1.6、南北宽 1.3、高 0.16 米。由于墓葬早期被盗和破坏，葬具、人骨无存。随葬品在棺床的东南角，仅存铜钱（图一三）。

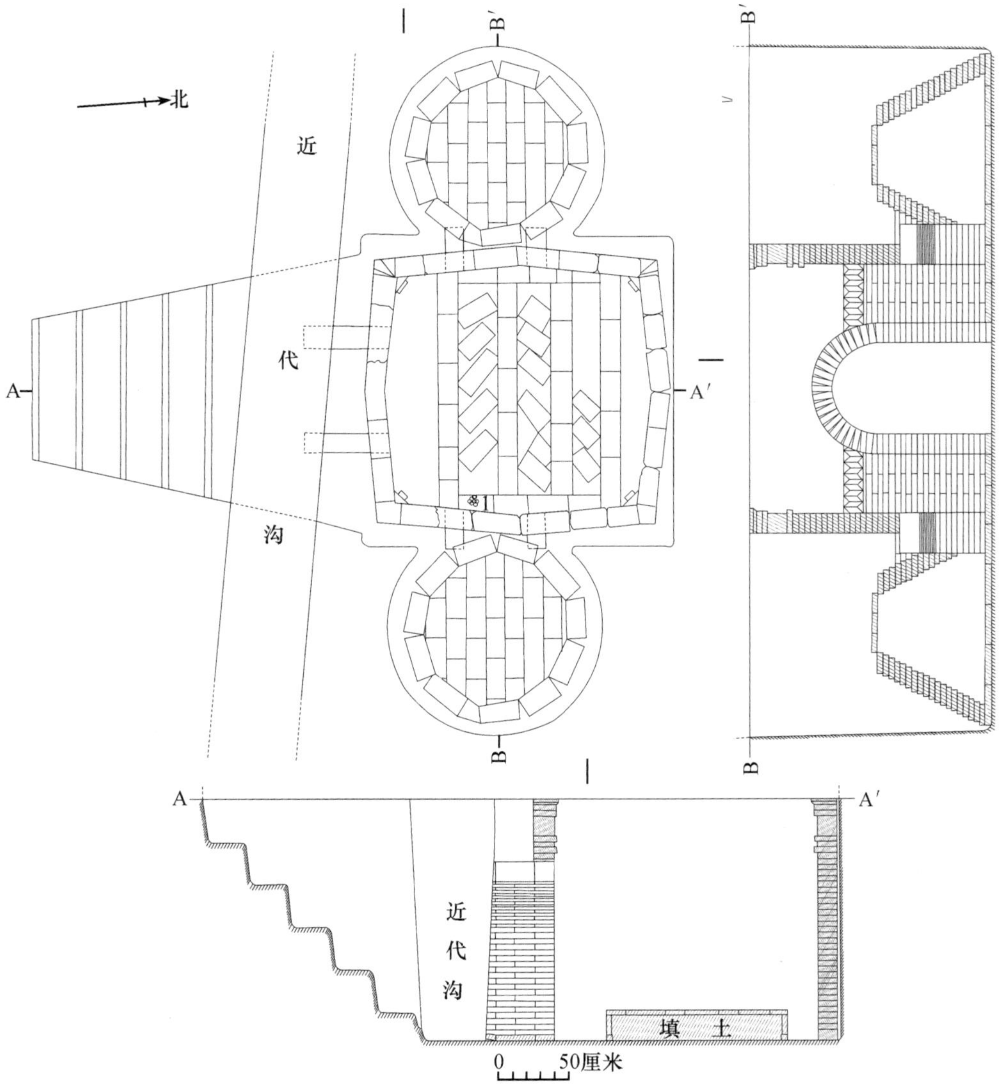

图一三　M5 平、剖面图

1. 铜钱

（二）墓室砖砌仿木结构图案

墓室内四壁除南壁墓门外，东、西、北壁皆有仿木结构图案。

东、西壁图案见前文耳室介绍。

北壁下方有砖砌的仿木墩、假门及砖雕图案。门居中，由门额、立颊、门板、门柣等组成。门额用两顺砖错落平砌，下层平砖间有门簪2个，用条砖的丁头雕刻成卧“米”字形，立颊用两侧立砖错落贴砌，与门额两端相接，门板用两平砖立砌成闭合状双扇门，下有门柣。门宽0.44、高0.4米。门左侧有单砖平砌八层的长方形墩，上部砖边抹角，长0.3、高0.3米。门右侧有一方形龛，龛内平立两砖，砖面以浅浮雕形式左刻剪刀，右刻熨斗。龛宽、高皆为0.28米（图一四）。

墓室墙面通涂白灰，仿木构件中倚柱、阑额、一斗三升式柱头铺作及家具等施红彩，均脱落严重。

（三）出土遗物

1组19枚。皆为铜钱。除2枚唐玄宗时期的开元通宝外，其余均为北宋铜钱。有宋太祖时期的宋元通宝，宋太宗时期的太平通宝、至道元宝，宋真宗时期的咸平通宝、景德元宝、祥符元宝、天禧通宝，宋仁宗时期的天圣元宝。

开元通宝　2枚。M5∶1-1，钱体正面穿之上下左右隶书“开元通宝”四字，对读。“开”字两竖与穿相连；“元”字第二横加长左挑；“通”字“走”字边前三笔呈似连非连的顿折状，“甬”字头部开口较小；“宝”字下部“贝”字中间两横与左右两竖笔相连。两面皆有周郭。直径2.4、穿径0.65、郭宽0.1、郭厚0.15厘米（图一五，1）。

宋元通宝　1枚。M5∶1-2，内外有郭，正面楷书“宋元通宝”四字，对读。直径2.5、穿径0.65、郭宽0.15、郭厚0.15厘米（图一五，2）。

太平通宝　2枚。M2∶1-3，内外有郭，正面楷书“太平通宝”四字，对读。直径2.5、穿径0.65、郭宽0.2、郭厚0.15厘米（图一五，3）。

至道元宝　2枚。M5∶1-4，内外有郭，正面篆书“至道元宝”四字，对读。直径2.5、穿径0.6、郭宽0.3、郭厚0.1厘米（图一五，4）。

咸平通宝　1枚。M5∶1-5，内外有郭，正面楷书“咸平通宝”四字，旋读。直径2.4、穿径0.6、郭宽0.25、郭厚0.1厘米（图一五，5）。

景德元宝　1枚。M5∶1-6，内外有郭，正面楷书“景德元宝”四字，旋读。直径

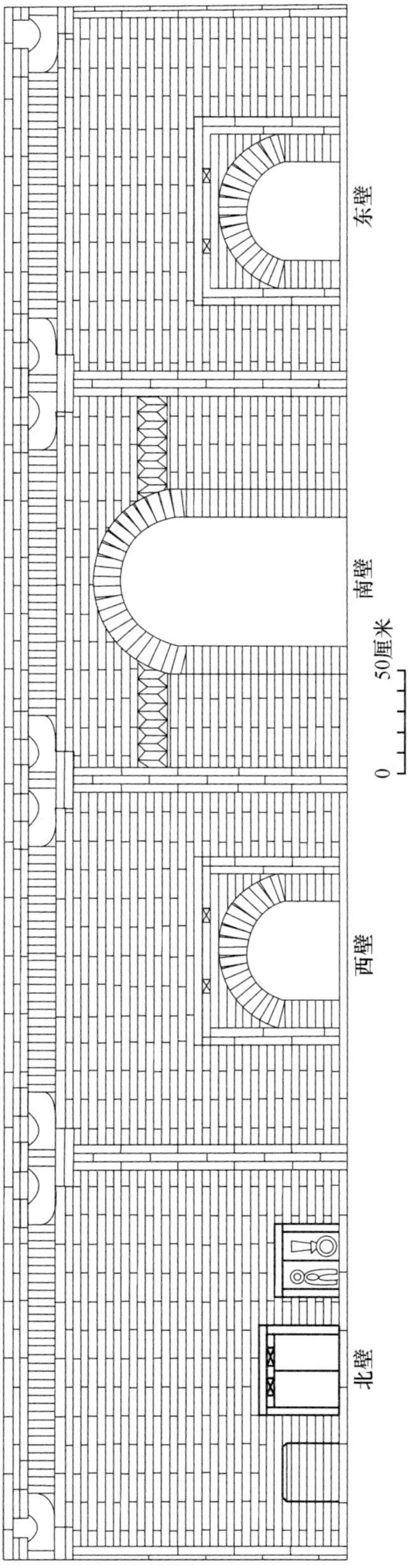

图一四　M5 四壁展开图

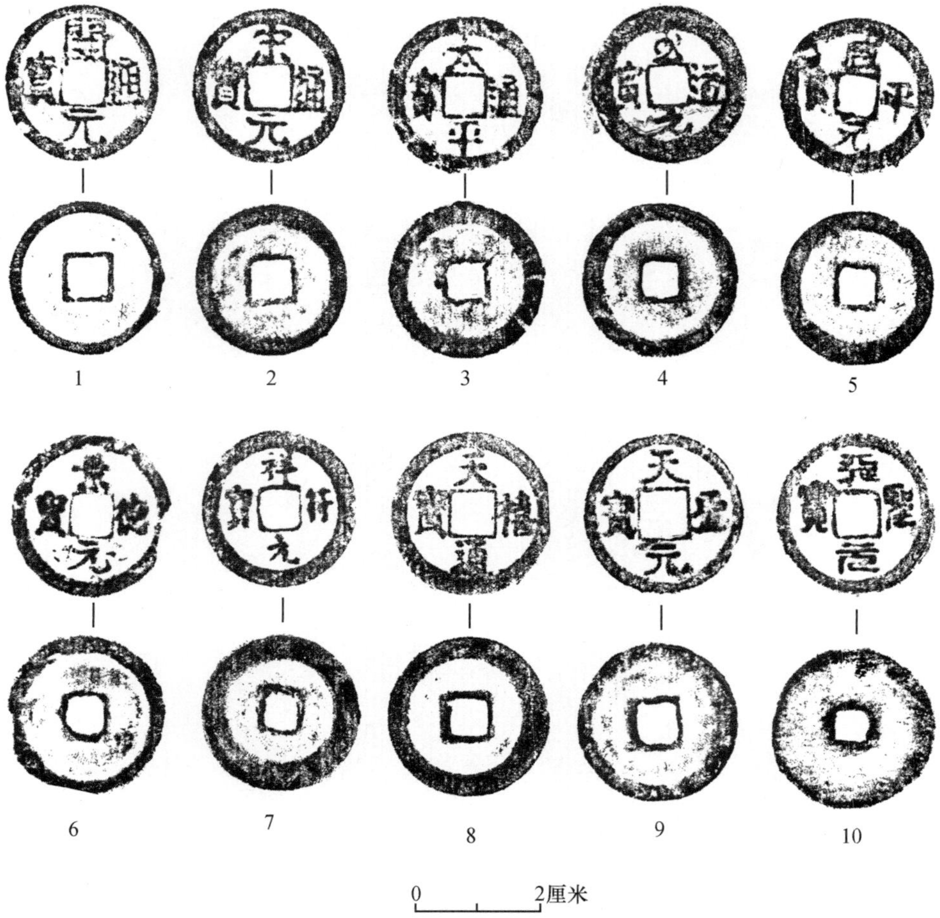

图一五　M5 出土铜钱

1. 开元通宝（M5：1-1） 2. 宋元通宝（M5：1-2） 3. 太平通宝（M5：1-3） 4. 至元通宝（M5：1-4） 5. 咸平元宝（M5：1-5） 6. 景德元宝（M5：1-6） 7. 祥符元宝（M5：1-7） 8. 天禧通宝（M5：1-8） 9. 天圣元宝（M5：1-9） 10. 天圣元宝（M5：1-10）

2.6、穿径 0.65、郭厚 0.2、郭厚 0.15 厘米（图一五，6）

祥符元宝　2 枚。M5：1-7，大小、形制、钱纹相同，内外有郭，正面楷书“祥符元宝”四字，旋读。直径 2.5、穿径 0.6、郭宽 0.2、郭厚 0.15 厘米（图一五，7）。

天禧通宝　3 枚。M5：1-8，内外有郭，正面楷书“天禧通宝”四字，旋读。直径 2.6、穿径 0.65、郭宽 0.15、郭厚 0.1 厘米（图一五，8）。

天圣元宝　5 枚。3 枚正面有内外郭，楷书“天圣元宝”四字，旋读。M5：1-9，直径 2.5、穿径 0.7、郭宽 0.15、郭厚 0.15 厘米（图一五，9）。

2 枚正面有内外郭，篆书“天圣元宝”四字，旋读。M5：1-10，直径 2.55、穿径 0.6、郭宽 0.15、郭厚 0.15 厘米（图一五，10）。

五、M6

位于发掘区的中南部，南邻M7、东邻M9。墓室以上的土被挖去，坐北朝南，方向206°。现存墓圹为长方形竖穴土坑，南北长2.6、东西宽2、残深1.2米。仿木结构砖室墓，自南向北由墓道、墓门、甬道和墓室四部分组成，全长3.86米（含墓道）（图一六）。

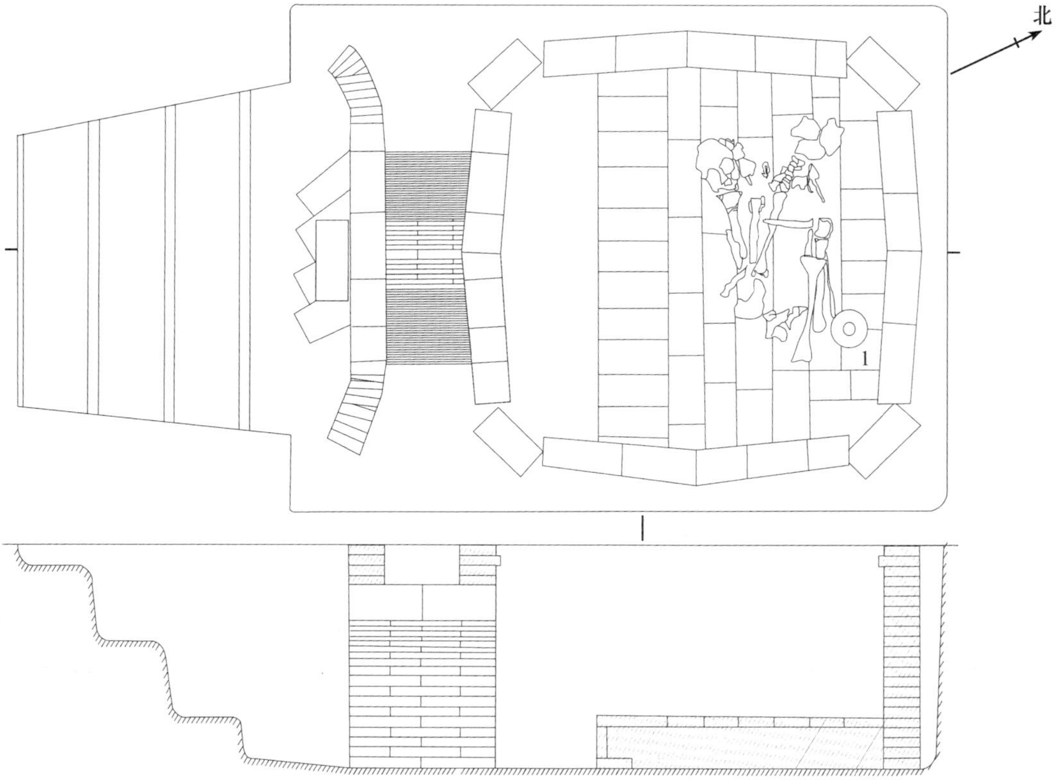

图一六　M6平、剖面图

1. 瓷碗

（一）墓葬形制

墓道　位于墓门南部，平面呈梯形，南窄北宽，阶梯式。长1.36、南宽1～1.4、深 1.2 米。现存三步台阶，宽 0.3、高 0.2～0.3 米。第三步台阶下缓坡直通甬道底。

墓门　位于墓甬道南端，为砖砌仿木结构门楼，上部坍塌无存，残高 0.9、通宽 1.62 米。门道位于门楼的下方正中，两壁平砖错缝顺砌十一层，上部用侧砖砌券顶。墓门下部用两平砖斜列呈“人”字形封堵，上部用平砖贴券封堵。墓门宽 0.86、高 0.78 米。门两侧有立颊，用三侧立砖错缝贴砌，左侧用七侧立砖错缝贴砌墙垛，右侧用侧立砖和平砖砌墙垛（图一七）。

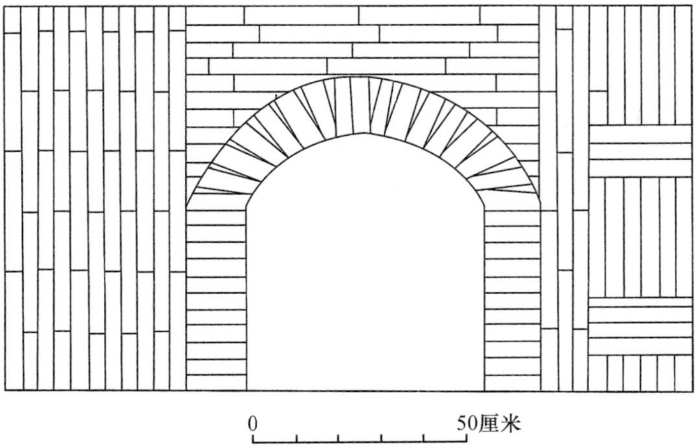

图一七　M6 墓门正视图

甬道　位于墓室南壁中部，前接墓门，后达墓室。两壁平砖错缝顺砌，上部用侧砖砌券顶。南北长 0.6、东西宽 0.84、高 0.78 米。

墓室　位于甬道的北端，前与甬道相连，上部坍塌无存。平面近方形，四壁略外弧，南北长 1.68～1.82、东西宽 1.36～1.8、高 1.2 米。墓壁用平砖错缝顺砌，内壁四角用三侧立砖错缝贴砌成仿木倚柱，柱宽 0.12、高 0.84 米。倚柱间以一层平砖砌出向外凸出的阑额，上部仅存斗砖一层。

棺床　位于墓室北部，南距墓口 0.38 米，南壁中间用单侧立砖、上下用平砖砌墙，中间填土，床面用竖、横砖顺铺。东西长 1.52、南北宽 1.14、高 0.25 米。仅在棺床的北部出土瓷碗 1 件。清理时未发现木棺朽痕，人骨两具，骨骼交叠堆放，头向西（图一六；图版二七，1）。

（二）墓室砖砌仿木结构图案

墓室内四壁面除墓门所处的南壁外，其余三壁均有砖砌的仿木结构图案。

西壁下方有用砖砌的凸出的仿木桌和靠背椅。桌居中，单平砖砌面，侧立砖竖砌两腿。桌长0.48、高0.34米。桌的左右两侧各砌有一把靠背椅，形制相同，用单平砖砌面，侧立砖砌两腿和靠背，靠背中部抹角呈弧形，上部用条砖的丁头砌出外凸檐。椅宽0.24、通高0.36米。

北壁下方中部有砖砌仿木结构假门和假窗。门由门额、立颊、门扇、门栿组成。门额用两平砖错落顺砌，下层两端各有一门簪，为用条砖丁头雕刻成的卧“米”字形，立颊用两侧立砖错落贴砌，上端与门额的两端相接，门用两平砖立砌为闭合状双扇门，下有门栿。门宽0.52、高0.44米。门左右两侧用单侧立砖斜砌棂假窗。

东壁下方有砖砌的仿木凳、桌、灯檠。桌居中，单砖顺砌桌面，两端出檐，单立砖竖砌腿。桌长0.48、高0.42厘米。桌左侧有一凳，单砖顺砌凳面，两侧立竖砖砌腿。凳长0.6、高0.36厘米。桌右侧有一灯檠，顶、座用条砖的丁头雕刻成弧形，中间用三侧立砖砌直灯柱。灯檠宽0.12、高0.38厘米（图一八）。

（三）出土遗物

瓷碗　1件。M6：1，胎体较厚，白色。敞口，圆唇，弧腹斜收，圜底，矮圆饼形足。内底有支烧痕。施白釉，有细小开片，外施釉不及底，施护胎釉。口径13.1、足径4.7、高3.8厘米（图一九；图版三〇，2）。

六、M7

位于发掘区的中南部，北邻M6、南邻M8。墓室以上的土被施工部门挖去，坐北朝南，方向197°。现存墓圹为长方形土坑竖穴，南北长2.5、东西宽2、残深1.18米。墓室为仿木结构砖室墓，自南向北由墓道、墓门、甬道、墓室四部分组成，全长4米（含墓道）（图二〇）。

（一）墓葬形制

墓道　位于墓门的南部，平面呈梯形，南窄北宽，阶梯式。长1.3、宽0.96～1.2、深1.16米。现存四步台阶，宽0.2～0.3、高0.2～0.3米。第四步台阶下缓坡直通墓门。

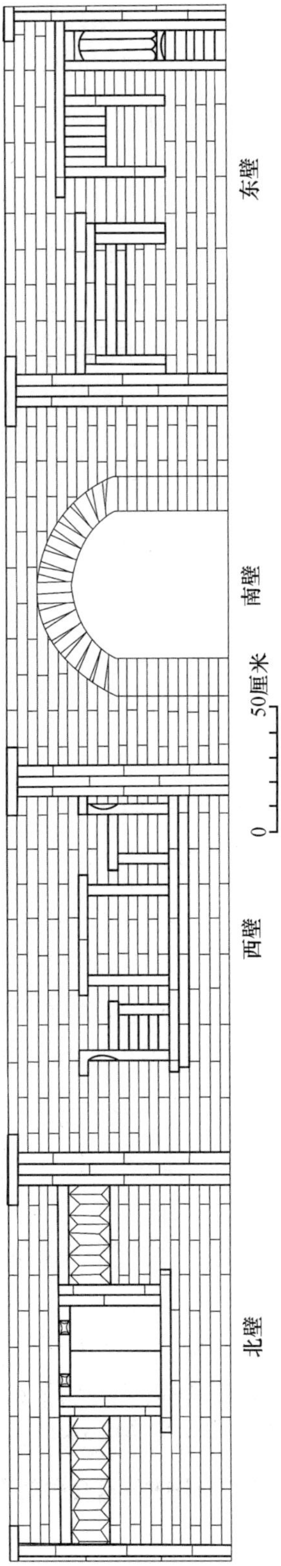

图一八　M6四壁展开图

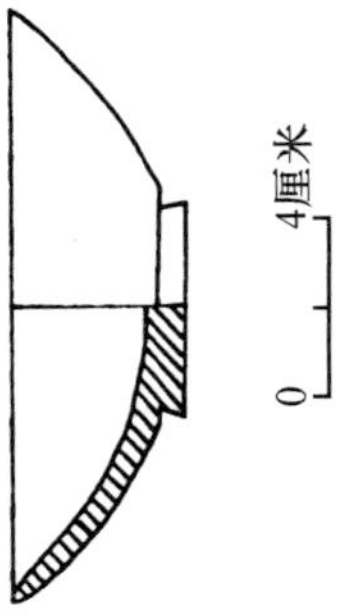

图一九　M6出土瓷碗
（M6：1）

墓门　位于甬道的前端，为仿木结构门楼，顶部坍塌无存。残高 1.18、东西宽 1.48～1.58 米。门道位于门楼的下部正中，两壁用单砖竖砌十四层，上部用侧立砖砌拱形券顶。墓门下部用双平砖斜列呈“人”字形封堵，上部平砖贴券门放置。宽 0.9、高 1.02 米。门道两侧用两顺砖错落竖向贴砌立颊，外用单顺砖平砌墙垛，上宽下窄（图二一）。

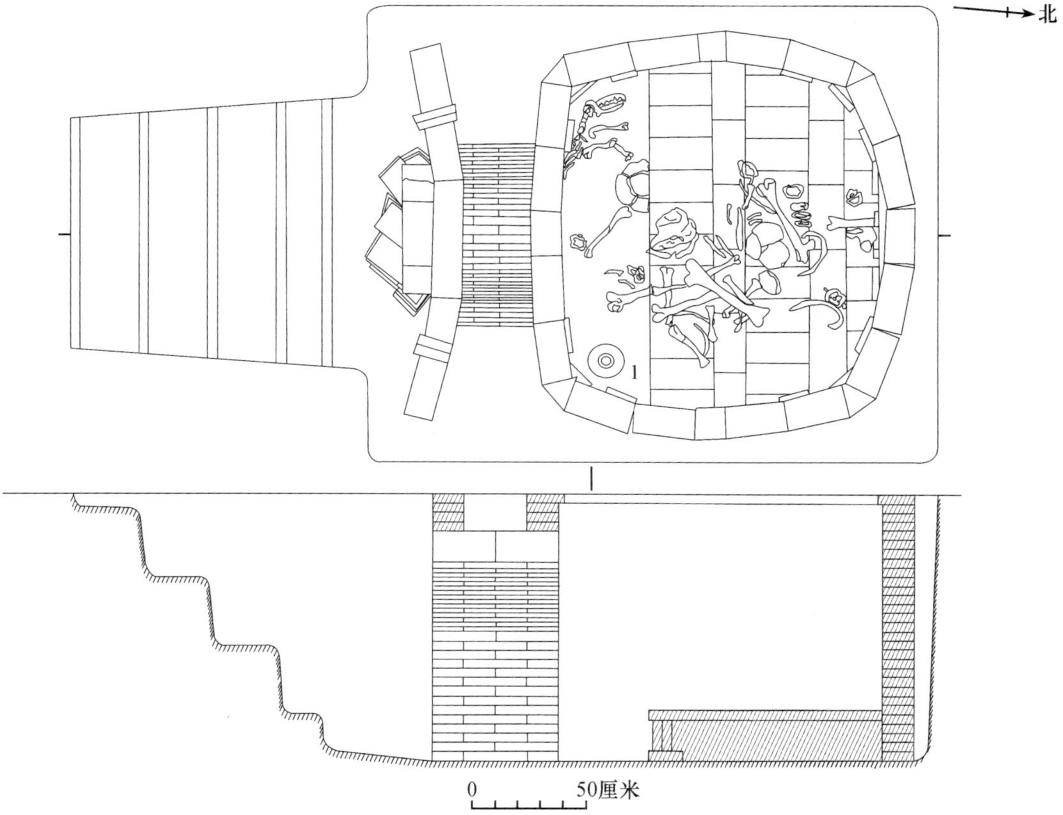

图二〇　M7 平、剖面图

1. 瓷碗

甬道　位于墓室南壁中部，前接墓门，后达墓室，用侧砖砌拱形券顶。南北长 0.56～0.58、东西宽 0.8、高 1.02 米。

墓室　位于甬道北部，与甬道相连，平面近长方形，四壁外弧，南北长 1.48～1.7、东西宽 1.5～1.8、高 1.16 米。墓壁用平砖错缝顺砌，墓室内壁各角用三砖并立错缝竖砌仿木倚柱，柱宽 0.12、高 0.8 米。倚柱间以一层平砖砌出向外凸出的阑额，其上砌一斗三升式柱头铺作，铺作上再托橑檐枋，橑檐枋仅存顺砖一层，

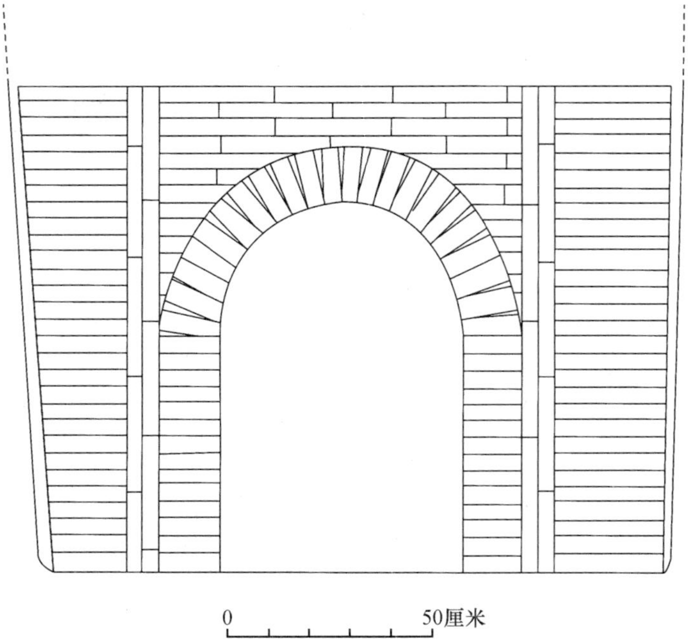

图二一　M7 墓门正视图

内收，推测为穹隆顶。

棺床　位于墓室北部，南距墓口 0.38 米。南壁用砖砌成须弥座，上下用单顺砖各砌一层，中间用两侧立砖贴砌，形成上下出檐，中间内收，外侧立砖雕刻成半椭圆形。棺床上用两竖两横砖平铺。东西长 1.3～1.52、南北宽 0.86～1.04、高 0.22 米。由于墓葬早期被盗和破坏，清理时未发现棺木痕迹，人骨两具，骨骼交叠堆放。仅在墓室的东南角出土瓷碗 1 件。在棺床与墓门之间空地的西部，发现一具侧卧的狗骨架，前肢稍弯曲，后肢被破坏（图二〇；图版二七，2）。

（二）墓室砖砌仿木结构图案

墓室四壁除南壁墓门外其余三壁皆有砖砌仿木结构图案。

西壁下方有砖砌仿木桌和靠背椅。桌居中，单砖顺砌桌面，两端出檐，单砖竖砌腿，腿的上部、中部单砖顺砌横枨。桌长 0.4、高 0.32 米。桌的左右两侧各有一把靠背椅，大小、形制相同，单砖顺砌椅面和横枨，单立砖竖砌腿和靠背，靠背的外侧抹角呈弧形。椅长 0.22、通高 0.28 米。

北壁下有砖砌假门、假窗。假门居中，两层平砖错落顺砌门额，下层砖间有门簪 2 个，为用条砖的丁头雕刻成的卧“米”字形，门两侧用两竖砖错落贴砌立颊，下部立于门栿上，上部与门额两端相接，其内用两平砖砌竖两扇呈闭合状的门，整个门宽 0.44、高 0.4 米。门额下方的两侧用单侧立砖斜砌棂假窗，形制、大小相同。窗宽 0.36、高 0.14 米。

东壁下方中部设有砖砌的仿木凳、桌和灯檠。凳在左侧，平顺砖砌面，双立砖错落砌腿，上下各有一平顺砖砌横枨。凳宽 0.42、高 0.4 米。桌居中，平砖顺砌面，竖立砖砌腿，腿下部用条砖的丁头雕刻成亚腰形，两腿的中上部有一平顺砖砌横枨，面与枨之间的两侧各有两丁砖砌竖枨，中间有一横枨。桌宽 0.44、高 0.48 米。桌右侧有一灯檠，顶、座用条砖的丁头雕刻成弧形，中间用三砖并立竖砌灯柱。灯檠宽 0.14、高 0.36 米（图二二）。

（三）出土遗物

瓷碗　1 件。M7：1，胎体较厚，白色。敞口，圆唇，斜弧腹，圜底，周围有一周凸棱，圆饼形足。施酱釉，外施釉不及底。口径 11.8、足径 6、高 3.6 厘米（图二三；图版三〇，3）。

七、M8

位于发掘区的中南部，北邻 M7。墓室以上的土被挖去，坐北朝南，方向 200°。现存墓圹南北长 2.8、东西宽 2、深 1.24 米。仿木结构砖室墓，自南向北由墓道、墓门、甬道、墓室四部分组成，全长 4.1 米（含墓道）（图二四）。

（一）墓葬形制

墓道　位于墓门南部，平面呈梯形，南窄北宽，斜坡阶梯式。长 1.3、宽 1～1.4、深 1.24 米。现存四步台阶，宽 0.2～0.3、高 0.2～0.3 米。第四步台阶下缓坡直通墓门。

墓门　位于甬道南端，为砖砌仿木结构，上部坍塌无存，残高 1.24、宽 1.98 米，其中门道两壁用平砖错缝顺砌十六层，上部用侧砖砌券顶。宽 0.8、高 1.02 米。墓门下部两平砖斜列呈“人”字形封堵，上部平砖靠券门放置。墓门两侧用两砖并立错缝砌门颊（图二五）。

甬道　位于墓室南壁中部，前接墓门，后达墓室。砖砌券顶。南北长 0.52～0.62、

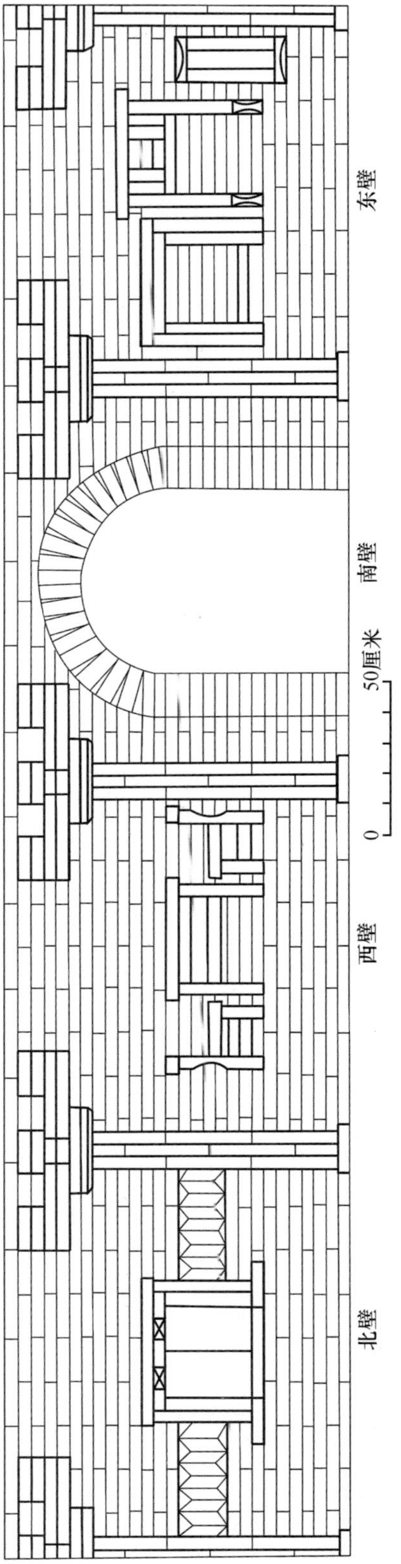

图二二　M7 四壁展开图

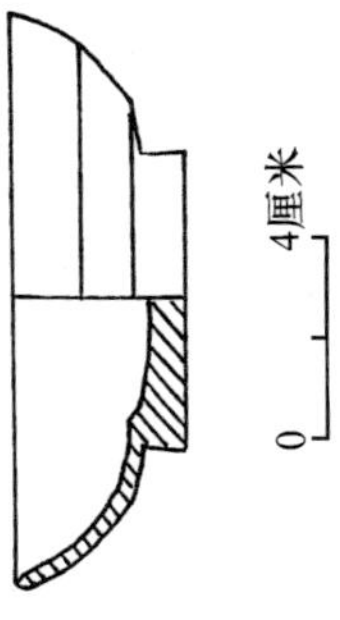

图二三　M7 出土瓷碗
（M7∶1）

东西宽 0.8、高 1.02 米。

墓室　位于甬道北端，与甬道相连，平面近正方形，每边中部外弧。南北长 1.46～1.74、东西宽 1.46～1.7、高 1.24 米。墓壁用平砖错缝平砌，墓室内四角砌仿木倚柱，用三列竖砖错缝贴砌，柱宽 0.12、高 0.88 米。倚柱间以一层平砖砌出向外凸出的阑额，其上砌一斗三升式柱头铺作，结构与 M6 相同。铺作上再托橑檐枋，橑檐枋上仅存三层，上层砖下边抹角，推测上部为穹隆顶。

棺床　位于墓室北部，南距墓口 0.38 米，东西长 1.2～1.4、南北宽 1～1.12、高 0.24 米。南壁上下用单砖、中间用侧立砖顺砌而成，中间填土，床面南北用一丁一顺和二丁二顺砖平铺。由于墓葬早期被盗和破坏，清理时未发现棺木痕迹和人骨，随葬品陈放在棺床的西北角，数量较少（图二四）。

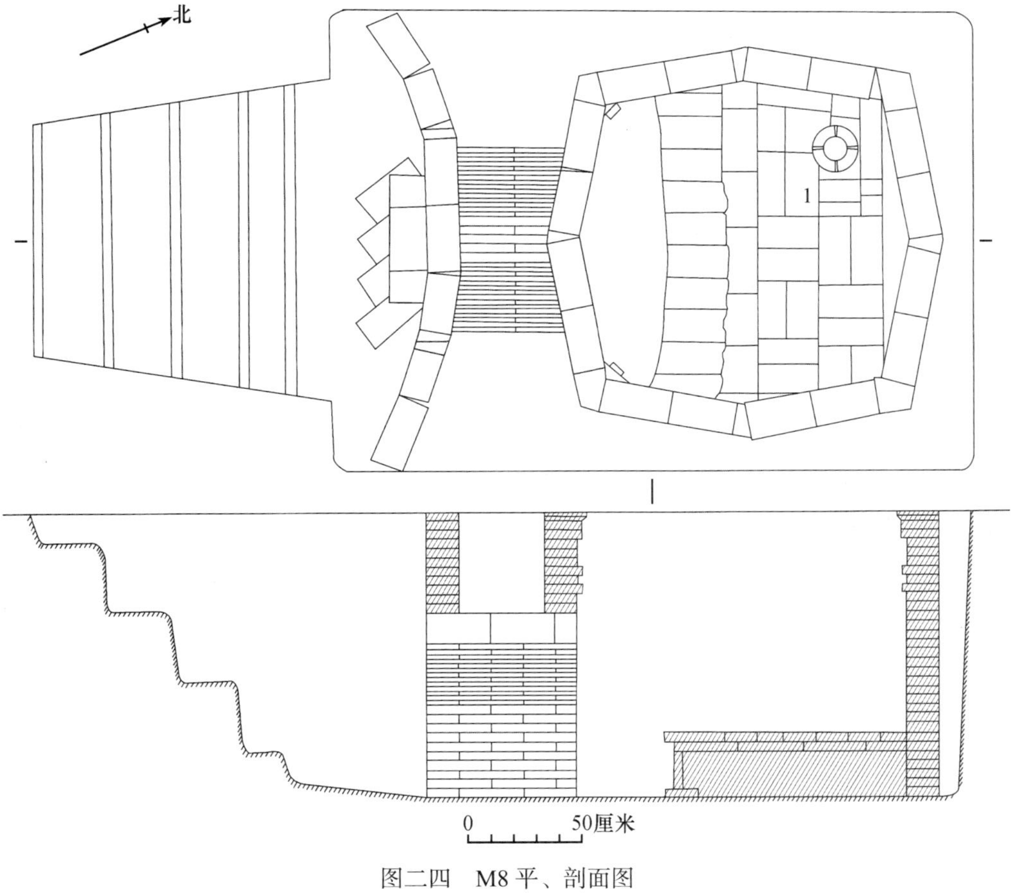

图二四　M8 平、剖面图

1. 瓷瓶

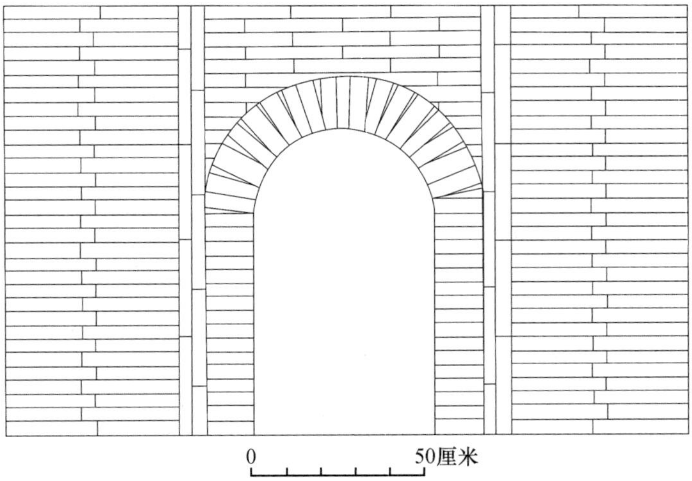

图二五　M8 墓门正视图

（二）墓室砖砌仿木结构图案

墓室四壁除南壁墓门外其余三壁皆有砖砌仿木结构图案。

西壁下方的中部用砖砌一张仿木桌，单砖顺砌桌面，两端出檐，单立砖竖砌腿，腿的上部、中部单砖顺砌横枨。两侧对称砌两把靠背椅，大小、形制相同，单砖顺砌面和横撑，单立砖竖砌腿和靠背，靠背上部用条砖的丁头砌出外凸檐。桌长 0.4、高 0.32 米；椅长 0.2、通高 0.32 米。

北壁下方有砖砌仿木假门，由门额、立颊、门扇等构成，门额用二顺砖贴砌，上有门簪 2 个，为用条砖的丁头雕刻成的卧“米”字形，立颊用两顺砖竖向贴砌，上端与门额两端相接，其内月两平砖立砌成左右两扇闭合状门，每扇门高 0.28、宽 0.14 米。门左右两侧的上部用丁砖抹角砌直棂假窗。

东壁下方有砖砌仿木桌、凳和灯檠。凳居中，单砖顺砌凳面，两侧立竖砖砌腿，上端和近腿底部有顺砖砌横撑。凳长 0.46、高 0.36 厘米。左侧为桌，单砖顺砌桌面，两端出檐，单立砖竖砌腿，中间有一顺砖砌横撑，腿下部用条砖的丁头雕刻成亚腰形。桌长 0.44、高 0.46 米。右侧为灯檠，顶、座用条砖的丁头雕刻成卧“米”字形，中间用三砖并立竖砌灯柱。灯檠宽 0.12、高 0.4 厘米（图二六）。

（三）出土遗物

瓷瓶　1 件。M8：1，胎质较粗，白色。口微侈，卷沿，圆唇，高颈，颈、肩处附四

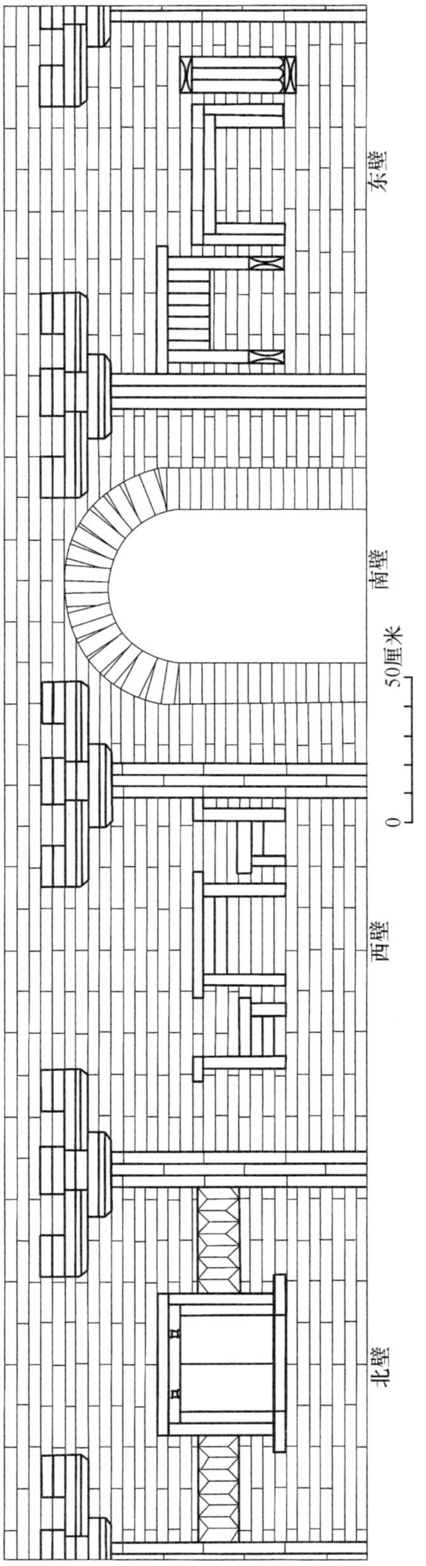

图二六　M8 四壁展开图

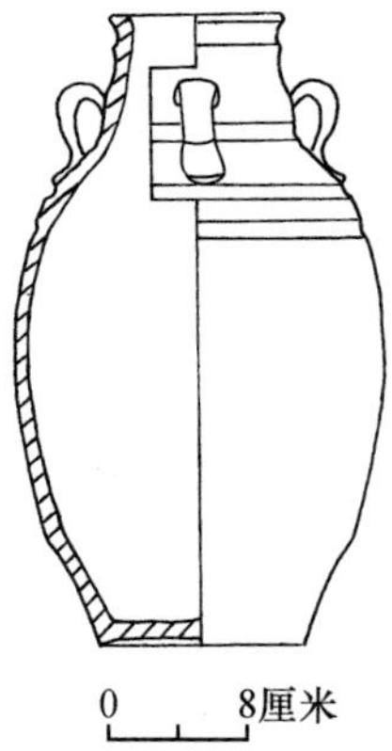
图二七 M8 出土瓷瓶（M8 : 1）

系，深弧腹斜内收，平底。唇、颈下各饰一周凹弦纹，腹上部饰两周凹弦纹。施酱釉，外施釉不及底，下施护胎釉。口径 10.3、腹径 20.5、底径 11.7、高 35.7 厘米（图二七；图版三〇，4）。

八、M10

位于发掘区的西南部，北邻 M4。墓室以上的土被施工部门挖去，南北向，方向 200°。从北部基槽壁上观察，墓口开在耕土层下，距地表 0.3 米，深 2.84 米，现存墓圹平面为长方形，南北长 3、东西宽 1.4、残深 1 米。

（一）墓葬形制

墓室为长方形砖砌券顶，南北长 2.52、东西宽 1.12、高 1 米。两侧壁用四丁四顺或三丁三顺砖砌三层，上部用八层条砖渐次递收，侧立砖交叉封顶。两端壁用条砖错缝、丁砖砌，上部用条砖砌成“八”字形，平砖封口，渐次递收，最上部用一块平砖横放覆顶，条砖错缝平铺，南端的顶部遭到破坏。

棺木已腐朽，仅存灰痕。南北长 1.74、东西宽 0.54、厚 0.04 米。人骨零乱，头朝北。随葬品放置在棺外南端和棺内（图二八）。

（二）出土遗物

4 件。有瓷碗、铜钱。

1. 瓷碗

2 件。M10 : 1，敞口，圆唇，弧腹斜收，圜底，矮宽圈足微外撇。白釉，外施釉不及底，脱釉严重。口径 10.5、足径 4.1、高 4.3 厘米（图二九，1；图版三〇，5）。M10 : 3，胎质较细，白色。敞口，圆唇，弧腹斜收，平底，宽矮圈足。施白釉，有细小开片，外施釉不及底。口径 9、足径 3.9、高 4 厘米（图二九，3；图版三〇，6）。

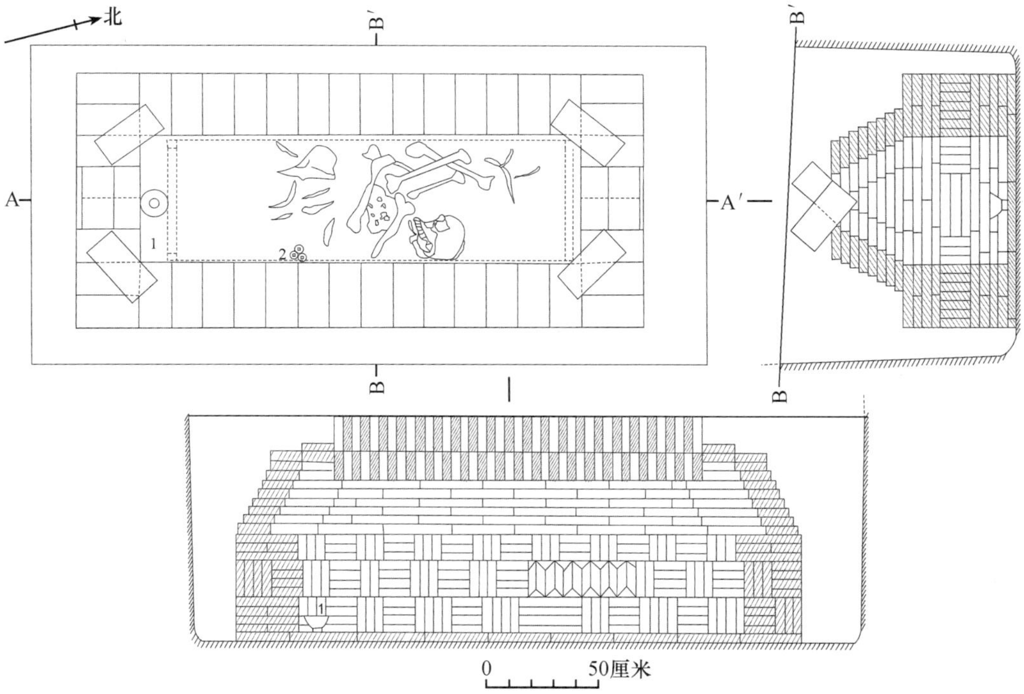

图二八　M10平、剖面图

1. 瓷碗　2. 铜钱

2. 铜钱

2枚。为开元通宝、皇宋通宝。

开元通宝　1枚。M2：2-1，内外有郭。背素面。钱体正面穿之上下左右隶书“开元通宝”四字，对读。“开”字两竖与穿相连；“元”字首横较短，第二横加长上挑；“通”字“走”字边前三笔呈似连非连的顿折状，“甬”字头部开口较扁；“宝”字下部“贝”字中间两横与左右两竖笔相连。直径2.4、穿径0.65、郭宽0.1、郭厚0.15厘米（图二九，2）。

皇宋通宝　1枚。M2：2-2，内外有郭。背素面。钱体正面穿之上下左右楷书“皇宋通宝”四字，对读。直径2.4、穿径0.6、郭宽0.25、郭厚0.1厘米（图二九，4）。

九、结　　语

此次清理的10座墓，为砖砌券顶墓和仿木结构砖室墓两种。砖砌券顶墓2座（M4、M10），墓室平面为长方形，M4上部为侧砖错缝顺砌拱形券顶；M10的上部用

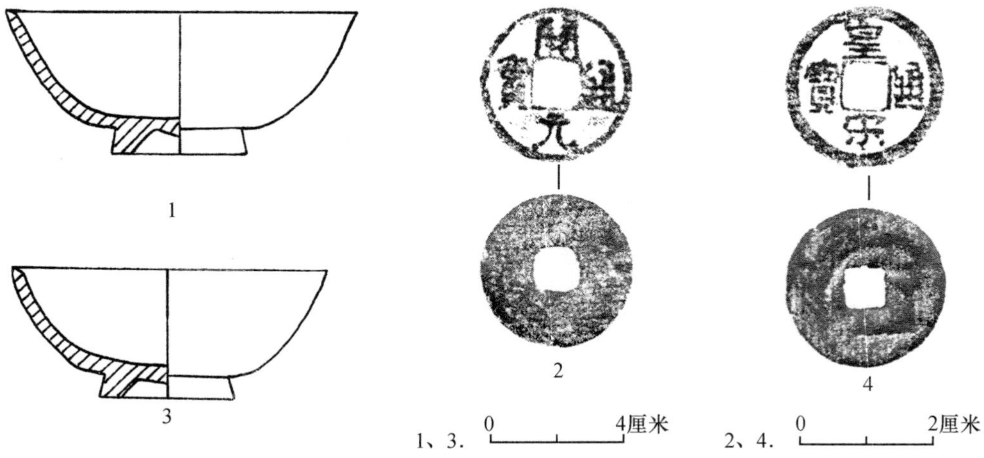

图二九　M10出土器物

1、3. 瓷碗（M10：1、M10：3） 2. 开元通宝（M2：2-1） 4. 皇宋通宝（M2：2-2）

八层条砖渐次递收成藻井，侧砖交叉封顶。此2座墓相邻，形制近同，其年代应相近。M10出土一枚北宋仁宗宝元二年至皇祐末年（1039～1053年）铸的皇宋通宝，墓葬年代大致为北宋中期。

仿木结构砖室墓8座（M1～M3、M5～M9），其中墓室平面为圆形的2座（M1、M3），两墓相邻，虽然破坏严重，但墓葬形制相同，M1白釉瓷碗（M1：1）、酱釉瓷盘（M1：2）与中陈郝瓷窑宋代同类器形制、釉色器近同[1]。墓室平面近长方形的6座（M2、M5～M9），虽然顶部均坍塌无存，但墓室各角的仿木结构倚柱（有的抹角）、阑额、一斗三升式柱头铺作和橑檐枋等结构尚清晰，特别是部分墓室墓壁有砖砌桌、椅、凳、梳妆台、灯檠、假门、假窗及浅浮雕剪刀、熨斗等装饰，其结构和装饰较为简单，具有北宋早、中期墓葬特征[2]。其中M5出土铜钱19枚，最晚为北宋仁宗年间（1023～1031年）铸的天圣元宝。年代大致在北宋中期。M2与章丘市秀惠镇女郎山宋墓M75相近[3]，出土1枚北宋徽宗大观年间（1107～1110年）铸的大观通宝。墓葬年代大致为北宋晚期。墓葬中各类瓷器与中陈郝瓷窑遗址北宋时期的同类器相近或相同[4]。

综上所述，仿木结构砖室墓与以往山东发现的同一时期墓葬情况基本一致，具有北宋中期及以后中原地区普遍流行的形式[5]。这批墓葬为了解该地区北宋时期建筑结构信息与风貌提供十分重要的实物资料，同时对探讨当时政治、经济、文化、丧葬习俗等具有一定价值。

附记：本次发掘工作得到了枣庄市文物局、峄城区文化和旅游局等单位的大力支持和协助，在此表示诚挚的谢意！

参加发掘和整理人员有：石敬东、苏昭秀、郝建华、刘爱民、郭永胜等。

墓葬绘图（工地）：苏昭秀　郝建华　刘爱民

清　　绘：石敬东　奚　栋　杨　振

器物绘图：杨　振　张　巍

拓　　片：石敬东　杨　振

墓葬摄影：石敬东

器物摄影：奚　栋

执　　笔：石敬东

注　释

[1] 枣庄市文物管理站：《山东枣庄古窑址调查》，《中国古代窑址调查发掘报告集》，文物出版社，1984年。

[2] 秦大树：《宋元明考古》，文物出版社，1984年。

[3] 济青公路文物考古队秀惠分队：《章丘女郎山宋金元明壁画墓的发掘》，《济青高级公路章丘工段考古发掘报告集》，齐鲁书社，1993年。

[4] 山东大学考古专业、枣庄市博物馆：《山东枣庄中陈郝瓷窑址》，《考古学报》1989年3期。

[5] 中国社会科学院考古研究所：《新中国的考古发现和研究》，文物出版社，1984年。

附表　枣庄峄城承县故城宋墓墓葬登记表

墓号（M）	墓葬类型	方向（°）	墓圹尺寸（长 × 宽—深）/ 米	墓室尺寸（长 × 宽—深）/ 米	葬式	随葬器物 / 件（枚）	时代	备注
1	仿木结构砖室墓	199	2.52×2.12—0.28	1.8×1.8—0.28	不详	瓷碗、瓷盘	北宋	破坏严重，仅存底部
2	仿木结构砖室墓	182	3.3×2.2—1.6	（1.82～2.12）×（1.9～2.14）—1.6	不详	陶盆、瓷瓶 2、瓷罐、瓷壶、瓷碗 6、铁釜、铜镜、铜钱 2	北宋晚期	墓葬早期被盗，墓室顶部坍塌无存，部分随葬品在扰土中出土
3	仿木结构砖室墓	195	3×2.4—0.6	1.9×1.9—0.6	不详			破坏严重，仅存底部
4	砖室券顶墓	175	2.7×1.46—0.64	2.24×1.04—0.68	不详	瓷罐、瓷瓶	北宋中期	破坏严重，墓室仅存南部
5	仿木结构砖室墓带双耳室	182	2.2×2.02—1.7	墓室：（2～2.16）×（1.75～1.9）—1.52；耳室：1.5×1.5—1.7	不详	开元通宝 2、宋元通宝、太平通宝 2、至道元宝 2、咸平通宝、景德元宝、祥符元宝 2、天禧通宝 3、天圣元宝 5	北宋中期	墓室以上的被挖去，顶部坍塌无存。墓道北端、墓门、甬道南端被近代沟破坏
6	仿木结构砖室墓	206	2.6×2—1.2	（1.68～1.82）×（1.36～1.8）—1.2	头向西。葬式不详	瓷碗	北宋	墓室以上的土被挖去，顶部坍塌无存，墓室东南角遭到破坏
7	仿木结构砖室墓	197	2.5×2—1.18	（1.48～1.7）×（1.5～1.8）—1.16	头向西。葬式不详	瓷碗	北宋	墓室以上的土被挖去，顶部坍塌无存
8	仿木结构砖室墓	200	2.8×2—1.24	（1.46～1.74）×（1.46～1.7）—1.24	葬式不详	瓷瓶	北宋	墓室以上的土被挖去，顶部坍塌无存
9	仿木结构砖室墓	200	2.4×2.2—0.3	1.8×2—0.3				破坏严重，仅存墓室北部的下半部分。北壁有砖砌假门、假窗
10	砖室券顶墓	200	3×1.4—1	2.52×1.12—1	人骨零乱，头朝北	瓷碗 2、开元通宝、皇宋通宝	北宋中期	墓室以上的土被挖去，南端的顶部部分遭到破坏

注：长度单位为“米”，“随葬器物”栏中未注明件数者均为 1 件

寿光刘家官庄墓群发掘报告

潍坊市博物馆
山东省文物考古研究院

2016年10～12月，山东省文物考古研究所在“黄水东调”工程用地范围内进行考古调查勘探时，在寿光市刘家官庄村新发现一处古代墓群。该墓群位于侯镇刘家官庄东北约80米处，地势较高，南临村北公路，西邻弥河支流，东西长90、南北宽50米，占地约4500平方米（图一）。

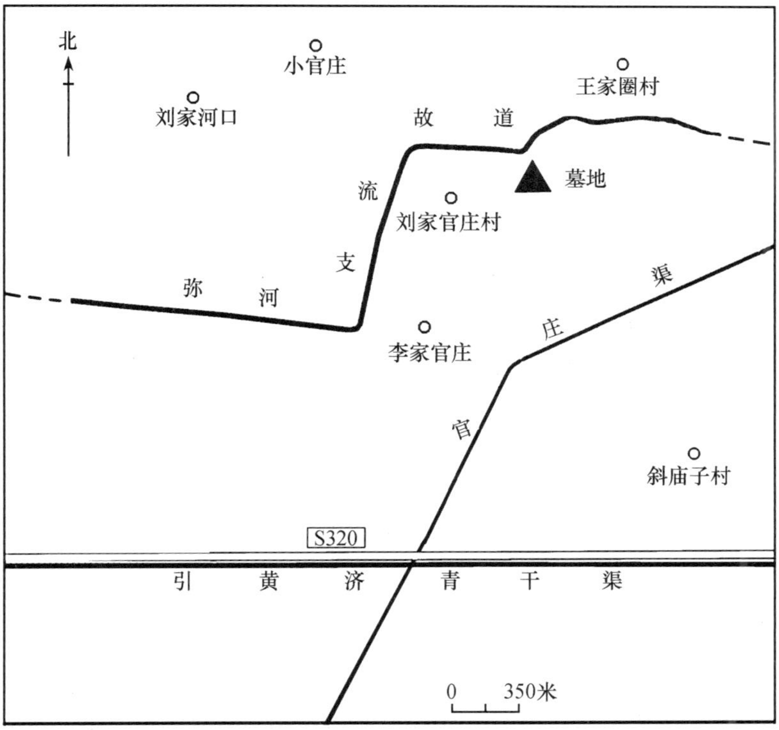

图一　刘家官庄墓群位置图

2017年3月下旬至4月初，潍坊市博物馆与山东省文物考古研究所对工程用地范围内的墓群进行抢救性发掘。考古队进入现场前，施工方已对地表进行过清理，大约

0.6 米的表层土被去掉，部分砖室墓暴露。为便于整体把握和准确测绘，本次发掘采用探方法，布设 10×10 米探方 39 个，实际发掘 10 个，面积约 1000 平方米（图二）。

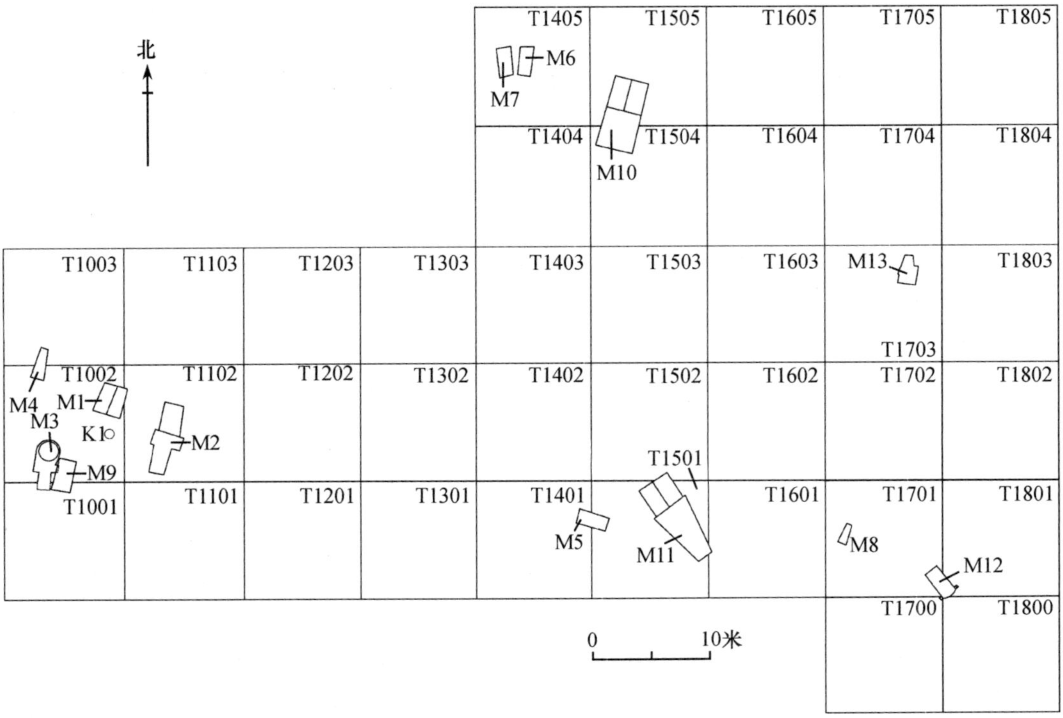

图二　刘家官庄墓群遗迹分布图

此次发掘清理墓葬 13 座，祭祀坑 1 个，出土文物 60 件，主要为瓷器，器形有碗、罐、碟、瓶、灯盏等；铜器为镜、钱、饰品、纽扣，另有银耳环、料扣、料珠等（图版三一，1）。

一、地层堆积

文化层内涵较少，多系自然沉积层。结合周边地层及墓葬四壁剖面看，大致分为 9 层。

第 1 层，为耕土层，灰褐色，质松软，砂性强，包含植物根茎等杂物。厚 0.28～0.38 米。

第 2～9 层，为砂土层、黏土层相间排列，各层厚度不均，但都较纯净。其中砂土层为浅黄色细粉砂，质松软；黏土层为深褐色，质紧密，黏性强。

二、宋元墓葬

3座。均为砖室墓。墓砖为泥质灰陶，质坚硬。素面。长0.24～0.25、宽0.11、厚0.05～0.06米。

1. M2

舟形。位于墓地西部。方向204°。

由墓室、前厅、墓道组成。墓室券顶，顶部遭破坏。墓室内部东侧向外凸出，放置人骨一具，摆放凌乱，应为二次葬。墓主为男性，35～45岁。券门用青砖错缝封闭，外为前厅、墓道。墓室周壁及顶部用青砖错缝垒砌而成，西壁微外弧，东壁前半部外弧较明显。墓室空间由后往券门处逐渐增高。墓室内墓门东侧用青砖砌方形立柱。墓底用青砖错缝平铺，由后往券门方向逐渐增宽，至中部后向东外扩0.2～0.3米直至墓门处。墓室内壁长2.18、宽0.5～1.09、距地表1.03米。前厅长1.2、宽2.4、深0.98米，长斜坡墓道长2.52、宽1.3米。墓内填土基本呈灰黄色，较松软。上部碎砖较多，下部纯净。无随葬品（图三A～图三C；图版三一，2；图版三二，1、2）。

2. M3

圆形墓。位于墓地西南部。方向196°。

由墓室、前厅、墓道组成，被M9打破。券门用青砖错缝封闭，外为前厅、墓道。墓室顶部遭破坏，周壁由青砖错缝垒砌而成，墓底亦用青砖错缝平铺。墓室底部直径1.5、墓底距地表1米。前厅长0.8、宽1.9、深1.1米。长斜坡墓道长2.36、宽0.98米。墓内填土灰黄色，质松软，夹杂少量碎砖。人骨架两具，均为二次葬，头向东，面向上，并排摆放。南侧墓主为女性，北侧为男性，均在40～50岁。北侧墓主头部有一长方砖斜向支撑墓壁，砖长0.22、宽0.175、厚0.035米。无随葬品（图四A、图四B；图版三三，1～3）。

3. M13

刀形墓。位于墓地东部。方向185°。

上部遭破坏。墓室以半砖错缝平铺，西壁、南壁微外弧，东壁自中间部位向外凸出，直至南壁，形成一窄短小室，使整个墓室平面基本成刀形。墓圹长2.49 、宽1.25～1.5米，墓室长2.4、宽0.78～1.28米，墓底距地表0.6米，底部仅散见几块碎砖。墓内填黄褐色土，较松软，包含碎砖。主墓室有一棺，棺灰痕迹明显，局部可见腐木，长1.72、宽0.35～0.54、厚0.025米。棺内有人骨架一具，保存完整，仰身，面向上，上肢直，下

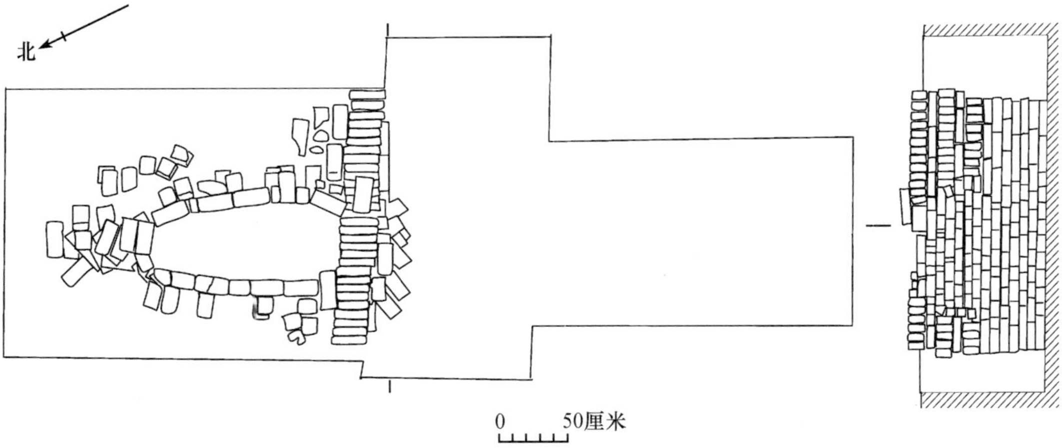

图三 A　M2 平、剖面图

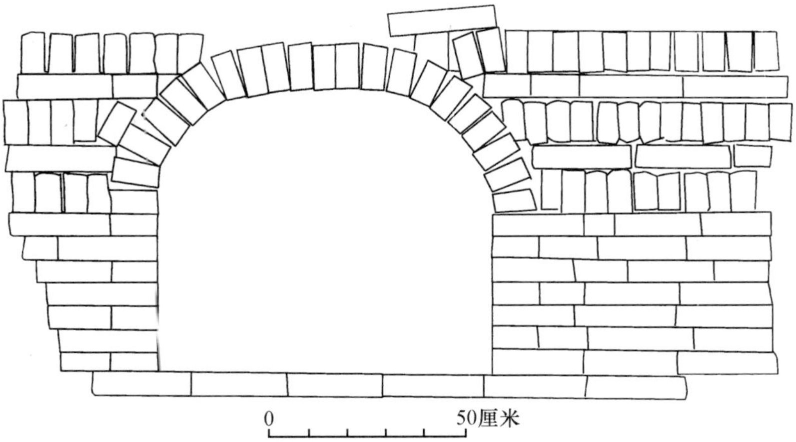

图三 B　M2 墓门正视图

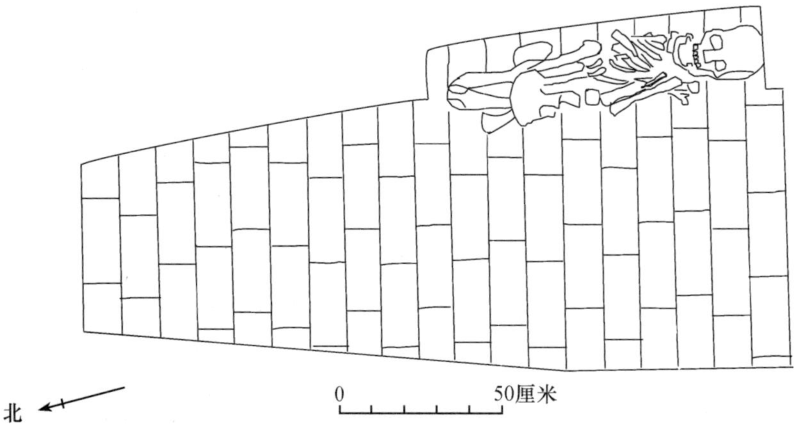

图三 C　M2 墓室底部图

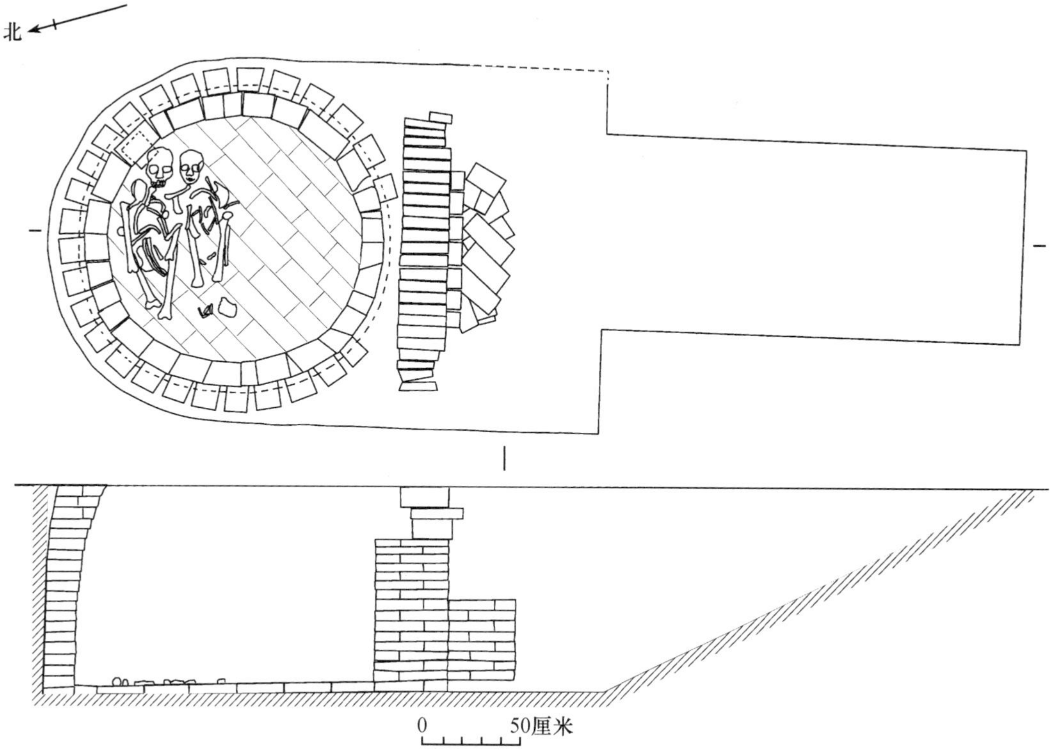

图四A　M3平、剖面图

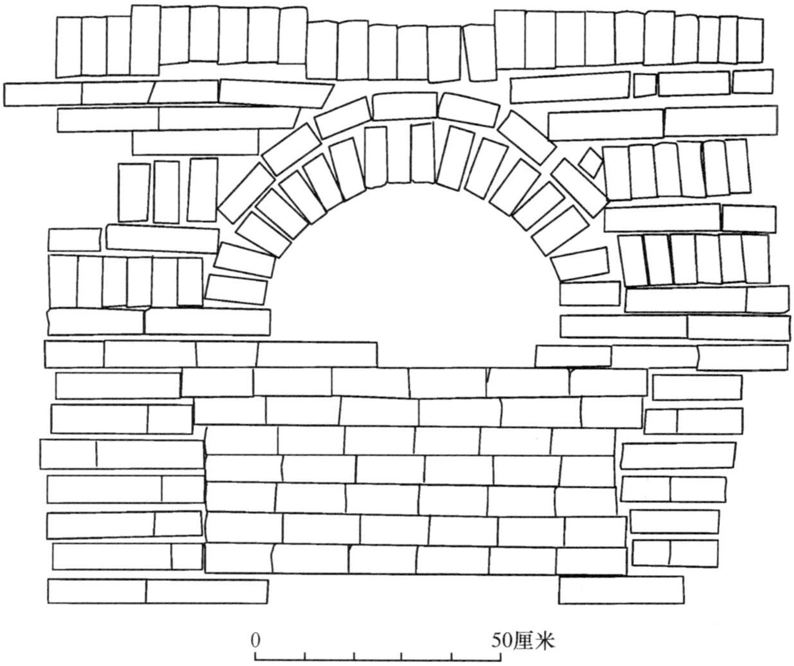

图四B　M3墓门正视图

肢错位摆放，女性，45 岁左右。东侧墓室未发现棺痕，有人骨架一具，骨骼粗壮，摆放错乱，系二次葬，男性，年龄在 40～50 岁。无随葬品（图五；图版三三，4）。

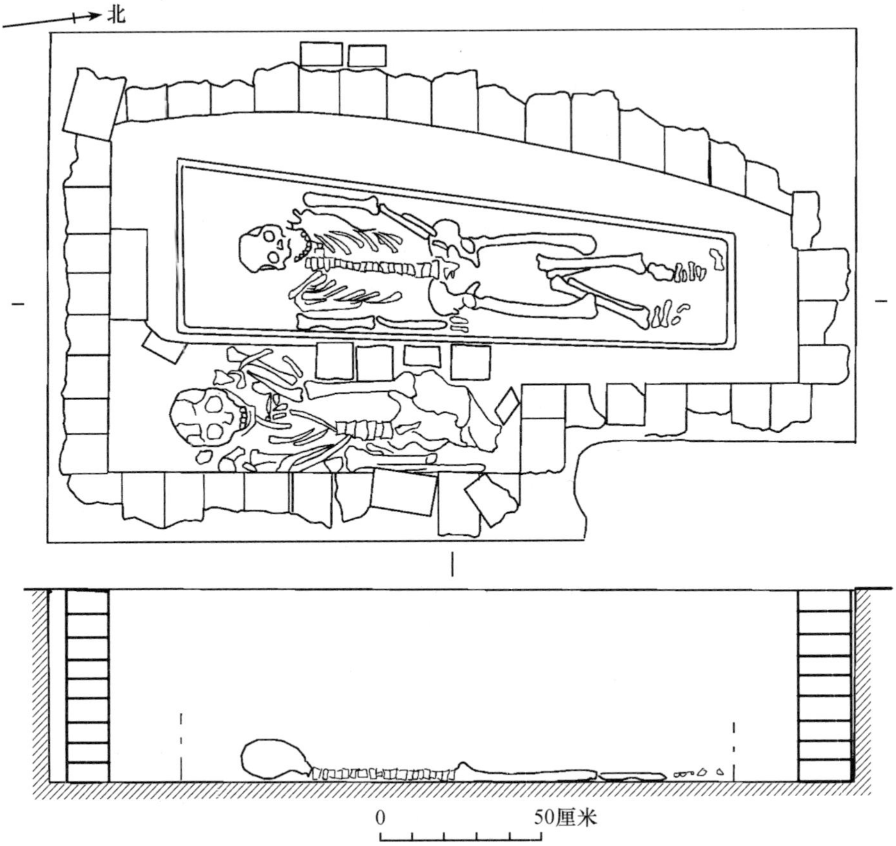

图五　M13 平、剖面图

三、明代遗存

墓葬 2 座，祭祀坑 1 个。墓砖为泥质灰陶，质坚硬。素面。长 0.24、宽 0.11、厚 0.05 米。

（一）墓葬

1. M1

长方形双室墓。位于墓群西部。方向 205°。

西侧墓室为砖室，墓壁用残青砖错缝平铺垒砌而成。墓室内壁长 2.29、宽

0.62～0.81、墓底距地表0.53～0.54米。棺木残存痕迹明显，长1.92、宽0.52～0.56、厚0.03米。残青砖铺底，南北向错缝排列，铺地砖上面四角各有一块整砖，可能为垫棺所用。墓室填浅黄褐色砂土，质松软，内含大量碎砖。墓主头向南，面向上，仰身直肢，保存较好，男性，年龄在35岁左右。随葬品7件，其中瓷碗1件，位于腿部。铜钱6枚，分置于左右肩、胸、腿等处。

东侧墓室为长方形土坑竖穴墓，较浅，未见葬具。墓主头部和腰间散落数块残砖。墓室长2.52、宽0.81～0.9、墓底距地表0.2米。墓主头向南，面向上，仰身直肢，保存略差。女性。40岁左右。无随葬品（图六；图版三四，1）。

瓷碗　1件。M1：1，敞口，弧壁，平底，圈足。黄褐胎，酱釉，碗内底未施釉，

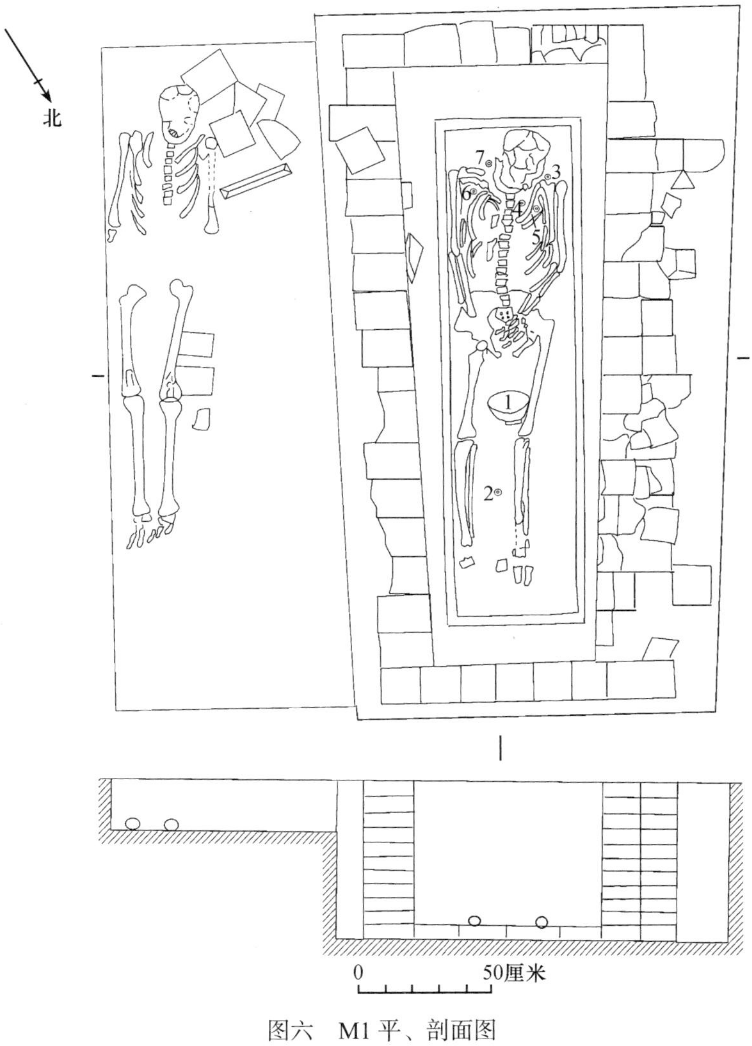

图六　M1平、剖面图

1. 瓷碗（M1：1）2～7. 铜钱（M1：2、M1：3、M1：4、M1：5、M1：6、M1：7）

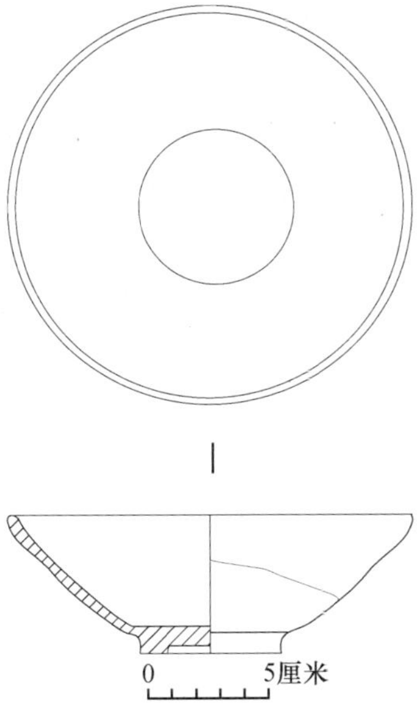

图七　M1 出土瓷碗
（M1：1）

外壁施釉不包底。口径 16.9、底外径 5.8、底内径 3.5、通高 5.7 厘米（图七；图版三五，1）。

铜钱　6 枚。M1：2～M1：7，均为方孔圆钱，锈蚀严重，钱文不清。M1：2，残缺严重，仅存大半，依稀可辨“元宝”二字。郭径 2.4、孔径 0.6、厚 0.2 厘米。M1：3，钱文依稀可辨“元宝”二字。郭径 2.48、孔径 0.62、厚 0.13 厘米。M1：4，郭径 2.5、孔径 0.6、厚 0.2 厘米。M1：5，残缺严重，断为几块。郭径 2.3、厚 0.3 厘米。M1：6，钱文为“绍圣元宝”。郭径 2.3、孔径 0.6、厚 0.15 厘米。M1：7，郭径 2.5、孔径 0.7、厚 0.19 厘米。

2. M4

长方形砖室墓。位于墓群西部。方向 197°。

该处地势较高，上部破坏至近墓室底部。壁以残砖错缝平铺而成，底部未铺砖。墓门用青砖斜插砌成。墓室长 2.53、宽 0.6～1.24、墓底距地表 0.3 米。墓室填浅黄褐色砂土，内含大量碎砖。人骨架一具，仰身直肢，面向上，保存较好，女性，16～18 岁。头部右侧置瓷碗 1 件，肩、胸部随葬 4 枚铜钱（图八；图版三四，4）。

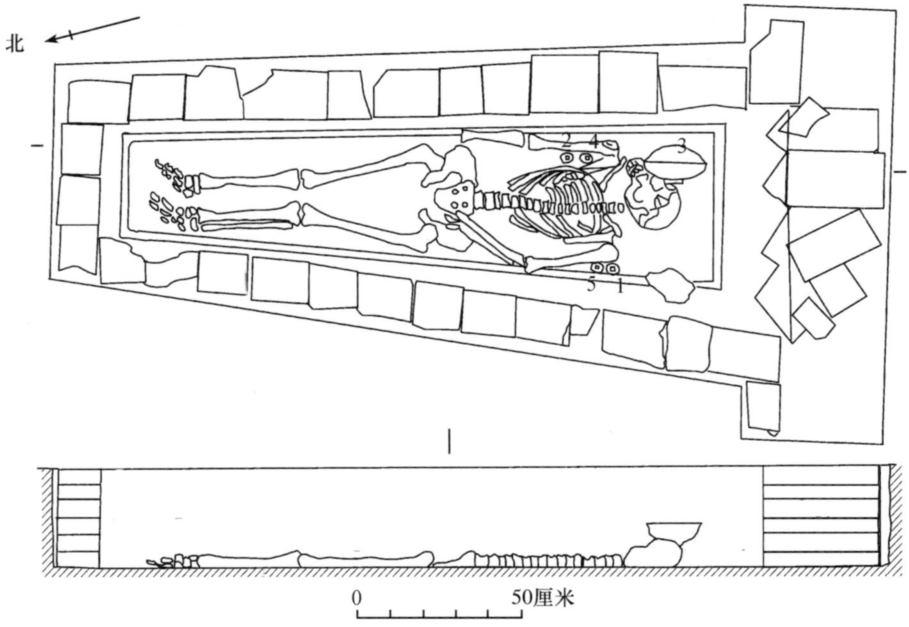

图八　M4 平、剖面图

1、2、4、5. 铜钱（M4：1、M4：2、M4：4、M4：5）　3. 瓷碗（M4：3）

瓷碗　1件。M4：3，敞口，壁微弧，平底，圈足。黄褐胎，酱釉，外壁施釉不包底，内底有刮圈。制作粗糙。口径17.4、底径6.3、通高5.1厘米（图九；图版三五，2）。

铜钱　4枚。M4：1、M4：2、M4：4、M4：5，方孔圆钱，锈蚀较重，但钱文可辨。M4：1，钱文为“绍圣元宝”。郭径2.3、孔径0.6、厚0.1厘米。M4：2，钱文为“大定通宝”。郭径2.6、孔径0.6、厚0.2厘米。M4：4、M4：5，钱文为“熙宁元宝”。郭径2.3、孔径0.6、厚0.13厘米。

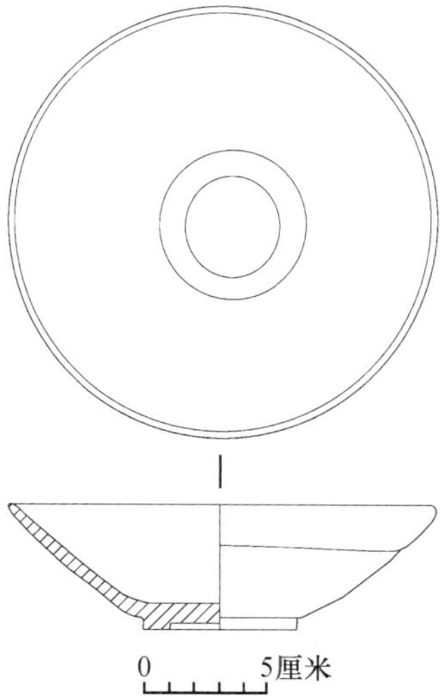

图九　M4出土瓷碗
（M4：3）

（二）祭祀坑

1个。

位于M1南1.5米处。顶部遭破坏。土圹近圆形，直径1.05米。中间垒砌部分为青砖室结构，砖长0.24、宽0.11、厚0.05米。上部四层横砖错位摆放，围成圆形，下部一层立砖，“丁”字形垒砌一周，底部未铺砖。口径0.26、内底径0.44、通高0.45米。开口处中心位置放置一面铜镜，南端自上往下第二层砖外侧放置1件白瓷碟。内底中间部位放置1件瓷碗，碗口向下倒扣，碗北侧一立砖斜向支撑墙壁，其大小明显异于周边砖，长0.24、宽0.165、厚0.04米。西侧一残砖平卧，残长0.16、宽0.15、厚0.06米。北端下部立砖外侧放置1件瓷四系瓶，口部用一残瓷片遮盖。坑内填黄褐色砂土，较纯净（图一〇；图版三四，2、3）。

瓷器　3件。碗、瓶、碟各1件。

碗　1件。K1：3，敞口，弧壁，内底平，有涩圈，圈足。黄褐胎，酱釉，釉不包底。口径16.8、底径6.3、通高6.1厘米（图一一A，1；图版三五，3）。

碟　1件。K1：2，圆唇，斜壁，底内凹，圈足较矮。内底及圈足处有大量的颗粒状黏结物。内壁施卵白釉，外壁未施釉。制作粗糙。口径11.2、底径5.2、通高2.6厘米（图一一A，2；图版三五，5）。

瓶　1件。K1：4，直口，圆唇，溜肩，肩部有不对称分布的四系，系上各有三道凹槽，鼓腹，腹部饰多道凹弦纹，圈足不平，由外向内渐高，璧形底。黄褐胎，外壁仅口肩部施酱釉。制作粗糙。口径7.9、腹径15.8、底径8.4、通高24.7厘米（图一一A，3；图版三五，4）。

铜镜　1件。K1：1，圆形，圆纽，纽顶部较平，有一小段铜丝穿过纽孔。纽左右

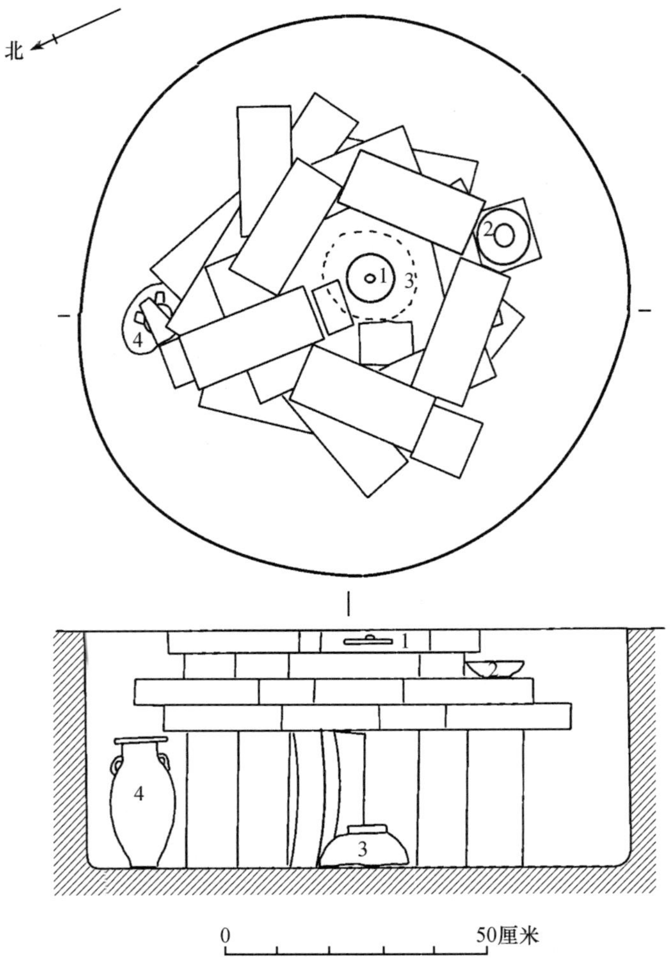

图一〇　K1 平、剖面图
1. 铜镜（K1∶1）2. 瓷碟（K1∶2）3. 瓷碗（K1∶3）4. 瓷瓶（K1∶4）

两侧各有一双线方框，方框上下均饰花瓣纹，方框内各书四字，左侧为“青鸾宝鉴”，右侧文字模糊不清。铭文外侧有一周细凸弦纹圈带。窄素缘。直径 8.4、纽径 1.4、纽高 0.3、镜缘厚 0.58 厘米（图一一 B；图版三五，6）。

四、清代墓葬

8 座。均为长方形砖室墓。墓砖为泥质灰陶，质坚硬。素面。长 0.29、宽 0.12、厚 0.06 米。

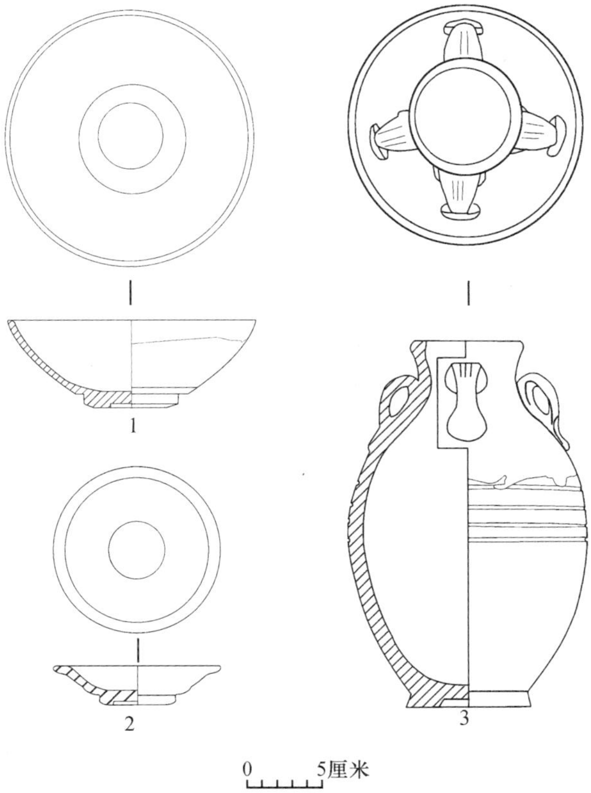

图一一 A　K1 出土器物

1. 瓷碗（K1：3）　2. 瓷碟（K1：2）　3. 瓷瓶（K1：4）

1. M5

长方形砖室墓。位于墓地中部偏南。方向 287°。

底部未铺砖。墓室内壁长 2.25、宽 0.95、墓底距地表 0.74 米。棺灰痕迹明显，长 1.73、宽 0.31～0.62、厚约 0.03 米。南北两壁中间部位各有一龛，北壁龛残高 0.35、南壁龛残高 0.27、均宽 0.26、进深 0.13 米。墓内填灰黄色砂土，含少量碎砖。人骨架一具，距墓室底部 0.27 米，仰身直肢，头部位置较高，保存较好，男性，40 岁左右。随葬瓷罐、灯盏各 1 件，分别放置于两壁龛内。墓主胸部有 3 枚铜纽扣（图一二；图版三六，1）。

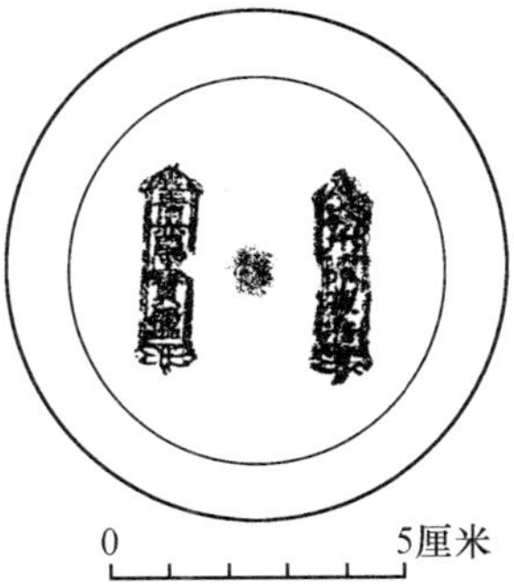

图一一 B　K1 出土铜镜

（K1：1）

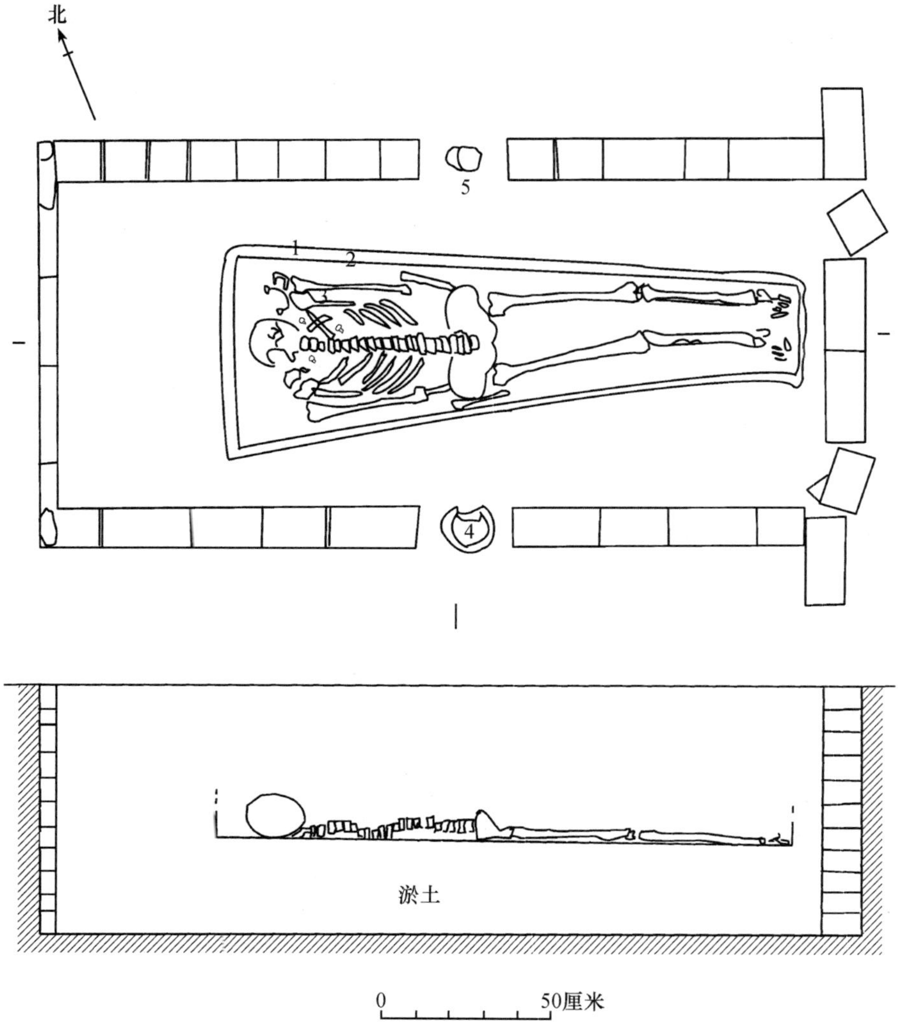

图一二　M5 平、剖面图
1～3. 铜纽扣（M5：1、M5：2、M5：3）4. 瓷罐（M5：4）5. 瓷灯盏（M5：5）

瓷罐　1 件。M5：4，敛口，圆唇，腹微鼓，平底。腹部饰三道不太明显的凸弦纹。乳白胎，上 3/4 处施黑釉。口径 11.9、底径 8.5、通高 15.4 厘米（图一三，1；图版三八，1）。

瓷灯盏　1 件。M5：5，圆口，圜底，一侧有月牙形柄，柄部刻印一花，两边有突起的小纽。灰白胎，内壁施釉。长 11、宽 9.3、高 3 厘米（图一三，2；图版三九，1）。

铜纽扣　3 枚。M5：1～M5：3，纽鼻缺失，仅存球部。M5：1，球径 0.8 厘米。M5：2，球径 0.96 厘米。M5：3，球径 0.92 厘米。

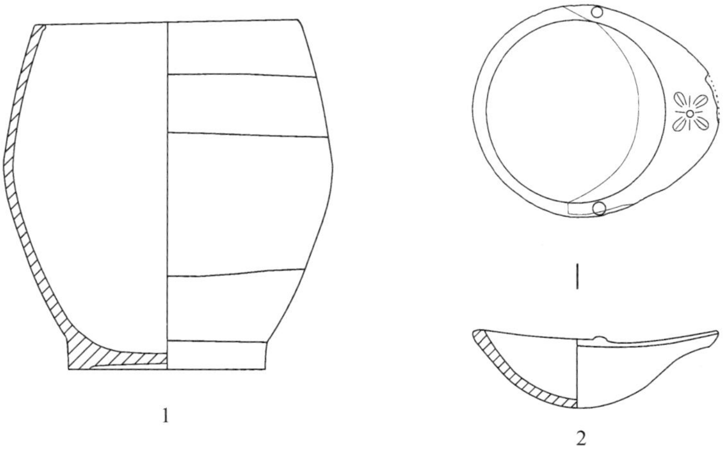

图一三 M5出土器物

1. 瓷罐（M5：4） 2. 瓷灯盏（M5：5）

2. M6

长方形砖室墓。位于墓地北部。方向10°。

墓壁用尺寸不一的残砖错缝平铺，东西各一龛。墓室长2.52、宽1.19、墓底距地表约0.47米。棺灰痕迹明显，长2.15、宽0.63～0.73米。西壁龛宽0.21、进深0.12、残高0.19米，东壁龛宽0.2、进深0.14米。墓内填灰黄色砂土，质松软，上部含少量碎砖，近底部较纯净。人骨架一具，头北向，头骨破碎，仰身直肢，保存较好，男性，35～45岁。墓主身体左侧放有瓷碗、罐、灯盏各1件，胸部发现料扣2枚、铜纽扣（已碎成粉末）1枚（图一四；图版三六，2）。

瓷罐 1件。M6：5，敛口，圆唇，溜肩，腹部微鼓，假圈足。腹部饰两道凸弦纹，上2/3部分施酱釉。口径11.2、底径8.1、通高15厘米（图一五A，1；图版四〇，1）。

瓷灯盏 1件。M6：4，圆口，圜底，一侧有月牙形柄，柄部有三印花，两边各有一纽，后部有一凹槽。黄褐胎，仅内壁施酱釉。长9.9、宽8、通高2.7厘米（图一五A，2；图版三九，2）。

瓷碗 1件。M6：3，敞口，圆唇，斜壁，圈足。黄褐色胎，施黑釉不及底，内底有刮圈。口径16.3、底径6.1、通高5.4厘米（图一五B；图版四〇，2）。

料扣 2枚。M6：1、M6：6，上部一环形纽，下部呈椭圆状。通体浅蓝色。M6：1，高1.1、宽1.1、厚0.9、纽径0.3厘米（图一五B，2）。M6：6，高1.18、宽1.1、厚0.8、纽径0.3厘米（图一五B，3）。

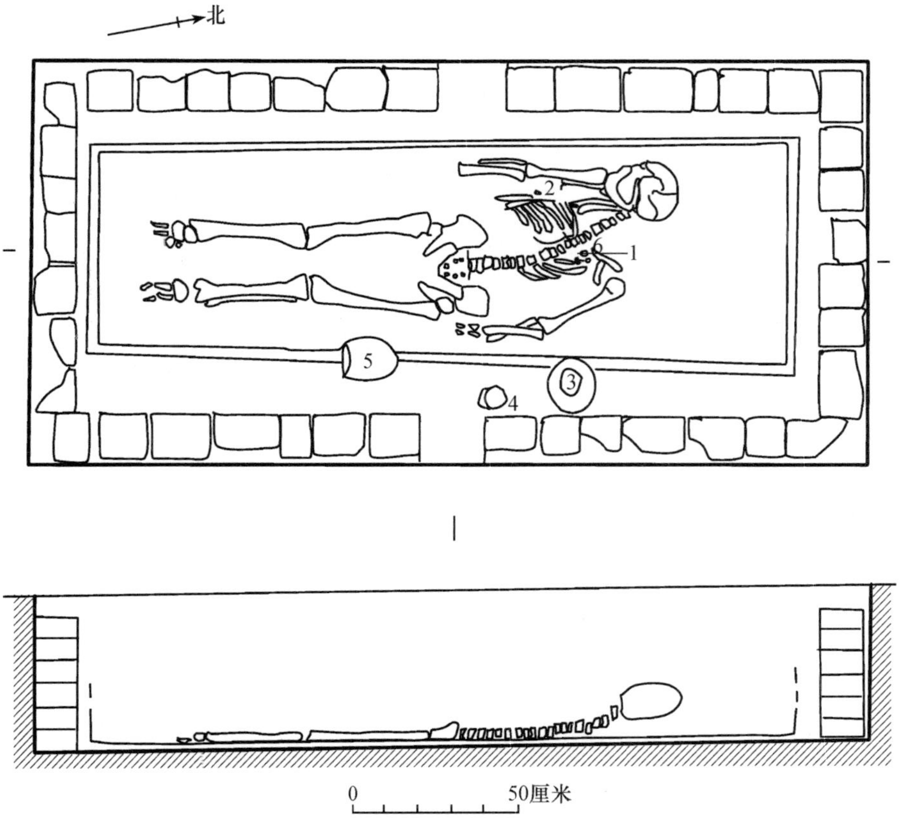

图一四　M6平、剖面图

1、6. 料扣（M6：1、M6：6） 2. 铜纽扣（M6：2） 3. 瓷碗（M6：3） 4. 瓷灯盏（M6：4） 5. 瓷罐（M6：5）

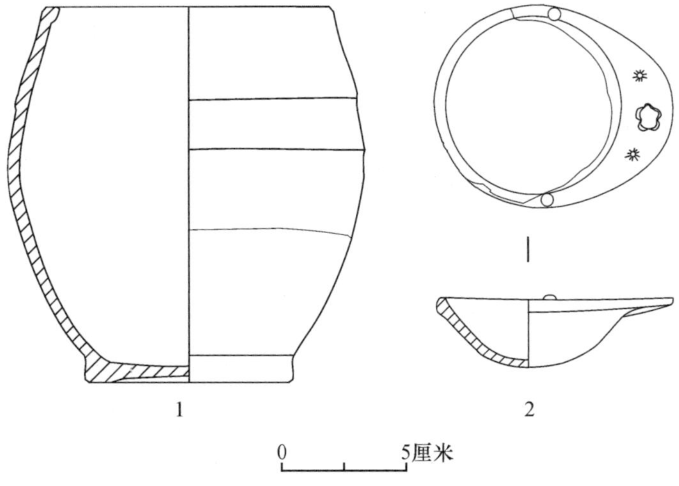

图一五A　M6出土瓷器

1. 罐（M6：5） 2. 灯盏（M6：4）

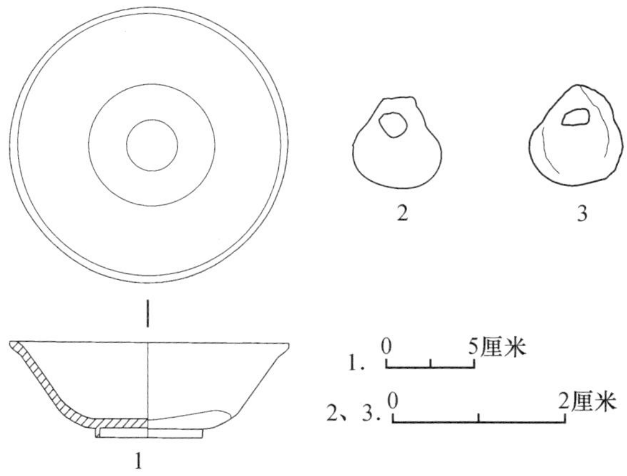

图一五 B　M6 出土器物

1. 瓷碗（M6：3） 2、3. 料扣（M6：1、M6：6）

3. M7

长方形砖室墓。位于墓地北部。方向 2°。

墓室内壁长 2.48、宽 0.97～1.2 米、墓底距地表约 0.77 米。棺木痕迹明显，长 1.92、宽 0.4～0.7 米。东西两侧有长方形壁龛。西壁龛宽 0.2、高 0.3、进深 0.15 米，东壁龛宽 0.18、高 0.3、进深 0.17 米。龛内填土呈浅黄褐色，质松软，较纯净。墓室内填土夹杂少量碎砖。墓主仰身直肢，骨骼保存较好，女性，35～40 岁。骨骼下方有 0.16 米淤土。西壁龛摆放瓷灯盏 1 件，墓主髋骨左侧置 1 瓷罐，右侧 1 瓷碗，胸部有 4 枚铜纽扣（图一六；图版三七，1）。

瓷碗　1 件。M7：1，敞口，圆唇，斜壁，圈足。黄褐色胎，施黑釉不及底，内底有刮圈。口径 15.9、底径 5.9、通高 5 厘米（图一七 B；图版四〇，3）。

瓷罐　1 件。M7：7，敞口，圆唇，溜肩，腹微鼓，腹部有两道凸弦纹，平底。黄褐胎，上 2/3 部分施黑绿色釉。口径 11.4、底径 8.1、通高 15.4 厘米（图一七 A，1；图版三八，2）。

瓷灯盏　1 件。M7：3，圆口，圜底，一侧有月牙形柄，柄部有三印花，两边各有一纽，后部有一凹槽。灰白胎，仅内壁施酱釉。长 9.2、宽 7.4、高 2.5 厘米（图一七 A，2；图版三九，3）。

铜纽扣　4 枚。M7：2、M7：4～M7：6。M7：2，上部一环形纽鼻，下部球状。通高 1.18、宽 1、纽鼻高 0.46 厘米。M7：4～M7：6，纽鼻缺失，仅余椭圆形球体。长 1.07、宽 0.9 厘米。

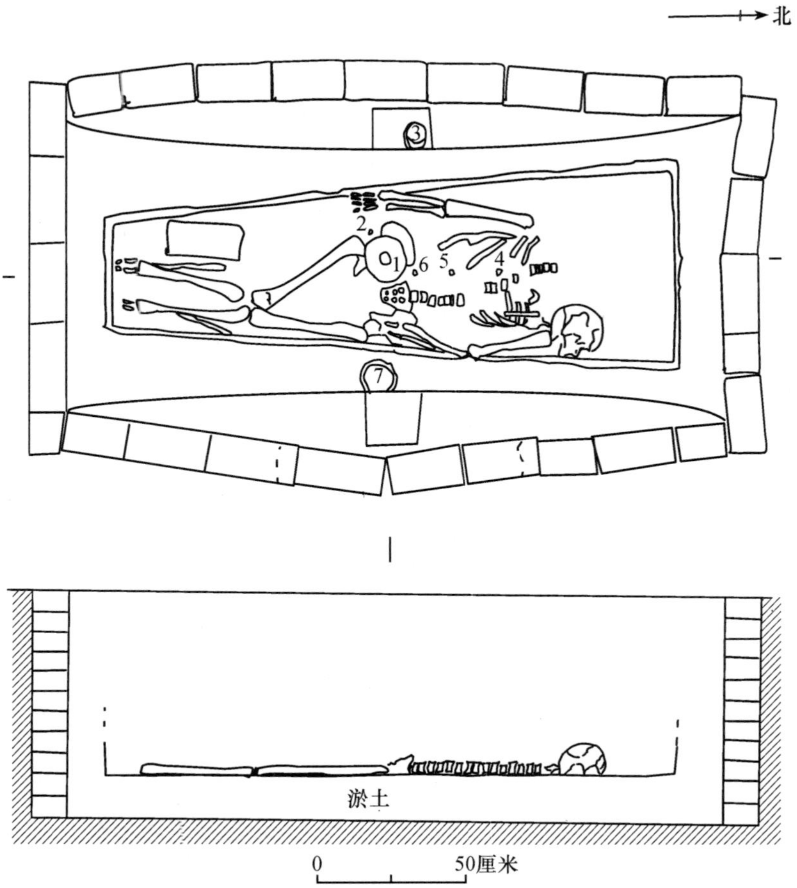

图一六　M7 平、剖面图

1. 瓷碗（M7：1） 2、4～6. 铜纽扣（M7：2、M7：4、M7：5、M7：6） 3. 瓷灯盏（M7：3） 7. 瓷罐（M7：7）

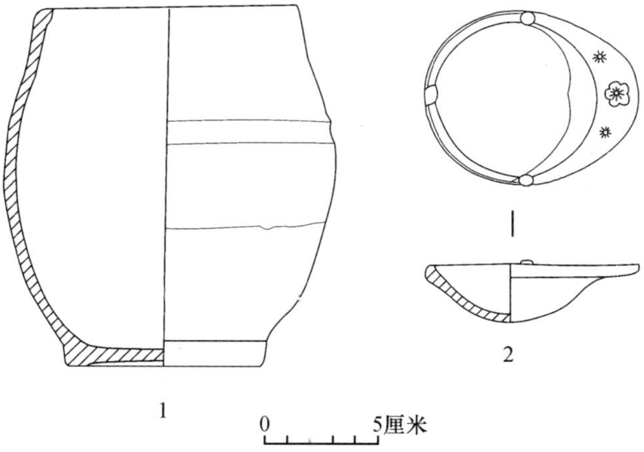

图一七 A　M7 出土瓷器

1. 罐（M7：7） 2. 灯盏（M7：3）

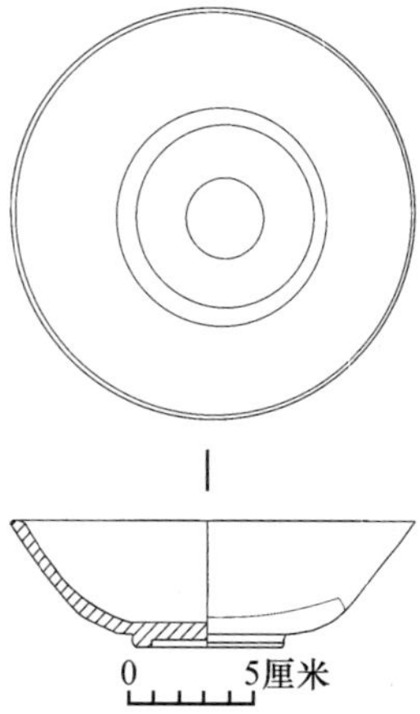

图一七 B　M7 出土瓷碗

（M7：1）

4. M8

长方形砖室墓。位于墓地东南部。方向15°。

墓室长1.8、宽0.5～0.75米，墓底距地表0.6米。墓内填浅黄褐色花土，质松软，掺杂大量碎砖以及少许灰陶片、黑釉瓷片和铁棺钉。该墓破坏严重，从大量碎砖看应为砖室墓，但直至墓底未发现砖砌痕迹，亦无骨架。

5. M9

长方形砖室墓。位于墓地西南部。方向12°。

西部打破M3。该墓遭严重破坏，仅在近底部残留砖砌痕迹。墓室长2.62、宽1.26米、墓底距地表约0.72米。填土为浅黄褐色砂土，包含大量砖块、残碎瓷片、棺钉等。

6. M10

长方形双室墓。位于墓地北部中间位置。方向192°。

由墓室、天井、墓道组成。

东侧墓室内壁长2.5、宽1.02、墓底距地表0.76米。棺灰痕迹明显，长2.4、宽0.65～0.91、厚0.03米。浅黄褐色填土内夹杂大量碎砖。人骨架一具，头向北，仰身直肢，保存良好，女性，40～50岁。墓主人腹、髋、髌骨处有6枚铜钱，头部、肩部各有1枚银耳环，肩部有1件铜头饰，胸部有料珠1件、铜纽扣2枚，右前臂处有料扣2枚，右侧腿骨处有1件瓷灯盏，墓室东南角有1件瓷罐。

西侧墓室内壁长2.38、宽1.04、墓底距地表0.6米。棺灰痕迹明显，长2、宽0.75～0.82、厚0.03米。西壁有一长方形龛，填浅黄褐色砂土，较松软。龛顶部砖经打磨形成拱形。龛宽0.26、高0.32、进深0.25米。人骨架一具，头向北，仰身，下肢错位，保存状况较差，男性，35～40岁。墓主人胸部有3枚铜纽扣，右腿骨处有1件瓷灯盏，西壁龛有1件瓷罐。

两墓室底部铺砖，中间砖砌隔墙，隔墙长2.5、宽0.39、残高0.42米。天井南北长约0.94、宽2.91米。长斜坡墓道长2.97、宽2.91米。

随葬品共21件，有瓷罐、瓷灯盏、料扣、银耳环各2件、铜纽扣5件、料珠、铜头饰各1件，铜钱6枚（图一八；图版三七，2）。

罐　2件。M10：1、M10：19，敛口，腹部饰三道凸弦纹，平底，器身施釉不到底。M10：1，圆唇，溜肩，腹微鼓，假圈足。胎呈乳白色，器身2/3处施黑釉。口径11.3、底径8、通高14.6厘米（图一九A，1；图版三八，3）。M10：19，平唇，腹部微折。胎体黄褐色，上2/3处施酱釉。口径11.2、底径7.9、通高14厘米

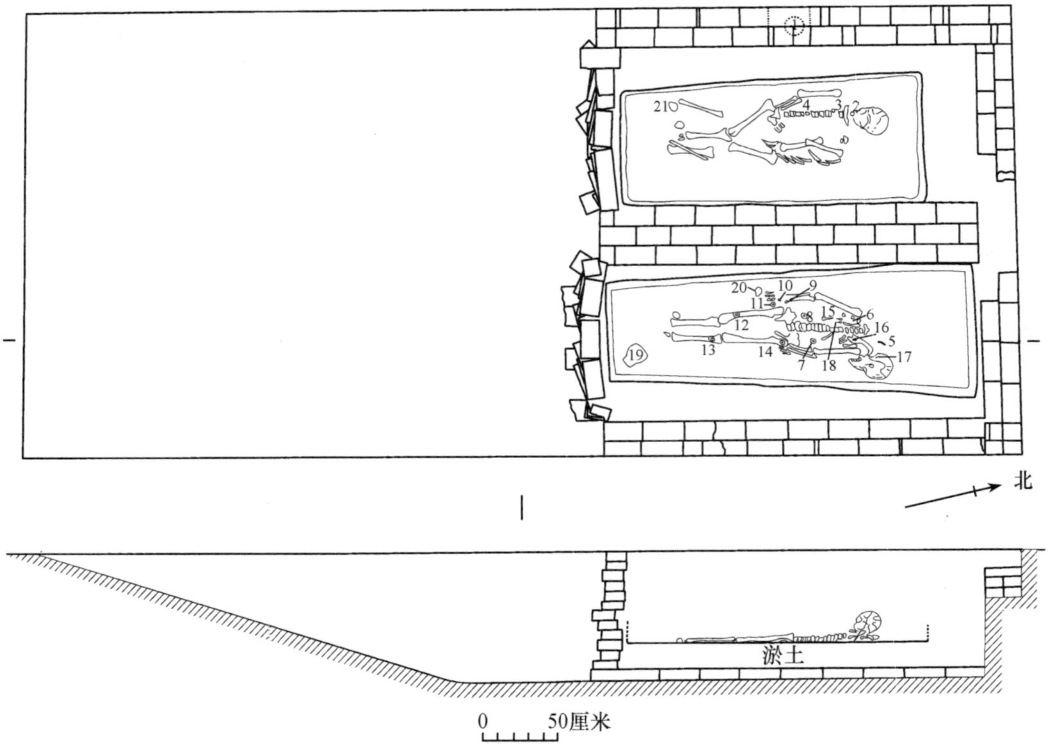

图一八　M10 平、剖面图

1、19. 瓷罐（M10：1、M10：19） 2～4、6、18. 铜纽扣（M10：2、M10：3、M10：4、M10：6、M10：18）
5. 铜头饰（M10：5） 7、8、11～14、铜钱（M10：7、M10：8、M10：11～M10：14）
9、10. 料扣（M10：9、M10：10） 15. 料珠（M10：15） 16、17. 银耳环（M10：16、M10：17）
20、21. 瓷灯盏（M10：20、M10：21）

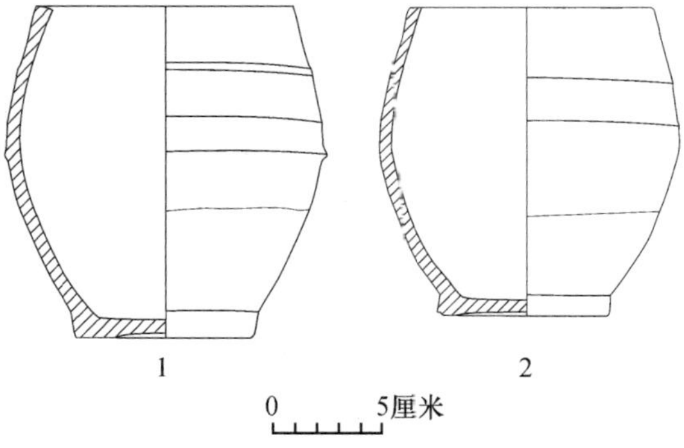

图一九 A　M10 出土瓷罐

1. M10：1　2. M10：19

（图一九 A，2；图版三八，4）。

瓷灯盏　2 件。M10：21、M10：20，均圆口，圜底，一侧有月牙形柄，内壁施酱釉。M10：20，柄部无花。黄褐胎。长 9.2、宽 8、高 2.5 厘米（图一九 C，1；图版三九，5）。M10：21，柄部有三印花，两边各有一纽，后部有一凹槽。胎微黄。通长 10、宽 8.5、高 2.5 厘米（图一九 C，2；图版三九，4）。

铜纽扣　5 枚。M10：2～M10：4、M10：6、M10：18，纽部残缺，仅存球体。M10：2，直径 0.9 厘米。M10：3，直径 0.93 厘米。M10：6、M10：4，直径 1.1 厘米。M10：6、M10：18，重残。

料扣　2枚。M10：9、M10：10，乳白色，上部一圆形纽鼻，下部呈椭圆形球状。纽略残缺。M10：9，通高1.1、宽1.1、厚0.9、纽径0.2厘米（图一九B，1）。M10：10，通高1.3、宽1.1、厚1、纽径0.2厘米（图一九B，2）。

料珠　1件。M10：15，乳白色，圆球状，球体有三道裂痕，两端嵌花形铜片。通高1.36，球体直径1.1厘米（图一九B，3）。

银耳环　2件。M10：16、M10：17，蘑菇形纽。M10：16，通长2.9厘米（图一九B，4）。M10：17，通长3.6厘米（图一九B，5；图版四〇，5）。

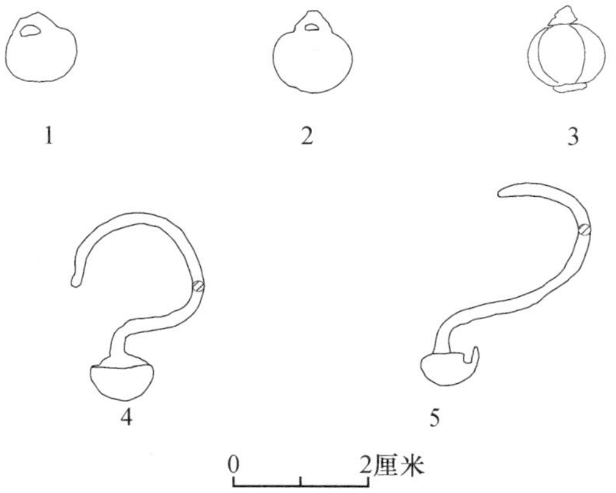

图一九B　M10出土器物

1、2. 料扣（M10：9、M10：10）　3. 料珠（M10：15）　4、5. 银耳环（M10：16、M10：17）

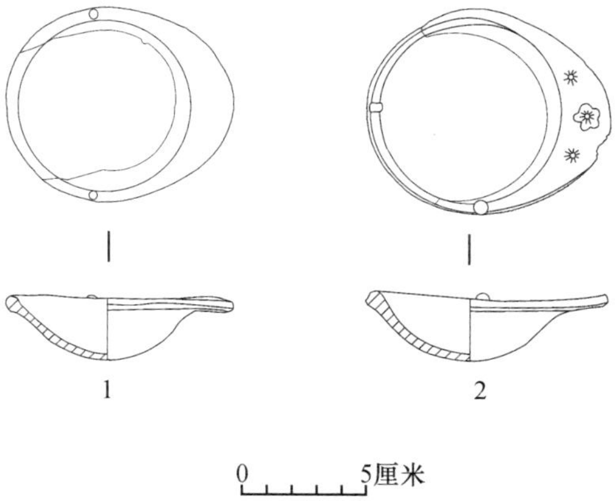

图一九C　M10出土器物

1、2. 瓷灯盏（M10：20、M10：21）

铜钱　6枚。M10：7、M10：8、M10：11～M10：14，圆形方孔钱，锈蚀严重，钱文不清。M10：7，直径2.6、厚0.24厘米。M10：8，直径2.58、厚0.26厘米。M10：11，钱文依稀可辨"嘉"字，应为嘉庆通宝。直径2.5、孔径0.53、厚0.18厘米。M10：12，直径2.98、厚0.26厘米。M10：13，直径2.6、厚0.19厘米。M10：14，直径2.6、厚0.27厘米。

7. M11

长方形双室墓。位于墓地南部中间位置。方向155°。

由墓室、天井、墓道组成。破坏严重，仅残留铺地砖。两墓室南北长2.65、东西宽2.71、墓底距地表约1.5米。墓室南侧有弧形墓门，天井南北长约2.4米。墓道残长2.94、宽1.53～2.35米。两墓室棺灰痕迹明显，西侧墓室棺长1.9、宽0.6～0.71米，东侧墓室棺长1.9、宽0.53～0.73米。墓室填黄褐色砂土，较松软，夹杂大量碎砖。两墓室各有一具骨架，均为仰身直肢，保存较好。西侧为女性，35～40岁。东侧为男性，35岁左右。西侧墓室西南角有1件瓷罐，墓主下颌处有1件银耳环（图二〇）。

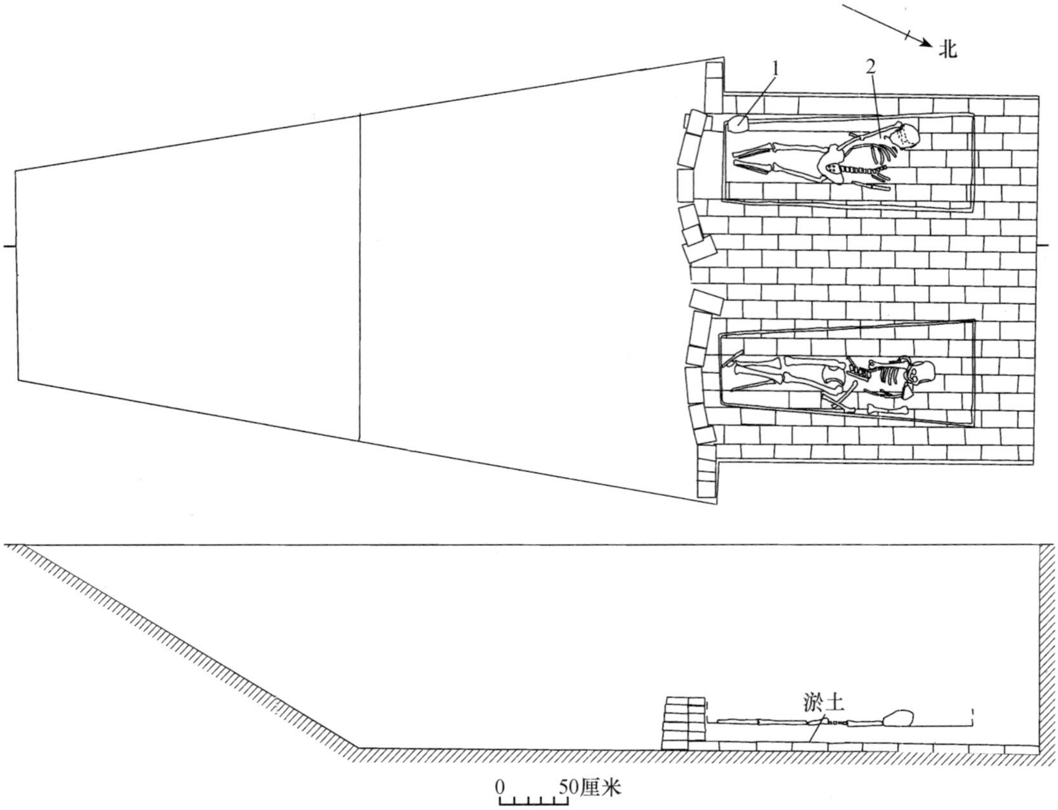

图二〇　M11平、剖面图

1. 瓷罐（M11∶1）　2. 银耳环（M11∶2）

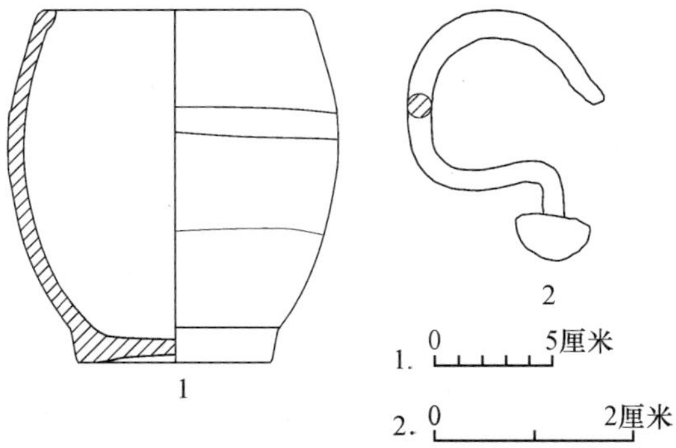

图二一　M11出土器物

1. 瓷罐（M11∶1）　2. 银耳环（M11∶2）

瓷罐　1件。M11∶1，敛口，圆唇，腹微鼓，假圈足，平底。乳白色胎，器身上2/3处施黑釉，腹部有二道凸弦纹。口径12、底径8.5、通高15.8厘米（图二一，1；图版三八，5）。

银耳环　1件。M11∶2，弯钩形。通长2.5厘米（图二一，2；图版四〇，6）。

8. M12

长方形砖室墓。位于墓地东南角。方向148°。

墓室内壁长2.38、宽0.74米。南侧有弧形墓门，东西各一长方形壁龛，内填砂土，质松软，呈浅黄褐色。顶部砖被打磨呈火焰状。壁龛宽0.27、高0.33、进深0.25米。底部铺砖。墓底距地表约0.85米。墓道长3.35、宽1.65米。墓室填土内夹杂较多碎砖。人骨架一具，仰身直肢，保存较好，头部位置较高，男性，40～50岁。人骨架底部有厚约0.2米的淤土。头部左侧随葬1件瓷碗。东壁龛置1件瓷灯盏、西壁龛放1件瓷罐（图二二）。

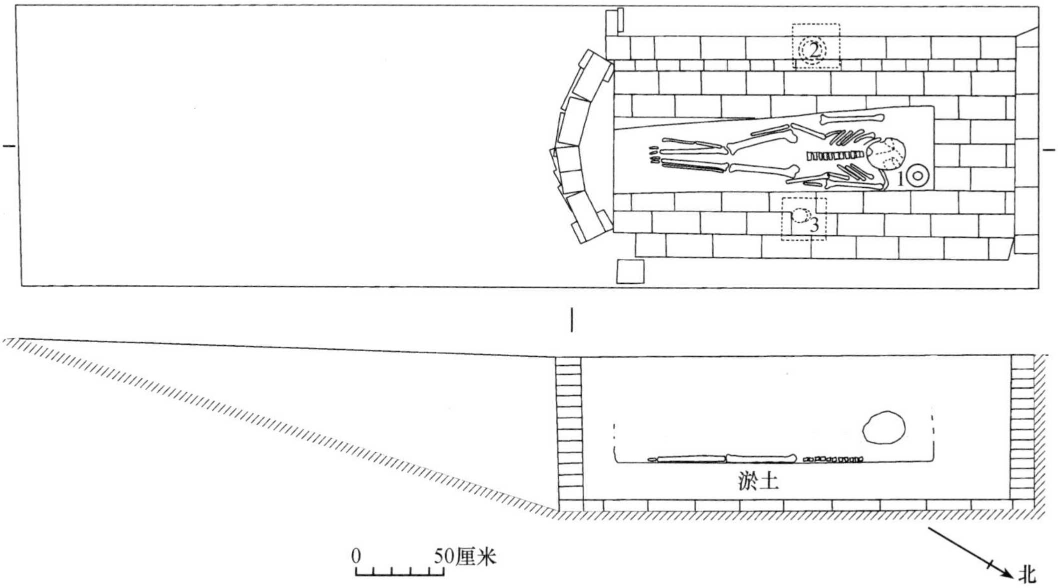

图二二　M12平、剖面图
1. 瓷碗（M12：1）2. 瓷罐（M12：2）3. 瓷灯盏（M12：3）

瓷碗　M12：1，敞口，圆唇，斜壁，圈足。乳白色胎，施黑釉不及底，内底有刮圈。口径14.4、底径5.4、通高4.2厘米（图二三，1；图版四〇，4）。

瓷罐　M12：2，敛口，圆唇，溜肩，腹微鼓，假圈足，平底。乳白色胎，内壁施黄釉，外壁上2/3处施黑绿釉，腹部有二道凸弦纹。口径11、底径8.1、通高14厘米。（图二三，2；图版三八，6）。

瓷灯盏　M12：3，圆口，圜底，一侧有月牙形柄，柄部有三印花，两边各有一纽，后部有一凹槽，卵白胎，内壁施釉。通长9.8、宽8.3、通高2.7厘米（图二三，3；图版三九，6）。

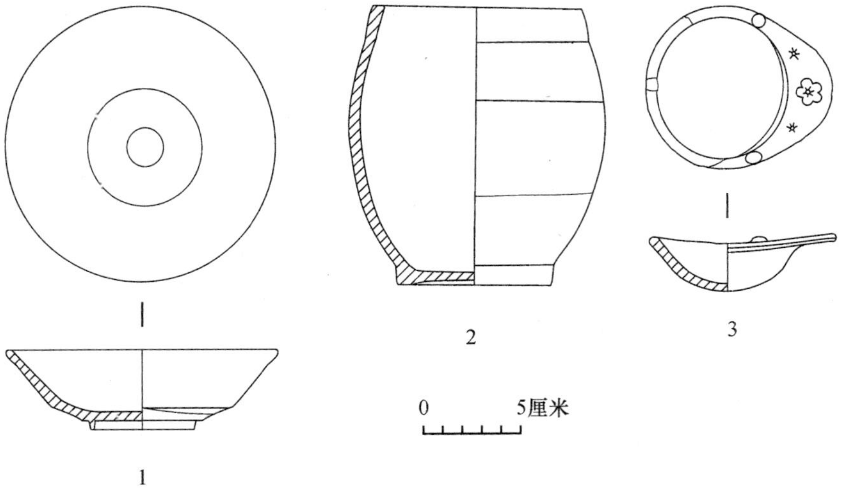

图二三　M12出土器物
1. 瓷碗（M12：1）2. 瓷罐（M12：2）3. 瓷灯盏（M12：3）

五、小　结

通过对这批宋元至明清墓葬的发掘与整理，我们有如下认识。

（一）宋元墓葬

平面形状有舟形、圆形、刀形三种，除刀形墓外，均有长斜坡墓道，墓底铺砖。均为二次葬。无随葬品。对墓葬年代断定主要依靠与周边相同墓葬比较。例如，M2呈舟状，与章丘女郎山[1]（M70、M167）、济南凤凰路北端墓群宋代舟形墓较为接近。M3虽然与M2整体形制不同，但墓门的建筑格局基本一致，推断二者年代接近，应为宋元时期。M13上部被破坏，仅存底部，但与M2有相似之处，均在墓主右侧凸出小块面积摆放二次葬人骨，故亦暂定为宋元时期。

（二）明代遗存

主要为墓葬及祭祀坑。除M1东墓室为土坑外，其他皆为砖室，随葬品组合多为瓷碗和铜钱。铜钱摆放有一定规律，均在墓主肩部两侧各随葬2枚，余者放置在胸部或小腿处。M1、M4 虽然出现绍圣元宝、熙宁元宝、大定通宝等宋、金铜钱，但瓷碗与章丘女郎山（M160：2、M384：5）同类器形相似，年代应为明代。

祭祀坑形制独特。除刘家官庄外，青州、淄博张店各发现 1 例，都是先在底部置一碗或缸、瓮，再在其上周边垒砌六角形或多边形砖，及出地面时变为近正方形，附近均置一瓷瓶。三者整体风格类似，但具体各不相同。祭祀坑开口北端有一平砖，与铜镜、瓷碟连成一条直线，方向直指 M1，且 M1 墓东侧墓室主人似草率埋葬，推测二者可能存在某种关联，应与民间某种祭祀或墓葬习俗有关。

出土的“青鸾宝鉴”铜镜同女郎山（M213：1、M82：6）同类器物形制基本类似，只是后二者镜纽为银铤纽，而此镜为圆纽且顶平，与明代常见此类铜镜有所不同，具有一定独特性。瓷四系瓶（K1：4）与女郎山四系瓶（M375：2）接近，瓷碗、瓷碟同样具有明代瓷器的特征，故祭祀坑应为明代无疑。

（三）清代墓葬

均为长方形砖室墓，部分带有斜坡墓道，墓底多数铺砖，少数未铺底。多为一棺一椁，有 2 座并穴合葬墓。人骨架大部分保存较好，多为仰身直肢。部分墓葬人骨架往往不在墓室底部，而是距底部一段距离，有的达 0.3 米，底部全部为淤土。推测系大水漫漶时棺木上浮，泥土在下方淤积造成。该地地处弥河支流，据《寿光县志》记载，历史上经常发生海水倒灌现象，地层剖面佐证了当地多次淤积情况。

随葬品组合基本以瓷碗、罐、灯盏为主，少数随葬铜钱。

M5～M12 器物具有典型的清代特征。例如，瓷灯盏（M6：4）与章丘西河[2]（M305：4）同。瓷罐（M11：1）与广饶十村[3]（M7：1）近似，M7、M10 的铜纽扣与广饶十村 M1、M8 出土物类同。M8、M9 虽遭破坏，但从瓷器残片分析，年代为清代无疑。

总之，这批墓葬形制多样，随葬品丰富，为研究该地区宋元至明清葬俗提供了丰富而珍贵的资料。人骨鉴定表明，该地区居民死亡年龄偏低，集中在 34～50 岁，在一定程度上反映了当地历史上生存环境的恶劣，对该地区地理环境的变迁、历史沿革、经济发展状况等相关研究均具有一定借鉴意义。

附记：此次发掘得到山东省文物考古研究院、潍坊市文物局、寿光市博物馆、刘家官庄村委的大力支持，人骨鉴定由山东大学赵永生博士完成，文章撰写过程中何德亮教授亲临指导，在此一并表示感谢。

发　掘：翟松岩　杜晓军　王琳琳　邢永超　苏昭秀　郝孟全
绘　图：苏昭秀　邢永超
摄　影：邢永超
执　笔：翟松岩　杜晓军　王琳琳　邢永超

注　释

[1] 济南市考古研究所：《章丘女郎山》，科学出版社，2013年。

[2] 山东省文物考古研究所、章丘市城子崖博物馆：《章丘西河遗址2008年考古发掘报告》，《海岱考古》（第五辑），科学出版社，2012年。

[3] 山东省文物考古研究所、东营市历史博物馆：《广饶县十村遗址发掘报告》，《海岱考古》（第九辑），科学出版社，2016年。

附表　墓葬登记表

墓号（M）		墓向（°）	形制	随葬品 / 件（枚）	骨架与葬式	性别	年龄 / 岁	时代
1	西	205	长方形砖室墓	瓷碗 1、铜钱 6	仰身直肢	男	35±	明
	东		长方形土坑竖穴墓		仰身直肢	女	40±	
2		204	舟形砖室墓		骨骼散乱	男	35～45	宋元
3	南	196	圆形砖室墓		骨骼散乱	女	40～50	宋元
	北				骨骼散乱	男	40～50	
4		197	长方形砖室墓	瓷碗 1、铜钱 4	仰身直肢	女	16～18	明
5		287	长方形砖室墓	瓷罐 1、灯盏 1，铜纽扣 3	仰身直肢	男	40±	清
6		10	长方形砖室墓	瓷碗 1、罐 1、灯盏 1，铜纽扣 1，料扣 2	仰身直肢	男	35～45	清
7		2	长方形砖室墓	瓷碗 1、罐 1、灯盏 1，铜纽扣 4	仰身直肢	女	35～40	清
8		15	长方形砖室墓		无			清
9		12	长方形砖室墓		无			清
10	西	192	长方形双室墓	瓷罐 1、灯盏 1，铜纽扣 3	仰身，下肢错乱	男	35～40	清
	东			瓷罐 1、灯盏 1，铜钱 6、铜纽扣 2、头饰 1，银耳环 2、料珠 1、料扣 2	仰身直肢	女	40～50	
11	西	155	长方形双室墓	瓷罐 1、银耳环 1	仰身直肢	女	35～40	清
	东				仰身直肢	男	35±	
12		148	长方形砖室墓	瓷碗 1、罐 1、灯盏 1	仰身直肢	男	40～50	清
13	西	185	刀形砖室墓		仰身，上肢直、下肢错乱	女	45±	宋元
	东				骨骼散乱	男	40～50	

济南市解放东路元、清墓葬发掘报告

济南市考古研究所

2010 年 4～5 月，为配合济南市历下区解放东路鲍德·现代逸城小区建设，济南市考古研究所在施工区域清理元、清墓葬 3 座（图一），现将发掘情况报告如下。

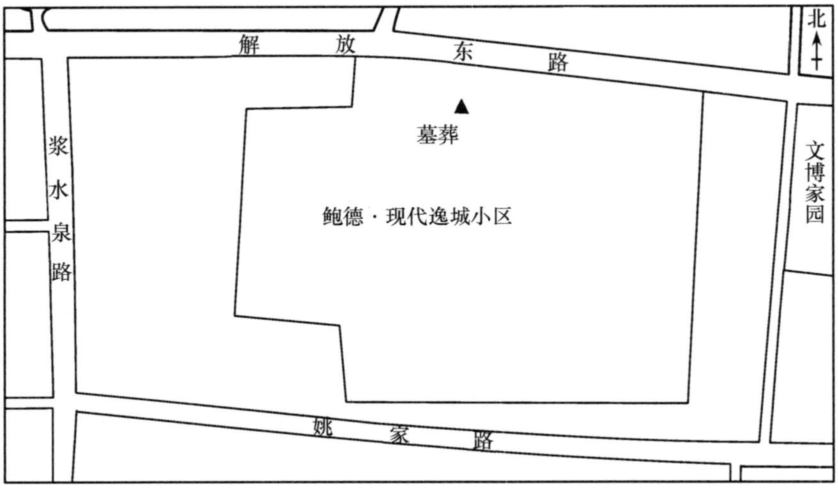

图一　墓地位置图

一、M1

M1，位于发掘区西北部，开口距地表 1.5 米，被扰乱至底。形制为土坑洞室墓，由墓道、墓门和墓室组成，方向 170°。墓道位于墓室南部，平面近梯形，直壁，底部斜坡状，南高北低，残长 2.3、宽 0.6～0.92、残深 0.8～1.16 米。墓门宽 0.92、残高 1.16 米，门外用两排不规则大石块封堵、仅存最底层。墓室平面呈圆角梯形，长 2.66、宽 1～1.2、残高 1.2 米。葬具腐朽严重，形制不明，仅存少量棺钉。人骨较乱，大多集中在墓门处，可辨下颌骨、肋骨和下肢骨等。随葬品 6 件（组），其中瓷器 5 件，罐、碗各 1 件，盘 3 件，均位于墓室南部；铜钱 1 组 46 枚，位于西北部（图二）。

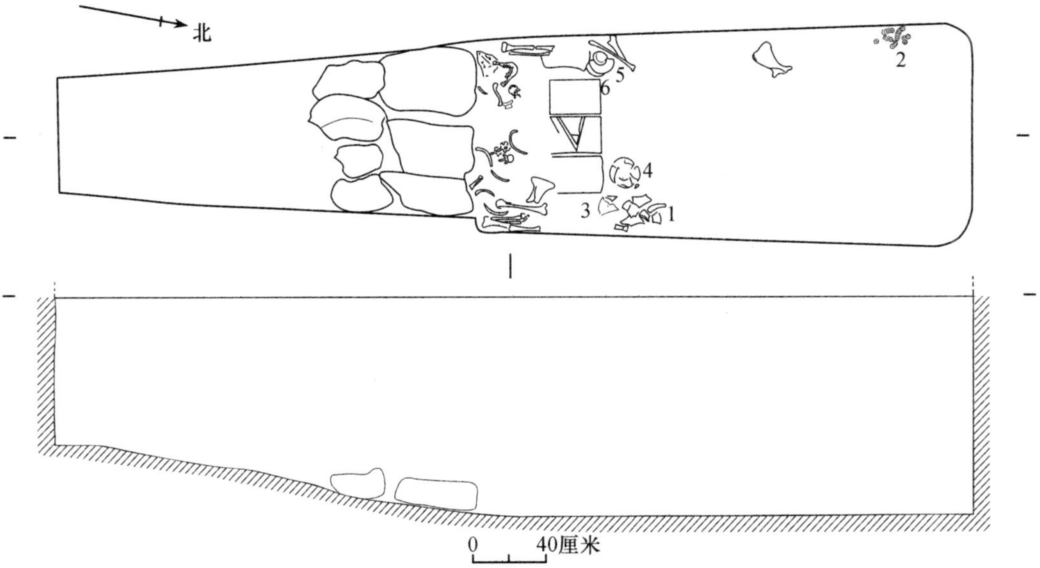

图二　M1平、剖面图
1. 瓷罐　2. 铜钱　3. 瓷碗　4～6. 瓷盘

瓷罐　1件。M1：1，残碎，未能修复。

瓷盘　3件。形制相近，均为浅褐胎，白釉，外釉仅至口沿下。敞口，尖圆唇，浅弧腹，平底，矮圈足。M1：4，内底有刮圈。内壁口、底处各有两圈黑褐色线条，中部饰四组花卉，每组四朵，形似鸟爪。口径16.4、圈足径6.1、通高3.4、壁厚0.4～0.7厘米（图三，1；图版四一，1、2）。M1：5，内底有五个支钉痕，外底有脐状突起，矮圈足外撇。口径16.4、圈足径6.1、通高3.5、壁厚0.5～0.7厘米（图三，4；图版四一，3、4）。M1：6，内底有刮圈，盘心有一褐色团花。口径16.2、圈足径6.2、通高3.2、壁厚0.4～0.7厘米（图三，2；图版四一，5、6）。

瓷碗　1件。M1：3，浅白胎，钧釉，天蓝色，釉质纯厚，在圈足之上形成垂釉滴。敞口，尖圆唇，斜腹微弧，平底，矮圈足外撇。口径17.6、圈足径6.1、通高8.1、壁厚0.5～0.7厘米（图三，3；图版四一，7）。

铜钱　46枚，其中11枚字迹不清。

开元通宝　3枚。隶书，直读。M1：2-1，直径2.5厘米（图四，1）。

淳化元宝　2枚。行书，旋读。M1：2-2，直径2.4厘米（图四，2）。

景德元宝　1枚。楷书，旋读。M1：2-3，直径2.4厘米（图四，3）。

祥符通宝　2枚。楷书，旋读。M1：2-4，直径2.5厘米（图四，4）。

祥符元宝　2枚。楷书，旋读。M1：2-5，直径2.6厘米（图四，5）。

天圣元宝　2枚。篆书1枚，旋读。M1：2-6，直径2.5厘米（图四，6）。楷书1

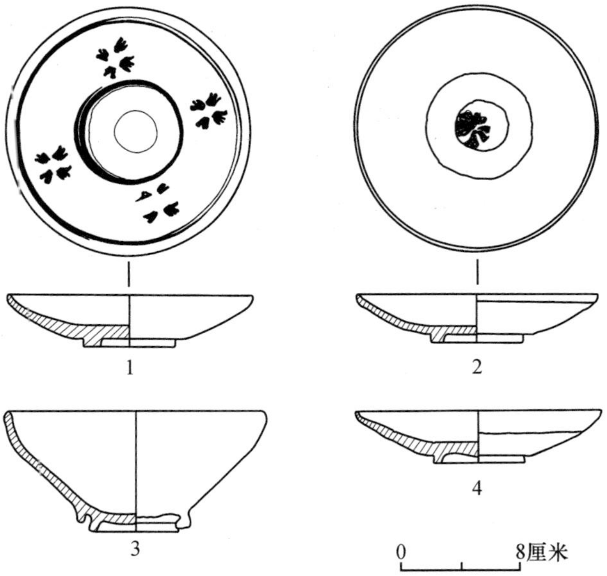

图三　M1 出土瓷器

1、2、4. 盘（M1：4、M1：6、M1：5）3. 碗（M1：3）

枚，旋读。M1：2-7，直径 2.5 厘米（图四，7）。

皇宋通宝　4 枚。楷书 2 枚，直读。M1：2-8，直径 2.4 厘米（图四，8）。篆书 2 枚，直读。M1：2-9，直径 2.5 厘米（图四，9）。

嘉祐通宝　1 枚。楷书，直读。M1：2-10，直径 2.5 厘米（图四，10）。

嘉祐元宝　1 枚。篆书，旋读。M1：2-11，直径 2.5 厘米（图四，11）。

治平元宝　1 枚。篆书，旋读。M1：2-12，直径 2.4 厘米（图四，12）。

熙宁元宝　2 枚。楷书 1 枚，旋读。M1：2-13，直径 2.4 厘米（图四，13）。篆书 1 枚，旋读。M1：2-14，直径 2.4 厘米（图四，14）。

元丰通宝　3 枚。行书 2 枚，篆书 1 枚，旋读。M1：2-24，直径 2.4 厘米。

元祐通宝　3 枚。2 枚行书，旋读。M1：2-15，直径 2.4 厘米（图四，15）。篆书 1 枚，旋读。M1：2-16 直径 2.4 厘米（图四，16）。

绍圣元宝　3 枚。篆书 2 枚，旋读。M1：2-17，直径 2.4 厘米（图四，17）。行书 1 枚，旋读。M1：2-18，直径 2.4 厘米（图四，18）。

元符通宝　1 枚。行书，旋读。M1：2-19，直径 2.4 厘米（图四，19）。

圣宋元宝　2 枚。行书 1 枚，旋读。M1：2-20，直径 2.4 厘米（图四，20）。篆书 1 枚，旋读。M1：2-21，直径 2.4 厘米（图四，21）。

政和通宝　2 枚。楷书 1 枚，直读。M1：2-22，直径 2.4 厘米（图四，22）。篆书 1 枚，直读。M1：2-23，直径 2.4 厘米（图四，23）。

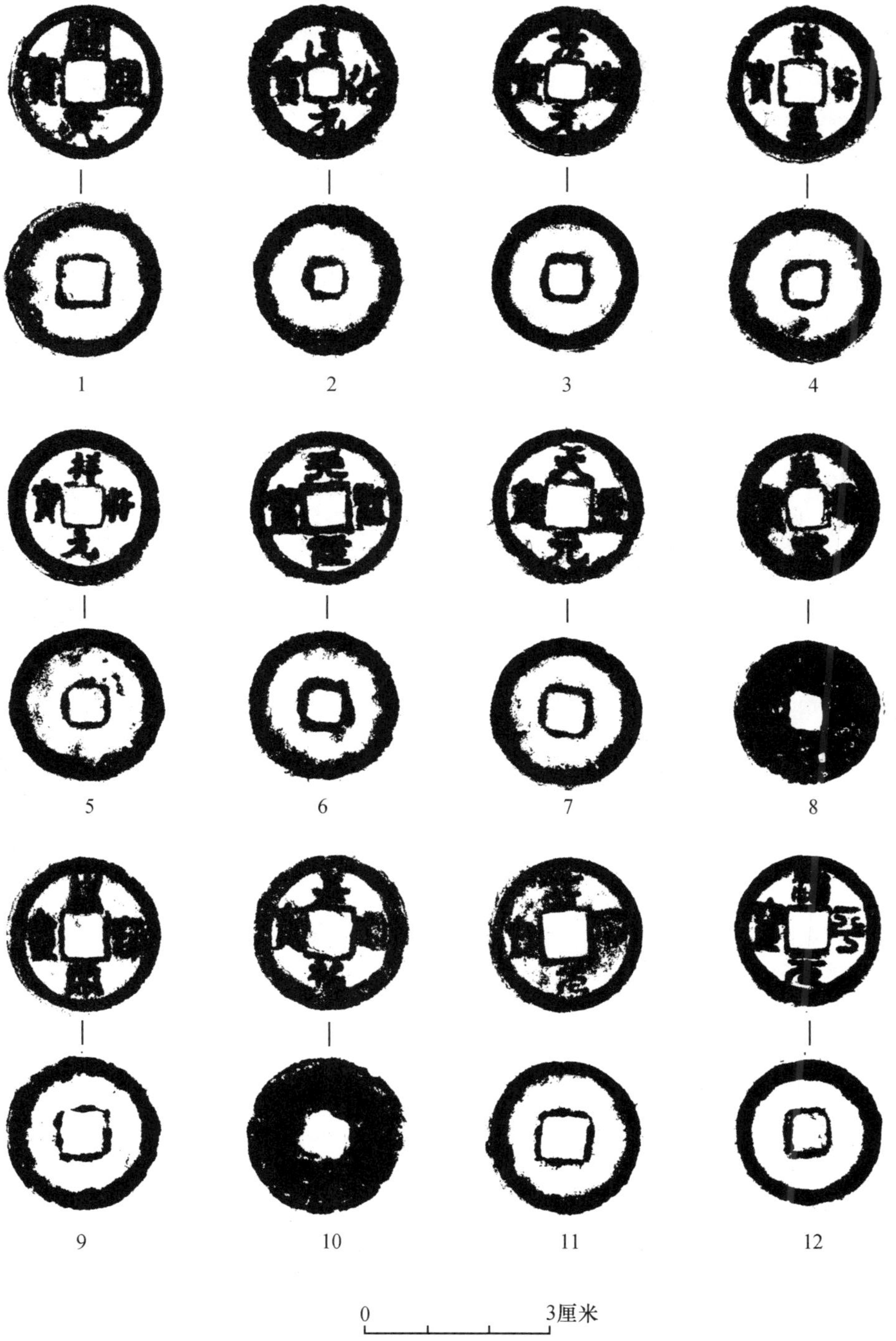

图四　M1 出土铜钱

1. 开元通宝（M1：2-1） 2. 淳化元宝（M1：2-2） 3. 景德元宝（M1：2-3） 4. 祥符通宝（M1：2-4）
5. 祥符元宝（M1：2-5） 6、7. 天圣元宝（M1：2-6、M1：2-7） 8、9. 皇宋通宝（M1：2-8、M1：2-9）
10. 嘉祐通宝（M1：2-10） 11. 嘉祐元宝（M1：2-11） 12. 治平元宝（M1：2-12）

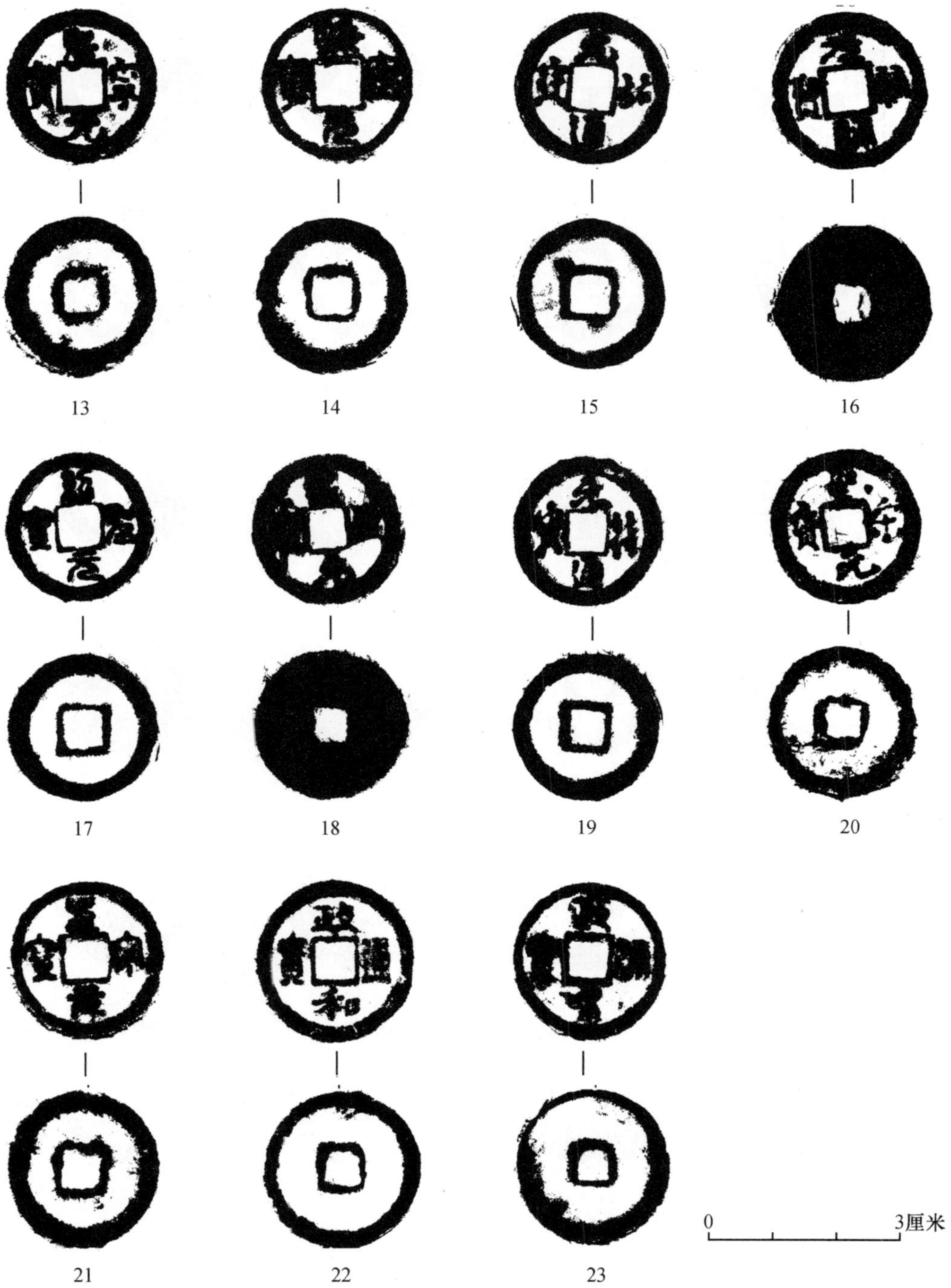

图四　M1出土铜钱（续）

13、14. 熙宁元宝（M1：2-13、M1：2-14）15、16. 元祐通宝（M1：2-15、M1：2-16）
17、18. 绍圣元宝（M1：2-17、M1：2-18）19. 元符通宝（M1：2-19）
20、21. 圣宋元宝（M1：2-20、M1：2-21）22、23. 政和通宝（M1：2-22、M1：2-23）

二、M2

M2位于发掘区南部，开口距地表约1.8米，仅存底部。形制为土坑洞室墓，由墓道、墓门和墓室组成，方向170°。墓道平面呈梯形，直壁、底部南高北低，残长0.7、宽2.2、残深0.6～0.7米。墓门为青砖砌筑，仅存两侧墙体，墙宽0.56、厚0.4、残高0.7，门洞宽1.1米，其内用侧立砖封堵。砖均素面，长32、宽18、厚5厘米。墓室平面呈长方形，长2.9、宽2.2、残高0.7米。墓道内填黄褐土，较硬；室内为浅黄褐色淤土。墓底置三棺，腐朽严重，平面呈梯形。中间长2、宽0.46～0.6米，东西两侧均长1.9、宽0.4～0.5米。棺内各有人骨一具，保存较差，仰身直肢葬，头向北。随葬品7件（组），其中铜钱1组2枚，位于中棺南部；铜扣、料珠各1件，位于中棺北部；瓷瓶、灯各1件，在东部两棺之间的南端；瓷罐2件，分置于中棺北侧和西侧中部（图五）。

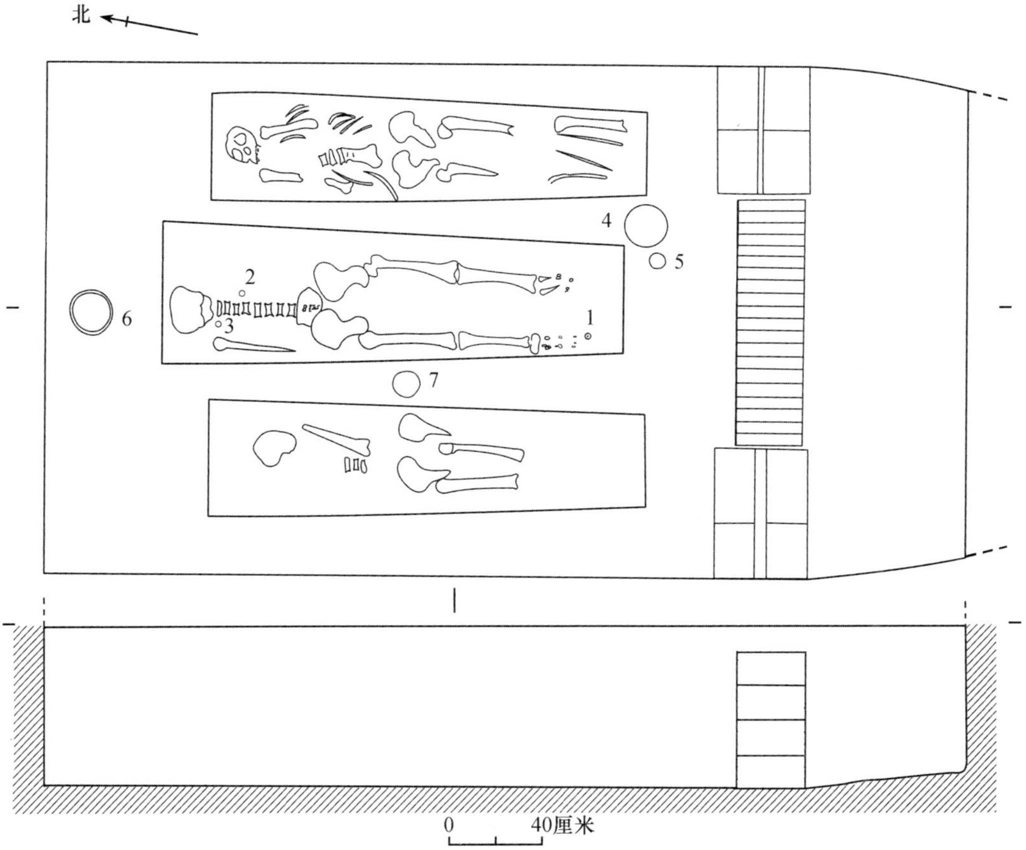

图五　M2平、剖面图

1. 铜钱　2. 铜扣　3. 料珠　4. 瓷瓶　5. 瓷灯　6、7. 瓷罐

瓷罐　2件。M2∶6，浅黄褐胎，黑釉，外侧施釉至下腹部。直口略敛，方唇，深弧腹，平底。上腹部有两周凸棱。腹部一侧有纵向裂纹，锔补4枚铁钉，锈蚀严重。口径11.4、腹径14.2、底径8.5、通高15.7、壁厚0.5～0.8厘米（图六，6；图版四二，2）。M2∶7，白胎，黑釉，外侧施釉至中下部。敛口，尖圆唇，鼓肩，弧腹，平底。口径12、底径8.8、腹径15.2、通高12.7、壁厚0.5～0.9厘米（图六，1；图版四二，3）。

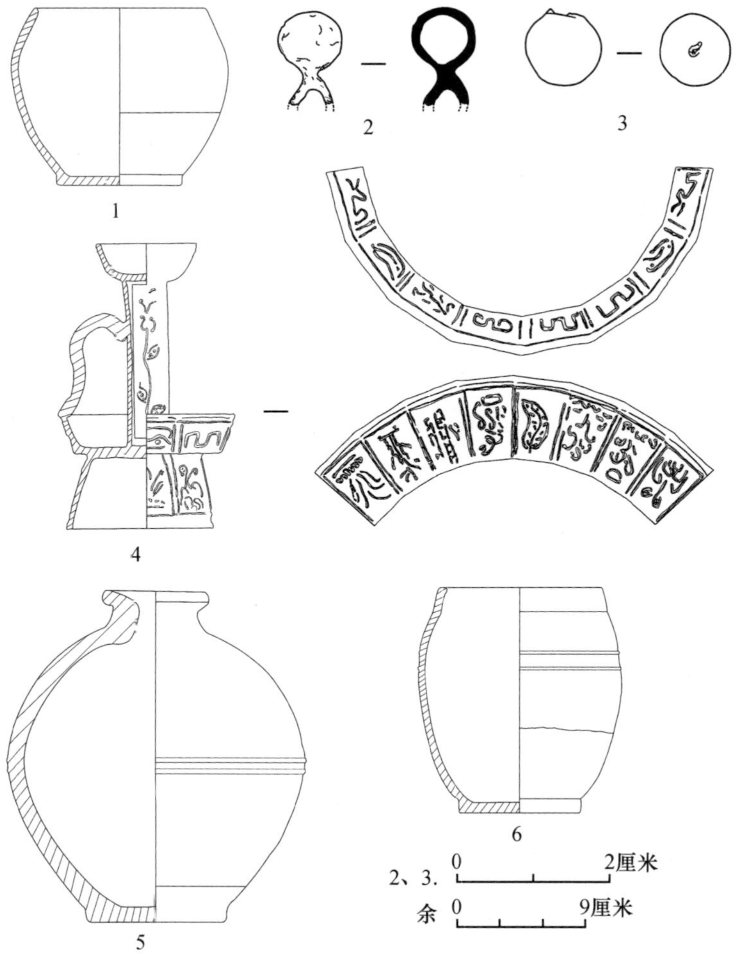

图六　M2出土器物

1、6. 瓷罐（M2∶7、M2∶6）2. 铜扣（M2∶2）3. 料珠（M2∶3）4. 瓷灯（M2∶5）5. 瓷瓶（M2∶4）

瓷瓶　1件。M2∶4，白胎，黑釉，釉不包底。敛口，斜折沿，圆唇，短颈，鼓腹，平底。中腹有两周凸棱。口径7.2、腹径20.8、底径9.8、通高23、壁厚0.8厘米（图六，5；图版四二，4）。

瓷灯　1件。M2∶5，浅白胎，黑釉，釉不包底。高圈足与浅腹承盘均折为八面，每两面相交处有凸起的双棱线。前者每面饰芭蕉叶、竹节、兰花等图案，后者饰类似云纹的图案。灯柱中空，饰两组折枝花卉，与承盘间有柄相连。盏托敞口，圆唇，浅弧腹，平底；口外侧有两周凸棱。盏托口径 7.1、圈足底径 12、通高 20.3、壁厚 0.3～0.7 厘米（图六，4；图版四二，1）。

料珠　1 枚。M2：3，圆形，乳白色。直径 0.9 厘米（图六，3）。

铜扣　1 枚。M2：2，扣身圆球形，纽残。通高 1、扣径 0.8 厘米（图六，2）。

铜钱　2 枚。顺治通宝 1 枚，楷书，直读。M2：1-1，直径 2.8 厘米（图七，1）。康熙通宝 1 枚，楷书，直读。M2：1-2，直径 2.8 厘米（图七，2）。

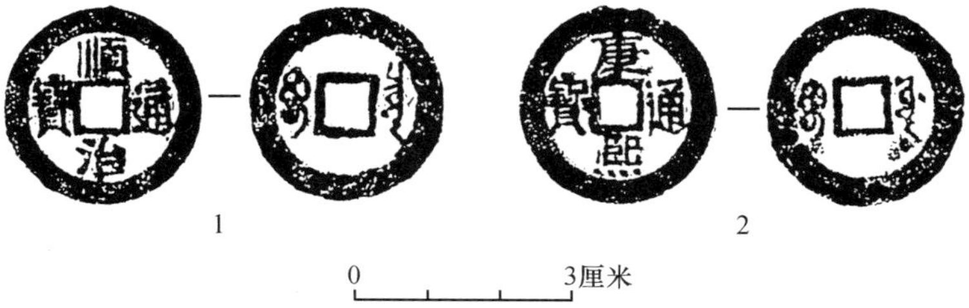

图七　M2 出土铜钱

1. 顺治通宝（M2：1-1）　2. 康熙通宝（M2：1-2）

三、M3

M3 位于发掘区中部，开口距地表约 1.8 米，仅存底部。形制为长方形砖室墓，由墓道、墓门、甬道、墓室组成，方向 170°。墓道和墓门均被破坏无存。甬道平面为长方形，直壁，平底，两壁青砖错缝平砌，底部纵向平铺；内径残长 0.42、宽 0.77、残高 0.25 米；北侧用立砖封堵。墓圹平面为长方形，直壁，平底，长 2.1、宽 1.6、残深 0.3 米。墓圹内砖室仅存铺地砖，横向错缝平铺。用砖均素面，长 30、宽 15、厚 5 厘米。填土灰褐色，较松散。墓内未见葬具，有人骨架一具，较为凌乱，头向西。随葬品 9 件，均为瓷器，其中瓶 2 件、罐 2 件、碗 4 件、盘 1 件，均位于墓室南半部（图八）。

瓷瓶　2 件。形制基本一致。淡黄胎，中上部为白釉，下部为酱釉。侈口，尖唇或圆唇，短束颈，溜肩，深弧腹，平底，矮圈足略外撇。颈部均匀分布四系。M3：1，上腹部施酱釉，写有“官”字。口径 5.8、腹径 17.6、圈足径 10.8、通高 29.8、壁厚 0.4～0.8 厘米（图九，1；图版四三，2）。M3：2，口径 5.6、腹径 18.8、圈足径 10.8、通高 31、壁厚 0.4～1 厘米（图九，2）。

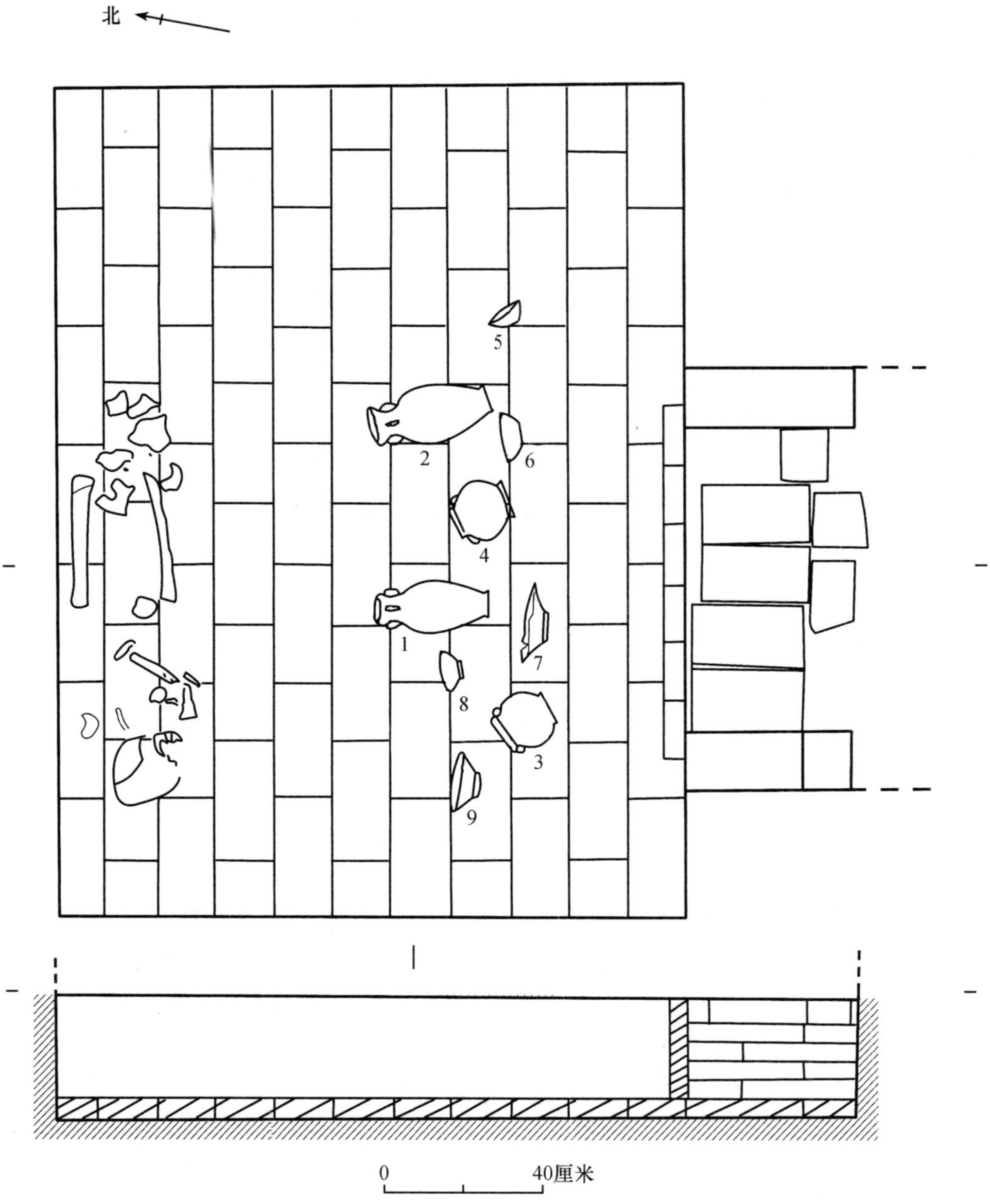

图八　M3平、剖面图

1、2. 瓷瓶　3、4. 瓷罐　5、6、8、9. 瓷碗　7. 瓷盘

瓷罐　2件。形制相近。黄褐胎，酱釉，外部施釉至腹中部。直口微敛，尖唇或方唇，短径，鼓肩，斜弧腹，平底，矮圈足。颈部有对称饰双系。M3：4，口径15.2、腹径23.2、圈足径10.8、通高17.6、壁厚0.4～0.8厘米（图一〇，4）。M3：3，口径8.8、腹径12.8、圈足径6、高10、壁厚0.4～0.6厘米（图一〇，7；图版四三，1）。

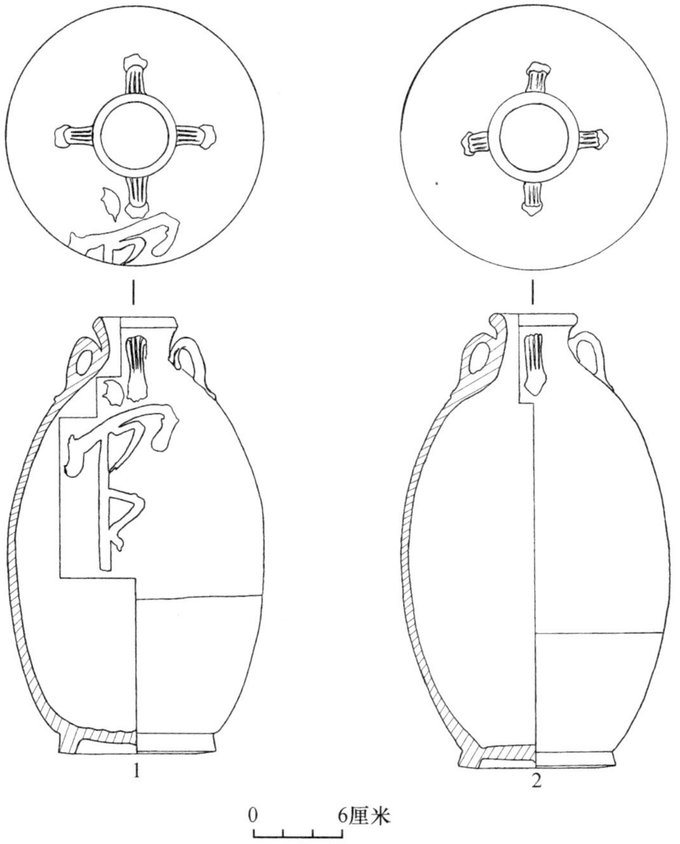

图九　M3 出土瓷瓶

1. M3∶1　2. M3∶2

瓷碗　4 件。M3∶5，乳白胎，白釉，外部施釉仅至口沿。敞口，短折沿，方唇，浅斜腹，平底，矮圈足。底外侧有脐底。口径 9.6、底径 4、高 2.8、壁厚 0.5 厘米（图一〇，5；图版四三，3，4）。M3∶6，黄褐胎，酱釉，外部施釉至腹上部，内底有刮圈。敞口，尖圆唇，浅弧腹，平底，矮圈足。口径 17.2、底径 5.6、高 5、壁厚 0.4～0.5 厘米（图一〇，2）。M3∶8，圈足露黄褐胎，近口沿处为褐色胎，钧釉，青灰色，施釉不及底。直口微敛，尖圆唇，弧腹，圜底，矮圈足。口径 10.4、底径 3.6、高 5.6、壁厚 0.2～0.4 厘米（图一〇，6；图版四三，5）。M3∶9，与 M3∶6 形制相近，圈足外侈而内深。口径 16.8、底径 6.4、高 5、壁厚 0.2～0.5 厘米（图一〇，3；图版四三，6）。

瓷盘　1 件。M3∶7，浅黄胎，青釉，外侧施釉不及底，有微小开片。敞口，平折沿，方唇，浅弧腹，平底，矮圈足。底外侧有脐底，有白色颜料所书“白”字。口径 16、底径 7.2、高 3.2、壁厚 0.4～0.6 厘米（图一〇，1；图版四二，5、6）。

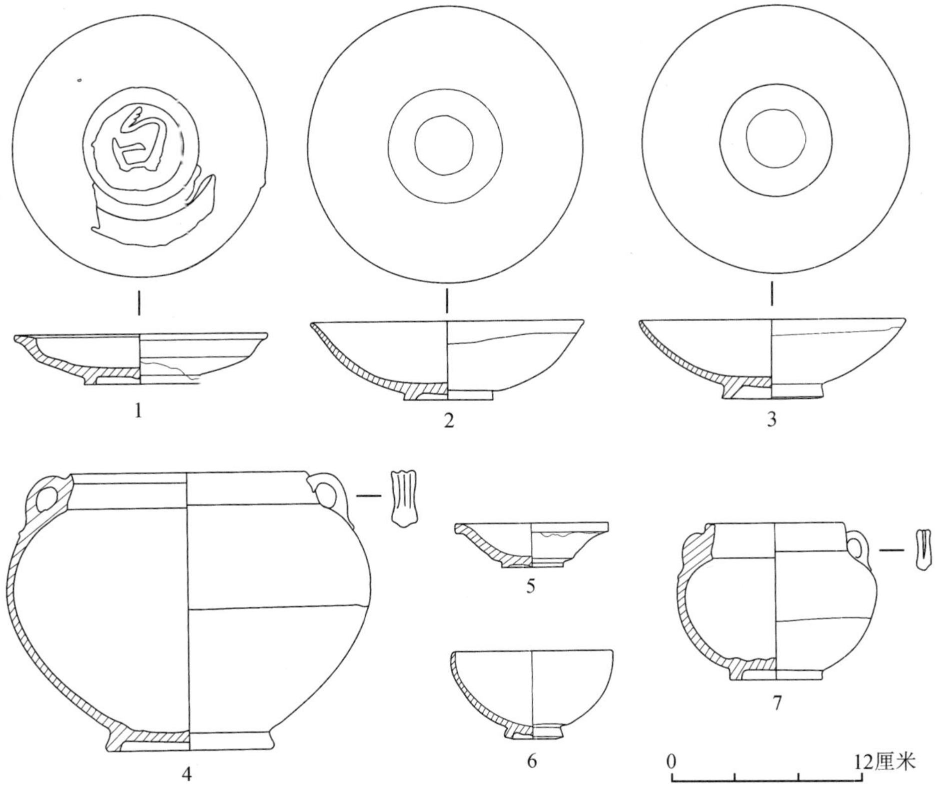

图一〇　M3出土瓷器

1. 盘（M3∶7）　2、3、5、6. 碗（M3∶6、M3∶9、M3∶5、M3∶8）　4、7. 罐（M3∶4、M3∶3）

四、结　　语

此次发掘未见纪年明确的材料，只能根据墓葬形制和出土器物来推断其年代。土坑洞室墓在济南地区自唐至明清时期一直存在，具体时代特征不明显。M1所出铜钱中最晚的为北宋末期政和通宝；瓷盘白釉黑花的装饰见于山东地区元代墓瓷盘、碗中，如章丘女郎山M70[1]、章丘青野M1[2]、济南郭店M1[3]、临淄区M12[4]；而瓷盘的具体形制与郭店M1同类器十分相似，唯器形稍大；瓷碗则与郎茂山M3∶10[5]、化纤厂路M1∶5[6]相近，因此初步推断该墓年代为元代晚期。M2黑釉瓷罐、瓶、灯等为清代早期墓常见器物，伴出铜钱亦表明其时代距此不远。M3所出瓷双系罐、刮圈瓷碗等器物流行于济南金元墓中[7]，瓷四系瓶据相关研究[8]为元代器物，钧釉碗与郎茂山M3∶1基本一致，故M3当属元代。三座墓葬形制、随葬品组合与之前发现的济南地区元、清代墓葬基本一致，且时代明确、器物典型，丰富了这一时期的材料，为葬制、葬俗、社会及历史研究提供了新资料。

附记：发掘报告完成中得到了济南市考古研究所郭俊峰、房振、邢琪、刘秀玲等同志的指导与帮助，在此一并致谢。

绘　图：郝　颖　刘保福

拓　片：毕冠超

摄　影：郝素梅

执　笔：刘丽丽　杨　阳　郝素梅

注　释

［1］济青公路文物考古队绣惠分队：《章丘女郎山宋金元明壁画墓的发掘》，《济青高级公路章丘工段考古发掘报告集》，齐鲁书社，1993年。

［2］章丘市博物馆：《山东章丘青野元代壁画墓清理简报》，《华夏考古》1999年4期。

［3］济南市文化局、章丘县博物馆：《济南近年发现的元代砖雕壁画墓》，《文物》1992年2期。

［4］淄博市临淄区文物局：《山东淄博临淄区元代墓葬发掘简报》，《文物》2013年4期。

［5］济南市考古研究所：《济南郎茂山路元代家族墓发掘简报》，《文物》2010年4期。

［6］济南市考古研究所：《济南市化纤厂路元代墓葬》，《海岱考古》（第八辑），科学出版社，2015年。

［7］济南市考古研究所：《济南市魏家庄遗址宋元墓葬发掘报告》，《海岱考古》（第七辑），科学出版社，2014年。

［8］彭善国：《柳孜运河遗址出土"仁和馆"铭四系瓶及相关问题》，《中原文物》2004年6期。

济南市解放东路明代墓葬发掘报告

济南市考古研究所

2010年4月，为配合鲍德·现代逸城小区建筑施工，济南市考古研究所抢救性发掘了一座明代墓葬（编号M1），其位置在解放东路东首，西距浆水泉路500、南距经十路900米（图一）。2011年5月，在该墓西侧100米处又发现一块石碑，根据文字内容暂定名为“敕诰碑”。另据调查，济南市博物馆曾于20世纪60年代在东郊清理过赵铉墓，当时并未进行完整发掘，而是从破坏洞口进入，取出随葬品后重新封填，器物有青花梅瓶1对、哥窑瓷炉1件、铜镜1面及墓志1合。通过对墓内题刻、敕诰碑与墓志的研究，基本断定M1就是赵铉墓，现将发掘情况及碑文、墓志内容报告如下。

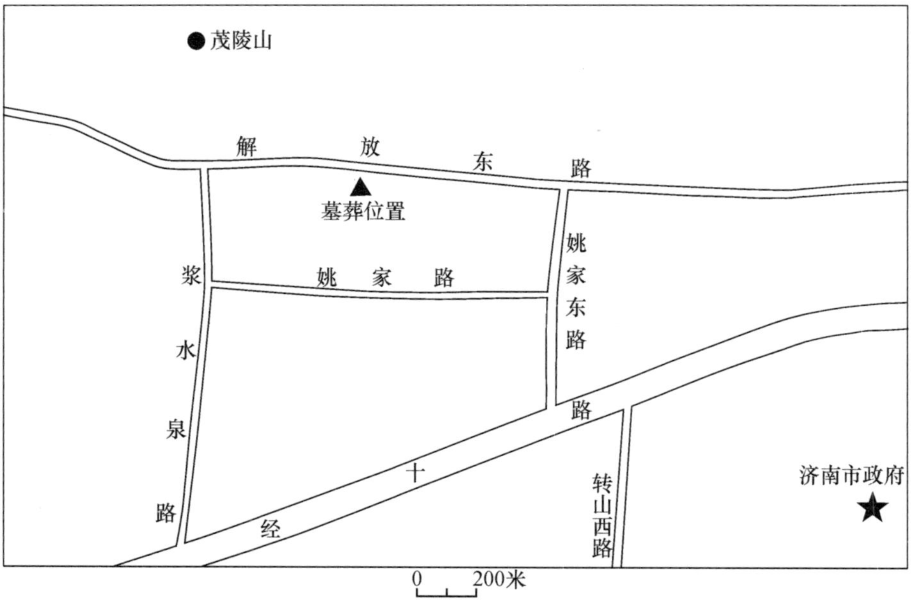

图一　墓葬位置示意图

一、墓葬形制

M1 开口距地表约0.5米，南半上部被破坏，形制为“甲”字形多室券顶墓，由墓道、“八”字墙、墓门、甬道、前室和三并列后室组成，方向190°。建造方式为先下挖一带墓道的墓圹，整体呈“凸”字形，残长13.8、最宽9.56、残深0.1～3.87米。然后在圹内用砖、石及三合土砌筑墓室。墓室底部加工平整，均设铺地砖，纵向错缝平铺；后室用三合土（由石灰、砂、土混合而成，含草纤维）逐层版筑；墓门及后室三门石筑；前室砖石混筑；顶部再整体覆盖三合土。所用石块均为青石，较为规整；青砖皆为素面，长32、宽16、厚7厘米，两砖之间用石灰粘接（图二）。

墓道位于墓室南侧，台阶式。平面呈梯形，残长2.13、宽2.66～2.9、残深0.1～1.05米。现存五级台阶，均宽0.32、高0.16米。两壁涂有厚约3毫米的石灰层。

“八”字墙位于墓道与墓门之间，整体砖筑，宽2.25、厚0.39、残高1.05～1.73米，最底层宽出墙体0.16米。中部做成影壁，宽1.86、残高1.04～1.5，其下为须弥座，高0.64米，枋、枭及圭角皆错缝平砌，束腰侧砖顺砌；上部两侧为单砖立砌的外框，最下做成鼓式柱础状，内为“之”字形贴砖的墙面，通体素面。

墓门上部及两侧皆被破坏，据残存情况推测，原为砖砌仿木结构门楼，宽2.72、残高2.31米。两侧设立砖贴砌成的倚柱，断面半圆形。其内为券顶门洞，宽1.48、高1.82、进深0.94米，两壁错缝平砌，1.08米高处开始起券，两层券顶，下侧立砖纵券、外部用弧形砖贴砌，上层平砖横券，厚0.2米。洞内北侧置石门，形制规整，由门槛、门柱、门楣、门板组成。门槛长1.1、宽0.2、高0.09米；门柱长0.19、宽0.18、高1.48米，下部均垫有宽0.26、厚3厘米的方形石板；门楣长1.48、宽0.54、外高0.52、内高0.44米，正面刻有“太守墓”三字，楷书，涂金；门板高1.56、宽0.75、厚0.08米，刻出门轴，外侧上部浮雕兽首衔环。石门南设两块封门石，分别宽0.46、0.76米，高1.52、1.6米，均厚0.2米，外侧填充石块（图三、图四；图版四四，1）。

甬道位于墓门与墓室之间，平面呈长方形，内宽1.52、高2.02米、进深0.48米。底部铺青砖，错缝平铺，两壁错缝平砌，1.33米高处起券，双层纵券顶，下层侧立砖，上层平砖。

前室平面为横长方形，东南角及西壁被破坏，内长8.56、宽2.9、高2.51米。东西两壁下部用五层条石垒砌，高1.08、厚0.32米；上部单砖错缝平砌，厚0.16米；外侧与墓圹之间夯填三合土。南北两壁结构与之相同，唯墙体上下均厚0.48米；南壁与墓圹之间填土夹杂大量石块、碎砖。南北壁自1.23米处开始起券，三层纵券顶，

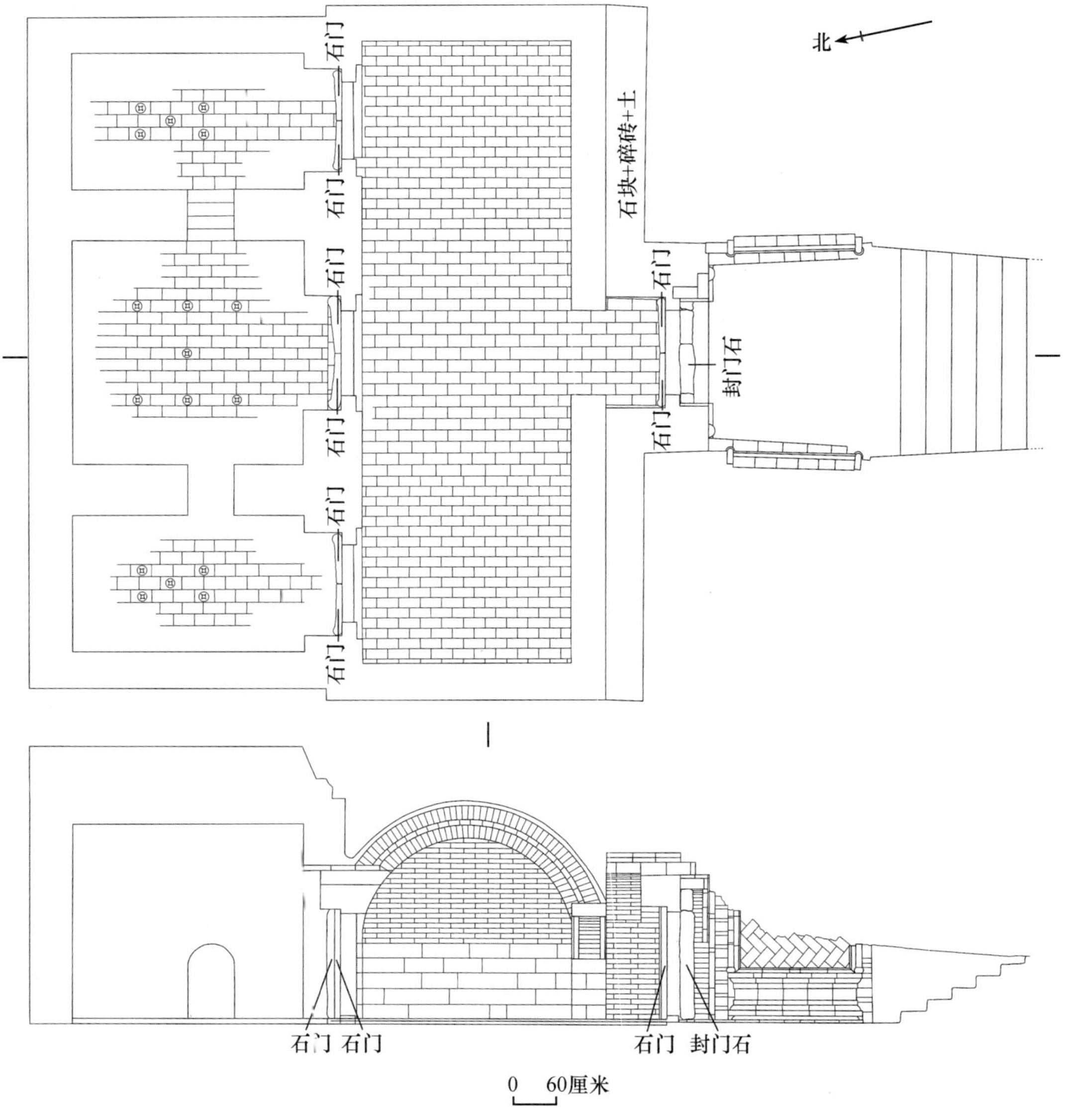

图二 M1 平、剖面图

上下两层侧立砖，中间平砖，厚 0.45 米。前室南壁正中与甬道之间有拱形过道，内长 0.48、宽 1.16、高 1.45 米。两壁石块垒砌，高 0.84 米。券顶形制与墓门门洞相同（图五）。

后室三后室并排，纵向与前室垂直，平面为长方形，东西起券，南部有门与前室相通。中室内长 3.22、宽 3.07、高 2.7 米。石门底设门槛，长 1.16、宽 0.2、高 0.11 米；两侧门柱平面为正方形，宽 0.22、高 1.45 米，上刻楹联“一代文章藏玉宇，千秋事业肇黄堂”（图六），字口内填绿色颜料；门板对开，宽 0.78、高 1.52、厚 0.1

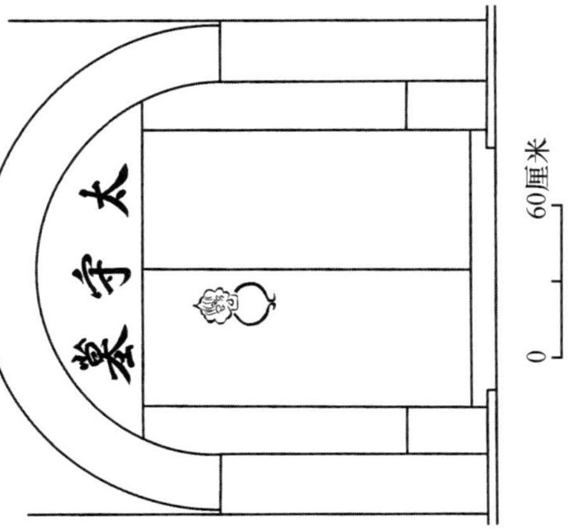

图四　墓门

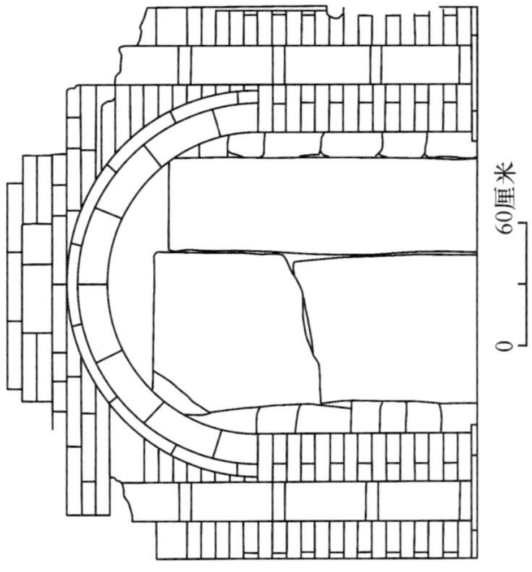

图三　M1 墓门正视图

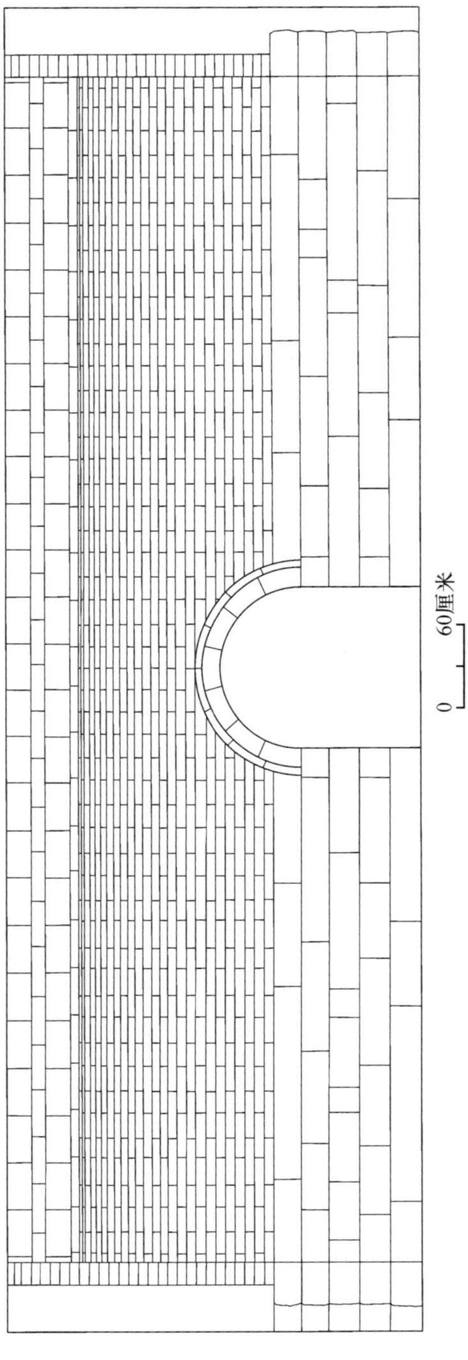

图五　前室南壁正视图

图六　后室楹联

米，正面浮雕刻饰兽首衔环，外侧上端刻出高 5 厘米的门轴；门楣整体为长条形，上宽下窄，南厚北薄，长 2、上宽 0.84、下宽 0.65、外高 0.42、内高 0.34 米，南面略弧，上镌五个涂朱大字“赵公藏真处”（图七），其旁为涂绿色颜料的小字题记，右侧为“皇明崇祯二年端阳建”，左侧为“晚学秦梦皋书”；门楣上方中部置三个刻饰“卐”字纹的小石块。左右后室长 3.22、宽 1.88、高 2.4 米。石门形制与中室一致，门槛长 1.07、宽 0.16、高 0.11 米；门柱宽 0.23、高 1.39 米；门板宽 0.69、高 1.52、厚 0.08 米，上刻铺首衔环；门楣长 1.78、内高 0.3、外高 0.38、上宽 0.84、下宽 0.65 米（图八；图版四四，2）。三室之间有拱形过道相连，均宽 0.64、高 1.03、进深 0.7 米。每室地面置刻有铜钱纹饰的青砖，中室 7 块，左右室各 5 块；券顶中央各镶嵌一铜镜及数枚铜钱，均仅存镶嵌痕迹。墓内未见随葬品。

图七　后室门楣

二、敕诰碑

该碑仅存碑身，青石质，制作规整，长方形，长 223、宽 93、厚 30 厘米。正面阴刻楷书，局部文字因破坏漫漶不清，现录碑文如下。

奉/天承运/皇帝制曰：迩者经费匮乏，司农仰屋，所赖鞭筭之彦佐群策，以补缺漏。而况以名家子历践熟筹（下缺 12 字）。尔/户部江西清吏司员外郎赵铉乃原任户部尚书世卿之子，天才峻练、地望穹崇，饬风范以承家，励霜标□□□□□戎幕如/水旌心。晋秩冏司，追风奏□北司白云之署，益谨丹笔之濡。嘉尔精勤，特陟版部。而尔职司既峻、心计转精，密□□丝析秋

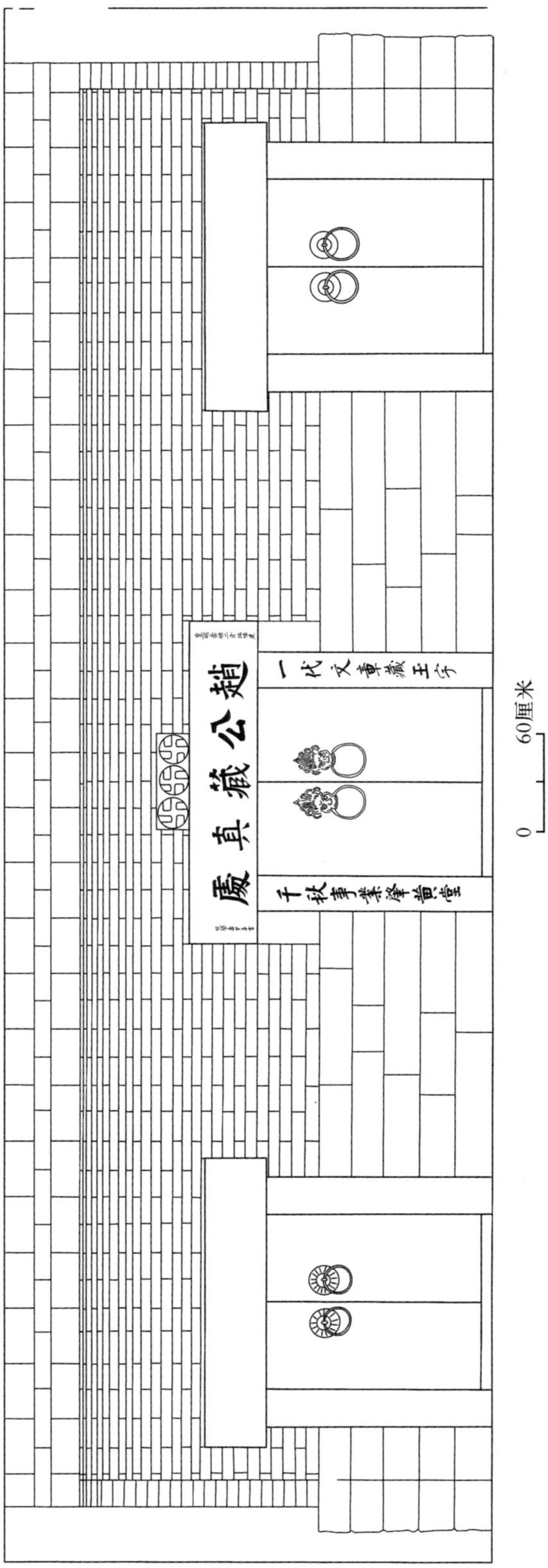

图八 后室正视图

图九　敕诰碑拓片

毫/而握算，严别鼠蠹，威夏□□□筹长材，易其所难，大器羸于所受。兹以覃恩授尔阶奉直大夫，锡之诰命。夫尔先□经国远猷、/著勋度支，而尔复彰缨是署。顷□命尔司庾淮上，唯兹权量，实尔箕裘也，尚其益加毖饬，以无隤尔家声。朕且图尔庸矣，/制曰：士人业绍青箱、操莹素履，则贤室人之翊赞多乎。追其版部升华，兰仪久杳，则怆然念旧，非憖纶曷慰焉。尔户部江西清吏/司员外郎赵铉妻赠安人张氏，含英清族、主馈高闳，穆赞孝于高堂，晨昏无斁，勤执功于中闱，星旦有虔；方问佩以弋凫，忽惊/紘于别鹤，年之不永，德有可旌，是用赠尔为宜人，佩宠光于明命，回晓色于夜台。/制曰：筦钥之臣谨出纳而严登耗，则国计需之，夫家亦有筦钥焉。贤缓毖襄而计臣无内顾，其效亦章于国，国宠貤荣岂以内外/间也。尔户部江西清吏司员外郎赵铉继室封安人范氏，性静而闲、德温且慎，思齐而绍正始、无仪而代有终，克毖持门、叶佩/环之、雅度淑身，从宦追綦缟之高风，室内之琴瑟静调、庾中之权量无爽，是用封尔为宜人，承纶綍以升华，比珩璜而励德。/敕诰/天启四年正月/之宝（图九）。

三、墓志铭

墓志铭由志盖和墓志组成。皆为青石质，正方形，制作规整，表面光滑。

志盖边长75、厚20厘米。阴刻篆书，竖行，共37字，内容为“明故中顺大夫广东高州府知府华廷赵公暨元配赠宜人张氏继配封宜人范氏合葬墓志铭”（图一〇）。

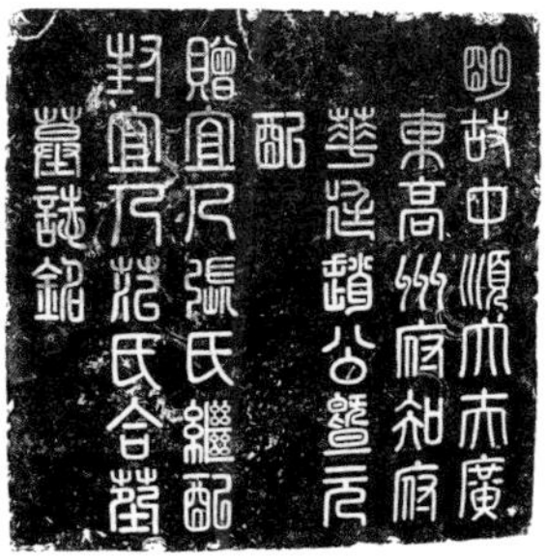

图一〇 志盖

墓志边长75、厚15厘米，楷书50行，满行47字，共计约1878字，部分字迹漫漶不清，内容如下。

明故中顺大夫广东高州府知府华廷赵公暨元配/赠宜人张氏继配/封宜人范氏合葬墓志铭（白归维作阳月）/赐进士出身候补北科给事中北海冯可宾祯卿□顿首拜撰文/赐进士出身/钦差总理密云等处粮饷兼管屯种户部贵州清吏司主事同邑眷生孙止孝顿首拜篆盖/乡贡进士文林郎直隶大名府元城县知县同邑眷生穆远顿首拜书丹/世传/神宗朝有清忠直谏名臣盖吾济南大司农兰渚赵公而高州其家（冢）君也君讳铉字伯玉别号华廷生而警敏离襁褓即通外传（博？□）（泛外传游）/日诵数千言善属文尤笃嗜古文词遂以时□

名赞学（寒？）蹇公理庵奇其文録之补博士弟子员即尚书公抗（文？）疏时时也迨尚书/公起（趛？）田间为仪郎君持家政竭力拮据供尚书公宦邸费日出而课耕绩甚至炊浣米枭酰（醯？）酱瓦木所擘画无不当用而其役/任臧获大小咸中能食不浮口求为可继而不为市竞什一也及日所？读经史诸子书夜深？乃罢未尝废学岁大祲君出粟赈/之三族靡不衣食环君之里无併日炊者矣好行其德如此母孟夫人卒君哀毁骨立（丧？）（襄）事曲尽其礼尚书公考绩例有/恩荫君入成均大司成又奇之而终未获售盖功高有定乎？信然哉比尚书公乞休归里将析其家召君及诸子语之曰吾家素澹/□营吾家者则长子之力居多揔括所有剖之为二一长子有之一五子共有之君跪请□□子也析箸则五子居啬儿独居/□冠？（儿）不敢任受也尚书公喜见眉宇裒多益寡复？析为六君偕诸弟再拜受之里中人靡不高其义者越三年尚书公卧疴有/不起状君昼夜侍汤药衣不解带病笃籲天愿身代之尚书公抚其手曰吾生平庸□□□国家一无裨益受/君恩渥未及报□今行且逝矣无复以（丧？）葬事辱君命及均君号泣擗踊泪尽继血绝□复甦曰大人遗命讵敢不是？（遵）墓无能（徼？）徼/一命以为亲荣而朝有大典以哀□者又惮于请如国制何恐非祈以为子也乃抚泪书尚书公请行及居官大即向抚基李公孟/白李公具疏以闻上命有司治圹祭如/制一切丧具君身肩之弗任诸弟分其任并弗令诸弟均其费丧具比母孟夫人加易焉服阕谒之人除后军都督府都事克诘戎/兵声溢都门之外赍/太和皇太后诏使于真顺广大旋以/覃恩授文林郎/赠元配孺人升太仆寺丞阶承德郎张氏/赠安人未几升刑部主事君既入法曹採议益谨于狱多近平/反究？（出）入推恐有失时有李襄城媵女双桂奉王？姑嫔于赵赵偶以酒/杯狎之王？姑疑恚而自缢李襄城奏闻/诏下法司讯羅织成狱诬双桂头触王姑身范？乌有也君值熟审时洞鉴覆盆代为剖白释之王？姑？（至妖）□徐□□君察为倡乱首监磔/之未尝少貨？（贷）大司寇称其有力有识才堪大任咨铨部升户部员外郎君釐剔奸弊人无敢犯者值/覃恩锡之诰命进奉直大夫赠张氏宜人封范氏如张淮储之役□有令？仓无□率皆税之商贾供之埠头上下交困当事者/每报其人铨部以君往君至无横征无妄取商贾埠头咸被其休而吏胥有猾其法者即笞革之政清□绝商民交颂升本部/郎中以去遮道借寇者数百人悲泣如失慈母入朝期年出守广东高州府知府高州去济南数千里君单车一往抵任兴剔不遗余力高州人颂不绝口谓我/朝二百六十年来未见有此（宋？）守也且造士育才拔识甚夥士有欧生光宸名未著而文甚奇君急赏之为学使者所遗君力荐之？（曰）□/科事？（求）也及秋果列□书而岭表以伯乐称之岁冬入覲便道过里一疾浃旬溘焉长逝盖山川险？□道路修阻栉风沐雨所/受于往来间瘴疠多也公清癯矫健电目

图一一　墓志铭

秀眉立若鹄行若风干？于？书鲜所不窥为文雅练精密成一家言虽未成名而以荫显/出入中外无不以感爱著声人犹以不尽其才为恨当尚书公贵胜时岂不能力致陶富当哉乃取于人若□与人若弃而自致/絜织积丝又见其为生难也至君宗族乡党多不知其难则以取君若寄耳达不为放洁不为（孙？）孤君其有焉元配张宜人贞静/庄严言笑不苟年十又六于归君时尚书公宦游京邸姑孟多从（從）之委家政于宜人宜人甫笄也而饶为之尚书公皆？（偕）姑孟妇/田事之最（冣）谨人称其孝且贤而不妬广蓄姬妾侧室张浮举其子宜人抚之又不啻若己出者姑孟卒哀泣几绝治丧无不如/礼臧获多逾百指耕耘工作女红饘粥因材授事而罚其不任职者以故家井井有条君赈荒恤贫亦宜人□更之力居多先/君逝者旬有八年继配范氏封宜人婉娈有淑姿居室治家绰有前宜人风亦先君（卒？）本君生于嘉靖甲子二月朔日卒于/天启丁卯十二月朔九日享年六十有四赠宜人陕西宁州知州张公正蒙女封宜人儒官范公朝宰女男二长浚初任周府右长史宜人张出娶河南按察司

副使陶公嘉璋女次涵初庠生侧室张出娶直隶大名府元城县知县穆公远女女一幼/未字侧室李出孙男三檀桢棹桢聘户部贵州清吏司主事孙公止孝男廪生建宗女棹幼未聘浚初出檀聘庠生李□英女/涵初出孙女三一许陕西西安府富平县知县刘公敕男廪生朝宗男庠生树德二幼未字浚初出一幼未字涵初出将以庚/午年二月二十二日葬君于茂陵山之阳启二宜人合葬焉不远数百里求铭文□不佞念□□父子幼交于君父子日久每/以诚事如历下侨寓君家水竹园居倘□自抉者累月交岁假省还里病卧□城左史朝夕守？（亲）视饮食医药甚于骨肉今日/之请不佞又何敢以不文辞铭曰于维赵公亶厥聪明而励于学而亢其宗德行著于家治行称于邦天地之完人乡国之/□成寿何必其期颐贵何必其公卿于生□几无遗恨矣而况载之以令名奕奕□珉奠彼幽宫福享永延千秋万祀于昌隆（图一一）。

四、结　　语

（一）墓主考证

墓门题刻表明墓主曾任“太守”一职。该官职为秦汉时期一郡的最高行政长官，历代沿袭；南北朝时滥设州郡，地方政治制度极度混乱；隋代存州废郡，以州刺史代郡守之任，此后太守不再是正式官名，仅用作刺史或知府的别称。“黄堂”是指古代太守衙门正堂，亦可借指太守。结合该墓为明代崇祯二年（1629年）所建，则墓主当为一曾任某地知府的赵姓之人。

敕诰碑为记述皇帝封赠官员或其亲属官阶的石碑，一般位于被封赠之人墓葬附近。此次发现的敕诰碑位于M1西侧约100米处，出土状况表明其曾被严重破坏，扰乱至此，但应距原位置不远。碑文明确指出被敕封之人为原任户部尚书世卿之子赵铉及其两位夫人张氏、范氏，此时为天启四年（1624年），赵铉任户部江西清吏司员外郎。这些信息均与墓志铭所载相符合，“两位”赵铉为同一人，后者应出土于敕诰碑附近的墓葬中。此次发掘除M1外，另有数座小墓，从形制和随葬品推测，其均为平民墓，似无一可能为品官之墓。而赵铉最终官职为广东高州府知府，恰与M1墓门题刻之“太守”一致；且其卒于天启丁卯年（1627年），葬于庚午年（即崇祯三年，1630年），与墓葬建于崇祯二年（1629年）亦可对应；埋葬之时“启二宜人合葬”与墓内设三后室也相符合。综上所述，墓主人当为赵铉及其两位夫人。

墓志记述了赵铉家世及其生平，其父为神宗朝名臣户部尚书赵世卿；原配张氏贞静庄严、既孝且贤，继配范氏亦可居室治家；有子男二、女一人，孙男三、女三人。

赵铉早年以文采之名补博士弟子员，先担任后军都督府都事（从七品），历任太仆寺丞（从六品上）、刑部主事（正六品）、户部员外郎（从五品）、户部郎中（正五品），后出任广东高州府知府（正四品）。赵铉多有为政之才，在刑部可平冤案，于户部得商民交颂，任知府兴剔不遗余力。

（二）关于葬期违制问题

《明史·卷六十·志第三十六·礼十四》记载："品官……三月而葬"，"停柩经年，不行安葬。宜令中书省臣集议定制，颁行遵守，违者论罪。"《大明律集解附例卷之十二·丧葬》明确规定："凡有丧之家必须依礼安葬，若惑于风水及托故停柩在家，经年暴露不葬者杖八十。"墓志记载，赵铉是在入朝觐见途中病逝于济南家中，从病卒至入葬相隔时间长达两年两个月，葬期明显违背国家法制，其背后当有原因。

修建墓葬或许需要一定时间，但"皇明崇祯二年端阳建"表明该墓建造之时距其病逝已有一年五个月之久，间隔如此之久才开始修墓，并不符合常理。即便此时为完工之期，也没有立即入葬，由墓志中"将以庚午年二月二十二日葬君于茂陵山之阳"可知葬期早已确定，或与建墓时间无关。

据相关研究[1]，明初因经济、风水等问题，停柩不葬是较为普遍的现象，虽然国家律法予以严禁，但效果并不明显。到明代晚期，停柩不葬现象更为严重。作为官宦世家，入葬应不存在经济困难。葬期过长的主要原因当在风水。赵铉之父赵世卿墓志[2]出土于历城荆山之阳（今历下区姚家街道荆山），而其本人墓葬位于茂陵山之阳，这种不符合"入附祖茔"正常习俗的行为或许正是子孙出于风水原因所做的改变。另外，建墓、入葬都有提前选好的明确日期，并不紧跟前一阶段完成的丧葬程序，亦不遵从朝廷"葬有定期"之法规，应当是出于良辰吉日考虑。此外，明末社会动荡，国家制度难以执行，地方官员监管不力等因素也在一定程度上助长了葬期违制、时间过长的社会风俗。

总之，赵铉墓在研究明代墓葬形制、丧葬习俗及建筑形式等方面具有很高价值，也成为同类墓葬年代推断的重要依据。

执　笔：刘秀玲　房　振　郭俊峰

注　释

[1] 朱超龙：《〈深圳博物馆藏明清买地券考释〉再考》，《文物春秋》2017年1期。

[2] 韩明祥：《济南历代墓志铭》，黄河出版社，2002年。

聊城出土明代陈赞化买地券

聊城光岳楼管理处

2005年7月10日，聊城市城内闸口东700米路南建筑工地出土了一方买地券，聊城光岳楼管理处立即派专业人员赶赴现场进行抢救处理。买地券是在南1号楼挖地基时发现的，平面距地表2.5米。由机械挖出时，当时附近还有青砖伴出，工作人员随即对现场进行清理，但未有其他发现。

一

此次发现的买地券为青石质，方形，保存完整，高52.5、宽52.5、厚12厘米。阳面自左至右錾刻楷书小字券文30行，共计571字，字上曾填过朱砂，字迹清晰。在买地券左边中部偏下有半个合体文，应是“合同”这两个字的合体（图一）。另外，清理中还发现买地券上方用11枚铜钱组成近似“山”形符号（图二），现仅存1枚铜钱，为“万历通宝”，铜钱摆放工整，似乎代表某种含义，也许这跟当时盛行道教有关。全文如下（标点为后加）。

维

大明　山东东昌府濮州朝城县秋三、九甲人氏，见在本府城中四牌坊南街北居住，主祭孝男陈天瑞。

明故　显考原任都察院左副都御史加俸一级。

敕赠　右都御史陈公讳赞化生于万历十五年丁亥十一月二十四日寅时，大限卒于崇祯十年丁丑正月三十日寅时。蒙

谕祭

谕葬

钦差　东昌道带分守道王公弼，于崇祯十二年十一月二十四日祭讫，今

維
大明山東東昌府濮州朝城縣秋三九甲人氏見在本府城中四牌坊南
街北居住主祭孝男陳天瑞
明故顯考原任都察院左副都御史加俸一級
勅贈右都御史陳公諱贊化生於萬曆十五年丁亥十一月二十四日寅
時大限卒於崇禎十年丁丑正月三十日寅時棠
諭祭
諭葬、
欽差東昌道帶分守道王公弼於崇禎十二年十一月二十四日祭訖今
於崇禎十三年歲次庚辰閏正月癸未朔越二十四日丙午天地開
通日吉時良
欽差本縣知縣陶以銓特來開山斬草破土用工修建工程畢後擇本年
三月壬午朔越初四日乙酉酉時天地和寧玉犬金鷄鳴吠歌吼俸
柩安塟自奄逝以來停棺於室三載有餘今卜東震有氣之原巽已
發龍過脉夾帶坤申貪武雙潮盈趣於㕓水出癸方達通湖海來去
有情藏風聚氣堪為宅兆丙山為主三七分今按古經八藏點穴頂
棺接緒地乃廉真駕天才巨門棺深一丈一尺六寸大吉地屬本府
聊城縣之原謹憑白鶴仙人置剛鬣柔毛金銀財帛九萬九千九十
貫文共盟信誓財地兩相交付於
開皇后土元君買到龍子山岡陰地一分南北長一百步東西濶四十二
步積步四千二百步墾地一十七畝五分東至青龍西至白虎南至
朱雀後至玄武上指
青天下指黃泉中止顯考陳公諱贊化為陰宅之主內方勾陳分掌四域
丘承墓伯謹守封界道路將軍齊整阡陌致使千秋永無殃咎若有
干犯山川神祇縛付河伯地府主吏自當厥禍福其掌握內外存亡
永叶真吉急急奉
太上五帝律令勅 券立二本 一本奉后土陰君 年直符大吉
一券付玄堂神主陳公諱贊化收執焰用 代保人 月直符從魁
日直符太沖
時直符功曹

图一 买地券拓片

于崇祯十三年岁次庚辰闰正月癸未朔越二十四日，丙午天地开通日吉时良。

钦差　本县知县陶以铨特来开山斩草破土，用工修建，工程毕后，择本年三月壬午朔越初四日乙酉，酉时天地和宁，玉犬金鸡鸣吠歌吼，俸柩安葬。自奄逝以来停棺于室三载有余，今卜东震有气之原，巽已发龙过脉夹带坤申，贪武双潮盈趣于㕓，水出癸方达通湖海，来去有情，藏风聚气，堪为宅兆。丙山为主三七分，今按古经八藏点穴，顶棺接绪地乃廉真驾天才巨门，棺深一丈一尺六寸大吉。地属本府聊城县之原，谨凭白鹤仙人置刚鬣柔毛、金银财帛九万九千九十贯文，共盟信誓，财地两相交付于：

图二　山形符号照片

开皇　后土元君，买到龙子山岗阴地一方，南北长一百步，东西阔四十二步，积步四千二百步，乘地一十七亩五分，东至青龙，西至白虎，南至朱雀，后至玄武。上指

青天　下指黄泉，中止显考陈公讳赞化为阴宅之主，内方勾陈分掌四域，丘承墓伯谨守封界，道路将军齐整阡陌，致使千秋永无殃咎。若有干犯，山川神祇，缚付河伯，地府主吏，自当厥祸，福其掌握，内外存亡，永叶真吉，急急奉

太上　五帝律令敕　券立二本 一本奉后土阴君　　年直符大吉

一券付玄堂神主陈公讳赞化收执昭用　　代保人：月直符从魁

日直符太冲

时直符功曹

二

买地券又名"地券"，是生者为死者在阴间买下一块栖身之地的凭证。券文一般为刻写或用笔写于砖、铁、铅板、石板等坚硬的材质上，便于保存。该买地券主人名陈赞化，生于万历十五年（1587 年）十一月二十四日，卒于崇祯十年（1637 年）丁丑正月三十日。

清康熙时期《聊城县志·人物志》记述："陈赞化，字金铉，朝城人，居郡城。登天启壬戌进士。授太湖县知县。有豚鸣冤，赞化斋戒祈于城隍庙，得其状，随豚行至所止，令人发之，得尸，逐审得其情正法，人称神明。调繁桐城，时魏珰籍左光斗家，赞化调停阴护，桐人得之。擢给事中，清正不阿，发宜兴，藐视上语，称为'羲皇上人'，直声动中外。宜兴寻罢去，赞化升太常寺少卿再进太仆通政，协理院事左副都御史。劳瘁呕血请假归，至恩县病笃。前一日命发牌赴焦山任，次日卒。上伤悼予祭葬，赠左都御史。赞化清介，馈遗不纳，四壁萧然，无异寒素。祀乡贤。"此买地券虽然充满迷信色彩，但其中也透露出较珍贵的地方史料。

首先，陈赞化原籍应为濮州朝城县，归东昌府管辖。当时朝城实行里（坊）甲制，这是明代社会基层组织。每一百十户为一里，推丁粮多者十户为长，余百户为甲，甲凡十人，岁役里长一人，甲首一人，以丁粮多寡为序，凡十年一周，曰排序。在城曰坊，近城曰厢，乡都曰里。可见"甲"是里（坊）之下的一种更基层的组织名称，里甲又是规定人们居住的具体位置。秋三、九甲是城市里坊制住址的表述。唐代白居易《登观音台望城》中描绘："百千家似围棋局，十二街如种菜畦。"这就是古代城市里坊制的形象体现。秋三，应是西方的第三坊，因为秋在方位上代表西方。九甲是第三坊的第九甲。

本府是指东昌府；四牌坊南街是本府某街道，具体位置尚无史料可查，可以认定，明代东昌府内牌坊是比较多的。

据载，陈赞化官职为都察院左副都御史。根据《简明古代职官辞典》可知，明代设监察御史，遂废御史台之名，改称都察院，以总领各道监察御史，并以都御史、副都御史为其长官。

王弼，是东昌道带分守道，这个官职是布政史佐官，参议分理各道钱谷。

陈赞化卒于崇祯十年（1637 年）正月，其墓直到崇祯十三年（1640 年）正月知县陶以铨亲自来山斩草破土，用工修建，直到崇祯十三年三月初四才占卜后俸柩安葬，所以"自奄逝以来停棺于室三载有余"，符合古代停尸三年守孝的葬俗。

三月初四是鸣吠日。所谓"鸣吠日共十四日（庚午日、壬申日、癸酉日、壬午日、甲申日、乙酉日、庚寅日、丙申日、丁酉日、壬寅日、丙午日、己酉日、庚申日、辛酉日）"或"鸣吠对日共十日（丙子日、庚子日、壬子日、乙卯日、辛卯日、丁卯日、癸卯日、丙寅日、甲午日、甲寅日）"。陈赞化墓斩草日、安葬日为什么要选择鸣吠日呢？这是因为自唐代起就有"金鸡鸣、玉犬吠、上下不呼、亡灵安稳，子孙富昌"的神煞观念。陈赞化买地券上也说："酉时天地和宁，玉犬金鸡鸣吠。"可见，古代选择阴宅十分慎重，既选择时辰又按古经点穴，还要根据八卦占卜。"震"就是八卦之一，在位为东，在季为春，阳气之始也，所以为"气之原"。"巽"为八卦之一，在位东南，为风。"巳"为地支第六位，时辰为上午九点至十一点，古代方位上也是东南。"坤"

为八卦之一，在位西南，为地为母，十二地支中第九位。贪武应为玄武，四神之一，为北方之神。“癸”为天干的第十位，方位为北方，主水，所以能“达通湖海”。另外，选墓地点穴还讲究风水，“来去有情，藏风聚气，堪为宅兆”。“棺深一丈一尺六寸”应为实数，“金银财帛九万九千九十贯文”应为虚数，当时买阴宅一十七亩五分，实际花钱数不得而知。“后土元君”应为土地之神。

“龙子山岗”透露出重要历史地理信息。现在龙山小区在柳园路西，而买地券出土地点在柳园路东700米。说明代末年龙子山岗应是横跨柳园路、雄居闸口南的一个大土山。“青龙、白虎、朱雀、玄武”为四方之神，再加上“上青天、下黄泉”，这样就给陈赞化营造了一个阴宅空间，由勾陈之神管理。勾陈为星名，属紫微星，即北极星。侵犯这些主管各个方位的神煞将会造成严重的后果。宋代《地理新书》载：“青龙，犯之，三年内害家长及子孙；朱雀，犯之，主县官文书、公讼争斗；白虎，犯之，主年内害子孙；玄武，犯之，散失钱财，盗贼。”

“丘承墓伯”中的“丘承”就是主管墓地所在山丘之神，“墓伯”为主管墓地之神。“谨守封界”是让其管好墓地边界。“道路将军”的“将军”是主管墓地道路之武将。“齐整阡陌”中阡陌指田间的道路，南北为阡，东西为陌，是让“道路将军”管好田间通往墓的道路，这样就可以使陈赞化阴宅千秋永无殃咎。券文最后是对于犯者的咒语。

“五帝”主者为“女青”，《太上太玄女青三元品诫拔罪妙经》载：“女青曰：一切众生展转轮殁，生死报对，祸福应现，毫末无差，并使三元之日三宫考籍之宵，分配生死，定其贫富，人鬼二路，禽兽万端，合受福者则当列字左宫，刻名左府，合为鬼为畜者，则当书名右府，刻字右宫，各俟考限之期也。”女青既是道教大神使者，又掌管玄都中宫鬼律，所以具有强大的镇伏万鬼之威力。

买地券一般都券立二本，一券埋葬在墓葬所在地，通常都覆盖在棺木上方；另一券安放在墓主人生前所在地。最后还有四个代保人，分别是年、月、日、时的值日官，实际上“大吉、从魁、太冲、功曹”都是天上的星宿。古代认为天上星神轮流值班，掌管人间之事，如“从魁”是北斗七星中从斗头数起第二星的别称，原名称为“天璇”。

三

总之，陈赞化买地券是聊城市出土的一件重要文物，也是明代末年的实物文献，可信程度较高，为研究古代东昌府和聊城县历史、地理、区划沿革、民风民俗、契约文体以及当时政治、经济、宗教信仰等学术问题提供了不可缺少的资料。

附记：该文原载于2013年1月7日中国文物信息网，本次刊用增加了图片，题目和文字也稍有改动。

执笔：魏 聊 刘 超

淄博市临淄区车站村明代墓发掘简报

临淄区文物管理局

墓地位于临淄辛店城区中南部，车站新村东北角，胶济铁路北侧，牛山路以南，北距周代齐国故城遗址约5千米（图一）。

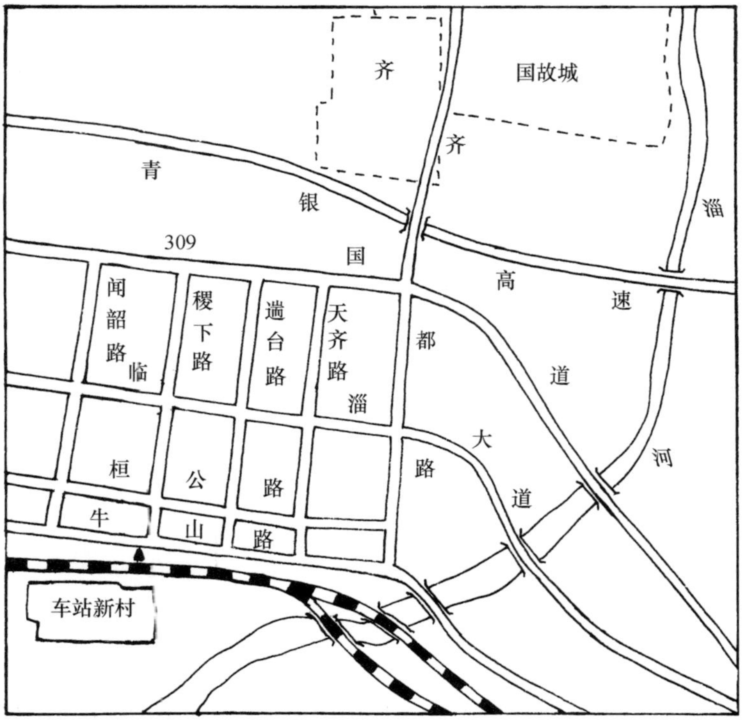

图一　墓地位置示意图

此次发掘的墓葬是配合青青家园住宅项目建设开展的，该项目区域原为临淄区印刷厂，厂内有办公楼、车间、住宅楼等建筑设施，无法实施文物勘探工作，均采用大型机械清理地上地下建筑附属物，从地表下挖至3米后，临淄区文物管理局组织考古人员对8480平方米用地进行了文物勘探，发现了一批古代墓葬，并于2012年11月和2013年3月分别进行了抢救性发掘。

一、墓葬介绍

54座明代墓葬均发现于下挖的基槽内，上部被去掉，原始开口层位不详，墓口的大小尺寸以此深度为准。墓葬分布较为密集，但具有一定的规律，或二三座墓为一组，或数座墓东西排列，没有打破和叠压的现象。54座均为中小型墓葬，依据形制可分为土坑竖穴墓3座、竖穴墓道土洞墓51座（图二）。下文按照墓葬形制依次介绍。

图二　墓葬分布图

（一）土坑竖穴墓

数量较少，仅有3座。墓圹略呈方形，墓壁竖直，呈东西向。根据土坑内葬具材料的不同，可分为土坑墓和石椁墓二类。

1. 土坑墓

1座。

M44 位于发掘区东南部，M75东侧，为多人合葬墓，方向275°。南北长2.6、东西宽2.4、开口距墓底深1.8米。坑内填黄褐色五花土，结构较为紧密。墓室内木质葬具已朽，仅存灰痕，灰痕清晰，有4具木棺，南北并列摆放，从北至南编号为棺1～棺4。棺1长1.83、宽0.4～0.5米，残高不详。棺2长1.8、宽0.4米，残高不详。棺3长1.84、宽0.55米，残高不详。棺4长1.7、宽0.44米，残高不详。棺内各有人骨1具，保存一般，头向西，仰身直肢。墓室西南角放置瓷缸1件。棺1内随葬铜钱4枚。棺4内随葬泥钱2枚（图三）。

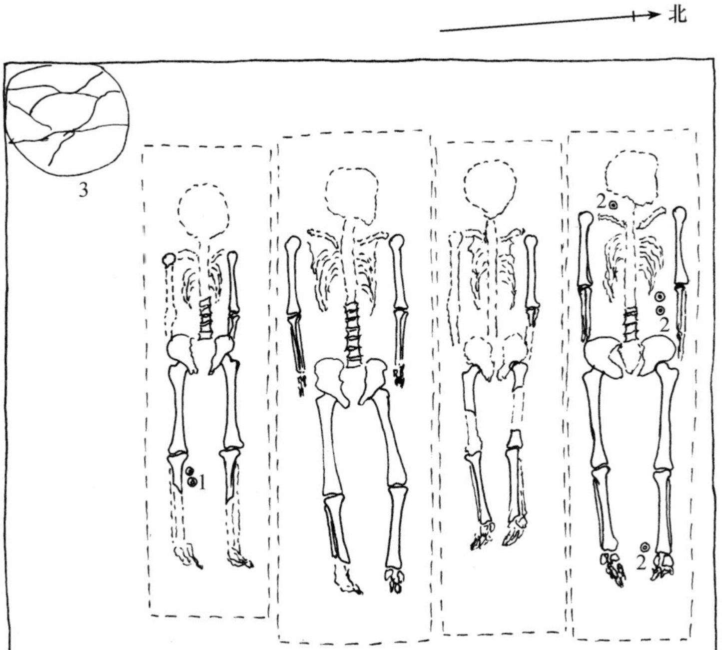

图三 M44平面图

1. 泥钱 2. 铜钱 3. 瓷缸

2. 石椁墓

2 座。

M27、M30 位于发掘区西北部，两座墓葬南北并列，M27 居于 M30 北侧，相距 4 米，方向基本一致。M27 为双室石椁墓，石椁内均有木棺，棺内各有人骨 1 具，头朝西，仰身直肢。M30 为三室石椁墓，南石椁内未见木棺和人骨，中间和北侧石椁内置木棺，棺内各葬 1 人，头朝西，仰身直肢（图四）。现分别介绍如下。

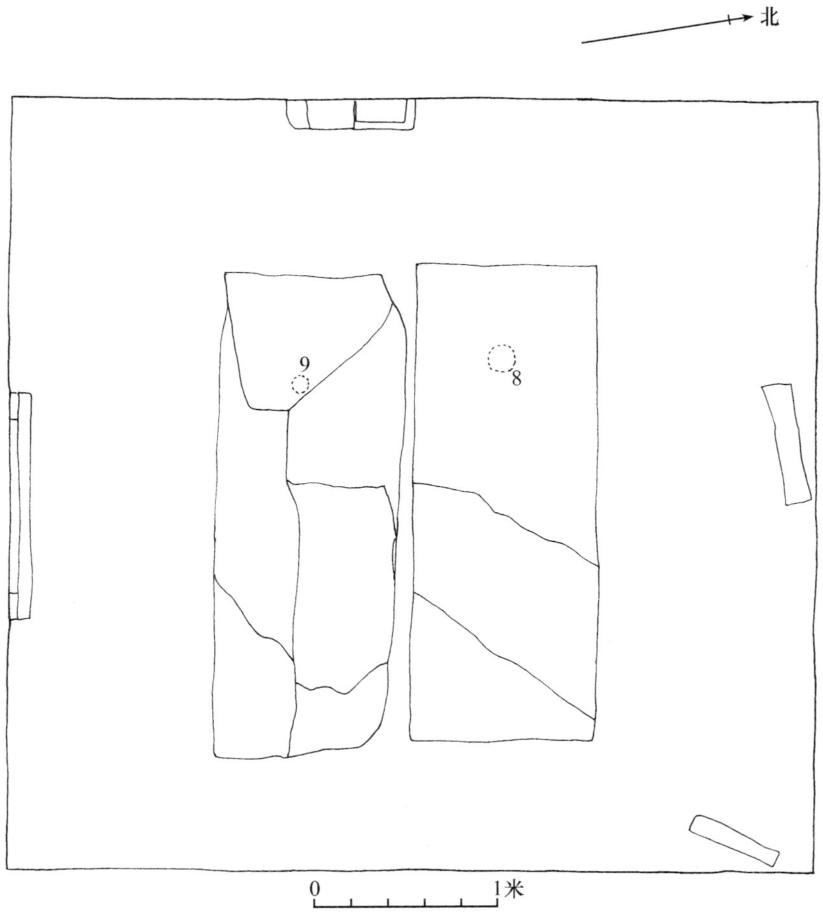

图四　M27 石盖板

8、9. 铜镜（镶嵌盖板下）

M27　位于 M30 北侧，为双室石椁墓，方向 278°。南北长 4.4、东西宽 4.2、开口距墓底深 1.4 米。坑内填黄褐色五花土，结构较为疏松。在坑南、西两壁距墓底 0.85 米处，向外各掏挖一长方形壁龛，龛底平铺一层青灰砖，壁龛外用石板封口。南壁壁龛为平顶，里端竖立一块规整的石板，石板的三面均用砖砌饰，龛宽 0.8、内高 0.58、进深至砌筑面 0.37 米。西壁的壁龛为弧形顶，宽 0.6、内高 0.73、进深 0.9 米。墓底石椁用石板铺底，四周各用一块立板扣合对接而成，中间用立板相隔为南北并排的两个石椁，中间相隔的立板近头端凿 0.24 米 ×0.24 米的方形壁龛，贯通两室，其上各自用一块竖向石板封盖。石椁头端宽，脚端窄，北石椁宽 0.8～0.88 米，南石椁宽 0.78～0.84 米，长、高相同，分别为 2.64、0.9 米。椁内各有木棺，残留朽木痕迹。北棺长 1.74、宽 0.5～0.62、残高 0.7 米，南棺长 1.94、宽 0.5～0.66、残高 0.7 米。棺内各有人骨 1 具，保存基本完整，头向西，仰身直肢。西壁龛随葬瓷缸、瓷瓶、瓷罐各 1 件。北石椁内盖板底面西端黏附铜镜 1 件，棺内盆骨处随葬铜钱 3 枚、泥钱 2 枚，棺与石椁间发现鼻纽衔环 5 件。南石椁盖板底面西端黏附铜镜 1 件，棺内头端有铜簪 1 件（图四～图六；图版四五，2）。

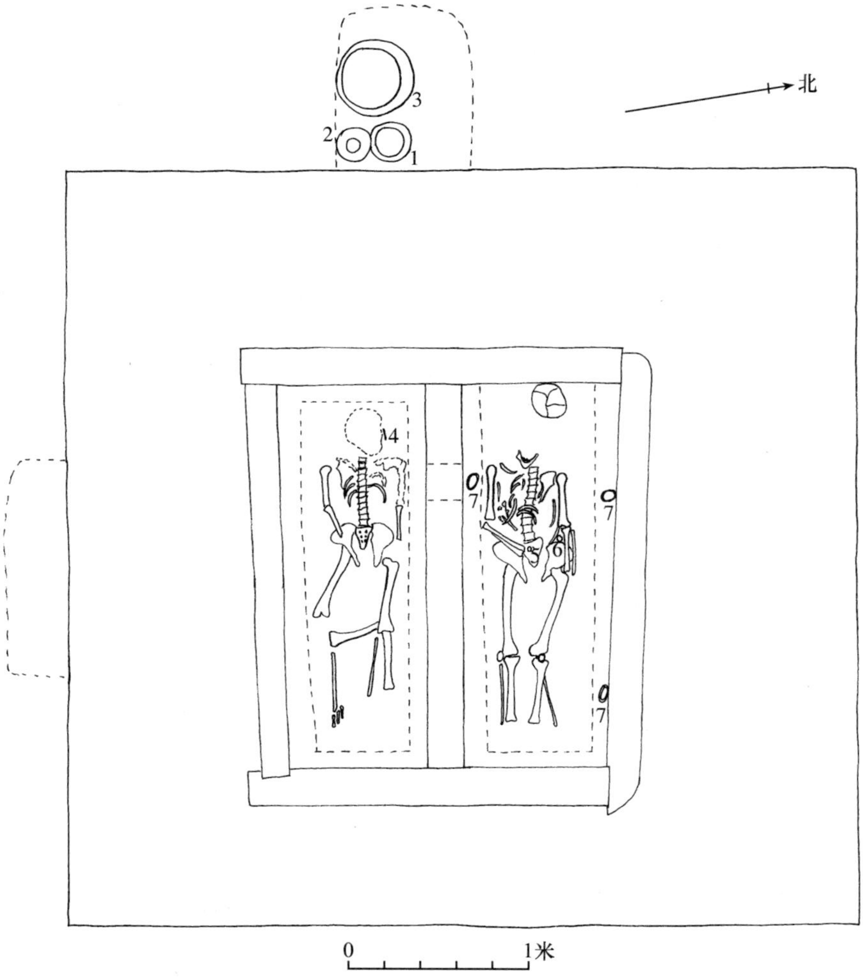

图五　M27 平面图

1. 瓷罐　2. 瓷瓶　3. 瓷缸　4. 铜簪　5. 泥钱　6. 铜钱　7. 鼻纽衔环

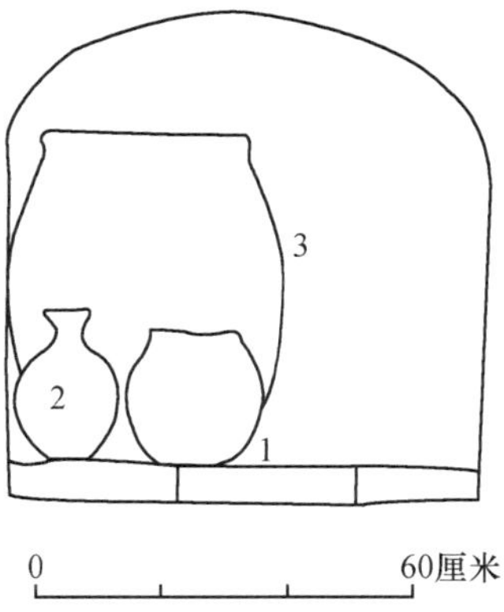

图六 M27 西壁龛正视
1. 瓷罐 2. 瓷瓶 3. 瓷缸

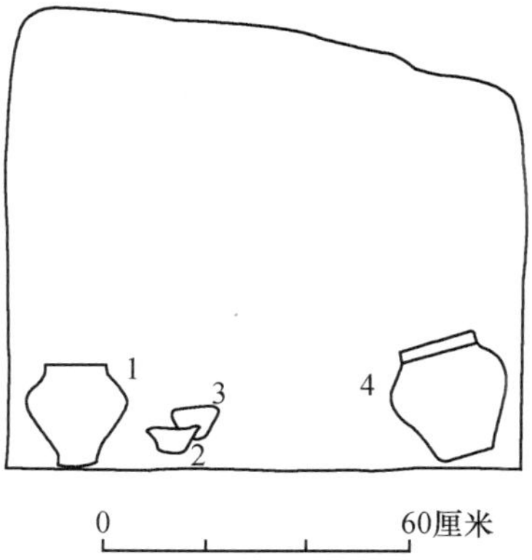

图七 M30 西壁龛正视
1、4. 瓷罐 2. 瓷灯盏 3. 瓷碗

M30 位于发掘区西北部，M27 南侧，为三室石椁墓，方向 280°。南北长 4.7、东西宽 4.4、开口距墓底深 2.3 米。坑内填黄褐色五花土，结构较为疏松。西壁中部向外掏挖一近方形壁龛，龛宽 1.02、高 0.9、进深 0.45 米。墓底石椁用石板铺底，四周用立板扣合对接而成，中间用两块立板相隔为南北并排的三石椁，中间相隔的两立板近头端凿 0.22 米 ×0.22 米的方形壁龛，贯通左右两室，其上各自用一块竖向石板封盖。三石椁大小基本相同，头端宽，脚端窄，长 2.6、宽 1.2～1.26、高 0.8 米。南石椁内未见葬具及人骨。中、北石椁内各有一棺，均已腐朽。北棺长 2.16、宽 0.55～0.76、残高 0.7 米，中棺长 1.96、宽 0.46～0.64、残高 0.7 米。中、北棺内各有人骨 1 具，保存一般，头向西，仰身直肢。壁龛内放置瓷罐 2 件、瓷碗和瓷灯盏各 1 件。北石椁棺内中部随葬泥俑 4 件、铜钱 7 枚。中石椁棺内人骨腰部随葬铜钱 1 枚（图七、图八；图版四五，1）。

（二）竖穴墓道土洞墓

数量较多，有 51 座。墓葬均为南北向，其中 M20 由墓道、甬道、墓室三部分组成。其余 50 座墓葬均由墓道、墓室两部分组成。墓道位于墓室的南端，为竖穴平底或竖穴斜坡底，平面呈长方形或里端口宽、外端口略窄的倒梯形。墓道内填黄褐色五花土，结构较为紧密。从墓道北端底部向外掏挖墓室，墓室顶部因机械挖掘去掉部分形制不详，仅残存墓室底部。墓室底部平面有长方形、方形、椭圆形或近圆形等多种形式。墓室内已被淤积土塞实，土质细腻，呈黄褐色或黄色。18 座墓葬被盗较为严重，墓主骨骼不存，头向不明。33 座墓葬内存有墓主骨骼，其中除 M21 墓主头向北，5 座

图八 M30平面图

1、4. 瓷罐 2. 瓷灯盏 3. 瓷碗 5、10. 铜钱 6～9. 泥俑

墓葬墓主头向南外，其余墓葬墓主头均向西或向西略偏南。墓主使用的木质葬具皆已朽尽，仅存灰痕，从灰痕推测，墓主各自一棺。根据墓葬内墓主的数量不同，又分为单人墓、双人合葬墓及多人合葬墓。

1. 单人墓

6座。

分别为M2、M4、M7、M10、M11、M38，主要集中于墓葬发掘区的西北部，而且M7、M10、M11呈东西向排列，相距不远。墓道多为竖穴平底，少数为竖穴斜坡底，平面呈倒梯形或长方形。墓向在185°～210°。墓室平面呈长方形、椭圆形或近圆形，有的墓室底部挖设壁龛。墓室内葬具为一棺，棺内各有 1 人，除 M2 头向西偏南外，其余墓主头向均为西，仰身直肢。墓葬内随葬的器物较少，少者 2 件，多者 6 件，瓷器分别置于壁龛、棺外或棺顶，铜钱均放置于棺内。现择例介绍如下。

M2　位于发掘区东北部，M72 与 M3 之间，方向 210°。墓道为竖穴平底，平面呈倒梯形，墓道长 2.6、里端口宽 1、外端口宽 0.8、深 0.3 米。墓室平面呈长方形，南北长 2.4、东西宽 1.6、残高 0.3 米。在墓室底部西南角有一半圆形壁龛，龛宽 0.56、进深 0.3 米，龛顶部被破坏，高不明。墓室内木棺竖向斜置，长 2.03、宽 0.52 米，残高不明。棺内人骨保存较好，头向西偏南，仰身直肢。墓室壁龛内随葬瓷缸 1 件，棺内随葬铜钱 3 枚（图九）。

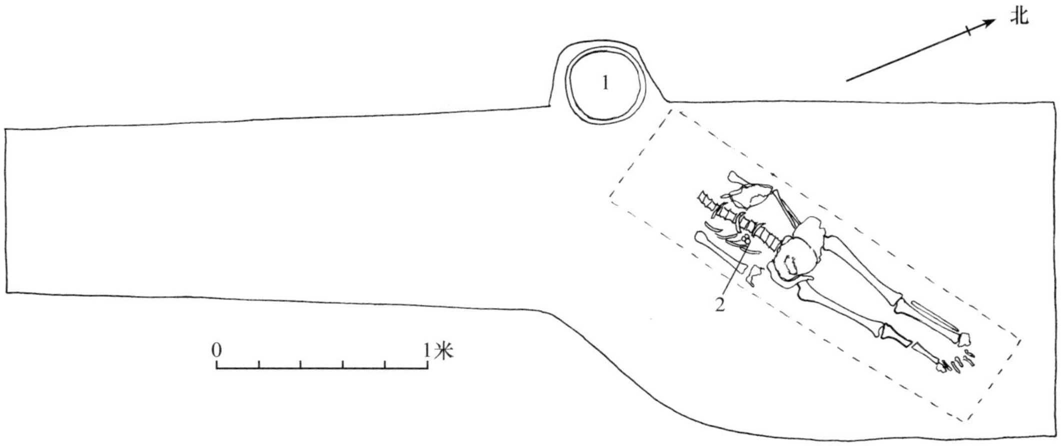

图九　M2 平面图
1. 瓷缸　2. 铜钱

M7　位于发掘区中部偏北，M5 南侧，方向 195°。墓道为竖穴平底，平面呈长方形，墓道长 2.8、宽 0.9、深 1.7 米。墓室平面呈椭圆形，南北长 1.9、东西宽 2.04 米。墓室中部横置木棺，长 1.5、宽 0.7、残高 0.4 米。棺内人骨保存一般，头向西，仰身直肢。棺顶中部随葬瓷罐 1 件。棺内随葬铜钱 4 枚（图一〇；图版四六，2）。

M11　位于发掘区中西部，M10 西侧，方向 210°。墓道为竖穴斜坡底，与墓室东西两壁斜直连接为一体，平面呈倒梯形。墓道与墓室南北长 4.2、墓道外端口宽 0.96、墓室北端宽 2 米。墓室北端横置木棺，长 1.8、宽 0.56～0.7、残高 0.3 米。棺内人骨保存一般，头向西，仰身直肢。墓室西南部棺外随葬瓷罐 1 件，棺内随葬铜钱 1 枚（图一一）。

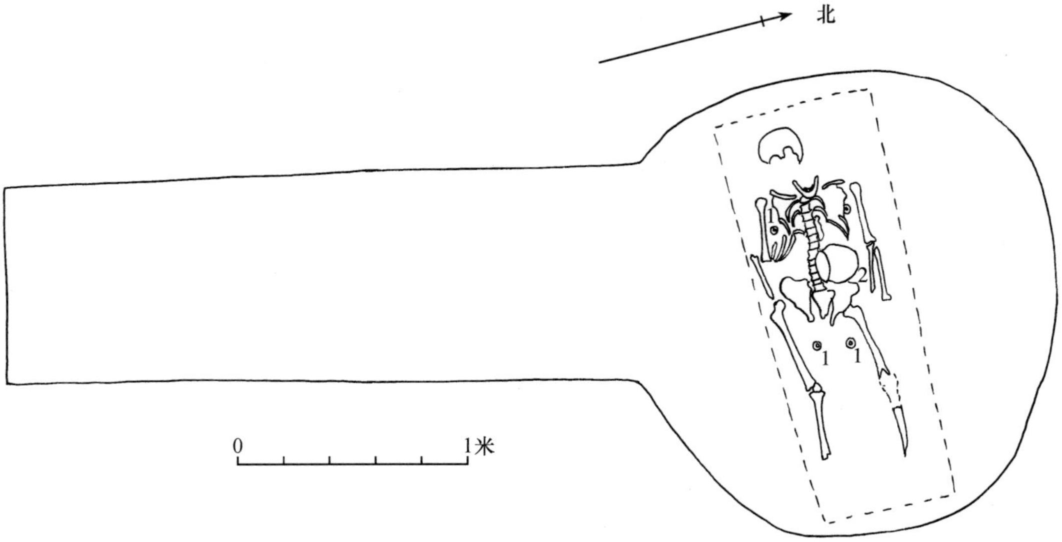

图一〇 M7 平面图
1. 铜钱 2. 瓷罐

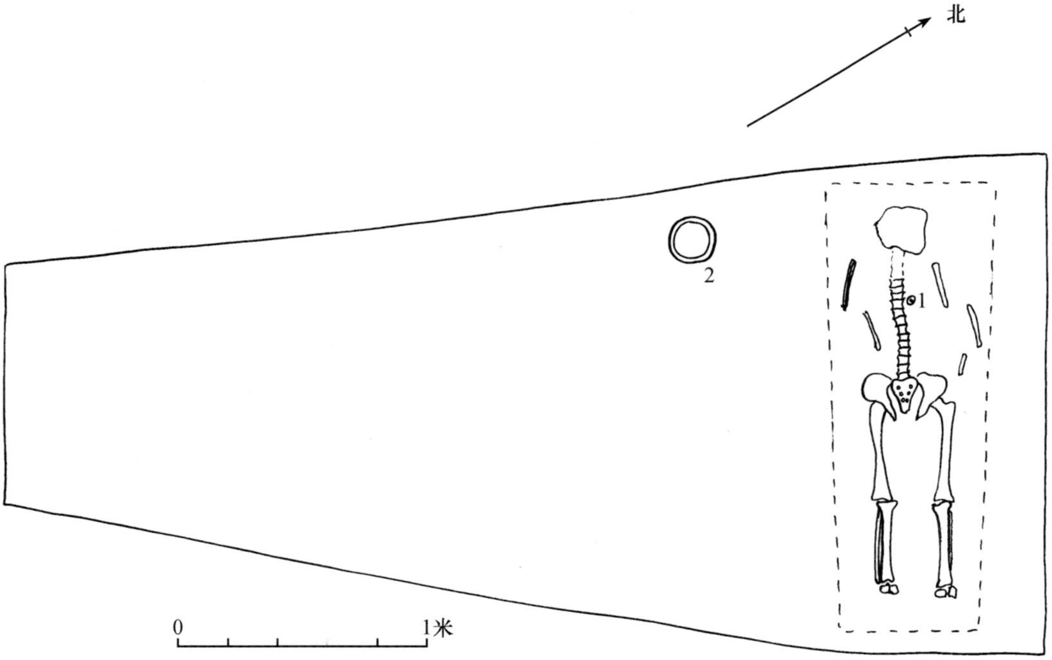

图一一 M11 平面图
1. 铜钱 2. 瓷罐

M38　位于发掘区西北角，M32西侧，方向185°。墓道为竖穴平底，平面呈倒梯形，墓道长2.2、里端口宽1.2、外端口宽0.8、深1.4米。墓室平面近圆形，南北2.4、东西2.5米，墓室与墓道底部平齐。在墓室西北角有一个半圆形壁龛，龛宽0.6、高0.4、进深0.4、龛底距墓底深0.5米。墓室中部横置木棺，长1.6、宽0.46～0.58米，残高不明。棺内人骨保存较好，头向西，仰身直肢。墓室南部和壁龛内随葬瓷罐3件，瓷碗2件，瓷灯盏1件（图一二；图版四六，1）。

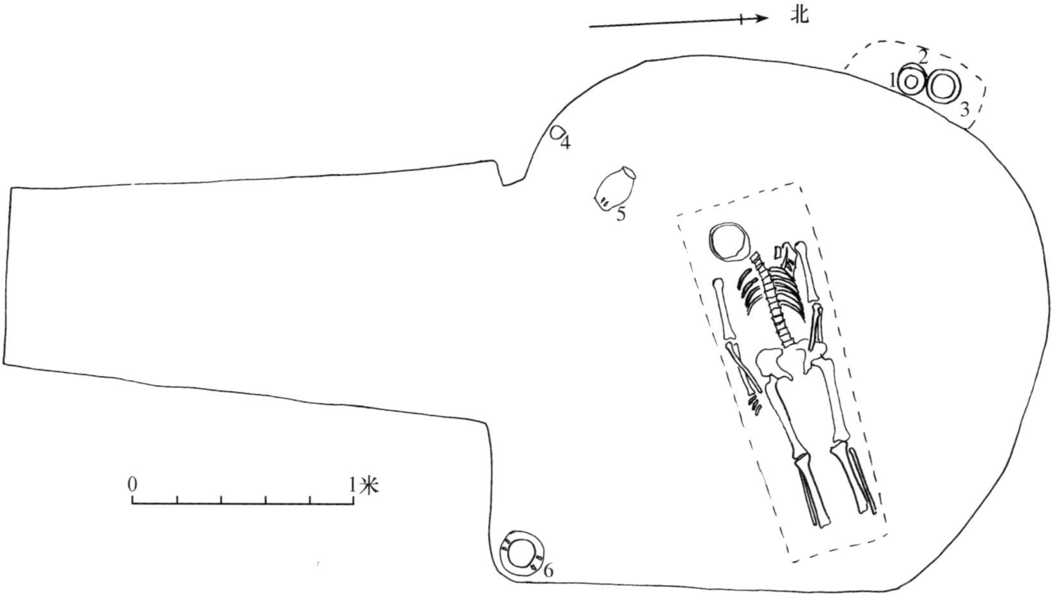

图一二　M38平面图

1、2. 瓷碗　3、5、6. 瓷罐　4. 瓷灯盏

2. 双人合葬墓

25座。

双人合葬墓占据的数量最多，排列具有一定的规律。M48、M51与无人骨的M52 3座墓葬为一组。M21、M37与无人骨的M41东西并列。M5与M43、M12与无人骨的M73、M20与无人骨的M68，基本东西平行并列，两两为一对。M13、M39与多人合葬墓M18、无人骨的M74、M42为一组，M16、M28、M29、M8、M45为一组，M34、M24、M23与无人骨的M40为一组，M36分别与单人墓M2、无人骨的M71、M35、M72、M3为一组，M25、M32与单人墓M38、无人骨的M69、M47、M70、M14为一组，这五组墓葬东西排列，基本在一条直线上。

墓道多为竖穴平底，少数为竖斜坡底，平面呈长方形或倒梯形，方向在185°～215°。

墓室形状多样化，多见方形，也见弧边梯形、圆角方形、近圆形、椭圆形、不规则长方形等多种形式。墓室内葬具两棺并列，南北并列的有 6 座，东西并列的 19 座。棺内各有人骨 1 具，墓主头向北 1 座、头向南 5 座，其余 19 座墓葬内墓主头向西或向西略偏南。除 M12、M23、M51 内不见随葬器物外，其余墓葬内残存随葬品，随葬瓷器较少的墓葬，一般瓷器放于棺外或棺顶部；随葬瓷器较多的墓葬，瓷器多放置于墓室西南角，随葬铜钱均放于棺内。现择例介绍如下。

M5　位于发掘区中北部，M43 西侧，方向 195°。墓道为竖穴斜坡底，平面呈长方形，墓道长 2.9、宽 0.86～0.9、里端口深 1.8 米。墓室里宽外窄，平面呈弧边梯形，长 3、中间宽 2、深 1.8 米。墓室内两棺南北并列，北棺长 1.76、宽 0.72、残高 0.5 米，南棺长 1.76、宽 0.6、残高 0.4 米。两棺内人骨保存较好，头向西，仰身直肢。墓底南棺外左上角随葬瓷灯盏 1 件。北棺内脊椎骨两侧随葬铜钱 5 枚。南棺内盆骨上侧随葬铜钱 1 枚（图一三）。

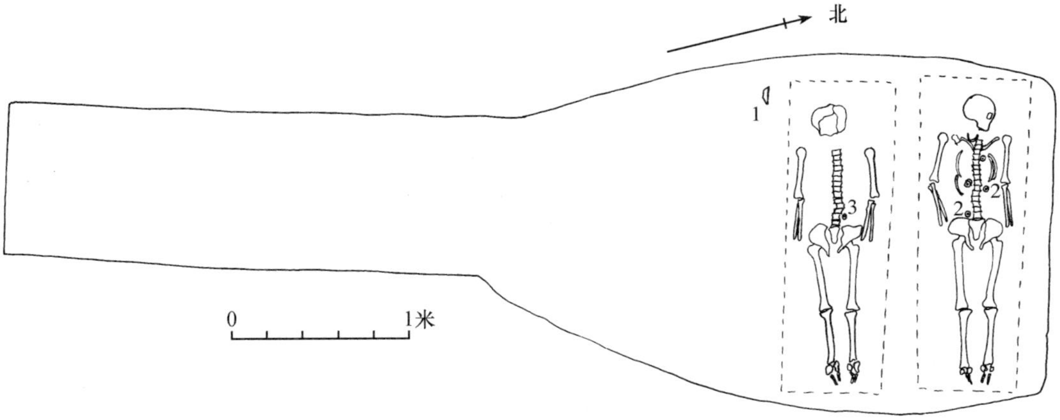

图一三　M5 平面图
1. 瓷灯盏　2、3. 铜钱

M8　位于发掘区中北部，M45 与 M29 之间，方向 185°。墓道为竖穴斜坡底，平面呈长方形，西壁略长于东壁，长 2.3～2.7、宽 0.8、最深 0.9 米。墓室平面为弧角近方形，南北 1.7～1.92、东西 2、残高 0.9 米。墓室内两棺南北并列，北棺长 1.9、宽 0.6、残高 0.3 米，南棺长 1.8、宽 0.58～0.64、残高 0.3 米。棺内人骨保存较好，头向西，仰身直肢。墓底北棺顶部头端随葬瓷罐 1 件（图一四）。

M9　位于发掘区中部，M18 南侧，方向 198°。墓道为竖穴平底，平面呈长方形，墓道长 2.5、宽 0.8、深 0.6 米。墓室平面近圆形，南北 2.1、东西 2.3、深 0.6 米。墓室内两棺南北并列，北棺长 1.7、宽 0.6、残高 0.5 米，南棺长 1.8、宽 0.6、残高 0.45 米。南棺内人骨保存较好，北棺内人骨保存一般，头向西，仰身直肢。墓底西端棺外随葬瓷罐 1 件。北棺和南棺内各随葬铜钱 2 枚（图一五；图版四七，1）。

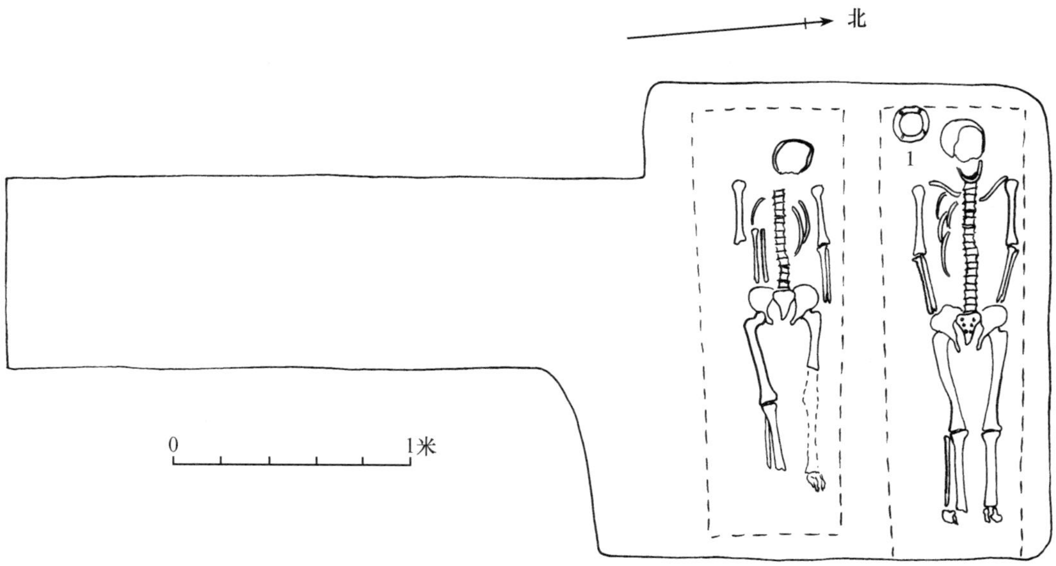

图一四　M8平面图
1. 瓷罐

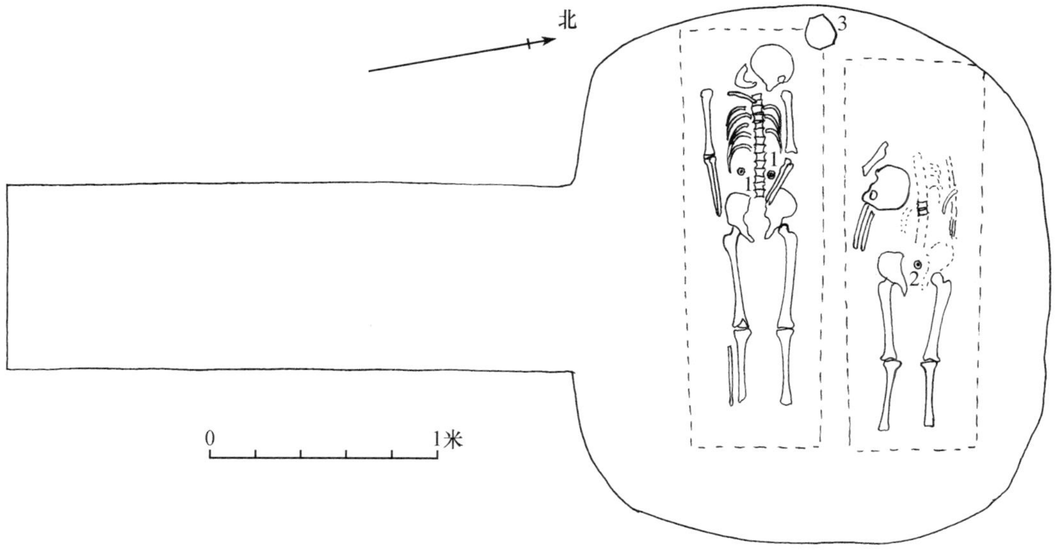

图一五　M9平面图
1、2. 铜钱　3. 瓷罐

M19　位于发掘区西北角，M20北侧，方向188°。墓道为竖穴平底，长2.8、宽0.8、深0.6米。墓室平面呈方形，边长2.2、残高0.6米。墓室里侧两棺南北并列，北棺长1.8、宽0.55、残高0.4米，南棺长1.8、宽0.5、残高0.5米。北棺内人骨保存较好，由于葬具腐朽及渗水等，导致墓主头骨移动至南棺内，南棺内人骨腐朽较甚，两棺内墓主头均向西，仰身直肢。墓底西南角随葬瓷缸、瓷罐、瓷瓶各1件，瓷碗2件，瓷碟3件。北棺内人骨腰部随葬铜钱7枚。南棺内随葬铜钱2枚（图一六；图版四七，2）。

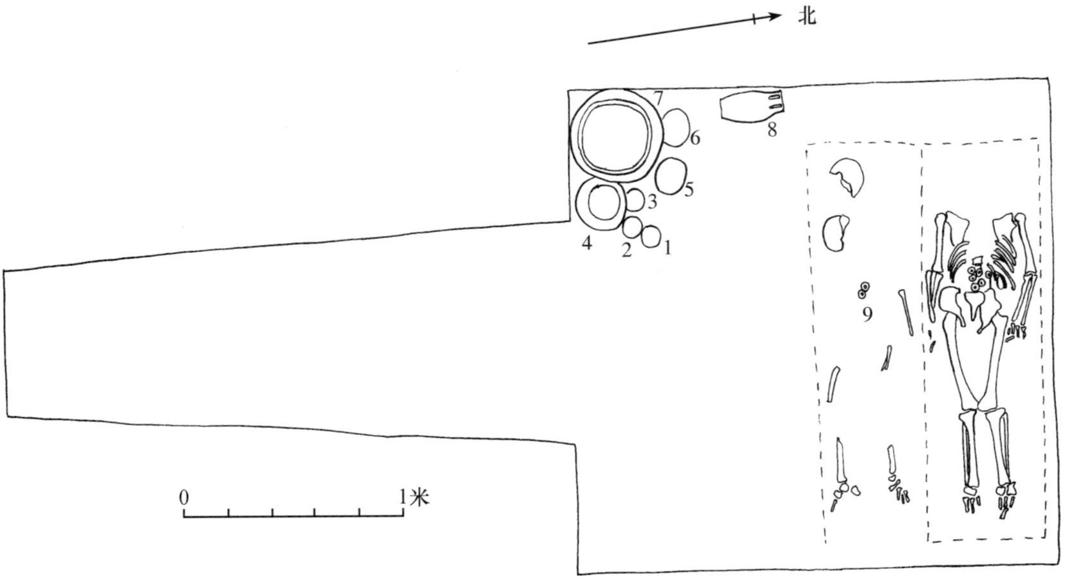

图一六　M19平面图

1～3. 瓷碟　4. 瓷罐　5、6. 瓷碗　7. 瓷缸　8. 瓷瓶　9、10. 铜钱

M20　位于发掘区西北角，M68东侧，方向195°。墓道为竖穴平底，平面呈倒梯形，西壁略长于东壁，墓道长2.3～2.4、宽0.9～1.3、深0.8米。甬道宽0.84、进深0.5～0.66、残高0.8米。墓室东、北两壁呈弧形，平面为不规则方形，四壁涂抹一层草木灰，南北长2.3～2.5、东西宽2.1～2.66、深0.8米。墓室中部两棺南北并列，棺底铺一层草木灰，两棺长度相同，为1.8米，北棺宽0.54～0.64、南棺宽0.5米，残高均不明。两棺内人骨腐朽较为严重，头向西，仰身直肢。墓底西南角随葬瓷缸、瓷罐、瓷瓶各1件，瓷碟、瓷碗各4件。北棺内右上角随葬铁器1件，因腐朽较甚，器形不明；脊椎左侧随葬铜钱10枚（图一七）。

M21　位于发掘区西南部，M37东侧，方向192°。墓道为竖穴平底，平面呈长方形，墓道长2.3、宽0.8、深0.6米。墓室西壁不规则，平面呈方形，边长2.4、深0.6米。墓室东侧两棺东西并列，两棺长1.8、残高0.4米，东棺宽0.5、西棺宽0.6米。两棺内人骨保存较差，头向北，仰身直肢。墓底南端棺外随葬瓷罐1件。东棺内随葬铜钱1枚（图一八）。

M24　位于发掘区西北部，M34与M23之间，方向195°。墓道为竖穴平底，平面呈倒梯形，墓道长2.6、里端口宽1.04、外端口宽0.8、深0.9米。墓室东壁中间外凸，呈弧形，平面为不规则长方形，南北长2.6、东西最宽2.26、深0.9米。墓室里侧两棺

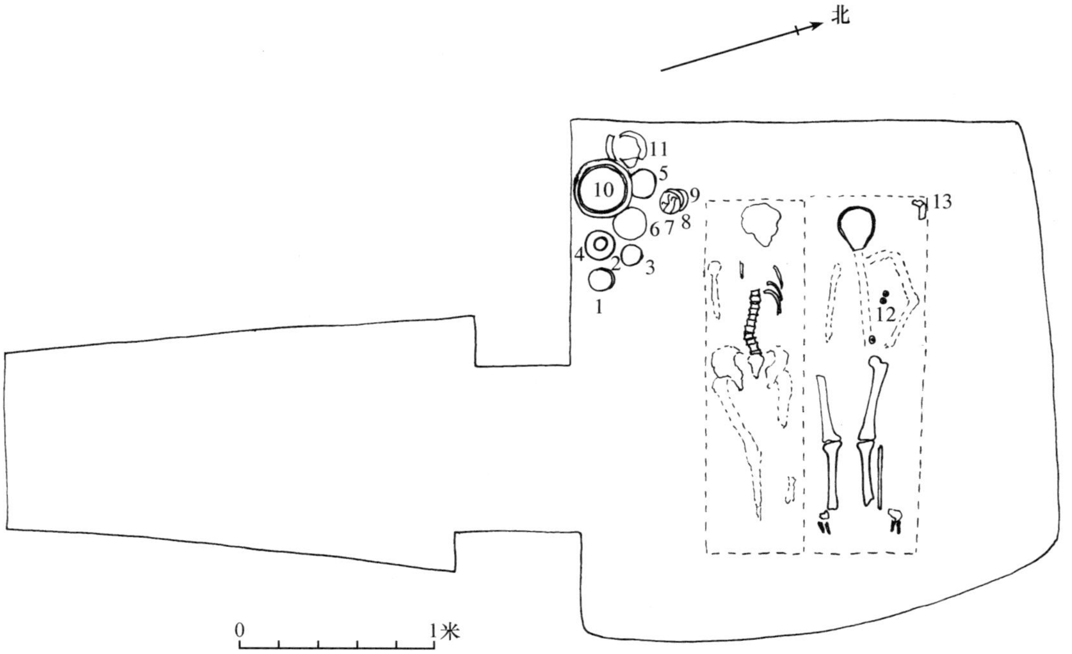

图一七　M20 平面图

1～3、9. 瓷碟　4. 瓷瓶　5～8. 瓷碗　10. 瓷缸　11. 瓷罐　12. 铜钱　13. 铁器

南北并列，两棺长 1.9、残高 0.4 米，北棺宽 0.6、南棺宽 0.52 米。南棺内墓主头向西，骨骼较为零乱，葬式不明。北棺内墓主骨骼保存较好，头向西，仰身直肢。墓底西南角随葬瓷缸、瓷灯盏各 1 件。南北两棺内分别随葬 4 枚、3 枚铜钱（图一九）。

M25　位于发掘区西北角，M32 与 M69 之间，方向 215°。墓道为竖穴平底，平面呈长方形，墓道长 2.4、宽 0.8、深 1.2 米。墓室平面近方形，东西长 2.25、南北宽 2、深 1.2 米。墓室两棺南北并列，北棺长 1.9、宽 0.62 米，南棺长 1.86、宽 0.68～0.75 米，残高均不明。南棺内墓主头向西，骨骼较为零乱，葬式不清。北棺内墓主骨骼保存较好，头向西，仰身直肢。墓底西端两棺之间随葬瓷罐 1 件。北棺内脊椎骨两侧随葬铜钱 7 枚。南棺内头骨左侧随葬瓷碗、铁灯盏各 1 件（图二〇）。

M26　位于发掘区西北角，M38 西侧，方向 185°。墓道为竖穴平底，平面呈长方形，墓道长 2.3、宽 0.9～1、深 0.8 米。墓室平面呈方形，边长 2.2、深 0.8 米。墓室中部两棺南北并列，北棺长 1.9、宽 0.6～0.7 米，南棺长 1.7、宽 0.6 米，两棺残高均不明。两棺内墓主骨骼保存较好，头向西，仰身直肢。墓底东南角随葬瓷缸、瓷碗各 1 件。南棺棺外右上角随葬瓷罐 1 件。北棺棺顶偏头端随葬瓷罐 1 件，棺内盆骨下面随葬铜钱 9 枚（图二一）。

M33　位于发掘区西北部，M27 北侧，方向 198°。墓道为竖穴平底，平面呈倒梯

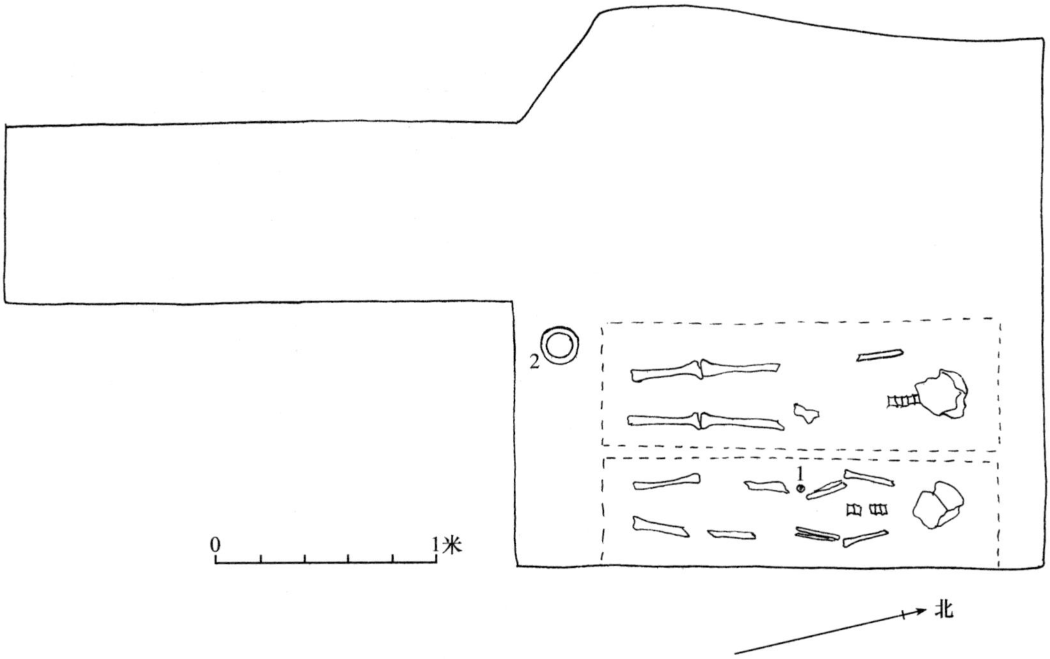

图一八　M21 平面图
1. 铜钱　2. 瓷罐

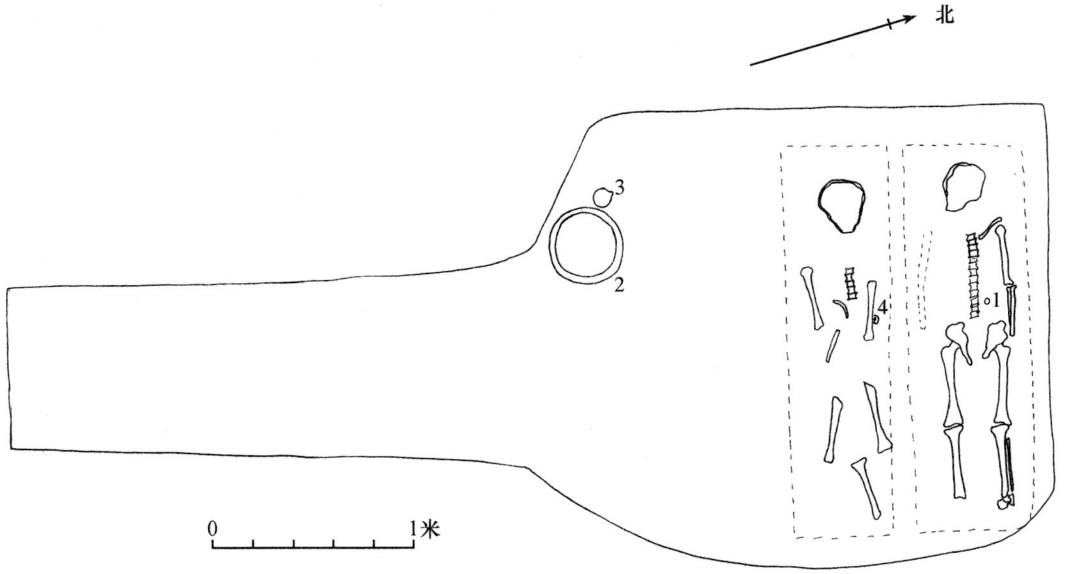

图一九　M24 平面图
1、4. 铜钱　2. 瓷缸　3. 瓷灯盏

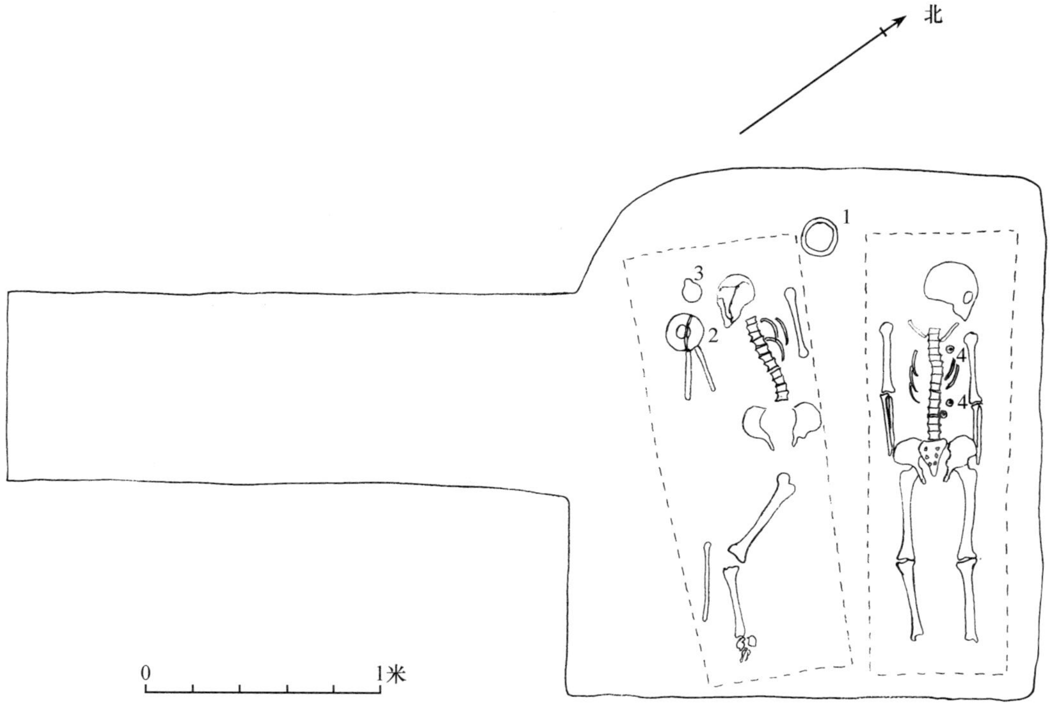

图二〇　M25平面图

1. 瓷罐　2. 瓷碗　3. 铁灯盏　4. 铜钱

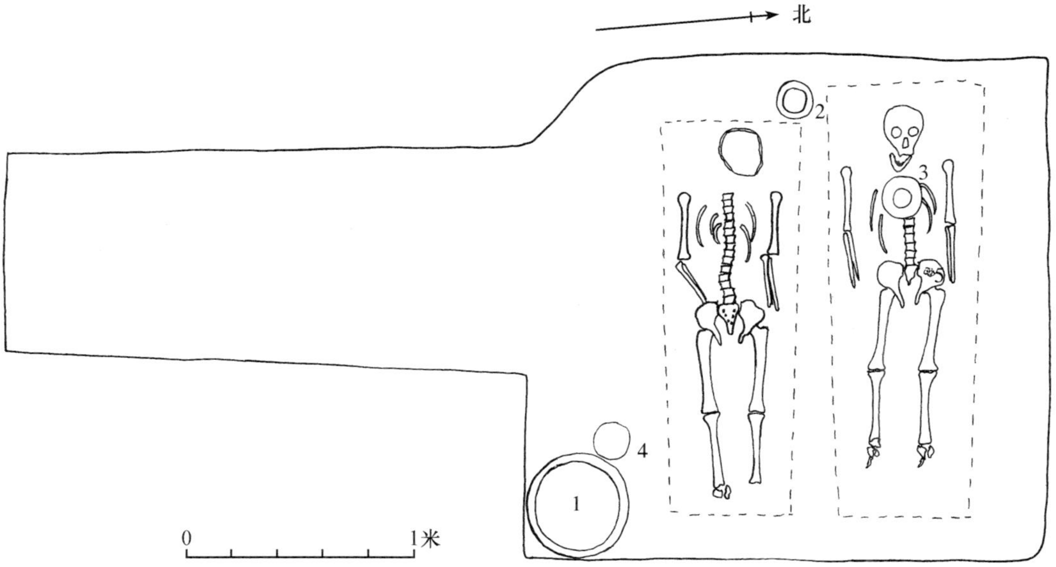

图二一　M26平面图

1. 瓷缸　2、3. 瓷罐　4. 瓷碗　5. 铜钱

形，墓道长2.1、里端口宽1、外端口宽0.65、深1.5米。墓室平面为圆角方形，东西长2.45、南北宽2.2、深1.5米。墓室里侧两棺南北并列，棺底铺一层草木灰，两棺大小基本一致，长1.8、宽0.48～0.6、残高0.4米。北棺内人骨保存较好，南棺内人骨腐朽严重。棺内墓主头向西，仰身直肢。墓底西南角随葬瓷罐2件，瓷缸、瓷瓶、瓷灯盏各1件。南棺棺顶放置瓷碗3件，瓷碟2件。南北棺内分别随葬7枚、10枚铜钱（图二二；图版四八，2）。

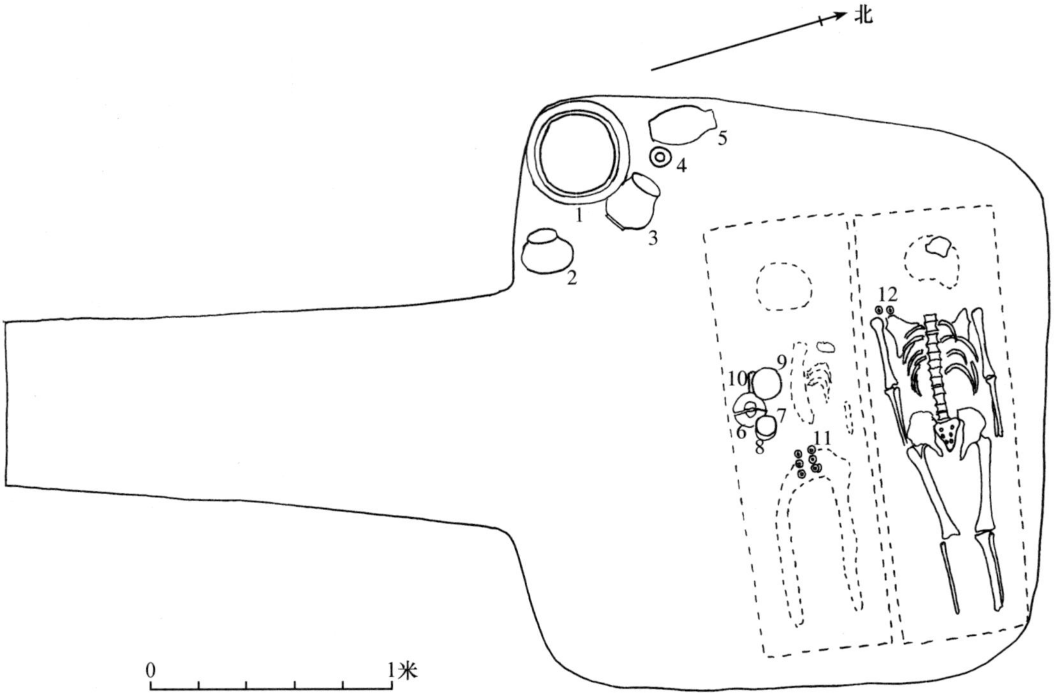

图二二　M33平面图

1. 瓷缸　2、3. 瓷罐　4. 瓷灯盏　5. 瓷瓶　6～8. 瓷碗　9、10. 瓷碟　11、12. 铜钱

M34　位于发掘区中北部，M24东侧，方向198°。墓道为竖穴平底，平面呈倒梯形，墓道长2.8、里端口宽1.02、外端口宽0.78、深1.2米。墓室平面呈椭圆形，南北长2.96、东西宽2.36、深1.2米。墓室里侧两棺南北并列，两棺大小相同，长1.8、宽0.8、残高0.3米。两棺内人骨保存较差，头向西，仰身直肢。墓底西南角随葬瓷罐1件，瓷碗3件。北棺内盆骨上侧随葬铜钱1枚（图二三）。

M36　位于发掘区东北部，M35与M71之间，方向195°。墓道为竖穴平底，平面呈倒梯形，墓道长2.8、里端口宽1.1、外端口宽0.96、深0.8米。墓室平面呈长方形，南北长3.4、东西宽2.9、深0.8米。墓室里侧两棺南北并列，北棺长2.06、宽0.56～0.66、残高0.2米，南棺长1.96、宽0.62、残高0.25米。两棺内墓主头向西，仰身直肢。北棺内墓主骨骼保存较好，南棺内人骨腐朽严重。南棺头端棺外随葬瓷罐1件。北棺内随葬铜钱4枚（图二四）。

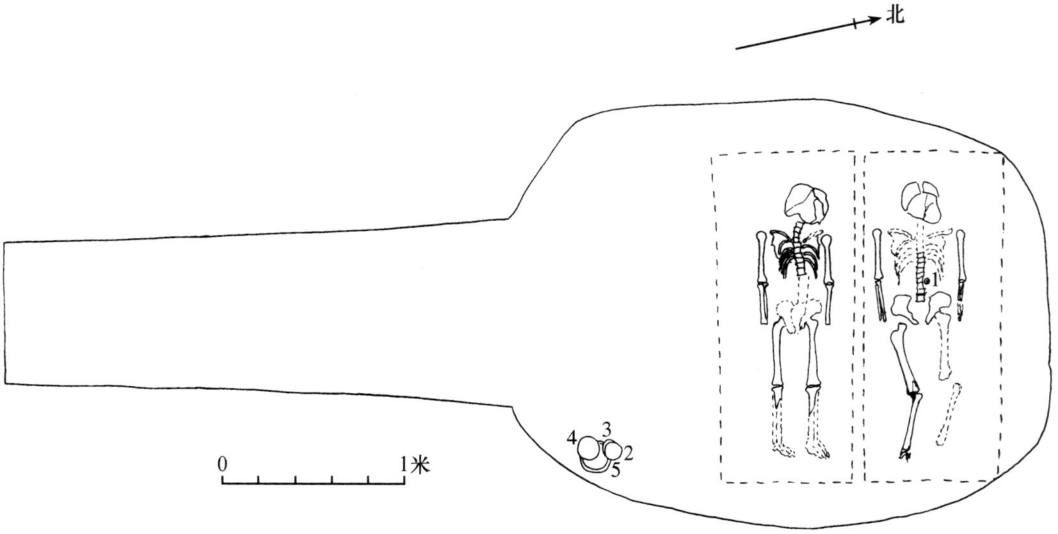

图二三　M34平面图

1. 铜钱　2～4. 瓷碗　5. 瓷罐

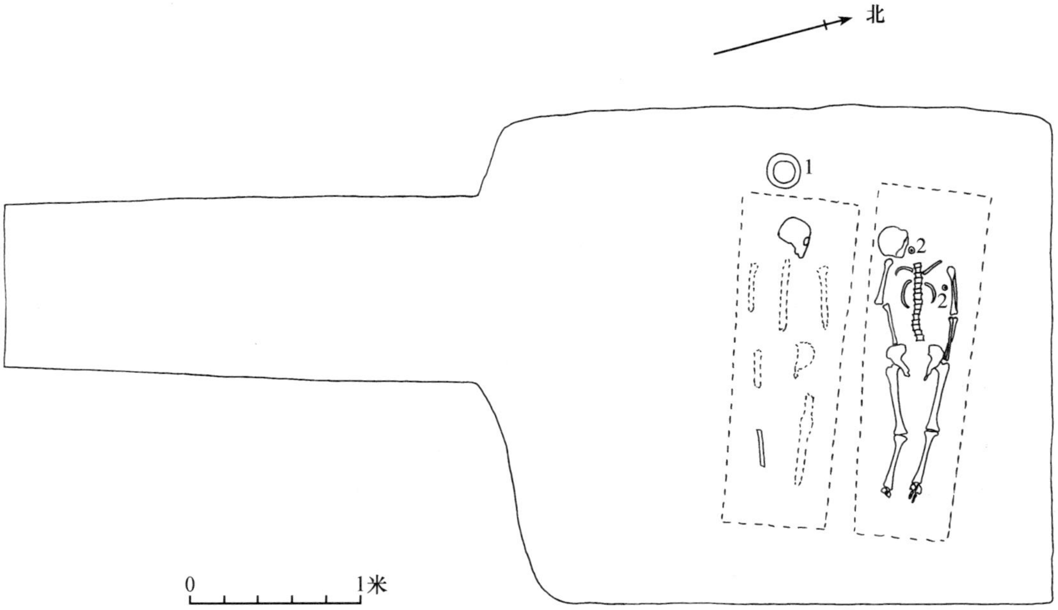

图二四　M36平面图

1. 瓷罐　2. 铜钱

M37　位于发掘区西南部，M21与M41之间，方向198°。墓道为竖穴平底，平面呈倒梯形，墓道长2.6、里端口宽1.1、外端口宽0.84、深1米。墓室平面呈不规则圆形，南北2.1、东西2.36、深1米。墓室内两棺南北并列，北棺长1.7、宽0.42～0.6、残高0.3米，南棺长1.76、宽0.4～0.62、残高0.3米。棺内人骨保存完好，头向西，仰身直肢。墓底西南角随葬瓷缸、瓷罐、瓷灯盏各1件，瓷碗2件（图二五）。

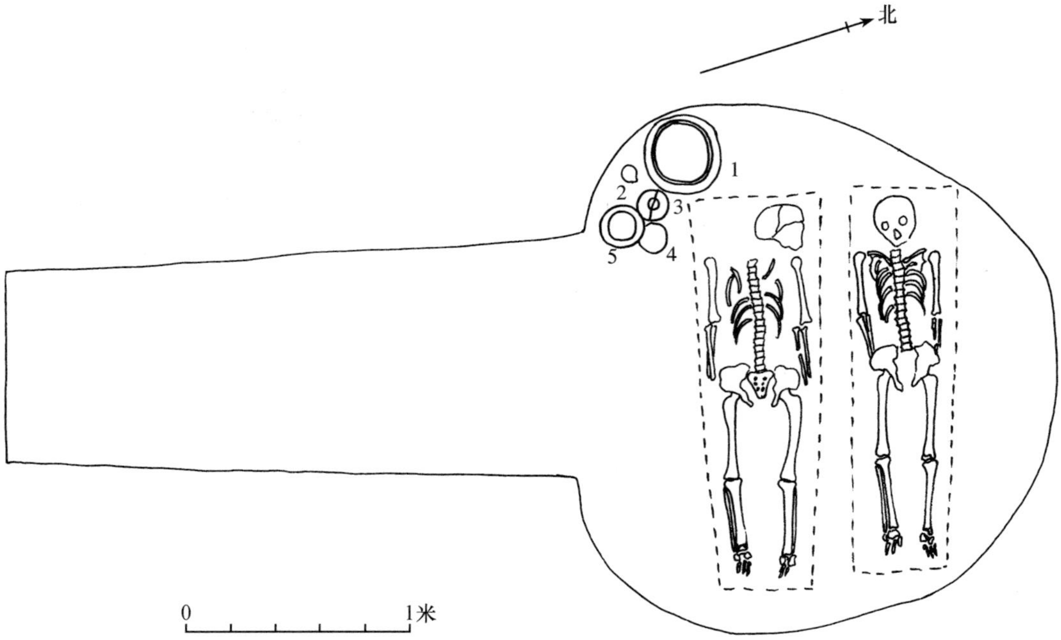

图二五　M37平面图

1. 瓷缸　2. 瓷灯盏　3、4. 瓷碗　5. 瓷罐

M43　位于发掘区中东部，M5东侧，方向198°。墓道为竖穴斜坡底，平面呈倒梯形，墓道长3.7、里端口宽1、外端口宽0.74、深0.1～0.7米。墓室平面呈方形，南北长2.4～2.5、东西宽2.4、深0.5米。墓室中部两棺南北并列，棺底铺一层草木灰，北棺长1.66、宽0.5～0.6、残高0.2米，南棺长1.72、宽0.44～0.6、残高0.25米。北棺内不见头骨，其余人骨保存较好，头向西，仰身直肢。墓底西南角随葬瓷缸、瓷盘各1件，瓷碗2件，东南角随瓷罐1件。两棺内分别放置铜钱3枚、1枚（图二六；图版四八，1）。

M48　位于发掘区东南角，M52东侧，方向195°。墓道为竖穴平底，平面呈倒梯形，墓道长2.1、里端口宽1、外端口宽0.9、深0.5米。墓室平面近方形，南北长2.3、东西宽2.2、深0.5米。墓室东侧两棺东西并列，东棺长2.02、宽0.45～0.55、残高0.2米，西棺长1.94、宽0.5～0.58米。两棺内人骨保存较好，头向南，仰身直肢。墓底东南角棺外头端随葬瓷罐2件，西南角随瓷缸、瓷灯盏各1件。东棺内位于头骨下面和右手部随葬铜钱3枚（图二七）。

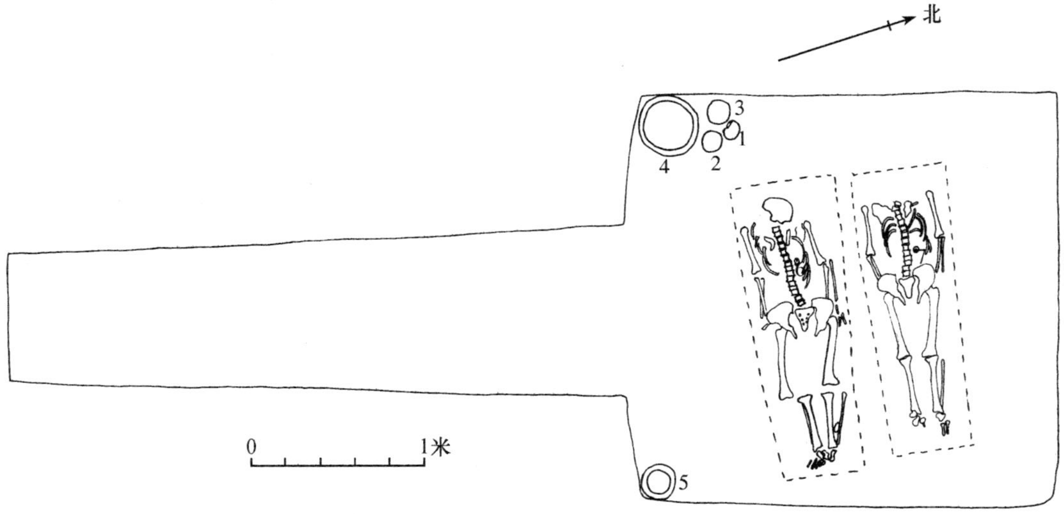

图二六 M43平面图

1、2. 瓷碗 3. 瓷盘 4. 瓷缸 5. 瓷罐 6、7. 铜钱

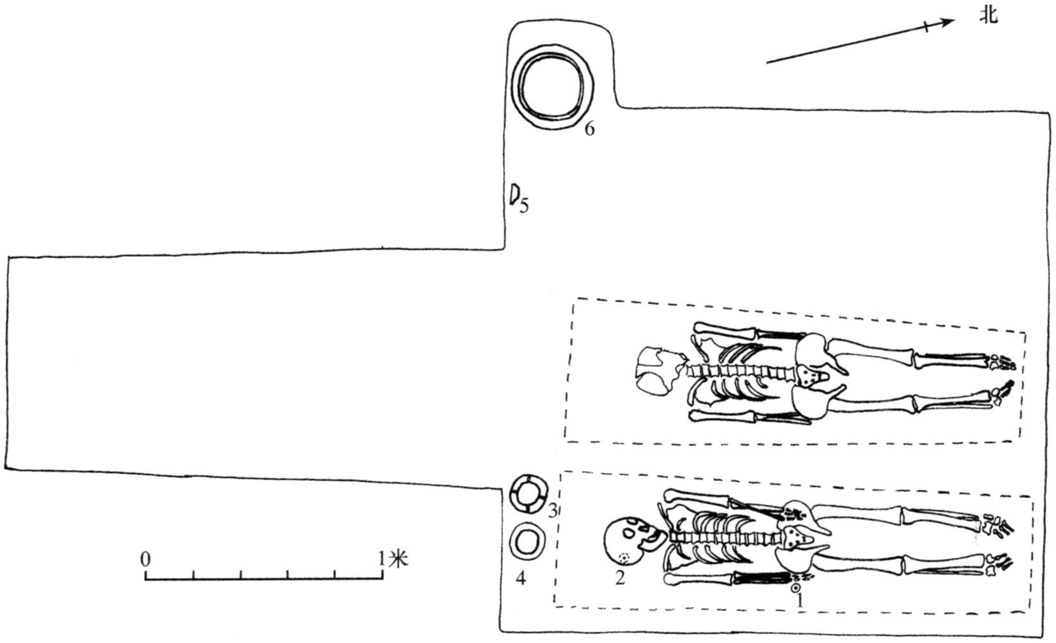

图二七 M48平面图

1、2. 铜钱 3、4. 瓷罐 5. 瓷灯盏 6. 瓷缸

3. 多人合葬墓

2 座。

M17、M18 分别位于发掘区西北部和中部。墓道均为竖穴平底，平面呈圆角长方形及倒梯形，墓向较为一致。墓室为圆角长方形和圆角方形。墓室内三棺南北并列，棺内各有人骨 1 具，头朝西，仰身直肢。随葬的瓷器分别放置于墓室西南角和西北角，随葬的铜钱均置于棺内。现择例介绍如下。

M18　位于发掘区中部，M13 与 M39 之间，方向 208°。墓道为竖穴平底，平面呈倒梯形，墓道长 2.6、里端口宽 1、外端口宽 0.7、深 1 米。墓室平面近圆角方形，东西长 2.4、南北宽 2.2、深 1 米。墓室内三棺南北并列，北棺长 1.92、宽 0.5～0.62 米，中棺长 1.84、宽 0.58～0.62 米，南棺长 1.74、宽 0.44～0.6 米，残高均为 0.4 米。三棺内人骨保存一般，头向西，仰身直肢。墓底西北角北棺外随葬瓷罐 1 件。南棺内脊椎骨左侧随葬铜钱 1 枚（图二八）。

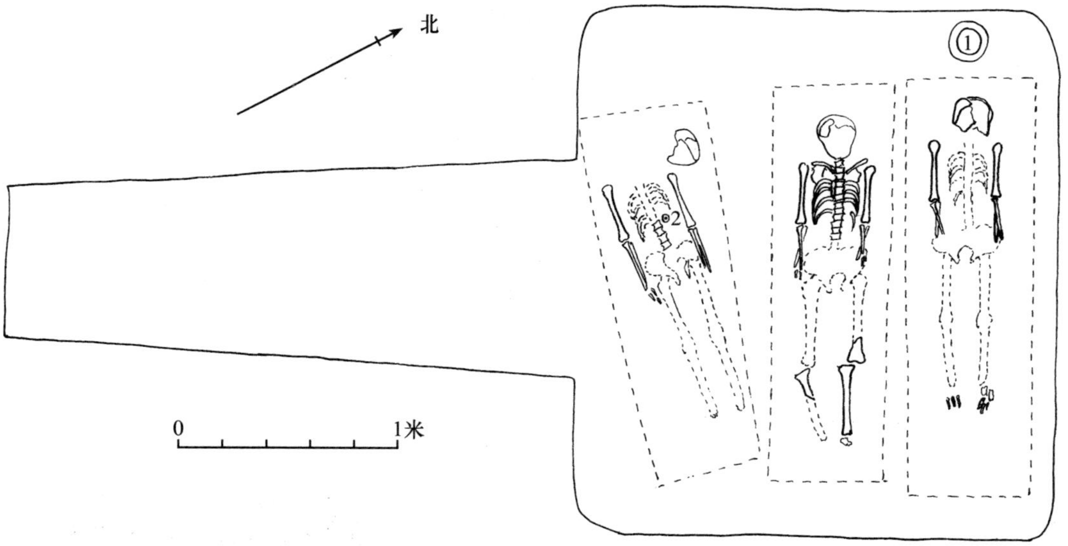

图二八　M18 平面图

1. 瓷罐　2. 铜钱

二、随葬器物

墓葬内随葬的器物主要为瓷器，其次为铜器，另有少量的铁器和泥器等。

（一）瓷器

132件。

瓷器有缸、罐、大四系罐、小四系罐、双系罐、小口瓶、梅瓶、玉壶春瓶、四系瓶、双耳瓶、高足杯、大碗、小碗、青花瓷盘、青釉瓷盘、碟、灯盏。

缸 16件。侈口，圆唇，束颈，平底。缸内壁均施酱釉。据腹部不同，分二型。

A型 2件。鼓腹，最大腹径在中部。M35：2，肩部施酱釉，有垂釉。口径19、腹径22.8、底径12.2、高28.5厘米（图二九，1；图版四九，1）。

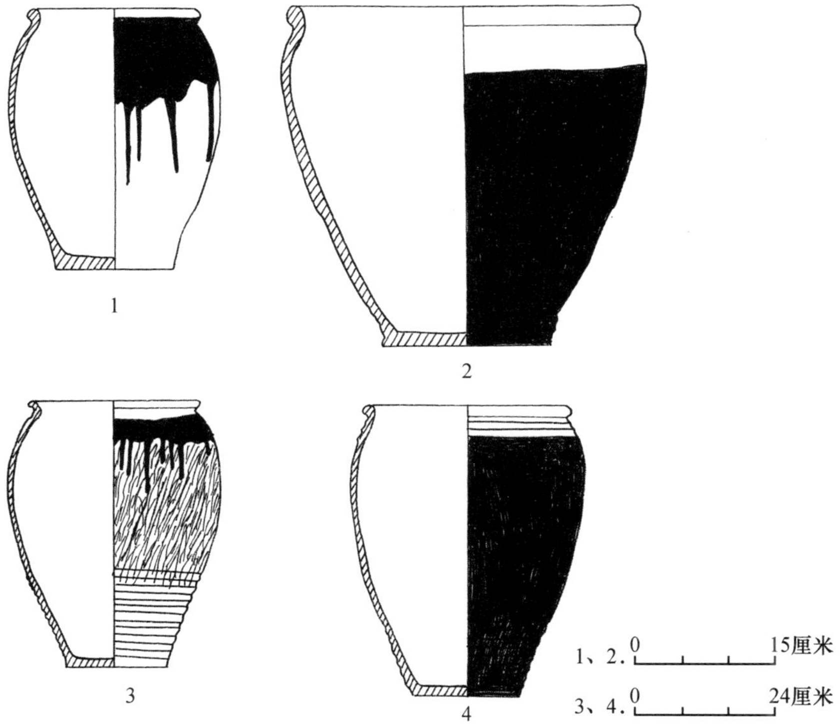

图二九 出土瓷缸

1. A型（M35：2） 2～4. B型（M2：1、M37：1、M40：1）

B型 14件。鼓腹，下腹斜内收，最大腹径在上部。M2：1，肩部以下施酱釉。近底处饰三周凸弦纹。口径38、腹径39、底径18、高36.5厘米（图二九，2；图版四九，2）。M37：1，肩部施酱釉，有垂釉。腹下部饰数周凹弦纹。口径29.5、腹径36.4、底径17、高45厘米（图二九，3；图版四九，3）。M40：1，肩部以下施酱釉。

肩部饰三周凹弦纹，腹下部饰数周凹弦纹。口径 35.8、腹径 40、底径 18.6、高 49 厘米（图二九，4；图版四九，4）。

罐　11 件。据口、腹部不同，分四型。

A 型　3 件。直口内敛，平沿，方唇，圆肩，鼓腹，下腹弧形内收。M8：1，平底。通体施黑釉。口径 10.8、腹径 14.8、底径 10.5、高 13.2 厘米（图三〇，1；图版四九，5）。M42：2，平底。腹部以上施黑釉。口径 9.9、腹径 14.1、足径 9.3、高 13 厘米（图三〇，2；图版四九，6）。

B 型　2 件。侈口，圆唇，广肩，尖圆鼓腹，最大腹径在上部，下腹斜内收，圈

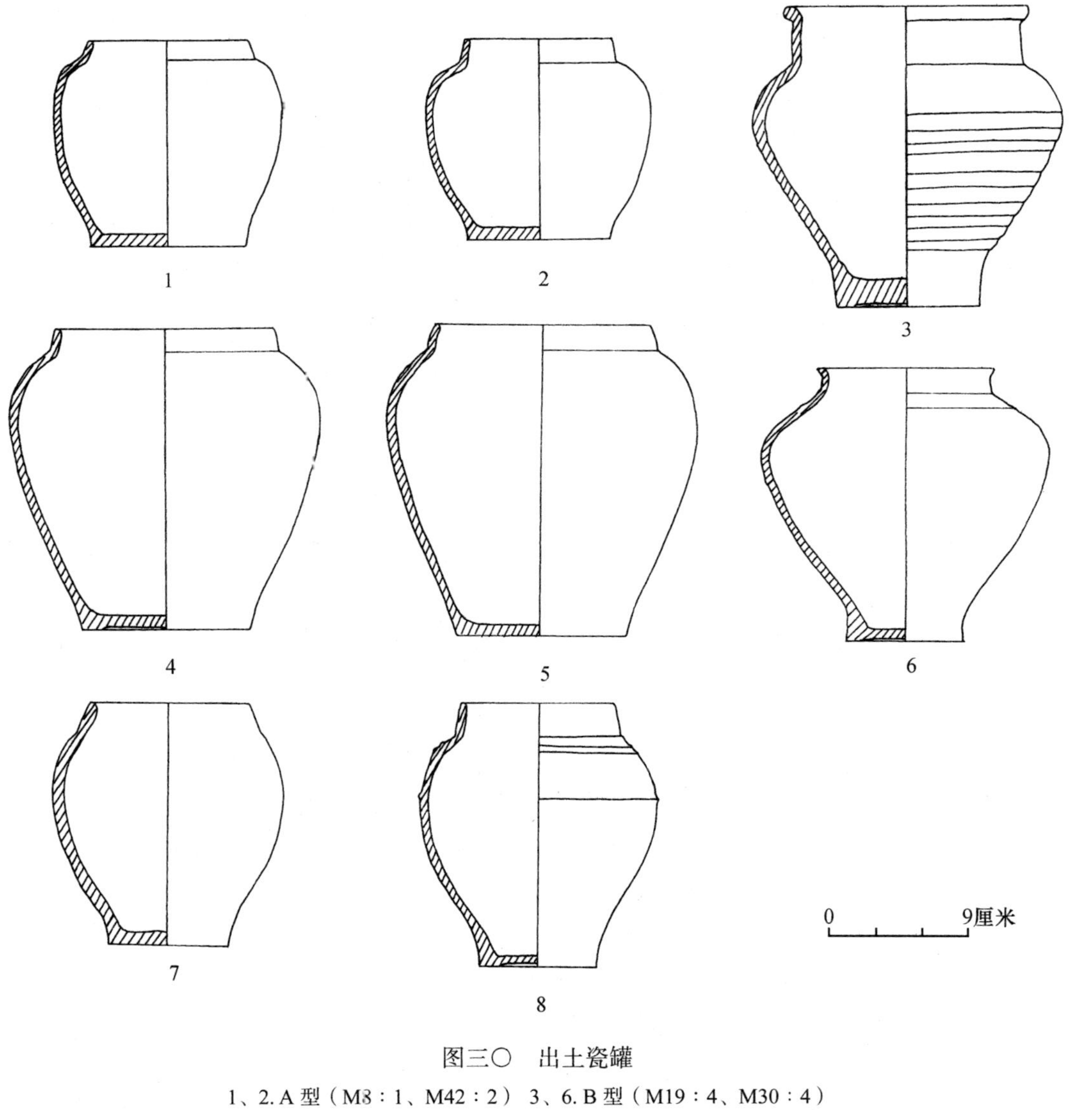

图三〇　出土瓷罐

1、2. A 型（M8：1、M42：2）　3、6. B 型（M19：4、M30：4）

4、5. C 型（M30：1、M27：1）　7、8. D 型（M7：2、M37：5）

足。M19：4，高颈，厚底。通体施酱釉。腹部饰数周凹弦纹。口径15.8、腹径20.2、足径9.3、高19.4厘米（图三〇，3；图版五〇，1）。M30：4，束颈，薄底。通体施黑釉。口径11.4、腹径18.7、足径8、高17.5厘米（图三〇，6；图版五〇，2）。

C型 2件。直口内敛，平沿，方唇，溜肩，鼓腹，最大腹径在上部，下腹斜内收。M30：1，矮圈足。腹部以上施黑釉。口径14.3、腹径20.1、足径11、高19.5厘米（图三〇，4；图版五〇，4）。M27：1，平底。通体施酱釉。口径14.2、腹径20、底径11.4、高20.1厘米（图三〇，5；图版五〇，3）。

D型 4件。溜肩，鼓腹，最大腹径在近中部，下腹弧形内收。M7：2，敛口，圆唇，平底。通体施黑釉。口径10.5、腹径15.1、底径7.8、高15.7厘米（图三〇，7；图版五〇，5）。M37：5，直口，平沿，方唇，矮圈足。通体施酱釉。口径10.3、腹径16.4、足径7.8、高17厘米（图三〇，8；图版五〇，6）。

大四系罐 13件。据口、腹部不同，分四型。

A型 4件。直口内敛，溜肩，扁圆腹，下腹弧形内收，矮圈足。M4：5，圆唇。口、肩部施酱釉。腹上部饰数周凹弦纹。口径16.6、腹径29.4、足径10.4、高22.2厘米（图三一，1；图版五一，1）。M20：11，平沿，尖圆唇。通体施酱釉。口径12.3、腹径24、足径8.8、高21.3厘米（图三一，2；图版五一，2）。M47：3，平沿，尖唇。通体施酱釉，釉呈浅黑色。口径14.6、腹径25.8、足径9.6、高21.2厘米（图三一,3；图版五一，3）。

B型 3件。敛口，平沿，溜肩，尖圆腹，下腹斜内收，矮圈足。M43：5，通体施酱釉，釉色呈浅黑色。口径12.4、腹径21.5、足径8.8、高22厘米（图三一，4；图版五一，5）。M33：3，口、肩部施酱釉。口径17、腹径29.4、足径8.6、高26.6厘米（图三一，5；图版五一，4）。

C型 5件。直口内敛，溜肩，圆鼓腹，下腹弧形内收，矮圈足。M17：2，平沿。通体施酱釉。口径12.6、腹径21.8、足径8.4、高23.5厘米（图三一，6；图版五一，6）。M33：2，圆唇。口、肩部施青釉。口径11.4、腹径22.9、足径8.1、高20.4厘米（图三一，7；图版五二，1）。M38：6，圆唇。口、肩部施黑釉。口径14、腹径24.7、足径7.5、高24.3厘米（图三一，8；图版五二，2）。

D型 1件。M40：3，敛口，平沿，方唇，溜肩，弧形腹，矮圈足。口、肩部施黑釉。口径13.4、腹径20、足径9、高22.5厘米（图三一，9；图版五二，3）。

小四系罐 14件。据腹部不同，分四型。

A型 4件。直口内敛，圆肩，圆鼓腹。M1：1，平沿，方唇，矮圈足。口、肩部施黑釉。腹上部饰数道竖凸条纹。口径9.3、腹径15、足径6.4、高14.5厘米（图三二，1；图版五二，4）。M28：1，圆唇，平底。通体施酱釉。口径11.3、腹径

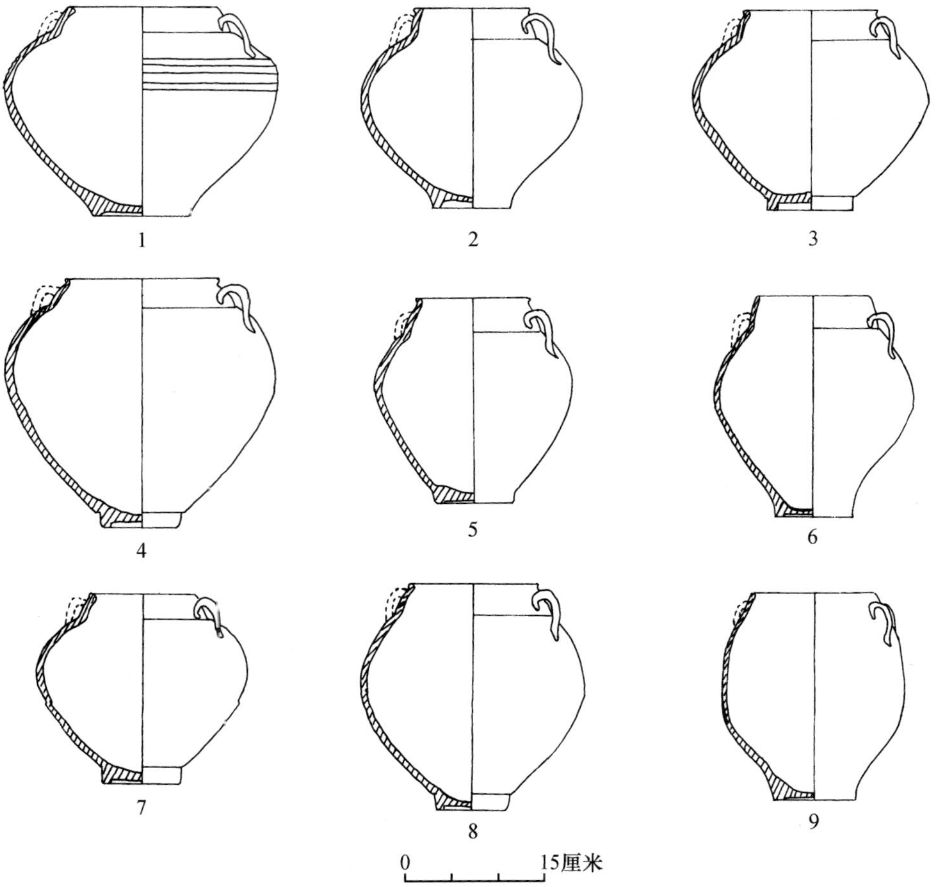

图三一　出土瓷大四系罐

1～3. A型（M4：5、M20：11、M47：3）4、5. B型（M43：5、M33：3）

6～8. C型（M17：2、M33：2、M38：6）9. D型（M40：3）

16.7、底径8、高16.2厘米（图三二,2；图版五二,5）。M38：3，尖圆唇，矮圈足。口、肩部施黑釉。口径10.5、腹径19.8、足径7.5、高17.1厘米（图三二，3；图版五二，6）。

B型　1件。M9：2，直口，平沿，方唇，溜肩，扁鼓腹，矮圈足。腹部以上施黑釉。口径10.7、腹径15.5、足径7.6、高15厘米（图三二，4；图版五三，1）。

C型　4件。敛口，溜肩，弧形腹。M13：1，平沿，方唇，矮圈足。通体施酱釉。肩部饰一周、腹部饰两周细凸弦纹。口径11.5、腹径13.6、足径8.5、高14.3厘米（图三二，5；图版五三，2）。M16：1，圆唇，平底内凹。口、肩部施酱釉。口径10、腹径13.5、底径7.4、高15.2厘米（图三二，6；图版五三，3）。

D型　5件。直口内敛，圆肩，鼓腹，最大径在腹上部。M18：1，圆唇，矮圈足。口、肩部施黑釉。肩腹部各饰一周浅凹弦纹。口径9.8、腹径15.3、足径7、高16.8厘米（图三二，7；图版五三，4）。M21：2，平沿，方唇，矮圈足。外壁施酱釉。肩部

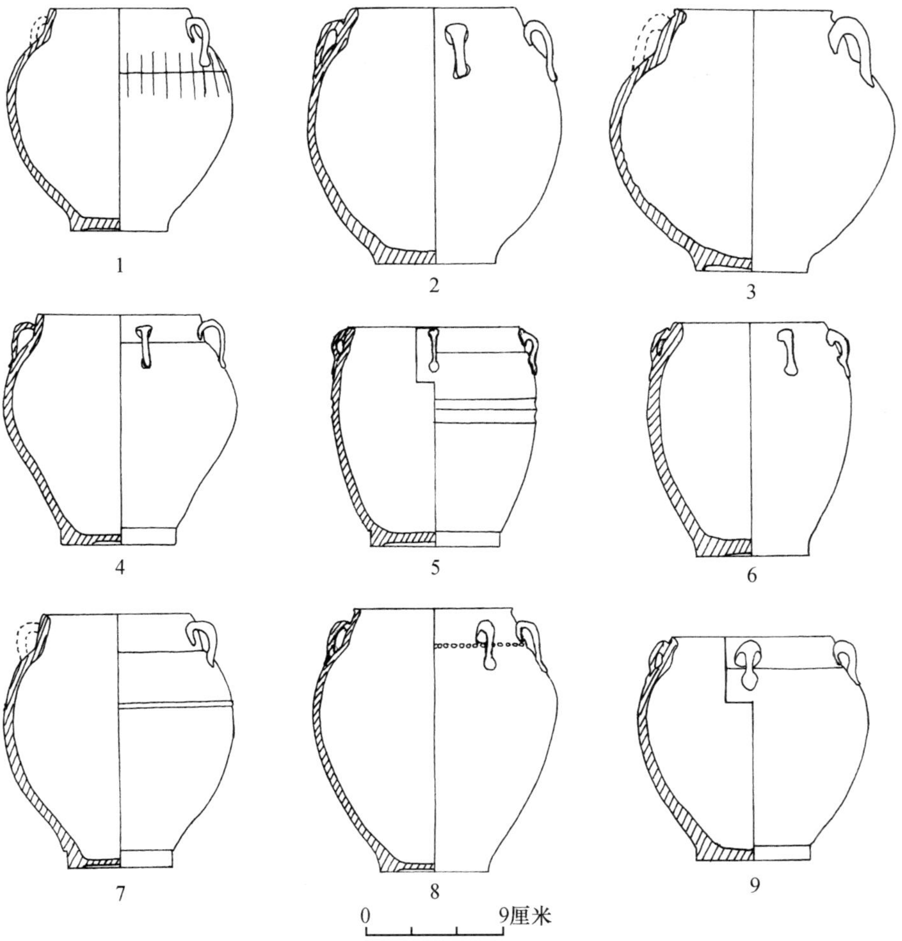

图三二　出土瓷小四系罐

1～3. A 型（M1：1、M28：1、M38：3）4. B 型（M9：2）

5、6. C 型（M13：1、M16：1）7～9. D 型（M18：1、M21：2、M48：4）

饰一周圆点纹。口径 10.5、腹径 16、足径 7.2、高 17.5 厘米（图三二，8；图版五三，5）。M48：4，圆唇，平底。通体施黑釉。口径 10.8、腹径 15.4、底径 8.2、高 15 厘米（图三二，9；图版五三，6）。

双系罐　3 件。据腹部的不同，分二型。

A 型　1 件。M28：4，直口，平沿，方唇，溜肩，扁鼓腹，矮圈足。通体施酱釉。口径 10、腹径 16.1、足径 7.5、高 15.5 厘米（图三三，1；图版五四，1）。

B 型　2 件。腹部以上施酱釉。平沿，方唇，溜肩，圆鼓腹。M26：2，直口，矮圈足。口径 8.7、腹径 14.6、足径 6、高 15.5 厘米（图三三，2；图版五四，2）。M34：5，直口内敛，平底内凹。口径 9.3、腹径 17.1、底径 7、高 16 厘米（图三三，3；图版五四，3）。

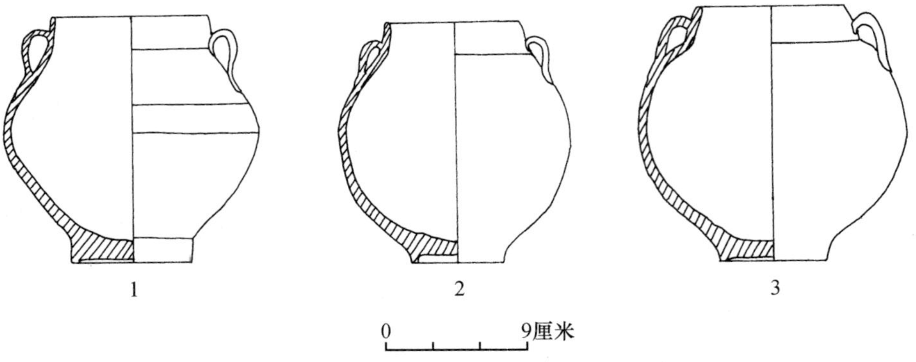

图三三　出土瓷双系罐

1. A 型（M28：4）2、3. B 型（M26：2、M34：5）

瓶　8 件。根据器形不同，分小口瓶、梅瓶、玉壶春瓶、四系瓶、双耳瓶。

小口瓶　1 件。M27：2，小口，圆唇，溜肩，鼓腹，圈足。通体施酱釉。口径 5、腹径 18.7、足径 7.8、高 20.8 厘米（图三四，1；图版五四，4）。

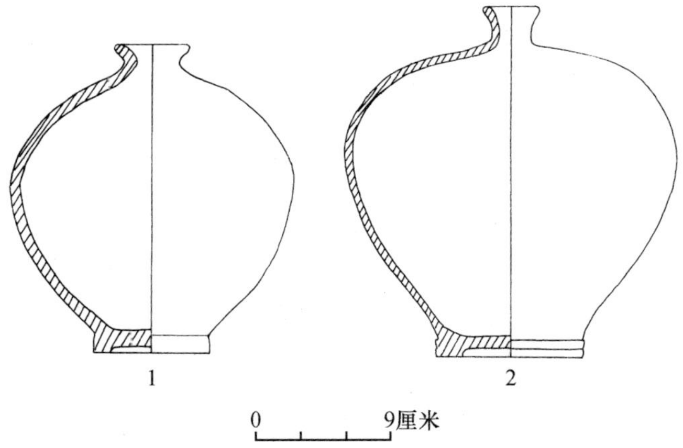

图三四　出土瓷瓶

1. 小口瓶（M27：2）2. 梅瓶（M42：1）

梅瓶　1 件。M42：1，小口，圆唇，丰肩，最大径在腹上部。通体施黑釉。口径 3.7、腹径 22.1、足径 9.8、高 23.4 厘米（图三四，2；图版五四，5）。

玉壶春瓶　3 件。喇叭口，圆唇，束颈，垂腹，圈足。M20：4，腹部以上施酱釉，釉色呈酱黑色。口径 7、腹径 13.5、足径 7.6、高 21.8 厘米（图三五，1；图版五四，6）。M29：1，通体施酱釉，釉色呈酱黑色。肩、腹部各饰两周凸弦纹。口径 7、腹径 12.6、足径 7.1、高 16.8 厘米（图三五，2；图版五五，1）。M47：4，通体施青釉。肩部饰两组花枝叶纹。口径 7.4、腹径 16.1、足径 8.2、高 23.4 厘米（图三五，3；

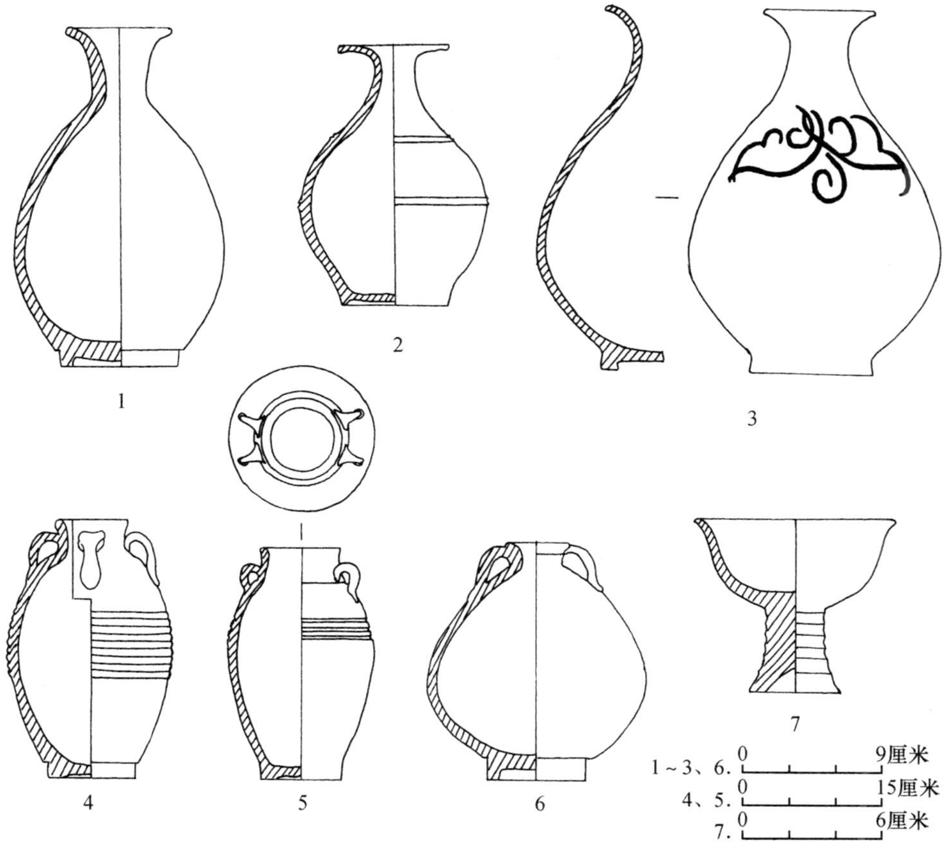

图三五　出土瓷器

1～3. 玉壶春瓶（M20：4、M29：1、M47：4） 4、5. 四系瓶（M19：8、M33：5）

6. 双耳瓶（M17：10） 7. 高足杯（M4：4）

彩版七，6）。

四系瓶　2件。圆唇，溜肩，弧腹，矮圈足。M19：8，侈口，束颈。口、肩部施酱釉。腹部饰数周浅凹弦纹。口径7.9、腹径17.3、足径9.4、高28厘米（图三五，4；图版五五，2）。M33：5，直口微敛，平沿。口、肩及腹下部施酱油，腹下部釉色较浅，粗糙无光泽。腹上部饰数周凹弦纹。口径7.9、腹径15.5、足径9、高25.1厘米（图三五，5；图版五五，3）。

双耳瓶　1件。M17：10，侈口，圆唇，束颈，溜肩，垂腹，高圈足。通体施酱釉。口径4.5、腹径14.3、足径6.3、高15.5厘米（图三五，6；图版五五，4）。

高足杯　1件。M4：4，敞口，圆唇，弧腹，圜底，喇叭形圈足。杯内壁施白釉。外壁施酱釉，釉色呈酱黑色，腹部脱釉较甚。 柄部饰数周凸弦纹。口径8.8、足径4、高7.5厘米（图三五，7；图版五五，5）。

大碗　27 件。有白釉、酱釉、褐釉、黑釉、青花瓷等。据釉色的不同，分五型。

A 型　白釉碗，12 件。圆唇，圜底，圈足。据腹部的不同，分二式。

Ⅰ式：4 件。浅斜腹。内壁近底处饰一周凸弦纹。M32：5，口微敞。内壁及外壁腹部以上施釉，外壁施釉不全。口径 14.9、足径 5.6、高 5.7 厘米（图三六，1；图版五五，6）。M43：1，敞口。内壁及外壁腹部以上施釉，外壁施釉不全，有垂釉。口径 15.1、足径 5.6、高 5.7 厘米（图三六，2；图版五六，1）。

Ⅱ式：8 件。弧腹略深。内壁施釉，外壁有垂釉。M4：1，口微敛，内底圆凸。外壁口部施釉。内壁近底处饰一周凸弦纹。口径 15、足径 5.4、高 6.4 厘米（图三六，3；图版五六，2）。M19：5，侈口。外壁施釉不全。口径 17.4、足径 6.8、高 6.8 厘米（图三六,4；图版五六,3）。M20：6，敞口。外壁口部施釉。内壁近底处饰一周凸弦纹。口径 16、足径 6.1、高 7.1 厘米（图三六，5；图版五六，4）。

B 型　酱釉碗，6 件。敞口，圆唇，圈足。内底有涩圈。内壁施釉。据腹部的不同，分二式。

Ⅰ式：3 件。浅斜腹。M26：4，圜底。外壁口部施釉，呈酱黑色。内壁近口处饰一周凹弦纹。口径 15.8、足径 5.9、高 5 厘米（图三六，6；图版五六，5）。M42：4，平底。内、外壁施釉，釉色呈酱红色，外壁施釉不全，有垂釉。口径 16.7、足径 6.2、高 6 厘米（图三六，7；图版五六，6）。

Ⅱ式：3 件。弧形腹。M25：2，口沿外折，平底。外壁施釉，呈酱红色。口径 22.2、足径 9、高 5.8 厘米（图三六，8；图版五七，1）。M42：3，内底圆凸。外壁腹部以上施釉，呈酱黑色，釉色不全，有垂釉。口径 17.3、足径 6、高 6.6 厘米（图三六，9；图版五七，2）。

C 型　褐釉碗，3 件。敞口，圆唇，浅斜腹，圜底，圈足，内底有涩圈。内壁及外壁腹部以上施釉，外壁施釉不全。M17：11，外壁有垂釉。口径 16.3、足径 6、高 5 厘米（图三六，10；图版五七，3）。M32：12，口径 16.1、足径 5.9、高 4.6 厘米（图三六，11；图版五七，4）。

D 型　黑釉碗，1 件。M38：1，敞口，圆唇，斜腹，圜底，圈足。内底有涩圈。内壁及外壁腹部以上施釉，外壁施釉不全。口径 15.5、足径 5.5、高 5.7 厘米（图三六，12；图版五七，5）。

E 型　青花瓷碗，5 件。敞口，圆唇，弧形深腹，圈足。M15T：1，圜底近平。内底饰动物、云气、草纹。外壁饰两组动物、枝叶、云气纹。口径 14.4、足径 6.3、高 7.2 厘米（图三七，1；彩版五，1、2）。M15T：2，平底。内底饰缠枝花叶纹、吉祥结纹饰。外壁饰两组动物、树木、草纹。口径 14.4、足径 6.4、高 7.8 厘米（图三七，2；彩版五，3、4）。M32：7，圜底。内底两周弦纹间饰莲花纹，口沿两周弦纹间饰重菱

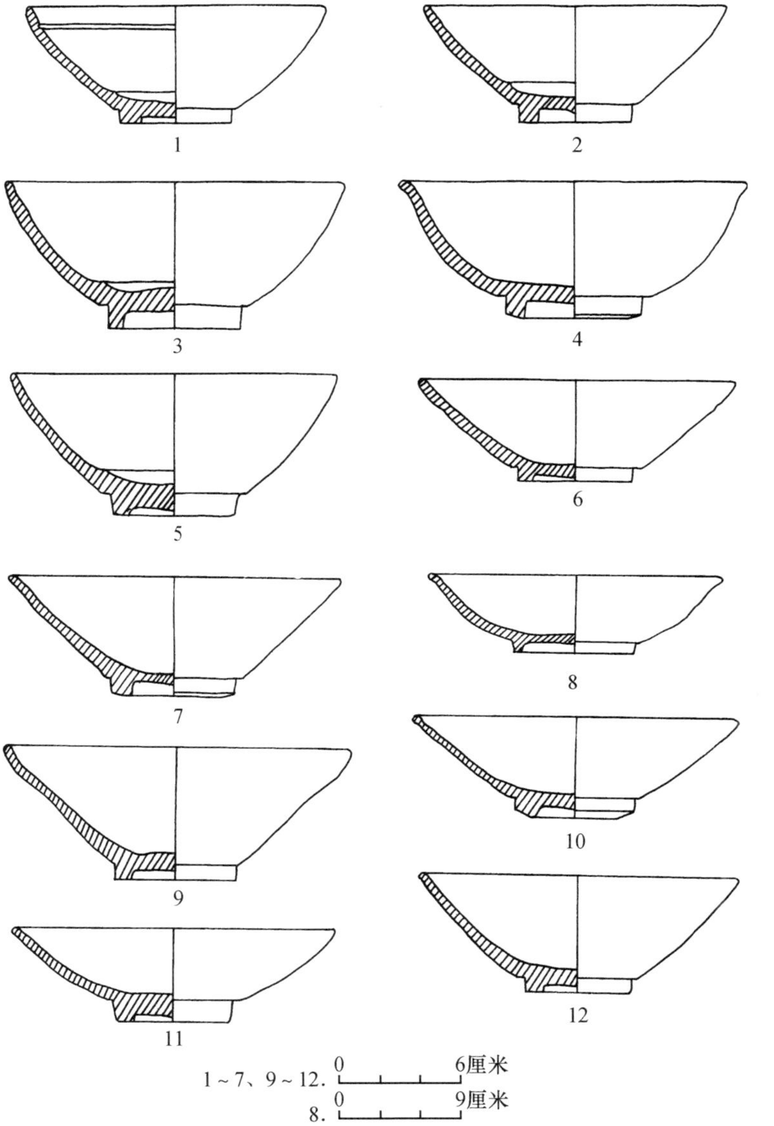

图三六　出土瓷大碗

1、2. A 型Ⅰ式（M32∶5、M43∶1）3～5. A 型Ⅱ式（M4∶1、M19∶15、M20∶6）

6、7. B 型Ⅰ式（M26∶4、M42∶4）8、9. B 型Ⅱ式（M25∶2、M42∶3）

10、11. C 型（M17∶11、M32∶12）12. D 型（M38∶1）

格纹。外壁口部两周弦纹间饰折线纹，腹部饰折枝叶纹。口径 13、足径 5、高 6.6 厘米（图三七，3；彩版五，5、6）。M33∶6，平底。内底两周弦纹间饰花叶纹。外壁饰花叶纹。口径 14.8、足径 6.3、高 6.7 厘米（图三七，4；彩版六，1、2）。M47∶6，圜底近平。内底两周弦纹间饰花朵纹。外壁饰两组龙纹，近足处饰莲花瓣纹。口径 15.2、

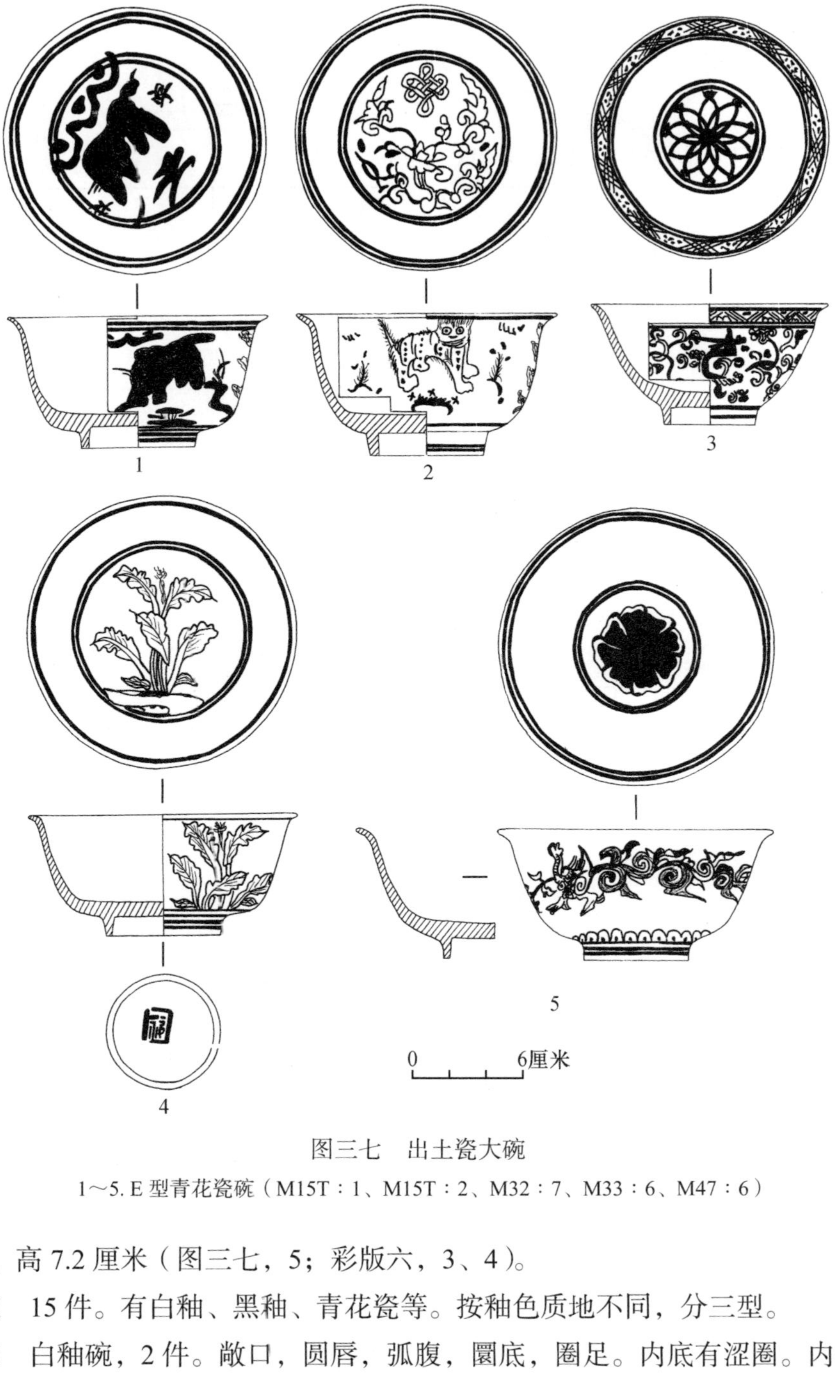

图三七　出土瓷大碗

1～5. E型青花瓷碗（M15T：1、M15T：2、M32：7、M33：6、M47：6）

足径5.7、高7.2厘米（图三七，5；彩版六，3、4）。

小碗　15件。有白釉、黑釉、青花瓷等。按釉色质地不同，分三型。

A型　白釉碗，2件。敞口，圆唇，弧腹，圜底，圈足。内底有涩圈。内壁及外壁腹部以上施釉，外壁施釉不全，有垂釉。内壁底饰旋涡纹，近口部饰弦纹。M20：7，口径12.9、足径4.9、高4.8厘米（图三八，1；图版五七，6）。M20：8，口径12.5、足径4.6、高5.1厘米（图三八，2；图版五八，1）。

B型　黑釉碗，7件。敞口，圆唇，圈足。据腹部的不同，分三式。

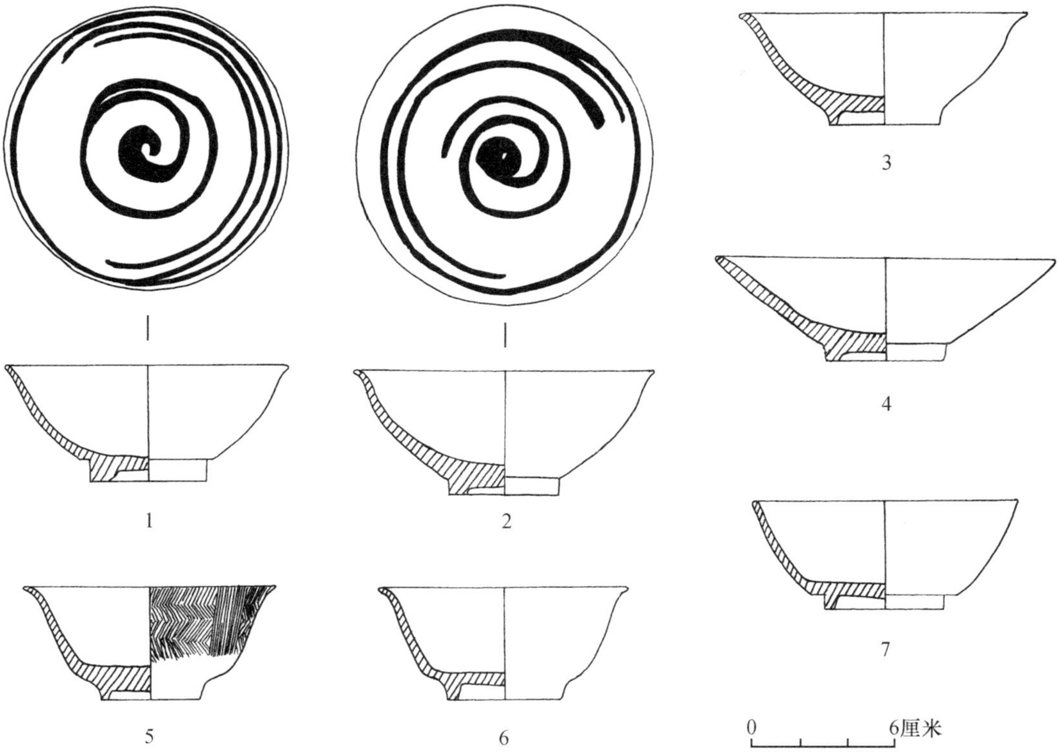

图三八　出土瓷小碗

1、2. A 型（M20∶7、M20∶8）3. B 型Ⅰ式（M37∶4）4. B 型Ⅱ式（M43∶2）
5～7. B 型Ⅲ式（M30∶3、M34∶2、M34∶4）

Ⅰ式：1 件。M37∶4，折沿，弧腹，圜底。内壁施白釉，外壁施黑釉。口径 12.8、足径 4.7、高 4.6 厘米（图三八，3；图版五八，2）。

Ⅱ式：1 件。M43∶2，斜腹，圜底。内壁及外壁口部施黑釉，釉色呈浅黑色。口径 14.3、足径 5、高 4.3 厘米（图三八，4；图版五八，3）。

Ⅲ式：5 件。斜腹略直，平底。M30∶3，口沿外翻。内壁及外壁唇部、腹下部施黑釉。外壁无釉处刻划细折线、短线纹。口径 10.7、足径 4.1、高 4.8 厘米（图三八，5；图版五八，4）。M34∶2，口沿外翻。内壁施白釉，外壁施黑釉。口径 10.7、足径 4.8、高 4.8 厘米（图三八，6；图版五八，5）。M34∶4，口沿外翻。内、外壁施黑釉。口径 11.2、足径 5、高 4.5 厘米（图三八，7；图版五八，6）。

C 型　青花瓷碗，6 件。敞口，圆唇，圈足。据腹、底的不同，分二式。

Ⅰ式：2 件。弧腹，圜底近平。M33∶7，内底有简单的纹饰。外壁饰花叶纹。口径 9.9、足径 4.4、高 4.7 厘米（图三九，1；彩版六，5、6）。M33∶8，内底两周弦纹内饰草叶纹。外壁饰花叶纹。口径 10.2、足径 3.4、高 4.9 厘米（图三九，2；彩版七，1、2）。

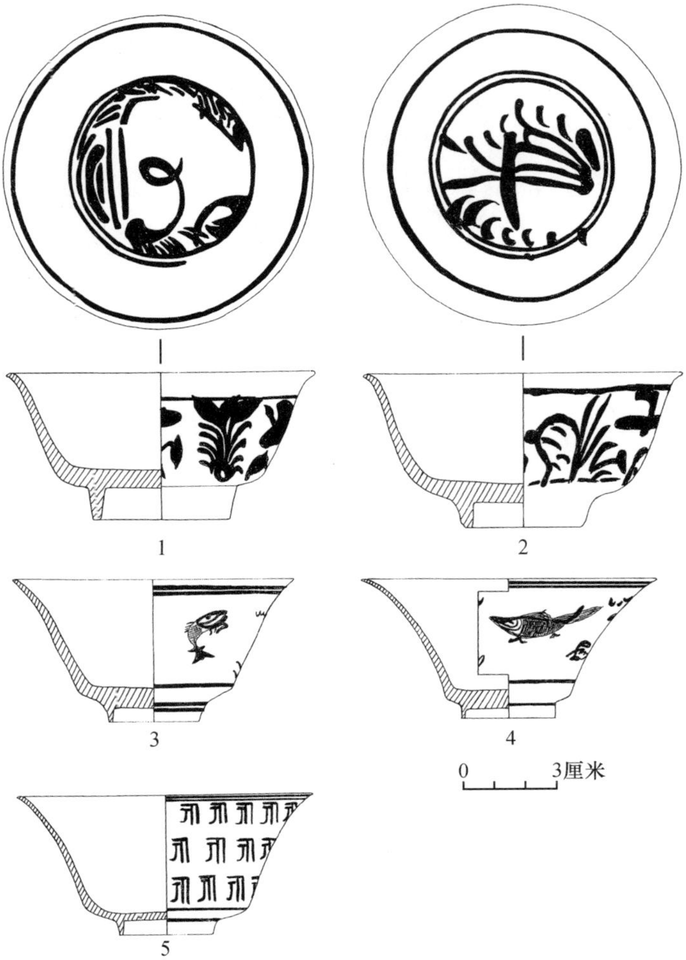

图三九　出土青花瓷小碗

1、2. C型Ⅰ式（M33：7、M33：8）　3～5. C型Ⅱ式（M17：3、M17：4、M32：2）

Ⅱ式：4件。弧腹内凸，腹底折收，平底。M17：3，外壁两周弦纹间饰鱼藻纹。口径9、足径2.9、高4.5厘米（图三九，3；彩版七，3）。M17：4，外壁两周弦纹间饰鱼藻纹。口径9.5、足径3、高4.4厘米（图三九，4；彩版七，4）。M32：2，外壁两周弦纹间饰三周梵文。口径9.5、足径3、高4.5厘米（图三九，5；彩版七，5）。

青花瓷盘　3件。敞口，折沿，圆唇，弧腹，圜底近平，圈足。M47：5，内底两周弦纹内有一寿字，寿字中间有类似寿星的人物图案，口部饰重菱格纹。外壁饰缠枝花叶纹。口径14、足径8、高3.2厘米（图四〇，1；彩版八，1、2）。M33：9，内底饰莲花、鸳鸯、水草纹，口部饰重菱格纹。外壁饰缠枝花卉纹。口径14、足径7.8、高3.4厘米（图四〇，2；彩版八，3、4）。M33：10，内底饰飘带宝杵纹，口部饰重菱格纹。外壁饰缠枝莲纹。口径15.2、足径8、高3.6厘米（图四〇，3；彩版八，5、6）。

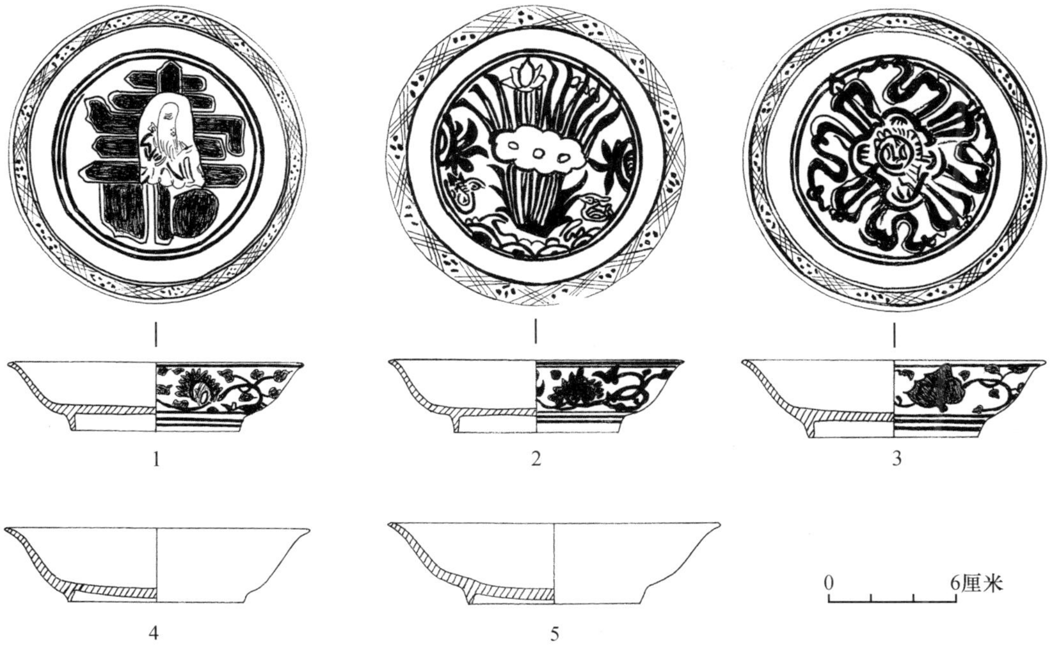

图四〇　出土瓷盘

1～3. 青花瓷盘（M47∶5、M33∶9、M33∶10） 4、5. 青釉瓷盘（M17∶5、M43∶3）

青釉瓷盘　3件。敞口，折沿，圆唇，弧腹，圜底，圈足。M17∶5，口径14.2、足径8.3、高3.5厘米（图四〇，4；图版五九，1）。M43∶3，口径15.5、足径8.4、高3.8厘米（图四〇，5；图版五九，2）。

瓷碟　8件。敞口，圆唇，弧腹，圜底，圈足。内壁及口部施白釉。M4∶3，口径11.4、足径5.7、高2.9厘米（图四一，1；图版五九，3）。M19∶1，口径11.4、足径5.4、高3厘米（图四一，2；图版五九，4）。M19∶2，口径11.2、足径5.2、高2.8厘米（图四一，3；图版五九，5）。M20∶2，口径11、足径4.4、高2.8厘米（图四一，4；图版五九，6）。

瓷灯盏　10件。敞口，圆唇，浅腹，平底。M17∶6，内壁及口部施酱釉，口部施釉不全。口沿一侧略凸锯齿状耳。口径9.5、底径3.3、高3.4厘米（图四一，5；图版六〇，1）。M33∶4，内壁及口部施酱釉，口部施釉不全。口沿一侧半月状耳较小。口径11.2、底径4.6、高4.2厘米（图四一，6；图版六〇，2）。M37∶2，内外腹壁施黑釉。口沿有一侧半月状耳。口径10.4、底径4.6、通高6厘米（图四一，7；图版六〇，3）。

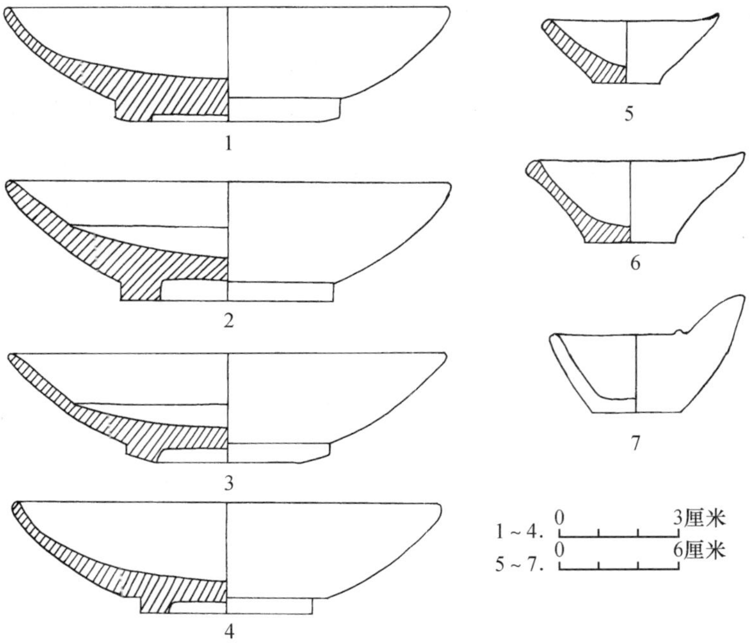

图四一　出土瓷碟、灯盏

1～4. 碟（M4：3、M19：1、M19：2、M20：2）5～7. 灯盏（M17：6、M33：4、M37：2）

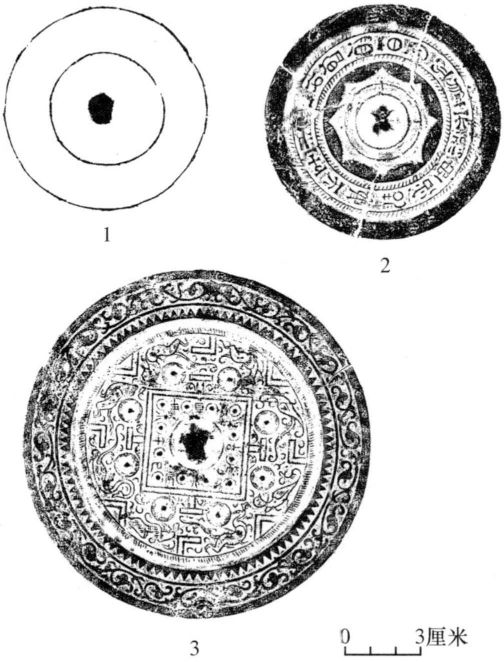

图四二　铜镜拓片

1. M27：9　2. M17：9　3. M27：8

（二）铜器

147 件。

铜器有镜、钱和簪。

镜　3 件。M17：9，昭明连弧铭文镜。圆形，镜身较薄，镜面较平。圆纽，圆纽座，座外一周凸圈带和内向八连弧纹。其外两周短斜线纹间为铭文带，铭文为“内清以昭明日月心忽而扬忠然壅塞而不泄”。宽素缘。直径 9.5、厚 0.15～0.3 厘米（图四二，2；图版六〇，4）。M27：8，博局纹镜。圆形，镜身较厚，镜面微凸。圆纽，圆纽座，圆座和凹弧面大方格之间有十二个圆座乳钉，乳钉间为篆书体与十二地支。凹弧面方格和其外一周短斜线纹间由“T”“V”“L”组成的博局纹，四边中间各伸出一双线“T”形纹，与短斜线纹里侧的双线“L”纹相对，四角与双线“V”纹相对，“T”纹两侧各一周内向七连弧纹的圆座乳钉。“T”“V”“L”博局纹四方八区配有八个禽兽，龙配以羽人，禽鸟配以瑞兽，虎配以独角兽，朱雀配以玄武。宽缘，从内至外为一周细弦纹、锯齿纹和流云纹。直径13.8、厚0.3～0.5厘米（图四二，3；图版六〇，5）。M27：9，弦纹镜。圆形，镜身较薄，镜面微凸。桥形纽，纽外一周有凸圈带。缘边上卷，凸起较高，三角形缘。直径8.1、厚0.25～0.8厘米（图四二，1；图版六〇，6）。

钱 143枚。其中36枚锈蚀严重，文字模糊不清。

至和元宝 1枚。M33：11-1，楷书，旋读。直径2.3厘米（图四三，1）。

淳化元宝 1枚。M4：6-3，行书，旋读。直径2.4厘米（图四三，2）。

至道元宝 1枚。M20：12-1，楷书，旋读。直径2.4厘米（图四三，3）。

咸平元宝 3枚。楷书，旋读。M20：12-2，直径2.5厘米（图四三，4）。M47：7-1，直径2.3厘米（图四三，5）。

景德元宝 6枚。楷书，旋读。M24：1-2，直径2.5厘米（图四三，6）。M32：10-1，直径2.4厘米（图四三，7）。

天禧通宝 3枚。楷书，旋读。M28：3-1，直径2.4厘米（图四三，8）。M43：6-1，直径2.4厘米（图四四，1）。

明道元宝 2枚。楷书，旋读。M32：10-2，直径2.5厘米（图四四，2）。M33：11-2，直径2.4厘米（图四四，3）。

天圣通宝 2枚。楷书，旋读。M26：5-1，直径2.4厘米（图四四，4）。

天圣元宝 9枚。楷书，旋读。M4：6-1，直径2.4厘米（图四四，5）。M33：12-1，直径2.5厘米（图四四，6）。篆书，旋读。M4：6-3，直径2.5厘米（图四四，7）。M44：1-1，直径2.4厘米（图四四，8）。

熙宁元宝 7枚。楷书，旋读。M20：12-3，直径2.4厘米（图四五，1）。M33：12-2，直径2.4厘米（图四五，2）。篆书，旋读。M26：5-2，直径2.5厘米（图四五，3）。M27：6-1，直径2.4厘米（图四五，4）。

祥符通宝 4枚。楷书，旋读。M36：2-1，直径2.3厘米（图四五，5）。M44：1-2，直径2.4厘米（图四五，6）。

祥符元宝 4枚。楷书，旋读。M4：6-1，直径2.4厘米（图四五，7）。M33：12-3，直径2.6厘米（图四五，8）。

嘉祐元宝 2枚。楷书，旋读。M30：5-1，直径2.3厘米（图四六，1）。M29：2-1，直径2.3厘米（图四六，2）。

治平通宝 1枚。M19：9-1，楷书，直读。直径2.4厘米（图四六，3）。

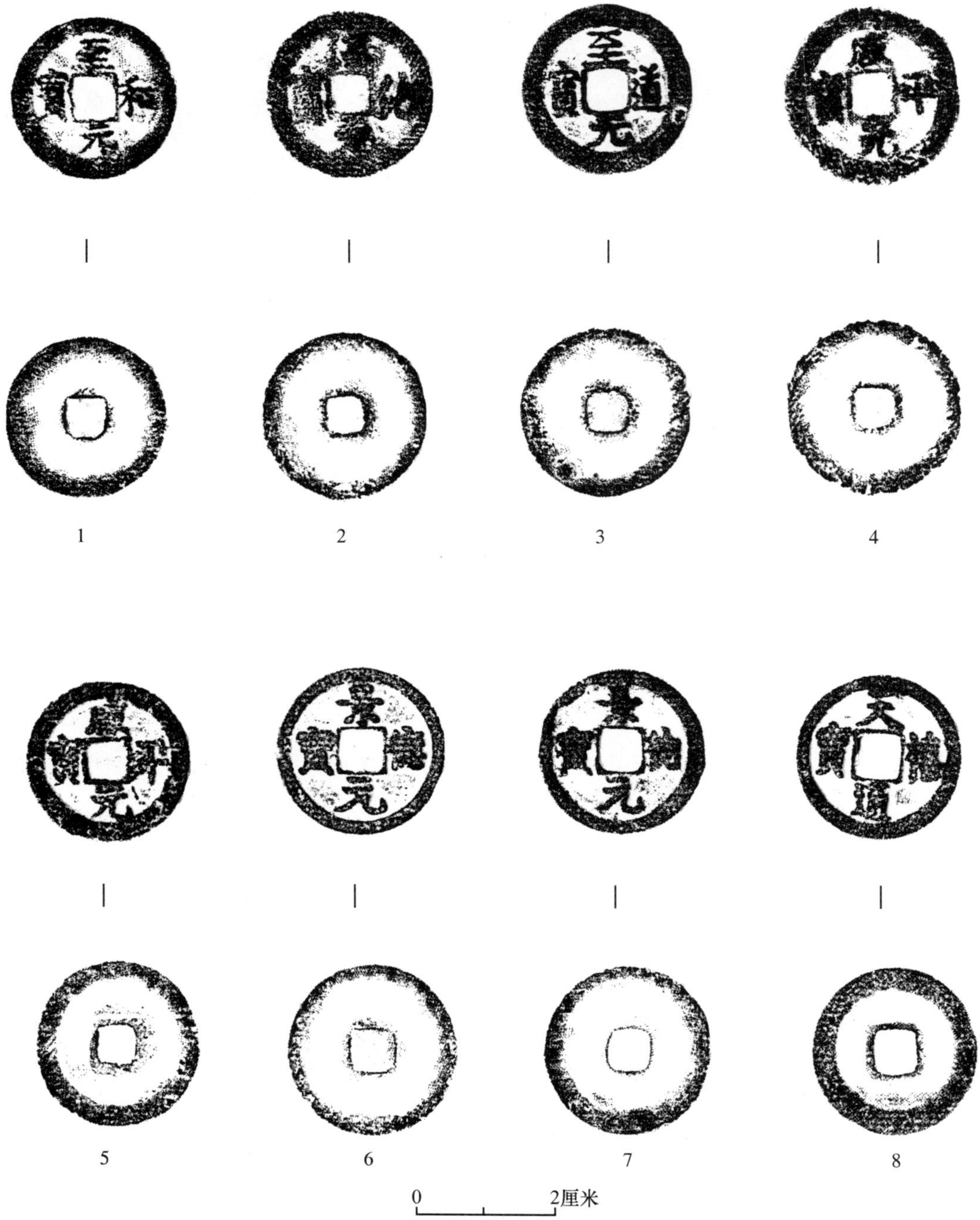

图四三　铜钱拓片

1. 至和元宝（M33：11-1） 2. 淳化元宝（M4：6-3） 3. 至道元宝（M20：12-1）
4、5. 咸平元宝（M20：12-2、M47：7-1） 6、7. 景德元宝（M24：1-2、M32：10-1）
8. 天禧通宝（M28：3-1）

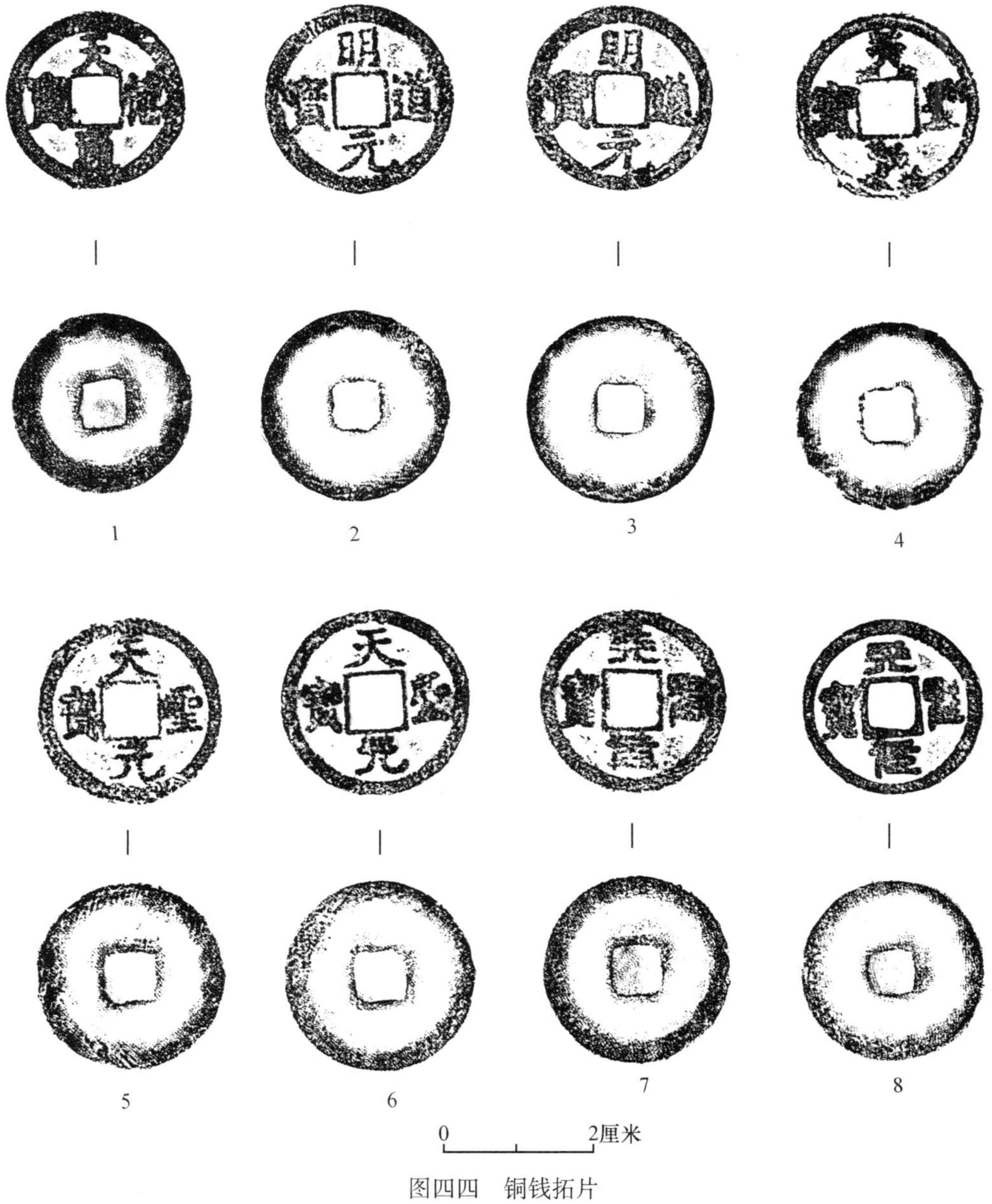

图四四　铜钱拓片

1. 天禧通宝（M43：6-1） 2、3. 明道元宝（M32：10-2、M33：11-2）
4. 天圣通宝（M26：5-1） 5～8. 天圣元宝（M4：6-1、M33：12-1、M4：6-3、M44：1-1）

皇宋通宝　11枚。楷书，直读。M30：5-2，直径2.4厘米（图四六，4）。篆书，直读。M26：5-3，直径2.4厘米（图四六，5）。楷书，旋读。M26：5-4，直径2.4厘米（图四六，6）。

元丰通宝　25枚。篆书，旋读。M16：2-1，直径2.4厘米（图四六，7）。M19：9-2，

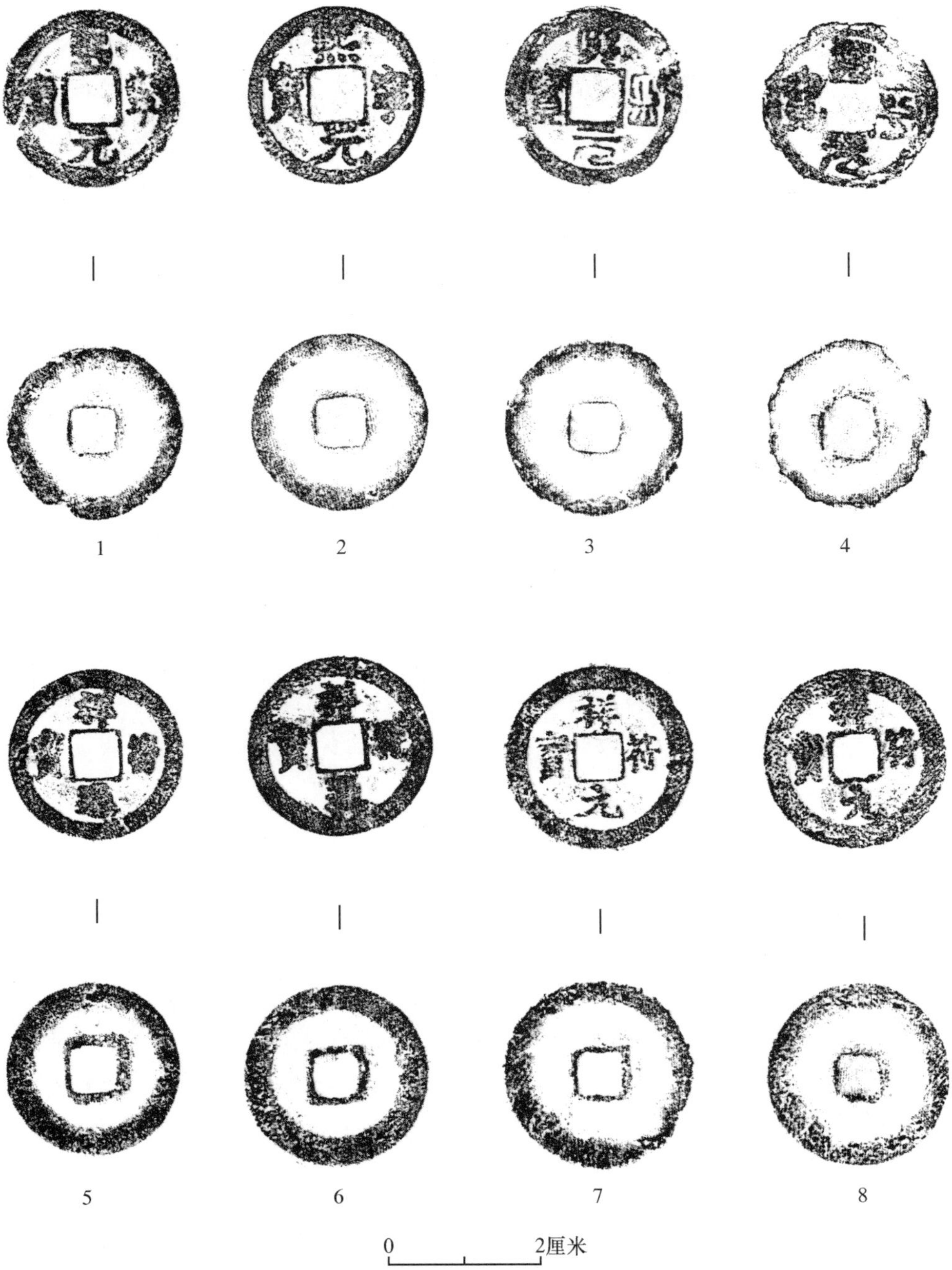

图四五　铜钱拓片

1～4. 熙宁元宝（M20：12-3、M33：12-2、M26：5-2、M27：6-1）5、6. 祥符通宝（M36：2-1、M44：1-2）
7、8. 祥符元宝（M4：6-1、M33：12-3）

直径 2.4 厘米（图四六，8）。M33：12-4，直径 2.8 厘米（图四七，1）。行书，旋读。M16：2-2，直径 2.4 厘米（图四七，2）。M19：9-3，直径 2.4 厘米（图四七，3）。

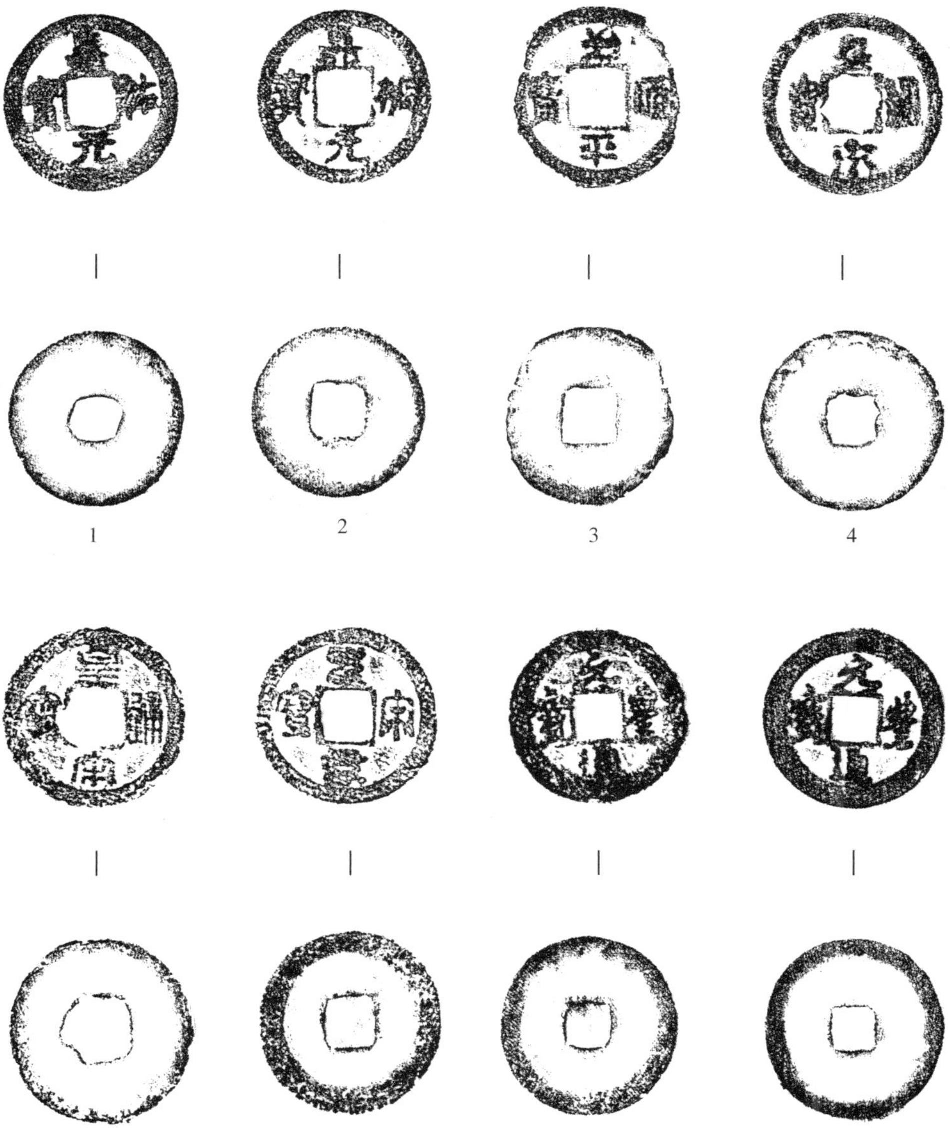

图四六 铜钱拓片

1、2. 嘉祐元宝（M30：5-1、M29：2-1） 3. 治平通宝（M19：9-1）

4～6. 皇宋通宝（M30：5-2、M26：5-3、M26：5-4） 7、8. 元丰通宝（M16：2-1、M19：9-2）

M20：12-4，直径2.4厘米（图四七，4）。M24：1-1，直径2.5厘米（图四七，5）。M34：1-1，直径2.5厘米（图四七，6）。

元祐通宝 6枚。篆书，旋读。M19：9-4，直径2.4厘米（图四七，7）。M32：10-3，直径2.3厘米（图四七，8）。

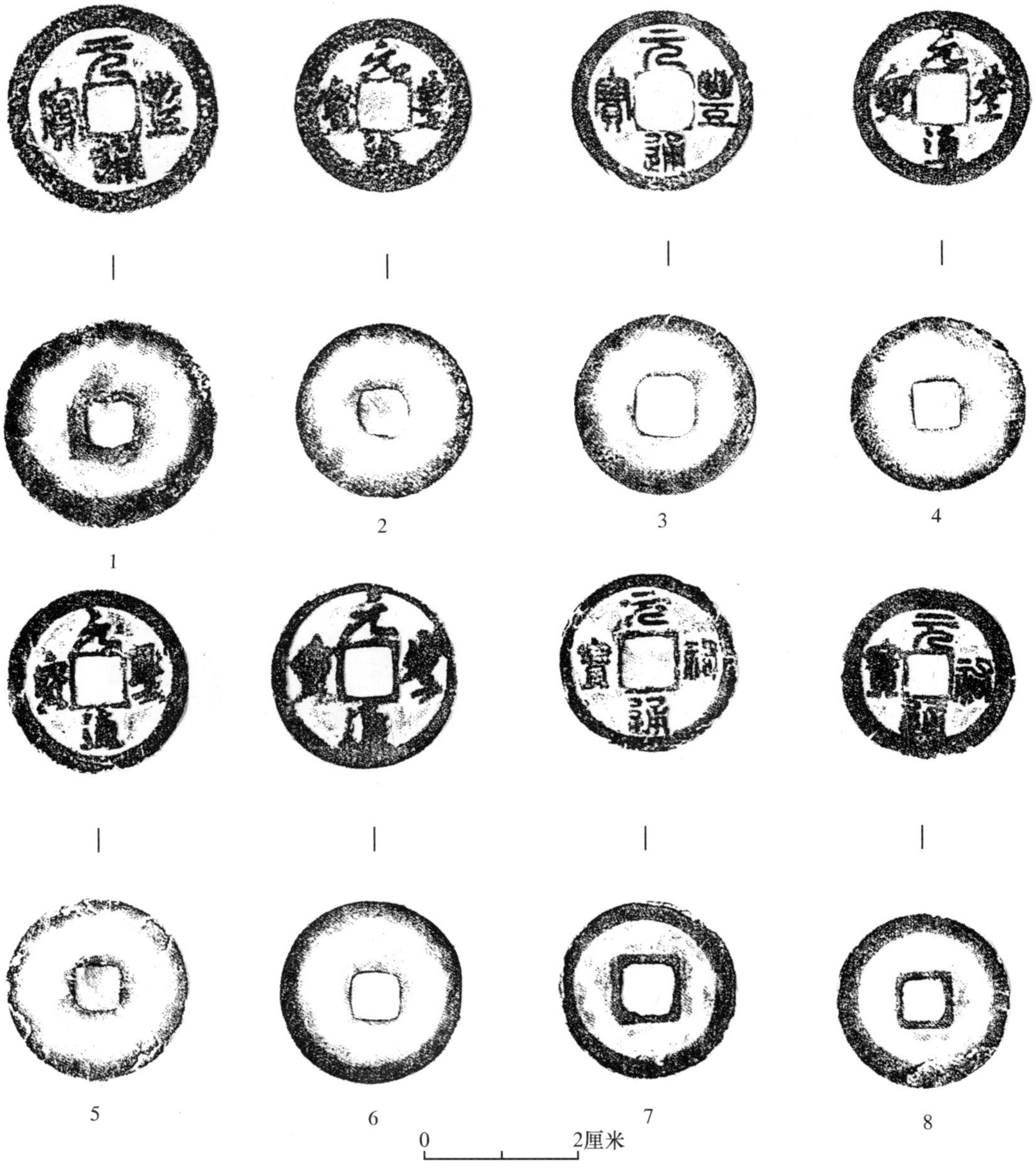

图四七　铜钱拓片

1～6. 元丰通宝（M33：12-4、M16：2-2、M19：9-3、M20：12-4、M24：1-1、M34：1-1）

7、8. 元祐通宝（M19：9-4、M32：10-3）

绍圣元宝　2 枚。行书，旋读。M32：10-4，直径 2.4 厘米（图四八，1）。

元符通宝　2 枚。篆书，旋读。M19：9-5，直径 2.5 厘米（图四八，2）。

崇宁重宝　3 枚。楷书，直读。M5：2-1，直径 3.3 厘米（图四八，3）。M5：2-2，直径 3.3 厘米（图四八，4）。

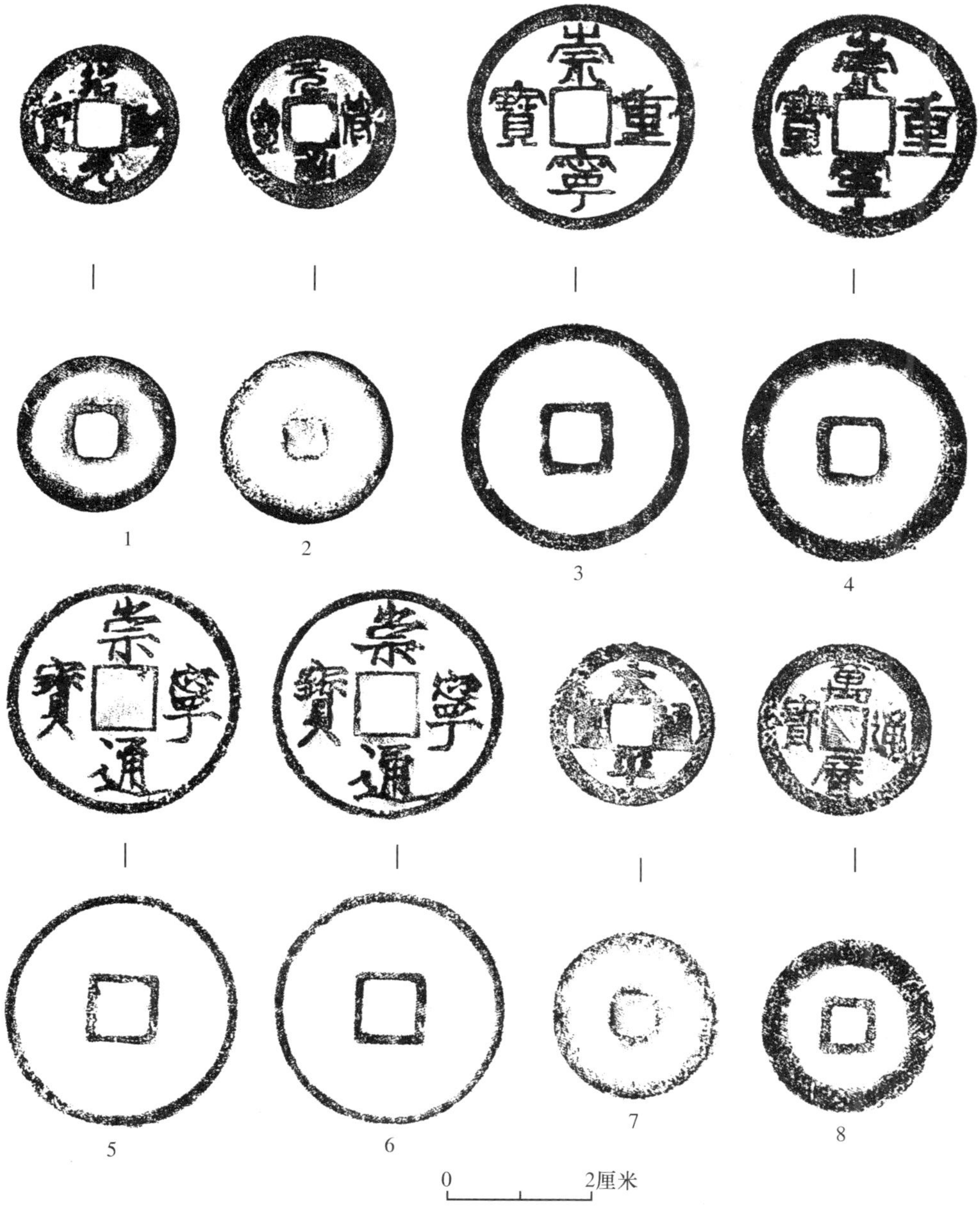

图四八 铜钱拓片

1. 绍圣元宝（M32：10-4） 2. 元符通宝（M19：9-5） 3、4. 崇宁重宝（M5：2-1、M5：2-2）
5、6. 崇宁通宝（M5：2-4、M5：2-5） 7. 太平通宝（M25：4-1） 8. 万历通宝（M2：2-1）

崇宁通宝　3 枚。楷书，旋读。M5：2-4，直径 3.4 厘米（图四八，5）。M5：2-5，直径 3.4 厘米（图四八，6）。

太平通宝　1 枚。M25：4-1，楷书，直读。直径 2.4 厘米（图四八，7）。

万历通宝　5 枚。楷书，直读。M2：2-1，直径 2.5 厘米（图四八，8）。M7：1-1，直径 2.4 厘米（图四九，1）。

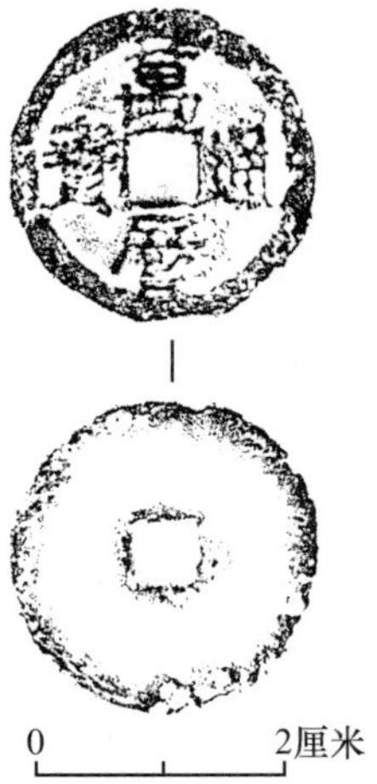

图四九　万历通宝（M7：1-1）拓片

簪　1 件。M27：4，锈蚀已碎，形制不清。

（三）铁器

7 件。

鼻纽衔环　5 件。形制相同，大小不一。鼻纽较小，后铤细短。鼻纽衔环，环较大。M27：7-1，纽长 4.2、环外径 11.2 厘米（图五〇，1）。

灯盏　1 件。M25：3，敞口，平沿，斜腹，平底，口沿一侧有半圆状耳。口径 9.4、底径 5.2、通高 5 厘米（图五〇，2）。

铁器　1 件。M20：13，锈蚀严重，器形不清。

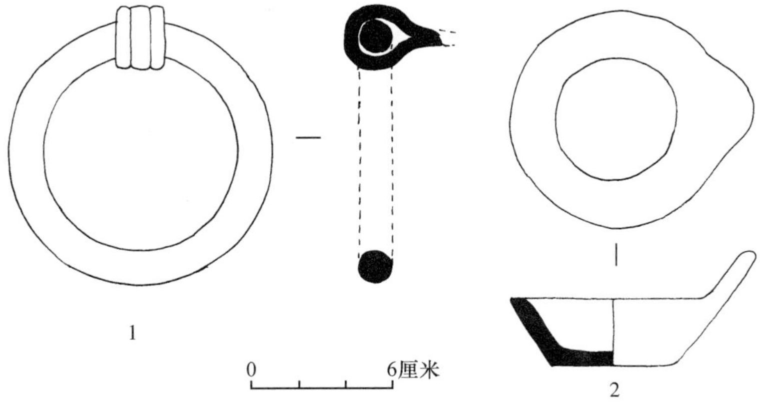

图五〇　出土铁器

1. 鼻纽衔环（M27：7-1）2. 灯盏（M25：3）

（四）泥器

8 件。

俑　4 件。形制基本相同，大小不一。均为用黄褐色泥土捏合成的人物俑，臂、腿残缺较甚。人物形体肥胖，圆脸，眼、嘴用小圆圈勾勒，双腿分开呈“八”字形。M30：8，身躯直立。通高 11 厘米（图五一，1）。M30：9，身躯前倾。通高 9.7 厘米（图五一，2）。

钱　4 件。形制大小相同。圆形，中间孔近方形。M27：5-1，直径 2.3 厘米（图五一，3）。

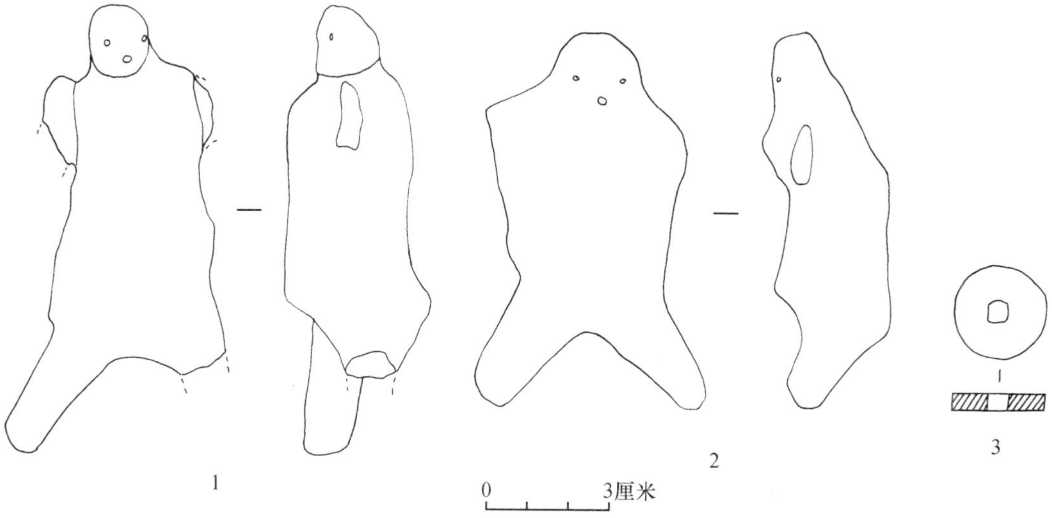

图五一　出土泥器
1、2. 俑（M30：8、M30：9） 3. 钱（M27：5-1）

三、结　　语

发掘的这批墓葬数量较多，较为密集，排列具有一定的规律，在临淄地区尚属首次，现对墓葬的年代及相关问题探讨如下。

54座墓葬，除去3座为土坑竖穴墓外，其余墓葬均为带一条南向竖穴墓道的土洞墓，墓葬形制基本一致，很难从形制上判定时代。只能从墓葬内残存的器物来推断墓葬的年代及早晚关系。

M19、M33两座墓葬内出土的瓷四系瓶与临淄区元代墓葬内随葬的B型瓷四系瓶形制较为相似[2]。M4、M19、M20随葬的瓷四系瓶、缸、碗、碟等均与《章丘女郎山宋金元明壁画墓的发掘》M15内的同类器物较为接近，此墓的年代为明代初期[3]。M36、M38随葬的瓷四系罐又与M4瓷四系罐的形制基本相同。故M4、M19、M20、M36、M38等时代为明代早期。

M15、M17、M32、M33、M47随葬的青花瓷碗、青花瓷盘等分别与北京明代瓷器坑出土的同类器物形制相同，特别是M33：10青花瓷盘与飘带宝杵纹盘不仅器形相同，而且纹饰也较为一致[4]。瓷器坑形成于明正德年间，因此M15、M17、M32、M33、M47等时代为明代中期或中期稍晚。

M2、M7内出土了明代晚期的铜钱“万历通宝”。M45、M48随葬的瓷罐与M7内的形制基本一致，又与M9、M25、M48出土的瓷四系罐形制类似，其时代属于明代晚期。

综上分析，明代早期墓葬内随葬元代流行的白瓷碗、瓷四系瓶，中期或中期稍晚阶段的墓葬内出现了青花瓷器，晚期墓葬内不见青花瓷器。瓷缸、瓷罐、瓷灯盏流行于整个明代时期，早中期墓葬的瓷缸颈肩部施釉，有垂釉现象，晚期墓葬内的瓷缸内外壁施釉，瓷罐的釉色黑而亮。结合以上形制特点，初步推测这些墓葬的时代如下。

M4、M19、M20、M21、M28、M29、M36、M38为明代初期或初期稍晚。

M1、M5、M8、M11、M12、M15～M18、M24、M26、M32～M35、M37、M42、M43、M47为中期或中期稍晚。

M2、M7、M9、M25、M27、M30、M39、M40、M44、M45、M48为明代晚期。

墓葬内采集的人骨标本存放到齐故城遗址博物馆库房内，由于库房内的文物整体搬迁至5千米外的齐文化博物馆内，受各种因素及条件的限制，至今尚未整理，采集的人骨未做鉴定。只对遗留在考古队库房内的M19、M20采集的人骨标本做了鉴定，墓内的两具人骨分别为一男一女[5]。发掘的25座双人合葬墓，除去M20由墓道、甬道、墓室三部分组成外，其余墓葬由墓道和墓室两部分组成，墓葬形制一致，结合鉴定结果推测，这25座墓葬应为夫妻同穴合葬墓。M27、M30为土坑竖穴石椁墓，中间用立板相隔为两室或三室，立板近头端各凿方形壁龛，贯通相连，系为夫妻同穴异室合葬墓。M30南石椁内为一座空室，应是在修建墓室时预留的墓穴，死后或因其他原因未葬在一起。那么M17、M18、M44为3座多人合葬墓，应该同样为存在夫妻关系的墓葬。这种一夫多妻或一夫二妻制度，沿用至中华人民共和国成立前夕，夫妻同穴异室合葬风俗至今在当地继续流行。

临淄区车站村发现的这批明代墓葬东距临淄城区新风家园清理的7座元代墓葬不足300米[6]，二者当有一定的关系。此次发掘的54座明代墓葬，基本分布于墓地中北部，墓葬排列较为密集，但无叠压和打破现象存在，除去3座土坑竖穴墓外，其余51座均为带一条南向墓道的土洞墓，墓葬东西排列有序，形制、葬俗较为一致，应是一处不同家族的族属墓地。墓葬内随葬的瓷器多数置于墓室土洞的一角，或放置于壁龛内，墓内随葬瓷器以缸、罐为多，或以罐、碗、缸（盏、瓶），罐、碗、碟（盏、盘）、瓶（杯、缸），罐、碗、盘（碟）、瓶、盏（缸）等组合形式出现。

总之，发掘的这批明代墓葬数量较多，较为集中密集，排列有序，在临淄乃至山东地区少见。墓内出土的瓷器种类、数量及釉色品种都极为丰富，对研究明代丧葬制度与丧葬礼仪具有重要意义。

附记：参加抢救性发掘人员有路俊福、路俊程、王德安、刘卫国、耿新春、王会田等。瓷器修复由常继文、刘敬伟完成。山东省文物考古研究院魏成敏、李振光教授，临淄区文物管理局吴立国在瓷器整理工作中给予了很大帮助，在此表示感谢。

绘 图：王 涛

拓 片：刘敬伟

摄 影：陈 魁 王会田

执 笔：陈 魁 于美杰 朱彩云 王会田

注 释

[1] 淄博市临淄区文物局：《山东淄博临淄区元代墓葬发掘简报》，《文物》2013年4期。

[2] 同[1]。

[3] 山东省文物考古研究所：《济青高级公路章丘工段考古发掘报告集》，齐鲁书社，1993年。

[4] 北京市文物研究所、北京市西城区文物管理所：《北京毛家湾明代瓷器坑发掘简报》，《文物》2008年4期。

[5] 中国社会科学院考古研究所王明辉教授对人骨进行了鉴定。

[6] 同[1]。

附表　临淄区车站村明代墓葬情况表

墓号	方向	形制	墓道形状、尺寸（长×宽—深）/米	墓室形状、尺寸（长×宽—深）/米	葬具（长×宽—残高）/米	人骨状况	随葬品	备注
M1	195°	竖穴墓道土洞墓	长方形：1.2×0.4—0.2	长方形：1.8×1.2—0.2	不明	不明	瓷罐1件	盗扰
M2	210°	竖穴墓道土洞墓	长方形：2.6×（0.8～1）—0.3	长方形：2.4×1.6—0.3	一棺：2.03×0.52	一具，头向西偏南，仰身直肢，保存较好	瓷缸1件，铜钱3枚	
M3	225°	竖穴墓道土洞墓	长方形：1.2×0.8—0.3	长方形：1.5×1.1—0.3	不明	不明	无	盗扰
M4	223°	竖穴墓道土洞墓	倒梯形：2.4×（0.7～1）—0.2	近方形：1.7×2—0.2	一棺：1.8×0.78	人骨腐朽，头向葬具不清	瓷碗2件，瓷碟1件、瓷高足杯、瓷罐各1件，铜钱8枚	
M5	195°	竖穴斜坡墓道土洞墓	倒梯形：2.9×（0.86～0.9）—1.8	长方形：3×2—1.8	两棺，南棺：1.76×0.6—0.4，北棺：1.76×0.72—0.5	两具，头向西，仰身直肢，保存较好	瓷灯盏1件，铜钱6枚	
M7	195°	竖穴墓道土洞墓	长方形：2.8×0.9—1.7	椭圆形：南北1.9、东西2.04、深1.7	一棺：1.5×0.7—0.4	一具，头向西，仰身直肢，保存一般	瓷罐1件，铜钱4枚	
M8	185°	竖穴斜坡墓道土洞墓	长方形：（2.3～2.7）×0.8—0.9	近方形：（1.7～1.92）×2—0.9	两棺，北棺：1.9×0.6—0.3，南棺：1.8×（0.58～0.64）—0.3	两具，头向西，仰身直肢，保存较好	瓷罐1件	
M9	198°	竖穴墓道土洞墓	长方形：2.5×0.8—0.6	近圆形：南北2.1、东西2.3、深0.6	两棺，北棺：1.7×0.6—0.5，南棺：1.8×0.6—0.45	两具，头向西，南棺人骨保存较好，北棺人骨保存一般，仰身直肢	瓷罐1件，铜钱4枚	
M10	210°	竖穴墓道土洞墓	长方形：1.6×0.8—0.6	长方形：2.8×2.1—0.6	一棺：1.8×0.7—0.3	一具，头向西，仰身直肢，保存较好	无	

续表

墓号	方向	形制	墓道形状、尺寸（长×宽–深）/米	墓室形状、尺寸（长×宽–深）/米	葬具（长×宽–残高）/米	人骨状况	随葬品	备注
M11	210°	竖穴斜坡墓道土洞墓	倒梯形：4.2×（0.96～2）–0.5		一棺：1.8×（0.56～0.7）–0.3	一具，头向西，仰身直肢，保存一般	瓷罐1件，铜钱1枚	墓道与墓室连为一体
M12	197°	竖穴墓道土洞墓	长方形：2.2×0.9–0.5	长方形：2.5×1.5–0.5	两棺，东棺：1.9×0.5–0.2，西棺：1.9×0.5–0.2	两具，头向南，保存较差	无	
M13	195°	竖穴墓道土洞墓	长方形：2.7×0.8–0.8	长方形：3×2–0.8	两棺，北棺：1.9×0.9–0.3，南棺：1.8×0.6–0.3	两具，北棺：头向西偏北，仰身直肢，保存较好。南棺：头向偏西南，仰身直肢，保存一般	瓷罐1件	
M14	206°	竖穴墓道土洞墓	长方形：1.9×0.8–0.3	近方形：2.4×2.3–0.4	不明	不明	无	盗扰
M15	218°	竖穴墓道土洞墓	长方形：3.2×0.9–1.6	长方形：2.9×2.1–1.6	不明	不明	瓷碗1件	盗扰
M16	198°	竖穴斜坡墓道土洞墓	长方形：2.6×0.8–1.2	椭圆形：2.2×2–1.2	两棺，南棺：1.7×0.7–0.3，北棺：1.7×0.7–0.3	两具，头向西，保存一般	瓷罐1件，铜钱10枚	
M17	205°	竖穴墓道土洞墓	长方形：2.9×0.8–1.6	长方形：3.4×2.2–1.6	三棺，北棺：1.7×0.7，中棺：1.8×0.5，南棺：1.8×0.5	三具，头向西，人骨腐朽	瓷盘、瓷罐各2件，瓷碗4件，瓷灯盏、瓷瓶各1件，铜钱4枚	

续表

墓号	方向	形制	墓道形状、尺寸（长×宽－深）/米	墓室形状、尺寸（长×宽－深）/米	葬具（长×宽－残高）/米	人骨状况	随葬品	备注
M18	208°	竖穴墓道土洞墓	倒梯形：2.6×（0.7～1）－1	近圆角方形：2.4×2.2	三棺，北棺：1.92×（0.5～0.62）－0.4，中棺：1.84×（0.58～0.62）－0.4，南棺：1.74×（0.44～0.6）－0.4	三具，头向西，仰身直肢，保存一般	瓷罐1件，铜钱1枚	
M19	188°	竖穴墓道土洞墓	长方形：2.8×0.8－0.6	方形：2.2×2.2－0.6	两棺，北棺：1.8×0.55－0.4，南棺：1.8×0.5－0.5	两具，头向西，仰身直肢，北棺人骨保存较好，南棺人骨保存较差	瓷缸、瓷罐、瓷瓶各1件，瓷碗2件，瓷碟3件，铜钱9枚	
M20	195°	竖穴墓道土洞墓	墓道倒梯形：（2.3～2.4）×（0.9～1.3）－0.8，甬道：0.84×（0.5～0.66）－0.8	不规则方形：（2.3～2.5）×（2.1～2.66）－0.8	两棺，北棺：1.8×（0.54～0.64），南棺：1.8×0.5	两具，头向西，仰身直肢，保存较差	瓷缸、瓷罐、瓷瓶各1件，瓷碟、瓷碗各4件，铁器1件，铜钱10枚	
M21	192°	竖穴墓道土洞墓	长方形：2.3×0.8－0.6	方形：2.4×2.4－0.6	两棺，东棺：1.8×0.5－0.4，西棺：1.8×0.6－0.4	两具，头向北，仰身直肢，保存较差	瓷罐1件，铜钱1枚	
M23	205°	竖穴墓道土洞墓	长方形：2.8×0.8－0.7	方形：2.6×2.6－0.7	两棺，东棺：1.8×0.8－0.4，西棺：1.8×0.8－0.4	两具，头向北，仰身直肢，保存一般	无	

续表

墓号	方向	形制	墓道形状、尺寸（长×宽–深）/米	墓室形状、尺寸（长×宽–深）/米	葬具（长×宽–残高）/米	人骨状况	随葬品	备注
M24	195°	竖穴墓道土洞墓	倒梯形：2.6×（0.8～1.04）–0.9	不规则长方形：2.6×2.26–0.9	两棺，南棺：1.9×0.52–0.4，北棺：1.9×0.6–0.4	头向西，南棺人骨保存差，葬式不清，北棺人骨保存较好，仰身直肢	瓷缸、瓷灯盏各1件，铜钱7枚	
M25	215°	竖穴墓道土洞墓	长方形：2.4×0.8–1.2	近方形：2.25×2–1.2	两棺，北棺：1.9×0.62，南棺：1.86×（0.68～0.75）	头向西，南棺人骨保存差，葬式不清，北棺人骨保存较好，仰身直肢	瓷罐、瓷碗、铁灯盏各1件，铜钱7枚	
M26	185°	竖穴墓道土洞墓	长方形：2.3×（0.9～1）–0.8	呈方形：2.2×2.2–0.8	两棺，北棺：1.9×（0.6～0.7），南棺：1.7×0.6	头向西，保存较好，仰身直肢	瓷缸、瓷碗各1件，瓷罐2件，铜钱9枚	
M27	278°	土坑竖穴石椁墓		近方形：4.4×4.2–1.4	两棺，南棺：1.94×（0.5～0.66）–0.7，北棺：1.74×（0.5～0.62）–0.7	两具，头向西，仰身直肢，保存完整	瓷缸、瓷瓶、瓷罐各1件，铜镜2件，铜钱3枚，铁鼻纽衔环5件，铜簪1件，泥钱2枚	
M28	195°	竖穴墓道土洞墓	倒梯形：3×（0.8～1）–1.2	近方形：2.4×2.3–1.2	两棺，北棺：1.9×0.8–0.1，南棺：2×0.9–0.1	不明	瓷罐2件，瓷缸1件，铜钱2枚	盗扰

续表

墓号	方向	形制	墓道形状、尺寸（长×宽－深）/米	墓室形状、尺寸（长×宽－深）/米	葬具（长×宽－残高）/米	人骨状况	随葬品	备注
M29	195°	竖穴墓道土洞墓	倒梯形：2.4×（0.7～1）－0.6	近方形：2.2×2－0.6	两棺，北棺：1.6×0.6－0.2，南棺：1.6×0.6－0.2	骨骼保存极差，头向不明	瓷壶、瓷罐各1件，铜钱3枚	
M30	280°	土坑竖穴石椁墓		近方形：4.7×4.4－2.3	两棺，北棺：2.16×（0.55～0.76）－0.7，中棺：1.96×（0.46～0.64）－0.7	两具，头向西，仰身直肢，保存一般	瓷罐2件，瓷碗、瓷灯盏各1件，泥俑4件，铜钱8枚	
M32	198°	竖穴墓道土洞墓	倒梯形：2.3×（0.8～1.2）－1.3	长方形：2.9×2.1－1.3	两棺，南棺：2×0.56－0.4，北棺：1.9×0.5－0.4	两具，头向西，仰身直肢，保存一般	瓷碗9件，瓷罐、瓷灯盏各1件，铜钱8枚	
M33	198°	竖穴墓道土洞墓	倒梯形：2.1×（0.65～1）－1.5	圆角方形：2.45×2.2－1.5	两棺，南棺：1.8×（0.48～0.6）－0.4，北棺：1.8×（0.48～0.6）－0.4	两具，头向西，仰身直肢，保存一般	瓷罐、瓷碟各2件，瓷缸、瓷灯盏、瓷瓶各1件，瓷碗3件，铜钱17枚	
M34	198°	竖穴墓道土洞墓	倒梯形：2.8×（0.78～1.02）－1.2	椭圆形：南北2.96、东西2.36、深1.2	两棺，南棺：1.8×0.8－0.3，北棺：1.8×0.8－0.3	两具，头向西，仰身直肢，腐朽严重	瓷罐1件，瓷碗3件，铜钱1枚	
M35	187°	竖穴斜坡墓道土洞墓	倒梯形：2.8×（0.8～1）－（0.8～1.4）	长方形：3.1×2.4－1.4	不明	不明	瓷灯盏、瓷缸各1件	盗扰

续表

墓号	方向	形制	墓道形状、尺寸（长 × 宽－深）/ 米	墓室形状、尺寸（长 × 宽－深）/ 米	葬具（长 × 宽－残高）/ 米	人骨状况	随葬品	备注
M36	195°	竖穴墓道土洞墓	倒梯形：2.8×（0.96～1.1）－0.8	长方形：3.4×2.9－0.8	两棺，南棺：1.96×0.62－0.25，北棺：2.06×（0.56～0.66）－0.2	两具，头向西，仰身直肢，北棺人骨保存较好，南棺人骨腐朽	瓷罐 1 件，铜钱 4 枚	
M37	198°	竖穴墓道土洞墓	倒梯形：2.6×（0.84～1.1）－1	不规则圆形：南北 2.1、东西 2.36、深 1	两棺，南棺：1.76×（0.4～0.62）－0.3，北棺：1.7×（0.46～0.6）－0.3	两具，头向西，仰身直肢，保存完好	瓷缸、瓷罐、瓷灯盏各 1 件，瓷碗 2 件	
M38	185°	竖穴墓道土洞墓	倒梯形：2.2×（0.8～1.2）－1.4	近圆形：南北 2.4、东西 2.5、深 1.4	一棺：1.6×（0.46～0.58）	一具，头向西，仰身直肢，保存较好	瓷罐 3 件，瓷碗 2 件，瓷灯盏 1 件	
M39	198°	竖穴墓道土洞墓	倒梯形：2.8×（0.8～1）－1.4	圆角方形：2.4×2.3－1.5	不明	两具，骨骼凌乱，头向、葬式不明	瓷缸 1 件，铜钱 1 枚	盗扰
M40	185°	竖穴墓道土洞墓	倒梯形：2.8×（0.8～1）－1.3	近方形：2.5×2.3－1.3	不明	不明	瓷缸、瓷碗、瓷罐各 1 件	盗扰
M41	215°	竖穴墓道土洞墓	倒梯形：2.4×（0.8～1.1）－1	近长方形：2.3×1.9－1	不明	不明	瓷罐 1 件	盗扰
M42	198°	竖穴墓道土洞墓	倒梯形：3×（0.8～1.1）－1.3	近长方形：2.7×2－1.3	不明	不明	瓷壶、瓷罐各 1 件，瓷碗 2 件	盗扰
M43	198°	竖穴斜坡墓道土洞墓	倒梯形：3.7×（0.74～1）－（0.1～0.7）	方形：（2.4～2.5）×2.4－0.9	两棺，南棺：1.72×（0.44～0.6）－0.25，北棺：1.66×（0.5～0.6）－0.2	两具，头向西，仰身直肢，人骨保存一般	瓷缸、瓷盘、瓷罐各 1 件，瓷碗 2 件，铜钱 4 枚	

续表

墓号	方向	形制	墓道形状、尺寸（长 × 宽－深）/ 米	墓室形状、尺寸（长 × 宽－深）/ 米	葬具（长 × 宽－残高）/ 米	人骨状况	随葬品	备注
M44	275°	竖穴土坑墓		近方形：2.6×2.4－1.8	四棺，由北向南，棺 1：1.83×（0.4～0.5），棺 2：1.8×0.4，棺 3：1.84×0.55，棺 4：1.7×0.44	四具，头向西，仰身直肢，人骨保存一般	瓷缸 1 件，铜钱 4 枚，泥钱 2 枚	
M45	195°	竖穴斜坡墓道土洞墓	倒梯形：2.9×（0.84～1.2）－（0.1～1.8）	椭圆形：南北 2.7、东西 2.3、深 1.8	不明	两具，头向西，人骨凌乱，葬式不明	瓷罐 1 件	
M47	189°	竖穴斜坡墓道土洞墓	倒梯形：3×（0.84～0.96）－（0.1～1）	圆角方形：3.4×2.9－1.2	不明	不明	瓷缸、瓷瓶、瓷碟、瓷碗各 1 件，瓷罐 2 件，铜钱 1 枚	盗扰
M48	195°	竖穴墓道土洞墓	倒梯形：2.1×（0.9～1）－0.5	近方形：2.3×2.2－0.5	两棺，东棺：2.02×（0.45～0.55）－0.2，西棺：1.94×（0.5～0.58）－0.2	两具，头向南，仰身直肢，人骨保存较好	瓷罐 2 件，瓷缸、瓷灯盏各 1 件，铜钱 3 枚	
M51	190°	竖穴墓道土洞墓	墓道：1.7×（1.1～1.4）－0.4	方形：2.4×2.4－0.4	两棺，东棺：2.1×0.6－0.3，西棺：2.1×0.6－0.3	两具，头向南，仰身直肢，人骨保存一般	无	
M52	190°	竖穴墓道土洞墓	倒梯形：1.9×（1.2～1.4）－0.6	近圆形：南北 2.7、东西 2.9、深 0.6	不明	不明	无	盗扰
M68	183°	竖穴墓道土洞墓	长方形：2.4×0.8－0.7	近圆形：南北 2.1、东西 2、深 0.7	不明	不明	无	盗扰

续表

墓号	方向	形制	墓道形状、尺寸（长×宽－深）/米	墓室形状、尺寸（长×宽－深）/米	葬具（长×宽－残高）/米	人骨状况	随葬品	备注
M69	204°	竖穴墓道土洞墓	倒梯形：2×（0.6～0.8）－0.5	圆形：直径2、深0.5	不明	不明	无	盗扰
M70	205°	竖穴墓道土洞墓	长方形：2×0.8－0.4	长方形：2.4×2－0.4	不明	不明	无	盗扰
M71	200°	竖穴墓道土洞墓	倒梯形：2.1×（0.8～1）－0.3	近方形：2.1×2－0.3	不明	不明	无	盗扰
M72	197°	竖穴墓道土洞墓	长方形：2.1×0.8－0.2	近圆形：南北2.4、东西2、深0.2	不明	不明	无	盗扰
M73	195°	竖穴墓道土洞墓	倒梯形：2.4×（0.8～1）－0.3	椭圆形：南北2.2、东西2深0.3	不明	不明	无	盗扰
M74	200°	竖穴墓道土洞墓	倒梯形：2.4×（0.8～1.2）－0.5	近圆形：南北2、东西2.1、深0.5	不明	不明	无	盗扰
M75	193°	竖穴墓道土洞墓	倒梯形：2×（0.8～1）－0.4	椭圆形：南北2.8、东西2.4、深0.4	不明	不明	无	盗扰

山东龙山文化的聚落与社会

孙　波
（山东省文物考古研究院）

一、引　言

历史上，特别是商代以前，如今的山东并不能完全覆盖处于黄河下游的东方文化区，故而考古学家才提出了海岱历史文化区[1]。龙山时期的海岱历史文化区，除了山东以外，大概还包括辽东半岛和苏北。需要特别提及的是，鲁豫皖交界地区的文化属性一直存在争论[2]。

山东龙山文化处于新石器时代末期[3]，由大汶口文化发展而来，演变成岳石文化，具体年代为距今4600～4000年[4]。根据最新的年代学研究，山东龙山文化与中原龙山文化一样要普遍向后推移二三百年，大约在距今4300～3800年[5]。然而，比较表明，山东龙山文化可能一直延续到二里头文化一期[6]，因此，其下限较中原龙山文化还要晚一些，也许要延伸到二里头文化最新的年代上限，即公元前1750年[7]，甚至更晚，跨过二里头文化一期，直到公元前1700年。诚如此，山东龙山文化新的年代范围是公元前2300～前1700年，积年600，正好与陶器分期推定的结果相一致[8]。

从内部来讲，由于山东地区相对多样的地理环境，包括山地丘陵、冲积平原、河流谷地、山间盆地等，不同地区的文化在长期发展中逐渐形成不同传统，面貌上表现出或大或小的差异。对这种差异，学术界惯称为类型[9]。综合考虑文化面貌、地理环境、区域传统和聚落形态，山东龙山文化大体可以分成6个各具特点的区域：胶东、鲁东南沿海、鲁北、鲁中南、鲁西北和鲁西南。其中鲁北由于东西延续距离较长，两端文化面貌颇有不同，东端更接近鲁东南沿海，而与城子崖、丁公等偏西的地区区别较大。但文化面貌的这种差异在聚落形态上表现得并不充分，所以文化类型的划分只是对考古学物质文化层面问题的反映，未必代表当时聚落和社会实际情况。然而，同一文化类型中物质文化面貌趋同的背后也许隐藏了共同的风俗习惯、审美情趣，甚至精神信仰等方面，这多少都要涉及意识形态的范畴，也许更具本质意义。试图调和文化面貌和聚落形态二者之间的差异，目前来看还存在巨大的困难。因此，本文并不打算对龙山文化面貌上的区域差异进行细致描述，而着重以区域为空间单位，从聚落的角度来分析各地社会在发展过程中的异同。

二、环境与地理

山东位于东亚大陆北方的东部，东端即胶东半岛探入渤海和黄海之间，隔海北与辽东半岛、东与朝鲜半岛和日本列岛相望。西部作为华北大平原的一部分，分别与河南和河北搭界，南面与苏皖两省北部的淮北平原和苏北丘陵区相接（图一）。

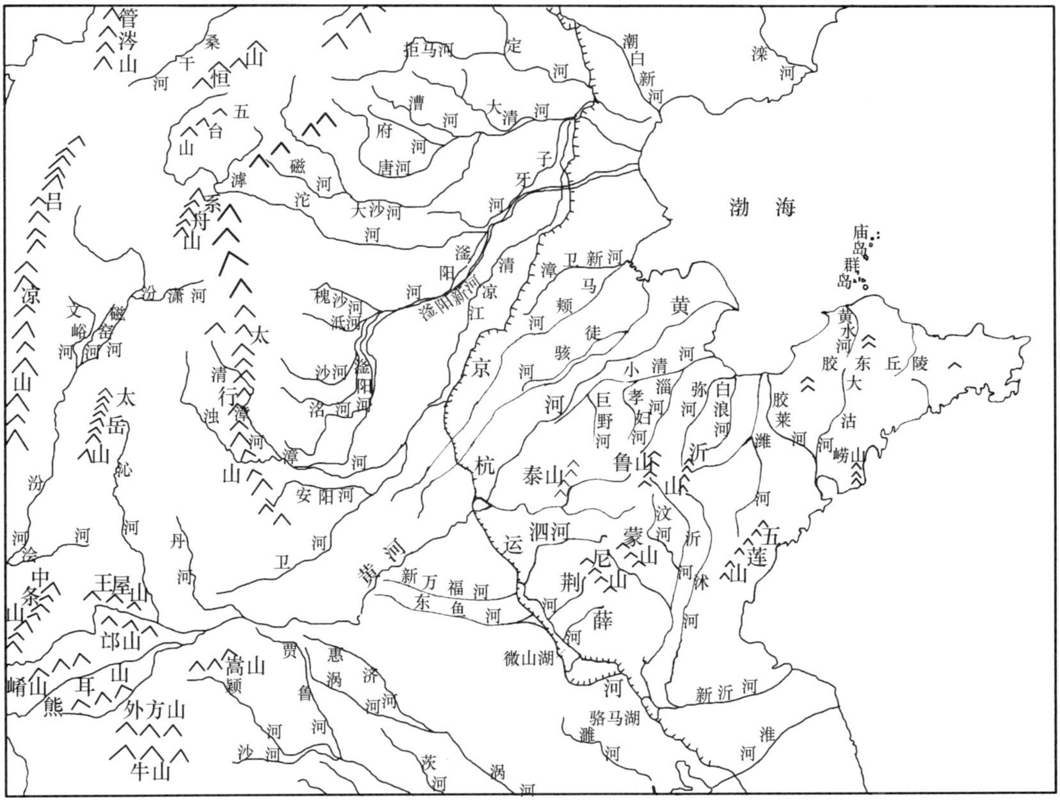

图一　以山东为中心的黄河下游地理形势

山东地区为北温带大陆性气候，四季分明，夏冬季长，春秋季短。如果以降水衡量的话，全年也可以分成干湿两季，冬春干冷，夏秋湿热。雨热同步，适宜农业发展，可以保证农作物一年两熟。由于季风气候的特点，夏季风携水汽由东南海面上来，所以降水量由东南向西北递次降低；而冬季风由西北吹来，温度由西北向东南递次升高的。虽然北、东两面环海，但海洋对气候的影响并不显著，主要表现在夏季风上，温度的调节作用也仅限于沿海地带。

山东地形大体可分成三块：分布于胶东半岛和鲁东南沿海的胶东丘陵区（包括胶东半岛和由半岛丘陵向南延伸的崂山—五莲山一线）、以泰鲁沂蒙诸山为中心的鲁中南山地、环绕在鲁北和鲁西的平原区。虽然鲁中南山地外围的平原连在了一起，但被河流和山地分隔成三部分：位于山地北侧的鲁北平原、黄河以北的鲁西北平原和以南的鲁西南平原。

从上述划分中不难看出，作为整个山东脊部的泰鲁沂诸山和黄河在地理分界上的意义。其中耸立于整个地区中部的泰鲁沂诸山，不仅是南北分区的界标，也是本地水系的发源地和分水岭，这些山脉的南北两侧地理环境存在相当大的区别，山北为鲁北平原，山南是丘陵浅山区，加上中间山地的阻隔，自古造就了两地不同的文化传统，也是齐鲁之别的由来。

上述由黄河、泰鲁沂诸山造成的地理分区和中国先秦时期的地理著作《禹贡》中关于山东及附近地区的记载具有相当程度上的相似性[10]。我们知道，泰山古称岱岳，先秦时期如今的黄河河道上奔流着的是济水。《禹贡·九州》记载："海岱维青州、河济之间维兖州、海岱淮维徐州。"其中所谓青州可与本文所论鲁北平原、兖州可与鲁西北平原相印证，只有徐州之地广大，包括了鲁西南平原和鲁中南山地两部分。青州和兖州属于渤海水系，徐州属于黄海水系的淮河流域。

各地自然地理环境不同，物产自异，伴风土而生的民众就慢慢地形成了不同的人文传统。然而，山东在史前的中国整体上一直是一个稳定的板块，区域内各地文化虽然各具特点，但它们之间的共性还是远远大于差异，尤其是龙山时代。这说明山东虽然在地理上可以分成多个单元，但这些单元并不封闭，而是开放的，其间应该存在密切的交流互动，正是这些持续的交流，山东及周边地区在史前中国才能形成一个相对独立的文化圈。

那么，当时沟通各地的渠道是什么呢？笔者认为主要应该是交通，只有交通才能够将各地联络起来，形成整体。而河流则是交通的主要引导——河流不仅起到串联的作用，其本身也是很方便的交通"工具"，水路运输很长时间内都是最好的运输方式。《禹贡·九州》记述各州朝贡时的主要途径便是水路。这在山东地区也有明确的体现。

泰鲁沂蒙诸山虽称险阻，而事实上整个山东文化区正是围绕着这块山地形成的，原因概在于几条穿过这片山地的河流，这些河流开辟出来的山谷成为沟通东西南北的通道，将整个地区联络起来。这些通道大多至今仍在使用，如秀江河与大汶河上游支流嬴汶河之间就是如此，古称锦阳关，乃齐长城上著名关口。再如，沂河上游支流螳螂河与淄河上游山谷相连，也是由齐都临淄直接南下的一条通道。而著名的穆棱关就位于郯庐断裂带上，也是潍河与沭河的分水岭。其他还有孝妇河与汶河支流方下河之间的青石关等。地处鲁中南山地腹心的沂沭河流域与外界的沟通除了沂、沭这两条大河以外，沿着蒙山尼山之间一线而来的泗祊走廊（泗水—祊河）也是区内与鲁西南沟通的主要通道。再向南，尼山南侧如今从邹城到临沂的342省道是另一条平行的通道，沿着温凉河而来。

在这里还要提到济水，现在黄河进入山东之后走的就是济水故道。早在龙山时期，鲁北地区最重要的交通线沿着山前地带由东而西来到今济南附近时，继续向西就是沿着济水河道而行的，成为通向中原地区的主要通道。

三、龙山文化研究的学术历程

龙山文化从发现至今，已经过去了90年，简单地概括这段历程，龙山文化的研究可分成三个阶段。

第一个阶段为20世纪30～50年代，是龙山文化研究的起步阶段。从发现时期的模糊到最后确认的廓清，龙山文化这个概念历经近30年才最终确立。1928年吴金鼎在调查东平陵城的路上发现了城子崖遗址，1930年和1931年经过中央研究院历史语言研究所考古组两次发掘，正式命名了龙山文化。龙山文化是中国学者确立的第一个史前文化，对于追溯中国文化的原始非常有意义。当时总结这个文化最著名的特征便是黑陶发达，以与彩陶闻名的仰韶文化相区别，所以那之后很长一段时期很大地域内的类似文化遗存统统都被纳入龙山文化的范畴。随着发现的不断涌现，龙山文化分布区域无限膨胀的趋势也在加强，一直到20世纪50年代前期，对龙山文化的认识还在这个趋势之中[11]。但是，当时也有一些学者敏锐地观察到了各地的龙山文化面貌存在明显区别，并非总是一致的。梁思永曾把龙山文化分成山东沿海、豫北和杭州湾三区，并注意到各区在时间上的差异[12]。尹达将从山东沿海到豫北的龙山文化分成三期，认为龙山文化是循着自东往西的路径发展的[13]。

到了中华人民共和国成立初期，随着材料的不断增多，学者普遍感到各地龙山文化的面貌相差实在太大，难以再用一个文化来概括[14]。1959年安志敏发表文章，将山东地区独立出来，称为典型龙山文化[15]。至此，龙山文化方有了比较清楚的界限和概念，其研究开始进入新的阶段。

第二个阶段为20世纪60～80年代，是龙山文化研究的基础阶段，核心是在考古学物质文化层面上解决龙山文化的年代、分期及类型等基本问题。对这些研究做出过重要贡献的发掘有泗水尹家城、东海峪、胶县三里河、茌平尚庄、诸城呈子、栖霞杨家圈、潍坊姚官庄、兖州西吴寺、邹平丁公等。学者根据这个阶段和以前的资料对龙山文化的分布、源流、分期和类型进行了细致的梳理、讨论[16]。栾丰实在1997年结集出版的《海岱地区考古研究》[17]可以视为这一阶段的总结之作，其中对龙山文化分期和类型的描述已成学术界共识，得到广泛引用。

这个阶段，在考古学物质文化层面研究之外，学者的探讨也涉及龙山文化的族属、生产技术和经济生活、墓葬的分化与社会性质、城址的发现和性质、祭祀等社会层面的问题。特别是到了20世纪80年代中期以后，学术界的兴趣越来越转向对龙山文化社会发展水平和性质的探讨。大家的结论也从最初的军事民主到后来的初级文明，对龙山社会性质的估计逐渐抬高。

但是这些讨论或者由于资料的积累并不充分，或者由于理论和方法的薄弱，无论新旧资料，都缺乏更深入的解读。虽然20世纪80年代中后期，一些重大发现陆续面世，苏秉琦、严文明等关于中国早期文明的一系列论述带来了全新的启示，张光直等学者对国外有关早期国家研究方法的介绍[18]，使大家对龙山文化的认识进入了一个新的层次。但是传统方法所获田野资料为新的研究所能提供的讨论空间毕竟有限，学术界虽然能够给予龙山文化社会一个看似比较合理的笼统定位，但是并不能对此做出细节上的描述。所以当时的研究普遍给人以文明因素拼凑的印象，难以深入下去。

幸运的是20世纪80年代的中国改革开放毕竟已经形成社会的意识潮流，变革传统是各个行业的共识。而为变革寻找支点和镜鉴，顺理成章的，国外特别是西方学术和思潮的引入可谓风行一时。时代思变，中国考古学的积累也足以为即将到来的改变提供资源。在张光直、俞伟超等中外考古学家和大时代风尚的影响下，介绍国外考古学最新发展成为紧迫和大家翘首以待的事情[19]。这个变化与中国考古学自身发展的学术轨迹重合，开启了下一阶段中外考古学的交流和实践热潮。

第三个阶段为20世纪90年代至今。这个阶段，在考古学物质文化层面的区系问题基本解决之后，如何解释这些文化表象背后的社会和历史等更加复杂的问题就摆在了学者面前[20]。作为回应，龙山文化研究出现了两个新动向。

第一个是中国学者的自觉，主要表现在考古学研究中聚落思想的萌芽，开始注意到聚落与区域之间的联系，尤其关注中心聚落所代表的社会分化水平。在这个方面，山东省文物考古研究所原所长张学海是走在前面的，其主要代表工作是就20世纪90年代初期围绕城子崖遗址展开的一系列工作，以及1995年开始的以景阳冈遗址为基点进行的鲁西地区龙山城址的专项调查与研究。前者为以张学海多年考古实践总结出的大遗址探掘方法[21]，立足大规模考古勘探，结合部分试掘，能够基本搞清遗址各个文化阶段的规模、性质，对于城址一类的重要现象，也基本可以摸清其范围、形制。同时，结合第二次全国文物普查资料，张学海将对城子崖所代表社会的观察放在了章丘文化小区这个单元背景之内[22]，开启了古代聚落研究的区域视角，总结出了“都邑聚”的三级聚落结构的古国模式。这是中国聚落考古研究的早期探索和成功案例之一。同样，这种方法在以景阳冈为中心的鲁西龙山城址的调查中也起到了关键作用。结合古史记载和传说材料，张学海进一步论证了龙山城址所代表的古国模式，以及鲁西地区在中国文明起源中的重要作用[23]。

不难看出，上述研究虽然是山东学者于本地的实践，实际上是与当时中国考古学转型初期的学术思想背景分不开的。苏秉琦有关中国古代文明起源和早期发展理论的巨大影响在20世纪80年代中期以后几乎笼罩了整个学术界，山东考古当然也不例外[24]。这类研究突破了以前“文明因素论”的束缚，归纳出了一些规律性的认识，相对于直接套用国外理论的研究，更加符合中国的实际情况。然而，反观这些研究和工作，不难从中发现主观上印证苏秉琦理论的努力。然而，苏秉琦对自己提出的理论并没有进行细致与合乎逻辑的论证[25]，无论是他个人还是别的学者由此延伸出去的一些提法，在当时情况下不乏对中国史前文化和社会发展水平有拔高之嫌。因此，这种印证苏秉琦理论的努力有时不得不让人产生教条的感觉，同时，这些认识本身也往往流于社会分层和聚落分级的简单比较，反而忽视了苏秉琦本人对聚落形态演变轨迹的重视。

第二个动向是中外学者的合作及国外理论方法技术的引入与实践。早在20世纪80年代，随着中国改革开放的深入，中外交流开始进入文化和学术领域。同时期，国内有些中青年学者并不满足于仅仅对国外考古理论进行翻译和介绍，开始主张引进国外的技术和方法理论，与国外学者合作进行具体的实践验证。

在这一轮中外合作的热潮中，对龙山文化的研究成为关注的重点。其中，山东大学和美方围绕两城镇遗址，合作开展的鲁东南沿海地区古代聚落的系统调查和研究收获巨大，堪称典范。该项目进行了十多年，调查面积逾1400平方千米，发现龙山文化遗址463处，基本摸清了此地区龙山时期聚落的布局概况。对中心遗址两城镇进行的勘探发掘也有重要收获。如果加上早前丹土、东海峪、尧王城等遗址的发掘，此地区已经积累起相当丰富的龙山文化聚落资料，大大突破了我们过往的认识局限，使得大家首次能够对特定区域内的龙山文化聚落变迁的过程进行具体的分析描述，探讨聚落变迁背后古代社会的演变环节。

社会复杂化的过程以及对社会性质的讨论是龙山文化研究中关注的中心，而聚落考古则是进入这个问题的一条切实可行的路径。所以有不少学术机构都在山东开展相关工作。除了前述两城镇项目外，山东省文物考古研究所独立展开的城子崖和丹土遗址的勘探发掘，以及与北京大学合作开展的桐林遗址聚落形态研究、中国社会科院考古研究所与山东省文物考古研究所合作开展的教场铺遗址聚落形态研究、山东大学持续数年的丁公遗址的发掘都是非常重要的工作，对了解山东不同地区龙山社会演变的特点具有弥足珍贵的比较意义。

然而，回溯这段历程，聚落考古兴起后虽然获得了显著成绩，但是仍有值得反思之处。主要就是在研究中对龙山社会复杂化的一般过程给予了足够重视，而对各地的特点和地区传统注意得不够。其中原因之一可能为各地区材料还没有充分发表，个案研究也没得到切实展开。但是其中中国学术传统中惯于分层的简单化倾向不可忽视，这导致对聚落的理解过分机械简单，忽略了具体材料的个性，有些研究不如说是拿具体的材料去附会已有的理论，实在可惜了众多考古学家花费多年艰辛劳动获得的田野资料。

四、龙山文化聚落

迄今，龙山文化遗址发现已达2000多处，若按照经过长期细致调查的鲁东南沿海的经验来看，实际数目当远大于此。不过同样是经过系统调查的济南小清河流域[26]，龙山文化聚落反而十分稀少。所以现在龙山文化聚落各地疏密不同的分布态势，可能确实是实际状况的近似反映。从现有资料出发，龙山文化区域性聚落布局态势的基本轮廓[27]大体上与山东的地理分区相合。其中以鲁东南沿海最为密集，其次是鲁北山前地带，以临沂为中心的沂、沭河流域和鲁中南的汶泗流域也比较丰富，在这些地区区域性的聚落群亦比较突出。其他地区包括胶东半岛、鲁西南和鲁西北平原则发现较少，区域性的聚落群相应的也不明显。

下面分区叙述各地龙山文化聚落。

（一）鲁东南沿海

鲁东南沿海地处鲁东南濒海地带，西依东北—西南向的五莲山，东面是黄海，南北两端都有断续山岭起伏，从而形成一个相对独立的条形地理单元，北面隔齐长城与潍河流域相望，向南可沟通苏北的连云港地区。这个地区实际上由一南一北两个盆地组成，南部以尧王城为中心，北部以两城镇为中心。

鲁东南沿海地区经过调查发现龙山文化聚落463处[28]，基本布满整个地区，围绕着尧王城和两城镇遗址一南一北在相邻的两个盆地内形成了两个向心式的区域性聚落丛体，丛体外围聚落稀少，说明它们存在边界。尧王城和两城镇作为区域中心，不仅规模巨大，远远超过其他聚落，是名副其实的城市，而且在位置上也处于两个盆地的地理中心上。由此看来，至少在形态上，两个聚落丛体已是相对独立的实体。

再从内部结构来看，地区中心两城镇和尧王城在各自群落中占据的空间都是最大的，这是它们的直属区域，此区域内两者都有一些聚落，包括丹土这样小一些的城址作为其附属，共同构成地区的核心区域。在此核心区域外围分布着一些围绕着次级中心的小规模聚落群。从结构上看，这些小规模的聚落群与核心区域聚落群是同构的，它们共同组成多层同构的地区社会聚落模式。

还可以看到，地区内大多数重要聚落都处在一条东北—西南向斜贯整个地区腹心地带的线路上，其中最重要的两个点就是两城镇和尧王城。很容易判断这条线路就是地区交通的主线，其作用不仅在于表面上将整个鲁东南沿海地区的主要聚落群串联起来，形成地区社会的中轴，而且这条线路也打破了此地区一南一北的两个相对独立社会实体的格局[29]。如果将相邻的苏北藤花落遗址[30]也考虑进来，那么鲁东南沿海的地区社会应该还包括苏北沿海，这样便由多个相对独立的聚落丛体共同构成了沿海地区的社会体系。

（二）鲁北地区

鲁北地区，南侧是山地，北部是平原，近海处分布着沿海滩涂。发源于南部山地向北而流的众多河流中，包括淄河及其以西河流都汇入小清河，其东，弥河、潍河等则直接入海。区内北部近海平原自古多卤隰之地，除鱼盐等专业经济外，并不特别适宜农业。而南部地区，沿着山前发育着东西向带状黄土堆积，属于山麓堆积平原，宜于农耕，加上连接着矿产植被丰富的山区，水土条件皆好，所以古来即为人烟繁盛之所，中心聚落也大都分布在这个条形带上。相应地，古今东西的主要交通干道亦均集中在这里，可称得上是整个地区社会的重心。

与鲁东南沿海不一样，鲁北地区龙山文化聚落的布局不是典型的向心式结构，基本是沿河设居，如果单独限于一条河流，流域内龙山文化聚落就是南北向沿河两岸分布。这在孝妇河、乌河、淄河、弥河、白浪河等有很清楚的表现，呈现一种随机的、原始的状态，很难于其中看出人为的设计或安排。但是如果从整个鲁北地区观察，龙山文化聚落大多集中在区内南部山前地带上，顺着现在济青之间的交通线呈东西向而列。其中，城子崖、丁公、桐林、边线王四处城址由西而东一线排开，它们分处于巨野河、孝妇河、淄乌河、弥河流域，各属本流域的区域中心，彼此距离适中，正好将整个山前地带串联起来。由这四座城址打通的地区社会应该是建立在跨区域的贸易体系之上的，我们完全有理由相信它们串联起来的这一线已经成为贯通整个地区社会的经济走廊。

但这条经济走廊并没有穷尽地区内所有的发展空间，随着开发的拓展，在新的地区也产生了新的中心，如弥河、白浪河上游聚落群及其中心西朱封遗址。从目前所知遗址数量来看，弥河、白浪河流域是整个鲁北地区龙山聚落最密集的区域，其上游伸入泰沂山地，于群山环峙之中开辟出宽阔的谷地，沿河形成大片冲积平原，生发出密度很高的成群聚落，也正是在这样密集的聚落群中，发展出西朱封这样的中心聚落。

同鲁东南沿海一样，以上述四座龙山时期城址以及西朱封为中心构建的鲁北地区聚落体系在实体层面并不是一个，也就是说，不存在可以辐射整个地区的中心。我们推测，在实体层面应该是以区域为限，不同区域具有不同的实体，各实体之间仍然是一种平行的关系，互不统属。虽然细审整个地区的聚落分布态势，可以看出来存在跨区域的社会关系，然而我们认为这种关系可能主要是经济层面的，当然也不排除其他社会关系，如族群、宗教、军事、政治等。但我们认为这些关系在各实体之间应该属于对外关系，还没有发展出如朝贡、赋税等主从性质的迹象。因此那种后来建立在超区域基础之上的广域政权还没有出现。

（三）沂、沭河流域

沂、沭河流域位于鲁中南山地的东南部，处于山地丘陵地带，地形比较破碎，山间发育着长短不一的河流，平原较不易得。沂河发源于鲁山，沿途接纳了蝗螂河、汶河、祊河等支流，主要汇集了此地区西部径流。沭河发源于沂山，汇集了此地区东部径流。两河在境内平行穿过，在地区腹心地带冲积形成了南北向开阔的平原，以今临沂市为中心，构成向心式的网状水系。同时，两河穿过此地区之后注入淮河，也是连接苏北的主要通道。

沂、沭河流域龙山文化遗址发现较多，但限于工作，中心性的聚落并不明确。这些聚落大都沿河分布，基本上形成了与此地区水系相类似的向心式布局。这样的布局如果对照一下 1973 年此地地图，可见与当时的交通路线也是惊人的一致。这说明，龙山文化聚落分布在河流沿线，同时河道成为它们沟通联系的索引和路径。因此可知当时不仅存在顺着河流开辟的道路，可能也存在依水而行的水路，并通过这些水旱道路将整个地区联系起来。

（四）汶泗流域

汶泗流域地处山东腹地，地理上属于鲁中南地区，北凭泰山，南接苏北，西与鲁西南平原以京杭运河为界，东隔蒙、尼诸山与沂、沭河流域相望。本地区在地理上可分成北部的大汶河流域和南部的泗河流域两部分。从地形上则是东西分化，西部是平原，作为地区西界的京杭运河一线地势最低，以前分布着大大小小的湖泊，称作鲁西湖带，至今还有东平湖、微山湖等著名大湖。沿着这条湖带，两侧是冲积平原，湖东平原主要为汶、泗两河冲积形成，再向东地势逐渐升高，过渡到低山丘陵。汶、泗两河发源于东部山地，沿着山地的西侧山前南北分流。也是沿着这条南北向的山前地带，发展出了区内最重要的交通路线。

此地区龙山文化遗址发现不多，泗水流域要明显多于大汶河流域，但也只在泗水支流荆河、薛河两岸有密集的龙山文化遗址发现。从地形上分，此地区龙山文化遗址西部平原地带发现较少，大部分集中于东部浅山丘陵地区和山前地带上。原因是西部平原为河流冲积形成，原来地势低洼，不利于人类大规模聚集，所以遗址本来就少，也不排除有部分遗址被埋于地下。

此地区龙山文化遗址中规模宏大、堪称中心的并不多见，尹家城虽然发现了大型墓葬[31]，但遗址现存规模不大，原来是否很大也难以推定。作为周代滕国贵族墓地的庄里西遗址发现了龙山文化城址，面积可达15万平方米[32]，应该是此地区可以确定的唯一的中心聚落。从一般规律出发，应该还有其他的中心聚落未被发现。不过就现有的中心来看，其位置也有一定规律。尹家城位于泗水上游，属于东部低山丘陵区的西侧边缘，尼山北端，向西就是平原地区，这里也是泗祊走廊的西端，现今327国道和兖石铁路即经过遗址附近，因此，尹家城遗址应该是处于当时连接汶泗流域和沂、沭河流域的通道上。庄里西遗址位于泗水东岸，处于其支流荆河的下游，附近也是104国道、京福高速公路、京沪铁路的通道。由此可知，庄里西也处于当时南北交通的要道上。

（五）鲁西地区

鲁西地区包括黄河以北的鲁西北和以南的鲁西南两个地区。两地同处山东西部，都是平原，地势西高东低，河流由西向东，鲁西北地区流向东北，有黄河、徒骇河、马颊河等，平行入海；鲁西南地区流向东南，不是汇入运河就是汇入微山湖，最终进入淮河。

两地龙山时期文化面貌也有明显区别。鲁西南地区龙山文化遗存与豫东的王油坊类型基本一致[33]，鲁西北地区以前被归入城子崖类型中，经过近几年的工作，其独特性逐渐被揭示出来，实际上与豫北的后冈二期文化也很相像，因此有学者主张此地区龙山文化遗存应该成立一个独立的类型[34]。实际上两地龙山文化基本都不见早期遗存，以中晚期遗存为主，特别是晚期遗存更加丰富。而传统上大家关于龙山文化面貌的普遍印象主要是建立在早中期遗存基础之上的，故而往往把鲁西地区与山东腹地龙山文化的差异夸大。实际上，山东腹地龙山文化晚期遗存也与鲁西地区一样发生了改变，篮纹、绳纹、方格纹增加，磨光的比例变少，陶器群开始变得粗糙起来。所以鲁西地区龙山文化的主流还是属于山东龙山文化，只是包含的中原因素更多更直接罢了[35]。这也主要是与其地处山东西境、与中原更近的位置有关。然而，比较两地龙山文化遗存可以看出来，鲁西北来自中原地区的因素表现得更直接，如陶斝、双腹盆、曲腹盆、钵形圈足盘等。而鲁西南地区则几乎没有直接来自中原的器类，只是在方格纹、篮纹、双大竖耳作风等因素上有所体现。

两地龙山文化聚落发现都不多，分布也不平衡，有人推测应该与当地沉积环境有关，可能有一些遗址被埋在地下没有发现，但历来发现被淹埋的古代遗址并不多见。我们看到这一带古遗址多呈堌堆状，基本都突出于地面上，普遍遭到取土挖沙的破坏，有的被蚕食殆尽。所以当地古遗址被埋的可能性应该小于被挖掉的可能性，目前龙山文化遗址的区域分布状况应该与古代比较接近。

鲁西南龙山文化聚落主要分布在偏南偏西的区域，东北部由于靠近鲁西湖一带，所以聚落发现不多。已知龙山文化聚落主要分为两个带状分布区，成“丁”字形相交，一个是南北向，集中于鄄城—菏泽—定陶—曹县一线上，大体位于今京九铁路两侧；另一个位于成武—金乡一线上，顺着东西向的万福河、红卫河分布。由于缺乏深入工作，我们对这一带作为聚落的龙山文化遗址了解不多，只知道定陶部堌堆和曹县莘家集是其中规模比较大者，可能是区域中心。从整体上看，这两条聚落带东西向者指向山东腹地；另一条南北向向南直接与豫东的商丘地区相接，显示了跨地区间联系的趋势。两相比较，南北向聚落带占据了此地区优势位置，聚落数量多，分布密集，并且包括两处可能的中心，因此应该在地区社会中居于主导地位。

鲁西北地区龙山文化聚落的分布大体可分三个区域：西南部的阳谷—东阿—茌平一带，中部的禹城—齐河—济阳一带，东北的乐陵—无棣—惠民一带。三个分布区大体呈西南—东北向排列，正好与本地区的地势和河流的走向相一致。目前唯有阳谷、茌平、东阿一带的龙山文化遗址工作较多，聚落情况相对清楚一些。这一带龙山文化遗址基本都是沙基堌堆遗址，反映了当地古人因地制宜、对环境的适应[36]。关于这些聚落，张学海曾将之分成两组，一组以景阳冈为中心，一组以教场铺为中心，形成“都邑居”的三级聚落结构[37]。经过发掘，我们知道景阳冈是城址，教场铺不是，因而本地区应该只有一个中心——景阳冈。从尚庄[38]、景阳冈的发掘来看，此地龙山文化存在更多更直接的中原龙山文化因素，同时景阳冈龙山文化城墙的建筑方法也有版筑的明确迹象，应该是中原输入的建筑工艺。这些都显示出此地较之山东其他地区与中原更直接的联系。若此，这一带应该是山东龙山文化的西部前沿，既是黄河中下游之间对抗的前锋，也是两地联系路线上的站点。最近与之毗邻的河南濮阳新发现了一座龙山文化城址——戚城，与景阳冈东西并峙，为这条线路增加了新的站点。

（六）胶东地区

胶东地区的新石器时代文化历来别具一格，自有风貌。这里地貌以低山丘陵为主，横跨整个半岛，构成半岛脊部，其中发源河流短促，南北分流，形成复杂多变的小区域地形地貌。由于空间有限，聚落群规模普遍不大，主要是顺着几条河流和沿海地区形成一些小规模的群落。加上多山的环境，交通不便，彼此之间也不易于交流，难以形成大型的或者跨区域性的社会体系，因而很少有大型中心性聚落发现。

不过，在庙岛群岛以及辽东半岛都发现了典型的山东龙山文化，看来龙山文化分布区向北扩展进入东北，这里应是主要通道。研究表明，稻作农业在东北亚地区传播扩张的路径，胶东半岛也是目前证据最为充分的[39]。因此，作为山东与东北亚地区沟通的渠道，这里应该受到特别重视。

五、区域—中心：典型聚落分析，以桐林为例

在这里有必要将经过多年工作、聚落资料积累比较丰富的淄乌河流域及其中心——桐林遗址拿出来单独做些分析，以探究区域—中心的互动模式。

桐林遗址处于鲁北山前地带，坐落在一处名叫愚公山的小山东侧山前原野上，顺山势而下的乌河、澅水于遗址中部汇合。桐林遗址北距临淄城区约 8 千米，胶济之间的主要交通线胶济铁路、309 国道、济青高速公路均在遗址南侧附近。遗址东距齐国故城 8 千米，西距南北朝时期的高阳郡署址高阳故城 5 千米，乌河—澅水一线牵起三地。

桐林遗址所在的淄、乌河流域共发现 51 处龙山文化聚落，其中乌河流域 29 处，淄河流域 22 处（图二）。这些聚落基本都集中于淄、乌河及其支流两岸，两河之间的地区，特别是济青公路以北地处平原的部分聚落甚少。这样，在此地区就形成了分别沿着淄、乌河布局的两个平行的聚落体系。

在淄、乌河流域龙山社会中，桐林作为中心，不仅仅规模大，发现了城址，而且正如前面讨论到的，桐林的重要性是要从整个鲁北地区来衡量的，其位置是其作为贯

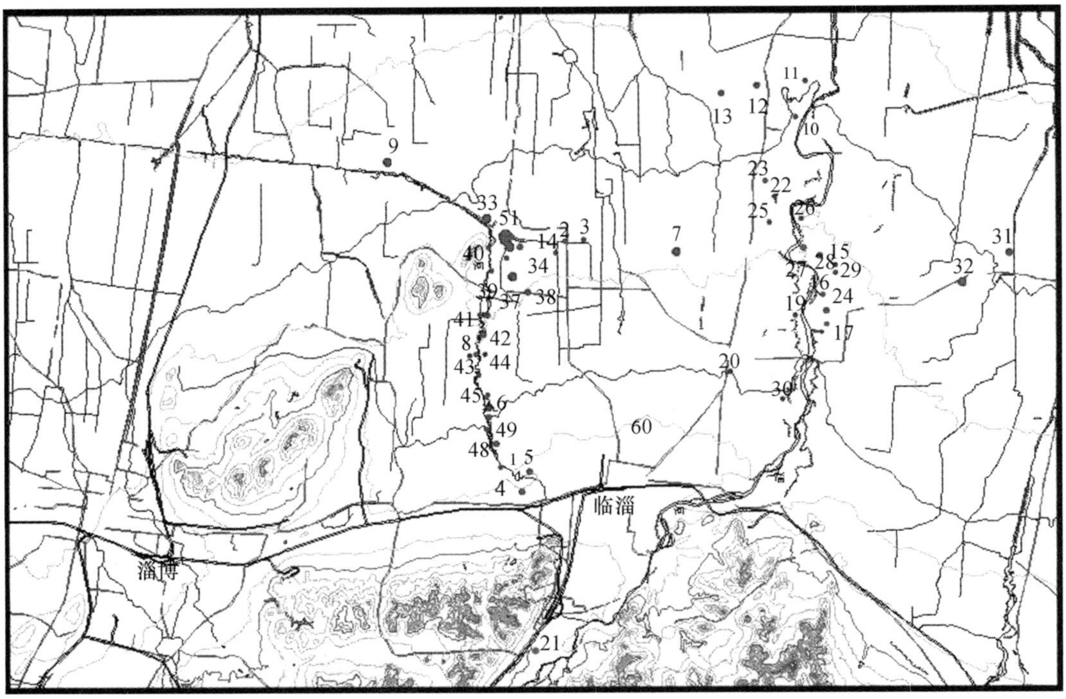

图二　桐林龙山文化遗迹分布图

穿全地区的经济走廊城子崖—丁公—桐林—边线王上的一环凸现出来的。具体到淄、乌河流域内的桐林，我们可以看到，虽然龙山文化聚落基本是以两条河流为骨干呈现南北纵列的分布状态，但在桐林东侧方向上，沿着澅水—系水一线有几处聚落脱离出来，一直延伸到齐故城，并且向东越过淄河，穿过韩六端和大蓬科，顺着这条线路再向东渡过弥河就是边线王遗址。除此线路之外，其余区域东西方向上不仅甚少发现遗址，而且没有这样连续地贯穿起来。因此，这条由几处聚落串联起来的沿着乌河—澅水—系水的路线应该是整个鲁北经济走廊交通线上的一段。

这样就容易理解了，桐林遗址之所以能够成为地区中心，基础不仅限于淄、乌河流域，而且应该存在于更大的地理背景——整个鲁北地区。几乎可以肯定，这条经济走廊联系的范围也不仅止于鲁北地区，与山南的沂、沭河流域，胶东半岛，鲁东南沿海，汶泗流域，鲁西地区甚至更向西的豫北地区都应该存在频繁的交流，因此可以说桐林是广阔地域内多区域间合作竞争的结果[40]。从桐林这一个点上，也可以了解到龙山时期的社会和经济互动已经到了一种怎样的程度。

分析过宏观区域背景下的桐林后，其本身的聚落结构和变迁是我们需要了解的另一个方面。

1. 聚落的宏观结构

桐林遗址所处山前原野由于河流和季节性排水的冲刷，被分割成若干大小、高低不等的地块，桐林遗址的文化堆积就分布在这类地块上，其中中心地块最大，外围环绕着八处地块。据此，可将整个遗址按照地块划分为九个区域（图三）。龙山文化阶段堆积遍布所有九个地块，所以桐林遗址所呈现的复杂形态基本也就是龙山文化阶段的聚落形态。

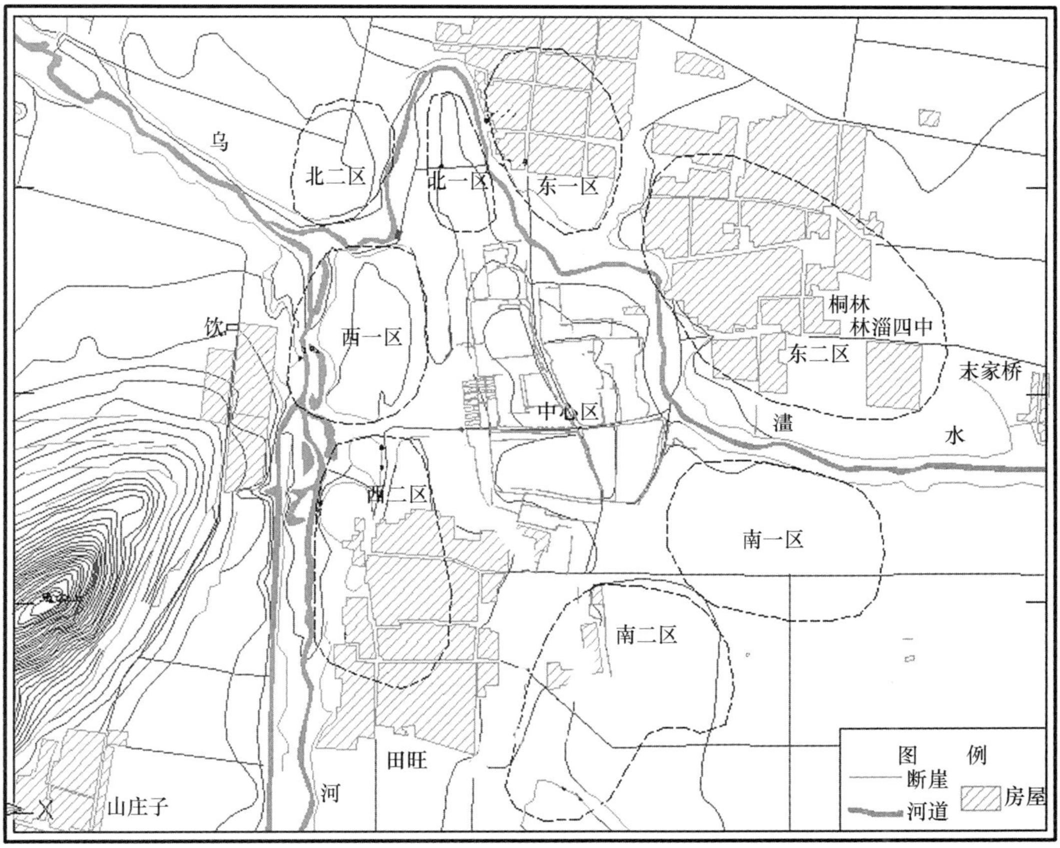

图三　桐林遗址龙山文化聚落结构

简单来说，龙山时期桐林遗址的宏观聚落结构是：中心区是城址，外围紧密地环绕着八片普通聚落，二者共同构成一幅城乡一体的复合型聚落体系。

中心区城址分早晚两期，早期较小，占据了中心区的南部，晚期城址扩建，基本覆盖了整个台地。

早期城基本轮廓仍在，平面略呈四边形，略有曲折，总面积约 15 万平方米。受制于中心地块的规模，晚期城址扩建时只能向北进行，向东也有小幅扩展，推进到台地边缘，南边和西边基本没有变化。与中心地块一样，晚期城的平面形状也是南北长、东西窄，唯有东北角被澅水冲蚀破坏。晚期城址南北约800、东西约450米，面积在30万平方米左右，如果算上被冲毁的东北角，原来面积估计不会少于35万平方米。

城墙上共发现5处缺口，其中早期城墙2处，晚期城墙3处，应该就是当时的城门。早晚期城墙缺口不存在相通的现象，都有一些错位，尽管错开的幅度并不大，似乎暗示早晚之间城址的基本建筑格局应该还在，但可能存在微调。例如，早期城墙废弃后其东面缺口北侧城垣的一段就被辟为高等级建筑基址，发现了大型柱洞和反映频繁举办宴饮等活动的生活垃圾。

早晚两期城址代表了中心区聚落发展的两个阶段，早期阶段始于龙山文化早期晚段，晚期阶段始于龙山文化中期晚段。同样的，也正是到了龙山文化中期偏晚阶段，桐林遗址的文化发展达到了鼎盛，经济技术高度发达，聚落规模亦随之暴涨。可见龙山文化中期以后桐林遗址中心区城址的扩张并不是偶然的，社会生产的飞速发展才是根本所在。

由于未对城址外围的聚落做进一步的发掘，目前对其了解还非常有限。从宏观上看，这8片聚落几乎可说是均匀地围成一圈环绕在中心区周围，除了规模存在大小外，并没有在哪一个方向上表现出明显的倾向性，有着特别的发展，9片聚落在结构上结合成了一个平衡的整体。这种向心结构更加突出了城址在整个聚落体中的核心位置，其他聚落显然是围绕着中心的城址布局的，从而形成一个超大规模的复合结构的聚落体。

这样一个复合型的聚落结构是如何形成的呢？有没有一个过程？

城墙最早建于龙山文化早期晚段，与城内最下层堆积相比，时代稍晚一些，应该是在龙山聚落兴起后不久就开始了城址的建设。通过发掘了解到，前后两个城圈之间只在东面和南面存在一些空白地段，北面发现大量龙山文化中期以后的堆积，说明城址的扩展主要是向北进行的。城址外围的8片聚落占到了整个聚落规模的85%，如果说也是由中心区扩张形成的则基本是不可能的。我们设想，桐林遗址龙山文化庞大的聚落规模和复合型的结构是中心区不断吸纳其他聚落的结果。

但问题是何以在吸纳其他聚落的过程中形成目前这样向心的复合型聚落结构呢？

中心区外围聚落的规模不一样，主要还是因为地理环境的制约，地块的大小不同，提供的发展空间自然有异。但外围聚落这么匀称地环布于中心区周围，展现出一副紧凑、统一的整体性，而没有在某一方向上如顺着河道或者当时的道路等有着特别的发展。其中原因应该是中心区城址发挥了核心制约作用，所以桐林龙山聚落复合型结构的关键应该是向心式的布局。从中可见城市在整个聚落形成过程中对外围聚落一直存在有意的规划，8 片聚落成环形拱卫于其外围，主要还是出于控制的目的。而且中心区城址扩展后东、南两面还存在大片空白，而同时期外围的聚落已经兴起。为什么没有吸纳外围聚落来填补这些空白呢？笔者认为原因有二：一是这些空白之处可能是城内的特殊区域或是设施，不是普通民居所在；二更可能的是城址内外不仅聚落性质有别，居民身份可能也不一样，城外聚落的兴起可能主要是移民的结果，而城市的扩大则主要是自身发展的结果，城市社会有保持自身纯洁性的意图。

2. 中心区聚落内部的变迁

目前，桐林遗址考古工作主要集中于中心区城址，分析这些资料，已经能够对中心区聚落的变迁进行一番描述。虽然所能讨论的也只是聚落中的局部现象，但这些现象如城墙、大型院落等关系到整个聚落的变化，因此这样的讨论同样可以对了解聚落整体有所助益。

调查和发掘揭示，中心区最初的房屋都是单体建筑，土坯或者版筑的墙体直接位于生土上。房子周围是使用时期的堆积，主要是生活垃圾和整修院落时的垫土层，附近还有一些窖穴和个别墓葬。使用时间长了，相邻房子之间的堆积逐渐连接起来，无论建筑形式是否发生变化，这类堆积都随着房子的修补、重建不停地加高和扩大，到了一定程度之后，垫土和生活堆积层层相叠，形成类似“建筑台基”的小区。南东地块的发掘对这种建筑小区的形成过程有比较详细的揭示。

南东地块是中心区被十字路沟分割后处于东南部分的地块，2003～2005 年连续发掘揭露约 1500 平方米，根据发掘区内遗迹状况大概又可分成南、中、北、东北四个区域。由地层堆积显示的阶段性来看，这一带的聚落变化可以分成三个阶段。

第一个阶段，居于遗址最下层，属于龙山文化早期。在发掘区中区发现一座圆形的土坯房和一座方形的版筑墙体房，两者相距不远，共用一个活动面，属于共时关系，活动面属于公共空间，就在邻里之间。发掘区内揭示的不仅有这种相对独立自成单元的房子，而且有迹象表明存在多座房子的组合。北区发现 3 座房子，房子南侧有 1 条东西向排水浅沟，将这里与南部区域隔开，形成一个相对独立的区域，可能存在若干关系更近的房子，在聚落内部层次上可能属于一个相对独立的社区，但生活于其中的社群的关系目前还难以讨论。这一阶段房子附近有少量墓葬存在，但聚落内部并没有开辟专门的墓葬区，显然这类墓葬与房子的关系更直接一些。

现在来看看最初的中心区聚落：城墙还没有开始兴建，聚落内有代表性的房子一般都是单体建筑，这暗示当时社会的基本单位应该与这些单体建筑内所生活的社会单元相对应，考虑到这些房子的规模结构——面积较小，大多不及 20 平方米，结构简单，均属单间——所以其中生活的应该是个体家庭。同时，具有共同边界的多座房子的组合亦显示聚落内部也存在更高层次的区域单元——社区，这说明从一开始居民之间就有了一定的分化组合，并不排除存在超乎一般个体家庭之上的更大的社会单元的可能，但即使存在，比例也不会高，因为与之对应的更加直接的证明材料——如一处稍成规模的族墓地——并没有被发现，当时社会以族墓地为代表的超乎一般家庭之上的社会血亲团体已经衰落或者瓦解，很可能个体家庭上升为社会的基本细胞。

第二个阶段，这一区域的聚落形态发生了改变。首先，房子建筑形式由当初的土坯和版筑墙体变成了基槽式木骨泥墙。其次，北区作为区域分界的排水浅沟及沟北社区被大型院落代替。大型院落的出现是桐林遗址聚落格局发生重要变化的标志。这处大型院落位于城址的中部偏南，大体与南墙中部相对，位置基本上是处在城址的中轴线上，显示出非一般的地位。发掘只是揭露了这处院落的东南一角，面积约100平方米。与前一阶段不同的是，院落兴起后，院内并没有发现相应的遗迹现象，证明这片被揭露的院落原本就是空旷的场地，应该是属于院内建筑的庭院。从其规模来说，如果院内存在建筑，其规格自非一般。因此，本阶段该区域不仅布局发生改变，而且在聚落内的性质也许已经转变，很可能成为整个聚落的一处中心院落。发掘揭示，院墙经过十多次重建，可知这处院落存在时间很长，作为聚落核心一直十分稳定。

第三个阶段，到了龙山文化晚期，中心院落废弃，前期聚落格局被打破，浅穴式房子和大型灰坑占据了这里，还发现了少量墓葬。这些灰坑都比较深大，体量上远远超出前期灰坑，但形态没有以前那样规整。房子一改前一阶段基槽式地面建筑的作风，基本都是方形和圆形的浅穴式建筑，更加接近后继的岳石文化风格。遗址上层还发现了岳石文化聚落，基本继承了龙山文化的城址，但聚落格局已变，显示龙山文化晚期向岳石文化过渡的环节中有重要事件发生。

以上分析还告诉我们，桐林聚落的宏观结构和内部细节在变化的节奏上具有同步的律动。例如，大型院落始建于龙山文化早期晚段，外围城墙最早亦建于同时。我们知道，大型院落的出现可能改变了聚落的结构，标志着聚落内部核心区的出现。同时，聚落外围也正在营建城墙，一表一里两相呼应，暗示桐林聚落的性质改变，成长为地区中心。聚落的变化正与社会的分化同步。

六、经济与技术

龙山时期最主要的经济生活当然首推农业，其次是手工业，还有伴随产品交换而来的商贸活动。

（一）农业

农业是整个社会运转的基础，关系到每个人的生活，也关系到社会上层的统治，是大多数人从事的职业，名副其实的第一产业，社会稳定的基石。伴随着浮选、植硅石等新的农业考古方法的应用，关于龙山文化农业的信息越来越丰富。研究表明，龙山时期粟、黍、稻、小麦等传统农作物已经基本齐备，可能还有豆科、葫芦科、莲子等经济作物和蔬菜，但是否属于人工栽培还不能确定。

农耕方式方面，关于旱地作物的记录至今还是一无所获，从发现的地点和数量来看，粟一直是最普遍的农作物，也是最主要的农作物之一。因为粟具有耐旱、易管理的特点，所以得到最大限度的推广，但与之适应的也是粗放的种植方式。虽然在好几个地方发现了水稻种植的迹象和证据，但现在还只是在胶州赵家庄发掘了一小块水稻田[41]。这块水稻田位于聚落的边上，分成两部分，紧邻聚落的部分形状不很规则，中间有储水坑，并有很多的窄条状沟槽与之联通，看来更像是育秧或者积肥的地方。真正种植水稻的田块与这里相邻，形状很规整，由田埂围成小的相连的田块，面积也就几个平方米。

我们注意到，这处水田位于遗址边缘，紧邻一个河道，地势略微倾斜，水田表面是富含腐殖质的水稻土，下层是黏性很强的黏土。这其中三个因素非常重要，是水稻种植的基本条件：河流能够保证稳定的水源供给；略微倾斜的地势能在各块水田之间产生高差，使得水流能够在其中畅通，调节水位；黏土层不漏水，是维持田里水位的保证。

虽然还不知道当时的生产方式，但赵家庄的发现告诉我们当时已经掌握了水稻生产的技术环节。只要环境条件许可，就可以进行种植。这也是龙山文化时期水稻种植得以普及的前提。

有学者专就龙山文化时期稻旱作物的种植进行了比较[42]，认为两种农业在两城镇和教场铺表现出来的差别与区域性的环境差异相关。实际上也应该注意到，学者拿来进行比较的两个遗址虽然都处于龙山文化时期，但两城镇以龙山文化早中期为主，而校场铺以龙山文化中晚期为主。由于学者并没有给出比较具体的单位分期，所以上述结果也可以认为反映的是龙山文化时期早晚之间的变化，至少不能排除这方面的可能。

小麦的发现越来越多，虽然数量还远远少于水稻、粟、黍，目前难以准确衡量其意义，但这个起源于龙山文化的种植传统的意义也不可低估。生长期的缘故，小麦的引进无疑为黄河流域增加了一种过冬作物，农业产量增加的同时也对耕作制度有很大影响。用麦子磨制的面粉也是主要粮食作物中唯一可以发酵的，可以制作各种面食。虽然目前尚不知道龙山文化的居民是怎样利用小麦的，但可以估测这对中国传统饮食方式的改变应该是空前的。所以无论单纯就农业来说，还是就文化意义来说，小麦的出现都是非凡的事件。

农业生产工具保留下来的主要以石、骨器为主，虽然发现的不少，但很不平衡。总体来说就是刀、镰等收割工具较多，铲、锄等耕作和田间管理工具较少，谷物加工工具能够确定的更是几乎踪迹皆无。耕作工具少可能是因为这类工具大多在使用过程中易于损坏，直接丢弃而难以保存下来，也可能这类工具当时更多的是竹木器，制作和使用都很方便，但更加不易保存。同理，粮食加工工具的缺失可能也存在类似原因。但一些特殊的食物如面食，必须要有石质的磨一类的工具加工，而这类器物在考古发现中的缺失，就不能不引起大家对当时食物加工方式的质疑。同时，要反思我们以往的考古工作，加强新技术的检测，以利于新线索的发现。

农业耕作的方式是关乎农业生产的重要条件，虽然目前还没有发现这方面的直接证据，如大面积的与居址可成对应的农田，但可以通过发掘的其他资料对这方面做些推测。继承了大汶口文化以来社会基本单元持续分裂的趋势，龙山文化时期社会的基本单元可能已经转化为个体家庭[43]。这在墓地中有着最直接的反映，并存在从大汶口文化以来持续不断的变化过程作为证明。个体家庭独立出来的基本动力应该是财产的私有，大汶口时期父系大家庭[44]或者家族层面上的财产共有已经被打破，一对夫妻及其未成年子女组成的个体家庭（或称核心家庭）上升为社会常态。既然财产已经在个体家庭层面上私有化了，估计当时进行农业生产应该是以个体家庭为单位，收获物的分配应该也是直接到个体家庭的。至于田地的属性是公有还是私有，是那一个层面上的公有或私有，现在还无法做出判断。但这是很关键的因素，如果搞清楚了这方面的情况，就能帮助我们理解当时社会是通过什么方式控制基层社会的。

与农业相关的还有园艺种植，主要是作为辅助的经济作物，如植物油、调料、果品、蔬菜等相关作物的生产，其中有的可能需要采集野生植物。但目前关于这些方面我们几乎还一无所知，虽然考古发现中有一些线索，但真正的研究还没有展开。

（二）家畜与渔猎

家畜饲养是龙山时期农业经济的另一个重要方面，是主要的肉食来源。考古发现当时主要家畜有猪、狗、牛、羊，家禽主要是鸡。由于猪是杂食动物，食谱宽泛，又能充分利用人类餐后剩余，很适合进行家庭化饲养，狗除了这些优点外，还可以看家护院，是很好的生活助手，实际上比猪更适宜家养，只是由于提供的肉量比较少，所以在肉食动物中远不如猪重要。牛从来没有成为中国人餐桌上的主要肉食，一方面由于当时主要把牛作为畜力役使，并没有当作肉、奶的来源；另一方面如果从节约成本来讲，牛并不适宜家养，养牛需要较大范围的牧场，而中国农业的底色太强，并没有形成牧养牲畜的文化传统。相对于牛来说，羊虽然也需要放养，但其食量不大，比较适合家庭化养殖，更由于羊也不能提供畜力，所以成为纯粹的肉食动物。考古发现的猪的个体起码要占一半以上，其次是狗，牛和羊数量较少。这种饲养比例带有中国家畜养殖传统的明显特点，很可能表明当时家畜饲养主要是以家庭化的方式进行的，一般没有集中的大规模的专业化养殖，始终与中国传统的小农经济的生产方式相适应。

与家畜伴出的野生动物也不少，主要是各种鹿，有麋鹿、梅花鹿、麃等，还有野猪、獾、鸟类，甚至有狼、虎等猛兽，但后者数量较少。同时，各遗址都有一定数量的水生生物，包括各种鱼类、介壳类以及鳖、龟、扬子鳄等两栖类，内陆遗址以淡水生物为主，沿海遗址一般都有很多海生生物。看来当时肉食来源中，渔猎捕捞仍然是重要手段。甚至有的遗址野生动物的数量还要远远超过家畜，如尹家城经过鉴定的动物骨骼中，鹿的数量占全部总数的近三分之二，是家猪的2倍还多[45]。可见渔猎捕捞所获确实是当时经济生活中重要的补充，但不要因为这一定位而对这种经济形式给予任何的轻蔑，也不要因此对龙山时期的生产能力有所怀疑。因为在当时环境下，野生动物是一项丰富的资源，开发利用这种资源自然应该成为社会生产的重要方面。我们在遗址中发现的大量的镞、矛、网坠等应该就是这种经济形式的生产工具[46]，由于这种工具出土的普遍性，几乎可以说是每一个龙山聚落都具备的经济手段。在一些特殊的遗址中，还发现了针对专项资源的利用，如三里河遗址除了近海性鱼类外，还发现了外海洄游性鱼类。对外海性洄游鱼类的捕捞应该具备相当的知识和技术设备，因此可以推断在当时肯定有专业的渔民，打鱼也成了一项专业经济。综上，渔猎捕捞在龙山时期社会生活中应该是一个重要的方面。

（三）手工业生产

龙山文化时期的手工业生产包括陶器、石器、纺织三个涉及社会生活的基本方面。还有以玉器为代表的奢侈品，以铜器为代表的新兴技术领域，可惜后者发现太少。

龙山文化陶器的生产是最发达的工业部门，有着巨大的产量和复杂的器类。在我们发掘的各个时代遗址中，龙山文化的陶器出土量几乎是最大的，经常发现储藏不少完整陶器的窖穴。同时，陶器种类也是最多的，每一类陶器都有各种各样的变体，构成复杂的陶器组合。陶器产量的提高和种类的复杂，几乎可以肯定和当时陶器生产的社会化、专业化及技术的改进有关。以桐林遗址为例，由系统观察分析可知，陶器生产技术在不停地进步，约在龙山文化中期晚段达到顶峰，快轮制陶普遍推广，甚至鬶、鬲、甗类的袋足也是快轮提拉成形的，并且普遍经过精心修整装饰。这些产品应该是在专业的陶器工场由陶工生产的，不是家庭手工业所能提供的。

龙山文化石器生产是仅次于陶器的手工业经济部门，但具备相当规模、可称专业化生产的，目前发现还极少，桐林遗址可算是一处，也应该是最具规模的一处。调查发现，桐林遗址石器制作的流程是，在遗址西侧愚公山上开采石料，通常情况下就地进行一些初步加工制成初坯，然后带到聚落中进行琢制和磨制，完成剩下的工序。也有将石料直接带到聚落内然后加工的。遗址上遍布初坯和废料，没有发现略有规模的石器专业加工场所，因而我们判断这里的石器生产属于家庭手工业。遗址上发现的石器成品或者使用损坏的石器比较少，与一般遗址相比也要少很多，看来其产品并不主要是供给本聚落使用的，大多是作为商品交换出去了。调查中我们还在高阳故城、义合西南、南罗西南、田旺西、小杜家南、槐行西南等遗址发现了同样的石器粗坯。其中高阳故城、南罗西南等距离出产石料的山区较远，显然这些初坯不是当地产品。这提示，桐林遗址向外输出的产品中可能还包括半成品。如果周围遗址发现的石器初坯都来自桐林遗址，说明后者控制了石料矿源，从而也控制了相关区域的石器生产；如果这些遗址内石器初坯为自产，但一般数量较少，看来只为满足自身需要，不会形成专业规模，只有桐林遗址一处具备了规模，形成了工业化生产。

除了陶器和石器以外，当时重要的手工业部门还有纺织、酿酒、铜器、玉器等新技术产品和奢侈品的生产。

龙山文化还没有发现纺织品样品，以当时社会发展来衡量，至少应该有丝、麻两类，可能还有葛。丝、葛织品目前还没有见到，不过不少陶器底部都留下了编织物印痕，从痕迹判断有的应该是麻制品，一些陶器表面装饰的绳纹印痕，也应该是麻绳。龙山文化还发现大量纺轮，应该是捻线的工具，但还不是纺织布匹的工具。由于这类工具多为木制，很可能难以保存下来。大汶口遗址曾发现一件骨器，据说是梭[47]，是织机上的工具，不过其形制并不能与作为武器的梭镖从根本上区别开来，还需要更多的证据。总体来说，龙山时期的纺织业还很不清楚，由当时发展水平衡量，应该存在比较发达的纺织业。与纺织业相伴而生的是印染，这方面的证据更少，只发现了一些赤铁矿石、朱砂等，有些可能用作染料。还应该有植物性染料，需要在今后的考古中去发现。尽管一般社会阶层的需要可能主要是自己生产，但社会上层，特别是丝织品等高端奢侈消费应该由专业化的渠道生产。因此可以推断，当时应该存在种植生产丝麻的专业经济，并存在这方面的专业贸易。今后田野工作中寻找相关方面的证据是应该注意的问题，也是现代新技术可以大显身手的地方。

两城镇检测到酒[48]，打消了多年来存在于学者心中的疑问，龙山文化中大量的酒器也找到了根据。在当时，酒的生产具有一定技术难度，并不是每个家庭都能够完全掌握的，但从发现来看，酒器却是普遍存在的，普通民居和高级场所都有其踪迹，可见酒的消费既具有大众化的特点，也是宴饮、祭祀等礼仪活动中必不可少的饮料。因此其消费量颇大，社会上应该存在专业的酿酒业。

玉器包括一些高级石制品是当时的高端产品，目前发现的大部分玉器如钺、璇玑、璧、琮、璋、多孔刀、圭等礼器基本都出土于大型的中心聚落或是祭祀遗迹中，应该属于专供上层消费的奢侈品，而一些比较精美的石器和小件玉器也在普通墓葬中出土，是一般民众消费的高档产品。特别是前者生产技术要求高，工时耗费多，单位产品的投入和产出很可能不成比例，成本高昂，只有掌握了大量公共资源的社会阶层才能享用，因此其生产只能在专门的由公权力掌控的部门进行，以社会全体作为分母来分解其成本，而专供作为分子的少数人使用。

铜器在三里河[49]、杨家圈[50]、尧王城、长岛北长山岛等都有发现，严文明据之认为龙山文化已经进入铜石并用时代。但总体上来说数量还不多，真正完整的更少，缺乏容器，可以看出来龙山文化中铜器制作仍然是一项新技术产品。目前，据这么有限的资料难以估计这项新技术和新资源的应用对社会的提升和对人们生活有多么大的影响。但是如果换一个角度，这项发明的应用正反映了当时社会和技术的巨大进步。由于特殊的技术要求和稀缺难以开采的矿源，可以确定铜器的生产需要专业的工人和管理，因此可以肯定这是一项专业的工业经济部门。

以上我们对龙山文化手工业经济概况进行了简单讨论，证明龙山文化手工业经济已经发展到很高水平，不少领域的生产已经进入了专业化和社会化的水准。通观这类领域，从中不难发现，只有资源和技术的独占二居其一，专业化和社会化才成其为可能。例如，陶器，虽然陶土随处可得，资源无法形成独占，但只有掌握了快轮制陶等技术，才能够形成专业化的社会生产。因此有理由相信，龙山时期应当存在专业化的陶器生产工场，其中所产应占社会上陶器总量的绝大部分。桐林遗址的石器工业情况更复杂一些，由发现来看，在这里石器制作是一种家庭手工业，并没有发现规模化的专业工场。其原因一是石料矿源属于整个聚落，人人可得，在聚落内并没有谁有独占的权力；二是一般石器的制作技术也不难掌握，因而家家户户都可以进行。所以虽然桐林石器工业的规模很大，专业化程度很高，作为一项专业经济对聚落的意义也很重要，但总体来说生产的社会化程度并不高。

（四）贸易

贸易从来都是社会发展的催化剂。龙山文化时期贸易在社会发展中一直起着重要作用。现在讨论当时的贸易，应该知道贸易需要具备的几个要素：产品、市场体系、买家。

产品的范围很宽泛，在当时主要是农业和手工业产品，当然也包括渔猎和采集的农副产品，以及开采的矿产品。这些我们已经在前面讨论过，不再重复。

市场体系是产品和买家之间的媒介，是贸易行为的主体。考察当时聚落，龙山时期市场体系应该存在初级的集市—区域市场（中心市场）—跨区域的市场系统三个层次。集市主要在乡村地区，范围不大，根据现代社会学调查，一个乡村集市覆盖的范围一般不超出5千米，这个范围通常也是通婚的圈子[51]。区域市场通常指围绕着一处区域聚落中心如桐林、两城镇形成的中心市场，覆盖的范围要远远超出初级的集市，一般要跨多个初级集市，是地区中心的标志。跨区域的市场系统顾名思义就是贯穿多个中心市场的贸易渠道，这个系统可能没有固定的专门交易场所，利用的主要是前两个市场。

不同层次的市场体系交易的内容也不尽相同。初级集市由于范围有限，产品来源和市场消化能力也有限，更缺乏高层次的消费需求，注定交易的货物主要是农副业和手工业中的初级产品，目的是满足大众化的基本生产生活需求。因此这类交易并不需要专业的商人，普通民众即可。而一般民众需要从事农业等方面的劳动，只有闲暇时节才能进行交易，这决定了初级集市的临时性质，它并不是常备的市场。中心市场面对整个地区，一般覆盖多个初级集市。相对于集市，中心市场面对的需求层次更加复杂和多样化，因而供应的货物除了初级产品之外，还有高附加值的技术和劳动含量均高的中高端产品。由于中心市场面对的需求更广、更复杂，数量也更大，因此较之集市要更加频繁地开市，有些货物的交易也许是常年开市，因此需要有专业化或者半专业化的商人。跨区域的市场应该是一个贸易的体系，不一定像集市和中心市场那样是在相对固定的场合、固定的时间内举行。其目的是调节大区域内物产供给，所以运输的距离一般较长，因而需有长途的道路和沿道路发展起来的节点性市镇，以及便于长途运输和具有较大增值空间的产品，其中关键的是还要具备专业的商人。

对照两城镇地区龙山文化分布，与前述分析具有鲜明的可比性。两城镇地区是多重同构的聚落布局模式，其聚落层面上的基本单元应该是若干普通聚落围绕着一处次级中心组成的聚落圈。这样的聚落圈范围大致在方圆5千米以内，中心聚落应该就是一个集市，正是由于这个集市的存在，聚落圈可成一个基本自足的单元，大家的基本需要在本集市系统内通过交换即可满足。在两城镇周围这样的集市系统有很多，是地区社会的主体，大多占据着区域内较好的地理位置，许多处于地区的中轴上，成为沟通内外线路上的节点。

在地区内部，众集市系统围绕的两城镇作为整个地区的中心聚落，应该也是中心市场的所在。这源于三个方面。①两城镇作为中心聚落，人力资源丰富，能够培养一批专业生产者，生产高附加值的产品，如精致的陶器、玉石器、金属器等。与之相应，经济领域中的专业化倾向也就随之而来。有了专业生产的优势，产品交换是将这种优势转化为现实利益的最直接手段。②两城镇本身就是一个超大规模的聚落，需求量巨大，加上社会上特别是上层对奢侈品的追求造就了区域内最大的市场。③也许是更为关键的，作为交通枢纽为贸易提供了货物流通的出口和通道。同时作为地区中心，聚落的组织管理当然对市场和商贸活动可以起到一定调节作用，保障经济生活正常进行（图四）。

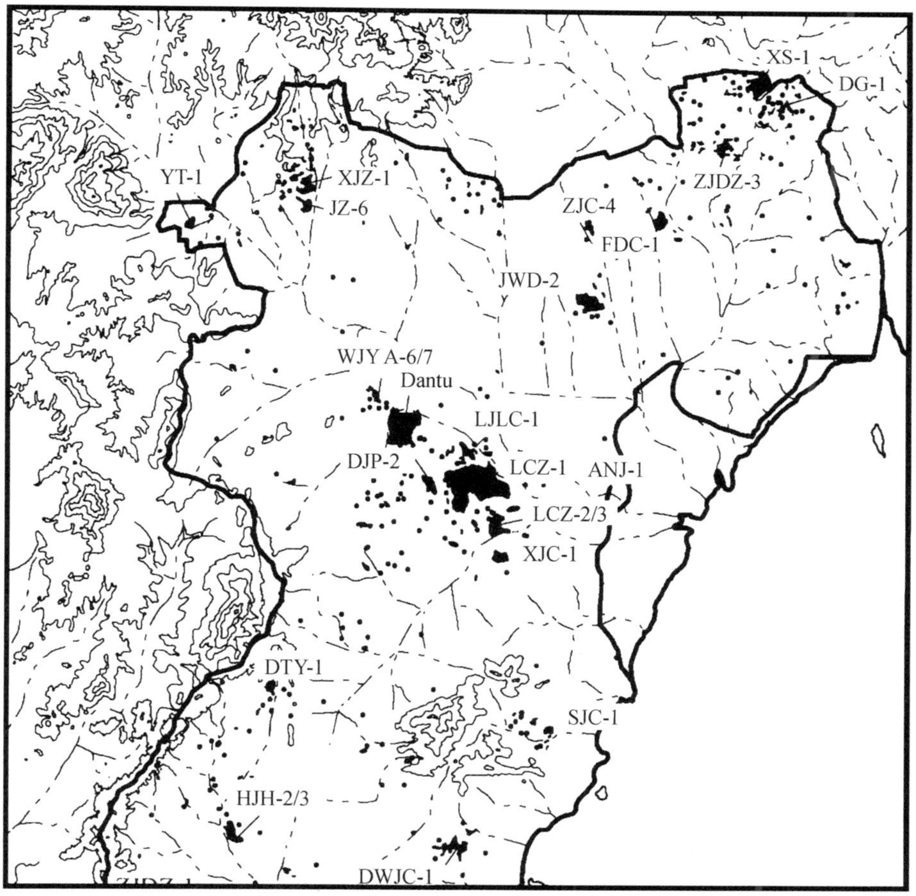

图四　两城镇区域聚落所现两级市场系统

跨区域的市场体系在两城镇地区聚落群中也有明显表现。我们前面分析过那条纵贯两城镇和尧王城的地区社会的中轴，围绕着这条中轴，应该存在跨越两城镇—尧王城—藤花落的市场体系在运转，调节着整个鲁东南沿海的地区经济，也是这个地区得以整合为一体的关键。类似的市场体系在鲁北地区有更加明确的体现，就是贯穿城子崖—丁公—桐林—边线王的经济走廊（图五）。这条经济走廊在鲁北地区整合社会内部，形成重要的区域社会力量，同时还要穿越区域的限制，成为沟通海岱地区与中原的主要通道。于其中发挥至关重要作用的就应该是伴随这条经济走廊而兴盛的跨区域的市场系统。

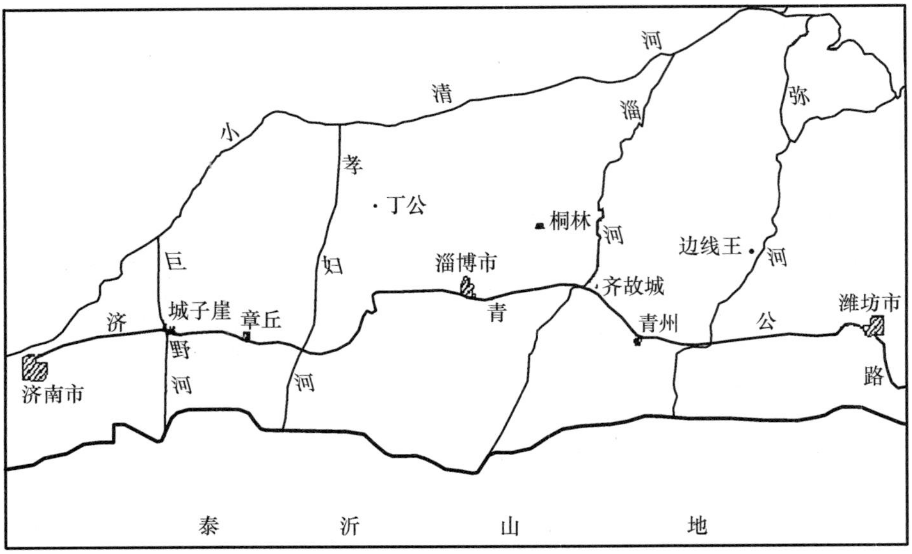

图五　鲁北龙山城址与经济走廊

七、社会的组织

（一）中心的生成与地区社会的整合

龙山文化无论是遗址的数量还是规模在史前时代都是空前的，有些区域几乎与现代村庄的密度相差无几，这应该是基于人口数量迅速膨胀后的结果。聚落数量增加，分布密度随之变大，土地开发效率必然同步提高，如此方能适应人口承载量的增加，于是单位农田中投入的劳动相应增加，精耕细作由此而生。同时，不同聚落由于不同的地域资源和技术专长，物产必多有可以互补之处，形成某种程度上的经济圈，聚落群的出现正是经济圈的直接反映。在经济圈中起到重要调节作用的手段是贸易。贸易的进行需要适合的比较稳定的场所，一般情况下这种场所设在那些交通方便、占据优势地理位置和掌握优势资源、技术的聚落中，这些聚落从而得到快速发展，信息、物流等越来越集中，逐渐成长为地区中心。

再者，聚落密度加大，当然会提升聚落之间竞争的压力，常常成为冲突爆发的诱因，这时就需要有一个协调者来掌握平衡，一般情况下居于优势地位的聚落自然地承担起协调者的身份。渐渐地协调者的身份固定在这类聚落上，它们就会成为聚落群内的领导者，对内组织协调，对外行使维护本集团利益的职责，充当地区社会的保护者。

上述两个方面是区域中心生成的一般途径，前者偏重经济，后者偏重政治，在中心的成长过程中往往是两方面同时发挥作用，相互促进。

（二）龙山文化城址与城市社会

海岱地区目前发现了11处龙山文化城址，鲁东南苏北沿海地区有两城镇、丹土、尧王城、藤花落4处，鲁北地区有边线王、桐林、丁公、城子崖4处，鲁西北地区有景阳冈1处，汶泗流域有庄里西1处，沂、沭河流域有防城1处[52]（图六）。这些城址均为地区中心，大都有围绕自身的聚落群，占据了一定地域范围，形成区域性实体。除了丹土和两城镇以外，这些区域性实体应该各为单元，互不统属。

这种区域性实体在政治上亦应该自成单元，如鲁东南沿海聚落群。前面分析过，尧王城和两城镇一样，直接控制了一些聚落和空间，有自己的直属区域，在其外围分布着一些从属于它的规模较小的次级中心及各自的聚落圈。从空间结构来看，尧王城和两城镇的领域可分成两个层次：直属区域和外围由次级中心所属小型聚落群占据的从属区域。这样的空间结构与中国早期文献中关于“国”的解释存在很多相似之处，如我们可以把直属区域称之为“畿内”，是国的所在地及其直接管理的区域，从属区域范围更大，或可称之为“邦土”。果如是，则形成城乡二元结构的聚落和社会体系，当然可以说这么一个区域实体就大略具有了初期国家的结构了，可以称之为“国”。同时由于城址在这种结构中所具有的核心地位，其他一切皆是围绕城址展开的，其中城址应该具备城市的基本特征，所以这样一个政体也可以称作一个城邦。因此我们把这类相对独立的以城市为核心的区域社会单元称为最初的城邦国家。

类似的区域社会单元在山东还有很多，除了两城镇、尧王城以外，桐林、城子崖、景阳冈、边线王、丁公等都是如此。在鲁东南沿海和鲁北地区这类存在多处城邦国家

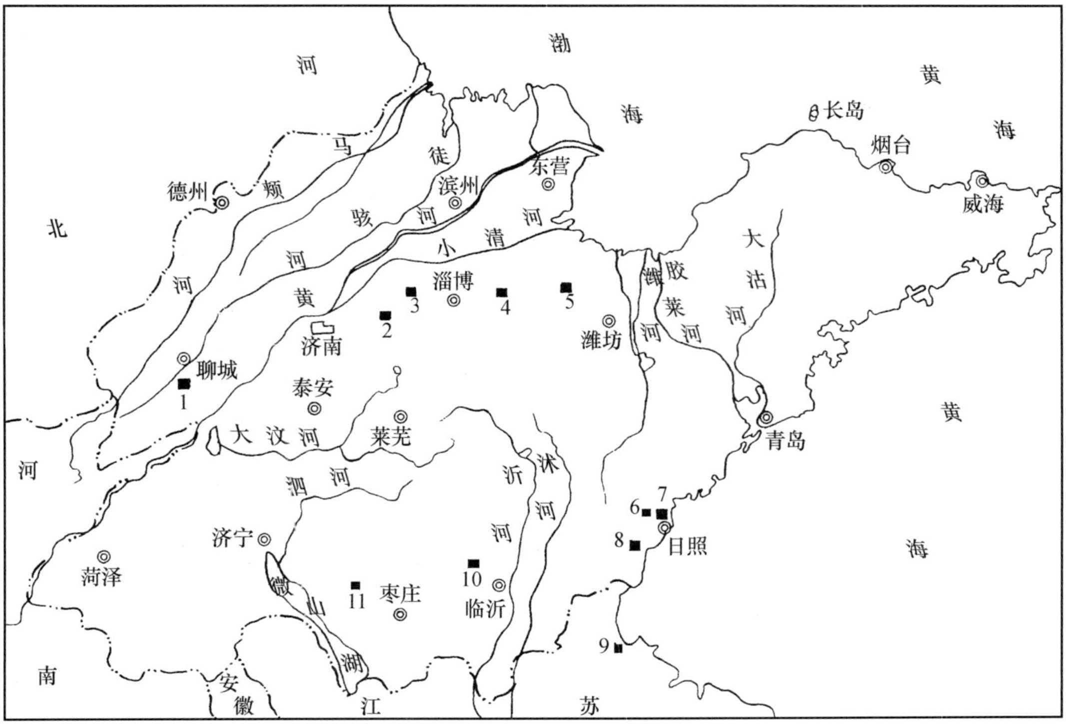

图六 山东龙山文化城址分布示意图

1. 阳谷景阳冈 2. 章丘城子崖 3. 邹平丁公 4. 临淄桐林 5. 寿光边线王 6. 五莲丹土 7. 日照两城镇 8. 日照尧王城 9. 连云港藤花落 10. 费县防城 11. 滕州庄里西

的地区，可能已经出现了初期城邦社会的局面。这暗示当时存在超出单个城邦范围的超区域性社会系统。目前来看，这种泛区域间的联系应该是基于经济之上的，然后发展出政治性的关系，同时也可能包括族群、宗教、信仰等层面的联系。

而居于这类社会核心的城市成为一种真正复杂的社会形态。以桐林遗址为例，这个聚落呈现城 - 乡复合型结构，有 230 多万平方米，规模很大，人口肯定很多，如果全体居民均为农民的话，土地资源就很成问题，加上距离可耕地太远，所以城内居民已经不大可能从事农业。由遗址上普遍发现的石器工业遗留分析，城内居民普遍从事的是石器的生产，身份已经转化为家庭手工业者[53]。据研究[54]，城内陶器工业中的专业化和社会化趋势更加强烈，表明社会上存在专业的制陶工人。从其他遗址来看，玉器生产应该已经成为专门化的受到定向控制的工场工业模式，其中的制玉匠人当然比家庭工业的从业者具有更加独立的专业性。这表明龙山城市经济生活已经发展到很高水平，有理由设想除农业和手工业之外，商业亦为经济中的一个重要方面，这缘于城市一般具有较为优越的交通条件、控制着丰富的各类资源，同时作为地区中心具备了技术和人力资源优势，以及由人口集中带来的市场条件等。据此可推论当时可能有了专职和兼职的商人。

对任何早期社会来说，最根本的变化之一还是社会上层体系的建立。这也是与城市社会的发展相适应的，因为城市的管理、运作本身即为一项复杂的系统工程，当然要有复杂的社会网络来调适。公共工程、设施的建设及维护，城市社会的运转调度，对应外来挑战等，都需要建立一整套常备机制，服务于社会的公职人员应运而生。其中一部分上升为高级管理阶层，成为掌握大量公共资源和公权力的贵族，他们制定法度政策并亲自执行，久之形成制度。

但考古证据显示山东龙山城市社会中，大部分市民之间象征着社会地位身份的贫富分化并不明显。山东龙山城内缺乏陶寺遗址[55]那种从公共墓地分化中可以排列出金字塔形社会等级结构的发现。相反的是，山东龙山文化中拥有一定财产、生活比较稳定的中间阶层占据了社会的主流，上下两端阶层的规模都不大。这种普遍富裕的状态这证明了山东龙山城市的产生，主要是立足于经济基础之上的社会持续积累。

（三）共性体现的山东龙山社会特点

龙山城址的发生都是建立在各地区人口激增和集中的基础上的，这从各城址所属区域聚落的密集程度可见，而城市本身就是与人口集中互为因果的。

包括龙山城址在内整个龙山社会的成长繁荣得益于持续稳定的社会环境。山东龙山文化考古发掘中表现暴力和战争结果的迹象较少发现，城垣基本以较原始的堆筑为主，并不高大，军事上的作用相对有限。因而族群之间的对抗并不强烈，城垣出现主要不是出于战争的需要，应主要是城乡分化的标志，是城市社会保卫自身及财产的措施。只有在这样稳定的社会环境里，社会财富才能持续积累，城址的修筑也正是社会积累的产物。

龙山时期宗教已经从早前的社会核心一定程度上被边缘化，政治成为社会运作的杠杆[56]。与前期的大汶口社会相比，龙山社会的世俗性是其重要特征，以前那种强调族群血缘关系的敬祖祀神的宗教气氛已大为减弱。龙山时期人们的精力已经转移到社会事务中来。考古发掘中，龙山文化居址的活动烈度是前所未有的，通常情况下对墓葬的处理就随意得多。可见与人们日常生活息息相关的世俗事务已经占据了社会生活的核心，逐渐建立起与社会的运转发展相适应的世俗体制。

注　释

［1］ 高广仁、邵望平：《中华文明发祥地之一——海岱历史文化区》，《史前研究》1984年1期。
［2］ 栾丰实：《龙山文化王油坊类型初论》，《考古》1992年10期；李伯谦：《论造律台类型》，《文

物》1983 年 4 期；严文明：《龙山文化和龙山时代》，《文物》1981 年 6 期；中国社会科学院考古研究所：《黄河中游的龙山文化》，《新中国的考古发现和研究》，文物出版社，1984 年。

［3］在中国也有不少学者把龙山文化定位为铜石并用时代文化。参见严文明：《论中国的铜石并用时代》，《史前研究》1984 年 1 期。

［4］栾丰实：《海岱龙山文化的分期和类型》，《海岱地区考古研究》，山东大学出版社，1997 年。

［5］参见将要出版的中华文明探源工程（二）年代学课题结项报告。

［6］栾丰实：《海岱系文化在华夏文明形成过程中的作用——从海岱、中原两大文化区系的相互关系谈起》，《华夏文明的形成与发展》，大象出版社，2003 年；方辉：《二里头文化与岳石文化》，《中原文物》1987 年 1 期。

［7］仇士华、蔡莲珍、张雪莲：《关于二里头文化的年代问题》，《二里头遗址与二里头文化研究》，科学出版社，2006 年。

［8］同［4］。

［9］同［4］；何德亮：《山东龙山文化的类型与分期》，《考古》1996 年 4 期。

［10］邵望平：《“禹贡”九州的考古学研究——兼说中国古代文明的多源性》，《九州学刊》2 卷 1、2 期。

［11］尹焕章：《华东新石器时代遗址》，上海人民出版社，1956 年。

［12］梁思永：《龙山文化——中国文明的史前期之一》，《考古学报》1954 年 1 期。

［13］尹达：《中国新石器时代》，生活·读书·新知三联书店，1955 年。

［14］安志敏：《中国新石器时代的物质文化》，《文物参考资料》1956 年 8 期。

［15］安志敏：《试论黄河流域新石器时代文化》，《考古》1959 年 10 期。

［16］代表性的有黎家芳、高广仁：《典型龙山文化的来源、发展及社会性质初探》，《文物》1979 年 11 期；吴汝祚、杜在忠：《两城类型分期问题初探》，《考古学报》1984 年 1 期；邵望平：《对龙山文化的再认识》，《新中国的考古发现和研究》，文物出版社，1984 年；韩榕：《试论城子崖类型》，《考古学报》1989 年 2 期；栾丰实：《龙山文化尹家城类型的分期及其源流》，《华夏考古》1992 年 2 期；赵辉：《龙山文化的分期和地方类型》，《考古学文化论集》（三），文物出版社，1993 年；于海广：《〈泗水尹家城〉和〈兖州西吴寺〉中龙山文化的分期》、靳桂云：《关于龙山文化城子崖类型的几个问题》，《纪念城子崖遗址发掘 60 周年国际学术讨论会文集》，齐鲁书社，1993 年。

［17］同［4］。实际上，栾氏的相关研究在 1990 年之前就形成了。

［18］张光直：《考古学专题六讲》，文物出版社，1986 年。

［19］中国历史博物馆考古部：《当代国外考古学理论与方法》，三秦出版社，1991 年。

［20］赵辉、秦岭、张海等：《新形势　新需求　新规程：新修订〈田野考古工作规程〉的相说明》，《南方考古》2009 年 3 期。

［21］张学海：《大遗址探掘：实践与方法论》，《海岱考古》（第五辑），科学出版社，2012 年。

［22］张学海：《城子崖与中国文明》，《纪念城子崖遗址发掘六十周年国际学术讨论会文集》，山东大学出版社，1993 年。

［23］ 张学海：《试论山东地区的龙山文化城》，《文物》1996年12期；张学海：《从考古发现谈鲁西南地区古史传说的几个问题》，《中原文物》1996年1期。

［24］ 这从张学海两次把苏秉琦给山东省文物局领导的同一封私信分别作为《海岱考古》（第一辑）开篇论文和其个人论文集序言的行动中可见一斑。

［25］ 汤惠生：《夏鼐、苏秉琦考古学不同取向辨析》，《中国社会科学》2017年6期。

［26］ 方辉、钱益汇：《济南市小清河流域区域系统考古调查》，《东方考古》（第2集），科学出版社，2005年。

［27］ 国家文物局：《中国文物地图集·山东分册·龙山文化部分》，中国地图出版社，2007年。

［28］ 方辉、文德安、加里·费曼：《鲁东南沿海地区聚落形态变迁与社会复杂化进程研究》，《东方考古》（第4集），科学出版社，2008年。本项工作结束后，发现的龙山遗址又有了明显增加。参见乔卓俊：《中美联合考古队结束在鲁东南地区的考古调查》（《东方考古研究通讯》2007年9期）这一考古项目历时13载，调查面积超过1400平方公里，发现记录史前至汉代遗址2000余处，史前遗址（主要是龙山遗址）近600处。

［29］ 孙波：《桐林与两城——鲁北中部—鲁东南沿海龙山时期的聚落与社会》，《东方考古》（第7集），科学出版社，2010年。

［30］ 孙亮、陈刚、刘厚学等：《江苏连云港藤花落遗址考古发掘纪要》，《东南文化》2001年1期。

［31］ 山东大学历史系考古专业教研室：《泗水尹家城》，文物出版社，1990年。

［32］ 燕生东、刘延常：《滕州市庄里西新石器时代至汉代遗址》，《中国考古学年鉴·2003年》，文物出版社，2004年。

［33］ 栾丰实：《龙山文化王油坊类型初论》，《考古》1992年10期。

［34］ 贾笑冰：《鲁西龙山文化又添新类型》，《中国文物报》2001年12月17日第1版。

［35］ 同［22］。

［36］ 孙波：《试论黄淮下游的沙基堌堆遗址》，《考古》2003年6期。

［37］ 张学海：《鲁西两组龙山文化城址的发现及对几个古史问题的思考》，《华夏考古》1995年4期。

［38］ 山东省博物馆：《山东茌平尚庄第一次发掘简报》，《文物》1978年4期；山东省文物考古研究所：《茌平尚庄新石器时代遗址》，《考古学报》1985年4期。

［39］ 严文明：《东北亚农业的发生与传播》，《农业发生与文明起源》，科学出版社，2000年；栾丰实：《海岱地区史前时期稻作农业的产生、发展和扩散》，《文史哲》2005年6期。

［40］ 刘莉著，星灿译：《龙山文化的酋邦与聚落形态》，《华夏考古》1998年1期。

［41］ 靳桂云、燕生东、宇田津彻朗等：《胶州赵家庄遗址水田的植硅体证据》，《科学通报》2007年18期。

［42］ 赵志军：《两城镇与教场铺龙山时代农业生产特点的对比分析》，《东方考古》（第1集），科学出版社，2004年。

［43］ 孙波：《再论大汶口文化向龙山文化的过渡》，《古代文明》（6），文物出版社，2007年。

［44］ 孙波：《建新墓地初探》，《刘敦愿先生纪念文集》，山东大学出版社，1998年。

［45］ 卢浩泉、周才武：《山东泗水县尹家城遗址出土动植物标本鉴定报告》，《泗水尹家城》，文物出

版社，1990年。

［46］可能大多数矛和镞是狩猎的工具，并不是通常意义上的武器。

［47］《中国大百科全书》总编辑委员会：《中国大百科全书·纺织卷》，中国大百科全书出版社，1984年，彩图插页第1页。

［48］麦戈文、方辉、栾丰实等：《山东日照市两城镇遗址龙山文化酒遗存的化学分析——兼谈酒在史前时期的文化意义》，《考古》2005年3期。

［49］中国社会科学院考古研究所：《三里河遗址龙山文化铜器鉴定报告》，《胶县三里河》，文物出版社，1988年。

［50］山东文物考古研究所、北京大学考古实习队：《山东栖霞杨家圈遗址发掘简报》，《史前研究》1984年3期。

［51］杜赞琪著，王福明泽：《权力的文化网络》，《文化、权利与国家——1900—1942年的华北农村》江苏人民出版社，1996年。

［52］孙波：《山东龙山文化城址略论（简稿）》，《中国社会科学院古代文明研究中心通讯》2010年19期。

［53］灰嘴的研究者认为灰嘴遗址的石器生产可能是家庭手工业模式，但仍然没有脱离农业，只是利用农闲时节进行生产。见陈星灿：《从灰嘴发掘看中国早期国家的石器工业》，《中国考古学与瑞典考古学——第一届中瑞考古学论坛文集》，科学出版社，2006年。家庭手工业并不能限制从业者成为纯粹的工人，桐林的情况可为证明。

［54］高明奎：《桐林遗址龙山文化制陶业及相关问题的初步研究》，北京大学同等学力申请硕士学位论文，2008年。

［55］中国社会科学院考古研究所山西工作队、临汾地区文化局：《1978—1980年山西襄汾陶寺墓地发掘简报》，《考古》1983年1期。

［56］杜正胜：《关于考古解释与历史重建的一些反省》，《中国考古学与历史学之整合研究》，“中央”研究院历史语言研究所，1997年。

（本文曾用英文发表于文德安主编的《中国考古学手册》，耶鲁大学出版社，2013年。中文做了少量修改）

丁公遗址龙山文化时期蚌制品原料研究
——蚌制品取料加工的模拟实验*

姜富胜　宋艳波
（山东大学考古学系）

一、研究背景

龙山文化兴起与发展的时代是研究中国文明起源的一个关键的时间段，这一时期各地区城址的不断出现即昭示着不同区域已有固定的聚落中心[1]。张学海先生认为鲁北地区的边线王、桐林、城子崖、丁公四座城址一线排列，四城彼此间距在35～40千米，似乎可与文献中记载的古国疆域范围相对应[2]。丁公遗址作为龙山文化时期的一个重要城址，对其进行相关研究必将为中国文明起源的研究提供更多的证据。

（一）遗址发掘情况简介

丁公遗址位于山东邹平县苑城乡西南，东北距苑城乡驻地约1千米，西南距邹平县城约13千米。试掘发现汉代、商周、岳石、龙山、大汶口文化遗物，除陶器外，还出土了大量骨、角、蚌器[3]。

目前共进行过6次发掘，揭露面积1600余平方米，清理各时期遗迹一大批，其中龙山文化时期遗迹现象十分丰富，获得包括城墙、壕沟和陶文在内的一系列重要发现。

为配合山东大学1984、1986级考古专业学生的毕业实习，继1985年首次试掘后，又于1987、1989年秋对该遗址进行了第二、三次发掘。主要在遗址西北部Ⅱ区和东南部的Ⅳ区内进行，共布5米×5米探方42个，连同扩方，实际发掘面积近1000平方

* 本研究得到国家社科基金重大项目“邹平丁公遗址发掘报告”（12&ZD194）资助。

米。共清理不同时期房址20余座，水井3眼，陶窑4座，灰坑900个，墓葬20余座，获得陶器、石器、骨器、角器、蚌器、铜器等3000件[4]。

1991年秋至1992年夏，山东大学历史系考古实习队对丁公遗址进行了第四、五次发掘。两次发掘历时5个半月，共开探方21个，探沟3条，实际发掘面积约630平方米。揭露各个时期的房基47座，灰坑697个，沟9条，陶窑1座，墓葬42座，并发现了龙山文化时期的城墙与壕沟遗迹。出土石器、骨器、蚌器、陶器、铜器等遗物2000余件，尤为重要的是发现1件刻有多个文字的龙山文化陶片[5]。

2014年度发掘面积共48平方米，揭露了龙山文化、岳石文化、商代灰坑113个，龙山时期墓葬2座，房址11座，商代灶址1座。出土陶器、石器、骨器、蚌器共140余件[6]。

（二）软体动物出土概况及实验材料的选取

动物遗存（并未包含作为小件登记的各类动物遗存制品）共有21393件，其中属于龙山文化时期的8082件。包括蚌类在内的软体动物标本2693件，鉴定到种属1583件，可鉴定出有丽蚌、楔蚌、扭蚌、矛蚌、珠蚌、青蛤、文蛤、河蚬、纹沼螺和梨形环棱螺等[7]。

软体动物材料表明当时遗址周围具有范围较为广泛的湖泊环境，而多种丽蚌的出现则说明当时当地气候条件要比现在更加温暖湿润（接近现在的长江流域）。这样良好的水域环境为古代人类提供了丰富的软体动物材料来制作工具。

实验选用的现生标本均采自长江流域。椭圆背角无齿蚌主要栖息于静水及缓流的水域内，地质多为泥底及淤泥底的河湾、小河、湖泊及池塘内，以微小生物及有机碎屑为食，目前已知分布于黑龙江、河北、安徽、江苏及江西等省；三角帆蚌主要分布于河北、山东、安徽、江苏、浙江、江西、湖北及湖南等省大中小型湖泊及周围的河流内，喜生活于水质清、水流急、底质略硬或为泥沙底和泥底的水域，污泥底、水流较缓的水域中也有[8]。

（三）实验方法、内容和意义

到目前为止，已有多位先生对史前蚌制品进行过研究。

例如，王仁湘先生在新石器时代蚌制生产工具研究中将其分为耕作工具、收获工具、加工工具和渔猎工具。在史前居民的经济生活中，蚌制生产工具虽然没有决定性的作用，却是石制工具和骨制工具的重要补充。作为收获和切割工具，它与磨制石器相比具有制作简便、使用效率高等优点[9]。

顾玉才先生对海城仙人洞遗址出土的贝壳饰品上的穿孔进行了模拟实验，发现贝壳在穿孔之前被打磨过，但打磨的目的不像是为了减小穿孔的厚度，而更可能是追求美观[10]。

张树春先生对于甑皮岩遗址出土的蚌制品进行了功能上的研究与阐述，甑皮岩遗址出土的蚌铚功能应主要为收割藤苗、瓜果类作物。因为甑皮岩遗址发掘至今未发现原始稻作文化，所以对于甑皮岩遗址的原住民是否在那个年代已种植水稻至今还不能得出确切答案，只为作为旁证材料、间接材料的延伸做出努力罢了[11]。

陈全家先生等通过对内蒙古哈民忙哈新石器时代遗址出土的蚌制品进行分析，对该地的工具制作及使用情况有了初步的认识。从蚌制品的制作、使用来看，当地原始居民已熟练掌握了打制、磨制、锯割、剔刮、钻孔等技术，并将这些技术运用到工具及装饰品的制作中。可见原始居民已具备较成熟的工具加工能力，并可进行大量的标准化制作。他们根据不同种类、不同部位的蚌料制作不同的器物，对各类器物的形状、大小有明确的判断，并具备审美情趣，制作出精美的装饰品[12]。

各位先生对于史前蚌制品的研究已经获得了一定的认识，但是从其中不难发现多数研究都聚焦于蚌器加工方式和功能分类等方面，对于蚌器原料种属和取料方式却较少讨论。本文拟通过模拟实验的方式，对丁公遗址蚌制品的蚌料种属和取料方式等问题做进一步探讨，以期为史前蚌制品研究提供更多的思路和证据。

二、遗址蚌制品的保存现状与实验规划

（一）遗址出土蚌制品概况

遗址出土的属于龙山文化时期的蚌及蚌制品中，可鉴定属种的有617件，包括背瘤丽蚌、刻裂丽蚌、多瘤丽蚌、短褶矛蚌、矛蚌、圆头楔蚌、楔蚌、天津丽蚌、失衡丽蚌、圆顶珠蚌、猪耳丽蚌、楔形丽蚌和射线裂脊蚌等，其中存在加工痕迹及疑似有加工痕迹的421件。笔者从中选取85件保存状况良好、形态利于观察的标本，作为实验观察比对的材料。

根据对蚌制品的观察，可以发现工具器形大致以刀等圆角矩形工具为主，一方面体现出这一器形在日常生产活动中占有一定的地位，具有较高的使用频率；另一方面也表明遗址中蚌的种属比较适合制作这样体型较大的工具。这些标本的保存状况都相

对较差，壳的外壁和断面都出现不同程度的风化现象，在一定程度上影响了后期的观察比对工作。

（二）实验的选材规划

1. 观察标本的选择及痕迹描述

本次实验选取的85件疑似有加工痕迹的标本，能够鉴定出属种的有19件，种属包括丽蚌、圆顶珠蚌、射线裂脊蚌、扭蚌、矛蚌、楔蚌和文蛤等，其中丽蚌12件，圆顶珠蚌、射线裂脊蚌、扭蚌、矛蚌和楔蚌各1件，文蛤2件，除文蛤为典型的海产贝类外，其余均为淡水种类。剩余66件标本种属特征并不明确，根据其残留特征推断也应属于较大型的淡水蚌类。

各种属软体动物表面残留痕迹各不相同。丽蚌包括磨痕1件、切锯/切割痕5件、钻孔1件和烧痕6件；圆顶珠蚌和文蛤磨孔各1件；射线裂脊蚌有烧痕带穿孔1件；扭蚌和矛蚌有切锯痕各1件；楔蚌和文蛤有烧痕各1件。观察到的有烧痕的蚌类个体多偏小，没有加工出长直刃部的潜力，加工为工具的可能性比较低。另外，在提取的有其他加工痕迹的蚌制品中也未见烧灼痕，笔者推测烧痕可能并非加工工具过程中留下的痕迹。

为了便于观察，笔者结合遗址残断蚌制品的特征将完整蚌壳划分为三大区域，如图版六一，1所示：以侧齿至前缘部分为主要部分的A区，以拟主齿至壳顶后缘部分为主要部分的B区，以腹侧的前缘至后缘为主要部分的C区。

根据这一分区标准，可见所观察的结构质密、断面清晰的31件对比标本中，属于A区的有9件、属于B区的有6件，属于C区的有15件。其中B区6件样本根据外壁壳顶形态和内部拟主齿和后闭壳肌痕形态对比分析，应该属同一种蚌类，而从其特征考虑，笔者认为可能为背角无齿蚌、三角帆蚌或褶纹冠蚌其中一种。C区的15件样本大部分经显微观察并不能清晰地发现任何切割或打磨的痕迹，据此可推断存在几种因素导致此种现象的产生：①使用磨损，腹缘部分，尤其与生长线垂直方向的取料均为石器打击截取，而后简单打磨，甚至不打磨，断面之所以观察不到打击断裂和切割的痕迹，系后期日常使用中使用者的手部、身体、衣物及作用对象对其进行的长时间的摩擦导致最后产生类似抛光的效果；②埋藏因素，埋藏环境的变化极有可能导致蚌制品自身材质性能的改变，使本来在制作和使用过程变少的细微截断和切割痕迹因土壤、温度和气压等因素最终荡然无存（据笔者在整理丁公遗址出土骨角蚌器过程中的观察，蚌制品大多内壁仍保持珍珠光泽，与现生种无二，但蚌壳外壁自有的颜色极少存在或颜色色调产生较大变化，蚌壳外壁也多存在严重的风化现象）。

在C区所选取的15件样本中仅有T5105F114一件具有能够观察到的切割痕迹，切割痕迹为“V”字形斜坡式切口，系石刀或与其相似的工具切割造成的，由于沟槽的另一半不存，因此并不能断定切割工具为单面刃还是双面刃。根据这件样本可以断定的是，切割可能不是取料过程中唯一使用的技术，因为切割者对这件蚌制品切割至大致一半的厚度时不是继续切割，而是用打击的方式将剩下的部分截断，因此现在这件蚌制品的断面上保留的既有使用片切割造成的斜坡状切割痕，又有使用打击截断造成的带有些许不规则断茬这两种痕迹。以上对于T5105F114的分析并不具有代表性，仅仅表明在丁公遗址的龙山文化时期蚌制品加工过程中存在一种切割与打击相结合的取料的可能性，这一样本形制较小且外表不美观，考虑可能是加工过程截取的废料，因而加工过程的一些痕迹在其断面上能够完好地保存。因为废料是不需要再加工的，但是最终加工成器的原料即使是断面也往往难以保留加工过程中产生的痕迹。

2. 实验所需完整蚌壳的选择及加工设想

在模拟实验所需的蚌壳中，丽蚌均取自丁公遗址出土的体型较大的个体；椭圆背角无齿蚌和三角帆蚌均为现生种，采集于长江流域的水域中。

椭圆背角无齿蚌无拟主齿，背侧侧齿也不发达，近无或较圆钝，壳体厚度较大，质地坚硬，壳体略有膨胀，呈棕黄色、黄绿色或黑褐色。生长线呈不规则的同心圆状，背部有2或3条不明显的肋脉，最下部肋脉末端可达壳体中轴线。前后闭壳肌痕不明显，前闭壳肌痕多不规则，后闭壳肌痕多呈卵圆状，外套痕较明显。

三角帆蚌壳体大而扁平，壳长最大可达240毫米，壳体厚且坚硬，壳顶易腐蚀，内壁多有珍珠光泽，外壁颜色为黄褐色或黑褐色，背侧有数条由结节突起构成的肋脉，外套痕明显，前闭壳肌痕呈卵圆状，后闭壳肌痕大致呈三角形，前缩足肌痕呈三角形，有2枚拟主齿，左前拟主齿为三角锥形，后拟主齿细小，具有2枚长条形侧齿，右前拟主齿呈低矮长条状，右后拟主齿大且呈三角锥状，且有1枚长条侧齿。三角帆蚌产量较高，却是一种生长缓慢的蚌种，5年蚌大约重0.25千克，个体长轴长度近200毫米[13]。

实验的加工设想主要基于玉器加工的线切割与片切割的方法，其中线切割采用的是麻绳与石英砂相结合进行切割的方法，将砂粒附着在麻绳上以增加切割效率。后发现竹弓对麻绳拉力过大使之极易断，又增加钢丝锯条为芯，将麻绳包裹其外进行切割。片切割的方法则是以石器为主要切割工具，在切割过程中不断加水以增加效率。后来在实验过程中结合阶段性实验结果以及对遗址标本的观察，又增加了使用石器直接打击的方法。

三、蚌制品取料的模拟实验

（一）线切割的模拟实验

1. 实验对象

现生种椭圆背角无齿蚌 1 枚（长 203、宽 129 毫米）。

2. 实验工具

竹弓、黄麻绳（直径 1 毫米、2 毫米、3 毫米）、细砂（含土及较大颗粒）、钢丝锯。

3. 实验准备

对采集回来的砂进行淘洗处理，去除泥土。实验开始时未对砂粒筛选，砂粒直径过大，对实验操作的流畅度存在一定的影响，因砂粒直径过大对绳子的附着力小，易滑落，所以开始阶段平均每切割 10 次左右就需要重新附加一次砂粒，大大影响了工作效率，故此后改用 20 目筛子对砂粒进行筛选。

实验尝试使用竹弓绑缚麻绳对蚌壳进行切割，考虑麻绳因拉力而易断，故增加钢丝锯条作芯，除竹弓和 1～3 毫米直径的黄麻绳外，只对钢丝锯条进行处理，钢丝锯为螺旋齿，将在切割过程中与蚌壳接触部分的锯齿磨平，反面保留若干锯齿方便绑缚麻绳。

4. 实验过程

实验过程共有 7 种麻绳的使用方式与组合：①单股 3 毫米麻绳直接接于竹弓两端；②单股 3 毫米麻绳与单股 2 毫米麻绳组合使用，将单股 2 毫米麻绳缠绕于单股 3 毫米麻绳上；③单股 3 毫米麻绳与单股 2 毫米麻绳组合使用，将单股 2 毫米麻绳与单股 3 毫米麻绳都直接接于竹弓两端，两股麻绳尽量贴近；④钢丝与单股 2 毫米麻绳结合使用，将单股 2 毫米麻绳紧密环绕于钢丝芯上；⑤钢丝与单股 1 毫米麻绳结合使用，将单股 1 毫米麻绳紧密环绕于钢丝芯上；⑥将单股 2 毫米麻绳拧为双股使用，直接接于竹弓两端；⑦将单股 1 毫米麻绳拧为双股使用，直接接于竹弓两端。

在对椭圆背角无齿蚌进行线切割实验后发现，效果不能达到实际所需的较快地取料的目的，实验进行 3.5 小时仅在蚌壳上切开 41 毫米的切口（图版六一，2），且切割的对象仅仅是较小的个体，壳壁较薄，倘若换为个体更大的蚌壳，其同等时间的开口效果将更不理想。因此放弃继续使用麻绳进行切割的实验。三角帆蚌的厚度或达椭圆背角无齿蚌厚度1.5倍及以上，且硬度较其也有所增加，利用麻绳对三角帆蚌进行以上形式的切割实在过于困难，因此对三角帆蚌的线切割实验就此放弃。

（二）片切割的模拟实验（磨制石器的切割）

1. 实验对象

现生种椭圆背角无齿蚌1枚（长253、宽158毫米）、三角帆蚌1枚（长204、宽140毫米）。

2. 实验工具

石灰岩原料2块、石锤1块、砺石1块。

磨制石器的制作为采用石灰岩原石2块，用于打击的石锤为石英岩材质，加工成工具时均按先打制成型再磨制成器的原则进行，整体呈扁平状，打制过程中对两侧窄边使用琢制方法，两件石器刃长分别为55和78毫米（图版六一，5～8），开始只加工出主刃形状，但主刃切割能力较弱，且刃尖因切割变圆钝后再次加工时比较费时费力，需要整体大面积地磨制刃部。经试验切割后将刀刃制作变为主刃和副刃组合的形式，在主刃之上磨制出面积较小的副刃不仅使刃尖更加锋利，切割效率更高，且刃尖圆钝后只需用砺石将副刃简单打磨几次即可继续使用。

3. 实验过程

先取蚌壳长轴上中点处与长轴垂直的方向为切割线，开始使用刃长55毫米只有主刃的石斧状石器进行切割，但切割过程中发现该石器的质地较软，每切割约20次即需要再次打磨刃部，且打磨刃部所需的时间较长，这样的打磨使石器的可使用时间大大缩短，切割效率也比较低下。换用刃长78毫米主刃副刃相结合的石刀后切割效率明显提高，且切割时可以比石斧状石器省力，在用力切割的情况下平均约30次后需要进行简单的打磨，较小力度切割时大约每50次甚至更多次以后才需要打磨刃部，且每次仅需打磨副刃数秒即可达到再次进行切割的要求，能够有效提升切割的效率。

切割约2.5小时后成功取料，由于两条切割线为垂直关系，取下的材料存在一个直角，切割过程中发现如果使用这种两条切割线交叉的切割方式来取料的话，那么在蚌壳上一定会留有两条切割线的交叉点，以及一定程度的切割线（图版六一，3、4），这一点似乎是不可避免的，除非在取料后对取料剩余的蚌壳废料进行进一步的加工，使这一特征完全被消除。但在遗址出土的蚌制品中仅发现一例有切割痕迹的蚌制品，且未发现两条切割线交叉取料的方式，因此这种取料方式存在与否还有待讨论。

（三）直接打击方法的模拟实验

1. 实验工具

石英岩石砧 1 块、石锤 1 块。

2. 实验对象

环带丽蚌（壳壁较厚）、猪耳丽蚌（壳壁较薄）、天津丽蚌（壳壁较厚）、扭蚌、椭圆背角无齿蚌（壳壁薄且有一定透明度）及三角帆蚌（较椭圆背角无齿蚌厚）。

3. 实验方法

将蚌壳放于石砧上，变换不同位置，用石锤打击。

4. 实验过程

猪耳丽蚌①：左壳 1 枚，长 101、宽 63 毫米。

大致在贝壳中间部位打击，打击点在贝壳外壁，断裂处大致在腹缘下半部，断痕较为整齐，碎屑较少，可拼合率较高（图版六二，1、2）。

环带丽蚌②：左壳 1 枚，长 77、宽 56 毫米，打击两次。

均大致沿生长线断开，碎屑较多，拼合率较低（打击过程中先用磨制石刀的刃部打击，石刀刃部崩裂，证明打击对磨制石器损伤严重，推测打击中不能使用切割工具的刃部）（图版六二，3、4）。

猪耳丽蚌③：左壳 1 枚，长 97、宽 77 毫米，个体较大。

将蚌壳内壁与石砧有尖角处接触，按稳后打击。打击数次后，打击点处壳壁粉碎（由内部向外部破碎），再由内部向外打击，获得 1 处穿孔，孔洞较圆，且周围壳壁松散，较容易修整。继而为了截取蚌壳腹缘部分，再由穿孔处逐步向壳顶部位打击，周围壳壁组织因穿孔的原因始终较为松散且便于修整，在沿穿孔打击的过程中保持一边沿直线打击，一边修整边缘，保证穿孔的两边缘平行。最后打击至壳顶部位，壳顶坚硬难以修理，用力打击后壳体较为整齐地断为两部分（图版六二，5、6）。

天津丽蚌④：左壳1枚，长82、宽66毫米，个体较大。

该蚌种拟主齿较为发达，不便于平整地放于石砧之上，因此先对其拟主齿进行修理，以打击至无拟主齿痕迹为准。考虑壳顶部位最为坚硬且影响加工过程，所以先处理壳顶部分。只将壳顶部位与石砧接触，用力锤击约2次，壳顶外壁有大面积剥落，在相同打击点上再锤击3次，壳顶尖端处完全剥落，壳体断裂为3部分，断口整齐，较为光滑，且无断茬。除壳顶尖端处打击至粉碎以外，其余部分可拼合率很高（图版六三，1、2）。

天津丽蚌⑤：左壳1枚，长80、宽61毫米，中等个体。

该蚌壳的拟主齿同样比较发达，难以平放在石砧上，因此同样先手持蚌壳对拟主齿进行处理，打击至无拟主齿痕迹。在打击拟主齿过程中的2次剥落均大致沿生长线呈环带状剥落。经过2次打击，剥落后的蚌壳无继续加工，停止对拟主齿部位的打击，保留了较为完整的壳顶部分（图版六三，3、4）。

猪耳丽蚌⑥：左壳1枚，长83、宽69毫米，中等个体，多次打击。

首先打击拟主齿部分，拟主齿部分不发达，稍微修整即可。修整好拟主齿后再对侧齿部分进行修整，将侧齿部分打击至无痕迹。修整好拟主齿与侧齿部分后，只将壳顶部位放于石砧上，打击7次后，壳顶尖端部分粉碎，呈斜坡状剥落。将壳体腹缘内部与石砧水平面接触，背侧部分与石砧垂直面接触，打击腹侧向背侧过度的弧度最大的部分，打击3次后大致沿打击点处水平断裂，断裂处组织破碎，多不整齐的断茬，整体较难拼合，可利用程度不高（图版六三，5、6）。

现生种三角帆蚌⑦：右壳1枚，长204、宽133毫米。

将蚌壳外壁腹侧放于石砧上，打击腹缘中点周围，先尝试小面积取料，有效打击5次后，打击点附近因有不均匀的生长凹陷，打击后未按预想的断裂线断开（若想保证每次截取的材料形状比较理想并易于修整，在打击之前必须仔细观察蚌壳外壁的生长纹理是否均匀，进而对加工结果进行预判，对手中材料的取料范围进行仔细划定或者舍弃不适宜加工的材料）。改变打击点后，先后对后闭壳肌痕及前闭壳肌痕的下部腹侧外缘进行打击，外壁质地均匀，打击效果良好，两点各打击5～7次，断裂面茬口较少，较易于二次加工，在从前闭壳肌痕向后闭壳肌痕打击的过程中有效打击5次，沿破裂面逐步打击，打击至后闭壳肌痕附近时取料成功，获取主要腹侧部分的可用于再加工的原料、以侧齿为主的部分、以拟主齿为主的部分及一部分较大的前端碎片。打击废料均为小碎块而非碎屑，可再加工的腹缘部分周围断茬较多，可用石锤像打击石器一样修整，修整过程与方式较为方便快捷，最后一步是用砺石对材料进行全方位打磨，至无扎手处即可完成（图版六四，1、2）。

丽蚌⑧：右壳1枚，长113、宽76毫米。

属于丽蚌材料中个体较大的，外壁瘤较少的一个，手持有效打击6次，壳体坚硬，首先的几次无效的打击中石锤损伤严重，加大力度后再次打击，壳体大致破裂为3部分，取料所得的腹侧主要部分断茬较多且大，简单打击修整后，发现打击修理的过程中断茬的剥落面积很大，均沿生长线剥落，最后放弃打击修整，使用砺石慢慢打磨修整，壳体硬度较低，容易打磨，但所截取的材料与遗址中出土的有加工痕迹的样本无论硬度还是壳体弧度方面均有较大差异。另外，在蚌壳厚度方面，无论哪一种丽蚌都具有壳壁厚度较大的特点，与遗址出土的有加工痕迹的样本相去甚远（图版六四，3、4）。

现生种椭圆背角无齿蚌⑨：右壳1枚，长252、宽158毫米。

属椭圆背角无齿蚌中个体较大的，外壁较光滑，在打击前观察蚌壳已经存在3道不规则的裂纹，属正常现象，在打击过程中对断裂的方向有一定的影响。首先，利用腹缘部分明显的裂纹开始打击，打击3次后断裂出第一块较大的碎片。再次观察裂纹的发展方向，决定先打击前缘与侧齿部分。

在截取蚌料的后缘部分发现一个较为明显的裂纹，将裂纹处放在工作台面的边缘，调整到适宜角度，用石锤垂直打击工作台面外的部分，获得两块完整的碎片，剩余蚌料较为理想，断面较为平齐，有些许断茬，但易于修理。

侧齿部分共打击15次，将背角部分完全去掉，对侧齿略有损伤，对剩余蚌料进行进一步打磨（图版六四，5、6）。

丽蚌⑩：右壳1枚，长104、宽73毫米。

属于丽蚌材料中个体较大、外壁瘤较少的一个，打击点位于外壁壳顶附近，大致位于蚌壳的中心位置。打击4次，蚌壳断裂为两部分，断裂处未按生长线断裂，大致与生长线垂直，断口较为平齐，断茬较少，打击产生的碎屑较少，内壁有大面积碎片剥落，稍微打磨即可，取料结果较为理想，但所取材料可利用面积较小，可利用价值较低（图版六五，1、2）。

丽蚌⑪：左壳1枚，长103、宽78毫米。

属于丽蚌材料中个体较大的，外壁瘤较少，在靠近背侧的部分有一条垂直于生长线的裂纹，取料时沿此裂纹加工取料，能达到最大取料目的。先将蚌壳外部贴于石砧上，打击裂隙上部的侧齿部分，打击2次后将侧齿和前缘的上半部完全去除，再打击3次将较为突出的断茬去除。将蚌壳内部拟主齿部分放于石砧上，打击蚌壳外部壳顶部分1次，将拟主齿去除，完成最终取料过程。去除侧齿部分的过程，产生碎屑较少，疑似裂隙在蚌壳生长过程中已经存在，故断口特别平齐。在去除拟主齿和修理断茬的过程中产生碎屑较多，打击产生的断茬较多，断裂面不平，有一定的加工难度（图版六五，3、4）。

现生种椭圆背角无齿蚌⑫：左壳1枚，251、159毫米。

属实验蚌料中体型最大的之一，将蚌壳外壁紧贴石砧，用石锤从前缘开始打击蚌壳内部。打击时主要沿靠近蚌壳中轴线的最低的肋脉一线，方向为蚌壳前缘到壳顶，共打击30余次，由于该蚌壳本身就存在一定数量的裂纹，因此在打击过程中一直根据裂纹的走向判断下一步的打击方向，最终打击到壳顶部分时，因裂纹的不利走向而导致壳顶的崩坏，仅残留很小的一部分，但侧齿部分比较完整地保留下来，能够制作小型的蚌刀或其他工具，最重要的是，沿椭圆背角无齿蚌最低肋脉一线的打击方式能够在蚌壳上取到最大面积的蚌料，在去除了壳顶和侧齿部分以后，所取的蚌料面积十分可观，既可以稍微加工做成大型的蚌刀，亦可以再次分解做成小型的蚌制工具。打击产生的碎屑多，拼合率低，受打击产生的断裂随机性强，对操作的熟练度要求高，但不可否认，椭圆背角无齿蚌的确是一种用来加工蚌制品的绝佳的原材料，其材质自身的特点仍然瑕不掩瑜，在遗址出土的蚌制品中以椭圆背角无齿蚌为原料的可能占到了较大的比例（图版六五，5、6）。

丽蚌⑬：左壳1枚，长111、宽79毫米。

手持蚌壳，用石锤打击外壁壳顶部分，有效打击3次后，断裂为三部分，产生碎屑较多，所取蚌料在原蚌壳中占很大比例，但断面破碎且连接有拟主齿，再进行下一步加工时很有可能发生严重的剥落，整体可利用性不大（图版六六，1、2）。

现生种三角帆蚌⑭：左壳1枚，长203、宽133毫米。

将蚌壳外壁紧贴于石砧上，用石锤从前缘的内壁开始打击，打击方向沿蚌壳最下端的第三肋脉从前缘直到壳顶部分。打击3次后，蚌壳前缘崩落，沿预定方向继续打击，至壳顶窝部分，壳顶部分断开，除打击废料之外，整体断裂为以侧齿为主要部分和以腹缘、拟主齿为主体的两大部分，与⑫相同，这种沿最低肋脉打击的方式能够取得最大的蚌料，加之三角帆蚌自身材质受打击后开裂较小且有规律特点使其在取得大面积蚌料的情况下更容易再加工成其他产品（图版六六，3、4）。

四、实验结果分析

在对遗址出土的蚌制品进行观察后，发现其残破的痕迹多与打击实验中产生的破裂表现相似。其中有先对蚌壳进行打击，砸出孔洞后再对蚌壳进行打击的；也有直接打击蚌壳，破碎形状无规则的；个别还有对蚌壳一周边缘进行修整，在边缘部分发现有明显打击痕迹的，但在提取的材料中仅有2例存在对边缘的修理，不能成为必要的加工程序之一。推断这些残破的蚌壳均属打击后的副产品。再观察蚌壳的其他部位，发现拟主齿与侧齿部分完好，观察不到明显的打击痕迹，因此判断对拟主齿和侧齿的加工不是必要的加工程序，主要的加工步骤仍然是以直接打击为主。对存在人工打击或疑似人工打击的残破蚌壳观察后发现蚌壳的外部特征存在很大的相似性，可能表明先民对于蚌的属种有所选择。

三角帆蚌被石锤打击后的特点为不沿生长线断裂，打击过程可控性较强。三角帆蚌质密，打击过程中产生废料较少，可大面积取料，除大面积腹侧部分取料外，其余加工过程的较大面积的副产品大多可二次加工制作其他工具。三角帆蚌作为一种厚度与长度都能满足制作工具需求的蚌类，同时兼具易于修整和打磨的特点。

椭圆背角无齿蚌与三角帆蚌相比，在打击过程中产生的细小碎屑较多，而且崩裂的碎片更大，因打击产生的碎片大多为菱形、三角形、矩形和近方形等较为规则的碎片，且受打击产生的裂纹较直且长。另外，椭圆背角无齿蚌还有在自然条件下容易开裂的特点，尤其是脱离水体之后。由于该蚌种壳体边缘部分较薄，受水分蒸发影响会产生开裂的现象。开裂或可发展至壳顶部分周围，在本次模拟实验所采集的11枚该种蚌壳中仅有2枚属完全意义上的无裂痕，其余9枚均有不同程度的开裂。这一开裂现象对于蚌制品的加工来说既有积极意义也存在消极影响。一方面，蚌壳上出现的较规则且较少的裂痕有助于对开裂方向的掌握和比较省力的加工；另一方面，无规则且大面积的开裂则严重影响蚌料用于加工的价值，不规则的开裂往往导致打击过程中的力传导面积过大，导致击中一点而大面积崩裂的现象，使打击过程中的力道难以掌握，而且也严重影响打击结果与预期构想的契合度，最终开裂的方向往往与预期方向具有很大偏差。因此在对椭圆背角无齿蚌进行打击加工之前，要对所采集的原料进行仔细地挑选，尽量选取无裂纹、开裂少或裂纹方向有利于取料的个体。

在模拟实验完成后将经过加工的现生种三角帆蚌和椭圆背角无齿蚌的各个部位与遗址出土的A区和B区的蚌制品进行比对，笔者发现，现生种的三角帆蚌制品和椭圆背角无齿蚌制品与实验选取的遗址出土的未能辨别种属的蚌制品的相似程度极高。在进行模拟实验之前就已经根据观察将B区6件样本全部归为同一种蚌类，在实验后的对比破裂痕迹阶段则更加证明了这一观点。A区在实验之前并未能进行明确的分类，但在实验之后大致可将其分为极为接近三角帆蚌和极为接近椭圆背角无齿蚌两类。在B区样本与现生种三角帆蚌比对过程中主要参考了拟主齿、外壁壳顶部分以及闭壳肌痕的特征，根据这些特征能够判断此6件样本来源于帆蚌属的蚌类无误（图版六八，1～5）。

另外，实验后能够对比出的A区的7件样本根据拟主齿及其蚌种褶皱有无的特点能够将其分为极为接近三角帆蚌的3件和极为接近椭圆背角无齿蚌的4件，具体特征是三角帆蚌侧齿部分较为发达且厚实，背侧部分没有起伏大的褶皱，基本为扁平的状态；而椭圆背角无齿蚌则具有不发达的侧齿，背侧部分有起伏大的褶皱也是一个重要的判断依据（图版六六，5、6；图版六七，1～6）。

C 区之所以不安排现生种与挑选样本的对比是因为挑选的遗址出土的腹缘部分的样本大多加工程度较高，蚌料自身的特征几乎没有保存，很难对其进行外观上的判断，在此仅将其厚度作为对比的一定参考，遗址中出土的蚌制品来源于腹缘部分的厚度在3.39～6.8 毫米，来源于后缘部分的厚度在 5.05～6.29 毫米，而实验所用的现生种三角帆蚌腹缘部分的厚度在 2.74～7.24 毫米，后缘部分的厚度在 4.93～7.56 毫米；现生种椭圆背角无齿蚌腹缘部分的厚度在 1.61～4.97 毫米，后缘部分的厚度在 2.84～6.61 毫米。就现有的实验材料来看，遗址出土的 C 区的蚌制品的原材料既可能是三角帆蚌，也可能是椭圆背角无齿蚌，但可能更加接近帆蚌属。

实验最后根据丽蚌、三角帆蚌和椭圆背角无齿蚌的外观、打击后的形态和壁厚等因素进行判断，基本可以排除丽蚌属作为遗址龙山文化时期蚌制品的主要原料的可能性。主要判断依据为：丽蚌属壳体整体形态较为坚硬，但受到打击后却多表现出松散破碎的状态，修理与再加工都具有一定的难度，且打击造成的振荡在打破丽蚌壳体的同时也对可以再次加工的原料造成了一定的损伤，在二次加工的过程中极有可能因为打击修理和过于用力地打磨而破碎。另外，丽蚌属作为壳壁较厚的蚌，其壳壁厚度与遗址中出土的蚌类壳壁厚度很难有令人满意的吻合度。再者，丽蚌属的一大特征是壳外壁大多有瘤状突起，具体瘤状突起的多少因种而异，这与遗址中出土的蚌制品相比较存在很大的差异，出土蚌制品的外壁并不存在瘤状突起的特征，全部为整齐的生长线痕迹。

以现生种三角帆蚌和椭圆背角无齿蚌为实验对象的实验表明，此两种蚌在外表形态和壳壁厚度等方面与遗址中出土的蚌制品都存在极大的相似性。以 B 区为代表的蚌制品在进行实验之前的观察中就已经根据壳体外壁的壳顶部分的形态、内部闭壳肌痕和拟主齿的特征判断为同一种蚌，虽然仅保留壳体的壳顶及周围的部分，但是这 6 件样本同属一个种这一点是可以确定的。在最初现生种三角帆蚌的打击实验中即发现有几大要素将 B 区的 6 件样本与三角帆蚌联系起来：首先，壳顶部分易腐蚀，腐蚀后呈现珍珠色光泽（当然这一特点在其他一些蚌种中也会出现）；其次，根据样本的三角锥状的拟主齿形态进行判断，三角帆蚌这一三角锥状的拟主齿的特征在现生种淡水软体动物中是比较有特点的，所选样本的原材料为三角帆蚌的可能性就更高了；最后，闭壳肌痕的形态也有一定的相似性。根据以上三种因素综合判断，笔者有很大的把握将B 区的样本全部归为帆蚌属，或者是三角帆蚌及其亚种。

五、小　　结

综上所述，通过模拟实验的方式，本文对丁公遗址的蚌制品的取料加工方法做出了初步推断，大致为以石器打制为主，同时存在片切割与打击相结合的方式，取料完成后继续对蚌料进行细致的打磨，打磨部位包括截断面、背侧侧齿部分等，打磨效果十分理想与美观。在将模拟实验中所取蚌料及进一步加工的蚌制品与遗址中出土的样本进行比对发现，两者之间各部位特征具有极高的相似度，据此判断三角帆蚌和椭圆背角无齿蚌极有可能是丁公遗址龙山文化时期蚌制品加工原料的主要来源。而这两种蚌类在遗址中均未发现保存完整的个体，或可作为先民主要利用这两种蚌类制作工具和装饰品的间接证据。

注　释

［1］刘江涛：《城子崖遗址龙山文化环境与资源初步研究》，山东大学硕士学位论文，2015年，54页。

［2］张学海：《泰沂山北侧的龙山文化城》，《中国文物报》1993年5月5日。

［3］马良民、蔡凤书：《山东邹平丁公遗址试掘简报》，《考古》1989年5期，391页。

［4］山东大学历史系考古专业：《山东邹平丁公遗址第二、三次发掘简报》，《考古》1992年6期，496页。

［5］山东大学历史系考古专业：《山东邹平丁公遗址第四、五次发掘简报》，《考古》1993年4期，295页。

［6］姜仕炜：《丁公遗址考古发掘情况汇报》，《中国考古学年鉴》，2014年。

［7］饶小艳：《邹平丁公遗址龙山文化时期动物遗存研究》，山东大学硕士学位论文，2014年，11、12页。

［8］刘月英、张文珍、王跃先等：《中国经济动物志（淡水软体动物）》，科学出版社，1979年，84页。

［9］王仁湘：《论我国新石器时代的蚌制生产工具》，《农业考古》1987年1期，149、150页。

［10］顾玉才：《海城仙人洞遗址装饰品的穿孔技术及有关问题》，《人类学学报》1996年4期，300页。

［11］张树春：《蚌铚——甑皮岩遗址双穿孔蚌器定名及用途之我见》，《史前研究》2010年0期，249页。

［12］陈全家、吉平、陈君等：《内蒙古哈民忙哈新石器时代遗址出土蚌制品研究》，《考古》2015年12期，104、105页。

［13］同［8］。

附表一　A区痕迹分析及可观察程度表

A区							
单位号	左	右	磨痕	切锯痕	烧痕	痕迹清晰度	备注
T0821 F54		√	√			高	
T1704 F21			√			低	
T5105 ⑥ D	√		√			高	

续表

A区							
单位号	左	右	磨痕	切锯痕	烧痕	痕迹清晰度	备注
T1705⑥C				√		高	
T1609⑥D			√			低	
T1409⑥G			√			低	
T1505⑥B		√	√			高	
T5207⑥b						低	疑似人工痕迹
T1311⑥e	√		√			高	
T5207 F116			√			高	
T5105⑥a				√		高	
T1409 F74			√			低	
T1705⑥D	√		√			高	
T1308⑥a	√		√		√	较高	
T2105⑥E				√		低	
T1410⑥d		√	√			高	
T1604 F13			√			低	

附表二　B区痕迹分析及可观察程度表

B区								
单位号	左	右	磨痕	切锯痕	烧痕	钻孔	痕迹清晰度	备注
T11 M73	√		√			√	高	
T1406 龙山	√		√				高	
T1208⑥	√						高	疑似人工痕迹
T1504 龙山		√			√		高	
T2 H22		√	√				高	
T1208⑥		√	√				高	

附表三　C区痕迹分析、可观察程度及所处腹缘位置、厚度计量表

C区							
单位号	磨痕	切锯痕	烧痕	穿孔	痕迹清晰度	所处位置	厚度/毫米
T1705⑥D		√			高	腹侧	4.66
T5105 F14	√	√		√	高		
T50 F57	√	√			高	腹侧	4.85

续表

C区							
单位号	磨痕	切锯痕	烧痕	穿孔	痕迹清晰度	所处位置	厚度 / 毫米
T1207 ⑥ d	√	√			低		
T0820 F45		√			低		
T1504 龙山	√				低		
T1409 F60	√				低		
T1409 ⑥ D	√				低		
T1406 龙山	√				高	不可判断	1.47
T0722 H919	√	√			高	腹侧	4.57
T1504 F14 ④	√				高	备用	
T5207 ⑥ a		√			低		
T0722 ⑥ F	√				高	备用	
T5105 ⑥ D	√				低		
T2 ⑪b		√			高	腹侧	4.94
T0817 ⑥ D	√				低		
T1307 ⑥ C	√	√			低		
T1409 F78		√			高	备用	
T2010 ⑤ F3		√			高	备用	
T1311 ⑥ B	√			√	高	后缘	6.29
T2110 F5	√	√			高	后缘	5.21
T1409 ⑥ B	√	√			高	腹侧	5.47
T2101 ⑥ D	√	√			高	腹侧	4.48
T0820 ⑥ d			√			丽蚌左壳	
T0722 ⑥ E	√				低		
T1407 龙山	√	√			高	腹侧	4.41
T1308 ⑥ G	√	√			低		
T0821 F540		√			低		
T1308 ⑥ F	√				高		
T1308 F15	√				低		
T0817 ⑥ d			√		低		
T2106 ⑥ b		√			高	后缘	5.05
T0820 ⑥ c		√			低		

续表

C区							
单位号	磨痕	切锯痕	烧痕	穿孔	痕迹清晰度	所处位置	厚度 / 毫米
T0818 ⑥ E		√			低		
T1609 ⑥ c	√	√			高	备用	
T1504 ⑥ c		√			高	腹侧	3.39
T0817 ⑥ b	√				低		
H481	√	√			高	腹侧	6.8
T1208 ⑥	√		√		低		
T5207 H2292		√			高	后缘	5.99
T5105 F114	√	√			高	后缘	5.43

章丘大站水库东北出土青铜器及相关问题

李 芳 李 鑫 潘 攀

（济南市章丘区博物馆）

一、概　　述

章丘大站水库位于枣园办事处大站村东，西巴漏河上。北距102省道约1.5千米。自20世纪60年代开始，在大站水库基础建设、清淤工程中就陆续发现数件青铜器，有鼎、剑、戈、尊等，且出土地点比较集中，大多出土于大站水库东北部（图一），年代约在商周至汉代。现对其中三件铜鼎做简要概述，并对相关问题进行探讨。

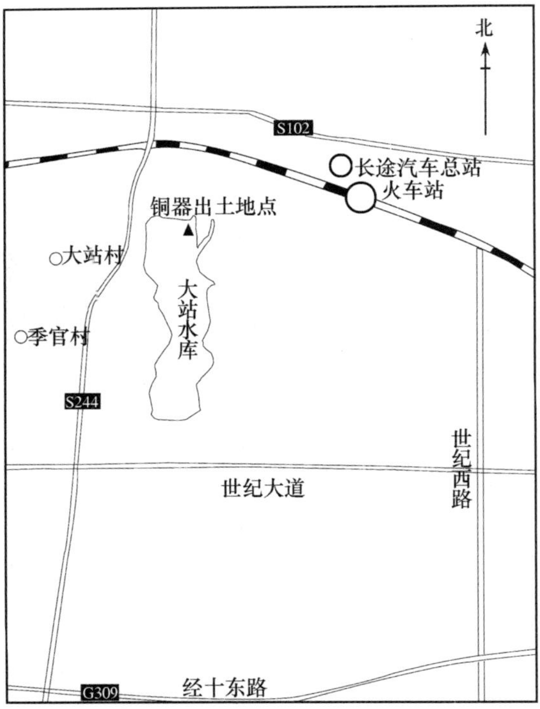

图一　大站水库东北位置示意图

（▲铜器出土地点）

二、铜鼎及铭文

（一）“郭甘”铜鼎

1件（ZD：01）（图二）。年代为春秋时期。于1973年大站水库东岸地下6米出土。口径25.5、高24.2厘米。侈口，平唇，方立耳，耳外部饰弦纹，弧腹，圜底，三蹄形足，三足中空，二足内侧未封闭，可见其中填充的红烧土。器物合范处痕迹明显。腹部近口处饰重环纹，中部饰重鳞纹，两种纹饰以凸棱相隔。腹内壁阴刻铭文20字，重文2字。铭曰：“鄁甘辜肇乍隮鼎，其万年眉寿，子子孙孙永宝用享”（图三）。

图二 “郭甘”铜鼎（ZD：01）

图三 “郭甘”铜鼎内铭文及拓本

（二）“軙巽”铜鼎

1件（ZD：02）（图四）。年代为春秋时期。于1974年大站水库东北约2.5千米处（大约乐盘古城位置）出土。长27.2、宽88、高25厘米。口微敛，双立耳，弧腹，圜底，下三兽蹄足。鼓腹处有一圈弦纹，弦纹以上饰兽目交连纹，弦纹以下饰鳞纹。三兽蹄足粗大，足内可见暗红色范土。器物合范处痕迹明显。腹内壁阴刻铭文11字：“軙（毅）巽（兵）自作鼎，其子子孙孙用”（图五）。

图四　“軙巽”铜鼎（ZD：02）

图五　“軙巽”铜鼎内铭文及拓本

（三）无铭文铜鼎

1件（ZD：03）（图六）。年代为春秋时期。于1974年清基工程中发现。口径24.4、高28.8厘米。侈口，平唇，口上有双立耳，弧腹，圜底，下承三蹄足，足内侧不封闭，露出砖红色范土。鼎上腹部饰一周夔纹，其下有一圈凸弦纹，弦纹下有一圈窃曲纹。

图六　无铭文铜鼎（ZD：03）

三、关于"郭甘"铜鼎

"郭甘"铜鼎（ZD：01）从造型和纹饰看，年代为春秋时期。内壁铭文为："郶甘辜肈乍隮鼎，其万年眉寿，子子孙孙永宝用享"。

"郶"同"过"，通"郭"，"郭"通"虢"。"甘"应为人名，做器者名。"辜"为"享"，"享"在金文中的字形像盛食物的器皿，是进献的意思。"肈"（肇）也为"啓"，是开始、初始、创建的意思。《书·仲虺之诰》："肇我邦予有夏。"《书·酒诰》："乃穆考文王，肇国在西地。"眉寿为长寿，眉毛长属于长寿的象征，故称为"眉寿"。《诗经·豳风·七月》："为此春酒，以介眉寿。"《仪礼·士冠礼》："眉寿万年，永受胡福。"

《谷梁传·昭公元年》会于"郭"，《左传》作"虢"。《新唐书·宰相世系表》："周武王封文王弟虢叔于西虢，后平王又封虢叔裔孙于阳曲，号曰郭公。"《春秋·庄公二一十四年》：“赤归于曹，郭公。”杨伯峻《春秋左传注·卷三》：“公羊、谷梁以郭公与上节赤归于曹连读，以为赤即郭公也。曲说不可通，杜预不用。而以此为经有缺误。洪亮吉《左传诂》以为‘郭’即‘虢’，但周公簋有‘郭人’，古彝器有‘郭伯殹’簋，以铭文考之，郭国似在东方。”西汉刘向《新序》：“昔者，齐桓公游于野，见亡国故城郭氏之墟，问于野人曰：‘是为何墟？’野人曰：‘是为郭氏之墟。’‘其所以为墟者，何也？’野人曰：‘善善而不能行，恶恶而不能去，是以为墟也。’”据此，可见郭国可能在齐国附近，春秋时早已灭亡[1]。

郭氏之墟，旧志或云在聊城，宣统版《聊城县志·沿革》：“唐虞三代兖州，周郭国后入齐。”《地名大辞典》：“郭城，在山东聊城县东北《水经注》郭水出聊城县东北，《寰宇记》南岸有郭城，春秋时亡国郭氏之墟也。”但《水经注·河水》：“黄沟承聊城郭水……自城东北出径清河城南，又东北径摄城北。春秋所谓聊摄以东也。俗称郭城，非也。”叶圭绶《续山东考古录·卷四·博平县》：“《寰宇记》聊城有郭城，《隋图经》云即亡国郭氏之墟，因俗名附会者。《水经注》黄沟又名郭水也，《魏志》有畔城而无摄城，疑摄城、郭城、畔城、微城四名实一城耳。”[2]从上揭“齐桓公游于野而得见郭氏之墟”推断，其地望应该就在当时齐国都郊野。聊、摄为春秋晚期齐之西界，齐桓公之时似乎还没达到这一带。《左传·庄公十年》：“冬十月，齐师灭谭，谭子奔莒。”十三年：“会于北杏以平宋乱，遂人不至，夏，齐人灭遂而戍之。”北杏之会是齐桓公图霸之首会，其地约在今平阴东阿镇一带。看来，齐桓公初期的重要活动多在谭、遂一带，济水之东。这里也是其后南征伐楚、西征攘白狄之地的重要通道。郭氏之墟也可能在这一带。此件铜鼎所出的地点距谭国故城不远，因此郭氏之墟可能就是鄶氏之墟[3]，可能在大站水库附近，乐盘古城一带。

四、关于“軙巽”铜鼎

“軙巽”铜鼎（ZD：02），于1974年大站水库出土。因锈蚀、水锈严重，当时未发现铜鼎上有任何文字的迹象。2016年，章丘区博物馆与中国国家博物馆文物修复中心对馆藏青铜器开展修复工作，清理后在铜鼎内壁发现11字铭文，非常有研究价值（见图五右）。

现对铭文隶释如下。对第一个字，王恩田先生认为“从東从殳”，为“東殳”，读音不明；严志斌先生认为此字“从東从攴或从殳”。“攴”，象形，篆体像以手持杖或执鞭。本义是指轻轻地击打。“殳”（shu）金文“𣪊”，象形，甲骨文字形像手持一种长柄勾头似的器具，可以取物，可以打击乐器，后成为兵器。《说文》段注：“杖者，殳用积竹而无刃。”《周礼》：“殳以积竹、八觚，长丈二尺，建于兵车。”《左传·昭公二十三年》：“执殳而立于道左。”《诗·卫风·伯兮》：“伯也执殳，为王前驱。”古时候殳是古老的武器，当远古人类还没使用金属时，狩猎和战争前，他们要手持殳舞蹈，这既是动员练习，又能祭神和鼓舞士气。

孙敬明先生认为此字可能“从柬或車、从支或殳；也可能为‘專’之异体，或‘鄟’初字。”通“敹”（lian）、“敶”（chen）、“毃”（shu）。“敹”字，《类篇》：“擇也”。《康熙字典》中有敹音煉。“毃”是一个汉语词语，意思是车竿。

查阅大量文献资料，笔者认为或为“敶”，《广韵》作陳。古同“陳”、“阵”，古文“陳”。《说文解字》卷十四阜部：“陳，宛丘，舜后妫满之所封。”直珍切［注］臣铉等曰：陳者，大昊之虚，画八卦之所，木德之始，故从木。敶、陳，亦。毛传謚曰陳者、大皞虙戏氏之墟。帝舜之冑。有虞阏父者、为周武王陶正。武王赖其利器用。与其神明之后。封其子妫满于陈。都于宛丘之侧。是曰陈胡公。按今河南陈州府治是其地。许必言宛丘者、为其字从𠂤也。毛传曰：四方高中央下曰宛丘。即释丘之宛中曰宛丘也。本大皞之虚正字。俗叚为陳列之陳。陈行而陳废矣。由以上可知，“敶”通“陳”，亦古文“陈”。

对铭文中的第二个字，严志斌先生认为可能是“巽”（xun）。“巽”金文大篆为“”。其意一为八卦之一，画作“☴”，代表风。《易·说卦》：“巽为木，为风。”例如，巽地（吉利的地方），巽二（古时传说中的风神名）。二为东南方，如巽方（东南方），巽地（东南方位），巽风（东南风），古有八卦主八风之说。巽隅（指东南角）。另外，“巽”古同“逊”，意为谦让恭顺。《书经·尧典》：“汝能庸命，巽朕位。”《论语·子罕》：“巽与之言，能无说乎？”《唐·韩愈·答魏博田仆射书》：“位望益尊，谦巽滋甚。”《书经·尧典》：“汝能庸命，巽朕位。”《易·蒙》：“童蒙之吉，顺以巽也。”《孔颖达疏引·褚氏》曰：“顺者心不违也，巽者外迹相卑下也。”

冯峰先生则认为为“兵”。兵，金文“”，金文大篆“”。会意，从廾从斤。甲骨文字形上面是“斤”，是短斧之类；下面是“廾”（gong，双手），像双手持斤。本义为兵器、武器。

笔者认为此字或为“巽”“兵”，“巽（兵）”是做器者的私名。前面第一个字“敶”是做器者的氏，应该是其封邑名。其余字则没有异议，全文应该识读为：“敶巽（兵）自作鼎其子子孙孙用”。

五、说“軙”

笔者认为或为“軙”，古同“陈”。《玉篇》古文“陳”字。《广韵》作“䧡”。陈字大篆为“”，从阜，“阜”作左边偏旁，楷书写成“阝”，本义指“土堆”，转义指“土埂”。从东。“东”本义为“五谷生长之方”，转义为“生长五谷”，指“五谷”“粮食”（甲骨文“东”字为上下束口的粮囊之形）。“阜”与“东”联合起来表示“土埂围成方块形的田，里面种植五谷”。所以“陈”字本义是五谷整齐排列的方形田块。故“陈”通“田”。另外，“陈”与“田”二字在古代互通，因为“田”的本义就是“树立五谷的方形土块”，田块所树立五谷像方阵中列队的军士。

20世纪70年代，在章丘小董家遗址出土一件陶罐，其口颈下阴刻三组图形符号，其中一组构图比较复杂，整体呈网格状（图七）。初释其为田，推测应为古代田理地判的一种具体摹画，更可能是一种族徽，其源出可能与其祖先服田司农之职事有关。《白虎通义·姓名》：“所以有氏者，何所以贵功德、贱伎力，或氏其官；或氏其事；闻其氏即可知其德，所以勉人为善也。”以职事为族名，是我国古代氏族名号的重要来源之一。田氏因其祖先服司田事而用“田”作族徽，应是完全可以理解的。

图七　小董家遗址出土陶罐图形符号拓本

田氏之族是有商一代的重要集团。王献唐先生在《炎黄氏族文化考》一书中引《殷墟书契后编》的两条甲骨文刻辞，指其为田族之最早记录。其一：“甲辰贞，又伐于田。”其二：“甲辰贞耒，甲寅又伐田。”[4]卜辞“于”字之后，一般为名词，指地名或人名等，如是则“田”字或指田方、田国。上述事实说明，殷周时期，确乎存在着一个田方或田国，其因“田”为氏，聚居为族，比“田”而为徽也就顺理成章了。济南地区可能是田氏之族的主要分布范围。而陈、田互通，在《史记·田敬仲完世家》有记载：“敬仲之如齐，以陈字为田氏。”《史记集解》引徐广曰：“应劭云始食菜地于田，由是改姓田氏。”《史记索隐》：“据如此云，敬仲奔齐，以陈田二字声相近，遂以为田氏。应劭云‘始食菜于田’，则田是地名，未详其处。”《史记正义》曰：“敬仲既奔齐，不欲称本国故号，故改陈字为田氏。”“田”通“陈”，田敬仲即陈敬仲，这是史家公认的事实。齐国田氏之兴虽处于春秋晚期，战国时成为七雄之一，仍称霸百年之久。但临淄所出齐器所铭陶文之类却均作“陈”而不作“田”，可见“陈”“田”并非随意署之。今由小董家遗址出土田族祭器推而证之，“田”“陈”之所以可通，可能与陈氏入齐之后所食之邑称有关。齐地范围内的章丘地区可能分布田族势力或田国旧址，或可证明应劭云“敬仲始食菜于田”决非虚造。应劭为东汉人，献帝时任泰山太守，其对泰山周围的历史、地理、风土人情十分了解，其言应是可信的。

研究证明，齐国重臣在济南、章丘一带有封邑者颇多，如宁戚、管仲、鲍叔牙等均有。田敬仲之食于田，田在小董家是完全可能的。特别是该遗址堆积丰富，规模宏大，包含北辛、大汶口、龙山、岳石文化、商周等不同时期的文化遗存，历史悠久，展示出其古代之灿烂与繁荣，或可表明此即商代田国故址亦不无可能[5]。

六、乐盘古城

这批青铜器出土地点在乐盘古城遗址范围内，位于章丘季官庄东北350米处。东接巴漏河床，西靠大站水库西河堤，为一处高台地，现存面积约400平方米。现存部分只有水库堤内土台保存完好，当地群众传说的名称有“鹿角台”“乐家台”。《齐乘》记载：“章邱南二十七里有乐盘山。齐记云，下有乐盘城即平陵王与章邱侯饯送之地。”据《章丘县志》记载，乐盘城在“县治南二十七里乐盘山下”，其余再无更多记载。20世纪60年代开修水库与村民整地时发现灰陶鬲、黑陶片、鼎足、石斧等，并采集到青铜车饰品、小铜铃、铜马衔、铜鼎等。20世纪80年代，北京大学考古系等在该遗址开展了发掘工作，揭露总面积115平方米。所出遗物年代可分大汶口、龙山、岳石文化及商代。文化层堆积较薄，多数文化层厚度不及1米。从鬲的形态看，其年代大致属殷墟文化早期偏晚阶段，证明乐盘古城遗址在商代是一处面积较大的居民生活区域[6]。

七、其　　他

另外，“軙巽”铜鼎中的字可能为“専”之异体，或“鄟”初字。古文字中，“郱”通“齐”，“鄫”通“曾”，“阝”是“邑”的意思。查“鄟”，夏商之际有“鄟”国，是沭水边原始社会时期的古鄟部落，后成为小国。西周初期是一个独立的诸侯国，

后来在春秋中期被鲁国完全侵占，而成为它的鄟邑。鄟国非常弱小，所以现在很少有史料提及这个国家。但《谷梁传》记载，鲁成公于在位的第六年（公元前585年）灭掉了鄟国："成公六年……二月辛巳，立武宫。立者，不宜立也。取鄟。鄟，国也。卫孙良夫帅师侵宋。"《春秋》："成公六年（公元前585年）春王正月，公至自会。二月辛巳，立武宫。取鄟。"《左传》："取鄟，《春秋》言易也。"《春秋公羊传注疏》："取鄟。鄟者何？邾娄之邑也。曷为不系于邾娄？讳亟也。讳鲁背信亟也，属相与为虫牢之盟，旋取其邑，故使若非虫牢人矣。"《春秋》还记载："昭公二十有六年，秋，公会齐侯、莒子、邾子、杞伯，盟于鄟陵。"根据《中国历史地图集》和王献唐先生的"邾国三分疆域图"所示的鄟国地理相对位置，鄟国可能就在枣庄地区以东，今临沂地区附近。此件铜器上的铭文若为"鄟"，可能是鄟国嫁女或送礼物到乐盘古国，所以此地才会有鄟国的器物。

八、结　　语

总括全文，可以看出，这批青铜器出土在乐盘古城附近，但由于文献资料的缺乏，其与乐盘古国的关系并不甚清楚。据考证，可能与商代"郭"国、田氏之族或田国有一定关联，章丘龙山谭国故城附近可能是郭氏之墟，也可能就是历史上的"鄗"氏之墟[6]。田为商代的重要氏族势力，其族以田形为徽，济南地区可能就是田族的重要分布范围。乐盘古城在商代与鄟国可能存在密切的来往。上述猜测所涵盖的历史内容是非常巨大的。对于"鄗"氏之墟、田族或田国或鄟国历史的探讨，这里仅仅是点到为止。要揭示其本来历史面貌，还有待更多考古资料和更深入的研究。殷切期望专家和同行能就上述问题不吝赐教，共同探讨，进而促进学术研究的进一步深入。

附记：本文"軙巽"铜鼎铭文释读曾经山东博物馆王恩田、中国社会科学院考古研究所严志斌、中国国家博物馆冯峰和潍坊市博物馆孙敬明先生指教，在此谨致衷心谢意。

摄影制图：宁述鹏　王　亮　潘　攀
拓　　片：陈翠芬　陈万岐　王光阳

注　　释

[1] 常兴照、宁荫棠：《山东章丘出土青铜器述要兼谈相关问题》，《文物》1989年6期。
[2] 叶圭绶：《续山东考古录》"章丘县""历城县"条，光绪八年，山东书局。

[3] 同[1]。
[4] 王献唐：《炎黄氏族文化考》，齐鲁书社，1985年，290页。
[5] 常兴照、宁荫棠：《论山东章丘县小董家所出陶罐及其刻画符号》，《北方文物》1995年3期。
[6] 见于1981年山东省第二次文物普查时登记表，李予迅、任遵绪、胡定南。

凹面线刻画像石探析

杨爱国
（山东省石刻艺术博物馆）

汉代画像石是“雕文刻画，罗列成行”的艺术，其雕刻技法在20世纪30年代就引起了学者的关注，其中滕固的观点最具代表性。他指出：“石刻画像正像欧洲的浮雕（Relief），有其自己的地位。”“在佛教艺术以前，中国从未有过类乎希腊的浮雕。但中国的石刻画像也有好几种，如孝堂山和武梁祠的刻像，因为其底地磨平，阴勒的线条用得丰富而巧妙，所以尤近于绘画，像南阳石刻都是平浅浮雕而加以粗率劲直的线条勾勒，和绘画实在有相当的距离。所以我对于中国的石刻画像，也想大别为两种，其一是拟浮雕的，南阳石刻属于这一类，其二是拟绘画的，孝堂山武梁祠的产品属于这一类。”[1]虽然滕固当年尚未见到随着后来发现所呈现出的丰富多样的画像石雕刻技法，但他的这一分类原则至今也未失去意义。因为，如同画像石这种在石面上雕刻图像造型，基本上不外乎在石面上阴勒线条和做阳凸浮起的形式。

滕固对汉代画像石雕刻技法的分类虽较为概括，但也显过于简单，不能够如实充分地反映汉代画像石多种多样的雕刻技法。而后，在对汉代画像石雕刻技法的具体分类和定名上，虽也有各种不同意见和表述方法[2]，但其趋向还是大体一致的。到20世纪80年代，对汉画像石雕刻技法有了比较切当而成熟的分类，将其分为线刻、凹面线刻、凸面线刻、浅浮雕、高浮雕、透雕六种，或进一步用考古类型学方法归纳为六型十二式[3]。

对汉代画像石雕刻技法进行分类有助于对它的观察与分析，但至今却很少有人对某类刻法的画像石进行梳理，探究相关问题。作为试验性的探讨，本文拟在对主要流行于山东地区凹面线刻画像石梳理的基础上，讨论相关问题。

一、凹面线刻雕刻技法的类别

在分析汉代画像石的雕刻技法时，曾根据石刻工匠对地子处理方式的差别，把同一种刻法分成糙面（原生地）、平面（磨面）、凿纹地、剔地、铲地等几种，具体到凹面线刻，目前所见则仅有凿纹地和平面（磨面）两种。所谓凿纹地凹面线刻是除凹面画像的轮廓线外，为整治石材而留下的凿纹地面。例如，山东汶上路公食堂车马画像，安丘董家庄画像石墓中车马、人物画像，嘉祥县嘉祥村画像，河南南阳杨官寺墓门画像[4]等。平面凹面线刻是物象轮廓外为打磨光平的石面。例如，山东长清孝堂山石祠画像[5]、河南唐河针织厂墓门楣车骑出行画像[6]等。不过，这种平面凹面线刻的画像石很少，绝大多数是凿纹地凹面线刻[7]。

凹面线刻画像石不仅地子的处理方式不同，刻法本身也有差别。

一种是整个物象被刻成凹面近平，然后在物象上施以阴线，刻出细部。例如，嘉祥宋山第二批第2石（图一）[8]、安丘董家庄墓中的凹面线刻画像（图二）。

图一　嘉祥宋山第二批第2石局部

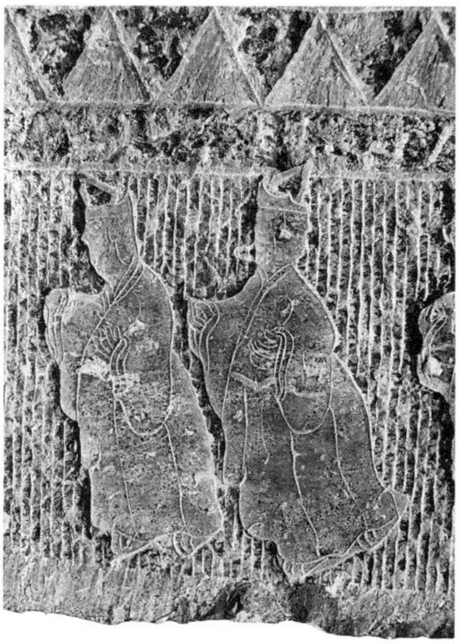

图二　安丘董家庄墓凹面线刻画像

一种是仅在物象轮廓线边下减，物象与其外地子基本在一个平面上，并未刻凹面，这种刻法比前一种要省事，但视觉上同样凸显了物象。例如，长清孝堂山石祠中的大部分画像（图三）。

有的画像石是阴线刻与凹面线刻两种刻法合用，又可分两种情况。一种是画像主体用阴线刻，局部用凹面线刻，如肥城栾镇村建初八年（83年）祠堂后壁画像石上的鹿车画像，画面主体是阴线刻，仅车盖和车厢是凹面（图四）[9]。另一种则相反，画像主体用凹面线刻，局部用阴线刻，如嘉祥新挑河永元五年（93年）祠堂后壁画像，除屋顶和阙顶（不含脊）外，其他部位皆用凹面线刻（图五）。

图三　长清孝堂山石祠画像局部

图四　肥城栾镇村建初八年祠堂后壁画像石上的鹿车画像

凹面线刻画像石的这种不同处理方式既可能是不同作坊的工匠雕刻传统不同，也可能是同一作坊的工匠根据不同需要所做的选择，具体情况如何，由于缺少证据，还无法做出进一步的分析。

图五　嘉祥新挑河永元五年祠堂后壁画像

二、凹面线刻画像石流行的年代与区域

（一）凹面线刻画像石流行的年代

在汉代画像石研究中，画像石的出土地点与画像石年代是基础，前者不仅能帮助学者了解画像石的分布情况，分析画像石的地域风格，还能帮助学者认识丧葬礼俗的地域特点。后者既能够帮助学者认识时代特征，又能帮助学者考察画像的时代演变。在分析汉代画像石的地域特点和时代特征时，学者常提到雕刻技法。根据现有考古发现，一般认为，阴线刻和凹面线刻出现比较早，后来仍有运用，但相对数量较少，技法比早期成熟[10]。应该说，从总体上看，这样的认识是正确的。从前由于缺少年代明确的资料，从早到晚具体演变的情形如何则难以得出令人信服的结论。2011 年山东平阴县榆山办事处胡庄村食品厂发现一座拆用汉代画像石建造的墓葬，其中一块凹面线刻画像石上有“和平元年”（150 年）纪年[11]，加上此前发现的几件纪年画像石，为研究凹面线刻画像石流行的年代提供了可靠的资料。

为了便于讨论，现将凹面线刻画像石描述如下。

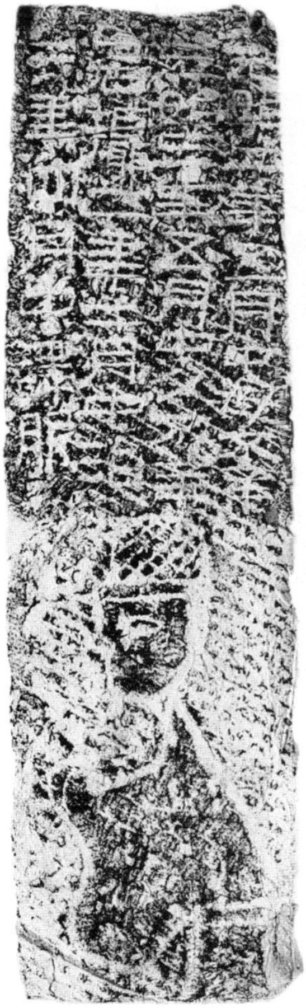

图六　东平石马居摄三年立柱

1. 东平石马居摄三年（8年）立柱

1997年山东东平石马出土。东平县博物馆藏。纵135、横22、厚18厘米。图像采用凿纹地凹面线刻，内容为一人头戴笼冠，拱手向右站立。图像上方有隶书题记四行："元始二年五月中母不幸/元始三年五月中父不幸/居摄二年二月中治/三年四月中释服"[12]（图六）。

2. 汶上天凤三年（16年）路公食堂画像石

早年山东汶上出土，具体地点不详。该石早年出土后为曲阜孔氏所得，继归济南金石保存所，复入山东省立图书馆，今藏山东博物馆。石已残。拓本纵27.5、横70.5厘米。图像采用凿纹地凹面线刻，内容为车骑向右前行，前面一车仅露车的后半部分；后随二骑和双马驾驶的轺车。图像左边有隶书题记二行："……天凤三年立食堂，路公治严氏春秋……"[13]（图七）。

3. 平邑八埠顶元和三年（86年）皇圣卿阙

该阙原立于山东平邑县（时属费县）平邑镇八埠顶，1932年迁移至平邑镇小学内，后入藏平邑县博物馆。在赵明诚夫妇的《金石录》中著录为第四十二"汉南武阳功

图七　汶上天凤三年路公食堂画像石

曹阙铭"（章帝元和三年）。双阙皆存，形制为单檐四阿顶单体石阙，总高约250厘米。阙身为一块近方形的石柱，高153、面宽70、厚57厘米。阙身虽为单体，由于面宽近于高度的二分之一，厚度又与宽度相近，形体显得厚拙稳重。阙身四面均刻有图像，像外有两重边栏。图像分五层，皆采用上下分层的构图布局和凿纹地凹面线刻的雕刻技法制成。因久经风雨剥蚀，图像和题记多已磨泐不清。西阙正面有"南武阳皇圣卿冢之大门"和"元和三年"等题记[14]（图八）。

4. 平邑八埠顶章和元年（87年）功曹阙

该阙原与皇圣卿阙同立于八埠顶，1932年与皇圣卿阙同迁移至平邑镇小学内，后入藏平邑县博物馆。在赵明诚夫妇的《金石录》中著录为第四十三"汉南武阳功曹墓阙"（章和元年）。功曹阙仅存一单阙，其形制、大小和阙身图像的造型、刻法，都与皇圣卿阙近同。形制为单檐四阿顶单体石阙，总高约250厘米。阙身为一块近方形的石柱，高150、面宽69、厚59厘米。阙身四面均刻有图像，像外有两重边栏。图像分四层，上两层与下两层之间隔以窄长的空格，皆采用上下分层的构图布局和凿纹地凹面线刻的雕刻技法制成。因久经风雨剥蚀，图像和题记多已磨泐不清。该阙南面第四层图像右边有题记，内容为："故南武阳功曹、乡啬夫、文学掾平邑君□□□卿之阙，卿□□□□□□困苦，天下相感，□□仟□□□三□观朝廷□□明君□直任人□□二□来□道，以为国三老，□□□□，章和元年二月十六日□子□文学叔□□石工□□□乡啬（缺11字）伯□廷直□□四万五千。"[15]（图九）。

5. 嘉祥新挑河永元五年（93年）祠堂后壁残石

山东嘉祥新挑河出土，济宁市博物馆征集并入藏。该石残存右上角[16]，残纵51、残横64厘米。图像雕刻技法为凿纹地凹面线刻。图像仅存二层楼堂右半和楼右边的重檐双阙。楼顶有一鸟展翅而立；楼上有两女子并排正面端坐，双手拢袖；楼下有一人向左凭几端坐；其后有一人正面站立；楼外右边有一人执笏躬身向左站立；其后为重檐双阙，阙顶有一猴攀缘；下层檐左边有一人向左站立，右边为一鸟向左站立；阙柱右边有一人执笏向左站立；阙柱上有隶书题记一行，"大岁在巳永元五年六月成"；阙柱右边之人身后也有隶书题记一行，"此中人马皆食大仓"。

6. 泗水星村镇南陈村汉安元年（142年）画像石墓

1984年山东泗水星村镇南陈村发现汉画像石墓一座。该墓为纯石结构，由前室、中室和左右耳室、后室组成，全长6.17、最宽处5.16米。墓内共有画像石12块，现藏泗水县文管所。图像刻于四合八扇门扉和面向中室的门楣上，皆凿纹地凹

图八　平邑皇圣卿东阙南面画像

图九　平邑功曹阙南面画像

面线刻和凿纹地平面线刻。据前室后门楣题记可知，该墓建于东汉顺帝汉安元年[17]（图一〇）。

图一〇　泗水星村镇南陈村汉安元年画像石

7. 平阴县榆山办事处胡庄村食品厂和平元年（150年）祠堂后壁石

平阴县榆山办事处胡庄村食品厂墓画像石纵83、横141厘米。凿纹减地凹面线刻。画面外有四重边栏，栏内饰水波纹、菱形纹、连弧纹。画面中央为楼阁，两侧为重檐双阙。楼内中央为两人对坐。楼前是迎宾队伍。最右边有一人躬身站立[18]，呈迎接状。一导骑引两辆轺车来到面前，车上有一主一驭，最后有一人躬身送行。右边阙的重檐间有三行隶书题记，“和平元年十一月甲子□，□□□□□□直三千”（图一一）。

图一一　平阴县榆山办事处胡庄村食品厂墓和平元年祠堂后壁石

7件（组）有纪年的凹面线刻画像石都在山东，其他没有纪年的凹面线刻画像石绝大多数也在山东，由此可见，这种雕刻技法是山东地区汉代画像石的特色之一。

7件（组）有纪年的凹面线刻画像石从8年至150年，年代跨度为143年，这100多年应是该雕刻技法流行的年代，其出现的年代一定比这早，在西汉晚期的石椁上就出现了。其消失的年代也一定在150年以后，如安丘董家庄画像石墓的年代被推定为东汉晚期，其具体年代当晚于150年。另外，东汉章帝在位（75～88年）前后，浅浮雕刻法已经出现，稍后减地平面线刻技法也出现了，这两种刻法是东汉中晚期画像石的主流技法，在它们流行的同时，凹面线刻仍有延续，由此可见其在师承之下表现出的传统的力量。

（二）凹面线刻画像石流行的区域

就目前的考古发现看，凹面线刻画像石除在河南南阳有个别发现外，主要发现于山东，但也不是山东全境都有这种刻法的画像石，它主要出现在南起枣庄，北到济南长清，东至临沂平邑，西至菏泽成武这个区域内，此区域之外虽然也有凹面线刻画像石，但数量较少，如河南南阳杨官寺墓门画像和唐河针织厂墓门楣车骑出行画像。而山东安丘画像石墓中的车马人物画像则可能是从鲁西南此法的流行区域传过去的[19]，与安丘临近的昌乐东肖画像石墓[20]和临朐辛村画像石墓中的凹面线刻画像[21]，情形可能与安丘董家庄墓相类。

三、凹面线刻画像石的特点

根据对现有汉代画像石的观察，凹面线刻画像主要有以下特点。

（一）早期多用于祠堂和阙画像

凹面线刻是在阴线画像石基础上发展出来的一种雕刻技法，其目的是进一步凸显物象，让观者看得更加清楚。目前所见王莽时期至东汉章帝时期的凹面线刻作品主要是墓祠与墓阙，如路公食堂、孝堂山石祠、皇圣卿阙、功曹阙等，它们都是纪念性建筑，一方面死者的亲人在举行祭祀活动时可能会观看，另一方面过路的人或“牧马牛羊诸童”也会“来入堂宅”[22]观看，图像的醒目更能彰显亲人的孝心。东平石马纪年石柱虽然是残件，但从题记文字看，很可能是墓地祠堂石柱[23]，汶上路公食堂画像石也是祠堂构件。今天的东平和汶上，在西汉时期皆属东平国，据此推测，用石材建墓祠很有可能是西汉东平国或其周边人的发明。他们不仅用石材建墓祠，而且既有财力又有喜好者，不满足于素面无纹的石祠堂，还在其上“雕文刻画”。这时，石椁及其中有画像者，已经流行百年以上，技术与画像题材不成问题，更何况还有壁画的木土结构祠堂作为参考。至于这种思想的动力究竟是来自民间还仿自上层，或者两者兼而有之，目前学界有不同看法。这是另一个问题，不在本文讨论之列。

（二）墓室中多用于横列的历史人物故事和车马出行

山东地区虽然在石椁墓流行的西汉晚期就出现前后室的石室墓，如滕州染山画像石墓[24]，但只是个别现象，石室墓在山东地区的流行在东汉和帝以后，这时画像石祠堂、阙已经在鲁中南地区流行一段时间了，雕刻技法也不再是仅有凹面线刻，浅浮雕的刻法也出现在了石阙和祠堂上，如莒南东兰墩元和二年（85 年）孙氏阙（图一二）[25]、微山永和元年（136年）王成母祠堂（图一三）[26]等，此后阙与祠堂采用的雕刻技法也多是这种浅浮雕和新出现的减地平面线刻，墓室画像石受这种新技法的带动，也多采用这两种刻法，前此流行的凹面线刻反而较少使用了。

图一二　莒南东兰墩元和二年孙氏阙

据对现有资料的观察，发现一个有趣的现象，此前，石阙和祠堂多采用一种雕刻技法，不论是皇圣卿阙、功曹阙，还是孝堂山石祠，都是采用凹面线刻法，而和帝以后出现的画像石墓，凡是采用凹面线刻技法的，则多在门楣或过梁上采用此法，其他部位采用浅浮雕等其他刻法，最典型的是安丘董家庄墓。该墓前室东西两壁上的车马出行画像、中室南壁横梁上的孔子见老子和车马出行画像、西壁上的车马出行画像等，而中室北壁西端立柱四层人物画像采用凹面线刻法[27]，在画像石墓中较为少见，该墓中也仅此一例。昌乐东肖墓、临朐辛村墓等墓中的凹面线刻画像没有在立柱上的，且多是车马出行和人物故事。

图一三　微山两城永和元年王成母祠堂画像

（三）晚期简单化表明只有很少的作坊在用这种技法

从皇圣卿阙、功曹阙、孝堂山石祠画像看，早期凹面线刻画像的题材是较为广泛的，现实生活、历史故事、神话祥瑞等，无所不包。到了后期，神话祥瑞类内容基本不见了，现实生活内容也只是车马出行，其他内容罕见，历史故事只保留了孔子见老子，周公辅成王、韩朋的故事等早期使用的题材被省略了，而且从嘉祥到安丘数百千米的范围内都是如此。推测表明，只有很少的作坊在用这种技法，而且这类作坊主要采用的不是这种技法，而是浅浮雕或其他技法，临朐辛村墓仅墓门为石材，其上刻画像，只有门楣用凹面线刻，门柱和门扉用浅浮雕刻法。一个墓门找两个作坊制作的可能性极小，最大的可能是一个作坊的工匠，根据不同的部位采用了不同的刻法。

四、结　语

本文选择凹面线刻画像石作为分析对象，不是随机选择的，而是考虑到它是中国古代石刻中的独特类型，不见于其他地区，如希腊、罗马、天竺等地区的石刻。

凹面线刻画像石流行的区域以山东为主体，其他地区罕见，应是少数工匠集团传习的技法。

最后需要说明的是，诚如孙机先生指出的那样："从总体上说，汉画像石是一种丧葬艺术，它和汉代的生死观、宇宙观及宗教理念密切相关。"[28]凹面线刻画像石虽然技法独特，但它的功能以及表现的观念与其他技法的画像石并无二致。

注　释

［1］滕固：《南阳汉画像石刻之历史的及风格的考察》，《张菊生先生七十生日纪念论文集》，上海商务印书馆，1937年，483～502页。

［2］李发林：《略谈汉画像石的雕刻技法及其分期》，《考古》1965年4期，199～204页；蒋英炬、吴文祺：《试论山东汉画像石的分布、刻法与分期》，《考古与文物》1980年4期，108～114页；杨伯达：《试论山东画像石的刻法》，《故宫博物院院刊》1987年4期，3～24页；李发林：《汉画像石的雕刻技法问题补谈》，《中原文物》1989年1期，88～92页；信立祥：《画像石的分区与分期研究》，《考古类型学的理论与实践》，文物出版社，1989年，234～306页；吕品：《汉画像石的起源、雕刻方法与冶铁技术发展之关系》，《河南文物考古论集》，河南人民出版社，1996年，401～421页；吕品：《浅论汉画像石的起源与雕刻方法》，《学术研究文集》，科学出版社，2000年，115～137页。

［3］蒋英炬、吴文祺：《试论山东汉画像石的分布、刻法与分期》，《考古与文物》1980年4期，108～114页；信立祥：《汉画像石的分区与分期研究》，《考古类型学的理论与实践》，文物出版社，1989年，234～306页。

［4］河南省文化局文物工作队：《河南南阳杨官寺汉画象石墓发掘报告》，《考古学报》1963年1期，111～139页。

[5] 蒋英炬、杨爱国、信立祥等:《孝堂山石祠》，文物出版社，2017年。

[6] 周到、李京华:《唐河针织厂汉画像石墓的发掘》,《文物》1973年6期，26～40页。

[7] 蒋英炬、杨爱国:《汉代画像石与画像砖》，文物出版社，2001年，31页。

[8] 济宁地区文物组、嘉祥县文管所:《山东嘉祥宋山1980年出土的汉画像石》,《文物》1982年5期，60～70页。

[9] 王思礼:《山东肥城汉画象石墓调查》,《文物参考资料》1958年4期，34～36页。

[10] 同[7]，34～35页。

[11] 平阴县博物馆:《平阴县博物馆藏汉代画像石》，见本书。

[12] 杨浩:《山东东平石马汉画像石墓》,《齐鲁文物》(第3辑)，科学出版社，2014年，262～267页。关于题记文字的释读，杨浩此文以及温兆金:《“居摄二年（公元七年）刻石”的功用及艺术价值》,《中国文物报》2015年6月30日第5版；曹锦炎:《“居摄三年”画像石新考》,《西泠艺丛》2015年总10期，2～4页。三文略有不同，本文对照拓片，认为曹锦炎的录文准确，本文录文依此。

[13] 傅惜华:《汉代画像全集（初编）》，巴黎大学汉学研究所，1950年，图129。

[14] 刘敦桢:《山东平邑县汉阙》,《文物参考资料》1954年5期，29～32页；王相臣、唐仕英:《山东平邑县皇圣卿阙、功曹阙》,《华夏考古》2003年3期，15～19转24页。

[15] 同[14]。

[16] 2007年4月11日，应济宁市博物馆解华英馆长之邀，和同事赖非先生一起去济宁市美术工厂看他们收藏的清乾隆时钱泳临汉碑。在博物馆休息时，笔者向解馆长请教该石出土地点的事，她告知，该石是由在场的王莉副馆长主持征集的，笔者就向王莉女士请教当时的有关情况。她告知，她和同事们第一次看到这块石头的时候是完整的，可是等去征集时已仅残存现在的部分。笔者还请她在笔者的记事本上写下了该石征集的地点——嘉祥新挑河。

[17] 泗水县文管所:《山东泗水南陈东汉画像石墓》,《考古》1995年5期，390～395页。

[18] 本文的左右是物象本身的左右，非观者的左右。如此叙述的理由参见杨爱国:《幽明两界——纪年汉代画像石研究》，陕西人民美术出版社，2006年，15～17页。

[19] 曾蓝莹:《作坊、格套与地域子传统：从山东安丘董家庄汉墓的制作痕迹谈起》,《台湾大学美术史研究集刊》2000年8期，33～86页。

[20] 昌乐县文化新闻出版局:《昌乐县汉代石刻》，中国国际文化出版社，2010年，图版八六、图版八七、图版九十、图版九十九等。

[21] 临朐山旺化石博物馆馆藏。

[22] 同[8]。

[23] 同[12]。曹锦炎先生前揭文认为“‘居摄二年二月中治’，是记‘中’为父母营建墓室的时间”。据笔者对原石体量的考察，该石柱体量较小，作为墓中石柱的可能性较小，作为祠堂前支撑承檐枋的立柱可能较大。顺便提一下，曹文所引徐州东沿村元和三年（86年）纪年画像石也是祠堂构件，而非如其言为墓室构件。

[24] 滕州市汉画像石馆:《山东滕州市染山西汉画像石墓》,《考古》2012年1期，34～53页。

[25] 刘心健、张鸣雪：《山东莒南发现汉代石阙》，《文物》1965年5期，16～19页。

[26] 杨建东：《微山出土东汉永和元年画像石》，《中国文物报》1998年5月27日第1版。

[27] 安丘县文化局、安丘县博物馆：《安丘董家庄汉画像石墓》，济南出版社，1992年，图版3、图版5、图版18、图版19、图版20。

[28] 孙机：《仙凡幽明之间——汉画像石与“大象其生”》，《仰观集——古文物的欣赏与鉴别》，文物出版社，2012年，165页。

简析石门坊摩崖造像

宫德杰

（临朐县图书馆）

石门坊佛教文物遗迹分摩崖造像群、僧人瘗葬龛、墓塔、碑刻及陶塑佛像等。本文结合考古调查情况，重点就摩崖造像题材、像主身份、风格特点、残损状况做简要分析，并对历代造像情况、僧人瘗葬龛等相关问题略述己见。

一、唐代造像题材与艺术风格

（一）题材内容

资料显示，弥陀像与观世音菩萨像占多数。另外还有阿弥陀像、释迦像、药师佛、七佛像、下生像、文殊菩萨像、普贤菩萨像、地藏菩萨像龛等。不带题记的像龛题材亦应以弥勒与观世音菩萨为主。

由此可知，唐天宝年间弥陀与观世音菩萨在民众中的信仰十分流行。武则天称帝，伪造《大云经》，自称是弥勒佛降生，受此影响，武则天之后，各地弥勒信仰十分流行，石门坊多见弥勒佛造像，应为弥勒信仰持续流行的反映。大量弥陀与观世音菩萨造像题材反映了唐天宝年间佛教信仰的主体。观世音菩萨造型多见右手举杨柳枝，左手提玉净瓶，此即杨柳观音，为三十三观音之一，又称药王观音。手举杨柳枝意为可消除身上之众病，还有一层含义，即杨柳枝具有旺盛的生命力，以杨柳枝喻佛法的兴旺。玉净瓶装有甘露，杨柳枝蘸甘露洒向四野可使天降大雨，为百姓解除旱情，以体现其慈悲之特点。石门坊的观世音菩萨像，由题记知，主要表现出祈福保佑、祛病消灾之意愿。

地藏菩萨像在石门坊仅一龛。地藏菩萨是弥勒出现前，誓愿济度教化六道一切众生后始愿成佛，故又称“大愿菩萨”。陕西彬县大佛寺的唐代地藏菩萨“服装形式变化丰富，有袒右式、通肩式、双领下垂式等三种袈裟样式，地藏均有肉髻，即佛像式的地藏像”[1]。石门坊地藏菩萨即着双领下垂式袈裟的佛装，其右手横于胸前、左手抚膝的造型与陕西彬县大佛寺唐代地藏菩萨像颇为相似。

北壁摩崖造像最西端的多像龛，或受唐初所流行的在石窟中以佛、菩萨、罗汉、弟子、天王、力士、供养人等组成一堂类造像的影响，这类龛像往往各尊的职责更加明确，个性化更强。

（二）造像群体与造像目的

石门坊摩崖造像群造像者身份与目的清楚，即造像者有较高社会地位的少，多为普通民众，不见官方或众人合伙造像。除个别身份较高外，大部分为普通民众。身份较高的为“上柱国主山石妻张氏造弥陀像”（三十一号龛，下文龛像编号均见本辑《临朐石门坊摩崖造像群调查报告》不再一一注明）、“山石为亡女敬造下」生像一躯愿亡者」托生西方”（三十二号龛）、“佛弟子兵部常选上柱国韩嘉昕为妻李氏□□□造药师像……”（三十号龛）。造像已不存，但在《山左金石志》可查到的地位较高的像主还有“清信士上柱国王道成妻张氏造像记后书天宝九」载三月建正书凡六行”。“上柱国”是勋级，是对作战有功人员的特别表彰。唐代勋级分十二等，最高等级是“上柱国”，荣获“上柱国”勋级的人，无论官职多大，都可以享受正二品待遇。题记中有“兵部常选”，日本学者杉井一臣将“常选”分为广义与狭义。广义包括现任官和前资官在内的出身获得者；狭义指特定身份的官员，即虽经各种途径获得出身，但未能在吏部、兵部的铨选中取得合格资格的人。这种常选的资格高于散官，而获得散官并不等于获得对应吏部铨衡的资格[2]。《新唐书》卷四十四《选举志上》：“唐制，取士之科，多因隋旧，然其大要有三。由学馆者曰生徒，由州县者曰乡贡，皆升于有司而进退之。其科之目，有秀才，有明经，……此岁举之常选也。”[3]按杉井先生的定义，兵部和吏部都有权进行常选。有关兵部常选，已发表的资料有《唐故昭武校尉、兵部常选、上柱国邢公墓志铭并序》[4]、《井陉柿庄宋墓群发现唐代纪年墓》[5]等。对“兵部常选”，《山左金石志》亦有阐释[6]。另外，个别龛像的施造者亦非普通民众，而是较富裕的大户人家，如卢大娘造像龛（二十二号龛）题记为“广饶县人卢大娘女王四娘为有縢□」□□□敬造释迦牟尼像一躯□□」□□观世音菩萨一躯□九□□铺一□上为国王」咸同斯福”。对应的为两龛造像，题记是合并在一起的，其一为卢大娘所造释迦牟尼像，另一为观世音菩萨像，观世音菩萨像龛应是释迦牟尼像龛上方的菩萨立像龛（该龛右侧有磨光备刻题记的石面）。题记中的卢大娘与王四娘应为母女关系，这或是题记合并一处的原因。由题记亦可看出，卢大娘及其女王四娘应属富有之人。题记“为有媵”或指与王四娘一同随嫁的婢女，有婢女随嫁当然非一般平民，祈福或与婢女有关。有的像龛（三十八号龛）同署夫妻二人名字，如“佛弟子沮琼瑶、祖母傅造弥陀像”。造像目的基本分三种，一是祈福保平安；二是因亲人染病造像，希望病人在佛、菩萨的保佑下尽快康复；三是因亲人亡故而造像，有的造像直接刻铭“下生像”，或求弥勒、观世音菩萨托生西方净土。在字迹可辨的题记中，祈福保平安像十余龛，因亲人染病像五龛，为亡者造像三龛。另有数龛未明确写出造像目的，或仅存造像名字，或字迹漫漶，内容难以释读。在祈福保平安造像中，千戊仏僧造像（五号龛）和晁为七代先世造弥陀像（一号龛）的题记颇为特别，首先该类龛的存在，说明在石门坊造像中，除普通施主造像外，还有僧人造像及僧人为师傅造像。晁为七代先世造像铭文中的“存家口”或透露出师傅皈依佛门前已有子女。唐代的僧人出家后是脱离尘世的，而造该像的僧人虽身在寺中，仍念及师傅尘世中的“家口”，并造像为他们祈福保平安，身在寺中也难绝尘缘。需要提及的是发愿造像者多为女性，如“安大娘造观音像为身染时患……”，“孙二娘造弥陀像一躯……”，“李令璋妻为染患缠身”等。综观所有题记，像主所处社会阶层以中下层为主。造像者以本地居多，另外还有来自济南、广饶、临淄等地的施主，可见当时的石门坊佛教活动影响面之广。在唐代，一般情况下由济南到临朐需要数天行程，没有坚强毅力是很难来石门坊造像或做佛事活动的，从另一角度亦说明当时石门坊已是声名远扬。十号龛“□□□……为大郎子□张氏□□供养时记”则透露出该题记雕刻是在开始供养时进行的。像龛上方方孔或“人”字形檐厦表明当初造像均有龛棚。

（三）精美细致与粗犷朴拙并存的雕塑艺术

造像绝大多数均雕琢精美，尤其是大型龛像在雕琢工艺上更精致一些，如监希庄造像龛（五号龛），造像虽残损较重，但其残留的衣纹走向、衣襟相互叠压关系、垂覆座前的衣纹等均交代的十分清晰，坐姿、身形各部比例等都有很好的把握。再如四十八号阿弥陀像龛，不论主尊还是胁侍，造型各部比例准确，衣饰刻画精雕细琢。中小型像龛中的绝大多数亦雕琢水平较高，这些龛像虽然规模不大，但精致细腻。例如，沮琼瑶与祖母傅龛像（三十八号龛）身姿造型比例协调，其内着的僧祇支，胸前的结扣，下垂的系带，外着的佛衣，右侧领襟甩搭左肩臂所形成的自然下垂的衣纹褶皱，均自然逼真。一些微型像龛雕造亦很精美。五十二号龛（天宝六载造阿弥陀像龛右下角造像）佛坐像的衣纹雕刻、身姿造型及各部比例相当完美。立姿佛像仅见药师佛（三十号龛），造像所着佛衣，衣纹褶皱刻画细腻，各部比例准确，可谓精雕细琢。雕琢朴拙的佛造像见于个别小型像龛，如十一号龛，造像各部比例把握不够准确，造型朴拙，衣纹线条刻画也不够流畅。

大多数菩萨像亦雕琢精美，菩萨多为立姿，既有单尊，也有胁侍；既有肥硕体型的，也有胖瘦适度的造像，肥硕体型的造像一般短颈，宽圆肩，或平胸凸腹。二十七号观世音菩萨像龛，菩萨短颈，上身宽肩、阔膀的造型，肥硕感较为突出，璎珠与帔帛搭配成为菩萨装的特点之一，尤其是帔帛的披挂翻卷颇具动感。帔帛绕于手腕，手捏持帔帛的动作刻画细致自然。坤带等装束更显华丽。此类菩萨装扮是石门坊的主流样式，与此装束基本相似的造型还有体现裙装垂纹的，如二十九号龛像（李令璋妻造像）。即便龛形较小的菩萨像，亦不乏精品之作，如六号龛，观音菩萨立像雕琢精致，身形优美，其略侧弯腰的动作颇具柔美之感，胖瘦适中的身形，简洁轻薄的衣裙更凸显出姣好的身姿，犹如少女写真。三十九号（静志造像龛）龛像，菩萨身形肥瘦适中，各部比例准确，身姿健壮，颈部项圈与衬于帔帛之上随帔帛翻卷的璎珠串饰，让亭亭玉立的菩萨更显华美。菩萨右手执杨柳枝，左手自然下垂，手持净瓶的造型，强调的是观世音菩萨消病除灾大慈大悲的特点。

雕刻粗犷朴拙的菩萨造像占比很小。此类造像既有单体像，也有胁侍像。二十八号龛内雕单尊菩萨立像，菩萨衣纹线条处理粗疏，雕工粗犷朴拙。二十五号龛（房玚妻造像龛）的胁侍菩萨造型与之相似，亦较粗犷。雕刻粗疏的菩萨像还有十三号像龛，菩萨为立姿浅浮雕。造像头形硕大，上饰高髻，头与身躯比例不太协调。短颈，颈戴两条珠串下垂于胸前。右手持柳枝上举，左手握净瓶垂于体侧，身形显肥胖、矮短、扁平，立体感差，各部比例亦不太准确，整体造型松散，稚拙，衣纹线条亦不够流畅。而十八号像龛（沮琼瑶造观世音菩萨像）造像为少见的溜肩造型，虽然衣饰装束颇为复杂，似欲精雕细琢，但身体各部结构比例把握不到位，如左臂过长，腿过短，覆搭左手臂的帔帛几乎要滑落，结构过于松散，雕工显稚拙。

造像题记绝大多数字迹工整，有些还具有较高的书法艺术价值。有的题记楷、行混用，在以楷书为主字体中偶尔出现几个行书字体，更显灵动、活泼，更具书法艺术性。从书写排序看，虽由右向左书写多，但也有几处题记为由左向右书写，书写似乎没有严格限制，没有固定模式。

总之，石门坊造像既有以肥为美的世俗化追求，也有丰满适度、身材优美的造型。绝大多数造像皆精雕细琢，具有较高的雕塑艺术价值。个别雕琢朴拙粗犷的造像并不影响其整体艺术形象。

（四）造像的兴衰

石门坊北崖壁摩崖造像群年代较为集中，最早为天宝六年，共6龛。天宝七年4龛；天宝八年1龛；天宝九年4龛；天宝十年1龛；乾元年1龛。另有数龛书天宝，但具体哪一年不好辨识。无年代刻铭的造像风格与有纪年的造像风格一致，表明造像应均为唐天宝至乾元年间所造。其中，天宝六年至天宝十年是造像的高峰期。石门坊唐代造像，在乾元年后已不见有纪年刻铭的造像，故很可能终结于乾元年间，其原因或与安史之乱有关。乾元年号仅用三年，乾元元年是唐肃宗即位的第一年，也是安史之乱爆发第三年，此时山东地区因战争破坏，民不聊生，老百姓已不能安居乐业，更难顾及造像祈福。或许正是因为安史之乱而将石门坊唐代造像活动终结在乾元年间。石门坊唐代摩崖造像，除北崖壁外，还有豹子崮，其年代与北崖壁造像同时。

二、人为与自然损坏

（一）佛像的破损

石门坊造像破坏较严重，分人为与自然风化两种，前者主要表现为造像面部被砸，显然是故意所为，或与毁佛运动有关。唐代发生的一次大规模毁佛运动为会昌法难，武宗信奉道教，会昌五年（845年），帝应道士之请，下令废佛。除长安洛阳各四寺，地方诸州各一寺外，悉毁坏之。石门坊为山野小寺，很难进入“诸州各一寺”的行列，所以此次灭佛，石门坊寺庙应在劫难逃。会昌五年距石门坊北崖壁造像纪年最晚的乾元年已近九十年，毁佛之后的第二年宣宗即位，大中元年（847年）三月复天下之佛寺。石门坊或相应复寺，所以不少造像头部留有铁钉，当为重新供养修复所留。修复过的造像毕竟不太牢固，后经风吹雨淋，残破原貌再次显露，所以才有今天的面貌。佛像表面多有不同程度的风化，或与像龛较浅，难避日晒雨淋有关。北崖壁下部为页岩，岩层松软，形成空悬，现存龛额等残龛，皆为崖壁坍塌所致。

（二）坍塌年代与文献所录题记

关于造像群北崖壁下部造像坍塌年代，有两条线索可供探讨。一是北崖壁东端残留刻铭“衣于”二字，很明显下部刻文已坍塌掉，“衣于”当为人名衣于帝，为生活于康熙年间的临朐文人，在石门坊留有题刻“晚照”二字，也就是说造像群北崖壁东端下部在康熙年间尚未坍塌。二是《山左金石志》中石门坊造像题记当为实地调查所录，调查年代应在乾隆五十年前后，其中部分题记亦不能与现有像龛对应，说明乾隆五十年前后崖壁下部亦非现今坍塌情况，否则一些题记无法入录，因此像龛崩塌或在清乾隆年间之后。

据光绪《临朐县志·艺文》载：“石门山造像记二十八（皆正书，在山崖石壁上，见《山左碑目》[7]，待访。）像凡二十八躯”[8]。像凡二十八躯，当指题记较清晰的造像。由于崖壁的风化坍塌或人为破坏，文献中有少部分造像已不存。

现存像龛中相对完整的题记30条。《山左金石志》载：“石门房山造像题字二十九种」年月书体详后在临朐县石门房山北石壁。”实则存录题记28条[9]。其中15条可与现存龛像题记相对应。这其中“于志”《山左金石志》录为“守志”；李令章妻吕造像题记“敬造菩萨一躯”《山左金石志》录为“倒坐菩萨”。6龛题记年月、名称与现存龛像题记有相同之处。另有9龛题记，现存龛像有而不见于《山左金石志》。《山左金石志》有而不见龛像题记的有7条：“佛弟子李□宾等造像记后书天宝□载十二月卅」日正书凡五行；□□合子女天膏□七载四月正书三行上下皆有」残缺；生父母□在眷属咸同斯□六载三月二日建正书」二行；清信士上柱国王道成妻张氏造像记后书天宝九」载三月建正书凡六行；维大唐天宝六载岁次丁亥三月丁丑朔廿九日乙」巳广德乡人王克勤造像记正书七行自左至右；□□□□□李思□造像记正书二行；男□弟天宝六载三月正书八字余俱漫灭。”因题记风化较重，部分文字难以对应或文字辨识有误，所以不排除这7条中有与现存题记为同一条的情况。但可以肯定的是，部分题记因像龛坍塌而消失。

三、宋元明清造像、碑刻、瘗葬龛与墓塔

宋代不见摩崖像龛，亦无圆雕佛像，但存有一通至和元年（1054年）石碑，碑现存于石门坊风景区管理所。碑文清晰地记录了宋至和元年的一次造像活动。内容为临朐县儒教乡诸王村众人造像9尊。造像类别有菩萨、供养子、神子等，并分列管护人。该碑文《山左金石志》[10]有载，对照碑文印证文献中的谭清应为潭江，或为抄讹所致。至于是摩崖造像还是在寺庙内造像，碑文没有明确记载，不过石门坊未发现宋代摩崖造像，估计应为寺庙中造像，甚至是泥塑像。

元代佛教遗迹有摩崖题刻、元碑与瘗葬龛。元碑一通，立于摩崖造像群的最西端，

首题为《石门坊张志贤圣山修行之记》，该碑《山左金石志》有记[11]。从碑文看，张志贤不仅道行高超，而且会用泉水施法治病，于是居士崇拜，信徒盈门，甚至死后地方官府还为其树碑立传。由于张志贤名声在外，信众越来越多，石门寺僧人便借机募捐修庙，新塑神佛。己未年（1259年），贤公大和尚“于山顶刊石龛而住”，此即所谓卧化龛，或称卧化石门房。忽必烈中统年间，贤公大和尚已达百岁高寿，收兖州曲阜县刘进盛为徒，其是为崇圣寺第二代主持聚公禅师。碑刻与摩崖题刻相对应：“师□俗姓刘氏□兖州曲」阜人也自中统岁于此拜」贤公大和尚。”第二代主持聚公禅师于“元贞二年五月一日”“坐化龛中”。该题记《山左金石志》[12]亦有记载。佛教瘗葬穴在太原天龙山石窟、洛阳龙门石窟、甘肃炳灵寺石窟等均有分布，年代都相对较早，其中唐代较多见。石门坊佛教瘗葬有别于上述石窟瘗葬形式，而是直接将瘗葬穴以崖壁石龛的形式开凿，且龛形相对较大，卧化龛还曾是贤公和尚生前住室，死后让尸体在龛中自然风干，葬式颇为特别，不论卧化还是坐化，应均属瘗葬类。石门坊僧人瘗葬龛年代清楚，是研究元代佛教葬俗的重要实物资料。

《山左金石志》还录有一碑目，《石门寺重修庙宇碑》，至正十年十月立，正书碑高二尺七寸广一尺六寸[13]。该碑现已不存。

明代佛教遗迹分造像、碑刻与佛塔。摩崖造像仅见明宣德七年一处像龛，造像雕琢与唐代龛像相比，在艺术上粗劣不少。明代陶塑佛像，或为置于寺庙中供奉的小佛，后因寺庙坍塌，被僧人埋入宣德墓塔旁。明代碑刻现存两通，其一为明嘉靖年间的《重修崇圣寺碑》“仰观北山壁立万仞，其下方广，中为佛殿”，“池南为伽蓝殿，西则为龙王殿，殿后凿二龛”。这些记载大体反映出崇圣寺的布局：正北居中为三楹佛殿，佛殿东侧池南是伽蓝殿，佛殿西侧是龙王殿，殿后即卧化、坐化瘗葬龛。立碑时间在嘉靖重修崇圣寺盛事之后，此次重修“覆以碧瓦，缭以朱槛，庄塑圣像”，并没有新增扩建，应仍保持元张志贤修建崇圣寺时的布局。秀荣、秀峰禅师主持修缮工作。其二《重修石门房崇圣寺记》，针对“殿漏，栋宇朽腐，亵渎神像”的破败惨象进行修缮，重点叙述谭马庄信士谭鉴倡导重修寺院的事迹。碑的落款为“岁舍戊申姑仙月上旬”。在碑阴修庙人中有“副使衣福”之名，距石门坊不远的大楼村《衣氏族谱》有衣福生于明万历六年，明万历三十六年为戊申年，此时衣福已31岁，作为副使参与修庙可信。若衣福为碑中衣福，则该碑或为明代。两座佛塔均为墓塔，宣德塔是居山长老的寿塔，从塔铭看，居山长老身份较高，他既是青州府僧纲司的副都纲，又是普照寺住持，有至善、至觉等15名徒弟。据明嘉靖年间的《青州府志·官署》载：“僧纲司在弥陀寺，都纲一员，从九品；副都纲一员，未入流。”他在青州是官方委任的重要佛界领袖。天顺塔为崇圣禅寺重修佛刹，第一代开山住持志善禅师隐庵和尚灵塔。

清代佛教遗迹仅存清光绪二十四年《重修崇圣寺》碑一通，碑文中间所列“首事人三十名”，其下刻“临济派”，下列临济派僧人法名辈分用字：“隆运传方远，修心继和宽，本寂超玄净，真性永世祥。”当时崇圣寺住持僧是和字辈，称和昆、和义、和南，其弟子是宽字辈，四个徒弟为宽林、宽恩、宽禄、宽隆，总共七名僧人。临济派实际上是临济宗，其开创者是临济义玄禅师，因在河北镇州（今河北正定县）的临济禅院独创一家宗派，故后世尊称“临济宗”。明万历年间临朐进士冯琦所作《游石门山记》有“今寺宇颓敝，僧徒皆委去，老僧两三人，旦暮乞贷山谷间”[14]之句，其时，寺中仅有老僧两三人。而此碑也仅镌刻僧人七名，说明自明中期至清末，石门坊僧人稀少，寺庙香火冷清。

四、结　　语

石门坊佛教文物遗迹的年代，自唐天宝年至清末，跨度较长。其最重要的遗存为唐代摩崖造像群，造像题材丰富，造型式样富于变化。在众多题材中，弥勒与观世音占了绝大多数，反映出天宝至乾元间弥勒信仰的持续流行。观世音菩萨无论在大乘佛教还是民间信仰，都具有极其重要的地位。因其大慈大悲之特点，符合民众要求摆脱苦难，向往美好生活的愿望，亦倍受追捧，信众尤多。造像大部分带有题记，为我们了解造像者所处社会阶层、造像目的、信仰等提供了珍贵资料，对研究盛唐后期社会生活、民生疾苦、宗教信仰、雕塑艺术等具有重要学术价值与意义。石门坊摩崖造像群多为普通百姓发愿而造，不见官方行为。像龛多体量很小，有的可谓微型像龛，像主多为女性，题记表达纯朴直白，内容分祈福保平安，因生病祈求佛、菩萨保佑康复，为亡故的亲人造下生像等，目的性强。

在雕塑艺术方面，呈现两种略有差异的风格，其一较突出地体现了盛唐时期以肥为美的审美风尚与追求；其二虽然略显保守，但总体上还是与时代追求保持同步，且在造型上，写实感更强，人体各部比例更准确。造像虽多有残损，但其仍具有重要的雕塑艺术价值。

造像年代集中在盛唐后期短短的二十余年内，施造者多来自中下层民众，题材丰富，雕刻精美且多有题记，其在山东乃至全国唐代摩崖造像群中亦属少见。因此，石门坊摩崖造像群，对研究唐代摩崖造像具有独特的地位。

造像面部多破损，属人为故意破坏，应与毁佛运动有关，崖壁下部空悬，部分像龛坍塌，《山左金石志》中有少部分题记已不能与现有像龛对应，由此，坍塌时间应在乾隆年间之后。

除造像外，僧人瘗葬龛、佛塔、碑刻等文物亦具有一定的价值。其中元代佛教瘗葬龛罕见，是研究佛教葬俗的重要资料。

注　释

［1］白文：《关中唐代地藏菩萨造像研究》，《西北大学学报（哲学社会科学出版社）》2010 年 4 期。

［2］胡戟等：《二十世纪唐研究》，中国社会科学出版社，2002 年，116 页。

［3］《新唐书》卷四十四《选举志上》，中华书局，1975 年，1159 页。

［4］张春兰：《唐史论丛》（第 14 辑），陕西师范大学出版总社，2012 年，198 页。

［5］康金喜等：《井陉柿庄宋墓群发现唐代纪年墓》一文有“祖唐朝兵部常选”之句，《文物春秋》2013 年 6 期。

［6］《山左金石志》卷第十二～三十八。“弟子兵部常选上」柱国韩嘉昕案常选之名见唐书宰相世系表窦氏令琇」令瓌并兵部常選令瑜吏部常选下又有汪涣并兵部常选孙志廉墓志铭有文林郎行文部常选上柱国韩献之」张希古墓志铭子长曰行瑾次日崇積并武部常选又百官志酬功之等有见任前资常选曰上资蓋应选士人隸」文选则为吏部常选隸武选则为兵部常选于时猶未注」官也然动已为上柱国竟至十有二转视从二品名爵之」滥于斯甚矣”。

［7］《山左碑目》，清毕沅任山东巡抚，编撰《山左金石志》，聘请段氏参与其事。他遍访泰沂诸山，东到临朐，西至济宁，搜集大量碑刻，完成了任务。

［8］临朐县政协：《临朐旧志汇编》，第 176 页；《光绪临朐县志》卷九之下。“像凡二十八躯，就石壁凿成，岁月皆署天宝，题名在侧者直书，在下者旁行。曰拏儿；曰广饶于志；曰李要；曰难金；曰王丁；曰房阳；曰岳引常；曰王思；曰杜朗；曰王氏；曰监希庄大娘；曰田马；曰卢大娘；曰上柱国主，曰李德清；曰□常文；曰□升；曰□令本；曰清信；曰郭德；曰宇文斌；曰张行廉；曰车怀璧；曰口令璋；余四或曰子女天官；或曰山石；或曰祖母傅；或曰染患造像，疑上下俱有脱文。此据《山左金石志》所载，今崖石崩催，湮失强半，不复可考证矣。”潍坊新闻出版局准印证（2002）第 038 号。

［9］（清）毕沅：《山左金石志》卷十二，第 35～37 页。收录石门房山造像题字二十九种。实际收入条目只二十八条。

［10］（清）毕沅：《山左金石志》卷十六，第 10、11 页。谭清等崇圣寺造像记」至和元年八月刻正书石高一尺七寸广一尺三寸五分」在临朐县崇圣寺」右记及施主姓名凡十五行字径八分文庸字劣皆村俗」所为也。

［11］（清）毕沅：《山左金石志》卷二十一，第 17 页，张志贤圣山修行记，至元九年十二月立并阴俱正书碑高四尺三寸广二尺」一寸在临朐县。」右碑文二十三行字径八分林和之撰李晋才书碑阴刻」施主姓名二十六行后刻本山四至及给留年月字体皆」大小不等。

［12］（清）毕沅：《山左金石志》卷二十二，第 10 页。“崇圣寺聚公寿堂碑元贞二年二月立并额俱正书，碑高三尺七寸广二尺二」寸在临朐县」右碑额题石门房三字横列径三寸四分文六行字径二」寸五分”。

［13］（清）毕沅：《山左金石志》卷二十四，第 27 页。《石门寺重修庙宇碑》至正十年十月立正书碑高二尺七寸广一尺六寸在临」朐县石门寺」右碑文十五行字径八分无撰书人姓名。

［14］临朐县政协：《临朐县旧志汇编》，民国《临朐续志》卷之七，八景，冯宗伯琦《游石门山记》，潍坊市新闻出版局准印证（2002）第 038 号，第 429 页。

试谈青州香山汉墓陪葬坑彩绘陶器的保护与修复

周麟麟　刘桂华　王希平
（青州市博物馆）

2006年6月，山东青州市谭坊镇大赵村香山之阴在建设取土时发现一处陪葬坑（图一）。山东省文物考古研究所、潍坊市博物馆、青州市博物馆经过三个月的联合发掘，共发掘出土两千余件彩绘陶器、铜器、铁器，其中陶器数量最多，此次发掘被评为“2006年中国重要考古发现”[1]。从发掘到后期室内整理经历近十年时间，共保护修复彩绘陶器一千余件。

图一　香山全景

一、概　　况

经过考古钻探，该墓葬为“甲”字形大型土坑竖穴墓，陪葬坑位于墓道西侧，南北长7.3、东西宽5.1、深4.1米。陪葬坑底部有木板铺垫，陪葬品分三层排放（图二）。最上层位于坑南部，东西向叠压一陪葬箱，其余两层布满整个陪葬坑。该墓陪葬坑出土文物数量巨大，种类齐全，器物分陶、铜、铁等材质。铜、铁器主要出现在陪葬坑底层南部，尺寸较小，应为兵马仪仗俑所佩带，分剑、镦、弩、镞、戟等种类。出土陶质器物、陶俑数量最多，色彩丰富，大致分为马俑、人俑、牺牲俑、器物四类。从墓葬形制和出土器物来看，该墓葬年代应属西汉中前期，墓主人是西汉菑川国贵族[2]。

1　　2　　3

图二　陪葬坑全景

1. 第一层全景　2. 第二层全景　3. 第三层全景

二、现场保护

香山汉墓陪葬坑发掘时正处于青州最炎热的季节，昼夜温湿度变化大。温度最高达42℃，最低达20℃；湿度最高达96%，最低达30%。发掘地点四周没有树木遮挡，土壤内水分蒸发过快，直接影响陶器含水量，暴露在外的彩绘迅速卷曲。为减少彩绘损失，发掘现场采取了多项措施进行保护。

1. 搭建帆布篷加盖遮阳网

这批文物在地下埋藏两千余年，饱受多种不利因素的影响，表面彩绘已非常脆弱。为减小出土前后环境差异及降低光照、风、雨等外界环境对文物的影响，在考古发掘现场先后加盖遮阳网，搭建帆布篷。随着发掘工作的逐步展开，又在陪葬坑上加盖黑色的塑料薄膜，早晚各喷一次水，尽量减少已暴露陶器和土壤中水分的蒸发。经观察，所采取的措施是有效的。

2. 临时加固处理

发掘过程中严格遵守考古发掘工作流程，经过清理、拍照、绘图等各项环节。因为被清理出的陶器暴露在外近十天才能运回博物馆保存，所以仅仅采取加盖塑料薄膜等物理方法不能避免彩绘的卷曲脱落。考虑到文物材质、发掘现场温湿度条件等因素，在发掘现场对比多种加固材料后，最终选择非水分散体材料对带有机底层的彩绘陶器进行加固处理[3]。

3. 分类包装

为避免包装运输过程中的摩擦碰撞，这批文物出土后使用柔软的包装纸和塑料袋包装，在纸箱包装中间再填充纸屑，最大限度地降低文物间碰撞。

这批陶器运输到博物馆后，从其保存状况来看，现场保护所采取的多项措施效果明显，较大程度地减少了彩绘在发掘过程中的损失。

三、科技分析

（一）文物病害分类

这批彩绘陶器在地下埋藏两千年，受损严重，统计后发现存在二十余种病害。其中，彩绘脱落、泥土附着物、残断、结晶盐、变色、植物残留痕、泥浆流淌痕、缺失等数量最多，陶质酥粉、黑色附着物、漆层铁锈蚀微生物病害、划痕、裂隙、断裂、表皮缺失等病害相对普遍，空鼓、包装纸屑、龟裂、动物损害等相对较少[4]（图三～图二〇）。

图三　断裂

图四　残断

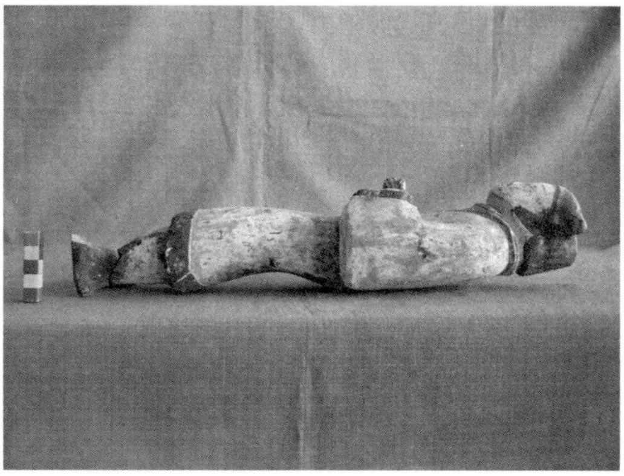

图五　变色

图六　彩绘脱落

图七　植物残留痕

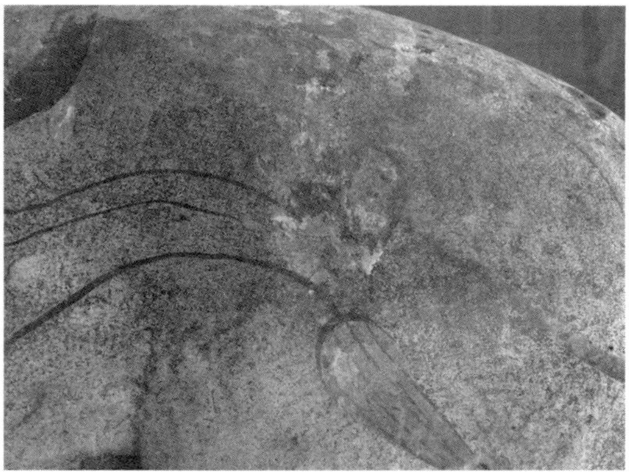

图八　微生物病害

图九　彩绘空鼓

图一〇　包装纸屑

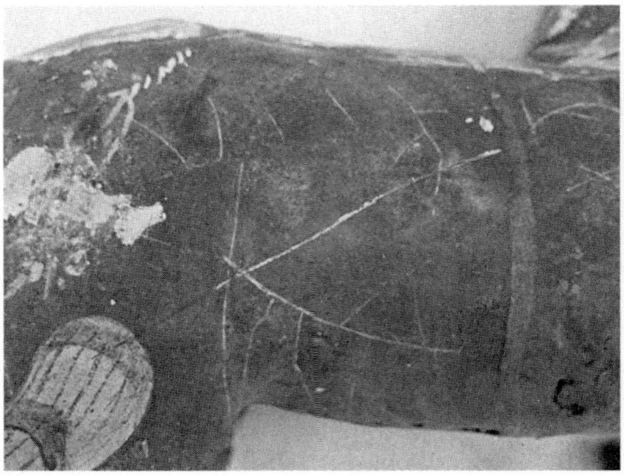

图一一　划痕

图一二　泥土附着物

图一三　黑色附着物

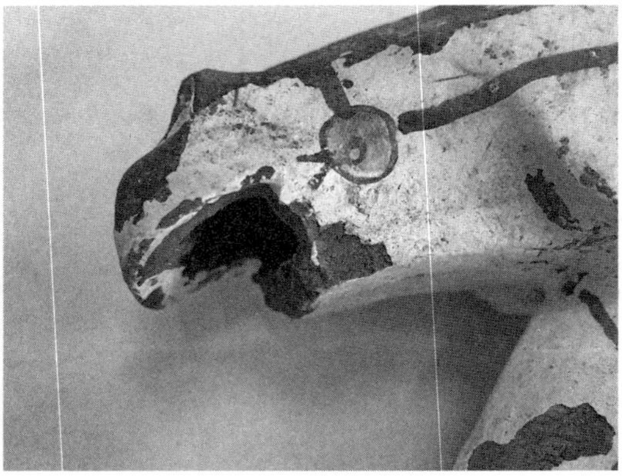

图一四　缺失

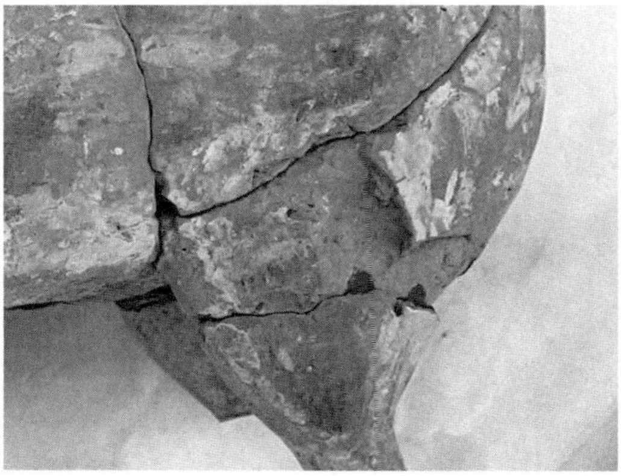

图一五　表皮缺失

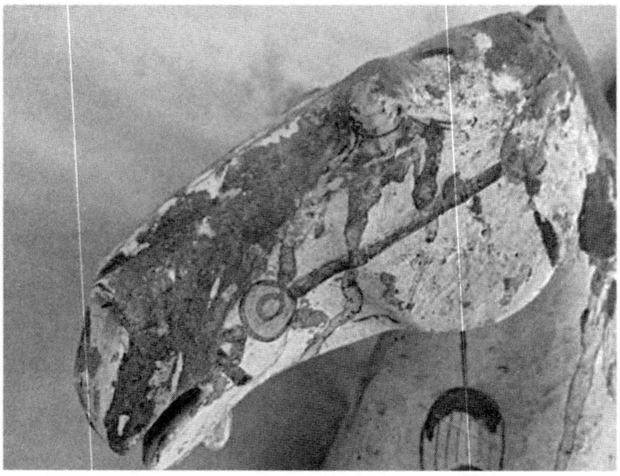

图一六　泥浆流淌痕

图一七　陶质酥粉

图一八　盐分析出

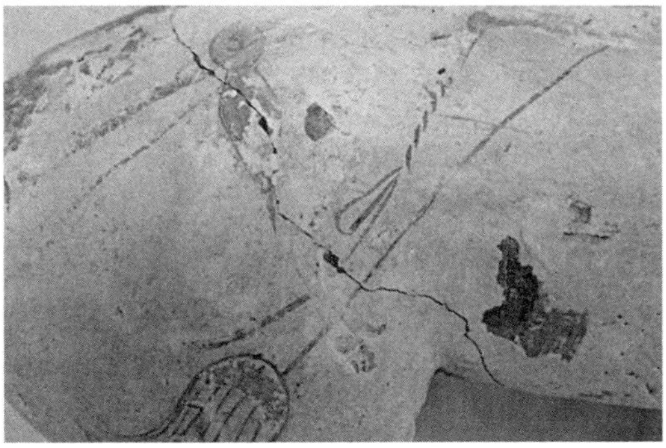

图一九　裂隙

图二〇　漆层起翘

（二）检测分析

为制定保护修复方案，秦始皇帝陵博物院和中国文化遗产研究院的专家运用多种技术手段，对陶体盐分、胎体、颜料、褐色有机底层及彩绘交接材料等进行了全面详尽的检测。

1. 陶体盐分分析

方法：使用X射线衍射（X-ray diffraction，XRD）分析方法。

仪器：日本力学DMAX-2500型X射线仪。

分别从彩绘陶鼎、陶马、陶耳杯、陶俑上采集了5个白色结晶样品进行XRD分析，陶器表面的白色矿物（表一；图二一）主要成分为碳酸钙、硫酸钙[4]。

表一　彩绘陶器表面盐分 XRD 分析

样品编号	样品描述	分析结果
LH-1	彩绘陶鼎表面富集的白色物质	方解石、云母、石英石
LH-2	彩绘陶马 K1 ②区 2 ： 105 马腿表面富集的白色物质	石膏、云母、石英石
LH-3	彩绘耳杯底部表面富集的白色污染物	方解石、云母、石英石、高岭石
LH-4	彩绘陶马 K1 ②区 2 ： 415 马腿表面富集的白色物质	石膏、云母、石英石、高岭石
LH-5	彩绘陶俑俑身表面富集的白色污染物	方解石、云母、伊利石

2. 陶胎体分析

这批彩绘陶器以灰陶为主，陶质较坚硬。为了解其理化性能，随机从各种陶胎中选取 21 块陶片作为分析样品进行物相、烧成温度、岩相方面的分析测试。

（1）化学组成及物相分析

经过 X- 射线衍射物相分析，发现香山汉墓陪葬坑出土陶器样品组成成分与秦汉时期北方一般陶器的原料基本一致，都属于易熔黏土。测试结果表明胎体的主要成分为石英，还含部分长石类矿物（图二二）。原料可能为山东地区黄河流域的沉积黏土。

（2）烧成温度分析

为研究陶胎的原始烧成温度，选取 2 块残陶片进行热膨胀测试。经分析检测，发现样品的烧成温度大都集中在 900～1000℃，部分样品的烧成温度较低（800℃左右）（图二三）。烧成温度较低的现象可能与烧制过程中窑炉内的温差造成样品间受热不均匀有关。样品外观多为青灰色，且铁含量较高，可以判定陶器应为在还原气氛下烧制而成的。

（3）陶胎岩相分析

选取香山汉墓陪葬坑出土陶片 2 块，经过切片、磨片、抛光、固化处理，运用偏光显微镜研究陶片的光学性质（图二四）。

经岩相分析，得到以下结论。

其一，烧制材料为黏土。

其二，陶片主要成分为黏土及砂屑。黏土约占 60%，砂屑约占 25%，形状多呈棱角状。

其三，陶胎结构不均匀，气孔多且小，个体差异大。香山汉墓陪葬坑出土陶器多孔的特质使得盐分更容易渗入陶体内部，温湿度的反复变化加剧了可溶性盐对胎体的损害。

3. 颜料分析

（1）偏光显微分析

从不同文物不同部位采集 40 个不同颜料样品进行粉末偏光显微分析（表二）。

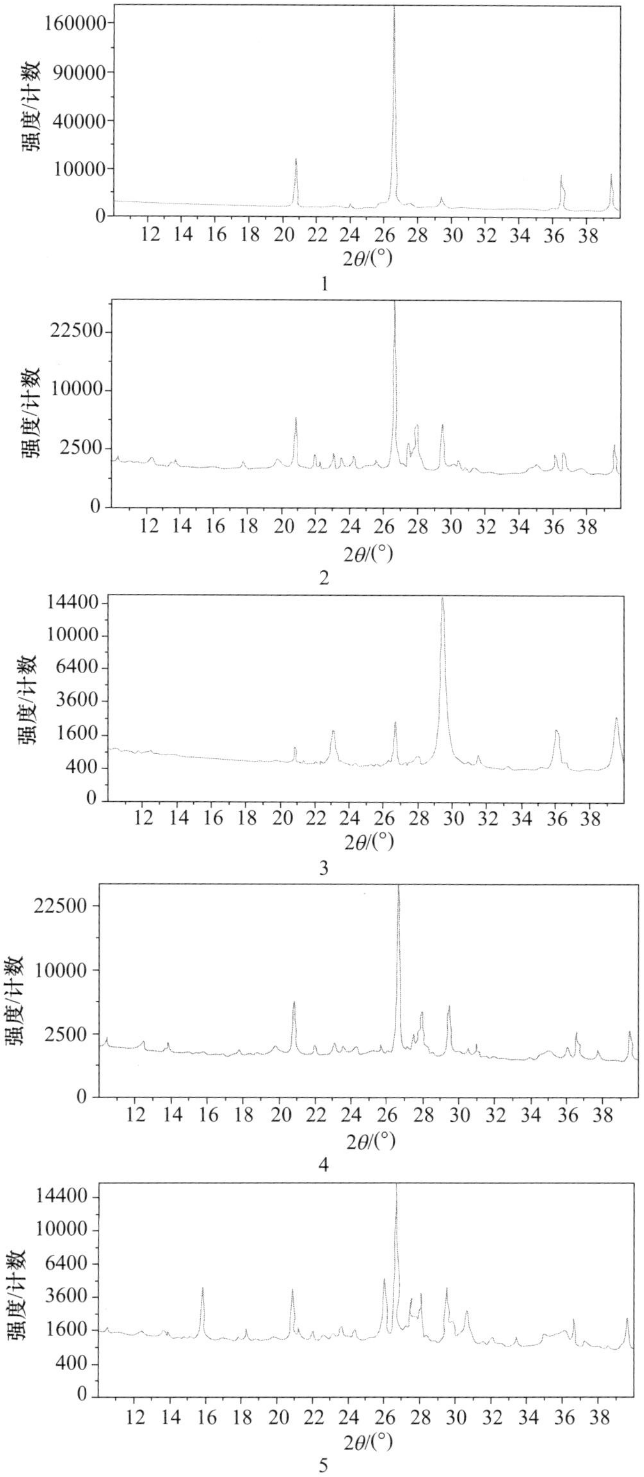

图二一　样品 XRD 分析谱图

1. LH-1 X- 射线衍射分析谱图　2. LH-2 X- 射线衍射分析谱图　3. LH-3 X- 射线衍射分析谱图

4. LH-4 X- 射线衍射分析谱图　5. LH-5 X- 射线衍射分析谱图

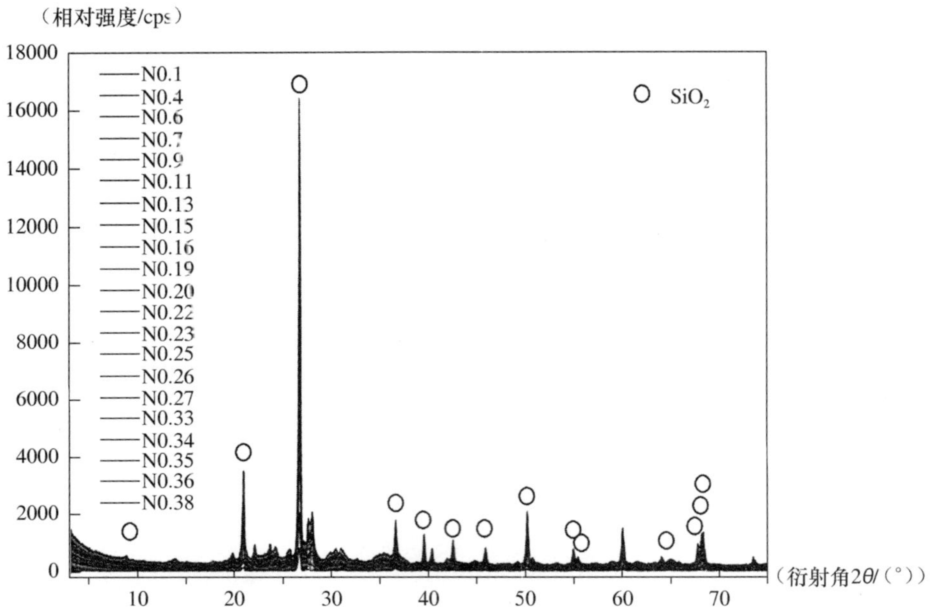

图二二　陶胎样品 XRD 图谱

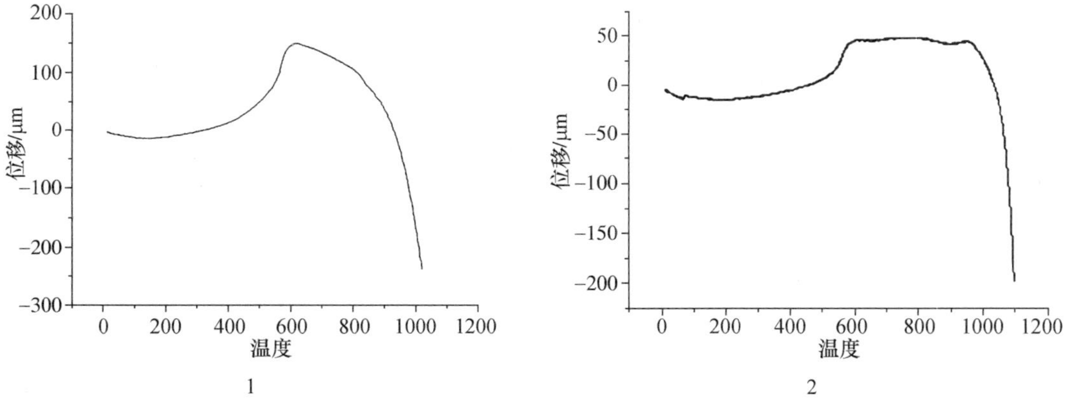

图二三　样品热膨胀曲线

1. 样品一　2. 样品二

表二　偏光显微分析结果

样品编号	文物编号	采样位置	样品描述	分析结果
1/415-QZ	K_1 ②层区 $_5$-415	陶马身左侧红色装饰带	红色颜料	朱砂
2/415-QZ	K_1 ②层区 $_5$-415	陶马身左侧深红色装饰带	深红色颜料	铁红 + 朱砂（少量）
4/415-QZ	K_1 ②层区 $_5$-415	陶马身左侧臀部	粉红色颜料	铁黄 + 朱砂 + 白土

续表

样品编号	文物编号	采样位置	样品描述	分析结果
7/415-QZ	K_1 ②层区$_5$-415	马背左侧最后一排左 1 紫色点	紫色颜料	汉紫
1/1168-QZ	K_1X_2 区$_7$ 东部 -1168	陶俑右袖底部	白色颜料	白土 + 铁黄（少量）
6/1168-QZ	K_1X_2 区$_7$ 东部 -1168	陶俑前面裙底	黑色	铁黄 + 白土 +C
3/1169-QZ	K_1X_2 区$_7$-1169	俑头顶中心	黑色粉末	C+ 铁黄（少量）+ 铁红（少量）
8/1169-QZ	K_1X_2 区$_7$-1169	右袖装饰带上	褐色	铁红
14/1169-QZ	K_1X_2 区$_7$-1169	裙后部中间	白色颜料	白土

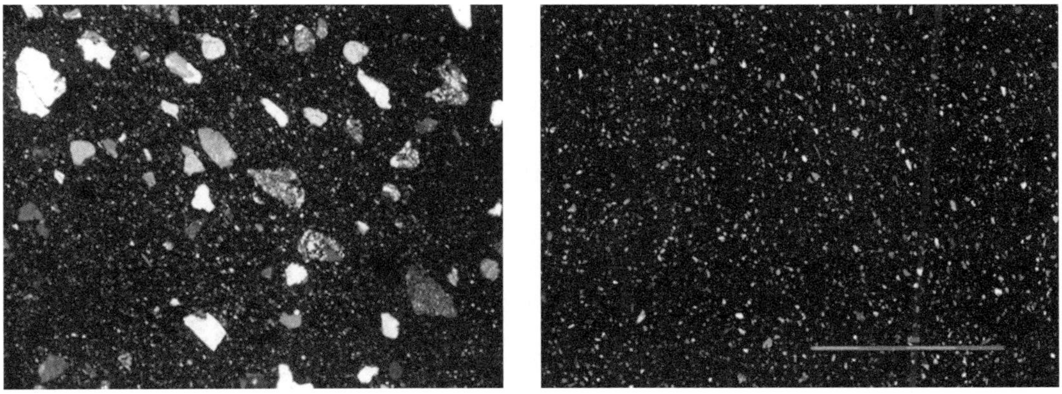

图二四　偏光显微镜照片

（2）颜料的拉曼光谱分析

香山汉墓陪葬坑出土陶质文物上有红、黑、紫、蓝、白等多种彩绘，对器物表面各种彩绘取样进行拉曼光谱分析。

经分析，得知红色颜料为赤铁矿（Fe_2O_3）、朱砂；黑色颜料为石墨结构的炭黑（C）；紫色颜料为中国紫（$BaCuSi_2O_6$）；蓝色为中国蓝（$BaCuSi_4O_{10}$）；白色颜料为碳酸钙（$CaCO_3$）（图二五）。香山汉墓陪葬坑出土陶质文物中大量运用了紫、蓝色，应与春秋早期该地域尚紫观念有关[5]。

4. 褐色有机层分析

采集陶鼎内未受到污染的漆皮状物质，使用傅里叶变换红外光谱仪 KBr 压片透射光谱法进行分析，所得数据与时代相近、老化程度相当、外观接近、具有确切出土时间和地点并确定主要成分为生漆的秦俑有机底层进行了对比分析（图二六）。

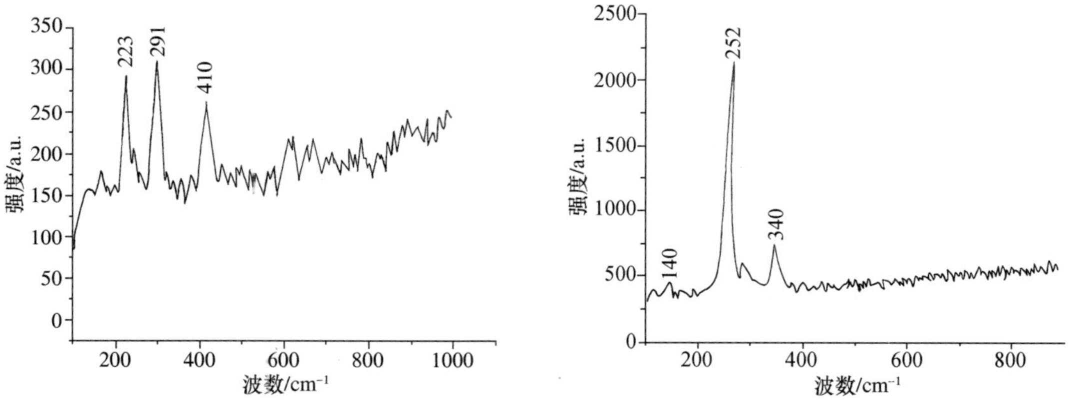

1　　2

图二五　红色颜料拉曼光谱图

1. 红色Ⅰ颜料　2. 红色Ⅱ颜料

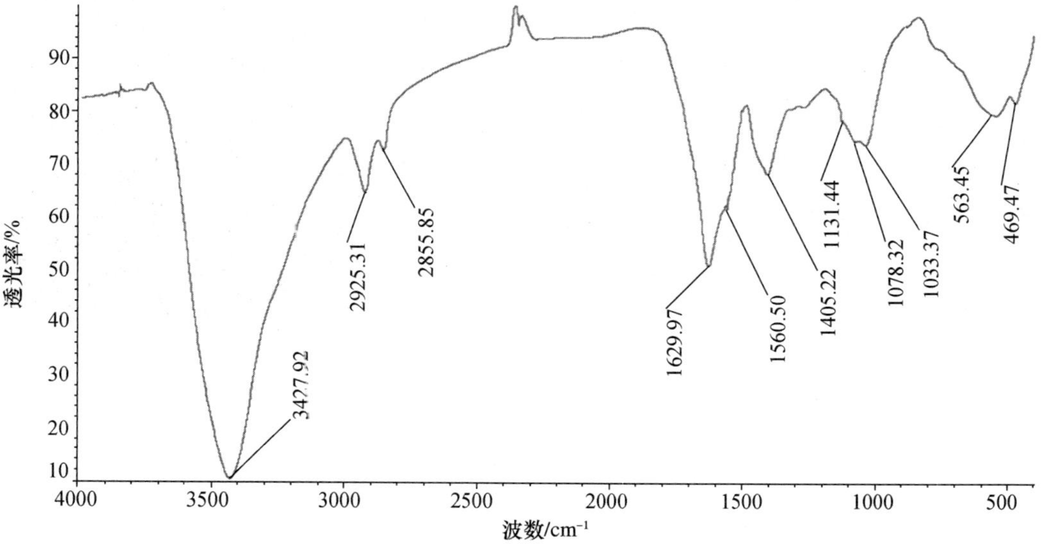

图二六　青州香山汉墓陪葬坑出土陶鼎内漆皮状物质的 FT-IR 分析谱

经分析，发现有机底层物质在 3428cm^{-1} 处有羟基团（OH）的强大吸收，在 2925cm^{-1} 和 2856cm^{-1} 处有清晰的亚甲基（CH2）伸缩振动吸收，在 1630cm^{-1} 处有酯类或羧酸盐的特征吸收，在 1405cm^{-1} 处有较小的次甲基（CH）吸收峰。对照两者的红外吸收峰数据几乎相同。由此推断，香山汉墓陪葬坑出土陶质文物上的有机底层主要由生漆材料制作[6]（表三、表四）。

表三　香山汉墓陪葬坑出土彩绘陶器有机底层红外吸收光谱曲线上各个吸收峰对应的有机基团

红外吸收峰波数 /cm^{-1}	对应的有机基团
3428	—OH
2925	—CH2—
2856	—CH—
1630	—CH=CH—（苯环）
1405	—CH—
1078.1033	胶质

表四　秦俑生漆底层红外吸收光谱曲线上各个吸收峰对应的有机基团

红外吸收峰波数 /cm^{-1}	对应的有机基团
3430	－OH
2926	—CH2－
2855	－CH2－
1625	－CH=CH－（苯环）
1407	－CH2－、－CH－

5. 彩绘胶接材料分析

使用 X- 射线衍射分析、红外光谱、热裂解气相色谱质谱（Py-GC-MS）和气相色谱质谱（GC-MS）等方法对香山汉墓陪葬坑出土陶器上的彩绘胶接材料进行分析（图二七、图二八）。

经分析，确定香山汉墓陪葬坑出土陶器彩绘层中的胶接材料为动物胶，马腿与马身间的胶接材料应为动物蛋白胶。从工艺技术、选材便捷性考虑，彩绘颜料中的胶接材料与陶器胶接处的胶合材料应使用同一种动物胶[7]。

四、本体保护修复

香山汉墓陪葬坑出土陶器保护修复流程大致如下：绘线图→绘病变图→拼对→照相→清洗→加固→粘接→权色→修复后拍照[8]。现选择其中几项重要步骤进行介绍。

（一）拼对

这批彩绘陶器破碎严重，少则十几块，多则上百块。虽经过考古现场初步分类筛

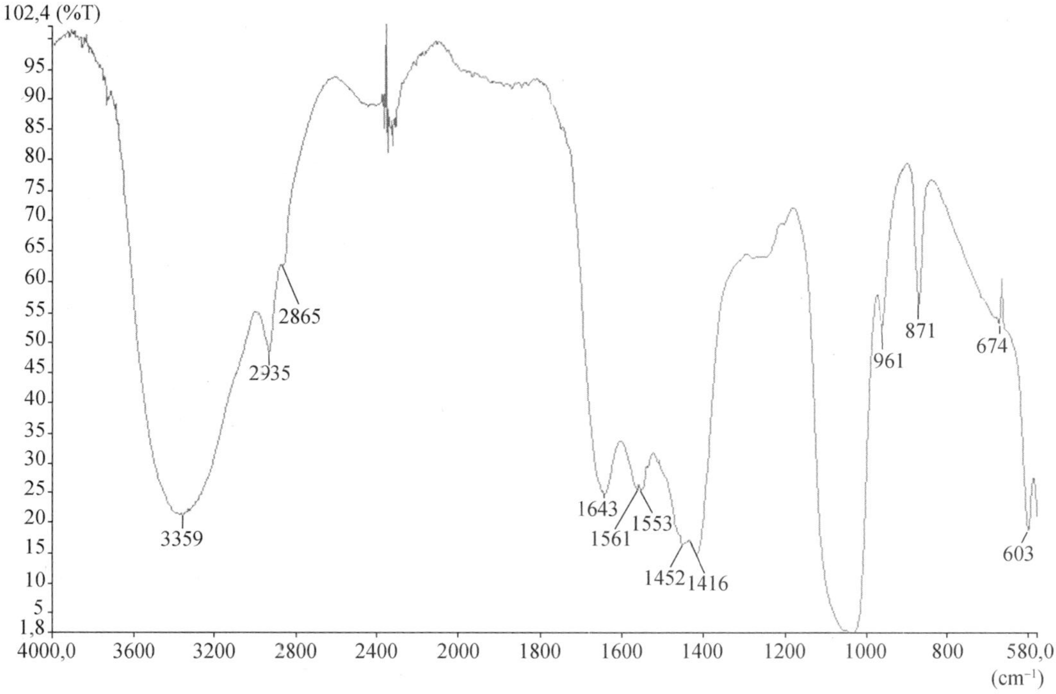

图二七　彩绘陶马马腿间粘接物的红外光谱

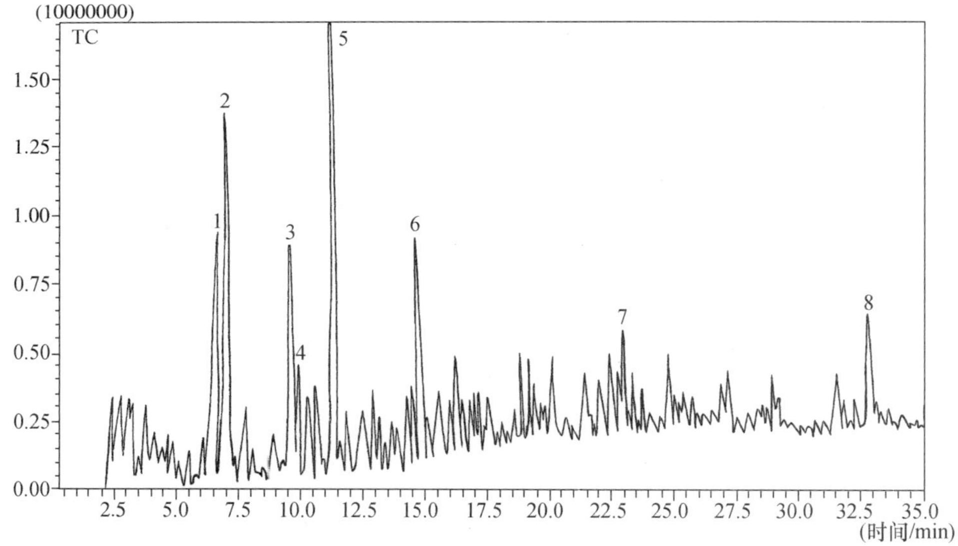

图二八　彩绘陶马腿胶接物样品 MQBK1 的热裂解气相色谱图

选，但仍难避免相同器形陶片混淆。修复前要根据陶胎质地、形制、颜色、厚度等方面进行分类、拼对，确定每块碎片的精确位置。

（二）清洗

清洗属不可逆过程，是修复工作的重要步骤，主要清理文物的泥土附着物、植物残留痕、黑色附着物、结晶盐、临时用胶等病变。

1. 清洗原则

坚持最小干预原则，以不破坏文物彩绘层和胎体为前提，尽可能去除污染物，恢复文物原貌。对顽固污染物不过度清洗，如发现彩绘层起翘、空鼓、起甲、酥粉等情况，清理前需进行预加固。清洗过程“宁可欠而不可过”。清理前必须进行试验，达到理想效果后再进行全面实施，清理后文物整体效果要求协调统一。

2. 工具和材料

硬毛刷、软毛刷、毛笔、洗耳球、手术刀、竹签、竹刀、超声波机、振动刻蚀机、微型钻、脱脂棉、宣纸、烧杯、玻璃棒、注射器、扑子、丙酮、酒精等。

3. 清洗方法

按照清洗对象的不同灵活选用不同的清洗方法（图二九）：

1

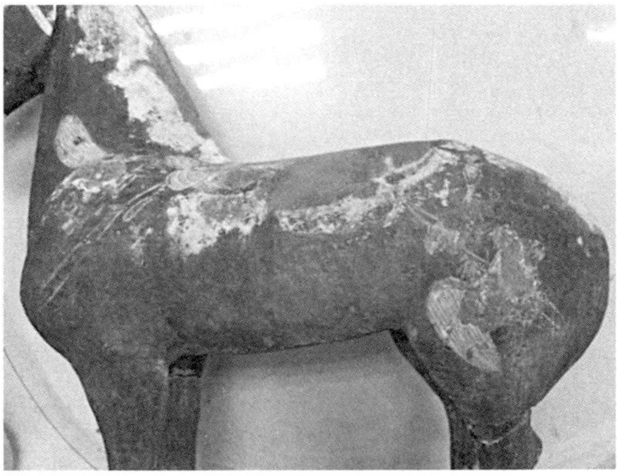

2

图二九　清洗前后对比照片

1. 植物残留痕清洗前　2. 植物残留痕清洗后

泥土附着物：用竹签结合软毛刷清理。

植物残留痕、泥浆痕迹：用棉签蘸 2A 溶液润湿，配合竹签、手术刀去除。

结晶盐：机械方法剔除，再用 2A 溶液反复贴覆；

临时用胶：用丙酮溶解软化，再用手术刀剔除。

（三）加固

1. 加固原则

彩绘文物经长期埋藏会出现不同程度的彩绘脱落、起翘、陶体酥粉等情况，需根据陶器密度、色泽及风化程度选择不同的加固剂。

2. 工具和材料

软毛笔、喷壶、注射器、Paraloid B72、AC33、明胶、无水乙醇、乙酸乙酯溶液、去离子水等。

（四）粘接

1. 粘接原则

遵循可再处理性原则，粘接前需在断截面涂隔离层。

2. 工具和材料

硬毛刷、软毛刷、手术刀、竹签、玻璃板（瓷砖板）、热熔枪、沙坑、沙袋、钢丝、Paraloid B72、环氧树脂胶、3A 胶、酒精、丙酮等。

3. 粘接方法

粘接前再次仔细拼对，根据残块大小、角度、位置确定粘接顺序。为缩小粘接缝隙，减小累计误差，一般按一个方向顺序粘接。陶质文物质地疏松，空隙多，胶体容易渗透到断面中，造成二次污染。对于彩绘陶片，要特别注意粘接前后对表面的防护。

遵循可再处理性原则，粘接前必须先在截面涂刷 3%B72 溶液渗透加固，再涂 5%B72 溶液做隔离层。涂粘接剂时要注意胶层的宽度和厚度，为防止漏胶，胶体宽度不能超过截面的 2/3。如缝隙较大，可适量加入陶粉。粘接后还需施加外力增强其粘接效果（图三〇）。

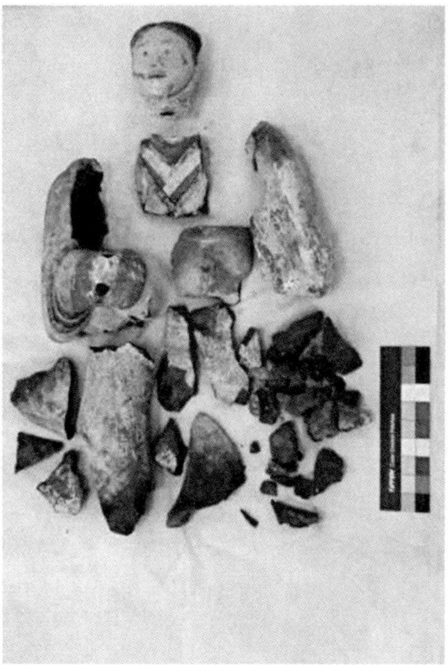

1

2

图三〇　粘接前后对比照片

1. 粘接前　2. 粘接后

（五）补全

为增加文物的稳定性和完整性，残碎严重的陶质文物要达到展览要求，可适当进行补全。

1. 补全原则

补全要求“言之有据”，有依据的部位方可进行补全。香山汉墓陪葬坑出土陶器采取模塑结合的制作工艺，可以参照左右对称、上下对称、中心对称的原则进行补全。对缺少依据的部位，不应臆想。而且补全的部分应低于文物原断面，茬口尽量保持清晰，具有可识别性。

2. 工具和材料

橡皮碗、调刀、烧杯、硬毛笔、勾线笔、手术刀、抹刀、挫刀、砂纸、牙科石膏等。

3. 补全方法

（1）裂隙勾缝

裂隙处先用水湿润胎体，再用湿润的毛笔蘸医用石膏粉勾缝。勾缝后需清理至补全面低于原茬口面，补全位置需做到易辨识（图三一）。

图三一　勾缝中

（2）补全处理

适用陶体缺失面积较小的部分。石膏粉和水比例一般在1.8：1到2：1，将石膏粉均匀撒到盛有水的容器中，静置，待石膏粉完全湿润，顺时针搅拌均匀，抹至残缺部位。待石膏硬化后，用手术刀、砂纸等打磨塑形（图三二）。

（3）缺失补全

对缺失面积较大的部位，为保证造型与原物的一致性和准确性，可使用蜡片、油泥、气球等辅助材料进行补全（图三三）。

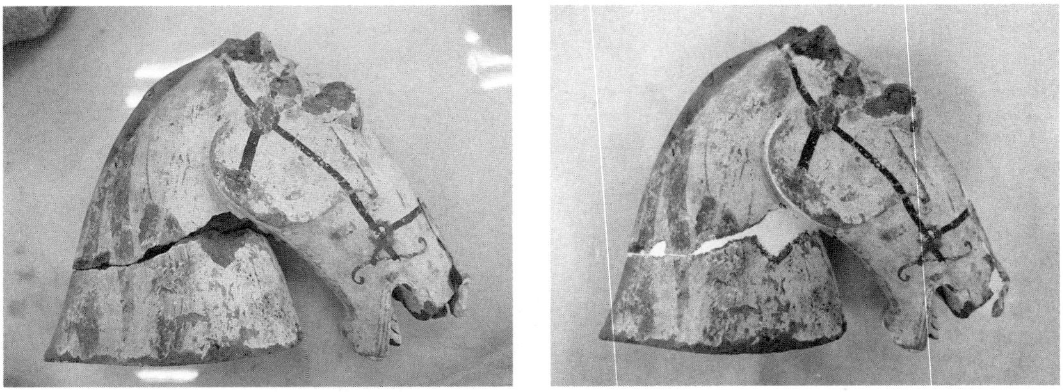

1　　2

图三二　补全处理前、后

1. 补全处理前　2. 补全处理后

（4）翻模补全

对完全缺失并有复原依据的立体部分可采用此方法补全（图三四）。

（六）权色

勾缝、补全后，为增强文物的美观和观赏性，可使用矿物颜料对补全部分进行适当作色处理。

1

2

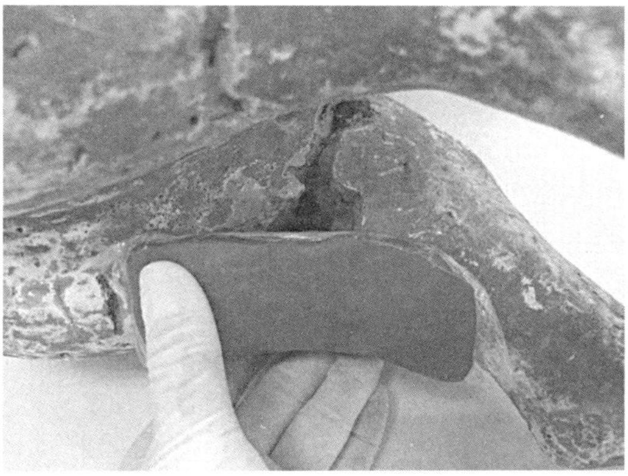

3

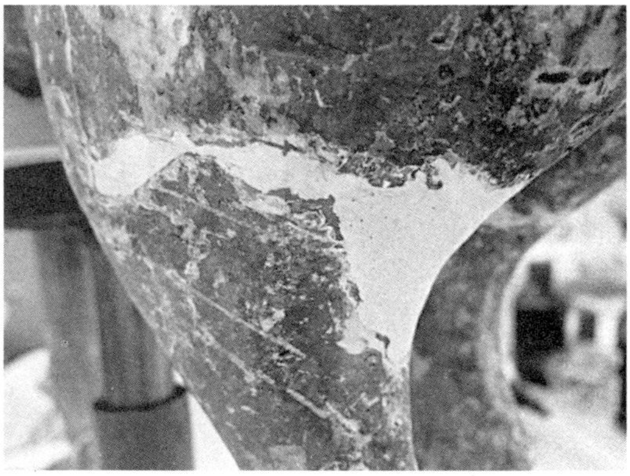

4

5

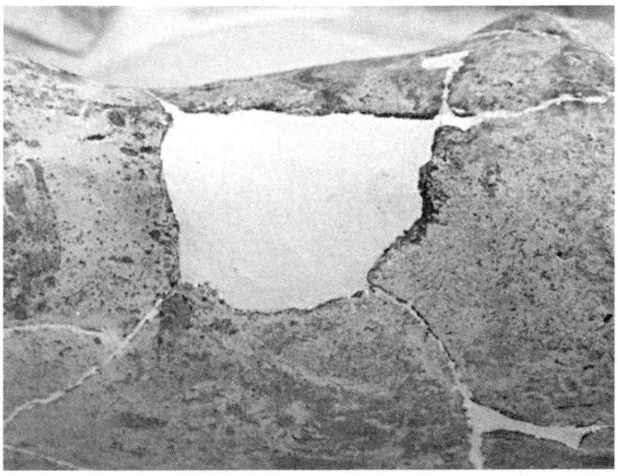

6

图三三　补全处理前、后

1. 蜡片补全前　2. 蜡片补全后　3. 油泥补全前　4. 油泥补全后　5. 气球法补全前　6. 气球法补全后

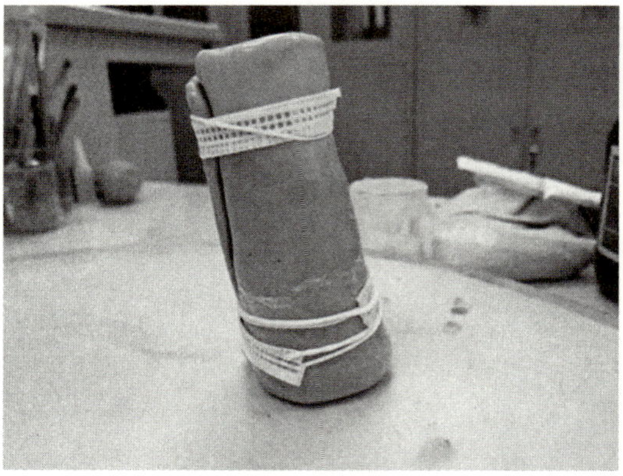

1

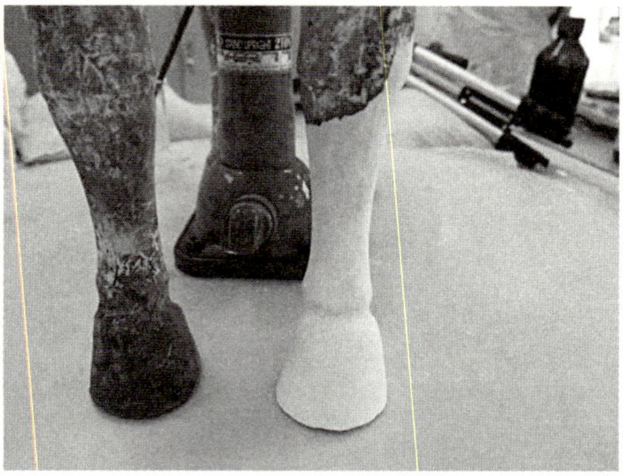

2

图三四　翻模法
1. 翻模中　2. 翻模后

1. 权色原则

遵守可识别性保护原则。权色时应以补全部位周边颜色为参考，做到“远看相似，近看有别”。对缺失面积大又无彩绘纹饰根据的部分，可根据陶胎颜色作色。

2. 工具和材料

油画笔、毛笔、勾线笔、调色盘、漆片、酒精、矿物颜料等。

3. 权色方法

补全位置先涂漆片的酒精溶液打底，再将调好的矿物颜料涂到相应位置（图三五）。

1

2

图三五　权色前后对比照片
1. 权色前　2. 权色后

五、保存环境建议

修复后的彩绘陶器，仍将受温湿度、微生物、光照、挥发性气体等环境因素的综合影响。应尽量放置在温度为14～24℃，相对湿度为45%～60%，温湿度变化≤5%的存储柜中。彩绘陶器属于对光特别敏感的展品。陈列展出时，光线不宜直射，应使用灯光照度应小于50Lux，不含紫外线辐射的冷光源。如存放于库房内，应尽量减少紫外光、有害气体、灰尘的侵害。近年来博物馆内文物保存环境普遍提升，随着可预防性保护理念的深入，部分博物馆已在环境监测和调控措施方面进行了很多有益探索，今后也将逐步进入由环境质量监测、风险评估到预防调控和整治改造的良性循环。

六、建立保护修复档案

建立文物保护修复档案，就是将检测分析数据、修复技术、工具、材料、方法、人员以及在修复过程中发现的各种制作痕迹（图三六）等所有资料，统一整理建档。为后人研究和再修复提供可供参考的文字、图表、照片、拓片、电子文件等各类形式的依据，这些资料将会随着时间推迟日显珍贵。

七、小　　结

通过对香山汉墓出土彩绘陶器的规范化保护修复研究，得出了以下结论：

第一，在对香山汉墓出土彩绘陶器保护修复过程中，首次提出规范化的保护修复概念。

第二，通过对香山汉墓出土彩绘陶器的科学检测分析，烧制陶俑所用的材料——黏土是岩土矿长期风化而积聚的产物，由多种硅酸盐矿物质组成。结构不够均匀、致密，内部基质气孔个体差异较大，气孔多而小，易导致可溶盐损害。

第三，用偏光显微镜观察、X衍射分析以及能谱检测分析彩绘颜料物质成分均为无机矿物。使用X-射线荧光、红外光谱、热裂解气相色谱质谱（Py-GC-MS）和气相色谱质谱（GC-MS）对香山陶器上的彩绘胶接材料进行分析鉴定出颜料调和剂为动物胶。

第四，制作工艺以模为主，模、塑结合。部分彩绘陶器以生漆为底，再施彩绘。

第五，科学认知了文物病害类型，探讨研究了病害机理，在此基础上制订了保护修复方案，并实施了保护修复工程。

1

2

3

4

图三六　文物表面痕迹

1. 马腹内制作痕迹　2. 马腹上下拼接痕迹　3. 马头截面刻画痕　4. 俑腿毛笔书写痕迹

第六，实验筛选出适宜于这批彩绘陶器的脱盐方法、彩绘加固材料、粘接材料及实施工艺。

现阶段，保护修复工作已不再是传统意义上的修修补补，要求操作流程既统一完善又规范化、科学化。修复项目中需加大科技研究分量，加强考古、美术史、计算机等专业参与度。将成熟材料和技术引入到文物修复工作中，让文物得到切实有效的保护。随着文物保护科技的发展，国家对文物科研基础工作的加大投入，相信陶质彩绘文物保护工作会逐渐受到重视，尤其是系统性文物保护工作的开展，对陶质彩绘文物保护技术的标准化、规范化的关注也会越来越深入，并进一步走向完善，未来几年将会有更多、更详细的研究成果出现，以实现陶质彩绘文物保护修复工作的标准化、规范化。

附记：此稿得以完成，有赖于秦始皇帝陵博物院容波、刘江卫以及河北省文物保护中心王景勇师友的热心帮助和指导，谨致谢忱！

注 释

[1] 国家文物局:《2006年中国重要考古发现》,文物出版社,2007年。
[2] 刘华国:《山东青州香山汉墓陪葬坑出土大批精美文物》,《中国文物报》2006年9月13日第2版。
[3] 周麟麟、周双林:《青州香山汉代漆底彩绘的现场保护》,《中国文物报》2007年2月第3版。
[4] 党小娟、容波、段萍等:《山东青州香山汉墓出土西汉彩绘陶器腐蚀病害及其机理分析》,《文物保护与考古科学》,2012年2期。
[5] 张治国、马清林、Heinz Berke:《山东青州西汉彩绘陶俑紫色颜料研究》,《文物》2010年9期。
[6] 周麟麟、兰德省、容波:《彩绘陶器保护修复规范化操作初步研究》,《文博》2009年6期,325~331页。
[7] 魏书亚、马清林、Manfred Schreiner:《山东青州香山西汉墓彩绘陶俑胶接材料研究》,《文博》2009年6期,71~78页。
[8] 刘江卫:《彩绘陶质文物修复保护操作流程规范化研究》,《文博》2009年6期,318~324页。

凤栖原西汉家族墓纤维类铺垫物的鉴别初探

李 辛[1、2] 沈 惠[3] 陈长洁[1、2] 苑萌萌[1、2] 王国和[1、2]
（1. 苏州大学纺织与服装工程学院；2. 现代丝绸国家工程实验室；3. 苏州丝绸博物馆）

一、引 言

凤栖原西汉家族墓位于西安南郊凤栖原上，面积约 6 万平方米。自 2008 年 7 月开始，陕西省考古研究院对该墓群进行了发掘，经综合分析，判断凤栖原西汉家族墓是西汉大司马卫将军张安世的家族墓群[1]。

凤栖原西汉家族墓的墓葬棺椁中有大量的铺垫物，为纤维类碎屑，未知类别。墓葬中保存的植物遗存代表了汉代较小地区范围的地方性植被特征，同时也是对汉代丧葬习俗的折射。

本文对铺垫物进行了宏观形貌测试、微观形貌测试、红外光谱图测试、电子能谱仪（EDS）测试及 X 射线光电子谱（XPS）测试，分别从形态学比较、化学组成和元素分析三个方面对灰化样品进行了检测和分析，鉴别其类别，有利于对出土文物进行后续的分析和研究。

二、试验部分

（一）试验材料

凤栖原西汉家族墓棺椁中纤维类铺垫物碎屑，约 1g。

（二）试验方法

1. 铺垫物的宏观形貌测试

采用标准直尺。直观测量纤维类铺垫物的长、宽。

采用 Keyence vhx-1000 型超景深三维显微镜。在低倍镜头下手动对焦，观察样品的纵向形态。

2. 铺垫物的微观形貌测试

采用日本日立公司 S-4800 型扫描电子显微镜。挑选断口处以及表面附着物较少的样品分别制作纵、横向截面样品，经导电处理（喷金）制成扫描电镜的观察样品，在仪器上加 15kV 高压，在真空状态下，分别放大 1k 倍及 1.5k 倍进行观察。

3. 铺垫物的红外光谱图测试

采用美国热电 Nieolet5700 型傅里叶红外光谱仪。挑选细碎的纤维样品，进一步粉碎至粉末。粉碎溴化钾压片法制样，取纤维粉末重量约 5μg，溴化钾重量约 200mg，加压 16MPa，红外线干燥时间 5～10min，制成透明压片，进行红外测试。

4. 铺垫物的 EDS、XPS 测试

采用英国牛津公司 OxfordlNCAXsight EDS 电子能谱分析仪。分析元素范围：Be4-U92，Nmk（5.9 keV）。能量分辨率：优于 133eV。XPS（K-Alpha，Thermofisher）分析采用 Al Ka 靶，灵敏度 350keps，分析室真空度 10^{-8}mbar。

三、试验结果与分析

凤栖原西汉家族墓中纤维类铺垫物经历了两千多年的漫长岁月，在复杂的埋藏环境中，长期受微生物、土壤和空气中盐碱物质的侵蚀与不适宜的温湿度的影响及其交互作用，致使其原有的形貌发生了严重的劣变、老化、腐朽。样品基本呈细小碎片甚至粉末状，灰化严重，其材料难以用传统方法进行鉴定，故采取形态学比较、化学组成分析和元素分析的方法进行研究。

（一）纤维类铺垫物的宏观形态特征分析

铺垫物样品的宏观形貌是通过直接用眼观察、尺子量取及在超景深显微镜低倍镜头下放大观察获得。

如图一所示，样品为棕色，整体为扁平成薄片状且已碎裂，纵横向断口均在一个平面上，并未发生包卷。样品的长度不等，且差异较大，如图二所示，样品最长可达16mm，最宽处为3mm。部分样品成小角度折叠，如图三所示，折叠处未见明显裂痕。在超景深显微镜下，样品纵向低倍放大150倍，如图四所示，样品的纵向有凹凸纹理，竖条纹明显。在1000μm的宽度范围内并未发现任何纱线交织的痕迹，也未出现单纤维的头端、毛羽，而是浑然一体的紧密结构，这说明样品不是编织或者机织的织物。

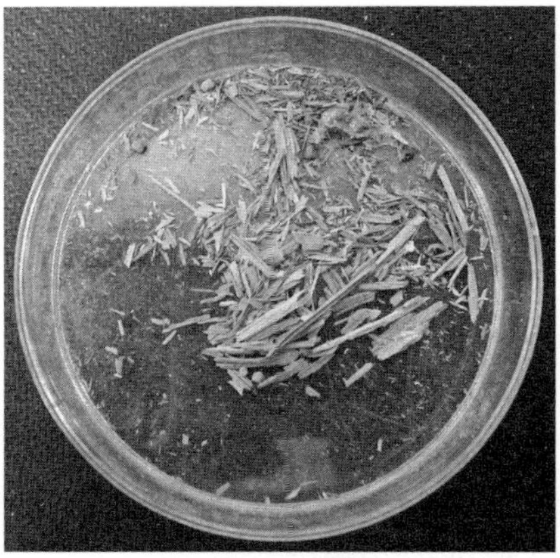

图一　纤维铺垫物样品

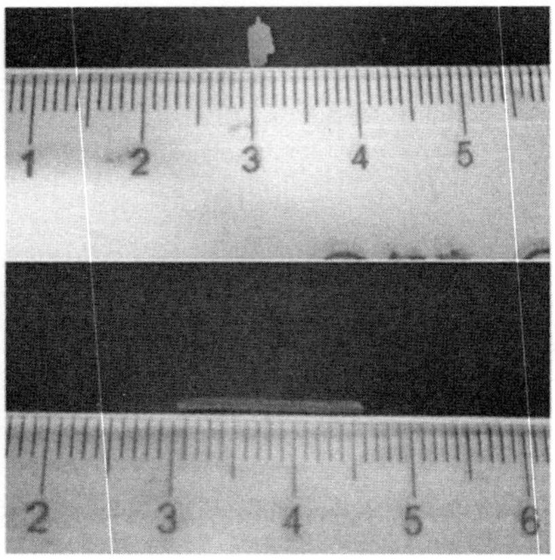

图二　纤维铺垫物样品长宽度

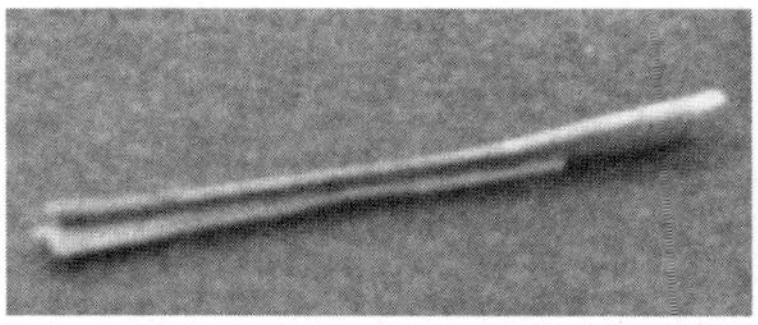

图三　纤维铺垫物折叠样品

在西汉时期，纺织业成为当时最发达的手工业，纺纱技术也较之前有很大的发展。麻、丝、毛作为主要的纺织原料，在该时期被人们广泛运用起来，而丝和毛在无纺的情况下无法形成如此规整的结构[2]。同时，西汉年间的农业生产也发展迅速，技术水平大幅提升，农作物品种粟、黍、稷、豆、稻、大麦、小麦等已被人们广泛种植，与人们的生活密切相关[3]。因此，笔者大胆推测样品的可能性如表一所示。

图四　超景深显微镜下的样品表面

表一　西汉纤维类铺垫物的可能归属

编号	1	2	3	4	5
样品可能归属	未完全脱胶的麻片	竹纤维	木纤维	植物叶片	动物皮革

（二）铺垫物的微观形态特征分析

不同的纤维种类，呈现出不同的微观形态。纤维的显微分析技术对纤维属种的分析有着不可代替的作用[4]。为了确定铺垫物样品的归属大类，需要对样品进一步进行扫描电镜下的形貌分析，从而更详细地观察其外观形貌。

样品的纵向形貌如图五所示，表面凹凸明显，表现为布满大小不一的瘤状物，瘤状物集聚形成“脊状”突起。“脊状”突起成纵向排列，排列较为规律，脊与脊中间有深浅不一的凹陷沟槽，沟槽内相对平滑。样品的横截面形貌如图六所示，表现为不规

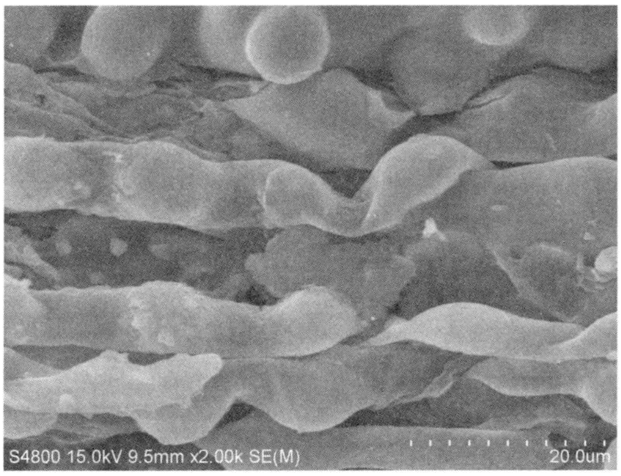

图五　纤维铺垫物的纵向形貌

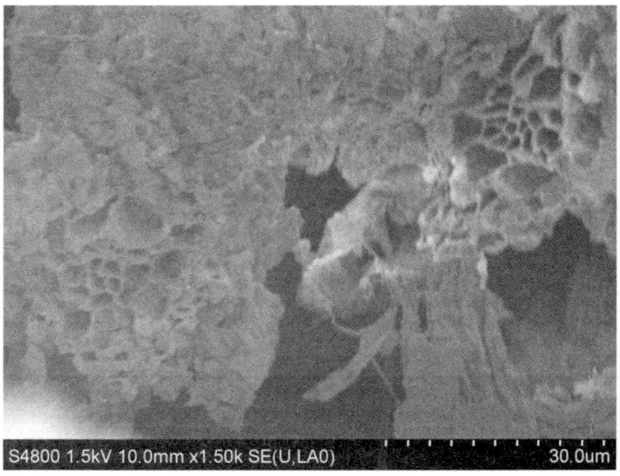

图六　纤维铺垫物的横截面形貌

则形状的管状孔洞大量紧密排列，整体呈不规则蜂窝状，中空面积较大，孔壁很薄。

参考相关资料[5]可知，麻类纤维的纵向有横节和竖纹，麻纤维的横截面因为品种的不同结构差异较大，但均无图六所示的大面积中空。竹原纤维的纵向表面有明显的竹节，有的壁层上有裂痕，横向截面呈不规则椭圆形，环状中空[6]。木纤维的形态各异，但瘤状物作为裸子植物木材分类的依据只在松杉类植物中出现。云杉木纤维中有大分子因氢键的作用集聚的蛇管状粒子，其大小为10～100nm[7]。图五中的瘤状物大部分在10000nm以上，是蛇管状粒子的100倍。因此，麻、木、竹纤维在纵横向形态结构上均与铺垫物样品结构相差甚远。

查阅文献可知，禾本科植物能形成植硅体（phytolith）沉积，形态各异，其中水稻的植硅体数量很多[8]。植硅体是高等植物从土壤中吸收可溶性二氧化硅在植物细胞内或细胞壁之间沉淀而形成的固体二氧化硅颗粒，抗腐蚀能力强，可以在多种沉积环境中保留下来[9]。植硅体一般在2～1000μm，绝大部分在5～150μm，与图五中的瘤状物的尺寸大小相符。

（三）铺垫物的化学组成分析

通过对铺垫物样品进行宏观、微观形貌的比较分析可知，未知样品大类存在两种可能性，即植物茎叶和动物皮革。而植物叶片在组成上属于纤维素类物质，动物皮革属于蛋白质类物质，因此可依据样品的化学组成不同来区分两者。红外光谱吸收峰的位置与强度可以反映分子结构上的特点，是定性分析分子结构的重要方法之一[10]。在红外光谱图中，纤维素类物质和蛋白质类物质具有不同的特征峰，分析样品红外光谱的特征峰可区分样品的属性。

铺垫物样品的红外光谱如图七所示，在3415cm^{-1}处相对较强的峰属于O—H伸缩振动；在2925cm^{-1}处的吸收峰属于有C—H伸缩振动；在1370cm^{-1}处的吸收峰是C—H弯曲振动；在1605cm^{-1}处属于纤维素中乙酰基团中的C＝O伸缩振动。该红外光谱图具有明显的纤维素类物质特征谱带，说明该样品属于纤维素类的物质，排除了样品是动物皮革之类的以蛋白质为主要组成成分的物质的可能性。

在1090cm^{-1}处附近是Si—O—Si的反对称伸缩振动，在799cm^{-1}处附近和465cm^{-1}处附近是Si—O的弯曲或伸缩振动[11]。证明样品表面确实存在大量的二氧化硅，可以作为瘤状物是“植硅体”的一个有力证据。

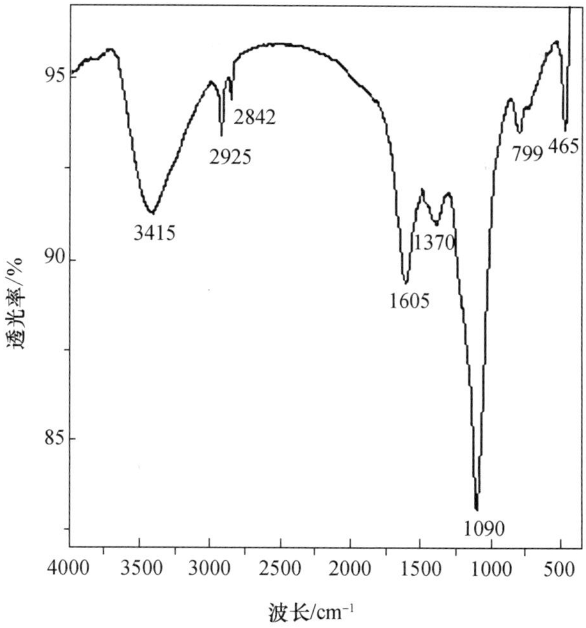

图七　纤维铺垫物的红外光谱图

（四）铺垫物的元素分析

铺垫物的红外光谱分析确定了样品属于纤维素类的物质，但对于其所在的种、属依旧难以鉴别，需要采用EDS定量分析植硅体中硅的含量，结合XPS具体分析硅元素的结合形态进一步鉴别样品。

1. 铺垫物的EDS分析

样品的表面凹凸明显，布满瘤状物。在样品中分别选取图八所示的瘤状物部位和图九所示的沟槽部位为测试点做EDS分析。

从图一〇中可以看出，瘤状物中硅元素的含量很高，与瘤状物是植硅体的猜测相符。图一一中显示凹槽中硅元素含量大量减少，但碳元素的含量很高，说明植物在长期的无氧或少氧的环境中脱水炭化。

元素的具体含量如表二所示，样品瘤状物中硅元素质量百分数为24.75%，在禾本科植物中只有水稻是喜硅的作物，含硅量达5%～25%，燕麦、小麦和大麦等只有2%～4%[12]。样品沟槽中硅元素的质量百分数为9.76%，是非植硅体部分硅的含量，与目前已知的高等植物体内绝大部分硅积累在植硅体之中[13]的结论相符。

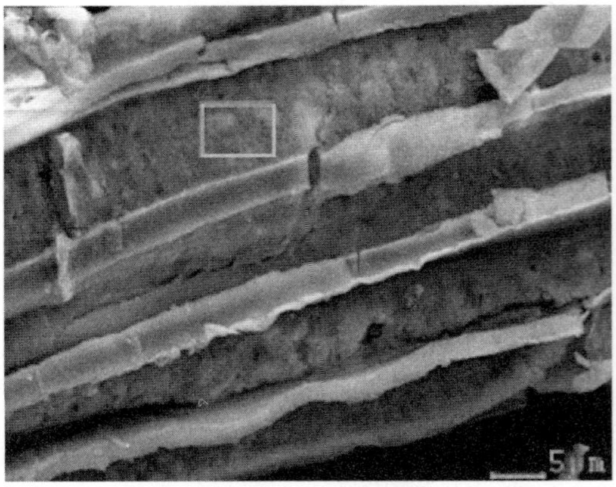

图八　纤维铺垫物的瘤状物部位

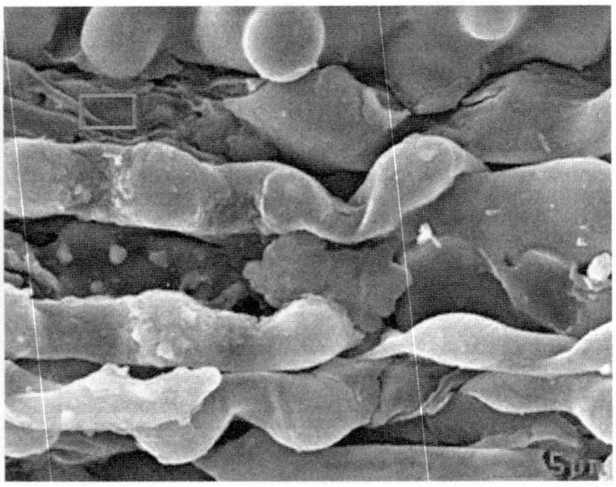

图九　纤维铺垫物的沟槽部位

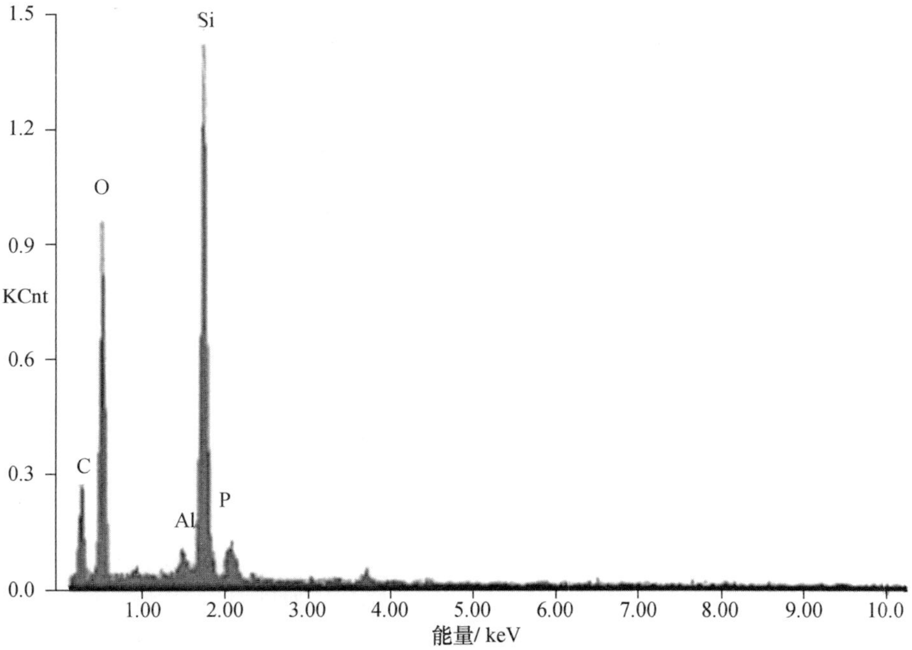

图一〇　瘤状物部位的 EDS 分析图

表二　纤维铺垫物中不同位置的元素含量

元素		碳	氧	硅	磷	铝	钙	铜
瘤状物	At/%	46.72	37.08	14.16	1.04	1.29	0	0
	Wt/%	34.96	36.99	24.75	2.01	2.17	0	0
凹槽	At/%	77.08	15.32	4.92	0.75	0.58	0.82	0.53
	Wt/%	64.45	17.33	9.76	1.64	1.11	2.31	2.40

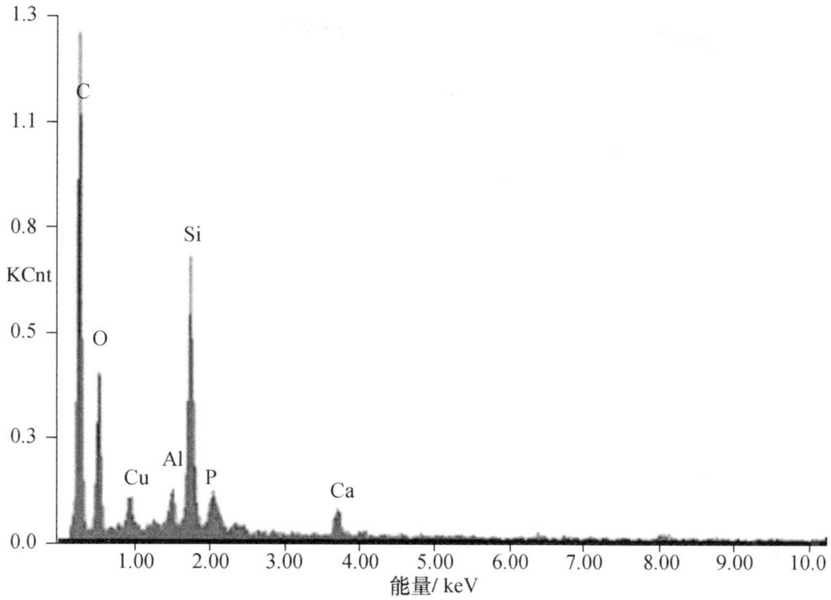

图一一 沟槽部位的 EDS 分析图

2. 铺垫物的 XPS 分析

XPS 是一种提供样品表面深度为 3～5nm 的元素含量与形态的表面分析方法。对样品进行 XPS 全谱扫描检测，结果如图一二所示，其中较为明显的峰位的结合能

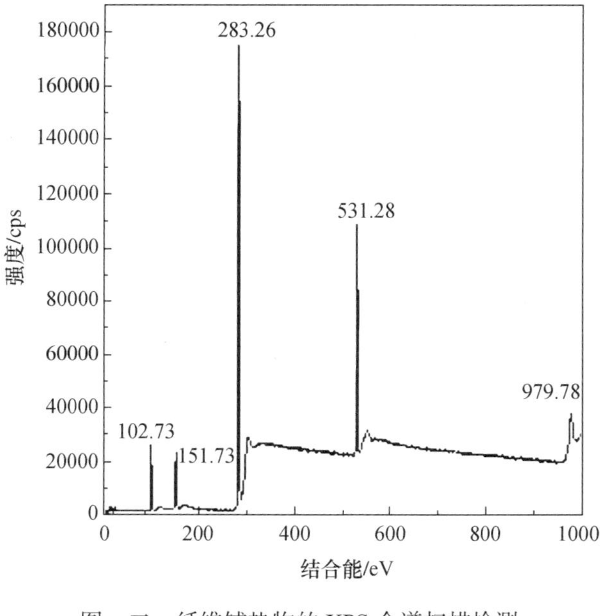

图一二 纤维铺垫物的 XPS 全谱扫描检测

分别为102.73eV、151.73eV、283.26eV、531.28eV、979.78eV，对应元素分别是Si2p、Si2d、C1s、O1s、N3d。样品主要由硅、碳、氧构成，与EDS的深度分析结果相吻合，但是EDS的测试结果显示样品中无论瘤状物还是沟槽部分都不含有氮元素，与XPS结果中出现的较为明显的氮元素峰相悖，说明在样品的表面有含氮的污染物。为了解元素的化学状态，确定样品表面物质的成分，用XPS-PEAK软件对氧、碳、硅进行分峰分析。

从图一三，1的分峰结果来看，C峰可以拟合成两个峰：位于286.40eV属于C—O键的结合，位于284.80eV属于C—C键的结合。图一三，2中的氧元素的分峰结果显

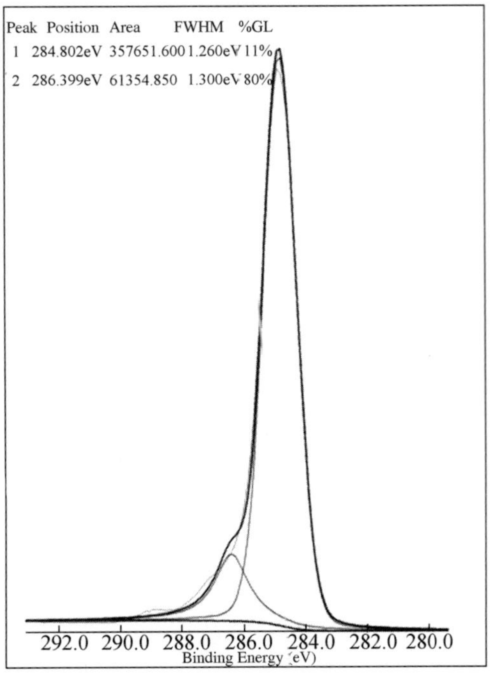

1

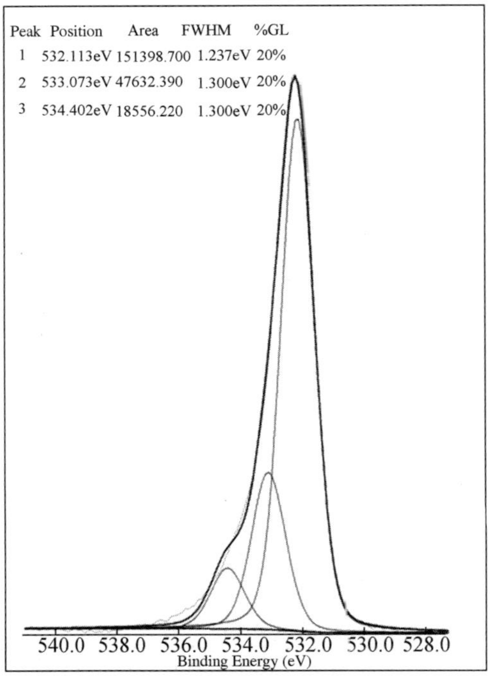

2

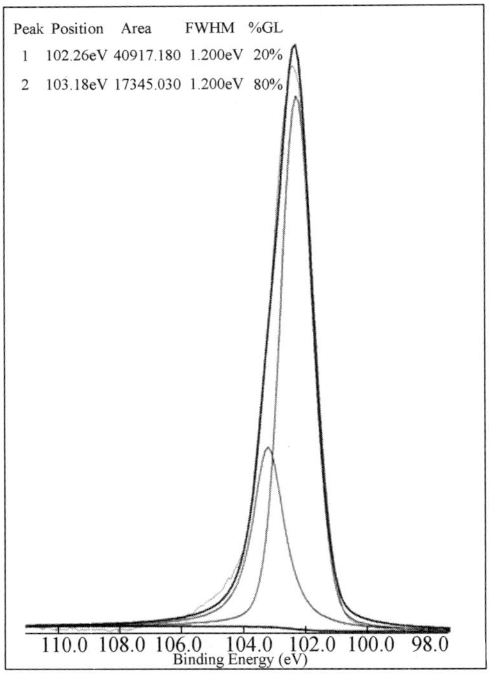

3

图一三　不同元素的分峰拟合图

1. 碳元素　2. 氧元素　3. 硅元素

示O峰可以拟合成三个峰，其中532.11eV为C—O键的结合能，533.07eV和534.40eV均为二氧化硅的结合能；图一三，3中的硅元素的分峰结果显示，Si峰可拟合成两个峰，其中103.18eV为Si—O键的结合能，102.26eV为Si—N键的结合能[14]。说明样品表面的硅元素并未与碳发生结合，绝大部分硅以氧化物的形式存在，小部分与氮发生结合，生成物或覆盖在锯齿状植硅体上，或在植硅体周围聚集，使锯齿状的边缘棱角变得圆润。

四、结　　论

第一，采用形态学比较、化学组成分析结合元素分析的方法可以用来鉴别灰化严重且量少的植物存遗。

第二，凤栖原西汉家族墓纤维类铺垫物表面整体外观结构类似"苦瓜状"，纵向有瘤状物，是以二氧化硅为主要组成成分的植硅体，横截面有多个不规则形状的管状孔洞，孔壁薄，与禾本科植物叶片的外观形态相似。

第三，植硅体中硅元素原子质量百分数为24.75%，植硅体之间有相对平滑的沟槽，其硅元素的质量百分数为9.76%。较高的硅含量显示纤维铺垫物为禾本科稻属的植物茎叶。

注　　释

[1] 陕西省考古研究院：《2010年陕西省考古研究院考古调查发掘新收获》，《考古与文物》2011年2期，44～50页。

[2] 方磊：《汉赋中的纺织与服饰文化》，《西南民族学院学报（哲学社会科学版）》1998年S3期，103～107页；李强、杨小明：《纺织技术社会史中的"蝴蝶效应"举隅》，《山西大学学报（哲学社会科学版）》2011年2期，13～17页；刘兴林：《汉代的纺纱和绕线工具》，《四川文物》2008年4期，90～94页。

[3] 张齐政：《从古代农书看公元前一世纪西汉与罗马的农业生产水平》，《中国农史》1999年2期，82～94页。

[4] 刘兴林：《先秦两汉农作物分布组合的考古学研究》，《考古学报》2016年4期，465～494页；南普恒、金普军：《古墓葬出土纺织纤维的微观形态结构分析》，《电子显微学报》2011年1期，57～60页；谭敏、王玉：《纸质文物的无损和微损观察分析方法》，《文物保护与考古科学》2014年2期，115～123页。

[5] 于伟东：《纺织材料学》，中国纺织出版社，2006年，17～19页。

[6] 乐逸婵、王国和：《竹纤维的结构性能及其产品开发》，《四川丝绸》2004年4期，10～13页。

[7] Fingel D，Wegener G. Wood: chemistry, ultrastructure, reactions. Walter de Grute，1984.

[8] 吕厚远、贾继伟、王伟铭等：《"植硅体"含义和禾本科植硅体的分类》，《微体古生物学报》

2002 年 4 期，389～396 页；高桂在、介冬梅、刘利丹：《植硅体形态的研究进展》，《微体古生物学报》2016 年 2 期，180～189 页；靳桂云、燕生东、宇田津彻郎：《山东胶州赵家庄遗址 4000 年前稻田的植硅体证据》，《科学通报》2007 年 18 期，2161～2168 页。

[9] 秦利、李杰、旺罗：《青藏高原常见早熟禾亚科植硅体形态特征初步研究》，《古生物学报》2008 年 2 期，176～84 页；高桂在、介冬梅、刘利丹：《植硅体形态的研究进展》，《微体古生物学报》2016 年 2 期，180～189 页。

[10] 罗曦芸、杜一平、沈美华等：《红外光谱在纤维质文物材料鉴别中的应用研究》，《光谱学与光谱分析》2015 年 1 期，60～62 页。

[11] 符远翔、孙艳辉、葛杏心：《单分散纳米二氧化硅的制备与表征》，《硅酸盐通报》2008 年 1 期，154～159 页。

[12] 马斯纳·H 著，曹一平译：《高等植物的矿质营养》，北京农业大学出版社，1991 年，10～15、223～230 页。

[13] 夏石头、萧浪涛、彭克勤：《高等植物中硅元素的生理效应及其在农业生产中的应用》，《植物生理学通讯》2001 年 4 期，356～360 页。

[14] Ravizza E, Spadoni S, Piagge R, et al. XPS composition study of stacked Si oxide/Si nitride/Si oxide nano-layers. Surf. Interface Anal, 2012, 44: 1209-1213.

浅谈古河船的保护与修复

吴双成　白广珍　胡文龙　刘建国
（山东省文物保护修复中心）

从1956年首次出土梁山明代古船至2015年1月在西安灞桥遗址发现古船的60年间，国内至少发现68艘古船。其中年代最早的是距今8000～7000年浙江萧山跨湖桥遗址发现的独木舟（图一）。内河船多出土于城区古河道。

图一　萧山跨湖桥遗址出土独木舟
（引自浙江省文物考古研究所:《跨湖桥》，文物出版社，2004年，12页）

古船从因种种原因沉入水下至完全被河底泥沙封固是一个长期的演变过程。古船沉水后，上部处于水中，下部会逐渐陷入淤泥中。处于水中的船体构件因流水、流沙、水生生物等破坏，很多松散构件或流失，或漂移，或因水位下降、航道清理等因素，遭受不同程度的破坏。同时，淤泥或流沙缓慢在船体上堆积，直至船体完全被尘封于地下。从目前出土的内河船的情况来看，得以保存下来的多是尘封在泥土或淤沙中的部分。

一、古河船的保护方式

（一）发掘现场保护

发掘现场保护是指在考古发掘现场开展的保护工作，是整体保护修复工作的第一步，也是最为重要的一个环节。发掘后，船体原有的保存环境被改变，会发生强烈变化，现场保护的目的是减缓环境变化速率，使古船逐渐适应暴露环境。

保持湿度是最重要的技术措施，可通过喷水或喷洒 5% 低分子量（200～400）的 PEG 水溶液进行保湿。覆盖塑料布薄膜等物理措施减缓木材中水分挥发，同时在发掘现场加盖临时防护棚，避免风吹日晒。在高温季节，应在喷洒剂中加入 3‰ 硼砂或 5‰ 硼酸进行防霉处理。同时，注意收集木材、地下水、泥土等样品，以便开展树种鉴定、盐分分析等。

（二）就地保护

就地保护是借用的生物学概念。就地保护就是在古船位置建设博物馆或其他设施开展保护修复工作。就地保护大致有两种：一种方式为原址保护，古船不离开发掘现场，周围及其下修建止水帷幕后，进行脱水保护修复工作，如浙江萧山独木舟；另一种方式为迁离原址，脱水保护修复后，搬迁回原址进行展示，如蓬莱二、三号古船。

（三）回填保护

回填保护是目前古船保护的方式之一，如山东荣成市郭家村毛子沟独木舟、天津静海古船、滑县宋船、西安灞桥汉船等，均采取回填保护的方式。国外也有回填保护案例，如丹麦国家博物馆采取异地掩埋用尼龙网和沙土固定古船残骸的措施。

古船在回填后逐渐适应新环境的过程中，必然会遭受腐蚀和破坏，因此对于已经发掘出来的古船不建议采取回填保护。对于发掘后采用回填保护方式的，可参考以下工作步骤进行。

1. 分析调研

水文地质评估：研究埋葬区域的地下水的形成、分布及活动规律，地下水的物理性质和化学成分。相关参数有土壤的 pH、含盐量、黏土的透水性、腐质物等。

收集分析当地水文地质部门关于该区域的水文地质资料，若能满足回填保护所需，则不必进行勘探；若不能满足，则必须委托有资质的水文地质勘探部门进行实地勘探。在布置钻探和水文地质试验时，就要考虑到保留一部分钻孔用来进行长期测定地下水的水位、水质和水温。除分析该区域的水文地质信息外，还要收集当地降水量、蒸发量等气象资料。

通过水文地质勘探后，若发现该区域不适合继续埋藏保存古船，则需要考虑异地回填保护，或迁移保护。

古船信息提取：在提取考古资料的同时，文物保护工作者要注重以下与船本体相关资料的分析与研究工作。对于古船的船材树种，尽可能多选取不同部位的木材样品，进行树种鉴定工作，为今后船体结构研究和脱水保护工作提供基础数据；古船材的含水率、含盐量；古船材上微生物培养分离，尤其是厌氧菌类的培养及抑制剂的筛选；通过腐朽深度、色泽等总体评价古船材的腐朽程度。这些基础信息能为将来古船的再次发掘评估变化和腐朽程度，以及为今后脱水保护修复工作提供科学依据。

2. 回填步骤

环境处理：调查整理古船周围环境，为古船创造一个适宜的埋藏环境。如有条件，在古船周围建立止水帷幕工程，让古船处于相对稳定的饱水状态，不受地下水的波动影响。

消毒杀菌：在前期微生物培养分离的研究基础上，筛选合适的消毒杀菌剂对船体及周围环境进行喷洒，尤其是针对厌氧菌类。

防护隔离：埋藏古船的隔离层尽可能与周围环境相近，减少不平衡现象。贴近船体的位置填充细沙和锯末的混合物，往外逐渐增加细沙的含量。这样可以形成一个缓冲区，以牺牲锯末的腐朽来减少船材的腐朽。锯末的厚度至少 30 厘米。

填充缝隙：在隔离层外，对与地面接触的缝隙、死角填充细沙，确保古船受力良好。沙子回填层灌水沉降后不低于 60 厘米。沙子回填层属于均质松散材料，透气透水性好，吸水后黏度低，有利于再发掘工作。

铺土回填：在细沙层上进行泥土回填，不得使用建筑渣土，尽量使用质地均匀、纯净的泥土，对环境影响小，对文物的保护作用好，以保证回填受力均匀，减少再发掘的难度。回填土应分层铺摊。每层铺土厚度应根据土质、密实度要求和机械性能确定。采用工程机械摊铺，每层铺土厚度为 30～50 厘米，每层铺摊后随之耙平。人工打夯下陷深度不大于 20 厘米。压实系数可控制在 0.94～0.96。严禁用水浇方法使土下沉的所谓“水夯”法。泥土回填层总体较厚，回填时按照工程施工规范操作，以确保周边建筑的安全。泥土回填最终标高，应略高于地表，并考虑沉降系数，不得形成低洼坑地，以免形成积水坑。

地表标示：在回填古船的地表，可采用低等植物来标注填埋的范围，不可采用对基坑有危害的植物。

3. 观测与养护

回填后应对回填区域以及古船状况进行跟踪监测，工作包括地表维护、监管、地下水监测、木质文物试验的观察等。

加强回填区管理，防止建筑破坏，以及违法盗掘。经常性维护地表绿化和景观设施，保持古船回填区周围环境的完整性。

根据古船分布特点，设置多处水文监测装置，用于监测回填后的地下水位和水质状况。在日常工作中应监测地下水位的变化情况，对地下水进行采样分析，随时掌握地下埋藏环境的变化。

由于回填的泥土和沙层总厚度较深，不易观测木质文物状况。所以在回填时应取木质样品若干，在较浅的位置回填，并设置多个条件进行模拟埋藏观察试验，间接推测地下遗址内的文物埋藏状况，为古船的保护提供科学依据。

二、迁移保护

在迁移方式上，一类是整体打包，另一类是经现场测绘、标记编号后的分拆打包。例如，菏泽古船、鄄城凤凰古船、洛阳运河一号古沉船等均采取迁移保护。其中，洛阳运河一号古沉船、柳孜古船整体迁移，张湾 2 号古船整体套住古船后翻转 180° 整体迁移。而平度古船、梁山古船、聊城运河古船、鄄城凤凰古船等，则采取局部拆解后再行迁移保护。

迁移保护是目前古船保护的主要方式，其目的是进行修复复原，展示其历史与科学价值。可参考以下工作步骤进行迁移保护工作。

（一）分析调研

分析调研是为了在充分分析古船的保存状况、所处环境等因素的基础上制定科学合理的工作方案。

1. 埋藏环境

古船出土环境为淤泥环境，要仔细分析其埋藏环境，注重对埋藏环境中水样、泥土样品的采集，如土壤的 pH、含盐量等。对考古现场所采集的木材、泥土、水样等及时送有关部门进行相关分析检测工作，为制定后期保护措施提供基础数据。

2. 整体保存状况评估

由于古船沉没时、埋藏过程中环境不同，保存状况不尽相同。例如，洛阳运河一号古沉船保存完整，保存古船行驶时状态，在地下埋藏过程中也未受到大的破坏，其结构基本完整。而菏泽古船缺失船体左舷，右舷和船底板失联。

3. 资料收集

文物保护工作者应全程参与考古发掘，不仅要参考考古发掘资料，也要收集迁移保护所需的资料，采用录像、文字、三维扫描等措施真实记录原始状况。同时要进行船体树种、含盐、强度分析。一般官船制作相对精良，用材讲究，船外板多采用挺拔的杉木或松木等大型树种，隔舱板多采用柏木等硬树种。而民船用材相对复杂，树种较多。初步判断古船所采用木材树种对制定迁移保护方案有参考价值。

4. 确定迁移保护方案

根据以上步骤所收集的信息，邀请工程技术、船史、考古等多方面的专家共同制定迁移实施方案。一般的，结构基本完整的采取整体迁移保护，如洛阳运河一号古沉船；船体缺失或失联的采取“局部拆解，船底部整体迁移保护”，如菏泽古船。还应根据古船保存特点，尤其是船体结构分布特点，采取相应的迁移实施方案，如天津北辰沉船是底朝天的状态，吊装时必须考虑将船体翻转，恢复其正常状态，便于后期工作。

（二）包装与运输

1. 预处理

古船因长期埋藏环境的破坏，多表现有腐朽、饱水、微生物等病害。预处理是在发掘过程中必须采取的防霉、保湿等措施（具体方法参见本文回填保护相关内容）。吊装前用高分子材料与天然树脂、特种纤维材料对船体内外进行封护和加固，避免船体与包装加固材料直接接触。

2. 外钢构制作

外钢构制作是指通过焊接或拴接的方式，构建古船迁移保护的加强防护层。作为套箱法，最外侧的钢结构强度与安全性能最为关键。在制作外钢构时不仅要充分考虑古船自身重量，还要充分考虑包装后的整体重量及各个承重点力学分布。在充分计算基础上，选用合适的钢材。尽可能使用槽钢和“工”字钢两种钢材作为主料，螺纹钢和钢板作为辅料。外钢构结构必须稳定，吊装过程中不能有任何变形。

3. 支撑填充

支撑填充是指为了将古船固定于外钢构内，不直接与外钢构直接接触，在外钢构和船体之间的填充体应强度适中，一般选用木材、聚氨酯发泡剂等材料。

4. 吊装运输

吊装运输是指完成所有包装后，利用起重机将古船搬离考古现场并运抵保存场所的过程。应根据外钢构的形状及内部重力分布特点，合理布置起吊点，让各部位受力均匀。起重机最大起重量至少在包装体重量的两倍以上，且运输车辆应缓慢匀速行驶，事先要做好路线勘察。

（三）存放场地

应注重如下几个问题。

场地地基：地基如果不坚实、承重不均匀会造成船体变形、开裂，严重的会引起船体断裂。

建筑空间：要充分考虑到古船修复后的高度；船底及四周要留出充足空间，便于保护修复工作进行，对于有些要进行展示的，要预留参观通道。

环境调控：场地内要配备温湿度监测仪器，以及空调、湿度调控等设备。

三、船材保护与修复

古船船材保护修复一般包括清理、脱色、脱盐、脱水、加固、修复复原等相关环节。

（一）清理与清洗

清理是指对古船进行实验室考古，更深入地提取古船各方面的信息，以利于后期工作的展开。清洗是指去除古船表面的泥土附着物及硬结物，选用毛刷、竹制工具、手术刀等物理方法进行，对于难以清除的，可采用络合剂或中性复合清洗剂进行清理。

（二）脱色处理

因腐朽、Fe^{3+}等金属离子的作用，木材会失色或色泽变重。为还原木材本色，可进行脱色处理。目前主要采用连二亚硫酸钠和草酸两种方法。

（三）脱盐处理

浸泡法：将船材放入预先准备好的蒸馏水或纯水池中进行浸泡，根据情况更换蒸馏水或纯水。经常检测浸泡液的电导率，直至达到目的为止。

喷淋法：大型古船多采用喷淋方式进行脱盐，喷淋方式可采取人工喷淋，或者采用自动化系统喷淋。注意采集分析喷淋过程中残留液中盐分情况。自动喷淋系统亦可作为喷淋 PEG 溶液使用。

纸浆吸附法：将湿纸浆敷在表面，随着纸浆中水分的挥发，通过毛细管渗透作用，逐步将内部的盐分带出。具体步骤如下：首先测试纸浆中的离子含量，以备对比；然后将干纸浆用去离子水或蒸馏水浸泡，将厚度约 2 厘米的湿纸浆敷在表面。脱盐期间应保持湿度，不宜干燥太快，并需进行防霉措施，待纸浆慢慢干燥后，去除纸浆，进行测试。如此反复，直至纸浆中离子含量与未使用纸浆中的离子含量相近，脱盐工序结束。用过的纸浆可在蒸馏水或纯水中进行反复浸泡，达到要求后可重复使用。

（四）脱水处理

古船可采取的脱水方法有自然脱水、PEG、乙二醛等方法。在选取脱水方法时一定要慎重，要根据出土古船的材质、保存状况来选择。

自然干燥法：适用于保存状况较好、含水率低及船材为杉木的古船。脱水过程不易控制，存在一定风险。操作要点：①清理表面污物后杀菌消毒，使用钢、木材料将木材进行固定；②取细沙或锯末进行掩埋，预留一区域便于观察，厚度不低于 0.5 米，在此过程要时刻观察脱水效果。

PEG 法：目前较多采用的一种方法，根据具体情况，采用浸泡和喷淋两种方式。已拆解的船材一般采用浸泡方式，对于大型古船，由于经费或场地的原因，一般采用喷淋方式。

乙二醛法：乙二醛填充脱水法适用于大多数饱水竹木漆器的脱水加固，亦可用于古船的脱水。多采用浸泡方式。

（五）船材修复

矫形：是指对变形或与船体型线不符的船材进行矫正，使其恢复原在船体上的空间形状。基本方法是，依照古船的型线，在扭曲点两侧及各着力点均使用木块或木质垫板支撑，利用千斤顶对变形部位缓慢施压，使其与船体型线相符。对于已干燥的船材，可先回潮再进行矫形。

补缺：部分船材因腐朽残缺、依据相关资料可推知其整体形状的，采用相似木材或舱料进行补缺。

断裂拼接：首先将缝隙内污物清理干净，将断面依据木纹或形状准确吻合后，使用不锈钢角铁进行连接。

开裂加固：在船钉孔间隙部位打孔，穿入经过柔化和消毒的麻丝后，用不锈钢螺杆旋入。麻丝的使用可缓解不锈钢材对木材的影响，同时还可增加摩擦力，起到更好的加固作用。

衬板扶强：对于表面腐朽、整体强度较低的船材，可将旧船材用不锈钢螺丝固定在衬板上，以有效增加船材的整体强度。

在完成清理、脱色、脱水、船材构件的保护修复后，进入船体整体修复与复原环节。

四、船体组装与修复

古船修复复原应以考古资料为依据，确保修复复原后能体现该古船结构的统一性、完整性。尽可能保留原有结构，不刻意去修补残缺，除非已经影响到古船的力学性能和结构性能的构件。无论是处理的方法还是修复用选材，都应充分考虑到可再处理性，即修补部位易于拆除，且不影响和损坏古船的原始材料。

古船制作技术属于我国传统工艺，在古船保护修复过程中，应注重采用传统工艺及传统材料，并能结合现代新材料和新工艺。古船原制作材料与被选用修复的材料在物理、化学等性能上必须相同或接近。

古船的营造方式，一般是先从龙骨开始建造，然后是左右底板。在做隔舱板的同时，开始安装两侧的外板，最后营建舱面建筑。因此，古船的修复与组装复原应按照古船营造顺序进行（图二）。

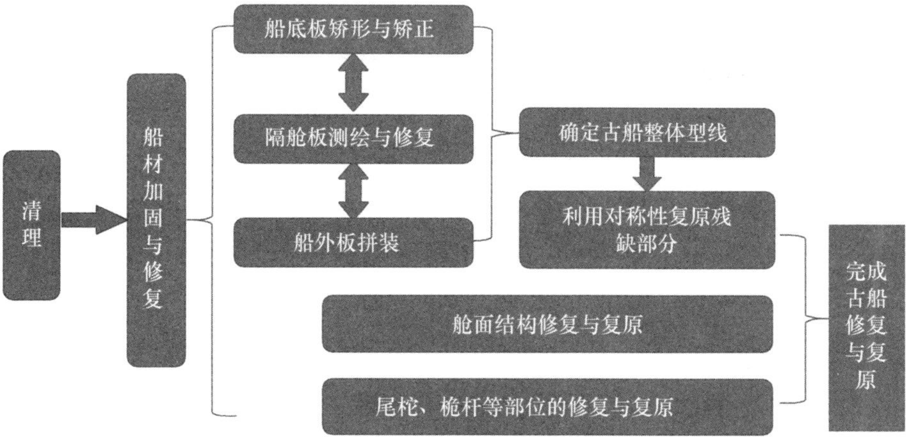

图二　古船保护修复与复原技术路线图

（一）前期准备

将已脱水整形后的古船木构件按照拆卸编号进行分类，看是否缺少或在脱水中将木构件相互之间搞错。将分好类的每艘船木构件按照拆卸的图纸和编号排列到原来的位置。以古船发掘的考古资料、拆卸图纸、编号等原始资料为依据，将古船的木构件进行拼对。

搭建船台：为将古船修复好，根据修船需要，在修复前，需修建一个能适应古船组装的船台。

修复材料：在修复过程中，如果原构件强度非常差，又是关键构件，可用同类木材代替，以保持整体的力学强度。所采用的辅助材料尽可能与原木构件的理化性质相近，还要进行防虫、防霉、防腐处理。

（二）船底板

船底板组装与矫正是整个修复工作的基础。矫正工作依据古船营造方式及古船测绘报告和考古绘图进行。从船底中心龙骨板开始，逐渐钉连两侧船底板，确定船底中心板的中心线尤显重要。船底板是一个空间曲线，因此需要从 x、y、z 轴三维空间来确定，相应的，船底板的初步矫正也是按照这三个方向进行的，使最下层隔舱板和船底板完全吻合、船钉孔吻合、最外船底板与左右舷列板吻合。

（三）隔舱板

隔舱板是连接船底板和外板的重要部分，对该部分的修复要注重隔舱板与底板、外板的吻合。依据上面拼对的结果，将各个隔舱板的型线用CAD进行制作，用计算机模拟隔舱板样板，并进行试拼装确定。

（四）船外板

船外板拼装定位是依据板和板间的船钉痕迹、隔舱板位置、残存艌料痕迹等进行模拟拼装，与钉孔位置对应、隔舱板痕迹一致，尤其是鱼鳞搭接部分缝隙和艌料痕迹吻合，即完成船外板的初步拼装与定位、船底板矫正。

完成以上拼装工作后，依据古船对称性，合理选用相应木材补全缺失部位。

（五）舱面建筑

确定古船整体型线后，舱面建筑可依据船材构件的遗存痕迹进行拼装即可。

（六）古船配件

随古船出土的桅杆、尾舵、锚等构件是古船重要组成部分，也要依据其上所留痕迹进行修复复原。

（七）钉连及艌船

古船主体定型后，需要进行钉连。船体的连接全靠船钉来固定，船钉的类型有直钉、铲钉及各种形状的船钉。古船船钉操作工艺是在相应位置开三角孔，在孔洞中央打直径小于船钉的引导孔，再借助外力将船钉钉入引导孔，在原三角口内使用艌料封堵。

古船上的船钉由于自身腐蚀以及周围木材腐朽，孔洞变大，失去了连接功能，应用其他材质替代。例如，竹钉、不锈钢钉、不锈钢燕尾钉、不锈钢丝杠等，也可考察传统烘炉，定制新船钉。在实际施工过程中，可根据船材的实际情况，选择不同材质的船钉。

舱料是木船营造过程中必不可少的材料，使用桐油和生石灰粉制作，属于传统工艺，起到密封作用。为达到保护修复整体效果，一般需要填补舱料。

舱船是一项技术性非常强的工作，舱船是指将舱料与丝麻结合，对木船的缝隙进行填充，不但防止船舱进水，还可起到加固船体的作用。对重新补配的船材可采用传统舱船工艺进行展示。由于古船修复复原后不会下水，在进行填补舱料时，根据实际情况，有选择地使用相应工艺流程。

（八）案例——菏泽古船

2010 年 9 月 17 日，在菏泽国贸中心建筑工地开挖地基过程中发现古木材，经菏泽市文物事业管理处清理发现是一艘古船。山东省文物考古研究所等单位组成菏泽古船考古队进行考古发掘。经过两个月的发掘工作，确定是一艘元代古船，船体残长 21、宽 4.82、高 1.8 米，是山东首次发现保存最为完整的元代内河船（图三）。

图三　菏泽古船出土现场

2011 年 5 月，在陕西省考古研究院专家帮助下，采取局部拆解、船底整体迁移的方法，完成菏泽古船迁移保护工作，共有 46 个包装块。2012 年 3 月至 2014 年 5 月荆州文物保护中心、山东省文物考古研究所等单位组成“菏泽古船保护修复项目组”，严格按照前文所述技术路线完成脱水保护修复工作（图四）。

图四　保护修复后菏泽古船（桑秋华摄）

五、结　　语

古人在营造板式船时，确定古内河船型线后，根据尺寸所需开始裁料。准备全后，首先从龙骨开始建造，在龙骨两侧铺设左右第一路底板，底板与龙骨间用船钉（铲钉）链接。在底板上开凿三角形钉坑，打入船钉，用舱料将钉坑密封。然后逐渐铺设第二至四路底板，隔舱板、船外板等其他构建件同样使用船钉链接，钉孔及船板间填补舱料。

古内河船营造是按照一定法则进行的，但因是纯人工打造，在营造过程中必然存在一定细微差距，这些细微差距形成古内河船的“DNA”，指古内河船上船钉、船材及船板间连接等不可复制、具有唯一性的综合信息。准确利用古内河船所携带“DNA”信息是开展保护修复复原工作的重要依据。

出土的古内河船是我国文化遗产重要构成部分，为研究造船传统工艺、交通史、造船史等提供难得的实物资料。在迁移过程中，在充分分析古内河船保存状况、埋藏环境等考古现场条件，预计后期保护所需条件的基础上，制定科学合理实用的技术路线。尽可能多留取细微痕迹，为后期脱水保护修复复原工作提供基础数据。

参考书目

[1] 席龙飞：《中国造船通史》，海洋出版社，2013年。

[2] 辛元欧：《上海沙船》，上海书店出版社，2004年。

[3] 孟原召：《中国境内古代沉船的考古发现》，《中国文化遗产》2013年4期，54～65+8页。

[4] 王晓琪：《国外大型饱水古船提取保护方法述评》，《中国文物报》2009年3月6日第008版。

[5] 吴双成、吴昊、尚津济等：《菏泽古船保护修复》，《江汉考古》2014年S1期，163～173页。

[6] 吴双成等：《出土古船提取技术的思考》，《行舟致远——扬帆海上丝绸之路》，黄海数字出版社，2015年，220～229页。

[7] 尚津济等:《菏泽古船DNA信息提取与应用》,《行舟致远——扬帆海上丝绸之路》,黄海数字出版社,2015年,280~292页。

[8] 内部资料:《山东菏泽古船脱水保护修复验收报告》《山东鄄城凤凰古船脱水保护修复方案》《山东聊城古船保护修复方案》《天津张湾古船脱水保护修复方案》等。

[9] 陈谊等:《洛阳运河一号古沉船的加固与整体搬迁》,《洛阳考古》2015年3期,83~93页。

1. 佩（GS051）

2. 璧（GS012）

3. 璧（GS033）

4. 璧（GS009）

5. 璧（GS019）

6. 璧（GS021）

7. 璧（GS013）

8. 璧（GS034）

9. 璧（GS007）

滕州岗上遗址出土玉器

彩版二

1. 璧（GS015）

2. 璧（GS025）

3. 璧（GS016）

4. 双孔璧（GS050）

5. 双联璧（GS045）

6. 三联璧（GS055）

7. 双联璧（GS053）

8. 双联璧（GS049）

9. 双联璧（GS046）

1. 三联璧（GS056）

2. 三牙璧（GS058）

3. 三联璧（GS057）

4. 环（GS018）

5. 环（GS038）

6. 环（GS005）

7. 环（GS001）

8. 环（GS041）

9. 环（GS037）

滕州岗上遗址出土玉器

1. 镯（GS002）

2. 铲（GS059）

3. 三牙璧（GS004）

4. 三牙璧（GS003）

1. E 型青花大碗（M15T：1）

2. E 型青花大碗内底（M15T：1）

3. E 型青花大碗（M15T：2）

4. E 型青花大碗内底（M15T：2）

5. E 型青花大碗（M32：7）

6. E 型青花大碗内底（M32：7）

临淄区车站村明代墓出土瓷碗

1. E 型青花大碗（M33：6）

2. E 型青花大碗内底（M33：6）

3. E 型青花大碗（M47：6）

4. E 型青花大碗内底（M47：6）

5. C 型Ⅰ式青花小碗（M33：7）

6. C 型Ⅰ式青花小碗内底（M33：7）

临淄区车站村明代墓出土瓷碗

1. C 型Ⅰ式青花小碗（M33：8）

2. C 型Ⅰ式青花小碗内底（M33：8）

3. C 型Ⅱ式青花小碗（M17：3）

4. C 型Ⅱ式青花小碗（M17：4）

5. C 型Ⅱ式青花小碗（M32：2）

6. 玉壶春瓶（M47：4）

临淄区车站村明代墓出土瓷器

1. 青花瓷盘（M47：5）

2. 青花瓷盘内底（M47：5）

3. 青花瓷盘（M33：9）

4. 青花瓷盘内底（M33：9）

5. 青花瓷盘（M33：10）

6. 青花瓷盘内底（M33：10）

临淄区车站村明代墓出土瓷盘

1. 果庄遗址（北—南）

2. 发掘区全景（西—东）

曲阜果庄遗址发掘区全景

图版二

1. H18（北—南）

2. H33（东—西）

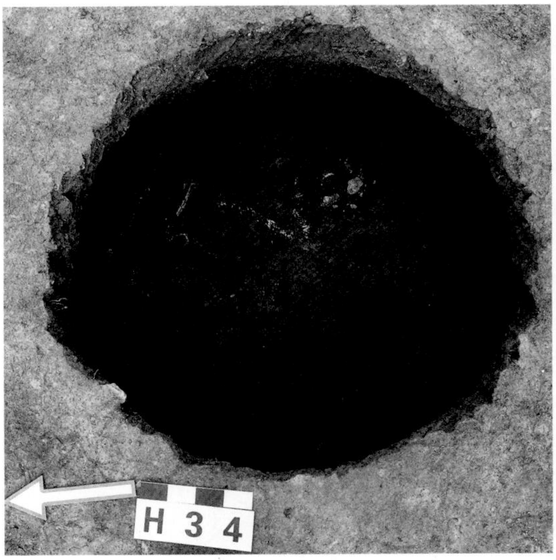

3. H34（西—东）

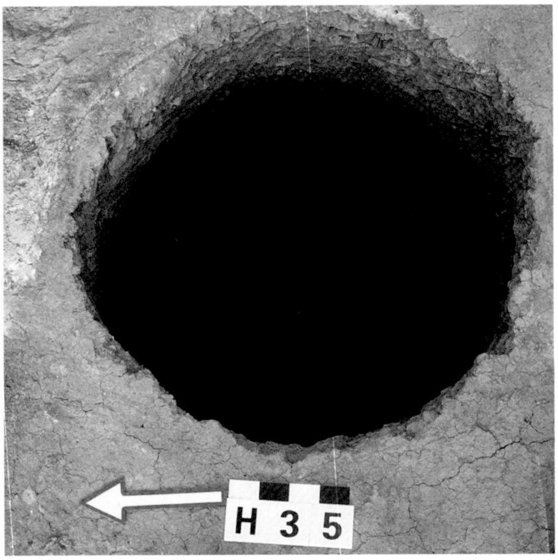

4. H35（西—东）

1. H66 中部（南—北）

2. H11（东—西）

3. H57（北—南）

曲阜果庄遗址发掘灰坑

图版四

1. 大汶口文化 F2（北—南）

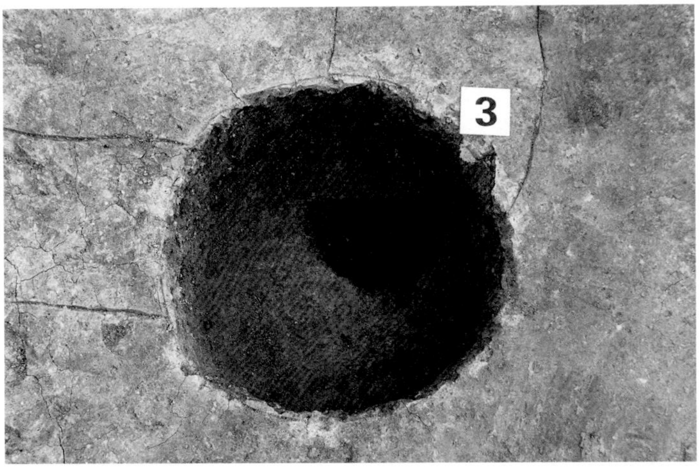

2. F2 柱洞

1. Ab 型Ⅰ式罐（H23：2）

2. Ab 型Ⅱ式罐（H66：10）

3. B 型罐形鼎（H35：1）

4. B 型罐形鼎（H62：1）

5. A 型Ⅰ式罐形鼎（T6④：2）

6. A 型Ⅱ式罐形鼎（H66：1）

曲阜果庄遗址出土陶器

图版六

1. Aa 型Ⅰ式罐（H66：13）

2. C 型罐（H53：2）

3. B 型罐（T6⑥：1）

4. A 型Ⅰ式盆（H53：1）

5. A 型Ⅰ式盆（H24：5）

6. A 型Ⅰ式盆（H32：1）

曲阜果庄遗址出土陶器

1. 陶壶（T6⑥：3）

2. Aa 型Ⅱ式陶器盖（H20：2）

3. C 型陶器盖（H24：1）

4. B 型陶器盖（T1⑥：1）

5. B 型陶纺轮（H47：1）

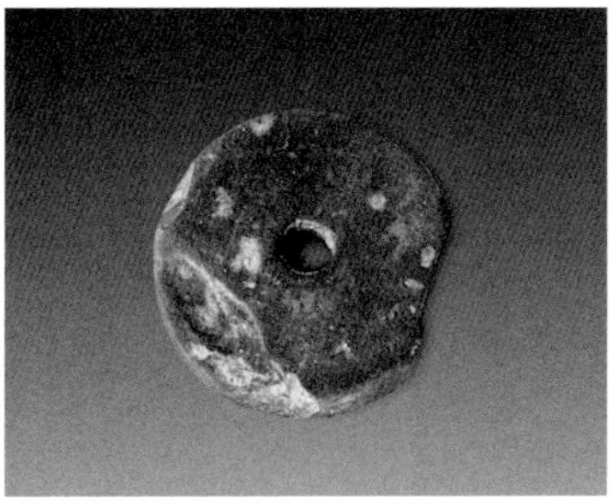

6. B 型陶纺轮（H32：3）

7. 陶兽形器（H16：1）

8. 砺石（H16：5）

曲阜果庄遗址出土陶、石器

1. 鬲（H29：3）

2. 罐（H29：2）

3. 簋（H29：1）

曲阜果庄遗址出土陶器

1. 发掘前地表现状

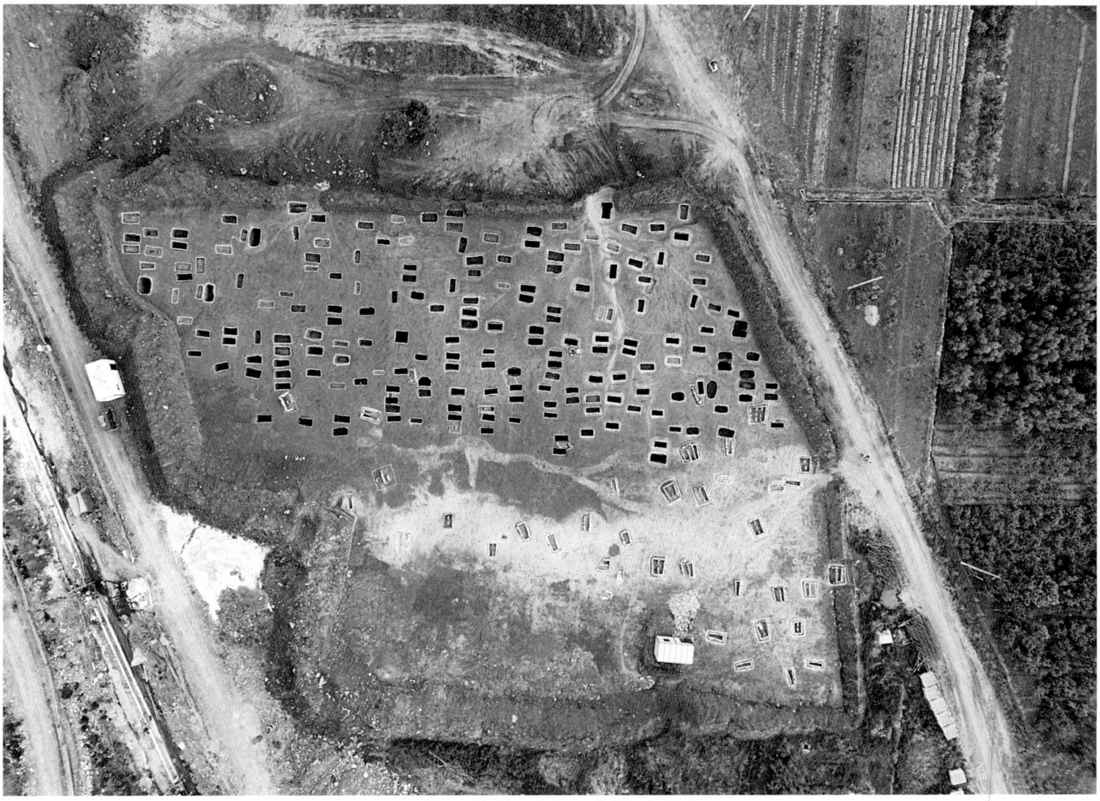

2. 墓地航拍照（含东周墓葬）

滕州前台墓地现场与航拍照

1. M320

2. M409

1. 四系壶（M320∶3）

2. 四系壶（M354∶3）

3. 四系罐（M326∶1）

4. 四系罐（M422∶1）

5. 双系壶（M405∶2）

6. 碗（M411∶1）

滕州前台墓地出土瓷器

图版一二

1. 佛坐像龛（九号龛）

2. 佛坐像龛（十一号龛）

3. 佛坐像龛（二十号龛）

4. 佛坐像龛（三十三号龛）

石门坊摩崖造像群佛坐像龛

1. 佛坐像龛（四十五号龛）

2. 佛坐像龛（四十四号龛）

3. 佛坐像龛（四号龛）

4. 菩萨立像龛（二十一号龛）

石门坊摩崖造像群佛坐像、菩萨立像龛

图版一四

1. 菩萨立像龛（八号龛）

2. 菩萨立像龛（十三号龛）

3. 菩萨立像龛（六号龛）

4. 菩萨立像龛（二十八号龛）

石门坊摩崖造像群菩萨立像龛

1. 安大娘造像龛供养人像（十二号龛）

2. 文殊与普贤菩萨造像龛（三号龛）

3. 文殊师利像龛（四十二号龛）

4. 大郎子造像龛左胁侍像（十号龛）

石门坊线刻供养人像、胁侍弟子像、坐骑菩萨像龛

图版一六

1. 三坐像龛（五十四号龛）

2. 三坐像龛下部像（五十四号龛）

石门坊摩崖造像群三坐像龛与局部雕像

1. 三坐像龛东龛壁雕像（五十四号龛）

2. 三坐像龛西龛壁雕像（五十四号龛）

石门坊摩崖造像群三坐像龛东、西龛壁雕像

图版一八

1. 豹子崮佛坐像龛（一号龛）

2. 豹子崮佛坐像龛（二号龛）

3. 豹子崮佛坐像龛（三号龛）

4. 豹子崮菩萨立像龛（四号龛）

石门坊摩崖造像群豹子崮造像龛

1. M1 墓室正面（南—北）

2. M1 东侧墓壁（西北—东南）

聊城市东昌府区范庄宋墓

1. M1 西侧墓壁（东南—西北）

2. M1 棺床局部（东南—西北）

聊城市东昌府区范庄宋墓墓壁及棺床砖雕

1. 彩陶侍俑（M1：1）

2. 彩陶侍俑（M1：2）

3. 彩陶力士（M1：3）

4. 彩陶力士（M1：4）

5. 彩陶力士（M1：5）

6. 莲花立柱（M1：6）

聊城市东昌府区范庄宋墓出土陶器

图版二二

1. 陶龙头（M1：7）

2. 陶龙头（M1：8）

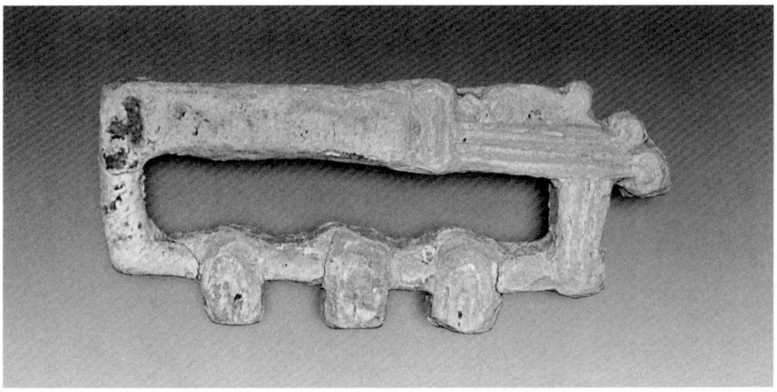

3. 陶锁（M1：9）

4. 陶熏炉（M1：10）

5. 陶熏炉（M1：11）

6. 瓷高足碗（M1：12）

聊城市东昌府区范庄宋墓出土陶、瓷器

1. 铜镜（M1：13）

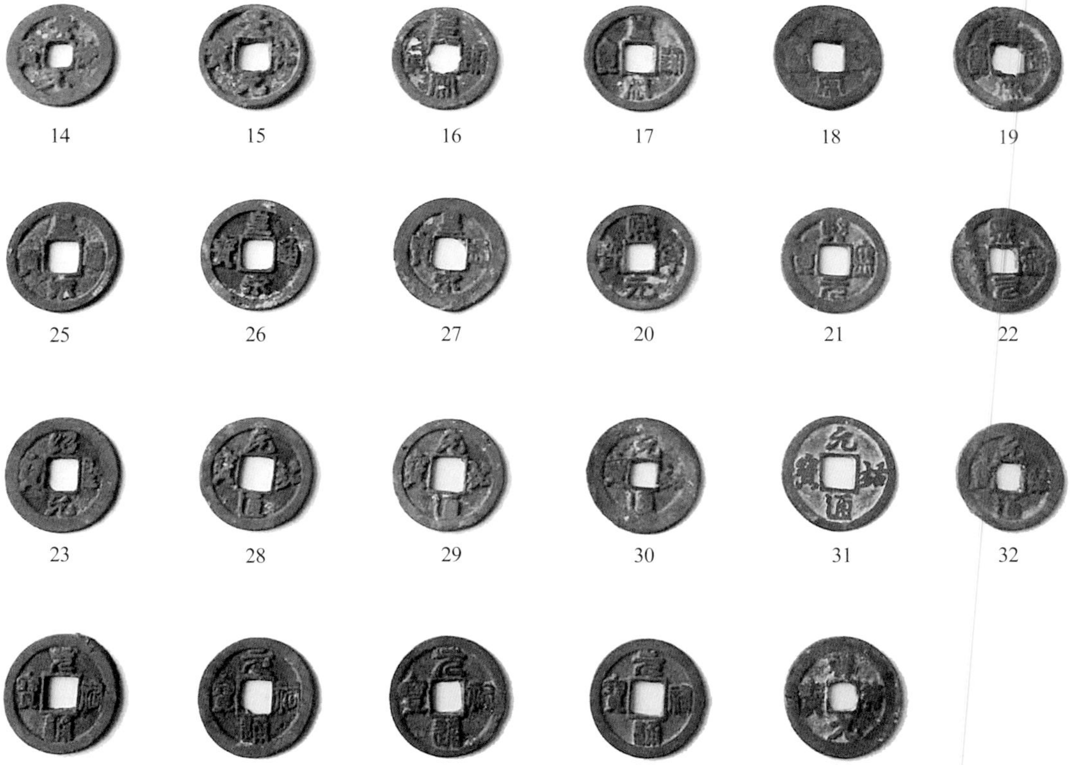

2. 铜钱（M1：14 ~ M1：36）

聊城市东昌府区范庄宋墓出土铜器

图版二四

1. 墓地局部墓葬 M6 ~ M8
分布（北—南）

2. M2 封门砖（南—北）

故城宋墓部分墓葬分布与 M2 封门砖

1. M2 北壁（南—北）

2. M2 全景（南—北）

故城宋墓 M2

1. M2 东壁（西—东）

2. M2 西壁（东—西）

故城宋墓 M2

1. M6 墓门、墓室（南—北）

2. M7 墓室（南—北）

故城宋墓 M6、M7

图版二八

1. 瓷碗（M1：1）

2. 瓷碗（M2：3）

3. 铜镜背面（M2：2）

4. 瓷瓶（M2：1）

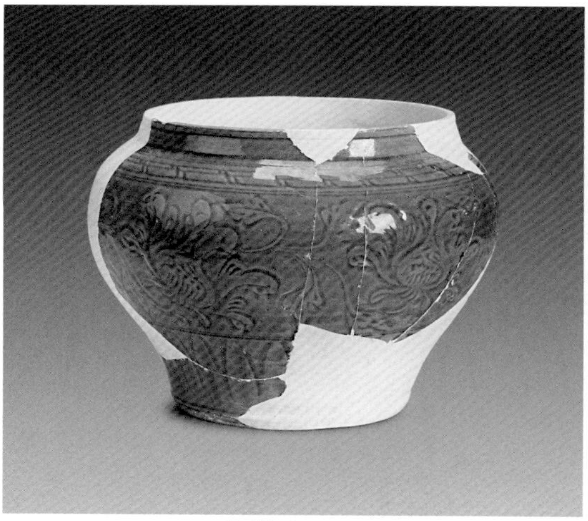

5. 瓷罐（M2：4）

6. 瓷碗（M2：01）

故城宋墓出土瓷器、铜器

1. 瓷碗（M2：02）

2. 瓷碗（M2：03）

3. 瓷碗（M2：05）

4. 瓷瓶（M2：06）

5. 灰陶盆（M2：04）

6. 瓷罐（M4：1）

故城宋墓出土陶、瓷器

1. 瓶（M4：2）

2. 碗（M6：1）

3. 碗（M7：1）

4. 瓶（M8：1）

5. 碗（M10：1）

6. 碗（M10：3）

故城宋墓出土瓷器

1. 发掘区西南部

2. M2（南—北）

刘家官庄墓群发掘区西南部及宋元墓葬

图版三二

1. M2

2. M2 墓门

1. M3 全景

2. M3

3. M3 墓门

4. M13

1. M1

2. K1

3. K1

4. M4

1. 瓷碗（M1：1）

2. 瓷碗（M4：3）

3. 瓷碗（K1：3）

4. 瓷瓶（K1：4）

5. 瓷碟（K1：2）

6. 铜镜（K1：1）

刘家官庄墓群出土明代瓷器、铜器

图版三六

1. M5

2. M6

1. M7

2. M10

刘家官庄墓群清代墓葬

图版三八

1. M5：4

2. M7：7

3. M10：1

4. M10：19

5. M11：1

6. M12：2

刘家官庄墓群清代墓葬出土瓷罐

1. M5：5

2. M6：4

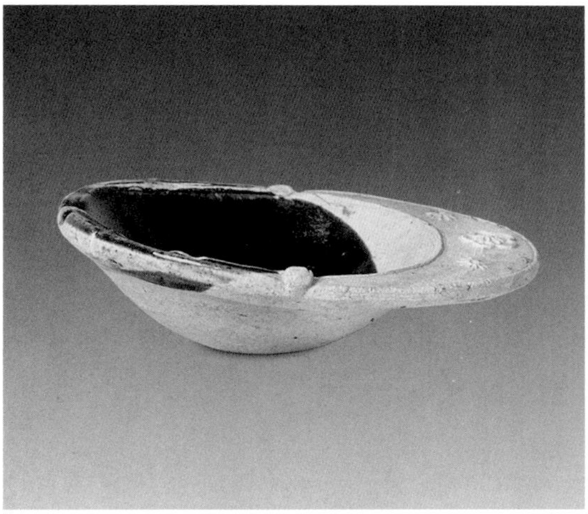

3. M7：3

4. M10：21

5. M10：20

6. M12：3

刘家官庄墓群清代墓葬出土瓷灯盏

1. 瓷罐（M6：5）

2. 瓷碗（M6：3）

3. 瓷碗（M7：1）

4. 瓷碗（M12：1）

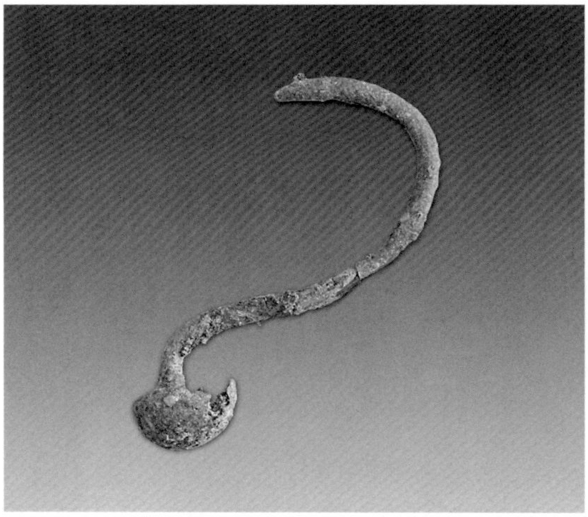

5. 银耳环（M10：17）

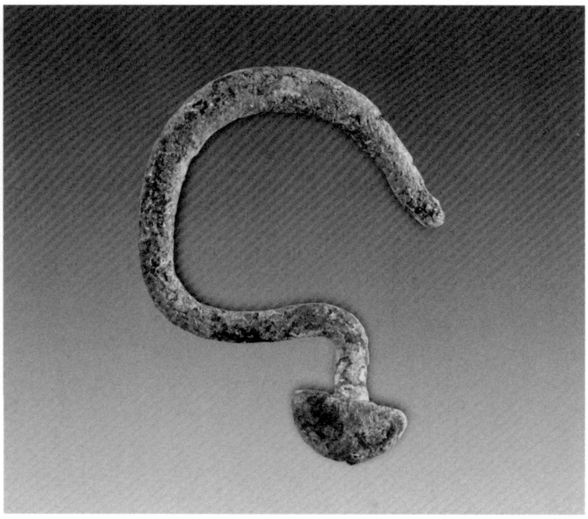

6. 银耳环（M11：2）

刘家官庄墓群清代墓葬出土瓷器、银器

1. 盘（M1：4）

2. 盘（M1：4）

3. 盘（M1：5）

4. 盘（M1：5）

5. 盘（M1：6）

6. 盘（M1：6）

7. 碗（M1：3）

济南市解放东路元、清墓葬 M1 出土瓷器

图版四二

1. 灯（M2：5）

2. 罐（M2：6）

3. 罐（M2：7）

4. 瓶（M2：4）

5. 盘（M3：7）

6. 盘（M3：7）

济南市解放东路元、清墓葬M2、M3出土瓷器

1. 罐（M3：3）

2. 瓶（M3：1）

3. 碗（M3：5）

4. 碗（M3：5）

5. 碗（M3：8）

6. 碗（M3：9）

济南市解放东路元、清墓葬M3出土瓷器

图版四四

1. M1 墓门

2. M1 后室中室墓门

济南市解放东路明代墓葬 M1 前室墓门与后室中室墓门

1. M30（东—西）

2. M27（东—西）

临淄区车站村明代墓葬M30、M27全景

1. M38（东—西）

2. M7（北—南）

临淄区车站村明代墓葬M38、M7全景

1. M9（东—西）

2. M19（东—西）

临淄区车站村明代墓葬M9、M19局部

图版四八

1. M43（北—南）

2. M33（东—西）

临淄区车站村明代墓葬 M43、M33 全景

1. A 型缸（M35：2）

2. B 型缸（M2：1）

3. B 型缸（M37：1）

4. B 型缸（M40：1）

5. A 型罐（M8：1）

6. A 型罐（M42：2）

临淄区车站村明代墓葬出土瓷缸、罐

图版五〇

1. B型（M19：4）

2. B型（M30：4）

3. C型（M27：1）

4. C型（M30：1）

5. D型（M7：2）

6. D型（M37：5）

临淄区车站村明代墓葬出土瓷罐

1. A 型（M4：5）

2. A 型（M20：11）

3. A 型（M47：3）

4. B 型（M33：3）

5. B 型（M43：5）

6. C 型（M17：2）

临淄区车站村明代墓葬出土瓷大四系罐

图版五二

1. C 型大四系罐（M33：2）

2. C 型大四系罐（M38：6）

3. D 型大四系罐（M40：3）

4. A 型小四系罐（M1：1）

5. A 型小四系罐（M28：1）

6. A 型小四系罐（M38：3）

临淄区车站村明代墓葬出土瓷大四系罐、小四系罐

1. B 型（M9：2）

2. C 型（M13：1）

3. C 型（M16：1）

4. D 型（M18：1）

5. D 型（M21：2）

6. D 型（M48：4）

临淄区车站村明代墓葬出土瓷小四系罐

图版五四

1. A 型双系罐（M28：4）

2. B 型双系罐（M26：2）

3. B 型双系罐（M34：5）

4. 小口瓶（M27：2）

5. 梅瓶（M42：1）

6. 玉壶春瓶（M20：4）

临淄区车站村明代墓葬出土瓷罐、瓶

1. 玉壶春瓶（M29：1）

2. 四系瓶（M19：8）

3. 四系瓶（M33：5）

4. 双耳瓶（M17：10）

5. 高足杯（M4：4）

6. A型Ⅰ式白釉碗（M32：5）

临淄区车站村明代墓葬出土瓷瓶、杯及碗

图版五六

1. A 型Ⅰ式白釉大碗（M43：1）

2. A 型Ⅱ式白釉大碗（M4：1）

3. A 型Ⅱ式白釉大碗（M19：5）

4. A 型Ⅱ式白釉大碗（M20：6）

5. B 型Ⅰ式酱釉大碗（M26：4）

6. B 型Ⅰ式酱釉大碗（M42：4）

临淄区车站村明代墓葬出土瓷碗

1. B 型Ⅱ式酱釉大碗（M25：2）

2. B 型Ⅱ式酱釉大碗（M42：3）

3. C 型褐釉大碗（M17：11）

4. C 型褐釉大碗（M32：12）

5. D 型黑釉大碗（M38：1）

6. A 型白釉小碗（M20：7）

临淄区车站村明代墓葬出土瓷碗

1. A 型白釉小碗（M20：8）

2. B 型Ⅰ式黑釉小碗（M37：4）

3. B 型Ⅱ式黑釉小碗（M43：2）

4. B 型Ⅲ式黑釉小碗（M30：3）

5. B 型Ⅲ式黑釉小碗（M34：2）

6. B 型Ⅲ式黑釉小碗（M34：4）

临淄区车站村明代墓葬出土瓷碗

1. 青釉盘（M17：5）

2. 青釉盘（M43：3）

3. 碟（M4：3）

4. 碟（M19：1）

5. 碟（M19：2）

6. 碟（M20：2）

临淄区车站村明代墓葬出土瓷盘、碟

图版六〇

1. 瓷灯盏（M17：6）

2. 瓷灯盏（M33：4）

3. 瓷灯盏（M37：2）

4. 铜镜（M17：9）

5. 铜镜（M27：8）

6. 铜镜（M27：9）

临淄区车站村明代墓葬出土瓷灯盏、铜镜

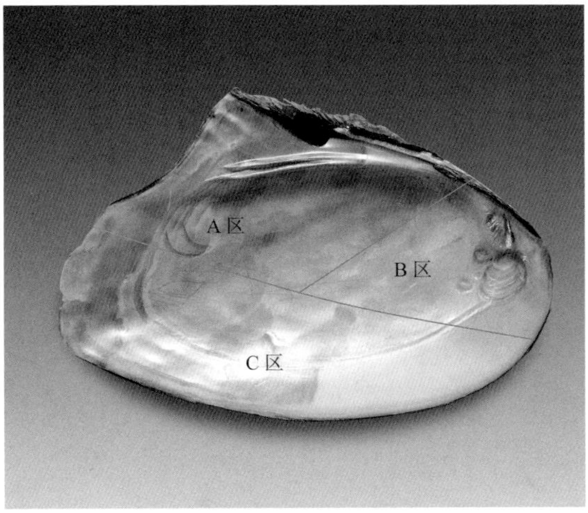

1. 蚌壳分区图

2. 线切割 3.5 小时图

3. 片切割 2.5 小时效果图

4. 切割线交叉点图

5. 磨制石器正面图

6. 磨制石器侧面图

7. 磨制石斧正面图

8. 磨制石斧侧面图

蚌壳分区、切割实验及所用石器图

图版六二

1. ①打击后外壁图

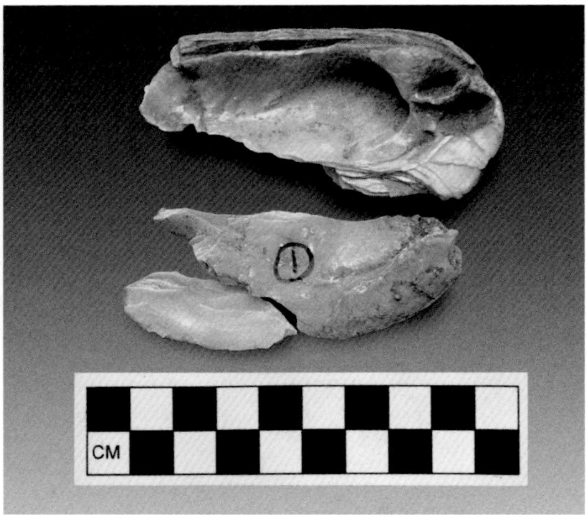

2. ①打击后内壁图

3. ②打击后外壁图

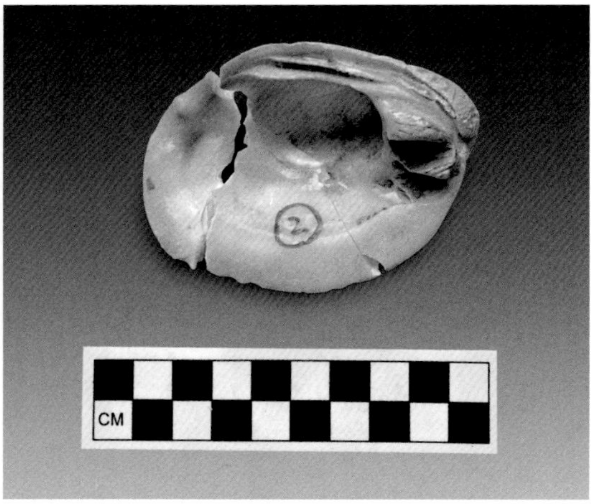

4. ②打击后内壁图

5. ③打击后外壁图

6. ③打击后内壁图

①~③蚌壳打击取料效果图

1. ④打击后外壁图

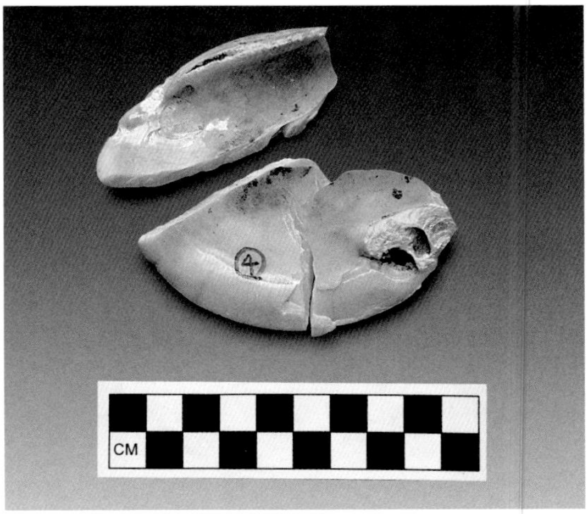

2. ④打击后内壁图

3. ⑤打击后外壁图

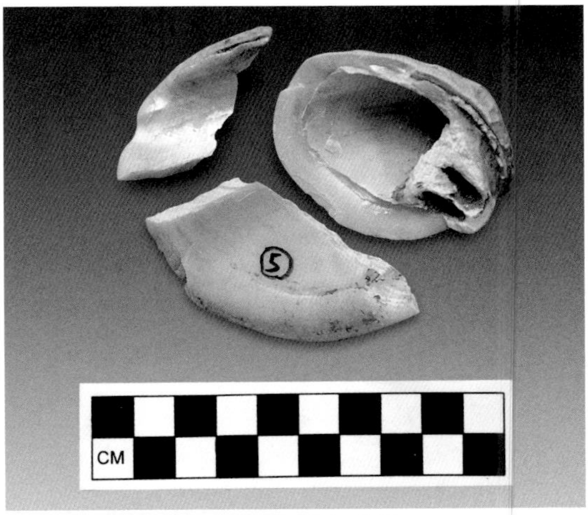

4. ⑤打击后内壁图

5. ⑥打击后外壁图

6. ⑥打击后内壁图

④～⑥蚌壳打击取料效果图

图版六四

1. ⑦打击后外壁图

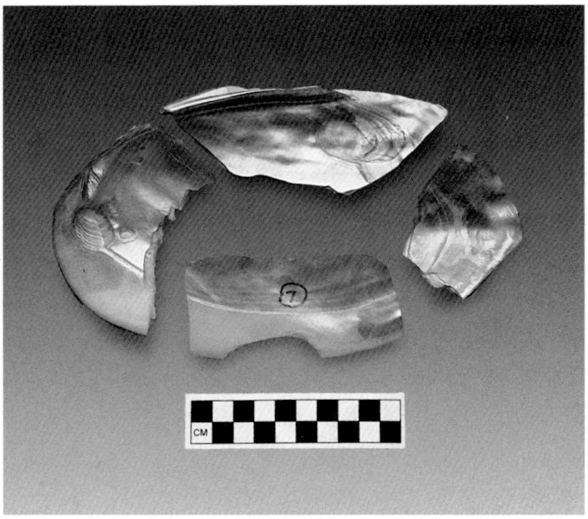

2. ⑦打击后内壁图

3. ⑧打击后外壁图

4. ⑧打击后内壁图

5. ⑨打击后外壁图

6. ⑨打击后内壁图

⑦～⑨蚌壳打击取料效果图

1. ⑩打击后外壁图

2. ⑩打击后内壁图

3. ⑪打击后外壁图

4. ⑪打击后内壁图

5. ⑫打击后外壁图

6. ⑫打击后内壁图

⑩～⑫蚌壳打击取料效果图

图版六六

1. ⑬打击后外壁图

2. ⑬打击后内壁图

3. ⑭打击后外壁图

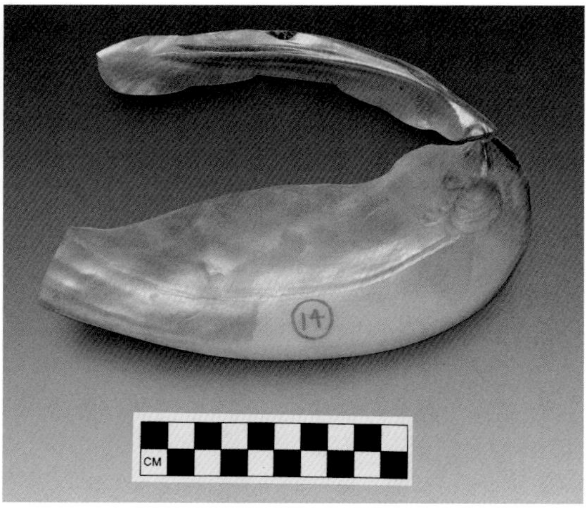

4. ⑭打击后内壁图

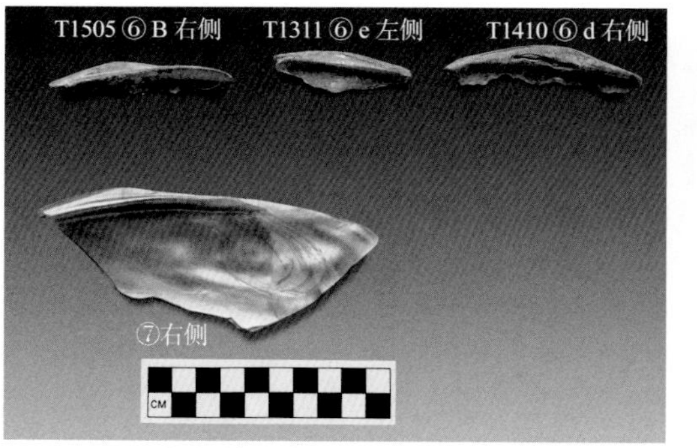

5. 三角帆蚌右侧与 A 区内侧对比图

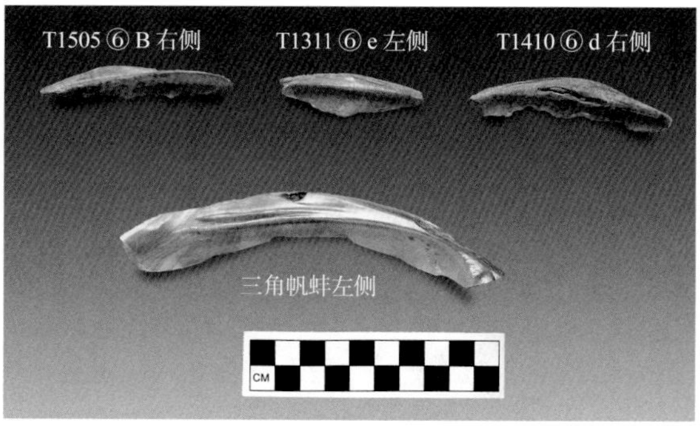

6. 三角帆蚌左侧与 A 区内侧对比图

⑬ ~ ⑭ 蚌壳打击取料效果图及三角帆蚌与 A 区出土材料对比图

1. 椭圆背角无齿蚌左壳与 A 区外侧对比图

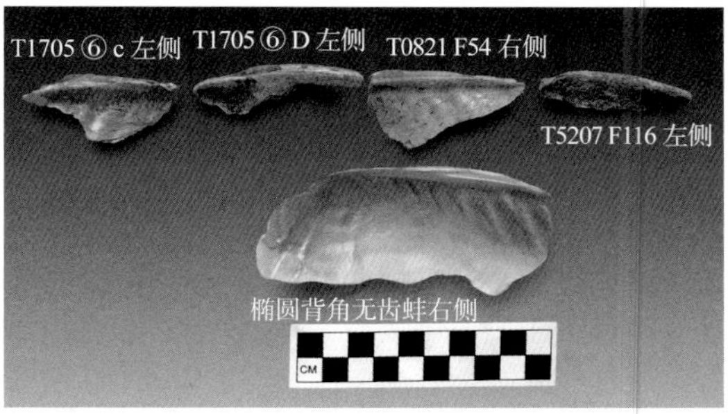

2. 椭圆背角无齿蚌右壳与 A 区内侧对比图

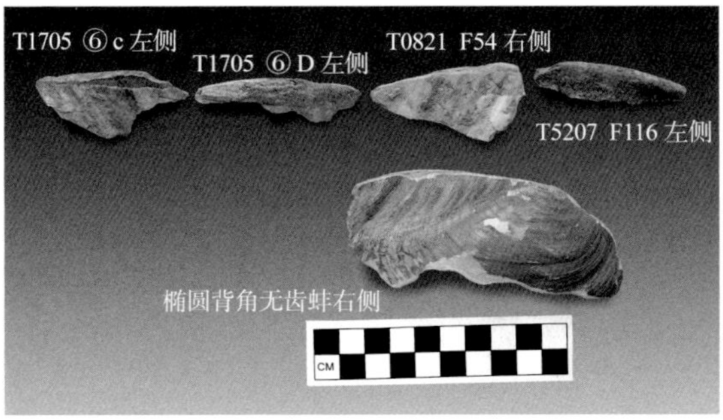

3. 椭圆背角无齿蚌右壳与 A 区外侧对比图

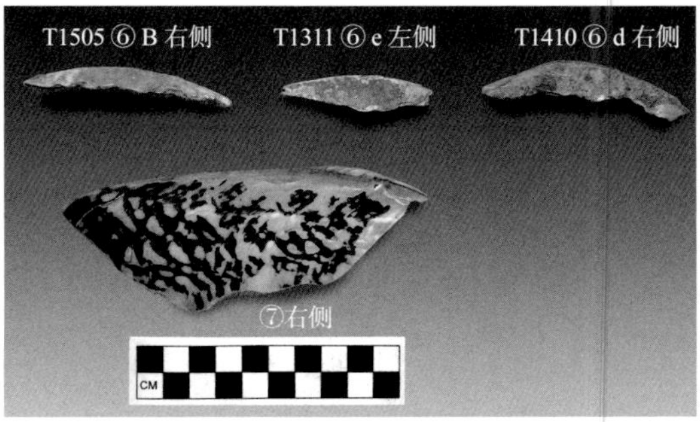

4. 椭圆背角无齿蚌左壳与 A 区内侧对比图

5. 三角帆蚌左壳与 A 区外侧对比图

6. 三角帆蚌右壳与 A 区外侧对比图

椭圆背角无齿蚌及三角帆蚌与 A 区出土材料对比图

图版六八

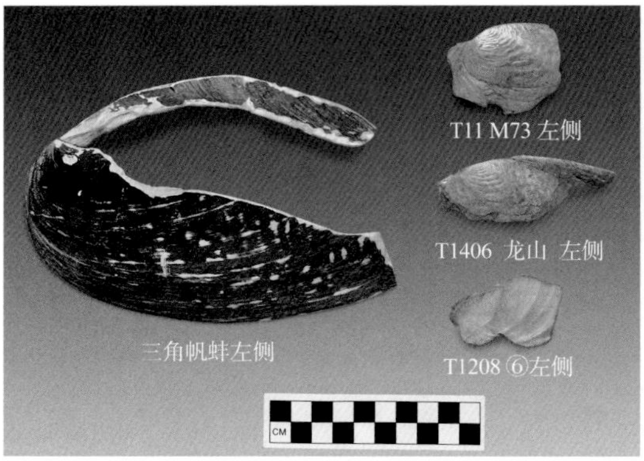

1. 三角帆蚌与 B 区左壳外侧对比图

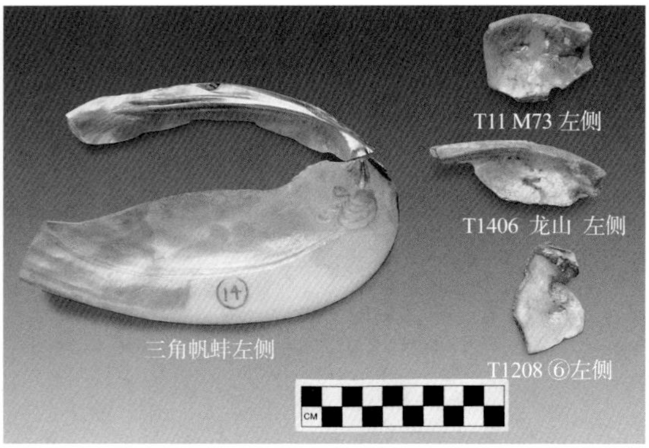

2. 三角帆蚌与 B 区左壳内侧对比图

3. 三角帆蚌与 B 区右壳外侧对比图

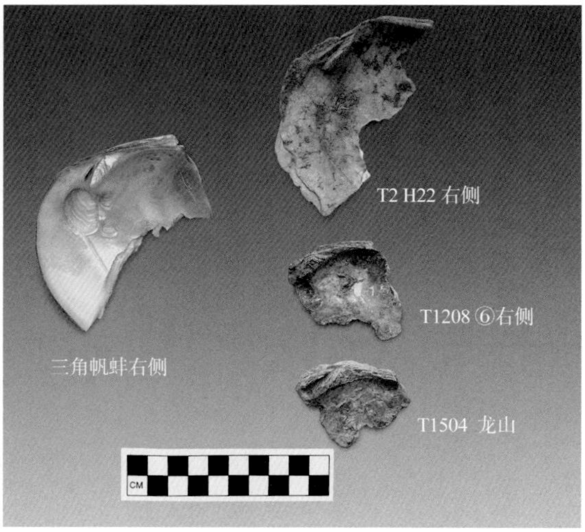

4. 三角帆蚌与 B 区右壳内侧对比图

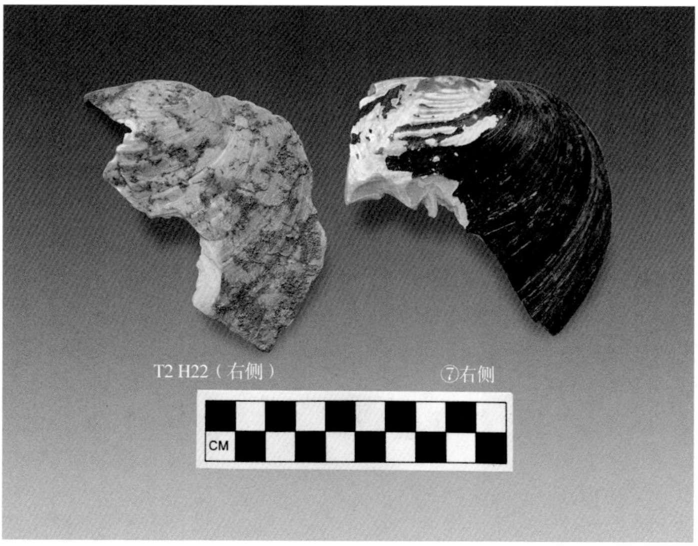

5. 三角帆蚌右壳与 B 区右壳典型标本对比图

三角帆蚌与 B 区出土材料对比图